NOMOSLEHRBUCH

Prof. Dr. Peter Unruh
Landeskirchenamt der Nordkirche, Kiel
Georg-August-Universität Göttingen

Religionsverfassungsrecht

5. Auflage

Die Deutsche Nationalbibliothek verzeichnet diese Publikation in
der Deutschen Nationalbibliografie; detaillierte bibliografische
Daten sind im Internet über http://dnb.d-nb.de abrufbar.

ISBN 978-3-7560-0016-6 (Print)
ISBN 978-3-7489-3595-7 (ePDF)

5. Auflage 2024
© Nomos Verlagsgesellschaft, Baden-Baden 2024. Gesamtverantwortung für Druck
und Herstellung bei der Nomos Verlagsgesellschaft mbH & Co. KG. Alle Rechte, auch die
des Nachdrucks von Auszügen, der fotomechanischen Wiedergabe und der Übersetzung,
vorbehalten.

Vorwort zur fünften Auflage

Auch für die Spanne zwischen der vierten und der vorliegenden fünften Auflage kann die These aus dem Vorwort zur ersten Auflage bekräftigt werden, dass es sich beim Religionsverfassungsrecht gegenwärtig und auf absehbare Zeit „um eine Materie handel(t), die dogmatisch und allgemeinpolitisch zu den interessantesten Rechtsgebieten im Kanon der juristischen Lehrangebote zu zählen ist". Das hier behandelte Rechtsgebiet ist nach wie vor in Bewegung und es war (höchste) Zeit, den aktuellen Stand der Dinge zusammenzutragen.

Hervorzuheben ist, dass inzwischen mit der dritten Auflage des nunmehr dreibändigen Handbuchs des Staatskirchenrechts (2020) „das" Kompendium zum Religionsverfassungsrecht mit aktualisierten Beiträgen einer naturgemäß in weiten Teilen veränderten Autorenschaft vorliegt. Diese Beiträge zu rezipieren und zu verarbeiten war Genuss und Verpflichtung zugleich.

Zu den Themenfeldern, die einer besonders intensiven Be- und Überarbeitung bedurften, gehörten u.a. die Fortführung der Rechtsprechung des BVerfG zum Tragen des Kopftuchs im Staatsdienst, die insbesondere durch den EuGH entfachte Debatte um das kirchliche Arbeitsrecht und das im Grundgesetz verankerte Selbstbestimmungsrecht der Religionsgemeinschaften, die Reformdiskussion um die Finanzierung der Religionsgemeinschaften insbesondere in Form der Kirchensteuer, die Ergänzungen der Rechtsgrundlagen für die (insbesondere jüdische) Militärseelsorge und die aktuelle Entwicklung um die Ablösung der Staatsleistungen.

Die vorliegende Auflage hat wiederum sehr profitiert von zahlreichen Hinweisen und Verbesserungsvorschlägen aus dem Kreis der Leserinnen und Leser. Dafür gebührt allen Absenderinnen und Absendern mein herzlicher Dank. Für verbleibende und neue Fehler und Unzulänglichkeiten bin ich jedoch allein verantwortlich.

Schließlich gilt auch für die fünfte Auflage ein herzlicher Dank meiner Familie, d.h. meiner Frau Anke Dominik-Unruh, unserer Tochter stud. iur et phil. Meret Unruh und unserem Sohn stud. iur. Bendix Unruh für alle Unterstützung und liebevolle Fürsorge, wenn ich mich – gerade an den Wochenenden – mit und in meinen Büchern verkrochen habe.

Kiel, im Juli 2023 *Peter Unruh*

Inhaltsübersicht

Vorwort zur fünften Auflage   5
Abkürzungsverzeichnis   19

A. Grundlagen

§ 1   Einführung: Was ist und wozu Religionsverfassungsrecht?   25
§ 2   Die historische Entwicklung des Religionsverfassungsrechts   32
§ 3   Rechtsquellen des Religionsverfassungsrechts   47

B. Religionsverfassungsrechtlich Grundentscheidungen

§ 4   Das Grundrecht der Religionsfreiheit aus Art. 4 Abs. 1 und 2 GG   52
§ 5   Das Verbot der Staatskirche   101
§ 6   Das Selbstbestimmungsrecht der Religionsgemeinschaften   108

C. Organisationsformen der Religionsgemeinschaften

§ 7   Die religiöse Vereinigungsfreiheit   167
§ 8   Privatrechtlich organisierte Religionsgemeinschaften   176
§ 9   Religionsgemeinschaften als Körperschaften des öffentlichen Rechts   182

D. Das Zusammenwirken von Staat und Religionsgemeinschaften

§ 10   Religionsverfassungsrechtliche Verträge   214
§ 11   Anstaltsseelsorge   242
§ 12   Religionsunterricht   264
§ 13   Theologische Fakultäten   294

E. Der flankierende Schutz der Religionsfreiheit

§ 14   Der Schutz des Religionsguts   307
§ 15   Staatsleistungen   316
§ 16   Sonn- und Feiertagsschutz   333

F. Ausblick: Religionsverfassungsrecht in Europa

§ 17   Religionsverfassungsrechtliche Modelle in der EU   349
§ 18   Europäisches Religionsverfassungsrecht   354

Definitionen   366

Literaturverzeichnis   368

Stichwortverzeichnis   396

Inhalt

Vorwort zur fünften Auflage — 5

Abkürzungsverzeichnis — 19

A. Grundlagen

§ 1 Einführung: Was ist und wozu Religionsverfassungsrecht? — 25
- I. Begriff, Status und Funktion des Religionsverfassungsrechts — 25
  - 1. Der Begriff des Religionsverfassungsrechts — 25
    - a) Staatskirchenrecht? — 25
    - b) Religionsverfassungsrecht! — 26
  - 2. Status und Funktion des Religionsverfassungsrechts — 29
- II. Die Bedeutung des Religionsverfassungsrechts — 30
- Wiederholungs- und Vertiefungsfragen — 31

§ 2 Die historische Entwicklung des Religionsverfassungsrechts — 32
- I. Allgemeines — 32
- II. Staat und Religion in der Antike — 32
- III. Staat und Religion im Mittelalter — 33
- IV. Die Reformation — 34
- V. Der Augsburger Religionsfriede — 35
- VI. Der Westfälische Friede — 36
- VII. Staat und Kirche im 17. und 18. Jahrhundert — 37
  - 1. Das landesherrliche Kirchenregiment — 37
  - 2. Die katholische Kirche im 17. und 18. Jahrhundert — 38
- VIII. Der Reichsdeputationshauptschluss — 38
- IX. Staat und Religion im 19. Jahrhundert — 39
  - 1. Allgemeines — 39
  - 2. Die katholische Kirche im 19. Jahrhundert — 39
  - 3. Die evangelische Kirche im 19. Jahrhundert — 40
- X. Staat und Religion im 20. Jahrhundert — 41
  - 1. Staat und Religion in der Weimarer Reichsverfassung — 41
  - 2. Staat und Religion im Nationalsozialismus — 42
  - 3. Staat und Religion in der Bundesrepublik — 43
  - 4. Staat und Religion in der DDR — 44
  - 5. Aktuelle Rahmenbedingungen und Tendenzen — 45
- Wiederholungs- und Vertiefungsfragen — 46

§ 3 Rechtsquellen des Religionsverfassungsrechts — 47
- I. Allgemeines — 47
- II. Grundgesetz — 47
- III. Landesverfassungsrecht — 48
- IV. Religionsverfassungsrechtliche Verträge — 49
- V. Einfaches Gesetzesrecht — 50
- VI. Völkerrecht — 50
- Wiederholungs- und Vertiefungsfragen — 51

B. Religionsverfassungsrechtlich Grundentscheidungen

§ 4 Das Grundrecht der Religionsfreiheit aus Art. 4 Abs. 1 und 2 GG — 52
   I. Allgemeines — 52
      1. Herkunft und Entwicklung — 52
      2. Das Verhältnis des Art. 4 Abs. 1 und 2 GG zu Art. 140 GG — 53
   II. Der Schutzbereich der Religionsfreiheit — 55
      1. Der personelle Schutzbereich — 55
         a) Natürliche Personen — 55
         b) Insbesondere: Die Religionsfreiheit von Minderjährigen — 56
         c) Juristische Personen — 58
      2. Der sachliche Schutzbereich — 59
         a) Allgemeines — 60
         b) Die Religionsfreiheit als einheitliches Grundrecht — 60
         c) Der weite Schutzbereich der Religionsfreiheit — 62
            aa) Die Freiheit des Glaubens — 62
            bb) Die Bekenntnisfreiheit — 63
            cc) Die Freiheit der Religionsausübung — 64
            dd) Positive und negative Religionsfreiheit — 66
            ee) Das Neutralitätsgebot — 67
         d) Der Begriff der Religion — 69
            aa) Die Definitionskompetenz — 69
            bb) Die Begriffsmerkmale — 71
            cc) Einschränkende Begriffsbestimmung? — 72
         e) Die Schutzpflichtendimension der Religionsfreiheit — 75
         f) Exkurs: Das Paritätsgebot und die religionsverfassungsrechtlichen Gleichheitsrechte — 77
   III. Der Eingriff in den Schutzbereich — 79
      1. Der klassische Eingriffsbegriff — 80
      2. Der moderne bzw. grundrechtliche Eingriffsbegriff — 80
      3. Insbesondere: Eingriffe in die Religionsfreiheit — 81
         a) Die Konfrontation mit religiösen Symbolen — 82
         b) Staatliche Warnungen vor bzw. Informationen über Religionsgemeinschaften — 85
   IV. Die verfassungsrechtliche Rechtfertigung von Eingriffen — 87
      1. Art. 140 GG i. V. m. Art. 136 Abs. 1 WRV als Schranke der Religionsfreiheit? — 88
         a) Die These vom Schranken-Charakter des Art. 136 Abs. 1 WRV — 88
         b) Zur Ablehnung der These vom Schranken-Charakter des Art. 136 Abs. 1 WRV — 89
            aa) Das Wortlaut-Argument — 89
            bb) Das systematische Argument — 90
            cc) Das teleologische Argument — 90
            dd) Das genetische Argument — 91
      2. Die Religionsfreiheit als vorbehaltlos gewährleistetes Grundrecht — 92
   V. Internationaler und europarechtlicher Schutz der Religionsfreiheit — 98
      1. Der internationale Schutz der Religionsfreiheit — 98

		2. Europarecht	99
		Wiederholungs- und Vertiefungsfragen	100
§ 5	Das Verbot der Staatskirche		101
	I.	Allgemeines	101
	II.	Das Trennungsgebot	102
		1. Strikte Trennung?	103
		2. Freundliche Trennung	104
		3. Insbesondere: Das konfessionsgebundene Staatsamt	105
		Wiederholungs- und Vertiefungsfragen	107
§ 6	Das Selbstbestimmungsrecht der Religionsgemeinschaften		108
	I.	Allgemeines	108
		1. Rechtsgrundlagen	108
		2. Dogmatischer Status	109
	II.	Der Schutzbereich des Selbstbestimmungsrechts	110
		1. Der personelle Schutzbereich	110
		2. Der sachliche Schutzbereich	111
		a) Ordnen und Verwalten	112
		b) Die eigenen Angelegenheiten	112
		aa) Dogmatische Grundlegung	112
		bb) Konkretisierung	114
	III.	Eingriffe in den Schutzbereich	116
	IV.	Die verfassungsrechtliche Rechtfertigung von Eingriffen	117
		1. Allgemeines	117
		2. Der Inhalt des Schrankenvorbehalts	117
		3. Grundrechtsbindung der Religionsgemeinschaften?	120
	V.	Spezialmaterien der eigenen Angelegenheiten	122
		1. Allgemeines	122
		2. Das Mitgliedschaftsrecht	122
		a) Allgemeines	122
		b) Die Begründung der Mitgliedschaft	123
		c) Die Beendigung der Mitgliedschaft	125
		d) Übertritt und Umzug	127
		3. Das Arbeitsrecht	129
		a) Allgemeines	129
		b) Individuelles Arbeitsrecht	132
		c) Kollektives Arbeitsrecht	140
		aa) Das Arbeitsrechtsregelungsrecht der Religionsgemeinschaften	140
		bb) Das Mitarbeitervertretungsrecht	143
		4. Staatliche und religionsgemeinschaftliche Gerichtsbarkeit	146
		a) Allgemeines	146
		b) Gerichtsbarkeit als eigene Angelegenheit der Religionsgemeinschaften	146
		c) Der Rechtsweg zu den staatlichen Gerichten	147
		aa) Die ältere höchstrichterliche Rechtsprechung	147
		bb) Die Literatur	148
		cc) Die jüngere Rechtsprechung	150

        d) Die Justiziabilität religionsgemeinschaftlicher Angelegenheiten   151
        e) Prozessuale Fragen   153
          aa) Die Zulässigkeitsprüfung   153
          bb) Die Begründetheitsprüfung   155
    5. Datenschutz, Personenstands- und Meldewesen   156
        a) Allgemeines   156
        b) Datenschutzrecht   157
          aa) Staatliches Datenschutzrecht und Religionsgemeinschaften   157
          bb) Datenübermittlung an Religionsgemeinschaften   159
        c) Personenstandswesen   160
          aa) Die Eintragung der Religionszugehörigkeit   160
          bb) Das Informationsrecht der Religionsgemeinschaften   161
        d) Das Meldewesen   161
          aa) Die Erfassung der Religionszugehörigkeit   161
          bb) Das Informationsrecht der Religionsgemeinschaften   162
    6. Baurecht, Denkmalschutz und Denkmalpflege   162
        a) Allgemeines   162
        b) Baurecht   163
        c) Denkmalschutz und Denkmalpflege   163
    7. Staatliche Rechnungsprüfung   165

Wiederholungs- und Vertiefungsfragen   166

C. Organisationsformen der Religionsgemeinschaften

§ 7 Die religiöse Vereinigungsfreiheit   167
  I. Rechtsgrundlagen und dogmatischer Status   167
  II. Der Schutzbereich der religiösen Vereinigungsfreiheit   168
    1. Der personelle Schutzbereich   168
        a) Die religiöse Vereinigungsfreiheit als Menschenrecht   168
        b) Die religiöse Vereinigungsfreiheit als Recht der Religionsgemeinschaften   168
        c) Exkurs: religiöse Vereine   169
    2. Der sachliche Schutzbereich   170
  III. Eingriff und verfassungsrechtliche Rechtfertigung   171
    1. Eingriff   171
    2. Die verfassungsrechtliche Rechtfertigung von Eingriffen   171
        a) Anwendbarkeit des Art. 9 Abs. 2 GG?   172
        b) Die religiöse Vereinigungsfreiheit als vorbehaltlos gewährleistetes Freiheitsrecht   173

Wiederholungs- und Vertiefungsfragen   175

§ 8 Privatrechtlich organisierte Religionsgemeinschaften   176
  I. Allgemeines   176
  II. Der Erwerb der Rechtsfähigkeit   176
    1. Die Geltung des bürgerlichen Rechts   176
    2. Die (partielle) Modifikation des bürgerlichen Rechts   177
  III. Der Verlust der Rechtsfähigkeit   179
  IV. Das Verbot von Religionsgemeinschaften   179
    1. Die verfassungsrechtliche Grundlage   179

	2.	Die gesetzliche Grundlage	180
		Wiederholungs- und Vertiefungsfragen	181

§ 9 Religionsgemeinschaften als Körperschaften des öffentlichen Rechts … 182
- I. Allgemeines … 182
  - 1. Der religionsverfassungsrechtliche Körperschaftsbegriff … 182
  - 2. Der Zweck des Körperschaftsstatus … 185
- II. Der Erwerb des Körperschaftsstatus … 187
  - 1. Die Garantie des Körperschaftsstatus … 187
  - 2. Die Verleihung des Körperschaftsstatus … 188
    - a) Allgemeines … 188
    - b) Zuständigkeit, Verfahren und Form … 188
    - c) Voraussetzungen bzw. Schranken … 190
      - aa) Gewähr der Dauer … 190
      - bb) Verfassung … 190
      - cc) Zahl der Mitglieder … 191
      - dd) Ungeschriebene Voraussetzungen bzw. Schranken … 191
    - d) Aktuelle Probleme … 193
  - 3. Der Zusammenschluss korporierter Religionsgemeinschaften … 194
- III. Verlust und Entzug des Körperschaftsstatus … 195
- IV. Die Körperschaftsrechte … 196
  - 1. Allgemeines … 196
  - 2. Die Dienstherrnfähigkeit … 197
  - 3. Die Organisationsgewalt … 198
  - 4. Die Rechtsetzungsgewalt … 198
  - 5. Das Widmungsrecht … 199
    - a) Begriff, Grundlage und Anwendungsbereich … 199
    - b) Widmung und Entwidmung … 200
    - c) Rechtsfolgen der Widmung … 201
    - d) Der Gebrauch religionsgemeinschaftlicher öffentlicher Sachen … 201
  - 6. Das Parochialrecht … 203
  - 7. Das „Privilegienbündel" … 203
  - 8. Das Besteuerungsrecht … 205
    - a) Die Bedeutung des Besteuerungsrechts … 205
    - b) Historische Grundlagen … 206
    - c) Der Status des Besteuerungsrechts … 207
    - d) Steuergläubiger und Steuerschuldner … 208
    - e) Die Ausgestaltung des Besteuerungsrechts … 209
    - f) Die Steuerverwaltung … 210
    - g) Der Rechtsweg … 212
  - Wiederholungs- und Vertiefungsfragen … 213

D. Das Zusammenwirken von Staat und Religionsgemeinschaften

§ 10 Religionsverfassungsrechtliche Verträge … 214
- I. Der Begriff des religionsverfassungsrechtlichen Vertrages … 214
- II. Die historische Entwicklung der religionsverfassungsrechtlichen Verträge … 215
  - 1. Vorläufer … 215

	2.	Religionsverfassungsrechtliche Verträge von 1919 bis 1933	215
	3.	Religionsverfassungsrechtliche Verträge von 1945 bis 1990	217
	4.	Religionsverfassungsrechtliche Verträge nach 1990	218
III.	Funktionen der religionsverfassungsrechtlichen Verträge		220
IV.	Typische Regelungsgehalte religionsverfassungsrechtlicher Verträge		222
V.	Die Zulässigkeit religionsverfassungsrechtlicher Verträge		223
VI.	Verpflichtung zum Abschluss religionsverfassungsrechtlicher Verträge?		225
VII.	Die Rechtsnatur religionsverfassungsrechtlicher Verträge		228
	1.	Allgemeines	228
	2.	Konkordate als völkerrechtliche Verträge	228
	3.	Kirchenverträge als staatsrechtliche Verträge	229
VIII.	Der Rang religionsverfassungsrechtlicher Verträge in der Rechtsordnung		231
IX.	Die Bindungswirkung religionsverfassungsrechtlicher Verträge		232
X.	Rechtsschutz		236
XI.	Zuständigkeit und Verfahren		237
	1.	Die Zuständigkeit für den Abschluss religionsverfassungsrechtlicher Verträge	237
	2.	Verfahren	238
XII.	Auslegung und Beendigung religionsverfassungsrechtlicher Verträge		238
	1.	Die Auslegung religionsverfassungsrechtlicher Verträge	238
	2.	Die Beendigung religionsverfassungsrechtlicher Verträge	238
XIII.	Rechtsnachfolge in religionsverfassungsrechtliche Verträge		239
	Wiederholungs- und Vertiefungsfragen		241

§ 11 Anstaltseelsorge — 242

I.	Grundlagen		242
	1.	Begriff und Rechtsgrundlagen	242
	2.	Dogmatische Grundlegung und Status	243
		a) Anstaltseelsorge und Schutzpflichtendimension der Religionsfreiheit	243
		b) Anstaltseelsorge als „gemeinsame Angelegenheit"	245
	3.	Anspruchsvoraussetzungen	246
		a) Die Anstalten i.S.d. Art. 140 GG i.V.m. Art. 141 WRV	246
		b) Das Bedürfnis nach Seelsorge und Gottesdienst	247
		c) Die Anspruchsberechtigten	248
	4.	Anspruchsinhalt	250
	5.	Schranken	251
II.	Die Seelsorge in der Bundeswehr		253
	1.	Rechtsgrundlagen	253
	2.	Die organisationsrechtliche Ausgestaltung	255
		a) Der organisatorische Aufbau	255
		aa) Verstoß gegen Art. 140 GG i.V.m. Art. 137 Abs. 1 WRV	256
		bb) Verstoß gegen Art. 140 GG i.V.m. Art. 137 Abs. 3 S. 2 WRV	259
	3.	Der „Lebenskundliche Unterricht"	260
	4.	Exkurs: Die Seelsorge in der Bundespolizei	261
III.	Die Seelsorge in Strafvollzugsanstalten		261
	1.	Rechtsgrundlagen	261
	2.	Organisationsrechtliche Ausgestaltung	262

	IV.	Die Seelsorge in Krankenhäusern	262
		1. Rechtsgrundlagen	262
		2. Organisationsrechtliche Ausgestaltung	262
		Wiederholungs- und Vertiefungsfragen	263

§ 12 Religionsunterricht 264

- I. Allgemeines 264
  1. Rechtsgrundlagen 264
  2. Dogmatische Grundlegung 265
  3. Der dogmatische Status des Religionsunterrichts i.S.d. Art. 7 Abs. 2 und 3 GG 266
- II. Der Anspruchsinhalt 267
  1. Der Verfassungsbegriff des Religionsunterrichts 267
  2. Öffentliche Schulen 269
  3. Ordentliches Lehrfach 270
     - a) Überblick 270
     - b) Der Religionsunterricht als „staatliche Aufgabe und Angelegenheit" 270
     - c) Das Gleichbehandlungsgebot 271
     - d) Der Religionsunterricht als Pflichtfach mit Abmeldemöglichkeit 272
     - e) Die Ausgestaltung durch den Landesgesetzgeber 272
     - f) Exkurs: Religions- und Ethikunterricht 273
  4. Die Übereinstimmungsklausel 276
     - a) Der Inhalt des Bestimmungsrechts der Religionsgemeinschaften 276
     - b) Die Grenzen des Bestimmungsrechts der Religionsgemeinschaften 277
  5. Die Ausnahmeklausel des Art. 141 GG 279
     - a) Status und Regelungsgehalt 279
     - b) Anwendungsbereich 280
- III. Die Anspruchsberechtigten 281
  1. Die Erziehungsberechtigten 281
  2. Die Schülerinnen und Schüler 282
  3. Die Religionsgemeinschaften 283
- IV. Schranken 285
- V. Insbesondere: Islamischer Religionsunterricht 287
  1. Allgemeines 287
  2. Probleme des Anspruchsinhalts 288
     - a) Der Begriff der Religionsgemeinschaft 288
     - b) Das Beiratsmodell 290
     - c) Die Durchführung des Religionsunterrichts 291
  3. Schranken 292

Wiederholungs- und Vertiefungsfragen 293

§ 13 Theologische Fakultäten 294

- I. Allgemeines 294
  1. Rechtsgrundlagen 294
     - a) Grundgesetz 294
     - b) Landesrecht 295
     - c) Religionsverfassungsrechtliche Verträge und Kirchenrecht 296

	2.	Dogmatische Grundlegung	296
	3.	Dogmatischer Status	297
II.	Anspruchsinhalt		298
	1.	Theologische Fakultäten als staatliche Institutionen	298
	2.	Bestimmungsrecht der Religionsgemeinschaften	299
		a) Grundlegung	299
		b) Studium und Prüfungswesen	299
		c) Wissenschaftliches Personal	300
		d) Die Errichtung einer theologischen Fakultät	301
		e) Die Zulassung Konfessionsfremder	303
		f) Die „Europäisierung" des Studiums	303
III.	Anspruchsberechtigte		304
IV.	Schranken		305
	Wiederholungs- und Vertiefungsfragen		306

E. Der flankierende Schutz der Religionsfreiheit

§ 14 Der Schutz des Religionsguts — 307

I.	Allgemeines		307
	1.	Rechtsgrundlagen	307
	2.	Dogmatische Grundlegung und dogmatischer Status	308
II.	Der Schutzbereich		309
	1.	Der personelle Schutzbereich	309
	2.	Der sachliche Schutzbereich	310
		a) Allgemeines	310
		b) „Eigentum und andere Rechte"	310
		c) Religiöse Zweckbestimmung	311
		d) Schutzbereichsbegrenzung?	311
III.	Der Eingriff in den Schutzbereich		312
IV.	Die verfassungsrechtliche Rechtfertigung von Eingriffen		313
	Wiederholungs- und Vertiefungsfragen		315

§ 15 Staatsleistungen — 316

I.	Grundlagen		316
	1.	Staatsleistungen und Ablösungsgebot	316
		a) Staatsleistungen und Säkularisation	316
		b) Das Ablösungsgebot	317
	2.	Rechtsgrundlagen	317
	3.	Dogmatische Grundlegung und Status	317
		a) Ablösung von Staatsleistungen und Religionsfreiheit	317
		b) Dogmatischer Status	318
II.	Die Staatsleistungen		318
	1.	Begriff	318
	2.	Arten von Staatsleistungen	319
		a) Zwecke, Bezugspunkte und Modi	319
		b) Insbesondere: Positive und negative Staatsleistungen	320
	3.	Rechtstitel	320
		a) Gesetz, Vertrag und besondere Rechtstitel	320
		b) Insbesondere: Religionsverfassungsrechtliche Verträge	321

	4.	Leistungsempfänger und Leistungsverpflichtete	321
III.	Das Ablösungsgebot		323
	1.	Begriff und Bedeutung	323
	2.	Die Verpflichtung zur Ablösung	324
		a) Art und Umfang der Ablösung	324
		b) Zuständigkeit und Verfahren	326
		c) Insbesondere: Keine Ablösung ohne Grundsatzgesetz	327
	3.	Bestandsschutz	328
		a) Art. 173 WRV	328
		b) Verfassungswidriges Verfassungsrecht?	329
		c) Wegfall der Geschäftsgrundlage?	329
	4.	Das Verbot der Neubegründung von Staatsleistungen	330
	Wiederholungs- und Vertiefungsfragen		332

§ 16 Sonn- und Feiertagsschutz — 333

I.	Grundlagen		333
	1.	Entwicklung des Sonn- und Feiertagsschutzes	333
	2.	Rechtsgrundlagen	334
		a) Grundgesetz	334
		b) Landesverfassungsrecht	336
		c) Religionsverfassungsrechtliche Verträge	336
		d) Einfaches Gesetzesrecht	336
	3.	Dogmatischer Status	337
		a) Institutionelle Garantie?	337
		b) Schutzpflichtendimension der Religionsfreiheit	338
II.	Schutzbereich		339
	1.	Personeller Schutzbereich	339
	2.	Sachlicher Schutzbereich	340
		a) Allgemeines	340
		b) Der Sonntag	340
		c) Die Feiertage	341
		d) Arbeitsruhe	341
		e) Seelische Erhebung	342
III.	Eingriffe		342
IV.	Verfassungsrechtliche Rechtfertigung		344
	1.	Verfassungsimmanente Schranken	344
	2.	Verhältnismäßigkeit	344
		a) Der Maßstab	344
		b) Sonn- und Feiertagsschutz	345
		c) Insbesondere: Der Schutz einzelner Feiertage	347
	Wiederholungs- und Vertiefungsfragen		348

F. Ausblick: Religionsverfassungsrecht in Europa

§ 17 Religionsverfassungsrechtliche Modelle in der EU — 349

I.	Allgemeines		349
II.	Das Staats- bzw. Volkskirchenmodell		349
	1.	Kriterium und Erscheinungsformen	349
	2.	Insbesondere: Das Vereinigte Königreich	350

	III.	Das Trennungsmodell	350
		1. Kriterium und Erscheinungsformen	350
		2. Insbesondere: Frankreich	351
	IV.	Das Kooperationsmodell	351
	V.	Konvergenz und Zwei-Ebenen-Modell	351
		1. Zur Kritik an der Systematisierung	351
		2. Die Konvergenzthese	352
		3. Das Zwei-Ebenen-Modell	353
		Wiederholungs- und Vertiefungsfragen	353
§ 18	Europäisches Religionsverfassungsrecht		354
	I.	Allgemeines	354
	II.	Das EU-Grundrecht der Religionsfreiheit	354
		1. Zu Entwicklung und Systematik des Grundrechtsschutzes in der EU	354
		2. Art. 9 EMRK	356
		3. Die Charta der Grundrechte der Europäischen Union	358
	III.	EU-Recht und Religionsverfassungsrecht der Mitgliedstaaten	359
		1. Allgemeines	359
		2. Fehlende Regelungskompetenz der EU	359
		3. Die Achtung der nationalen Identität der Mitgliedstaaten	360
		4. Die Achtung des mitgliedstaatlichen Religionsverfassungsrechts	361
		a) Die Amsterdamer Kirchenerklärung und der EU-Verfassungsvertrag	361
		b) Art. 17 AEUV	361
	IV.	Auswirkungen des EU-Rechts auf Religion und Religionsgemeinschaften	362
		1. Grundlagen und Anwendungsfälle	362
		2. Insbesondere: EU-Wettbewerbs- und Antidiskriminierungsrecht	363
		a) Einrichtungen im karitativen bzw. diakonischen Bereich	363
		b) Kirchensteuer und Staatsleistungen	364
		c) Antidiskriminierungs- und Arbeitsrecht	365
		Wiederholungs- und Vertiefungsfragen	365
Definitionen			366
Literaturverzeichnis			368
Stichwortverzeichnis			396

Abkürzungsverzeichnis

a.A.	andere Ansicht
ABl.	Amtsblatt
Abs.	Absatz
AEMR	Allgemeine Erklärung der Menschenrechte
AEUV	Vertrag über die Arbeitsweise der Europäischen Union
AGG	Allgemeines Gleichstellungsgesetz
Anm.	Anmerkung
AO	Abgabenordnung
AöR	Archiv für öffentliches Recht
Art.	Artikel
Aufl.	Auflage
AuR	Arbeit und Recht
Ausf.	ausführlich
BAG	Bundesarbeitsgericht
BAGE	Entscheidungen des Bundesarbeitsgerichts
BauGB	Baugesetzbuch
BauNVO	Baunutzungsverordnung
BaWü	Baden-Württemberg
Bay	Bayern
BayVBl.	Bayerisches Verwaltungsblatt
Bbg	Brandenburg
Bd.	Band
Bde	Bände
BDSG	Bundesdatenschutzgesetz
BeamtStG	Beamtenstatusgesetz
Berl	Berlin
BeurkG	Beurkundungsgesetz
BFH	Bundesfinanzhof
BFHE	Entscheidungen des Bundesfinanzhofs
BHO	Bundeshaushaltsordnung
BGB	Bürgerliches Gesetzbuch
BGH	Bundesgerichtshof
BGHZ	Entscheidungen des Bundesgerichtshofs in Zivilrechtssachen
BetrVG	Betriebsverfassungsgesetz
Bln	Berlin
BPersVG	Bundespersonalvertretungsgesetz
Br	Bremen
BRRG	Beamtenrechtsrahmengesetz
BT-Drs	Bundestagsdrucksache
BVerfG	Bundesverfassungsgericht
BVerfGE	Entscheidungen des Bundesverfassungsgerichts
BVerfGG	Bundesverfassungsgerichtsgesetz
BVerwG	Bundesverwaltungsgericht
BVerwGE	Entscheidungen des Bundesverwaltungsgerichts
BVG	Beamtenvertretungsgesetz
bzgl.	bezüglich

cc.	canones
CIC	Corpus Iuris Canonici
DDR	Deutsche Demokratische Republik
bzw.	beziehungsweise
DEK	Deutsche Evangelische Kirche
ders.	derselbe
d.h.	das heißt
DIK	Deutsche Islam Konferenz
dies.	dieselbe
DÖV	Die Öffentliche Verwaltung
DGSVO	EU-Datenschutzgrundverordnung
DVBl.	Deutsches Verwaltungsblatt
ebd.	ebenda
EG	Europäische Gemeinschaft(en)
EGBGB	Einführungsgesetz zum Bürgerlichen Gesetzbuch
EGGVG	Einführungsgesetz zum Gerichtsverfassungsgesetz
EGMR	Europäischer Gerichtshof für Menschenrechte
EinigungsV	Vertrag über die Herstellung der Einheit Deutschlands (Einigungsvertrag)
EKD	Evangelische Kirche in Deutschland
EMRK	Europäische Menschenrechtskonvention
epd	Evangelischer Pressedienst
ErbStG	Erbschaftssteuergesetz
EssGspr.	Essener Gespräche
EStG	Einkommensteuergesetz
etc.	et cetera
EU	Europäische Union
EU-GRCh	Charta der Grundrechte der Europäischen Union
EuGRZ	Europäische Grundrechtszeitschrift
EuR	Europarecht
EUV	Vertrag über die Europäische Union
e.V.	eingetragener Verein
EvStL	Evangelisches Staatslexikon
f.	folgende
ff.	fortfolgende
FG	Finanzgericht
FS	Festschrift
Ges.	Gesammelt(e)
GewO	Gewerbeordnung
GewStG	Gewerbesteuergesetz
GG	Grundgesetz
ggf.	gegebenenfalls
GrStG	Grundsteuergesetz
GVG	Gerichtsverfassungsgesetz

HevKR	Handbuch des evangelischen Kirchenrechts
HdbkathKR	Handbuch des katholischen Kirchenrechts
HdBStKiR	Handbuch des Staatskirchenrechts (2. Aufl)
HdBStR	Handbuch des Staatsrechts
HdBVerfR	Handbuch des Verfassungsrechts
Hess.	Hessen
HGR	Haushaltsgrundsätzegesetz
HH	Freie und Hansestadt Hamburg
h.M.	herrschende Meinung
Hrsg.	Herausgeber
HS	Hauptsatz
HSKR	Handbuch des Staatskirchenrechts (3. Aufl)
HVD	Humanistischer Verband Deutschlands
i.E.	im Ergebnis
i.e.S.	im engeren Sinn
IGH	Internationaler Gerichtshof
IPbpR	Internationaler Pakt über bürgerliche und politische Rechte
i.S.d.	im Sinne des/der
i.Ü.	im Übrigen
i.V.m.	in Verbindung mit
JA	Juristische Arbeitsblätter
JbArbR	Jahrbuch für Arbeitsrecht
Jh.	Jahrhundert
JÖR N.F.	Jahrbuch des Öffentlichen Rechts, Neue Fassung
JuS	Juristische Schulung
JZ	Juristenzeitung
KAG	Kirchenaustrittsgesetz
KiStG	Kirchensteuergesetz
KO	Kostenordnung
KODA	Kommission zur Ordnung des Arbeitsvertragsrechts
KSchG	Kündigungsschutzgesetz
KStG	Körperschaftssteuergesetz
KSZE	Konferenz über Sicherheit und Zusammenarbeit in Europa
KuR	Kirche und Recht
LER	Lebensgestaltung-Ethik-Religionskunde
LKV	Landes- und Kommunalverwaltung
LÖffZG	Gesetz über die Ladenöffnungszeiten
LVerfG	Landesverfassungsgericht
MAVO	Rahmenordnung für die Mitarbeitervertretungsordnung
MedR	Medizinrecht
MitbestG	Mitbestimmungsgesetz
MRRG	Melderechtsrahmengesetz
MSV	Vertrag zur Regelung der evangelischen Militärseelsorge
Mt.	Matthäus
MV	Mecklenburg-Vorpommern

MVG	Kirchengesetz über die Mitarbeitervertretungen in der EKD
m.w.N.	mit weiteren Nachweisen
Nds.	Niedersachsen
NJW	Neue Juristische Wochenschrift
Nr.	Nummer
NRW	Nordrhein-Westfalen
NordÖR	Zeitschrift für Öffentliches Recht in Norddeutschland
NVwZ	Neue Zeitschrift für Verwaltungsrecht
Nw	Nachweis(e)
NZA	Neue Zeitschrift für Arbeitsrecht
o.g.	oben genannt
OKiStG	Ortskirchensteuergesetz
OVG	Oberverwaltungsgericht
OSZE	Organisation für Sicherheit und Zusammenarbeit in Europa
PrALR	Preußisches Allgemeines Landrecht
PrGKG	Preußisches Gerichtskostengesetz
PrVerf	Preußische Verfassung
PStG	Personenstandsgesetz
RdA	Recht der Arbeit
RdJB	Recht der Jugend und des Bildungswesen
RelKEG	Gesetz über die religiöse Kindererziehung
RGG	Religion in Geschichte und Gegenwart
RGBl.	Reichsgesetzblatt
RhPf	Rheinland-Pfalz
Rn.	Randnummer
Rspr.	Rechtsprechung
RVO	Rechtsverordnung
RW	Rechtswissenschaft. Zeitschrift für rechtswissenschaftliche Forschung
S.	Satz/Seite
Sa	Sachsen
SAnh	Sachsen-Anhalt
Saarl	Saarland
SächsVBl.	Sächsische Verwaltungsblätter
SFTG	Sonn- und Feiertagsgesetz
SGB	Sozialgesetzbuch
SH	Schleswig-Holstein
s.o.	siehe oben
sog.	sogenannte(r)
SoldG	Soldatengesetz
Sp.	Spalte
std.	ständig(e)
StGB	Strafgesetzbuch
StKiV	Staatskirchenvertrag
StrVollzG	Strafvollzugsgesetz
s.u.	siehe unten

Abkürzungsverzeichnis

ThürVBl.	Thüringer Verwaltungsblätter
TierSchG	Tierschutzgesetz
TRE	Theologische Realenzyklopädie
u.a.	unter anderem/und andere
UEK	Union Evangelischer Kirchen
UN	Vereinte Nationen
USA	Vereinigte Staaten von Amerika
UStG	Umsatzsteuergesetz
u.zw.	und zwar
VELKD	Vereinigte Evangelisch-Lutherische Kirche in Deutschland
VereinsG	Vereinsgesetz
Verf	Verfassung
Verf.	Verfasser
Verf-EU	Vertrag über eine Verfassung für Europa
VerfGH	Verfassungsgerichtshof
VersG	Versammlungsgesetz
VerwArch	Verwaltungsarchiv
vgl.	vergleiche
Vorb.	Vorbemerkung
VR	Verwaltungsrundschau
vs.	versus
VStG	Vermögenssteuergesetz
VVDStRL	Vorträge der Vereinigung der Deutschen Staatsrechtslehrer
VVG	Verwaltungsvollstreckungsgesetz
VwGO	Verwaltungsgerichtsordnung
VwVfG	Verwaltungsverfahrensgesetz
WRV	Weimarer Reichsverfassung vom 11. August 1919
WVK	Wiener Vertragsrechtskonvention
ZaöRV	Zeitschrift für ausländisches öffentliches Recht und Völkerrecht
ZAR	Zeitschrift für Ausländerrecht und Ausländerpolitik
z.B.	zum Beispiel
ZDv	Zentrale Dienstvorschrift
ZevKR	Zeitschrift für Evangelisches Kirchenrecht
ZPO	Zivilprozessordnung
ZRP	Zeitschrift für Rechtspolitik
z.T.	zum Teil
ZThK	Zeitschrift für Theologie und Kirche

A. Grundlagen

§ 1 Einführung: Was ist und wozu Religionsverfassungsrecht?

I. Begriff, Status und Funktion des Religionsverfassungsrechts

1. Der Begriff des Religionsverfassungsrechts

„Nun sag', wie hast du's mit der Religion?" Diese existenzielle Gretchen-Frage, gerichtet an den Doktor Faust, verlangt auch vom demokratischen Verfassungsstaat eine Antwort.[1] Das Grundgesetz liefert diese Antwort in seinen normativen Bestimmungen zum Religionsverfassungsrecht. Das Religionsverfassungsrecht behandelt die **Gesamtheit der Normen, die das Verhältnis des Staates zur Religion regeln**. Über die Bezeichnung dieses Rechtsgebiets herrscht seit dem Ende des 20. Jahrhunderts - ein allerdings an Intensität verlierender - Streit. Zwei Fraktionen stehen sich gegenüber: Während die eine Fraktion an dem lange unumstrittenen Begriff des Staatskirchenrechts festhalten möchte, schlägt die andere und sich zunehmend durchsetzende Richtung den Begriff des Religionsverfassungsrechts bzw. des Religionsrechts vor.[2] Bei dieser Auseinandersetzung handelt es sich nicht um einen bloß akademischen Streit um die Etikettierung eines im Übrigen identischen Rechtsgebietes. Vielmehr sind mit dem jeweiligen Etikett neben symbolischen auch programmatisch-konzeptionelle Implikationen verbunden. Vor diesem Hintergrund ist jede Bezeichnung – auch die hier verwendete – erläuterungsbedürftig.

a) Staatskirchenrecht?

Seit der Mitte des 19. Jahrhunderts wurde das Rechtsgebiet, das sich mit dem Verhältnis des Staates zur Religion beschäftigt, als **Staatskirchenrecht** bezeichnet.[3] Im Fokus dieser Disziplin stand und steht – entsprechend den beiden zentralen Komponenten des Begriffs – das **Verhältnis der beiden Institutionen Staat und Kirche(n)**, die seit der Entstehung und Ausbreitung der christlichen Kirche(n) die Geschichte des Abendlandes wesentlich geprägt haben. Schon lange bevor die individuelle Religionsfreiheit in den Blick geriet, war ein rechtlich fundierter Ausgleich zwischen der weltlichen und der geistlichen Gewalt mit ihren jeweiligen Institutionen erforderlich geworden (s.u. Rn. 15 ff.). Reste dieser institutionellen Ausrichtung fanden noch Eingang in die Weimarer Reichsverfassung vom 11.8.1919 und über den Umweg des Art. 140 GG auch in das Grundgesetz. Noch deutlicher als in der Weimarer Reichsverfassung stehen sie hier im Kontext der individuellen Religionsfreiheit des Art. 4 Abs. 1 und 2 GG. Das mit dem Begriff des Staatskirchenrechts verbundene Konzept beharrt aber in einer **stärkeren Variante** auf dem Vorrang der institutionellen Seite gegenüber dem

---

1 Vgl. *di Fabio*: Gewissen, Glaube, Religion, S. 15 (29).
2 Immerhin firmiert das Lehrbuch *von v. Campenhausen/de Wall* seit der 5. Auflage von 2022 nicht mehr unter dem Titel „Staatskirchenrecht", sondern trägt die Bezeichnung „Religionsverfassungsrecht". Allerdings hat das nunmehr von *Dietrich Pirson, Wolfgang Rüfner, Michael Germann* und *Stefan Muckel* herausgegebene (Standard-) „Handbuch des Staatskirchenrechts der Bundesrepublik Deutschland" auch mit der 3. Auflage von 2020 seinen Titel nicht verändert; dazu *Germann*: § 7 Das System des Staatskirchenrechts in Deutschland, Rn. 71. Mit dem Versuch einer Vermittlung *Neureither*, in: Grzeszick (Hrsg.), S. 47 (56 ff.).
3 Zur Begriffsgeschichte siehe *Hense*, in: Haratsch u.a. (Hrsg.), S. 9 (15 ff.), und *Waldhoff*, in: Holzner/Ludyga (Hrsg.), S. 13 ff.

Individualgrundrecht der Religionsfreiheit. In einer **schwächeren Variante** wird zumindest ein „institutioneller Überhang" der inkorporierten Vorschriften aus der Weimarer Reichsverfassung behauptet, der nicht in Art. 4 Abs. 1 und 2 GG aufgehe. Insgesamt weist der Begriff des Staatskirchenrechts daher eine „institutionelle Schlagseite" auf.[4]

3 Die aktuelle Verteidigung der Bezeichnung „Staatskirchenrecht"[5] wird – soweit ersichtlich – im Wesentlichen auf **vier Argumente** gestützt.[6] Das **pragmatische Argument** besagt, dass diese Bezeichnung herkömmlich und insofern im einschlägigen wissenschaftlichen Diskurs geläufig sei. Mit dem **thematischen Argument** wird behauptet, dass von der zu bezeichnenden Rechtsmaterie immer noch primär die großen christlichen Kirchen betroffen seien. Das **Vorrang-Argument** basiert auf der These, dass die individuelle Religionsfreiheit notwendig auf die „institutionelle Festigkeit in der Kirche" angewiesen sei.[7] Nicht der individuelle Glaube schaffe sich die erforderlichen Institutionen, vielmehr müssten umgekehrt die Kirchen und die anderen Religionsgemeinschaften als zentrale Bedingung des individuellen Glaubens angesehen werden, so dass „die Sinngebung für den Glaubenden von der Institution zum Individuum" verlaufe.[8] Das **Überhang-Argument**, mit dem die schwächere Variante des Konzepts vom Staatskirchenrecht gestützt werden soll, besagt, dass das Thema der Religion durch das Nebeneinander von Art. 4 Abs. 1 und 2 und Art. 140 GG jedenfalls in doppelter Weise im Grundgesetz verwurzelt sei und die inkorporierten Vorschriften aus der Weimarer Reichsverfassung nicht ohne „institutionellen Überhang" im Grundrecht der Religionsfreiheit aufgingen.[9]

b) Religionsverfassungsrecht!

4 Der Begriff des **Religionsverfassungsrechts** steht für einen gegenüber dem Staatskirchenrecht **veränderten Interpretationsansatz** und eine **Erweiterung des Gegenstandsbereichs** der bezeichneten Rechtsmaterie.[10] Während das Staatskirchenrecht die institutionelle Seite des Staat/Religion-Verhältnisses dem Grundrecht der Religionsfreiheit aus Art. 4 Abs. 1 und 2 GG überordnet oder zumindest gleichstellt, ist mit dem Begriff des Religionsverfassungsrechts eine **grundrechtszentrierte Sichtweise auf das Verhältnis von Staat und Religion** verbunden, die **alle Materien des religionsbezogenen Rechts** und **alle Religionen und Religionsgemeinschaften** in den Blick nimmt. Die Ursachen für diese Umorientierung liegen in den Veränderungen der rechtlichen und tatsächlichen Rahmenbedingungen, die seit dem Jahr 1919 zu verzeichnen sind.[11] Zu den veränderten *rechtlichen* Rahmenbedingungen zählt vor allem die konsequent individualrechtliche Fundierung und Ausrichtung des Grundgesetzes. Die veränderten *tatsäch-*

---

4 *Morlok*, in: Heinig/Walter (Hrsg.), S. 185 (187).
5 Für die Beibehaltung des Begriffs „Staatskirchenrecht" u.a. *M. Heckel*, AöR 13 (2009), 309 (328); *Germann*, in: Epping/Hillgruber (Hrsg.), Art. 140 Rn. 1; *Stern*: Staatsrecht, Bd. IV/2, S. 1171.
6 Einen Überblick insbesondere über die ersten beiden Argumente liefert u.a. *Hense*, in: Haratsch u.a. (Hrsg.), S. 9 (36).
7 *Kirchhof*, EssGspr 39 (2005), S. 105 (113).
8 *Grzeszick*, in: Heinig/Walter (Hrsg.), S. 131 (135, 137).
9 So u.a. *Muckel*, in: Friauf/Höfling (Hrsg.), Art. 140 Rn. 25; *Korioth*, in: Festschrift für Peter Badura, S. 727 (730, 738 ff.); *Hillgruber*, in: Heinig/Walter (Hrsg.), 213 (215 ff.); *Heinig*, ZevKR 53 (2008), 235 (251 f.).
10 Zum Folgenden siehe etwa *Morlok*, in: Heinig/Walter (Hrsg.), S. 185 (187 ff.); *Hense*, in: Haratsch u.a. (Hrsg.), S. 9 (37 ff.) und *Walter*: Religionsverfassungsrecht, S. 128 ff. Die Kritik an diesem Verständnis zusammenfassend *Waldhoff*, EssGspr 42 (2008), 55 (81 ff.).
11 Insofern geht auch der Vorwurf der Ahistorizität des Begriffs „Religionsverfassungsrecht" ins Leere; zum Vorwurf *Korioth*, in: Festschrift für Peter Badura, S. 727 (737), dagegen *Morlok*, in: Heinig/Walter (Hrsg.), S. 185 (196 f.).

lichen Rahmenbedingungen können zunächst mit den Stichworten der fortschreitenden Individualisierung, Säkularisierung und Pluralisierung der Religion umschrieben werden (s.u. Rn. 48).

Zur Begründung der **Erweiterung des Gegenstandsbereiches**, d.h. gegen die Beschränkung auf den institutionellen Aspekt und den begriffsimmanenten Ausschluss der kleineren und nicht-christlichen Religionsgemeinschaften kann vor allem das verfassungstheoretische **Argument aus dem normativen und umfassenden Charakter der Verfassung** vorgebracht werden.[12] Das religionsbezogene Recht unter dem Grundgesetz erhebt den Anspruch, das Verhältnis des Staates zur Religion in allen seinen Facetten zu regeln. Eine dem Begriff des Staatskirchenrechts immanente Fokussierung auf die großen christlichen Kirchen ist damit nicht vereinbar.[13] Gestützt wird dieses Argument zudem durch den Hinweis auf die gebotene **Neutralität** des Staates in religiösen und weltanschaulichen Angelegenheiten (s.u. Rn. 90).

Aus der **konsequent grundrechtszentrierten Lesart** der Rechtsmaterie folgt, dass **Art. 4 Abs. 1 und 2 GG als Ausgangspunkt und Fundamentalnorm** des Religionsverfassungsrechts anzusehen ist.[14] Zur Begründung kann zunächst die **Systematik** des Grundgesetzes angeführt werden, die das Grundrecht der Religionsfreiheit an der Spitze der speziellen Freiheitsrechte im Grundrechtsteil ansiedelt, während die Inkorporation der religionsbezogenen Vorschriften aus der Weimarer Reichsverfassung erst im Abschnitt der Übergangs- und Schlussbestimmungen erfolgt. Gewichtiger ist der verfassungstheoretisch fundierte und in der Verfassung selbst zu belegende Hinweis auf den **Vorrang des Individuums vor den Institutionen** im und unter dem Grundgesetz.[15] Ausgangspunkt ist die in Art. 1 Abs. 1 GG verankerte Menschenwürde, mit der die Autonomie der Freien und Gleichen als verfassungs*theoretische* und zugleich verfassungs*rechtliche* Grundlage des Grundgesetzes benannt wird. Die nachfolgenden Grundrechte in Gestalt der Freiheits- und Gleichheitsrechte formen diese Grundlage in spezifische Rechtspositionen des Individuums aus, jeweils in einer Abwehr- und einer Schutzdimension. Aus dieser Grundlegung sowie aus der Einheit der Verfassung folgt, dass das Verhältnis des Staates zur Religion vom Grundrecht der Religionsfreiheit dominiert wird. Die institutionellen, auf die Religionsgemeinschaften bezogenen, und die vermeintlich objektiv-rechtlichen Aspekte – wie etwa der Sonntagsschutz in Art. 140 GG i.V.m. Art. 139 WRV – können als spezifische und kontingente Ausprägungen und Ausformungen der **Schutzpflichtendimension der Religionsfreiheit** gelten.[16] Sie sichern die Bedingungen der Möglichkeit der Ausübung von Religion durch Individuen – mit Besonderheiten etwa bei den jeweils einschlägigen Schranken (vgl. Art. 137 Abs. 3 WRV). Diese Sicherungen sind insoweit kontingent, als sie z.T. keine notwendigen,

---

12 Zu diesen Elementen des Verfassungsbegriffs des Grundgesetzes siehe *Unruh*: Der Verfassungsbegriff des Grundgesetzes, S. 399 ff., 416 ff.
13 Zustimmend u.a. *Waldhoff*, EssGspr. 42 (2008), 55 (80).
14 In diesem Sinn auch BVerfGE 102, 370 (393); das BVerfG bezeichnet Art. 4 Abs. 1 und 2 GG zuweilen und zutreffend auch als „leitenden Bezugspunkt des deutschen staatskirchenrechtlichen Systems" (BVerfGE 139, 321 (349)). Aus der Literatur etwa *Borowski*, S. 298 ff.; *Germann*, in: Epping/Hillgruber (Hrsg.); Art. 140 Rn. 4. Gegen die grundrechtliche Deutung aus *Uhle*: Staat-Kirche-Kultur, S. 131ff; *Hillgruber*, JZ 1999, 538 (547); dagegen *Waldhoff*, in: Holzner/Ludyga (Hrsg.), S. 13 (24 ff.) m.w.N.
15 Zur Verfassungstheorie siehe *Unruh*: Der Verfassungsbegriff, S. 340 f.; mit Bezug auf das Religionsverfassungsrecht insbesondere *M. Heckel*: Religionsfreiheit und Staatskirchenrecht, S. 303 (309 ff.); und *Morlok*, in: Heinig/Walter (Hrsg.), S. 185 (192). Mit diesem Argument kann dem Vorwurf von *Augsberg*, in: Holzner/Ludyga (Hrsg.), S. 73 (84), es würde bei der Diskussion über das Religionsverfassungsrecht „erstaunlich selten …auf den spezifischen Sinn des Verfassungskonzepts verwiesen", begegnet werden.
16 Für den Sonntagsschutz aus Art. 140 GG i.V.m. Art. 139 WRV bestätigt durch BVerfGE 125, 39 (77).

sondern kulturspezifische Folgerungen aus der Schutzpflichtendimension des Art. 4 Abs. 1 und 2 GG darstellen; als Beispiel kann wiederum der Sonntagsschutz herangezogen werden. Das mit dem Begriff des Religionsverfassungsrechts verbundene Konzept ist daher sowohl verfassungstheoretisch als auch verfassungsrechtlich abgesichert. Es ist ein **integratives Konzept**, das die über Art. 140 GG inkorporierten „institutionellen" Aspekte nicht ausblendet, sondern in eine einheitliche Dogmatik zum Verhältnis von Staat und Religion unter dem Grundgesetz einfügt und ihnen dort eine gewichtige, gleichwohl dienende Rolle zuweist. Es erhebt zudem den Anspruch, das **Religionsverfassungsrecht des Grundgesetzes als konsistentes und kohärentes System** beschreiben zu können, und zwar mit dem Grundrecht auf Religionsfreiheit als archimedischem Punkt.[17]

7 Flankierend kann zugunsten dieser Lesart das pragmatische Argument aus der **Rechtsvergleichung** und dem **europäischen Gemeinschaftsrecht** angeführt werden. Eine rechtsvergleichende Analyse ergibt, dass der Begriff des Religionsverfassungsrechts bzw. ähnliche Begriffe sich auch in den rechtlichen Diskursen und Rechtsordnungen anderer Länder durchzusetzen beginnen.[18] In diesem Zusammenhang dürfte auch rein terminologisch der Begriff des „Religionsverfassungsrechts" auf internationaler Ebene eher zu vermitteln sein als der mit spezifisch deutschen Besonderheiten behaftete Begriff des „Staatskirchenrechts".[19] Hinsichtlich des Gemeinschaftsrechts ist schließlich darauf hinzuweisen, dass sich auch dort die grundrechtszentrierte, zumeist an Art. 9 EMRK ausgerichtete Betrachtungsweise der Religion durchgesetzt hat. Die Verwendung des programmatischen Begriffs des Religionsverfassungsrechts hält das grundgesetzliche Modell in Europa anschlussfähig. Es kann sogar als Vorbild dienen, „weil es aus vielfältigen langen Erfahrungen religiöser Konflikte erwuchs und im europäischen Vergleich zukunftsträchtig ist".[20]

8 Insgesamt sprechen also gute Gründe für eine Abkehr vom Begriff des Staatskirchenrechts und für eine Hinwendung zu einer umfassenden und grundrechtszentrierten Betrachtung des Verhältnisses zwischen Staat und Religion. Als Bezeichnung für diese Betrachtungsweise konkurriert der Begriff des Religionsverfassungsrechts aber noch mit dem **Begriff des Religionsrechts**. Vielfach werden beide Begriffe undifferenziert nebeneinander oder sogar als Synonyme verwendet. Sofern auf eine sachliche Differenz abgehoben wird, soll der Begriff des Religionsverfassungsrechts auf die originär verfassungsrechtlichen Normenbezüge beschränkt sein, während das Religionsrecht – insoweit weiter gehend – als Oberbegriff sowohl das Religionsverfassungsrecht als auch die weiteren einschlägigen Rechtsmaterien, wie etwa das Religionsverwaltungsrecht etc., umfassen soll.[21] Gegen die Verwendung des Begriffs „Religionsrecht" spricht nicht schon der Umstand, dass er seine Ursprünge in der Zeit des Nationalsozialismus

---

17 Skeptisch gegenüber der Idee eines Systems des Religionsverfassungsrechts v. Campenhausen/de Wall, S. § 39; ausführlich und i.W. affirmativ zum Systemgedanken mit der Religionsfreiheit als archimedischem Punkt Germann: Das System des Staatskirchenrechts in Deutschland, Rn. 1 ff.
18 Dazu Beispiele bei Hense, in: Haratsch u.a. (Hrsg.), S. 9 (41).
19 Ebenso H. Weber: Diskussionsbeitrag, EssGspr. 42 (2008), S. 114.
20 M. Heckel: Religionsfreiheit und Staatskirchenrecht, S. 303 (312). Zum Aspekt der Anschlussfähigkeit im europäischen Kontext siehe auch Korioth, in: Festschrift für Peter Badura, S. 727 (747), und Walter, in: Grote/Marauhn (Hrsg.), S. 215 (239).
21 Vgl. Hense, in: Haratsch u.a. (Hrsg.), S. 9 (43 ff.); für ein weiter gehendes Begriffsverständnis auch Morlok, in: Heinig/Walter (Hrsg.), S. 185 (187). Siehe auch den Titel des Lehrbuchs von Classen: Religionsrecht, passim.

hat.[22] Überhaupt dürften die Differenzen tatsächlich nicht besonders groß sein. Wenn im Folgenden der Begriff des Religionsverfassungsrechts bevorzugt wird, so liegt dies primär an der grundrechtszentrierten, und damit verfassungsrechtlich fundierten, auf die Religionsfreiheit hin justierten Perspektive auf das zu behandelnde Rechtsgebiet.[23] Darüber hinaus kann darauf hingewiesen werden, dass sich die einschlägigen einfachgesetzlichen Regelungen als „Ausprägungen und Konkretisierungen der verfassungsrechtlichen Basis" erweisen.[24]

2. Status und Funktion des Religionsverfassungsrechts

Das Religionsverfassungsrecht ist im Kern **öffentliches Recht**, das allerdings auch auf andere Rechtsgebiete, etwa das Arbeitsrecht ausstrahlt. Trotz seiner Besonderheiten ist es also kein Rechtsgebiet sui generis, dessen Behandlung einer besonderen Methodik bedürfte.[25] Das Religionsverfassungsrecht kann ferner – unter Verwendung der Terminologie von *Martin Heckel* – als **säkulares Rahmenrecht** für alle Religionen und Religionsgemeinschaften bezeichnet werden.[26] Das Religionsverfassungsrecht ist also zunächst **Recht des säkularen Staates**. Das bedeutet, dass der Staat sein Verhältnis zur Religion kraft seiner originären Rechtsetzungsmacht in weltlichen Angelegenheiten selbst regelt. Auch die Religion und die Religionsgemeinschaften stehen unter dem Grundgesetz; der Vorrang, die Normativität und der umfassende Charakter der Verfassung erfahren auch in Religionsangelegenheiten keine Bereichsausnahme. Die verfassungsgebende bzw. verfassungsändernde Gewalt erstreckt sich allerdings nur auf die säkularen Befugnisse zur Rechtsetzung, nicht auf die Rechtsgewalt der Religionsgemeinschaften in ihren eigenen Angelegenheiten. Daraus folgt die Wesensverschiedenheit des (bekenntnisneutralen) weltlichen Rechts einerseits und des (bekenntnisgebundenen) Rechts der Religionsgemeinschaften bzw. des Kirchenrechts andererseits.

Das Religionsverfassungsrecht ist ferner inhaltlich durch **säkulare Rahmennormen** geprägt: seine Begriffe „sind Rahmenbegriffe weltlich-staatlichen Charakters, die den divergierenden religiösen Vorstellungen der Bürger und der Religionsgemeinschaften Freiheit gewähren und Schranken ziehen."[27] Die Ausfüllung dieser Begriffe bleibt weitgehend, d. h. in dem religionsverfassungsrechtlich vorgegebenen Rahmen, dem jeweiligen religiösen Selbstverständnis der Betroffenen überlassen. Das religionsbezogene staatliche Recht zeichnet sich also durch eine säkulare und neutrale Selbstbeschränkung aus, die die religiöse Wahrheitsfrage bewusst offen lässt.

Mit diesem Status des Religionsverfassungsrechts sind im Wesentlichen **zwei Funktionen** verbunden. Das Religionsverfassungsrecht des säkularen Staates muss einerseits der Vielfalt der Religionen und Weltanschauungen **Schutz und Entfaltungsfreiheit** gewähren. Es darf die unterschiedlichen Religionen und Religionsgemeinschaften nicht diskriminieren, nivellieren oder gar säkularisieren; vielmehr muss es das Religiöse in distanzierter und zugleich neutraler Offenheit achten und fördern. Anderseits muss das Religionsverfassungsrecht den **normativen Anspruch des säkularen Rechts** und die

---

22 Dazu *Walter*, in: Grote/Marauhn (Hrsg.), S. 215 (216) unter Hinweis auf den 1938 gegründeten „Ausschuss für Religionsrecht".
23 Vgl. auch die gleichnamige Monografie von *Walter*: Religionsverfassungsrecht.
24 *Waldhoff*, EssGspr. 42 (2008), 55 (57 – noch zum Begriff des Staatskirchenrechts). Kritisch zum Begriff des Religionsrechts auch *Stern*: Staatsrecht, Bd. IV/2, S. 1169.
25 Vgl. *Hense*, in: Haratsch u.a. (Hrsg.), S. 9 (45).
26 Zum Folgenden siehe M. *Heckel*: Religionsfreiheit und Staatskirchenrecht, S. 303 (306 ff.).
27 M. *Heckel*: Religionsfreiheit und Staatskirchenrecht, S. 303 (307).

Einheit der staatlichen Rechtsordnung auch im Bereich der Religion sichern. Insofern muss es zum Schutz von Freiheit und Gleichheit aller Bürger auch der Religionsfreiheit und ihren vielfältigen individuellen, kollektiven und korporativen Erscheinungsformen Grenzen ziehen. Das Religionsverfassungsrecht bewegt sich im Ergebnis also im **Spannungsfeld zwischen Religionsermöglichung und -begrenzung.**

II. Die Bedeutung des Religionsverfassungsrechts

12 Die Frage nach dem „Wozu", d. h. nach der aktuellen Bedeutung des Religionsverfassungsrechts, erfordert eine doppelte Antwort. Im **Kontext der deutschen Rechtsordnung** ist das Religionsverfassungsrecht nach einer langen Phase der ruhigen, insbesondere vom BVerfG voran getriebenen Entwicklung zu einer viel und heftig diskutierten Rechtsmaterie geworden.[28] In diesem Zusammenhang wird sogar die These vertreten, dass das Religionsverfassungsrecht „des 21. Jahrhunderts nicht mehr das der insoweit ruhigen 1980er und 1990er Jahre sein" werde.[29] Z.T. wird hervorgehoben, dass das Religionsverfassungsrecht zunehmend zu einem Gefahrenabwehrrecht mutiere.[30] Jedenfalls oszilliert der Regelungsgegenstand der Religion in der öffentlichen und fachlichen Wahrnehmung zwischen den Beschreibungen als „Integrationsfaktor oder Konfliktherd".[31] Die Gründe liegen in den bereits erwähnten Veränderungen der rechtlichen und vor allem der tatsächlichen Rahmenbedingungen (s.o. Rn. 4). Insgesamt gilt: „Das Religionsverfassungsrecht ist aufgrund der sozio-kulturellen Entwicklung der letzten Jahre (zu Recht) von der Peripherie in das Zentrum des Interesses nicht nur der Fach-, sondern auch einer breiteren Öffentlichkeit gerückt."[32] Bereits dieser Befund lässt das Religionsverfassungsrecht zu einem lohnenswerten Studienobjekt werden. Die Attraktivität des Gegenstands wird durch seine allgemeinpolitische und verfassungsrechtliche Bedeutung noch gesteigert. Denn angesichts der Zunahme der kulturellen Vielfalt ist gerade das Religionsverfassungsrecht zu dem Ort geworden, an dem sich die Integrationsfähigkeit der deutschen Verfassungsordnung zu bewähren hat.

13 Im **supranationalen Kontext** werden die Bedeutung und die Attraktivität des Religionsverfassungsrechts durch zwei gegensätzliche, gleichwohl zusammenhängende Aspekte markiert. Zum einen ist die Kenntnis des nationalen Religionsverfassungsrechts bedeutsam für die Frage, wie und in welchem Umfang sich gerade das deutsche Modell des Verhältnisses von Staat und Religion im Rahmen des Gemeinschaftsrechts – und hier besonders des Primärrechts und der Rspr. des EuGH – **erhalten und bewähren** kann. Zum anderen ist die entgegengesetzte Frage virulent, ob und ggf. in welchem Umfang gerade das deutsche Religionsverfassungsrecht mit seiner geschichtsgesättigten Ausgleichsfunktion (s.o. Rn. 7) im europäischen Kontext eine **Vorbildfunktion** wahrnehmen kann. Insgesamt sind also neben dem rein akademischen Interesse genügend Gründe vorhanden, sich dem Religionsverfassungsrecht zuzuwenden.

---

28 Zur Systematisierung der aktuellen Diskussion *Heinig*, ZevKR 53 (2008), 235 (241 ff.); Überblick über die aktuellen Probleme bei *Munsonius*, DÖV 2013, 93 ff.
29 *Walter*, DVBl. 2008, 1073 (1080) unter Hinweis auf *Stolleis*, ZevKR 41 (1996), 435 (437).
30 *Heinig*, ZevKR 53 (2008), 235 (251); dazu auch *Möllers*, VVDStRL 68 (2009), 49 ff.
31 So der programmatische Titel eines Beitrags von *H. Dreier*: Religion im Grundgesetz – Integrationsfaktor oder Konfliktherd?, S. 33 7 ff.
32 *Unruh*, ZevKR 52 (2007), S. 111; ebenso *Waldhoff*, EssGspr. 42 (2008), 55 (98 ff.); *Stern*: Staatsrecht, Bd. IV/2, S. 1163, spricht von „juristische(r) Blutauffrischung".

§ 1 Einführung: Was ist und wozu Religionsverfassungsrecht?

Wiederholungs- und Vertiefungsfragen

> Wie lautet die Definition des Begriffs „Religionsverfassungsrecht"? (Rn. 1)
> Welche Argumente können für und gegen den Begriff des Religionsverfassungsrechts angeführt werden? (Rn. 6 f.)
> Was bedeutet die Umschreibung des Religionsverfassungsrechts als „säkulares Rahmenrecht"? (Rn. 9 f.)
> Welche Funktion(en) erfüllt das Religionsverfassungsrecht? (Rn. 10)
> Welche aktuelle Bedeutung kommt dem Religionsverfassungsrecht im nationalen und supranationalen Kontext zu? (Rn. 11)

§ 2 Die historische Entwicklung des Religionsverfassungsrechts

I. Allgemeines

14 Das Phänomen der Religion ist ebenso untrennbar mit der Geschichte der Menschheit verbunden wie das Phänomen der weltlichen Herrschaft. Das Verhältnis dieser beiden Phänomene zueinander ist daher ein Grundthema zumindest der abendländischen Geschichte, denn mit dem Christentum hat sich zugleich das Bewusstsein von der funktionalen Differenz zwischen weltlicher Herrschaft und geistlicher Sphäre entwickelt. Über weite Strecken der europäischen Geschichte stellte die Bestimmung des Verhältnisses zwischen Staat und Kirche – zwischen imperium und sacerdotium – das Grundproblem der Verfassungstheorie und des Verfassungsrechts dar. Das Religionsverfassungsrecht in seiner aktuellen Gestalt baut auf den im Verlaufe der Jahrhunderte gewonnenen Erkenntnissen auf und kann daher nur auf der Grundlage einer zumindest überblicksartigen Kenntnis seiner historischen Entwicklung begriffen werden.[1] Diese Entwicklung ist nicht geradlinig verlaufen, sondern zeichnet sich durch unterschiedliche, z.T. sich überlagernde Phasen der Verbindung, der vollständigen Trennung und der Trennung unter Beibehaltung diverser Verbindungen von Staat und Religion aus.

II. Staat und Religion in der Antike

15 In der vorchristlichen Kulturwelt, so auch im **Rom** der Antike, bildeten weltliche Herrschaft und Religion eine untrennbare Einheit. Gleichwohl übte der römische Staat religiöse Toleranz gegenüber den Religionen der unterworfenen Völker, wenn und soweit zumindest formal der römische Staatskultus anerkannt wurde. Zumeist stellten diese Religionsgemeinschaften aufgrund ihrer nur lokalen Bedeutung keine Bedrohung für den politischen Zusammenhalt des römischen Staates dar. Mit dem Postulat der – im Unterschied zum Judentum auch nationenübergreifenden – Ausschließlichkeit des Glaubens (vgl. das erste der zehn Gebote), sowie mit der Lehre, dass Gott mehr als den Menschen zu gehorchen sei, wurde das sich ausbreitende **Christentum** als eine solche Bedrohung empfunden. Denn auf dieser Grundlage war nicht nur die äußerliche Anerkennung des römischen Kaiserkultes ausgeschlossen, sondern sogar die bis dahin unbestrittene Einheit von Staat und Religion überhaupt in Frage gestellt. So verweigerten die frühen Christen z. B. die Teilnahme am Staatskult, den Wehrdienst und die Wahrnehmung öffentlicher Ämter. Der römische Staat reagierte mit z.T. massiven Verfolgungen, die einen letzten Höhepunkt unter Kaiser *Diocletian* (303/304) erreichten. Nicht zuletzt die Standhaftigkeit der Verfolgten, aber auch die zunehmende Instabilität des zerfallenden spätrömischen Reiches ließen den Versuch einer dauerhaften Unterdrückung des Christentums scheitern. Im Gegenteil: nunmehr begann der „Aufstieg" des Christentums zur Staatsreligion.

16 Den Wendepunkt markiert das erste **Toleranzedikt** des *Galerius* aus dem Jahre 311, das auf der Grundlage des zwischen *Licinius* und *Konstantin I.* abgeschlossenen **Mailänder Abkommens** von 313 reichsweit durchgesetzt wurde. Seine historisch kaum zu überschätzende Bedeutung liegt in der erstmaligen Gleichstellung des Christentums mit anderen Religionen. *Konstantin I.* blieb jedoch nicht bei der bloßen Toleranz

---

[1] Ebenso etwa *Waldhoff*, EssGspr. 42 (2008), 55 (59); *Stern*: Staatsrecht, Bd. IV/2, S. 1183; Überblick bei *Pirson*: § 1 Geschichtliche Grundlagen des Staatskirchenrechts in Deutschland, Rn. 1 ff.

§ 2 Die historische Entwicklung des Religionsverfassungsrechts

stehen, sondern förderte aktiv die Verbreitung des Christentums. Seine Bestrebungen, das Christentum zur römischen Staatsreligion zu erheben, wurden jedoch erst zwei Generationen später durch Kaiser *Theodosius* mit dem **Edikt vom 28. Februar 380** verwirklicht. Aus religionsverfassungsrechtlicher Perspektive sind mit diesem Schritt drei bedeutsame Folgen verbunden: Zunächst wird die zwischenzeitlich relativierte Vorstellung von der Einheit zwischen weltlicher Herrschaft und Religion wiederbelebt – unter (folgenreicher) Zurückdrängung des Toleranzgedankens; das ius sacrum wird Teil des ius publicum. Damit ist – zweitens – zugleich das für Jahrhunderte maßgebliche Bündnis von Thron und Altar, d.h. die Verbundenheit von Staat und Kirche zur Herrschaft zementiert. Schließlich ist – drittens – festzuhalten, dass diese Verbundenheit gleichwohl von der institutionellen Trennung von Staat und Kirche ausgeht. Art und Umfang von Herrschaft waren künftig zwischen Kaiser und Papst auszutarieren. Insofern besteht das Erbe der Spätantike in der Ambivalenz der gedanklichen Einheit von weltlicher Herrschaft und Religion bei gleichzeitiger institutioneller Trennung.

III. Staat und Religion im Mittelalter

An dieser Ambivalenz sollte sich das Religionsverfassungsrecht des gesamten Mittelalters abarbeiten. Es ist bestimmt von dem Ringen beider Seiten um die Vorherrschaft. Den theoretischen Rahmen lieferte die sog. **Zwei-Schwerter-Lehre**, die unter Bezugnahme auf Lukas 22, 38 zuerst von Papst *Gelasius I.* in einem Brief an Kaiser *Anastasius von Byzanz* aus dem Jahre 494 formuliert worden ist.[2] Danach wird die Welt durch zwei Gewalten regiert: die Autorität der Kirche und die Macht des Monarchen. Während die weltliche Seite zunehmend die Suprematie der kaiserlichen Gewalt einforderte, fußte die gegenläufige Auslegung der Kirche auf der These, dass die geistliche Gewalt, weil auf das jenseitige Heil gerichtet, gegenüber der weltlichen Macht höherrangig sei. Beide Schwerter seien von Gott unmittelbar an Petrus (und damit seine Nachfolger) übergeben worden. Über das geistliche Schwert verfüge der Papst selbst, das weltliche leihe er dem Kaiser, der es im Dienst und ggf. auf Weisung der Kirche zu führen habe.

In der Praxis konnten allerdings die weltlichen Herrscher einen zunehmenden Einfluss auf die Kirche gewinnen. Schon unter *Karl dem Großen* (716–814) wurden imperium und sacerdotium verschmolzen.[3] Paradigmatisch für die institutionelle Verzahnung beider Gewalten unter der Vorherrschaft der weltlichen Macht ist das sog. **Ottonische System**, vor allem unter *Otto dem Großen* (936–973). Einerseits besaßen die weltlichen Herrscher zugleich eine sakrale Stellung und die Befugnis zur Berufung von Laien in – materiell einträgliche – Kirchenämter (Laieninvestitur) sowie zur Einberufung von Konzilien; andererseits wurden die Bischöfe an der Ausübung weltlicher Macht beteiligt.[4] Gegen diese Verzahnung wandte sich die **kirchliche Reformbewegung des 10.-12. Jahrhunderts**, die vom Kloster Cluny (Burgund) ihren Ausgang nahm und unter dem Motto „libertas ecclesiae" nicht nur die Befreiung der Kirche von staatlicher Bevormundung, sondern die Überordnung der geistlichen über die weltliche Macht, d.h. auch die potestas directa papae in temporalibus verlangte.[5] Nachdem bereits Papst *Nikolaus II.* im Jahre 1059 ein Verbot der Laieninvestitur ausgesprochen hatte,

---

2 Dazu u.a. *Unruh*: Reformation – Staat – Religion, S. 11 ff.
3 *Zippelius*, S. 29 ff.
4 *Feine*, § 23; *Zippelius*, S. 38 f.
5 *Berman*, S. 154 ff.

wurde diese Forderung maßgeblich in den sog. Dictatus Papae (1075) von *Gregor VII.* formuliert. Die heftige Konfrontation zwischen weltlicher und kirchlicher Gewalt (**Investiturstreit**)[6] führte zum sprichwörtlich gewordenen Gang nach Canossa von Kaiser *Heinrich IV.* (1077). Sie endete mit dem **Wormser Konkordat** im Jahre 1122, das der Kirche die von der weltlichen Gewalt unbeeinflusste Investitur der Bischöfe, die aber ihrerseits mit weltlichen Gütern zu belehen waren, garantierte. Der uneingeschränkte päpstliche Führungsanspruch manifestierte sich dann in der von Papst *Bonifaz VIII.* erlassenen **Bulle Unam Sanctam** (1302). Der Papst sei zwar verpflichtet, das ihm von Gott übergebene weltliche Schwert an den Kaiser weiter zu geben, dürfe aber im Fall eines das Seelenheil gefährdenden Missbrauchs der weltlichen Gewalt auch in weltlichen Angelegenheiten eingreifen.

19　Zu einer dauerhaften Realisierung dieses Anspruchs ist es aber nicht mehr gekommen. Das politische Gewicht der Kirche wurde extern durch die zunehmende Bedeutung der sich ab dem 13. Jahrhundert herausbildenden Territorialstaaten, intern durch das große Schisma mit Päpsten in Rom und Avignon (1378–1417) sowie mit der Bewegung der Reformkonzilien ab dem 15. Jahrhundert geschwächt. So konnte sich die weltliche Gewalt im weiteren Verlauf des Mittelalters weitgehende Aufsichts- und Verwaltungsrechte über die Kirche und ihr Vermögen verschaffen. Damit war zugleich der Weg zum landesherrlichen Kirchenregiment bzw. zum reformatorischen Landeskirchentum bereitet. Insgesamt blieb im Mittelalter das Grundsatzproblem der Zuordnung von weltlicher und geistlicher Macht unaufgelöst; die Universalansprüche beider Seiten waren gescheitert. Im Übrigen ist zu betonen, dass es in dieser geschichtlichen Epoche (noch) nicht zur Ausdifferenzierung eines subjektiven Rechts auf Religionsfreiheit oder entsprechender Vorformen kommen konnte, da – abgesehen von vereinzelten „Häresien" – nur eine Religion, verkörpert in und durch eine Kirche, existierte.[7]

IV. Die Reformation

20　Die durch *Martin Luthers* Thesen wider den Ablass vom Oktober 1517 angestoßene Reformation war im Ansatz eine theologische Bewegung, die jedoch erhebliche Auswirkungen auch auf die Reichsverfassung und damit das Religionsverfassungsrecht gezeitigt hat.[8] Sie richtete sich primär gegen die Verzahnung einerseits der kirchlichen und der weltlichen Organisationsstrukturen und andererseits der kirchlichen und der weltlichen Autorität in der mittelalterlichen Kirchenverfassung. Als innerkirchlicher Reinigungsprozess war sie auf eine Besinnung der Kirche auf ihre eigentlichen, geistlichen Aufgaben ausgerichtet. Zur Abgrenzung von geistlichem und weltlichem Bereich erneuerte *Luther* die auf *Augustinus* Schrift „De Civitate Dei" zurückgehende **Zwei-Reiche-Lehre**.[9] Die Aufgabe der Kirche besteht danach ausschließlich in der Wortverkündigung und der Sakramentsverwaltung. Die weltliche Obrigkeit hingegen wird in ihrer Zuständigkeit im Wesentlichen auf die Gewährleistung des äußeren Friedens, von Recht und Ordnung beschränkt. Diese zunächst strikte Trennung der beiden Aufgabenbereiche, die vor gegenseitiger Einflussnahme schützt, erfährt jedoch eine

---

6　*Hartmann*, RGG, Bd. 4, Sp. 212 ff.
7　Vgl. *Waldhoff*, EssGspr. 42 (2008), 55 (60).
8　Dazu etwa *Fürstenau*, S. 9 ff.; *M. Heckel*, Zur Entwicklung des deutschen Staatskirchenrechts, S. 366 ff.; *Link*: Kirchliche Rechtsgeschichte, § 10; *de Wall/Muckel*, § 4.
9　*Luther*: Von weltlicher Obrigkeit, wie weit man ihr Gehorsam schuldig sei (1523). Zur Bedeutung der Reformation für die Religionsfreiheit siehe *Unruh*: Reformation – Staat – Religion, passim. Speziell zu Luther auch *Mantey*, passim; zu Augustinus (354–430) siehe *Böckenförde*: Geschichte, S. 185 ff.

gewichtige Einschränkung, wenn (weniger *Luther*, sondern) die anderen Reformatoren – insbesondere *Melanchthon* – zugleich fordern, dass die (christliche) Obrigkeit für die Durchsetzung des wahren evangelischen Glaubens sowie den Schutz von Kirche und Kirchengütern einzustehen habe.[10] Obwohl der weltlichen Obrigkeit damit kein unmittelbares Recht *in* der Kirche zugestanden wurde und auch die Personalunion von Kirchenoberhaupt und Landesfürst vorerst noch nicht in den Blick geraten war, ist die Ambivalenz dieser Zwei-Reiche-Lehre offensichtlich. Trotz Trennung der beiden Regimenter wird der weltlichen Herrschaft die Verantwortung für die Verkündigung und Verteidigung des rechten Glaubens übertragen.

Die Auswirkungen der Reformation auf das Heilige Römische Reich Deutscher Nation im Allgemeinen und das Religionsverfassungsrecht im Besonderen waren und sind enorm. Diese Bedeutung kommt in der Bezeichnung des Religionsverfassungsrechts als „Reformationsfolgenrecht" adäquat zum Ausdruck.[11] Da sich die Reformation zwar unter den weltlichen Ständen des Reiches (Fürsten, Städte etc.) verbreiten konnte, aber auch auf einen ebenso verbreiteten Widerstand der papsttreuen Kirche traf, war die nachhaltige **Glaubensspaltung** zunächst in den deutschen Territorien, dann auch in ganz Europa die Folge. Da jedoch weiterhin die Einheit von weltlicher Herrschaft und Religion wie selbstverständlich vorausgesetzt wurde, führte die Glaubensspaltung zugleich zu einer tiefgehenden „**Verfassungsstörung**" im Reich. Bedeutsam wurde schließlich die Entscheidung der Reformatoren, mangels eigener evangelischer Organisationsstrukturen die jeweiligen Landesfürsten zu „Notbischöfen" zu erklären und sich institutionell an die weltliche Gewalt zu binden. Damit wurde – gegen die Intention *Luthers* – dem landesherrlichen Kirchenregiment und der Herausbildung von (evangelischen) Landeskirchen der Weg bereitet.

V. Der Augsburger Religionsfriede

Der Augsburger Religionsfriede vom 25.9.1555 ist eines der wichtigsten Verfassungsgesetze (leges fundamentales) des alten Reiches.[12] Seine grundlegende Bedeutung bestand in der Etablierung einer Koexistenzordnung für sich gegenseitig ausschließende Konfessionen.[13] Zwei Kernelemente des Augsburger Religionsfriedens sind dafür entscheidend. Mit dem **ius reformandi** wurde den Reichsständen das Recht zuerkannt, ihre Konfession zu wechseln und den Bekenntnisstand sowie die Ordnung der Kirche in ihrem Territorium zu bestimmen, und zwar einheitlich für alle Untertanen mit geringfügigen Ausnahmen zum Schutz der Katholiken. Dieses Recht ist später mit der Formel „cuius regio eius religio" umschrieben worden. Das korrespondierende **ius emigrandi** gewährte allen andersgläubigen Untertanen das Recht, ohne spürbaren Vermögensverlust auszuwandern. Darin lag noch keine Anerkennung der individuellen Religionsfreiheit, wohl aber – als eine ihrer Vorstufen – die Festschreibung der religiösen Freizügigkeit.[14] In der Konsequenz des ius reformandi kam es schließlich auch zum

---

10 Vgl. *Unruh*: Reformation – Staat – Religion, S. 100 ff. (zu Melanchthon), und S. 157 ff. (zu Calvin).
11 *Heinig*: Öffentlich-rechtliche Religionsgesellschaften, S. 74.
12 *Gotthard*: Der Augsburger Religionsfrieden, 2004; *Schneider*, EvStL, Sp.140 ff.; *M. Heckel*, JZ 2005, S. 961 ff.; *Link*: Kirchliche Rechtsgeschichte, § 12; *de Wall/Muckel*, § 4 Rn. 8 ff.
13 Vgl. *Fürstenau*, S. 34: „Durch ihn erst wurde die Existenzberechtigung der Protestanten endgültig anerkannt."
14 Beschreibung von Begriff und Bedeutung der Religionsfreiheit nach Maßgabe des Augsburger Religionsfriedens bei *Fürstenau*, S. 44.

Wegfall der geistlichen Jurisdiktionsgewalt der römisch-katholischen Bischöfe über die Landesherren und Untertanen in den evangelischen Territorien.

23 Der Augsburger Religionsfriede hat die im europäischen Vergleich spezifische Gestalt des alten Reiches bis zu seinem Ende im Jahre 1806 maßgeblich geprägt. Er hat auf der Ebene des Reiches zu einer religionsverfassungsrechtlichen **Neutralität und Parität** bzgl. der beiden christlichen Hauptkonfessionen (der evangelisch-lutherischen und der römisch-katholischen) geführt. Anders als in den übrigen europäischen Staaten wurde die konfessionelle Geschlossenheit nicht auf gesamtstaatlicher Ebene, sondern in den einzelnen Territorien hergestellt. Der Grundgedanke der Einheit von weltlicher Herrschaft und Religion wurde daher noch nicht aufgegeben, sondern es bildeten sich in den Territorien jeweils verschiedene Verbindungen der beiden Elemente heraus. Mit dieser „föderalistischen Lösung der Bekenntnisfrage"[15] ging zugleich die Etablierung des landesherrlichen Kirchenregimentes einher, die insbesondere für die evangelische(n) Kirche(n) bis 1918 bestimmend war.

VI. Der Westfälische Friede

24 Der Augsburger Religionsfriede vermochte den schwelenden Konflikt zwischen den Konfessionen jedoch nicht dauerhaft in friedlichen Bahnen zu halten. Das lag nicht zuletzt an den unterschiedlichen Interpretationen. Während die katholische Seite den provisorischen Charakter des Regelwerks betonte, das seine Gültigkeit mit der Wiederherstellung des alten Zustandes verlieren würde, wurde es von den Protestanten als Grundstein für ein dauerhaftes und auszubauendes religionsverfassungsrechtliches Konstrukt empfunden. Nicht zuletzt der Antagonismus dieser Sichtweisen kulminierte dann im Dreißigjährigen Krieg, der mit dem Westfälischen Frieden vom 24.10.1648 beendet wurde.[16] Unter Einbeziehung der Reformierten (vor allem der Calvinisten) wurde der Kompromiss von 1555 fortgeschrieben und präzisiert. Insbesondere wurde erstmals ausdrücklich die religionsrechtliche Parität („aequalitas exacta mutuaque") sowie der Ausschluss des Mehrheitsprinzips in Religionsfragen (itio in partes)[17] festgeschrieben. Ferner wurde für die territoriale Konfessionsgebundenheit der status quo des „Normaljahres" 1624 und für den Besitz an Kirchen und Kirchengut der „Normaltag" des 1.1.1624 festgelegt. Trotz der mit der Fixierung eines „Normaljahres" verbundenen Einschränkung des ius reformandi (s.o. Rn. 22) blieben Konfessionszwang und konfessionelle Geschlossenheit der Territorien bis zum Ende des alten Reiches (1806) erhalten; ihre Auswirkungen sind z.T. bis heute erkennbar. Für die Sicherung des religiösen Friedens war der Westfälische Friede von unschätzbarem und nachhaltigem Wert.[18]

---

15 *Jeand'Heur/Korioth*, Rn. 15.
16 Überblick bei *Fürstenau*, S. 49 ff.; *Link*: Kirchliche Rechtsgeschichte, § 15 Rn. 6 ff.; *M. Heckel*: Vom Religionskonflikt zur Ausgleichsordnung, S. 25 ff.
17 Vgl. *Fürstenau*, S. 57, und *Link*, RGG, Bd.4, Sp.333: „Trennung des Reichstags nach Religionsparteien (Corpus Catholicorum und Corpus Evangelicorum), wenn eine Seite die zu beschließende Frage zur Religionssache erklärte".
18 Vgl. *Heinig*, ZevKR 53 (2008), 235 (252): „Die staatskirchenrechtliche Urerfahrung schlechthin ist die Klugheitslehre des Westfälischen Friedens, dass wechselseitige Anerkennung und Berechtigung (auf der reichsrechtlichen Ebene) ein probates Mittel zur Schaffung und Sicherung des religiösen Friedens ist." *Stern*: Staatsrecht, Bd. IV/2, S. 1405: Der Westfälische Friede stellt „gewissermaßen den Grundtypus moderner völkerrechtlicher Verträge mit religionsrechtlichem Inhalt dar."

VII. Staat und Kirche im 17. und 18. Jahrhundert

Die Fortentwicklung des Verhältnisses von Staat und Religion nach dem Westfälischen Frieden fand nicht auf der Ebene des Reiches, sondern in den **Territorien** statt. Insofern ist zwischen den evangelischen und den katholischen Gebieten zu differenzieren.

1. Das landesherrliche Kirchenregiment

In den evangelischen Gebieten entstand durch den Wegfall der katholisch-universalistischen Kirchenverfassung ein Vakuum bzgl. der Wahrnehmung der Bischofsrechte, das die Landesherren als „Notbischöfe" ausfüllen sollten und wollten. Sie wurden zu Inhabern der Kirchengewalt (**iura in sacra** im Gegensatz zu den ebenfalls dem Landesherrn zugeschriebenen **iura circa sacra** als gesteigerte Kirchenaufsicht)[19] und als solche übten sie das landesherrliche Kirchenregiment[20] aus: der Landesherr wurde zum **Summepiskopus**. Diese Entwicklung wurde mit unterschiedlichen verfassungsrechtlichen Theorien legitimiert.

Die im 16. und 17. Jahrhundert vorherrschende Theorie des **Episkopalsystems** folgerte aus der Suspension der katholischen Rechtsprechungsgewalt durch den Augsburger Religionsfrieden den insofern reichsrechtlich fundierten Übergang der bischöflichen Rechte auf den Landesherrn. Die übergegangenen Rechte wurden als kirchliche, nicht als territoriale Rechte aufgefasst. Sie waren also von der originären territorialen Staatsgewalt zu unterscheiden und vom Landesherrn treuhänderisch auszuüben.

Die anschließend vom 18. bis in das 19. Jahrhundert hinein dominierende Theorie des **Territorialsystems** ersetzte die reichsrechtliche Übertragung als Legitimationsgrund für das landesherrliche Kirchenregiment durch die territoriale Souveränität. Sie wurde insbesondere durch die Souveränitätslehren von *Jean Bodin* und *Thomas Hobbes* beeinflusst. Als Kennzeichen der staatlichen Souveränität wurde ihre Unteilbarkeit erkannt, so dass für einen exemt-autonomen Rechtsbereich der Kirche kein Raum blieb. Davon unberührt blieb die Vorstellung, dass der souveräne Landesherr selbstverständlich an den göttlichen (Rechts-) Willen gebunden sei.

Die zeitlich jüngste Theorie des **Kollegialsystems**[21] entstammt dem Zeitalter der Aufklärung und des rationalen Natur- bzw. Vernunftrechts, in dem die Einheit von Staat und Religion in Frage gestellt wurde. Die Kirche wurde aufgefasst als Gesellschaft freier und gleicher Individuen, die sich zu gemeinsamer Religionsausübung zusammengeschlossen haben. Sie wurde zu einem collegium von Gläubigen, zu einem Verein neben anderen. Die Kirchengewalt wurde damit auf eine neue Legitimationsbasis gestellt, denn Ausgangspunkt war nicht mehr die Institution der Kirche als solche, sondern – entsprechend der zeitgenössischen sowie der aktuellen Staats- und Verfassungstheorie – das Individuum, das sich mit anderen Individuen auf der Grundlage eines (hypothetischen) Vertrages zur Kirche zusammenschließt. Dieser Paradigmenwechsel in der Begründungsstruktur hatte Folgen für die Ausgestaltung der Kirchenhoheit als „Vereinshoheit". Sie verblieb zwar beim Landesherrn, aber nur als von den Kirchengliedern übertragene Kirchenhoheit, die er treuhänderisch auszuüben hatte. Dabei war der Landesherr an den „Vereinszweck", d.h. das Wohl der Kirche, und die „Vereinssatzung" in Gestalt der jeweiligen Kirchenordnung gebunden. Das Summepiskopat beruhte im

---

19 Dazu *J. Heckel*: Cura religionis – iura in sacra – iura circa sacra, passim.
20 *de Wall*, EvStl, Sp.1380 ff.
21 Grundlegend *Schlaich*: Kollegialtheorie, passim.

Ergebnis also nicht – wie im Territorialsystem – auf staatlicher Souveränität, sondern auf einem originär kirchlichen Rechtstitel. In der Praxis des 17. und 18. Jahrhunderts konnte sich diese Theorie des Kollegialsystems zwar nicht gegen die Territorialtheorie durchsetzen. Auch das **Preußische Allgemeine Landrecht** von 1794 als bedeutendste zeitgenössische Kodifikation des Religionsverfassungsrechts beruht – trotz seiner Vorwirkung für die Parität der Religionsgemeinschaften auf Territorialebene – nicht auf der Kollegialtheorie.[22] In der neuen Grundlegung und Zuordnung der iura in sacra und der iura circa sacra (s.o. Rn. 26) erscheinen jedoch schon einige Elemente des modernen Religionsverfassungsrechts.

2. Die katholische Kirche im 17. und 18. Jahrhundert

30 In den katholischen Territorien entwickelte sich ein Spannungsverhältnis zwischen der im Grundsatz anerkannten Theorie des Territorialsystems (s.o. Rn. 28) und dem universalistischen Anspruch des Papsttums sowie der daran anknüpfenden katholischen Hierarchie. De facto wurde der Geltungsbereich der iura in sacra eng gefasst, so dass dem jeweiligen Landesherrn ein weiter Gestaltungsspielraum zur Herausbildung staatskirchenähnlicher Strukturen verblieb. Der staatlichen Einflussnahme dienten u.a. zwei Instrumente: Während das **placetum regium** das Erfordernis einer staatlichen Genehmigung innerkirchlicher Anordnungen festschrieb, eröffnete der **recursus ab abusu** die Möglichkeit der Appellation an staatliche Gerichte gegen den Missbrauch der geistlichen Amtsgewalt.[23] Die darüber hinaus übliche Praxis der staatlichen Bevormundung der katholischen Kirche erreichte ihren Höhepunkt mit dem sog. **Josephinismus**, der in Österreich mit den Regentschaften von *Maria Theresia* (1740–1780) und *Joseph II.* (1780–1790) verbunden ist.[24] Hier wurde die Kirche als ausschließlich staatlichen Zwecken dienende Erziehungs- und Ordnungsanstalt betrachtet, der mit Ausnahme der Gestaltung von Gottesdienst und christlicher Unterweisung keine eigenverantwortlich wahrzunehmenden Befugnisse zukamen. Dieses Ausmaß staatlicher Vereinnahmung konnte sich jedoch auf die Dauer ebenso wenig durchsetzen wie innerkirchliche Bestrebungen, eine deutsche katholische Staatskirche zu errichten (Febronianismus).[25] Im Gegenteil: Die katholische Kirche blieb vom landesherrlichen Kirchenregiment in deutlich geringerem Maße betroffen als die evangelischen Kirchen.

VIII. Der Reichsdeputationshauptschluss

31 Genau entgegengesetzt verhält es sich mit dem Reichsdeputationshauptschluss vom 25.2.1803, von dem ganz überwiegend die katholischen Territorien und Kirchengüter beeinträchtigt wurden.[26] Der revolutionäre Umbruch in Frankreich mündete in die Herrschaft *Napoleons*, der nach kriegerischen Auseinandersetzungen im Friedensvertrag von Lunéville (1801) die Abtretung der deutschen linksrheinischen Gebiete erzwang. Der von einem Ausschuss des Reichstags in Regensburg („Reichsdeputation") erarbeitete Entschädigungs- und Neugliederungsplan wurde in die Form eines Be-

---

22 Dazu *Fürstenau*, S. 77 ff.; *Link*: Staat und Kirche in der neueren deutschen Geschichte, S. 24 ff.; *Morlok/Rosner*, EvStL, Sp.1144 (1150).
23 *v. Campenhausen/de Wall*, § 7 Rn. 14 ff.
24 *Feine*, § 45 II; *Zippelius*, S. 105 ff.
25 Dazu *Zippelius*, S. 107 ff.
26 *Fürstenau*, S. 81 ff.; *Maier*, in: EssGespr 38 (2004), S. 7 ff.; *Link*: Kirchliche Rechtsgeschichte, S. 120 ff.; M. *Heckel*: Vom Religionskonflikt zur Ausgleichsordnung, S. 37 ff.; *Dennemarck*, in: Holzner/Ludyga (Hrsg.), S. 161 ff.

schlusses („Hauptschluss") gegossen, vom Reichstag verabschiedet und vom Kaiser ratifiziert. Dieser Reichsdeputationshauptschluss wurde zum letzten Fundamentalgesetz des Heiligen Römischen Reiches Deutscher Nation, unmittelbar vor seinem Untergang durch die Niederlegung der römischen Krone durch Kaiser *Franz II.* im August 1806.

Die Entschädigung der betroffenen Reichsfürsten für den Verlust der linksrheinischen Gebiete erfolgte durch die Annexion einer Vielzahl von rechtsrheinischen Reichsständen. Mittels **Mediatisierung** wurden kleinere, bisher reichsunmittelbare Herrschaftsbereiche einzelnen größeren Gebieten zugeschlagen. Durch **Säkularisation** erfolgte zudem der Zugriff auf die geistlichen Reichsfürstentümer. Neben dieser unmittelbar qua Reichsgesetz erfolgten Säkularisation ermächtigte § 35 des Reichsdeputationshauptschlusses die Landesherren auch zur Übernahme weiteren Kirchengutes. Die Vorschrift enthielt aber zugleich die Verpflichtung der Erwerber zu finanziellen Leistungen an die Säkularisationsopfer, also die Kirchen. Hier liegt ein wesentlicher Rechtsgrund für die noch heute zu erbringenden **Staatsleistungen** (s.u. Rn. 507 ff.). Die mit der Entfeudalisierung entstandenen und anhaltenden Finanzprobleme der Kirchen haben zudem zur Einführung der **Kirchensteuer** geführt (s.u. Rn. 316 ff.).

IX. Staat und Religion im 19. Jahrhundert

1. Allgemeines

Mit der territorialen und religionsverfassungsrechtlichen Neuordnung des Reichsgebietes auf der Grundlage des Reichsdeputationshauptschlusses samt ihrer Bestätigung auf dem Wiener Kongress (1815) wird zugleich das Ende des alten Reichsstaatskirchenrechts markiert. Der im Zuge dieser Neuordnung eingetretene **Verlust der konfessionellen Geschlossenheit** der Territorien erforderte eine grundsätzliche Neuausrichtung des Religionsverfassungsrechts. Sie führte im 19. Jahrhundert über eine zunehmende **Entflechtung** bis an die Schwelle der vollständigen, wenn auch freundlichen Trennung von Staat und Religion. Inhaltliche Kennzeichen dieser Entwicklung sind neben der Beseitigung der kirchlichen Gerichtsbarkeit in temporalibus vor allem die tendenzielle (für die evangelische Kirche zögerliche) Ausweitung des kirchlichen Selbstbestimmungsrechts und die allmähliche Durchsetzung der uneingeschränkten **individuellen Religionsfreiheit** über Art. XVI der Deutschen Bundesakte von 1815, §§ 144–151 der Reichsverfassung der Paulskirche von 1848/49[27] und Art. 12, 15 der Verfassungsurkunde für den preußischen Staat von 1850.[28]

2. Die katholische Kirche im 19. Jahrhundert

Zu Beginn des 19. Jahrhunderts konnte die katholische Kirche und in ihr die Stellung des Papsttums einen deutlichen **Bedeutungszuwachs** verzeichnen. Zu den maßgeblichen Faktoren gehörte der Umstand, dass mit dem Wegfall der katholischen Reichsfürstentümer die nationalkirchlichen Bestrebungen an Gewicht verloren zugunsten des wieder erstarkten Gedankens einer Universalkirche unter dem Papst. Hinzu kamen die geistliche Erneuerung und das insbesondere nach der Aufklärung bemerkenswerte Wiedererwachen religiösen Bewusstseins in der Romantik. Schließlich war die auf Konsolidierung nach der Neuordnung angewiesene weltliche Herrschaft in vielfältiger Hinsicht an einem Einvernehmen mit der katholischen Kirche interessiert, so dass

---

27 *Kühne*: Die Reichsverfassung der Paulskirche, S. 470 ff.
28 *Jeand'Heur/Korioth*, Rn. 27 ff.

das 19. Jahrhundert auch als „Zeitalter der Konkordate" bezeichnet werden kann.[29] Die Gesamtheit dieser Faktoren führte zu einer Stärkung der kirchlichen Autonomie und zugleich zu einem neuen katholischen Selbstverständnis. Es war dem Ideal einer rechtlich selbstständigen Kirche als societas perfecta neben dem Staat verhaftet und artikulierte sich nachdrücklich im 1. Vatikanischen Konzil (1870/71), das u.a. das Dogma von der Unfehlbarkeit des Papstes in Glaubensfragen enthielt.[30]

35 Unter dem Eindruck des ersten Vaticanums erblickte *Bismarck* in der Eigenständigkeit der katholischen Kirche eine potenzielle Gefahr für die gerade gewonnene staatliche Einheit. In dem Bestreben einer Erneuerung des umfassenden Staatskirchentums führte er das Reich in den sog. **Kulturkampf** (1871–1887).[31] In diesem Zusammenhang wurde eine Vielzahl von sog. Kampfgesetzen erlassen, darunter der gegen den politischen Missbrauch der Kanzel gerichtete „Kanzelparagraf" (§ 130a StGB), die Maigesetze von 1873, die für die Geistlichen u.a. das „Kulturexamen", d.h. den Nachweis einer allgemeinwissenschaftlichen Bildung, zur Verpflichtung machten, und das sog. „Brotkorbgesetz" (1875), das die staatlichen Leistungen für die katholischen Geistlichen an die Bedingung der Beachtung der Gesetze knüpfte. Da sich *Bismarck* gegen den von weiten Teilen der Bevölkerung unterstützten Widerstand der katholischen Kirche im Ergebnis nicht durchsetzen konnte, wurden die meisten „Kampfgesetze" gegen Ende des Kulturkampfes wieder aufgehoben oder später in Konkordate übernommen. Bis heute und für beide Konfessionen bedeutsam blieben aber das Kirchenaustrittsgesetz, die Einführung der obligatorischen Zivilehe und die Zurückdrängung der geistlichen (Hoch-) Schulaufsicht. Im Übrigen hat der Kulturkampf zu einem Jahrzehnte währenden Misstrauen der katholischen Bevölkerung gegenüber dem Staat geführt.

3. Die evangelische Kirche im 19. Jahrhundert

36 Aufgrund des Fortbestands des landesherrlichen Kirchenregiments mit dem Landesherrn als Summus Episkopus verblieb die evangelische Kirche in viel stärkerem Maße als die katholische im Einflussbereich des Staates. Gleichwohl lässt sich die Geschichte des 19. Jahrhunderts (auch) aus evangelischer Sicht als **Prozess der fortschreitenden organisatorischen Verselbstständigung** beschreiben. Nach dem Aufbrechen der konfessionellen Geschlossenheit der Territorien wurde auch hier eine deutlichere Unterscheidung zwischen Staat und Religion erforderlich. So gewannen die von der Kollegialtheorie (s.o. Rn. 29) besonders betonte Differenzierung zwischen iura in sacra und iura circa sacra sowie die damit verbundene Unterscheidung der Rolle des Landesherrn als Inhaber der Staats- und der Kirchengewalt wieder an Bedeutung. Das Resultat bestand zumeist in einer behördlichen Trennung der Aufgabenerfüllung, vor allem in der Schaffung von mit Juristen und Theologen besetzten **Konsistorien**.[32] Auch in Preußen wurde im Jahre 1850 mit dem Evangelischen Oberkirchenrat eine separate Zentralbehörde zur Wahrnehmung der kirchenregimentlichen Aufgaben und Rechte geschaffen. Parallel zu dieser Entwicklung erfolgte die **Verselbstständigung des evangelischen Kirchenverfassungsrechts**. Mit dem Erlass von Kirchenverfassungen (etwa der vorbildhaften preußischen Kirchengemeinde- und Synodalordnung von 1873), der Einrichtung von

---

29 *Link*: Staat und Kirche in der neueren deutschen Geschichte, S. 32.
30 *Feine*, § 49 II. Zum Begriff der societas perfecta *Pulte*, in: Holzner/Ludyga (Hrsg.), S. 143 ff.
31 *Drecoll*, EvStL, Sp. 1363 ff.; *Link*: Kirchliche Rechtsgeschichte, § 22; *Heinig*: Prekäre Ordnungen, S. 29 ff.; *Zippelius*, S. 158 ff.
32 *Barth*, RGG, Bd. 4, 4. Aufl., Sp. 1617.

§ 2 Die historische Entwicklung des Religionsverfassungsrechts

Synoden und der einsetzenden kirchlichen Gesetzgebung ging die „konstitutionelle Machtbeschränkung"[33] des Summus Episkopus einher. Im Ergebnis war schon gegen Ende des 19. Jahrhunderts die institutionelle Trennung von staatlicher und kirchlicher Administration erreicht.

X. Staat und Religion im 20. Jahrhundert

1. Staat und Religion in der Weimarer Reichsverfassung

Die Geschichte des Religionsverfassungsrechts im 20. Jahrhundert ist geprägt von der zunehmenden Trennung von Staat und Kirche. Besonders radikal erfolgte sie in Frankreich mit dem Gesetz vom 9.12.1905, das den Laizismus zur Rechtsnorm erhob (s.u. Rn. 579).[34] In Deutschland konnten sich vergleichbare Strömungen nach der Revolution von 1918 nicht durchsetzen. Die Verhandlungen über eine neue Reichsverfassung, die als Weimarer Reichsverfassung am 14.8.1919 in Kraft trat, führten zum sog. „**Kulturkompromiss**", der zur conditio sine qua non des gesamten Verfassungswerkes wurde und bis heute das deutsche Religionsverfassungsrecht beeinflusst.[35]

Mit der Monarchie war 1918 zugleich das landesherrliche Kirchenregiment weggefallen. Diese faktische Auflösung der seit der Reformation engen Verbindung zwischen Kirche und Staat eröffnete die Möglichkeit, das Religionsverfassungsrecht auf ein neues Fundament zu stellen: „**Weimar** bedeutet für das deutsche Staatskirchenrecht (bzw. das Religionsverfassungsrecht) die **entscheidende Epochenwende**."[36] Das Resultat bestand im Weimarer System der (vermeintlich) „hinkenden Trennung von Staat und Kirche".[37] Zunächst wurde mit der Zentralnorm des **Art. 137 Abs. 1 WRV** („Es besteht keine Staatskirche"), d.h. mit einem Federstrich des Verfassungsgebers, das über viele Jahrhunderte bestehende Bündnis von Thron und Altar beendet. Die letzten Reste des landesherrlichen Kirchenregimentes wurden beseitigt und die Wiedereinführung des Staatskirchentums untersagt. Eine Gesamtschau der weiteren religionsverfassungsrechtlichen Normen der Weimarer Reichsverfassung zeigt, dass mit Art. 137 Abs. 1 WRV – anders als seinerzeit in Frankreich – keine feindselige, sondern eine **freundschaftliche Trennung von Staat und Religion** gemeint war. Sie blieben in vielfältiger Weise miteinander verbunden.[38] Bezeichnend für diese anhaltende Verbindung ist die Regelung des Art. 137 Abs. 5 WRV. Danach behielten die bereits etablierten Kirchen ihren Status als öffentlich-rechtliche Körperschaften; zugleich wurde aber auch anderen Religionsgemeinschaften der Zugang zum Körperschaftsstatus eröffnet. Insgesamt war diese Trennung für beide der zuvor verbundenen Seiten vorteilhaft.[39]

---

33 *v. Campenhausen/de Wall*, § 9 Rn. 11.
34 *Walter*: Religionsverfassungsrecht, S. 162 ff.
35 *Gusy*: Die Weimarer Reichsverfassung, S. 321 ff.; *Heinig*: Prekäre Ordnungen, S: 34 ff.; *ders.*: „Es besteht keine Staatskirche", S. 265 (268 ff.); *Holzner*, in: ders./Ludyga (Hrsg.), S. 207 ff.; *Könemann*, S. 9, 16 ff., die (ebd., S. 59) zwar betont, dass die Kirchenartikel der Weimarer Reichsverfassung „keines der von den Parteien im Wahlkampf und später in der Nationalversammlung vertretenen kirchenpolitischen Programme vollständig verwirklichten", aber (ebd., S. 63) zugleich konstatiert, dass im „Spannungsverhältnis der beiden weltanschaulichen Flügelparteien der Weimarer Koalition – Zentrum und SPD – ...das Zentrum ..., gemessen an der Realisierung ihrer Ziele, als Gewinner" hervorgegangen sei.
36 *M. Heckel*, ZevKR 44 (1999), 341 (347); Hervorhebungen vom Verf.
37 *Stutz*, S. 54, Anm. 2. Gegen die Validität des Begriffs der „hinkenden Trennung" überzeugend *Germann*: Das System des Staatskirchenrechts in Deutschland, HSKR, Bd. 1, Rn. 72 f.
38 Aus damaliger zeitgenössischer Perspektive u.a. *Stier-Somlo*: Deutsches Reichs- und Landesstaatsrecht, S. 500 f.; *ders.*: Politik, S. 73: „vorsichtige teilweise Trennung".
39 *v. Campenhausen/de Wall*, § 10 Rn. 11.

Sie befreite den Staat von den Bindungen an die Kirchen und verpflichtete ihn zu Neutralität und Parität im Umgang mit allen Religionsgemeinschaften. Sie brachte den Religionsgemeinschaften aber auch die Freiheit vom Staat, die sich vor allem in ihrem Selbstbestimmungsrecht in allen (!) eigenen Angelegenheiten (Art. 137 Abs. 3 WRV) manifestierte.

39 Die Weimarer Staatsrechtslehre war mit den Umwälzungen nach 1918 (auch) im Bereich des Religionsverfassungsrechts – ebenso wie die Kirchen und die anderen Religionsgemeinschaften – unvorbereitet konfrontiert worden und entwickelte nur langsam konsolidierte Auffassungen zum Verständnis der Kirchenartikel der Weimarer Reichsverfassung.[40] Auch die Umsetzung des neuen Religionsverfassungsrechts gestaltete sich schwierig. So konnte eine Reihe reichsgesetzlicher Vorhaben – etwa das in Aussicht genommene Reichsschulgesetz – nicht verwirklicht werden. Im Übrigen wollte sich die Ministerialbürokratie zunächst nicht mit dem Verlust des landesherrlichen Kirchenregiments und der damit verbundenen Kirchenhoheit abfinden und versuchte, weiterhin einen entsprechenden Einfluss auf die Kirchen zu nehmen. Untermauert wurde dieser Anspruch von der seinerzeit herrschenden **Korrelatentheorie**, wonach der öffentlich-rechtliche Status der Kirchen als Korrelat die Fortsetzung der gesteigerten Staatsaufsicht bedinge.[41] In der Spätphase der Weimarer Republik konnte sich jedoch die zuerst von *Ebers* vertretene und zutreffende Ansicht durchsetzen, dass mit dem Verbot der Staatskirche die Legitimation für eine die allgemeine Staatsaufsicht übersteigende Kirchenhoheit entfallen war.[42] Diese Erkenntnis – wie überhaupt die Vorzüge des Weimarer Religionsverfassungsrechts – konnte erst nach 1945 (wieder) fruchtbar gemacht werden.

2. Staat und Religion im Nationalsozialismus

40 Die großen Kirchen haben der Machtergreifung durch die Nationalsozialisten keinen nennenswerten Widerstand entgegengesetzt. Zunächst verhielt sich das neue Regime aus taktischen Gründen kooperativ. Als weithin sichtbares Zeichen konnte das **Reichskonkordat** mit dem Heiligen Stuhl vom 20.7.1933 gelten (s.u. Rn. 334). Aber auch die evangelische(n) Kirche(n) standen den neuen Machthabern keineswegs ablehnend gegenüber. Insbesondere das Projekt einer reichseinheitlichen Deutschen Evangelischen Kirche (DEK; Kirchenverfassung vom 11. Juli und Reichsgesetz vom 14.7.1933) erschien anfangs attraktiv. Nach Abschluss der Konsolidierungsphase ging das nationalsozialistische Regime aber zunehmend offen gegen Religion und Kirchen vor.[43] Zwei Phasen lassen sich unterscheiden.

41 In der ersten Phase wurde der Versuch einer Gleichschaltung der evangelischen Kirchen in der DEK unternommen. Treibende Kraft war die von den Nationalsozialisten unterstützte Bewegung der „Deutschen Christen", der es mithilfe der SA gelang, die sog. „braunen Synodalwahlen" im Jahre 1933 für sich zu entscheiden und mit *Ludwig Müller* eine Vertrauensperson *Hitlers* zum Reichsbischof wählen zu lassen. Gegen diese auf die Einführung des Führerprinzips in der Kirche gerichtete Gleichschaltung

---

40 Zur staatsrechtlichen Diskussion der Weimarer Kirchenartikel siehe *de Wall*, ZRG KA 106 (2020), S. 50 ff., und *Könemann*, S. 75 ff. (insbesondere zu Stier-Somlo, Giese, W.Kahl, Anschütz, J.Heckel und Ebers).
41 Vgl. *Könemann*, S. 381 ff.
42 *Ebers*, S. 299 ff.; dazu *Könemann*, S. 282 ff., die ebd., S. 389, feststellt, dass sich die Auffassung von Ebers „nach und nach" durchgesetzt hat.
43 Dazu *Bormann*, in: Holzner/Ludyga (Hrsg.), S. 243 ff.; *Scholder*: Die Kirchen und das Dritte Reich, 2 Bde., 1977/1985, und *Link*: Kirchliche Rechtsgeschichte, S. 193 ff.

formierte sich alsbald der innerkirchliche Widerstand, der sich in dem von *Martin Niemöller* gegründeten Pfarrernotbund und in der Bekennenden Kirche organisierte und zum sog. **Kirchenkampf** führte.[44] Die auf der 1. Bekenntnissynode der Bekennenden Kirche in Barmen am 31.5.1934 verabschiedete **Barmer Theologische Erklärung**[45] reklamierte u.a. die Freiheit der Kirche zu einer bekenntnisbezogenen, eigenverantworteten Ordnung und wies alle Totalitätsansprüche des Staates zurück: „Wir verwerfen die falsche Lehre, als dürfe die Kirche die Gestalt ihrer Botschaft und ihrer Ordnung ihrem Belieben oder dem Wechsel der jeweils herrschenden weltanschaulichen und politischen Überzeugungen überlassen" (3. These). Die 2. Bekenntnissynode von Berlin-Dahlem, die nur wenige Monate später stattfand, besiegelte den Bruch der Bekennenden Kirche mit den „Deutschen Christen" und berief unter Hinweis auf ein kirchliches Notrecht eigene kirchenleitende Organe. Damit war der Versuch einer umfassenden Gleichschaltung gescheitert.

Das nationalsozialistische Regime ging daraufhin in der zweiten Phase seinerseits zum offenen Kampf gegen die Kirchen über mit dem Ziel einer vollständigen Zurückdrängung der Religion aus dem öffentlichen Leben (**Entkonfessionalisierung**). Es kam u.a. zu einem Verbot der Doppelmitgliedschaft in kirchlichen und nationalsozialistischen Organisationen, zu massiven Beschränkungen der kirchlichen Jugendarbeit, der Wohlfahrts- und Krankenpflege, zur Zurückdrängung des Religionsunterrichts und der Anstaltsseelsorge, zur Aufhebung theologischer Fakultäten, zum Ausschluss der Religionsgemeinschaften von Rundfunk und Presse und weiteren einschränkenden Maßnahmen. Als Paradigma „nationalsozialistischen Religionsverfassungsrechts" darf die „Verordnung über religiöse Vereinigungen und Religionsgesellschaften im Reichsgau Wartheland" vom 13.9.1941 gelten. Charakteristika dieses „**Modells Warthegau**" waren über die bereits genannten Maßnahmen hinaus u.a. die rechtliche Einstufung der Religionsgesellschaften als privatrechtliche Vereine, deren Mitgliedschaft nur durch Beitrittserklärung Volljähriger (und nicht durch Taufe!) begründet werden konnte, die Eigenfinanzierung durch Beiträge ohne Möglichkeit der Zwangseintreibung sowie überhaupt das Verbot kirchlicher Aktivitäten außerhalb des Gottesdienstes. Die in diesem Modell kulminierenden Vorstellungen zum Religionsverfassungsrecht haben das nationalsozialistische Regime um keinen Tag überdauert.

3. Staat und Religion in der Bundesrepublik

Nach der Konstituierung der Bundesrepublik und der DDR trennten sich ihre Wege auch in religionsverfassungsrechtlicher Hinsicht. Nach anfänglichen Diskussionen im Parlamentarischen Rat wurden die einschlägigen Artikel der Weimarer Reichsverfassung – mit Ausnahme des Grundrechts der Religionsfreiheit aus Art. 135 WRV (vgl. Art. 4 GG) und Art. 140 WRV – in das Religionsverfassungsrecht des Grundgesetzes inkorporiert.[46] Obwohl es sich insofern nicht um das Resultat eines vertieften Überlegungsprozesses, sondern wiederum um einen **Kompromiss** handelte, war der Hintergrund nunmehr ein anderer: War es nach 1918 um eine Entflechtung ohne radikale Trennung von Staat und Religion gegangen, so musste nach 1945 die Konsequenz aus

---

44 *Link*: Staat und Kirche in der neueren deutschen Geschichte, S. 143 ff.
45 *Nicolaisen*, RGG, Bd.1, Sp.1111 ff.
46 *Badura*: HdbStKiR Bd. I, S. 211 (236 ff.). Zur Entstehungsgeschichte des Art. 140 GG auch *Stern*: Staatsrecht, Bd. IV/2, S. 1201 ff.

dem Kirchenkampf gezogen und die Freiheit der Kirchen in das menschenwürde- und grundrechtsbasierte System des Grundgesetzes eingepasst werden.

44 Nach der Rezeption der Weimarer Artikel zum Religionsverfassungsrecht setzte eine wissenschaftliche Auseinandersetzung über die Frage ein, ob damit zugleich ein Bedeutungswandel dieser Vorschriften verbunden sei. Den faktischen Hintergrund der Kontroverse bildet der Umstand, dass die Kirchen in den ersten Nachkriegsjahrzehnten eine besondere gesellschaftliche Bedeutung innehatten. Sie galten nach 1945 als eine der wenigen unbelasteten Institutionen und leiteten aus ihrer faktischen moralischen Autorität den Anspruch auf eine Reduktion der Staatsaufsicht, auf gewichtige Mitsprache in temporalibus und insgesamt auf eine neue Nähe zwischen Kirche und Staat ab. In der einschlägigen juristischen Literatur wurde dieser Anspruch aufgegriffen und – zuerst in einer grundlegenden Abhandlung von *Rudolf Smend* – in die Form einer **Koordinationslehre** gegossen, die dogmatisch auf der These vom Bedeutungswandel der tradierten Artikel der Weimarer Reichsverfassung beruhte: Die Interpretation der religionsverfassungsrechtlichen Vorschriften sollte fortan vor dem Hintergrund einer gleichberechtigten Partnerschaft, d.h. einer Koordination von Staat und Kirche, erfolgen.[47]

45 Die Koordinationslehre blieb zwar bis in die sechziger Jahre des 20. Jahrhunderts vorherrschend, konnte sich jedoch nicht dauerhaft durchsetzen. Aus religionssoziologischer Sicht mag dafür auch der seinerzeit zunehmende Bedeutungsverlust der Religionsgemeinschaften verantwortlich sein. Gravierender ist das verfassungstheoretische Argument. Es besagt, dass die Kirchen aufgrund des umfassenden Geltungsanspruchs der Verfassung nicht als gleichberechtigte Partner des Staates neben, sondern nur „unter dem Grundgesetz" stehen können.[48] Nicht Koordination, sondern vielfältige **Kooperation** zwischen Staat und Religionsgemeinschaften auf der Grundlage der freundschaftlichen Trennung von Staat und Religion (s.o. Rn. 38) ist verfassungstheoretisch möglich und nach dem Religionsverfassungsrecht des Grundgesetzes auch erwünscht.[49]

4. Staat und Religion in der DDR

46 In der 1949 entstandenen DDR ließ sich ein vergleichbares Kooperationsmodell nicht etablieren. Die weltanschauliche Ausrichtung der Rechts- und Gesellschaftsordnung am Marxismus-Leninismus stand einer Neutralität des Staates gegenüber den Religionsgemeinschaften im Wege und führte im Ergebnis zu einer nachhaltigen Religions- und Kirchenfeindlichkeit. Gleichwohl wurde die Religionsfreiheit zumindest formal anerkannt, und die Kirchen wurden z.T. als Verhandlungspartner akzeptiert. Im Einzelnen hat das Verhältnis des Staates zur Religion verschiedene Stadien durchlaufen.[50] Während die Religionsgemeinschaften in der Anfangsphase eine relative Freiheit genossen, da die DDR-Verfassung von 1949 eine den Kirchenartikeln der Weimarer Reichsverfassung weitgehend entsprechende Regelung getroffen hatte, verschlechterten sich die Beziehungen bis zu einem zweiten Kirchenkampf, der von staatlicher Seite mit

---

47 *Smend*, in: ZevKR 1 (1951), S. 4 ff. Zur Koordinationslehre *Germann*, RGG, Bd. 4, Sp.1668.
48 So auch die Titel der Vorträge von M. *Heckel* und A. *Hollerbach* auf der Tagung der Vereinigung der Deutschen Staatsrechtslehrer im Jahre 1967, VVDStRL 26 (1968), S. 5 ff. bzw. S. 57 ff. Zum umfassenden Geltungsanspruch des Grundgesetzes *Unruh*: Der Verfassungsbegriff des Grundgesetzes, S. 416 ff.
49 Guter Überblick bei *Mückl*, in: EssGespr 40 (2007), S. 41 ff.; zur Kooperation aus kirchlicher Sicht u.a. W. *Huber*, EssGspr. 42 (2008), 7 (21).
50 Überblick bei *Otto*, in: Holzner/Ludyga (Hrsg.), S. 269 ff.

offen atheistischer Propaganda geführt wurde. In dieser Phase zerbrach auch die Einheit der EKD, die bis 1969 auch die auf dem DDR-Gebiet befindlichen Gliedkirchen umfasst hatte. Gegen Ende der DDR etablierte sich ein System friedlicher Koexistenz, bis die Kirchen zu einem gewichtigen Faktor der friedlichen Revolution von 1989/90 wurden.[51]

5. Aktuelle Rahmenbedingungen und Tendenzen

Diese tragende Rolle konnte vor allem die evangelische Kirche in den neuen Bundesländern nicht in die Zeit nach der staatlichen **Wiedervereinigung** am 3.10.1990 hinüberretten. Dafür dürfte neben der über Jahrzehnte betriebenen Stigmatisierung der Religion in der DDR auch ein diffuses Misstrauen gegenüber der vermeintlichen Nähe zwischen Staat und Kirchen unter dem Grundgesetz verantwortlich sein. Dieses Misstrauen bezieht sich insbesondere auf den (möglichen) öffentlich-rechtlichen Status der Religionsgemeinschaften, den Religionsunterricht und die Kirchensteuer.

47

Im Übrigen werden die aktuellen Rahmenbedingungen für das Religionsverfassungsrecht einerseits bestimmt von einer zunehmenden **Säkularisierung** und **Individualisierung** der Gesellschaft, die ihr Wertesystem nicht mehr primär auf ein religiöses Fundament stellt.[52] Andererseits wird eine „**Wiederkehr der Religion**" diagnostiziert, die zu einer verstärkten Nachfrage der religiösen Angebote der Religionsgemeinschaften führt.[53] Beide tendenziell gegenläufigen Annahmen lassen sich jedenfalls in der Diagnose einer **postsäkularen Gesellschaft** zusammenführen, „die sich auf das Fortbestehen religiöser Gemeinschaften in einer sich fortwährend säkularisierenden Umgebung einstellt."[54] Zu konstatieren ist darüber hinaus eine intra- und interorganisatorische **Pluralisierung** der Religion.[55] Die religiöse Landschaft ist nicht mehr ausschließlich von den großen christlichen Kirchen geprägt. Während die Binnendifferenzierung der christlichen Religion in verschiedene Konfessionen noch nicht das Ausmaß einer gravierenden Zersplitterung angenommen hat, wird das verstärkte Auftreten anderer Religionen und (vermeintlich) religiös inspirierter Bewegungen vermehrt zu einem Gegenstand religionsverfassungsrechtlicher Überlegungen. Dies gilt u.a. für die Scientology-Bewegung und für Gruppierungen, die diversen asiatischen Einflüssen unterliegen; es gilt aber vor allem für den **Islam**.[56] Mit dem noch immer ungelösten Problem der internen Organisation sowie seiner z.T. abweichenden Haltung zu religiöser Toleranz, Menschenrechten und der Trennung von Staat und Kirche stellt der Islam das geltende Religionsverfassungsrecht auf eine Belastungsprobe. Mögen aber Säkularisierung, Individualisierung und Pluralisierung auch de facto zu einem „Verlust an staatskirchenrechtlichen Selbstverständlichkeiten"[57] geführt haben, so geben sie keinen

48

---

51 Zum Stichwort der „Kirche im Sozialismus" siehe *Thumser*, passim.
52 Zum Begriff der Säkularisierung siehe u.a. *Heun*, EvStL, Sp.2077ff.; *di Fabio*: Kirche und Staat, S.105 (106) m.w.N., sowie *Gabriel*: § 2 Die gesellschaftlichen Grundlagen des deutschen Staatskirchenrechts, § 2 Rn. 57ff.
53 *W. Huber*, EssGspr. 42 (2008), 7ff.; *Sacksofsky*, VVDStRL 68 (2009), 7 (8f.); *Heinig*, ZevKR 53 (2008), 235 (236f.) m.w.N. Skeptisch *Czermak*: Religions- und Weltanschauungsrecht, Rn. 498. Zur religionssoziologischen Bestandsaufnahme siehe auch *Waldhoff*: Neue Religionskonflikte und staatliche Neutralität, D 13 ff.
54 *Habermas*: Glauben und Wissen, S. 12 ff.; *ders.*: Vorpolitische Grundlagen des demokratischen Rechtsstaates?, S. 106 (116 ff.).
55 Dazu *Gabriel*, in: EssGspr 39 (2005), S. 11 (19f.).
56 Instruktiv dazu die Beiträge in *Mückl* (Hrsg.): Der Islam im öffentlichen Recht des säkularen Verfassungsstaates, Berlin 2008. Kurzanalyse bei *Waldhoff*: Neue Religionskonflikte und staatliche Neutralität, D 35 ff.
57 *Heinig*, ZevKR 53 (2008), 235 (238).

Anlass, das geltende Religionsverfassungsrecht des Grundgesetzes grundsätzlich in Frage zu stellen. Im Gegenteil: Das Religionsverfassungsrecht des Grundgesetzes „bietet ein Integrationspotential, wie es nur wenige andere Rechtsordnungen zur Verfügung stellen."[58]

49 In der religionsverfassungsrechtlichen **Literatur** hat sich vor dem Hintergrund der veränderten Rahmenbedingungen eine Grundsatzdiskussion entwickelt (s.o. Rn. 1 ff.). In der Tendenz lässt sich eine zunehmende Abkehr von einer rein institutionellen, d.h. auf das Verhältnis der Institutionen Staat und Kirche(n) fixierten Betrachtungsweise beobachten. Stattdessen wird verstärkt die dienende Funktion dieses Verhältnisses für die individuelle **Grundrechtsverwirklichung** (Art. 4 Abs. 1 und 2 GG) betont. Ob diese zu begrüßende Perspektiverweiterung in eine radikale „Vergrundrechtlichung des Staatskirchenrechts im Religionsverfassungsrecht"[59] mündet, bleibt abzuwarten. Die nachfolgenden dogmatischen Erörterungen erfolgen jedenfalls auf der Grundlage eines grundrechtszentrierten Ansatzes (s.o. Rn. 4 ff.).

Wiederholungs- und Vertiefungsfragen

> Warum sind historische Kenntnisse für das Verständnis des geltenden Religionsverfassungsrechts unerlässlich? (Rn. 14)
> Was besagt die Zwei-Schwerter-Lehre? (Rn. 17)
> Welche religionsverfassungsrechtlichen Auswirkungen hatte die Reformation? (Rn. 21)
> Welches waren die beiden Kernelemente des Augsburger Religionsfriedens? (Rn. 22)
> Wie wurde das landesherrliche Kirchenregiment verfassungsrechtlich legitimiert? (Rn. 26 f.)
> Welche grundlegende Bedeutung kommt dem Reichsdeputationshauptschluss zu? (Rn. 32)
> Worum ging es im sog. Kulturkampf (1871–1887)? (Rn. 35)
> Wie kann das Religionsverfassungsrecht unter der Weimarer Reichsverfassung und dem Grundgesetz im Grundsatz beschrieben werden? (Rn. 45)

---

58 *Walter*, DVBl. 2008, 1073 (1074). *Sacksofsky*, VVDStRL 68 (2009), 7 (9), und *Heinig*, ZevKR 53 (2008), 235 (237 f.) sehen das Religionsverfassungsrecht zumindest unter „Rechtfertigungsdruck"; verhalten optimistisch (mit Auflagen) *H. Dreier*, JZ 2019, 1005 ff.
59 *Walter*: Religionsverfassungsrecht, S. 607; skeptisch *Isensee*, JZ 2010, 317 (319) bzgl. der vermeintlichen „Integrationsresistenz des Islam".

§ 3 Rechtsquellen des Religionsverfassungsrechts

▶ **Fall 1 (nach BVerfGE 6, 309):** Das Reichskonkordat vom 20.7.1933 (Rn. 40) enthält in Art. 21 bis 24 Regelungen zum katholischen Religionsunterricht, zur Beibehaltung und Errichtung von katholischen Bekenntnisschulen sowie zur Ausbildung und Auswahl katholischer Lehrer. Im Jahre 1954 hat das Land Niedersachsen ein Gesetz über das öffentliche Schulwesen erlassen (Nds. GVOBl., S. 89), das ebenfalls Regelungen über den Religionsunterricht enthielt. Gegen dieses Gesetz hat die damalige Bundesregierung im Wege des Bund/Länder-Streits (Art. 93 Abs. 1 Nr. 3 GG, §§ 13 Nr. 7, 68 ff. BVerfGG) das Bundesverfassungsgericht angerufen. Zur Begründung wurde angeführt, das Gesetz sei mit dem fortgeltenden Reichskonkordat unvereinbar und die Länder seien dem Bund gegenüber verpflichtet, die für ihn verpflichtenden internationalen Verträge zu beachten. Gehört das Reichskonkordat zu den für die Landesgesetzgebung beachtlichen Rechtsquellen des Religionsverfassungsrechts? ◀

I. Allgemeines

Da zwar nicht die Religion als solche, wohl aber ihre äußere Entfaltung durch Einzelne und die Religionsgemeinschaften „unter dem Grundgesetz" steht, ist das Religionsverfassungsrecht eine Regelungsmaterie des weltlichen und hier ganz überwiegend des staatlichen Rechts. Insofern unterliegt seine Anwendung den anerkannten Regeln der juristischen Interpretation und ggf. der gerichtlichen Nachprüfung.[1] Als derjenige Teilbereich des geltenden Rechts, der das Verhältnis des Staates zur Religion umfassend beschreibt, ist es – als Querschnittsmaterie – nicht in einem einheitlichen „Gesetzbuch" niedergelegt. Religionsverfassungsrecht findet sich daher an unterschiedlichen Stellen der Rechtsordnung, die im Folgenden – zunächst unter Ausklammerung europarechtlicher Aspekte (s.u. §§ 17 und 18) – in Gestalt eines einführenden Überblicks benannt werden.

50

II. Grundgesetz

Das Fundament des deutschen Religionsverfassungsrechts wird im Grundgesetz gelegt.[2] Die beiden **Zentralnormen sind Art. 4 GG und Art. 140 GG** mit der Inkorporation der Art. 136–139, 141 WRV. Daneben finden sich Regelungen zu Einzelbereichen wie etwa die Diskriminierungsverbote und Neutralitätsverbürgungen in Art. 3 Abs. 3 GG und Art. 33 Abs. 3 GG, die Normierung des Religionsunterrichts in Art. 7 Abs. 2, 3 und 5 GG, Art. 141 GG sowie die Bestimmung zur Fortgeltung des Reichskonkordats von 1933 (Rn. 40) in Art. 123 Abs. 2 GG.

51

In Abweichung von der Reichsverfassung der Paulskirche und auch der Weimarer Reichsverfassung hat das Grundgesetz seine religionsverfassungsrechtlichen Bestimmungen nicht an einer Stelle zusammengeführt. Der Grund für die **fehlende Systematik**[3], die insbesondere im Hinblick auf Art. 4 GG (im Abschnitt „I. Grundrechte") und Art. 140 GG (im Abschnitt „XI. Übergangs- und Schlussbestimmungen") auffällt, ist in der Entstehungsgeschichte des Grundgesetzes zu finden. Während der Herren-

52

---

1 Vgl. *Jeand'Heur/Korioth*, Rn. 70 ff.; *Germann*: § 7 Das System des Staatskirchenrechts in Deutschland, Rn. 36 ff.
2 Überblick u.a. bei *Badura*, HSKR, Bd. 1, Rn. 1 ff.
3 *Stern*: Staatsrecht, Bd. IV/2, S. 1166, konstatiert „ein eher diffuses Bild des dieser Materie gewidmeten Teils des Grundgesetzes"; vgl. ebd., S. 1208: „unsystematisch geformte(r) Normenkomplex".

chiemseer Entwurf über die Verankerung der grundrechtsbewährten Religionsfreiheit hinaus keine weiter gehenden Regelungen zum Verhältnis des Staates zu den Religionsgemeinschaften enthielt, wurde im Parlamentarischen Rat nach eingehender Diskussion ein „Formelkompromiss" in Gestalt der Inkorporationslösung festgeschrieben (s.o. Rn. 43).[4] Die über Art. 140 GG inkorporierten Artikel der WRV sind **qualitativ** als vollgültiges Verfassungsrecht zu betrachten.[5] **Systematisch** sind Art. 4 GG und Art. 140 GG zudem so zu lesen, als bildeten sie auch äußerlich eine Einheit in Gestalt aufeinander folgender Artikel. Schließlich stehen die zumeist institutionellen, d.h. auf das Verhältnis des Staates zu den Religionsgemeinschaften ausgerichteten Artikel der WRV auch **funktional** in einem engen Zusammenhang mit Art. 4 GG. Sie konkretisieren, flankieren, ergänzen und unterstützen die Religionsfreiheit; mehr noch: sie dienen ausschließlich der Grundrechtsförderung bzw. Grundrechtsverwirklichung.[6]

III. Landesverfassungsrecht

53   Innerhalb des vom Grundgesetz gespannten Rahmens treffen auch die meisten Landesverfassungen eigene Regelungen zum Religionsverfassungsrecht.[7] Ausnahmen bilden die reinen Organisationsstatute ohne eigene grundrechtliche Gewährleistungen in den aktuellen Verfassungen der Freien und Hansestadt Hamburg (1952) sowie der Länder Niedersachsen (1993) und Schleswig-Holstein (2014). Im Übrigen sind die einschlägigen Normierungen nach dem Zeitpunkt ihres Erlasses zu unterscheiden.

54   Die **vor dem Grundgesetz** entstandenen Landesverfassungen enthalten ausführliche Regelungen, unterscheiden sich jedoch z.T. erheblich in ihrer religionsverfassungsrechtlichen Grundtendenz. Während in den Verfassungen von Hessen (1946) und Bremen (1947) die Trennung von Staat und Religionsgemeinschaften betont und durch das Verbot jeder Einmischung in die Angelegenheiten des anderen Teils unterstrichen wird, zeigen die Verfassungen von Bayern (1947), von Rheinland-Pfalz (1947) und des Saarlands (1947) eine religionsfreundlichere Tendenz. Hier werden die Religionsgemeinschaften als „Einrichtungen für die Wahrung und Festigung der religiösen und sittlichen Grundlagen des menschlichen Lebens" bezeichnet (Art. 41 Verf-RhPf).

55   Die **nach dem Grundgesetz** entstandenen Verfassungen der alten Bundesländer haben z.T. keine eigenen Regelungen zum Religionsverfassungsrecht getroffen (Rn. 53). Die Verfassung von Berlin (1950) hingegen hat in ihren Grundrechtskatalog auch die Gewährleistung der freien Religionsausübung aufgenommen. In den Verfassungen von Nordrhein-Westfalen (1950) und Baden-Württemberg (1953) werden über einen Verweis auf Art. 140 GG die dort in Bezug genommenen Artikel der Weimarer Reichsverfassung in das Landesverfassungsrecht übernommen. Darüber hinaus enthalten sie weitere Regelungen etwa zum Öffentlichkeitsauftrag der Religionsgemeinschaften und zum religionsverfassungsrechtlichen Vertragsrecht.

56   Die **Landesverfassungen der neuen Bundesländer** regeln das Religionsverfassungsrecht mit unterschiedlicher Ausführlichkeit und weisen inhaltlich einige neue Elemente auf.[8] Die Verfassungen des Freistaates Sachsen (1992), des Landes Sachsen-Anhalt (1992) und des Freistaates Thüringen (1993) inkorporieren über Art. 140 GG das Weimarer

---

4 Zum Begriff des Formelkompromisses in diesem Zusammenhang siehe *Smend*, ZevKR 1 (1951), 4 ff.
5 BVerfGE 19, 206 (219).
6 So auch BVerfGE 105, 370 (387).
7 Überblick bei *Badura*, HSKR, Bd. 1, Rn. 65 ff.
8 Dazu *Fuchs*, passim, und *Anke*: Staatskirchenverträge, passim.

§ 3 Rechtsquellen des Religionsverfassungsrechts

Religionsverfassungsrecht, während die Verfassung von Mecklenburg-Vorpommern (1993) unter direkter Bezugnahme auf die Weimarer Reichsverfassung zu demselben Ergebnis gelangt. Im Übrigen werden – u.a. in der Verfassung des Landes Brandenburg – der Trennungsgrundsatz, aber auch der Öffentlichkeitsauftrag der Religionsgemeinschaften betont. Ausdrückliche Erwähnung finden z.T. auch die Anerkennung der karitativen bzw. diakonischen Tätigkeit sowie die Garantie der theologischen Fakultäten.

Konflikte und Kollisionen zwischen dem Religionsverfassungsrecht des Grundgesetzes und den Landesverfassungen sind bisher ausgeblieben, weil sich die Landesverfassungen insofern im Rahmen der Art. 4 GG und Art. 140 GG bewegen. Einschlägige Kollisionsnormen sind **Art. 31 GG und Art. 142 GG**: Gem. Art. 31 GG ist das Religionsverfassungsrecht der Länder unanwendbar, wenn und soweit es den einschlägigen Regelungen des Grundgesetzes zuwiderläuft. Nach Art. 142 GG sind jedoch ein gleichwertiger und auch ein weiter gehender Schutz der Religionsfreiheit im Landesverfassungsrecht zulässig und wirksam. 57

IV. Religionsverfassungsrechtliche Verträge

Im Bereich des Religionsverfassungsrechts existiert eine Vielzahl von Verträgen zwischen dem Bund bzw. den Ländern und den Religionsgemeinschaften, die z.T. Einzelfragen, z.T. aber auch umfassende Regelungen zum Verhältnis der jeweiligen Vertragspartner enthalten (s.u. § 10).[9] Religionsverfassungsrechtliche Verträge mit dem Heiligen Stuhl sind nach h.M. völkerrechtliche Verträge und werden als **Konkordate** bezeichnet, während Verträge mit den evangelischen Landeskirchen als (Staats-) **Kirchenverträge** gelten. Daneben werden zunehmend auch religionsverfassungsrechtliche Verträge mit kleineren protestantischen und den jüdischen Gemeinschaften abgeschlossen. Ungeachtet ihrer unterschiedlichen Rechtsnatur finden auf das Verfahren und ihre Rechtsgeltung die Regeln für den Abschluss von Staatsverträgen Anwendung. 58

Religionsverfassungsrechtliche Verträge finden sich vor allem auf der Ebene der **Länder**. Die älteren, noch aus der Weimarer Zeit stammenden Konkordate (Bayern 1924, Preußen 1929, Baden 1932) und Kirchenverträge (Baden 1932) gelten fort. Nach dem Erlass des Grundgesetzes konnten dann flächendeckend Kirchenverträge mit den evangelischen Landeskirchen abgeschlossen werden. Vorbild war der nach seinem Entstehungsort benannte Loccumer Vertrag für Niedersachsen aus dem Jahre 1955. Aus der Reihe der Konkordate ist besonders der seinerzeit sehr umstrittene Vertrag zwischen dem Land Niedersachsen und dem Heiligen Stuhl (1965) zu nennen. Entgegen anders lautender Prognosen aus jener Zeit hat sich das Instrument des religionsverfassungsrechtlichen Vertrages bewährt. Davon zeugt nicht nur der Umstand, dass es in drei Verfassungen der neuen Bundesländer ausdrücklich erwähnt und in allen neuen Bundesländern angewandt wird. Auch die Praxis in den alten Bundesländern, etwa die jüngsten Kirchenverträge in Bremen (2001), Berlin (2006) und Hamburg (2006) sowie das Konkordat mit dem Land Schleswig-Holstein (2009) bestätigen seine fortwährende Bedeutung. 59

Vereinzelt schließt auch der **Bund** religionsverfassungsrechtliche Verträge ab. Beispiele liefern etwa der Vertrag mit der Evangelischen Kirche in Deutschland über die Militärseelsorge von 1957 und der Vertrag mit dem Zentralrat der Juden in Deutschland aus 2003. Im Grundsatz anerkannt, in seiner Reichweite aber begrenzt ist die Fortgeltung 60

---

9 Überblick bei *Unruh*, in: Huber/Voßkuhle (Hrsg.), Art. 140, Rn. 51 ff.

des Reichskonkordates von 1933 als einfaches Bundesgesetz (Art. 123 Abs. 2 GG); im Übrigen gilt es als Landesrecht fort.

V. Einfaches Gesetzesrecht

61 Das Religionsverfassungsrecht ist nur vereinzelt Gegenstand einer **ausdrücklichen** einfachgesetzlichen Konkretisierung. Die Gesetzgebungskompetenz liegt gem. Art. 70 Abs. 1 GG, der auch nach der Föderalismusreform I 2006 Bestand hat, im Wesentlichen bei den Ländern. Nur Art. 140 GG i.V.m. Art. 138 Abs. 1 WRV überträgt dem Bund die Zuständigkeit für die Grundsatzgesetzgebung zur Ablösung der Staatsleistungen an die Religionsgemeinschaften, die bisher jedoch (noch) nicht in Anspruch genommen wurde (s.u. Rn. 508 ff.). Auf der Landesebene sind vor allem die **Kirchenaustritts-** und die **Kirchensteuergesetze** einschlägig.

62 Von praktisch gleichrangiger Bedeutung ist die Vielzahl der Bezugnahmen auf **religionsverfassungsrechtliche Besonderheiten** in Gesetzen, die unmittelbar andere Materien regeln.[10] Dies gilt etwa für die „Berücksichtigungsklauseln" im Verwaltungsverfahrensrecht (§ 2 Abs. 1 VwVfG), im Beamtenrecht (z.B. § 135 BRRG), im Arbeits- und Sozialrecht (z.B. § 118 Abs. 2 BtrVG) sowie im Baurecht (z.B. § 1 Abs. 5 S. 2 Nr. 6 BauGB). Bedeutsam sind zudem die Zeugnisverweigerungsrechte von Geistlichen in Angelegenheiten, die ihnen in ihrer Eigenschaft als Seelsorgerinnen bzw. Seelsorger anvertraut oder bekannt geworden sind (§ 53 Abs. 1 Nr. 1 StPO; § 383 Abs. 1 Nr. 4 ZPO). Über die Frage, wer den Status einer Seelsorgerin bzw. eines Seelsorgers i.S. dieser Vorschriften innehat, entscheidet die jeweilige Religionsgemeinschaft selbst.[11] U.a. zu diesem Zweck ist im und für den Bereich der evangelischen Kirchen das Seelsorgegeheimnisgesetz der EKD vom 28.10.2009 erlassen worden.[12] Im Schnittbereich zwischen ausdrücklicher und impliziter Regelung des Religionsverfassungsrechts auf einfachgesetzlicher Ebene dürfte u.a. das Schulrecht liegen, das vor dem Hintergrund des Art. 7 Abs. 3 GG den Religionsunterricht in den Landes-Schulgesetzen regelt. Gleiches gilt für das Hochschul- sowie für das Medienrecht bzgl. der Besetzung der Landesrundfunkräte.

VI. Völkerrecht

63 Schließlich wird das Religionsverfassungsrecht der Bundesrepublik Deutschland auch durch das Völkerrecht beeinflusst. Die Behandlung des einschlägigen Völkerrechts im Anschluss an das einfache Gesetzesrecht bietet sich an, weil es in den nationalen Rechtsordnungen keine unmittelbare Wirkung entfaltet. Vielmehr bindet es nur die Vertragsparteien und erlangt nach Maßgabe des Art. 59 Abs. 2 GG erst über einen innerstaatlichen normativen Anwendungsbefehl Rechtsgeltung, u.zw. im **Rang eines einfachen Gesetzes**. Für das Religionsverfassungsrecht sind u.a. relevant Art. 18 der Allgemeinen Erklärung der Menschenrechte sowie Art. 18 des Paktes über bürgerliche und politische Rechte. Von herausragender Bedeutung ist die ausdrückliche Garantie der Religionsfreiheit in **Art. 9 EMRK**, deren Einhaltung vom EGMR überwacht wird (s.u. Rn. 587 ff.).[13] Der EGMR kann auch von den Bürgern der Vertragsstaaten ange-

---

10 Vgl. *Muckel*, in: Friauf/Höfling (Hrsg.), Art. 140 Rn. 50.
11 *Traulsen*: Rechtsstaatlichkeit und Kirchenordnung, S. 30.
12 ABl. EKD 2012, S. 186 ff.; dazu *de Wall*, ZevKR 56 (2011), S. 4 ff.
13 Zu weiteren einschlägigen Normen des Völkerrechts *Classen*: Religionsrecht, Rn. 52.

rufen werden, und seine Urteile müssen nach der Rechtsprechung des BVerfG auch von den staatlichen Gerichten beachtet werden.[14]

▶ **Zu Fall 1:** Das Reichskonkordat vom 20.7.1933 ist ein religionsverfassungsrechtlicher Vertrag. Das BVerfG hat zunächst festgestellt, dass das Reichskonkordat rechtsgültig zustande gekommen ist und in der Bundesrepublik Deutschland – in den Schulbestimmungen aufgrund der grundgesetzlichen Kompetenzordnung als Landesrecht – fortgilt. Im Folgenden ist das Gericht aber zu dem Ergebnis gelangt, dass die Länder dem Bund gegenüber nicht verfassungsrechtlich verpflichtet sind, die Bestimmungen des Reichskonkordates in ihren Schulgesetzen einzuhalten. Zwar enthält Art. 123 Abs. 2 GG die Anordnung der Fortgeltung vorkonstitutioneller „Staatsverträge", zu denen auch das Reichskonkordat gehört. Aus der systematischen Stellung, aus dem Erfordernis praktischer Konkordanz mit anderen Verfassungsnormen und aus der Entstehungsgeschichte der Norm ergibt sich jedoch, dass der nach der (neuen) Kompetenzverteilung des Grundgesetzes zuständige Gesetzgeber an der Änderung dieser Bestimmungen nicht gehindert ist. Mit Artt. 7, 30, 70 ff. GG ist den Ländern die ausschließliche Gesetzgebungskompetenz für den Kultur- und damit auch für den Schulbereich übertragen worden. Eine Begrenzung dieser Kompetenz dergestalt, dass das Reichskonkordat durch eine abweichende Gesetzgebung nicht angetastet werden dürfe, kann auch nicht aus dem Grundsatz der Bundestreue oder der Völkerrechtsfreundlichkeit des Grundgesetzes hergeleitet werden. Im Ergebnis stellen die schulrechtlichen Bestimmungen des Reichskonkordates keine den Landesgesetzgeber bindende Rechtsquelle dar. ◀

Wiederholungs- und Vertiefungsfragen

> Wie ist das Verhältnis zwischen Art. 4 GG und den über Art. 140 GG in das Grundgesetz inkorporierten Art. 136–139, 141 WRV? (Rn. 52)

> Nach welchen Vorschriften ist ein eventueller Konflikt zwischen dem Religionsverfassungsrecht des Grundgesetzes und den Landesverfassungen zu lösen? (Rn. 57)

> Was sind religionsverfassungsrechtliche Verträge und wie werden sie – nach den Vertragspartnern unterschieden – bezeichnet? (Rn. 58)

> Wem steht die Gesetzgebungskompetenz für das einfache Gesetzesrecht im Bereich des Religionsverfassungsrechts zu? (Rn. 61)

> Welche völkerrechtliche Norm hat für das europäische Religionsverfassungsrecht eine herausragende Bedeutung? (Rn. 63)

---

14 BVerfGE 111, 307 (315 ff.).

B. Religionsverfassungsrechtlich Grundentscheidungen

§ 4 Das Grundrecht der Religionsfreiheit aus Art. 4 Abs. 1 und 2 GG

I. Allgemeines

1. Herkunft und Entwicklung

64 Das Grundrecht aus Art. 4 Abs. 1 und 2 GG bildet zumindest für die deutsche Rechtstradition den Endpunkt einer langen Entwicklungsgeschichte der Religionsfreiheit.[1] Unabhängig von einer Bewertung der Kontroverse zwischen *Georg Jellinek* und *Emile Boutmy* über die Frage, ob die Religionsfreiheit das Urgrundrecht schlechthin sei (so *Jellinek*[2]), kann festgestellt werden, dass der Frage nach der Religionsfreiheit bereits vor der Begriffsprägung in der Geschichte Europas eine herausragende Bedeutung zukommt. Ob diese Geschichte bereits in der Antike beginnt, sei hier dahingestellt. Eine Grundvoraussetzung für die Entwicklung der Religionsfreiheit war jedenfalls das Auseinandertreten von weltlicher Herrschaft und Kirche im Hochmittelalter als Resultat des Investiturstreits (s.o. Rn. 18). Die Initialzündung für die dann konsequent sich vollziehende Entwicklung bis zur modernen Religionsfreiheit lieferte die Reformation mit der Glaubensspaltung und den sich anschließenden sog. Religionskriegen.[3] Die Verfeinerung der ersten Anklänge im Augsburger Religionsfrieden (s.o. Rn. 22 f.) bis zur vollständigen individuellen Religionsfreiheit unter dem Grundgesetz vollzog sich in mehreren rechtlichen Schritten über den Westfälischen Frieden von 1648, das Preußische Allgemeine Landrecht von 1794,[4] den Frühkonstitutionalismus und das Religionsverfassungsrecht der nie in Kraft getretenen Paulskirchenverfassung von 1848/49 bis hin zur Weimarer Reichsverfassung von 1919.

65 Die Aufnahme des Grundrechts der Religionsfreiheit in das Grundgesetz war in den **Beratungen des Parlamentarischen Rates** im Grundsatz unumstritten.[5] Lediglich die Frage nach den Schranken (s.u. Rn. 119 ff.) und die im Wege eines Kompromisses erfolgte Inkorporation der sog. Weimarer Kirchenartikel zum Verhältnis zwischen Staat und Religionsgemeinschaften lösten intensive Diskussionen aus.[6] Unter dem Grundgesetz nimmt das Grundrecht der Religionsfreiheit aus systematischen und inhaltlichen Gründen eine **besondere Stellung** ein. So steht es unmittelbar an der Spitze des Katalogs der speziellen Grundrechte. Formal ist es – jedenfalls nach der Auffassung des BVerfG und des überwiegenden Teils der Literatur – vorbehaltlos gewährleistet (s.u. Rn. 131 ff.). In der Sache betrifft es nicht nur die äußere Integrität und Handlungsfähigkeit, sondern den inneren, seelischen und Identität bildenden Bereich des

---

[1] Überblick bei *Heinig*, in: Huber/Voßkuhle (Hrsg.), Art. 4 Rn. 1 ff.; *Stern*: Staatsrecht, Bd. IV/2, S. 890 ff.; *v. Campenhausen*, ZevKR 47 (2002), 303 ff.; *Kaupisch*, passim.
[2] Dazu nun *A. Meier*, passim.
[3] Zur Bedeutung der Reformation als Ausgangspunkt der Entwicklung der Religionsfreiheit und zu dieser Entwicklung insgesamt *Hense*, in: Heinig/Walter (Hrsg.), S. 7 (15 ff.).
[4] Dazu *Landau*, in: Dölemeyer/Mohnhaupt (Hrsg.), S. 145 ff.
[5] Vgl. *Borowski*, S. 57 ff.; *Stern*: Staatsrecht, Bd. IV/2, S. 914 ff. (917).
[6] Zum Kompromiss-Charakter der Inkorporation der Weimarer Kirchenartikel siehe u.a. *Badura*, HSKR Bd. 1, Rn. 45 ff.

Menschen. Insofern kann die Religionsfreiheit als besonders bedeutsame **Ausformung bzw. Konkretisierung der Menschenwürdegarantie** aus Art. 1 Abs. 1 GG gelten.[7]

Die grundgesetzlich gewährleistete Religionsfreiheit ist ein Grundrecht, dessen Gehalt mit den Methoden der allgemeinen Grundrechtsdogmatik zu ermitteln, d.h. im Prüfungsdreischritt von Schutzbereich, Eingriff und verfassungsrechtlicher Rechtfertigung zu ermitteln ist: „Es gibt keine *Sonderdogmatik* zu Art. 4 Abs. 1 und 2 GG..."[8] Seit dem Erlass des Grundgesetzes hat diese **Dogmatik** eine ruhige, schrittweise Entwicklung genommen, die im Wesentlichen von der Rechtsprechung des BVerfG geprägt war. Spätestens seit der Mitte der neunziger Jahre des letzten Jahrhunderts ist das Grundrecht aus Art. 4 Abs. 1 und 2 GG jedoch zunehmend in den Fokus der wissenschaftlichen und politischen Auseinandersetzung geraten. Die Gründe dafür liegen in den veränderten (religionssoziologischen) Rahmenbedingungen für das Religionsverfassungsrecht (s.o. Rn. 48 f.). Vor diesem Hintergrund ist speziell für Art. 4 Abs. 1 und 2 GG festzustellen, dass „gerade die Religionsfreiheit zum Testfall für den Umgang der deutschen Verfassungsordnung mit kultureller Vielfalt und damit für ihre Integrationsfähigkeit geworden" ist.[9] So vermag es nicht zu überraschen, dass nunmehr die Dogmatik der Religionsfreiheit auf allen Ebenen (Schutzbereich, Eingriff, Schranken) umstritten ist.

2. Das Verhältnis des Art. 4 Abs. 1 und 2 GG zu Art. 140 GG

Über Art. 140 GG sind wesentliche Bestandteile der sog. **Weimarer Kirchenartikel (Art. 136 bis 139, 141 WRV)** in das Grundgesetz inkorporiert worden. Nach der insoweit unangefochtenen Rspr. des BVerfG handelt es sich bei diesen Vorschriften um **vollgültiges Verfassungsrecht**.[10] Unmittelbar nach Erlass des Grundgesetzes und über mehrere Jahrzehnte herrschte die Ansicht vor, dass zwischen der Grundrechtsgewährleistung in Art. 4 GG und Art. 140 GG ein den Bedeutungsgehalt beider Normen trennender Graben liege.[11] Während Art. 4 Abs. 1 und 2 GG ein individuelles Freiheitsrecht normiere, beschrieben die über Art. 140 GG inkorporierten Vorschriften der Weimarer Reichsverfassung das institutionelle Grundverhältnis zwischen dem Staat und den Kirchen bzw. Religionsgemeinschaften. Art. 4 und Art. 140 GG sollten jeweils eigenständige Sachverhalte regeln. Gleichwohl – so die argumentative Brücke – bestehe insofern ein „wesensmäßiger Zusammenhang" zwischen grundrechtlicher und institutioneller Norm, als Eingriffe in die institutionellen Gewährleistungen zugunsten der Kirchen und Religionsgemeinschaften zugleich deren Religionsfreiheit tangieren und damit im Wege der Verfassungsbeschwerde nach Art. 93 Abs. 1 Nr. 4a GG i.V.m. §§ 90 ff. BVerfGG geltend gemacht werden können.[12] Diese **Trennungsthese** ist in jüngerer Zeit unter Druck geraten. Die **primär institutionell orientierte Deutung des Art. 140 GG** wird zwar auch aktuell vertreten.[13] Sie sieht sich aber nunmehr einer zunehmend **grundrechtlich orientierten Lesart** gegenüber, d.h. einer Auffassung, die

---

[7] Statt vieler *H. Maurer*, FS Brohm, 455 (457); *Morlok*, in: H. Dreier (Hrsg.), Art. 4 Rn. 41; *Kokott*, in: Sachs (Hrsg.), Art. 4 Rn. 3; *Germann*, in: Epping/Hillgruber (Hrsg.), Art. 4 Rn. 1.
[8] *Heinig*, HSKR, Bd. 1, Rn. 28 (Hervorhebung im Original).
[9] *v. Campenhausen/de Wall*, § 12 Rn. 5.
[10] BVerfGE 111, 10 (50); *Stern*: Staatsrecht, Bd. IV/2, S. 1167, 1175 m. w.N.
[11] *Neureither*, NVwZ 2011, 1192 (1194): „wall of separation".
[12] Vgl. BVerfGE 70, 138 (160 ff.).
[13] So etwa bei *Grzeszick*: AöR 129 (2004), 187 ff.; *ders.*, in: Heinig/Walter (Hrsg.), S. 131 (132 ff.); *Maurer*, FS Starck, S. 335 (349 f.); *Stern*: Staatsrecht, Bd. IV/2, S. 922.

das gesamte Religionsverfassungsrecht unter Einschluss der in den inkorporierten Weimarer Kirchenartikeln enthaltenen Vorschriften über die Religionsgemeinschaften konsequent aus der Perspektive des Grundrechts der Religionsfreiheit betrachtet und daraus ableitet.[14] Dieser Auffassung scheint auch das BVerfG in seiner jüngeren Rechtsprechung zuzuneigen.[15] Insgesamt wird nach dieser **Einheitsthese** das Grundrecht der Religionsfreiheit zur „Grundnorm des gesamten Religionsverfassungsrechts" erklärt.

68 Diese vergleichsweise junge und anhaltende Kontroverse zwischen institutioneller und konsequent grundrechtlicher Lesart des Gehalts von Art. 140 GG sollte zugunsten einer vermittelnden Lösung entschieden werden (**Vermittlungsthese**).[16] Unerheblich ist insofern der Umstand, dass das Verhältnis von Staat und Religion historisch zunächst und im Wesentlichen ein Verhältnis zwischen Staat und Religions*gemeinschaften* in Gestalt der großen christlichen Kirchen war. Insoweit ist der veränderten Situation nach der Einführung des Individualgrundrechts der Religionsfreiheit Rechnung zu tragen. Der rein grundrechtlichen Betrachtungsweise ist aber entgegenzuhalten, dass zumindest die an die Religionsgemeinschaften gerichtete Eröffnung der Möglichkeit, den Status einer Körperschaft des öffentlichen Rechts zu erlangen, keine zwingende Herleitung aus dem Grundrecht der Religionsfreiheit darstellt.[17] Andererseits können vermeintlich „institutionelle" Regelungen in einem untrennbaren Bezug zur Ermöglichung und Förderung der Grundrechtsverwirklichung stehen. Ein derartiger Zusammenhang zwischen der Religionsfreiheit und den staatskirchenrechtlichen Regelungen in Art. 140 GG ist offensichtlich. Im Ergebnis sollte das Grundrecht aus Art. 4 Abs. 1 und 2 GG zwar nicht als „Grundnorm", wohl aber als religionsverfassungsrechtliche **Grundentscheidung** gewertet, und die inkorporierten Weimarer Kirchenartikel zwar nicht als zwingende Ableitungen, wohl aber als für das deutsche Religionsverfassungsrecht spezifische, d.h. variable **Ausprägungen der Schutzpflichtendimension der Religionsfreiheit** betrachtet werden. Diese Sichtweise ist kompatibel mit der aktuellen Rspr. des BVerfG zur funktionalen und konkretisierenden Ausrichtung dieser Artikel auf Art. 4 Abs. 1 und 2 GG.[18] Damit ist zugleich gewährleistet, dass die Weimarer Kirchenartikel über Art. 4 Abs. 1 und 2 GG auch im Wege der **Verfassungsbeschwerde** geltend gemacht werden können.[19] Ein weiterer willkommener Nebeneffekt dieser Interpretation liegt in der Anschlussfähigkeit des deutschen Religionsverfassungsrechts an die grundrechtlich geprägte europäische Rechtslage; denn über Art. 6 Abs. 3 EUV kann diese spezifisch deutsche Ausprägung des Religionsverfassungsrechts auch im **europäischen Einigungsprozess** Bestand haben.

---

14 So etwa die Zusammenfassung bei *Walter*: Religionsverfassungsrecht, S. 200 ff.
15 So heißt es im Urteil vom 20.12.2000 zum Status der „Zeugen Jehovas" als Körperschaft des öffentlichen Rechts i.S.d. Art. 140 GG i.V.m. Art. 137 Abs. 5 WRV, dass dieser Status „ein Mittel zur Entfaltung der Religionsfreiheit" und „von der grundrechtlichen Freiheit des Art. 4 Abs. 1 und 2 GG geprägt" sei, BVerfGE 102, 370 (387, 395.). Zur Entwicklung der Rspr. des BVerfG siehe *Neureither*, NVwZ 2011, 1192 ff.
16 Zum Folgenden siehe vor allem *Korioth*, FS Badura, S. 727 ff.; *Stern*: Staatsrecht, Bd. IV/2, S. 1163 ff.
17 Ob dies auch für das Verbot der Staatskirche gilt, wie *Korioth*, FS Badura, S. 727 (739) ausführt, mag angesichts der staatskirchlichen Systeme in Skandinavien und anderswo plausibel erscheinen, ist aber angesichts der Verankerung des Neutralitätsgebots in Art. 4 Abs. 1 und 2 GG (s.u. Rn. 90) zumindest für das deutsche Religionsverfassungsrecht fragwürdig.
18 Vgl. BVerfGE 139, 321 (349): „Die Weimarer Kirchenartikel sind einerseits funktional auf die Inanspruchnahme und Verwirklichung des Grundrechts der Religionsfreiheit angelegt..., und andererseits wird der Gewährleistungsgehalt des Art. 4 Abs. 1 und 2 GG durch Art. 140 GG in Verbindung mit den inkorporierten Artikeln der Weimarer Reichsverfassung institutionell konkretisiert und ergänzt..."
19 Dazu *Jeand'Heur/Korioth*, Rn. 158 m.w.N. Für den Status der inkorporierten Artikel der WRV als grundrechtsgleiche Rechte *Stern*: Staatsrecht, Bd. IV/2, S. 1175.

§ 4 Das Grundrecht der Religionsfreiheit aus Art. 4 Abs. 1 und 2 GG § 4

II. Der Schutzbereich der Religionsfreiheit

1. Der personelle Schutzbereich

▶ **Fall 2:** A hat die beiden Töchter B und C im Alter von 11 bzw. 14 Jahren, die in ihrem Heimatort eine öffentliche Schule besuchen. Zum Lehrplan dieser Schule gehört auf landesgesetzlicher Grundlage auch ein sog. koedukativer Sportunterricht, in dem Mädchen und Jungen einer Altersstufe gemeinsam im Lehrfach Sport unterrichtet werden. A und seine Töchter gehören derselben Religionsgemeinschaft an. Nach der Auffassung des A verbietet es diese Religion, dass sich Mädchen und Frauen leicht bekleidet – etwa in Sportbekleidung – den Blicken von Jungen und Männern aussetzen. Da eine sinnvolle Teilnahme am Sportunterricht aus seiner Sicht in religiös unbedenklicher Bekleidung nicht möglich ist, möchte er – notfalls gerichtlich – eine Befreiung seiner Töchter vom Sportunterricht erzwingen. Seine beiden Töchter hingegen sind der Ansicht, dass ihnen ihre Religion sehr wohl die Teilnahme am Sportunterricht in der dort üblichen Bekleidung erlaubt. Darf A für seine Töchter eine Befreiung vom Sportunterricht erwirken? ◀

a) Natürliche Personen

Die Religionsfreiheit aus Art. 4 Abs. 1 und 2 GG ist ein sog. **Jedermann-Grundrecht**, d.h. nicht nur deutsche Staatsangehörige, sondern auch Nicht-Deutsche können sich gegenüber der deutschen Staatsgewalt darauf berufen.[20] Für natürliche Personen können insgesamt **drei Dimensionen des personellen Schutzbereiches** unterschieden werden: (1.) die **individuelle Religionsfreiheit** gewährleistet das Recht des Individuums, seine Religion einzeln auszuüben, und (2.) die **kollektive Religionsfreiheit** umfasst das Recht der gemeinschaftlichen Religionsausübung. Hinzu tritt (3.) die **religiöse Vereinigungsfreiheit**, d.h. das Recht, sich zur Ausübung der Religion in dauerhaften Organisationen zusammenzufinden. Zwar wird die „Freiheit der Vereinigung zu Religionsgesellschaften" in Art. 140 GG i.V.m. Art. 137 Abs. 2 WRV ausdrücklich genannt. Gleichwohl ist auch diese Dimension der Religionsfreiheit vollständig in Art. 4 Abs. 1 und 2 GG enthalten.[21] Auch die zusätzliche **korporative Religionsfreiheit**, die mit dem Selbstbestimmungsrecht der Religionsgemeinschaften aus Art. 140 GG i. V. m. Art. 137 Abs. 3 WRV konvergiert, ist auf das Individualgrundrecht des Art. 4 Abs. 1 und 2 GG zurückzuführen.[22]

69

Fragen nach der **Grundrechtsträgerschaft** können sich bei natürlichen Personen nur am Lebensanfang und am Lebensende stellen.[23] Für den **Nasciturus** ist die Religionsfreiheit allerdings – anders als für seine Eltern – nicht von Belang, da ungeborenes Leben die Voraussetzungen für die Bildung und die Ausübung von Religion offensichtlich nicht erfüllt. Anders verhält es sich beim Schutz der Religionsfreiheit über das Lebensende hinaus, der etwa im Zusammenhang mit religiös motivierten Begräbnisriten relevant werden kann. Hier gilt ein **postmortaler Glaubensschutz**, d.h. auch die religiösen

70

---

20 Statt vieler *Stern*: Staatsrecht, Bd. IV/2, S. 1027 ff.
21 BVerfGE 83, 341 (354); *Kokott*, in: Sachs (Hrsg.), Art. 4 Rn. 4.
22 Zur korporativen Religionsfreiheit BVerfGE 19, 129 (132); 24, 236 (245 f.); *v. Campenhausen/de Wall*, § 12 Rn. 10; *Germann*, in: Epping/Hillgruber (Hrsg.), Art. 4 Rn. 22; *Stern*: Staatsrecht, Bd. IV/2, S. 967 ff.
23 Dazu *Borowski*, S. 361 ff

Vorstellungen von Verstorbenen sind vom personellen Schutzbereich des Art. 4 Abs. 1 und 2 GG umfasst.[24]

b) Insbesondere: Die Religionsfreiheit von Minderjährigen

71 Wie die anderen Grundrechte, so kann auch die Religionsfreiheit Minderjähriger von den Eltern in Vertretung ihrer Kinder prozessual geltend gemacht werden. Ein praktisch bedeutsames Sonderproblem der Religionsfreiheit von Minderjährigen betrifft demgegenüber nicht die Grundrechtsträgerschaft und -durchsetzung, sondern die **Grundrechtsausübung**. Aus der Perspektive der Betroffenen besteht allerdings im Hinblick auf die praktische Auswirkung kein nennenswerter Unterschied, so dass auch dieses Sonderproblem im Rahmen des personellen Schutzbereiches behandelt werden kann. Es bewegt sich im Spannungsfeld zwischen dem Recht von Kindern und Jugendlichen, eigenständig über ihre Religion und deren Ausübung zu befinden, und dem Bestimmungsrecht der Eltern über die religiöse Erziehung ihrer Kinder. Die **Entscheidungsbefugnisse der Eltern** umfassen nach der Rspr. des BVerfG auch das Recht, ihren Kindern die jeweils für richtig gehaltene religiöse oder weltanschauliche Erziehung zu vermitteln.[25] Dazu gehört auch die Erklärung des für Kleinkinder mit der **Taufe** verbundenen Beitritts zu einer (christlichen) Religionsgemeinschaft.[26] Ob dieses Recht allein aus Art. 6 Abs. 2 GG folgt, oder ob daneben – mit dem BVerfG[27] – auch zugunsten der Eltern auf Art. 4 Abs. 1 und 2 zurückzugreifen ist, ist umstritten. In Teilen der Literatur ist gegen diese Kombinationslösung zu Recht eingewandt worden, dass Art. 4 Abs. 1 und 2 GG die Freiheit zur Entscheidung eigener Angelegenheiten garantiert und kein Bestimmungsrecht über andere Personen einräumt.[28] Grundrechtsdogmatisch sind die Entscheidungsbefugnisse der Eltern als Eingriff in die Religionsfreiheit ihrer Kinder anzusehen, die (nur) über Art. 6 Abs. 2 GG verfassungsrechtlich gerechtfertigt werden können. Die Legitimation sinkt zudem mit der wachsenden Fähigkeit der Kinder und Jugendlichen, eigene religiöse Überzeugungen auszubilden (s.u. Rn. 74).[29] In diesen Zusammenhang gehört auch die Frage nach der verfassungsrechtlichen Zulässigkeit der (nur) religiös motivierten **Beschneidung von Jungen**. Im Judentum und im Islam gehört diese Beschneidung, die zumeist an Minderjährigen bzw. Kleinkindern durchgeführt wird, zu den unverzichtbaren Inhalten ihrer Religion.[30] Nach entsprechender argumentativer Zurüstung durch Teile der Strafrechtswissenschaft[31] hat das Landgericht Köln im Jahr 2012 die religiös motivierte Beschneidung als strafbare Körperverletzung nach § 223 StGB angesehen.[32] Die Einwilligung der Eltern könne eine Rechtfertigung des Eingriffs im strafrechtlichen Sinne nicht bewirken, weil – in Abwägung der einschlägigen Grundrechtspositionen – der Eingriff in die körperliche Unversehrtheit des Kindes unangemessen, zudem dauerhaft und irreversibel sei. Diese Entscheidung ist in der religionsverfassungsrechtlichen Literatur ganz überwiegend

---

24 *Stern*: Staatsrecht, Bd. IV/2, S. 1039 ff. *Zacharias*, ZevKR 48 (2003), 149 (151 f.) und BVerwG, NJW 2005, 2844 (2845 f.).
25 Vgl. *Jestaedt*, HSKR Bd. 2, Rn. 17.
26 BVerfGE 30, 415 (424).
27 BVerfGE 41, 29 (44 ff.); 93, 1 (17); 108, 282 (301). Zustimmend etwa *Borowski*, S. 364 m.w.N.
28 *Classen*: Religionsrecht, Rn. 170.
29 BVerfGE 53, 360 (387).
30 Zu den religiösen Grundlagen der Beschneidung im Judentum und im Islam siehe *Kuntze*, ZevKR 58 (2013), 47 (50 ff.).
31 Vor allem *Putzke*, MedR 2008, 268 ff.; *Herzberg*, MedR 2012, 169 ff.
32 LG Köln, NJW 2012, 2128 ff.

und zu Recht auf Ablehnung gestoßen.[33] Für ein Beschneidungsverbot können zwar die Schutzpflichtendimensionen des Grundrechts auf körperliche Unversehrtheit aus Art. 2 Abs. 2 GG und die (negative) Religionsfreiheit des Kindes aus Art. 4 Abs. 1 und 2 GG vorgebracht werden. Dagegen steht aber das Recht der Eltern aus Art. 4 Abs. 1 und 2 GG (positive Religionsfreiheit) und aus Art. 6 Abs. 2 S. 1 GG, die Zugehörigkeit ihres Kindes zu einer Religionsgemeinschaft (zunächst, s.u. Rn. 74) festzulegen, einschließlich der Vornahme einer Beschneidung.[34] In der erforderlichen Abwägung der kollidierenden Grundrechtspositionen ist zunächst von Gewicht, dass der Eingriff in Form der Beschneidung von geringer Dauer und sehr geringer Komplikationsanfälligkeit ist. Demgegenüber fällt die Dauerhaftigkeit und Irreversibilität des Eingriffs kaum ins Gewicht, da die – i.Ü. auch aus medizinischen bzw. hygienischen Gründen vorkommende – Beschneidung den Betroffenen nicht per se als Angehörigen einer bestimmten Religionsgemeinschaft ausweist. Im Ergebnis überwiegt hier das religiöse Erziehungsrecht der Eltern.[35] Einen adäquaten Ausgleich in diesem Sinne hat der Gesetzgeber in Folge der Entscheidung des Landgerichts Köln mit dem „Gesetz über den Umfang der Personensorge bei einer Beschneidung des männlichen Kindes" vom 20.12.2012 vorgenommen, mit dem § 1631 d BGB eingefügt wurde.[36]

Können sich die Eltern nicht über die religiöse Erziehung ihrer Kinder einigen, so entscheidet gem. § 1628 BGB, § 2 Abs. 2 RelKEG das Vormundschaftsgericht. Dieses Bestimmungsrecht des Staates im Konfliktfall ist erforderlich, damit eine verbindliche Entscheidung über die religiöse Erziehung herbeigeführt werden kann. Ein Offenlassen der Entscheidung ist keine sinnvolle Alternative, da auch das Absehen von jeder religiösen Erziehung eine prägende Wirkung entfaltet.[37]

Ferner sind die **allgemeinen Grenzen des elterlichen Erziehungsrechts** auch bei der religiösen Erziehung zu beachten. Praktisch bedeutsam ist vor allem der Fall einer religiös motivierten Versagung einer medizinischen Behandlung eines Kindes, etwa in Gestalt einer Bluttransfusion. Hier greift **§ 1666 BGB**, demzufolge das Familiengericht bei einer Gefährdung des Kindeswohls den entgegenstehenden oder fehlenden Elternwillen ersetzen und rechtswirksam die Zustimmung zu medizinisch erforderlichen Behandlungen erteilen kann.

Schließlich hat der gebotene Ausgleich zwischen den gegenläufigen Grundrechtspositionen der Eltern und ihrer Kinder auch in **§ 5 RelKEG** eine Konkretisierung erfahren.[38] Diese Vorschrift normiert ein gestuftes, an bestimmten Altersgrenzen orientiertes Weichen des elterlichen Bestimmungsrechts über das religiöse Bekenntnis ihrer Kinder. Nach § 5 S. 2 RelKEG kann ein Kind mit Vollendung des zwölften Lebensjahres nicht mehr gegen seinen Willen in einem anderen Bekenntnis erzogen werden. Nach Vollendung des vierzehnten Lebensjahres steht dem Kind die uneingeschränkte Entscheidungsbefugnis darüber zu, „zu welchem Bekenntnis es sich halten will". Die

---

33 Statt vieler *Schwarz*, in: Ebner u.a. (Hrsg.), S. 155 ff. m.w.N.
34 *Germann*, MedR 2013, 412 (415 ff.); *Hörnle/Huster*, JZ 2013, 328 ff., bezweifeln die Einschlägigkeit von Art. 4 Abs. 1 und 2 GG.
35 Die verfassungsrechtliche Abwägung dürfte aber bei der Beschneidung von Mädchen aufgrund der kategorial unterschiedlichen Auswirkungen anders ausfallen; ebenso *Classen*: Religionsrecht, Rn. 175.
36 Dazu ausführlich *Manok*, passim. Zur Verfassungsmäßigkeit dieses Gesetzes ausführlich *Germann*, MedR 2013, 412 ff., m.w.N., und *Jestaedt*, HSKR, Bd. 2, Rn. 35 ff.
37 *Jestaedt*, HSKR, Bd. 2, Rn. 17.
38 Dazu *Germann*, in: Epping/Hillgruber (Hrsg.), Art. 4 Rn. 27. Das „Gesetz über die religiöse Kindererziehung" vom 15.7.1921, RGBl., S. 939, gilt als Bundesrecht fort. Zum Streit über die dogmatische Konstruktion der Fortgeltung (Art. 74 Abs. 1 Nr 1 oder Art. 125 GG?) siehe *Borowski*, S. 364 f., Anm. 46.

allgemeine Religionsmündigkeit liegt daher bei vierzehn Jahren. Die vor dem Erlass des Grundgesetzes ergangenen, abweichenden Regelungen in Art. 137 Abs. 1 Verf-Bay und Art. 29 Abs. 2 S. 3 Verf-Saarl, die die Altersgrenze für eine eigene Entscheidung zur Teilnahme am Religionsunterricht auf achtzehn Jahre festlegen, gelten jedoch nach der überwiegenden Auffassung in der Literatur gem. Art. 125 Nr. 2 GG fort (s.u. Rn. 449).[39]

c) Juristische Personen

75 Neben den natürlichen Personen können sich auch juristische Personen, insbesondere Religionsgemeinschaften, aber auch Vereinigungen, die sich nur der partiellen Pflege des religiösen Lebens ihrer Mitglieder widmen, auf die Religionsfreiheit berufen.[40] Die verfassungsrechtliche Begründung dieser **korporativen Religionsfreiheit** ist allerdings umstritten. Teile der Rspr. und der Literatur gehen davon aus, dass sich die Religionsgemeinschaften **unmittelbar auf Art. 4 Abs. 1 und 2 GG**, der insofern als „Doppelgrundrecht" zu betrachten sei, berufen können.[41] Zur Begründung wird angeführt, dass die Möglichkeit einer eigenständigen Grundrechtsträgerschaft (jedenfalls) von Religionsgemeinschaften über Art. 140 GG i. V. m. Art. 137 Abs. 3 WRV klargestellt sei.[42] Die Gegenauffassung begründet die Grundrechtsträgerschaft juristischer Personen hingegen mit einem Rückgriff auf **Art. 19 Abs. 3 GG**.[43] Für diesen Rückgriff spricht die Entstehungsgeschichte des Art. 19 Abs. 3 GG, denn diese Vorschrift ersetzte gerade den ursprünglichen Entwurf einer ausdrücklichen und abschließenden Aufzählung derjenigen Grundrechte, die auch juristischen Personen zustehen sollten, und zu denen auch die „ungestörte Religionsausübung" zählte.[44] Im Übrigen gelangt auch die unmittelbar auf Art. 4 Abs. 1 und 2 GG Bezug nehmende Auffassung zu identischen Ergebnissen. Übereinstimmend und zutreffend wird zum einen angenommen, dass sich juristische Personen nur auf den Teil des (sachlichen) Schutzbereiches berufen können, der seinem „Wesen nach" auf sie anwendbar ist. Damit sind höchstpersönliche Glaubensakte – wie etwa der Besuch von Gottesdiensten u.a. – naturgemäß ausgenommen.[45] Zum anderen wird auch die in Art. 19 Abs. 3 GG normierte Beschränkung der Grundrechtsträgerschaft auf inländische juristische Personen auf die korporative Religionsfreiheit übertragen,[46] so dass die Unterschiede zum direkten Rückgriff auf diese Vorschrift im Ergebnis vollständig verschwinden. Diese Ergebniskonvergenz sowie das Gebot der verfassungsdogmatischen Klarheit lassen die Begründung der korporativen Religionsfreiheit über Art. 4 Abs. 1 und 2 i.V.m. Art. 19 Abs. 3 GG als vorzugswürdig erscheinen.

76 Juristische Personen können sich auf die korporative Religionsfreiheit unabhängig davon berufen, ob sie als zivilrechtliche Rechtspersonen oder als **Körperschaften des öffentlichen Rechts** gem. Art. 140 GG i. V. m. Art. 137 Abs. 5 WRV organisiert sind. Zwar sind Körperschaften des öffentlichen Rechts grundsätzlich nicht als Grund-

---

39 Vgl. *Stern*: Staatsrecht, Bd. IV/2, S. 1031; *Borowski*, S. 367 ff. m.w.N.
40 Statt vieler *Morlok*, in: H. Dreier (Hrsg.), Art. 4 Rn. 100.
41 BVerfGE 24, 236 (245 f.); die Bezeichnung des Art. 4 Abs. 1 und 2 GG als „Doppelgrundrecht" stammt von *P.M. Huber*, in: Busse, passim249.
42 *Morlok*, in: H. Dreier (Hrsg.), Art. 4 Rn. 100.
43 Etwa BVerfGE 105, 279 (293); *Jeand'Heur/Korioth*, Rn. 84.
44 *Borowski*, S. 371 f. unter Hinweis auf *v. Doemming/Füsslein/Matz*, in: JÖR 1 (1951), 1 (182 f.).
45 *Morlok*, in: H. Dreier (Hrsg.), Art. 4 Rn. 101.
46 *v. Campenhausen/de Wall*, § 13 Rn. 10.

rechtsträger, sondern in ihrer Eigenschaft als vom Staat geschaffene Einrichtungen als Grundrechtsadressaten anzusehen. Dies gilt aber nicht für Religionsgemeinschaften mit Körperschaftsstatus, denn: „Die Kirchen sind ungeachtet ihrer Anerkennung als Körperschaften des öffentlichen Rechts dem Staat in keiner Weise inkorporiert, also auch nicht im weitesten Sinne ‚staatsmittelbare' Organisationen oder Verwaltungseinrichtungen. Ihre wesentlichen Aufgaben, Befugnisse, Zuständigkeiten sind originäre, nicht vom Staat abgeleitete…. Sie können also unbeschadet ihrer besonderen Qualität wie der Jedermann dem Staat ‚gegenüber' stehen, eigene Rechte geltend machen."[47] Diese grundsätzliche Staatsferne unterscheidet die Religionsgemeinschaften mit Körperschaftsstatus auch von denjenigen juristischen Personen des öffentlichen Rechts (wie etwa den Universitäten und den Rundfunkanstalten), die sich ausnahmsweise und nur auf bestimmte Grundrechte (etwa Art. 5 GG) berufen können. Daher können sich auch die Religionsgemeinschaften i.S.d. Art. 140 GG i.V.m. Art. 137 Abs. 5 WRV nicht nur auf Art. 4 Abs. 1 und 2 i. V. m. Art. 19 Abs. 3 GG, sondern auf alle Grundrechte berufen.[48]

▶ **Zu Fall 2:** Bzgl. der beiden Töchter des A ist zu differenzieren. Die 11-jährige B unterliegt hinsichtlich ihrer religiösen Erziehung noch vollständig dem elterlichen Erziehungsrecht. Es obliegt also dem A zu entscheiden, ob er als auch in religiöser Hinsicht in vollem Umfang Erziehungsberechtigter eine religiös motivierte Befreiung vom koedukativen Sportunterricht erwirken möchte. Anders verhält es sich im Fall der 14-jährigen C. Gem. § 5 S.1 RelKEG hat sie die allgemeine Religionsmündigkeit erreicht, so dass das elterliche Erziehungsrecht in Religionsfragen vollständig zurückstehen muss. Zur Erinnerung: Grundrechtsdogmatisch handelt es sich bei der Überlagerung der Religionsfreiheit von Minderjährigen durch das elterliche Erziehungsrecht um einen verfassungsrechtlich gerechtfertigten Grundrechtseingriff![49] ◀

2. Der sachliche Schutzbereich

▶ **Fall 3 (nach BVerfGE 104, 337):** A ist türkischer Staatsangehöriger und streng gläubiger Moslem. Er lebt seit 20 Jahren in Deutschland, betreibt in Hessen eine Metzgerei und versorgt seine Kundschaft mit Fleischwaren von Tieren, die nach islamischem Ritus geschächtet, d.h. ohne vorherige Betäubung und mit einem gezielten Kehlenschnitt geschlachtet worden sind. § 4a Abs. 1 TierSchG normiert den Grundsatz, dass ein warmblütiges Tier nur nach vorheriger Betäubung geschlachtet werden darf. Nach § 4a Abs. 2 Nr. 2 TierSchG darf die zuständige Behörde jedoch jenen Antragstellern eine Ausnahmegenehmigung erteilen, „denen zwingende Vorschriften ihrer Religionsgemeinschaft das Schächten vorschreiben oder den Genuss von Fleisch nicht geschächteter Tiere untersagen". Bis 1995 hat A diese Ausnahmegenehmigungen erhalten. Nach einer Wendung in der verwaltungsgerichtlichen Rspr. wurden seine Folgeanträge hingegen abgelehnt. Nach erfolglosem Beschreiten des Rechtswegs legt A Verfassungsbeschwerde ein. Ist der Schutzbereich der Religionsfreiheit berührt? ◀

---

[47] BVerfGE 42, 312 (321 f.); ebenso u.a. *Rüfner*, in: HdBStR V, § 116 Rn. 40 f.; *Germann*, in: Epping/Hillgruber (Hrsg.), Art. 4 Rn. 25.
[48] BVerfGE 102, 370 (387), zustimmend u.a. *Stern*: Staatsrecht, Bd. IV/2, S. 976 f.
[49] Allgemein zum koedukativen Sportunterricht siehe BVerwGE 94, 82. Zu Glaubensvorschriften des Islam, die in der öffentlichen Schule relevant werden, u.a. *Coumont*, S. 54 ff.

▶ **Fall 4 (nach BVerfGE 108, 282):** Frau A hat ein pädagogisches Hochschulstudium und das anschließende Referendariat absolviert und begehrt nun die Einstellung in den Schuldienst des Bundeslandes B. Das zuständige Oberschulamt lehnte einen entsprechenden Antrag hingegen mit der Begründung ab, dass A nicht bereit sei, im Unterricht auf das Tragen eines Kopftuches zu verzichten. In ihrem Widerspruch führte A aus, dass das Tragen des Kopftuches Ausdruck ihrer religiösen Überzeugung sei: Nach den Vorschriften des Islam gehöre das Kopftuchtragen zu ihrer islamischen Identität. Nach erfolgloser Erschöpfung des Rechtswegs erhebt A Verfassungsbeschwerde mit der Begründung, dass die Ablehnung das Grundrecht der Religionsfreiheit verletze. Ist der Schutzbereich des Art. 4 Abs. 1 und 2 GG berührt? ◀

a) Allgemeines

77 Vor dem Hintergrund der aktuellen Rahmenbedingungen des Religionsverfassungsrechts (s.o. Rn. 47 ff.) ist die Dogmatik des Art. 4 Abs. 1 und 2 GG im Hinblick auf den sachlichen Schutzbereich der Religionsfreiheit in Bewegung geraten. Nach Jahrzehnten einer vergleichsweise ruhigen Entwicklung ist diese Dogmatik nunmehr unter nahezu jedem Aspekt umstritten. Im Wesentlichen stehen sich in diesem Streit zwei Auffassungen gegenüber. Während die eine Seite an dem aktuellen (vermeintlich extensiven) Verständnis der Religionsfreiheit festhält, dringt die andere Seite auf Ein- bzw. Beschränkungen dieses Grundrechts. In einer adäquaten und fallbezogenen Aufbereitung dieses Streits muss zwischen den Aspekten der Einheitlichkeit des Grundrechts auf Religionsfreiheit, der Reichweite seines Schutzbereichs und dem einschlägigen Begriff der Religion unterschieden werden.

b) Die Religionsfreiheit als einheitliches Grundrecht

78 Schon bzgl. der Frage, ob Art. 4 Abs. 1 und 2 GG ein einheitliches Grundrecht darstellt oder nur einzelne Dimensionen der Religionsausübung schützt, besteht keine Einigkeit (mehr). Hintergrund der Differenzen ist die Tatsache, dass in Art. 4 GG nicht ausschließlich von der Religion als solcher, sondern von der „Freiheit des Glaubens" und des „religiösen... Bekenntnisses" (Abs. 1) sowie von der „ungestörte(n) Religionsausübung" (Abs. 2) die Rede ist. Nach der **std. Rspr. des BVerfG** und der **überwiegenden Auffassung in der Literatur** handelt es sich bei Art. 4 Abs. 1 und 2 GG um ein **einheitliches Grundrecht der Religionsfreiheit**.[50] Zur Begründung wird (positiv) angeführt, dass die Differenzierung einzelner Schutzdimensionen aus der Erinnerung an die historische Abstufung der Bedrohungen der Religionsfreiheit – nicht zuletzt aus der Zeit des Nationalsozialismus – resultiere und nicht in der Absicht erfolgt sei, den Schutzbereich des Grundrechts zu begrenzen.

79 Die **Gegenauffassung** folgt einem „Parzellierungsansatz" und fasst die in Art. 4 Abs. 1 und 2 GG benannten Schutzdimensionen als jeweils **unterschiedliche Schutzgehalte** auf, die sich nicht in einem einheitlichen und umfassenden Grundrecht der Religionsfreiheit zusammenführen lassen.[51] Der Schutzgehalt dieser unterschiedlichen Grundrechte ist – auch in der Addition – naturgemäß geringer als der sachliche Schutzbereich

---

50 Grundlegend BVerfGE 24, 236 (245); ebenso u.a. BVerfGE 138, 296 (329); *Heinig*, HSKR, Bd. 1, Rn. 33 ff; *ders.*, in: Huber/Voßkuhle (Hrsg.), Art. 4 Rn. 45 ff.; *Michael/Morlok*, Rn. 183; *Kokott*, in: Sachs (Hrsg.), Art. 4 Rn. 11 ff.; *Morlok*, in: H. Dreier (Hrsg.), Art. 4 Rn. 58 m.w.N.
51 So etwa *Czermak*: Religions- und Weltanschauungsrecht, Rn. 112; *Kästner*, in: Stern/Becker (Hrsg.), Art. 4 Rn. 49 ff.; *ders.*, JZ 1998, 974 ff.; *Schoch*, FS Hollerbach, 150 (155 ff.); *Stern*: Staatsrecht, Bd. IV/2, S. 928;

der Religionsfreiheit nach einem einheitlichen Verständnis des Art. 4 Abs. 1 und 2 GG. Eine nähere Analyse der Argumente der Gegenauffassung führt zu der Erkenntnis, dass an diesem einheitlichen Verständnis festzuhalten ist.[52]

Zumindest **fünf Argumente** zugunsten der These von den separaten Schutzgehalten sind zu unterscheiden. So wird zunächst auf den **Wortlaut** des Art. 4 Abs. 1 und 2 GG verwiesen, der die verschiedenen Schutzgehalte umschreibe. Neben dem Vergleichsfall des Art. 12 Abs. 1 S. 1 und S. 2 GG[53] lässt sich dagegen erinnern, dass die Ausdrücke Glaubens- und Bekenntnisfreiheit sowie Religionsausübung als Extensionen des einheitlichen Grundrechts der Religionsfreiheit aufgefasst werden können und müssen. Gelegentlich wird ferner auf die **Entstehungsgeschichte** rekurriert.[54] Eine nähere Betrachtung der Beratungen des Parlamentarischen Rates ergibt jedoch, dass der umfassende Schutz sowohl der inneren als auch der äußeren Seite der Religionsfreiheit beabsichtigt war. Auch wenn sich letztlich keine Klarheit über die Auffassung der Grundgesetzautoren gewinnen lässt, spricht eine Deutung der vorhandenen Materialien im Lichte dieser Grundentscheidung für ein einheitliches Verständnis des Art. 4 Abs. 1 und 2 GG. Drittens wird geltend gemacht, dass sich eine operationalisierbare **Abgrenzung** der vermeintlichen Teilbereiche dieser Vorschrift ermitteln ließe. In diesem Zusammenhang sind zahlreiche Versuche unternommen worden, jeweils für die Glaubens-, die Bekenntnis- und die Religionsausübungsfreiheit einen eigenständigen sachlichen Schutzbereich zu umschreiben. Für einige Teilelemente der Religionsfreiheit kann tatsächlich eine Zuordnung zu jeweils einem in Art. 4 Abs. 1 und 2 GG verwendeten Begriff vorgenommen werden, so etwa die Zuordnung des Schutzes der inneren Seite des Glaubens und der Glaubensbildung (forum internum) zur „Freiheit des Glaubens". Insgesamt ist jedoch festzustellen, dass eine überschneidungsfreie und in der Sache überzeugende Abgrenzung bisher (noch) nicht gelungen und auch nicht zu erwarten ist.[55] Ein einheitliches und umfassendes Verständnis der Religionsfreiheit i.S.d. Art. 4 Abs. 1 und 2 GG ist von vornherein der Aufgabe einer detailgenauen Abgrenzung seiner Teilbereiche enthoben. Dem Folgenargument, dass dieses Verständnis zum Verlust jeglicher **Kontur** des sachlichen Schutzbereiches und damit auch der Rechtssicherheit führe,[56] kann entgegnet werden, dass dieser Vorwurf das parzellierte Verständnis des Art. 4 Abs. 1 und 2 GG angesichts der Abgrenzungsprobleme in viel stärkerem Maße trifft. Insofern führt die von der h.M. getragene Auffassung zu einer schärferen Konturierung des sachlichen Schutzbereiches, die hinsichtlich ihrer Genauigkeit jedenfalls nicht signifikant hinter der Dogmatik zum Schutzbereich anderer Freiheitsrechte zurückbleibt. Mit dem fünften und letzten Argument wird vorgebracht, die einheitliche und umfassende Sichtweise auf die Religionsfreiheit führe in der Tendenz zu einer deutlichen Ausweitung des Schutzbereiches. Damit wachse die Gefahr, dass die Religionsfreiheit zu einem Grundrecht auf allgemeine, religiös motivierte Handlungsfreiheit mutiere und die Abgrenzung zu Art. 2 Abs. 1 GG nicht mehr gewährleistet sei. Das

---

Huster: Die ethische Neutralität des Staates, S. 376 ff.; *Muckel*, in: Friauf/Höfling (Hrsg.), Art. 4 Rn. 3 ff. Die Bezeichnung „Parzellierungsansatz" stammt von *Heinig*, HSKR, Bd. 1, Rn. 33 ff.

52 Ausführliche Darstellung und Kritik dieser Argumente bei *Borowski*, S. 373 ff., und *Heinig*, HSKR, Bd. 1, Rn. 38 ff.

53 Die Berufswahl und die Berufsausübung i.S.d. Art. 12 Abs. 1 S. 1 und S. 2 GG werden seit BVerfGE 7, 377 (399 ff.) als einheitliches Grundrecht der Berufsfreiheit aufgefasst; vgl. *Wieland*, in: H. Dreier (Hrsg.), Art. 12 Rn. 28.

54 So etwa bei *Kästner*, JZ 1998, 974 (979), allerdings ohne nähere Begründung.

55 Ebenso *Walter*: Religionsverfassungsrecht, S. 505.

56 Dazu insbesondere *Böckenförde*, Der Staat 42 (2003), 165 (181).

Ergebnis sei eine „**Hypertrophie** des Grundrechts auf Religionsfreiheit".[57] Bereits eingangs ist erwähnt worden, dass die These von der Aufspaltung des Art. 4 Abs. 1 und 2 GG in unterschiedliche Schutzbereiche im Vergleich zur h.M. zu einer Einschränkung des Schutzgehalts der Religionsfreiheit führt. Die tendenzbezogene Argumentation vom Ergebnis her muss jedoch – und zwar in jeder Richtung, d.h. zugunsten und zuungunsten einer Ausweitung – als verfassungs- bzw. rechtspolitische Argumentation gewertet werden, die ohne verfassungsdogmatische Auswirkungen bleibt. Der Hinweis auf die Gefahr einer Mutation des Art. 4 Abs. 1 und 2 GG zu einer allgemeinen (religiösen) Handlungsfreiheit betrifft hingegen bereits den Streit um das weite oder enge Schutzbereichsverständnis des einheitlichen Grundrechts der Religionsfreiheit. Nach der Erörterung der Gegenauffassung kann jedenfalls im Ergebnis festgehalten werden, dass diese Vorschrift mit der h.M. in Rspr. und Literatur als **einheitliches Grundrecht der Religionsfreiheit** aufzufassen ist.

c) Der weite Schutzbereich der Religionsfreiheit

80 Der Streit um die Beschreibung des sachlichen Schutzbereiches der Religionsfreiheit setzt sich bei der Frage fort, welche Verhaltensweisen umfasst werden. Sie ist gleichbedeutend mit der Frage, ob der Schutzbereich des Art. 4 Abs. 1 und 2 GG weit zu verstehen oder eng zu begrenzen ist. Der Schutzbereich des Grundrechts der Religionsfreiheit umfasst jedenfalls eine Trias von Aspekten, die sich zwar an den in Art. 4 Abs. 1 und 2 GG enthaltenen Begriffen analytisch festmachen, dogmatisch aber zu einem einheitlichen und umfassenden Schutzgehalt zusammenführen lassen. In der Sache handelt es sich bei diesem Grundrecht um ein „umfassendes Recht mit gegliedertem Schutzgehalt, das um der Klarstellung willen in seinen verschiedenen Ausprägungen aufgezählt ist."[58] Die in Art. 4 Abs. 1 und 2 GG aufgezählten und nachfolgend erörterten Schutzaspekte sind nicht trennscharf voneinander abzugrenzen; sie überlagern sich und können bzw. müssen jeweils als Synonyme der einheitlichen und umfassenden Religionsfreiheit unter dem Grundgesetz aufgefasst werden.

aa) Die Freiheit des Glaubens

81 So deckt die **Freiheit des Glaubens** (Art. 4 Abs. 1, 1.Alt. GG) jedenfalls die Bildung und Beibehaltung einer inneren religiösen Vorstellung, d.h. das Ausbilden und Haben eines Glaubens ab. Geschützt wird damit das **forum internum**.[59] Dieser Schutz ist nicht etwa deshalb überflüssig, weil schon tatsächlich ein äußerer staatlicher Zugriff auf innere Überzeugungen nicht möglich ist. Er wird zum einen relevant für die Abwehr staatlicher Einflussnahmen auf die innere Glaubensbildung etwa in Gestalt von (auch zwangsweisen) Indoktrinationen. Zum anderen lässt sich aus diesem Schutzaspekt unmittelbar das Recht ableiten, den eigenen Glauben zu wechseln und entsprechende Konsequenzen für die Mitgliedschaft in der jeweiligen Religionsgemeinschaft zu ziehen. Angesichts der ihrerseits religiös bedingten Weigerung zahlreicher Religionsgemeinschaften, einen Glaubenswechsel als Teil der Religionsfreiheit zu akzeptieren, ist gerade dieser Schutzaspekt aktuell von besonderer Bedeutung.[60] Zunehmend aktuell und umstritten ist die Frage, ob der Schutz vor Blasphemie (Gotteslästerung,

---

57 So der programmatische Titel des Aufsatzes von *Kästner*, JZ 1998, S. 974.
58 *v. Campenhausen/de Wall*, § 12 Rn. 13.
59 *v. Campenhausen/de Wall*, § 12 Rn. 33 f.
60 Dazu *Classen*: Religionsrecht, Rn. 146 m.w.N.

Religionsbeschimpfung) vom Schutzbereich der Religionsfreiheit umfasst ist.⁶¹ Da die Religions*ausübung* (allein) durch Religionsbeschimpfung kaum zu beeinträchtigen ist, kommt nur der Schutz des forum internum in Betracht. Mit blasphemischen Äußerungen kann und soll Einfluss genommen werden auf die Gefühls- und Gedankenwelt der Angehörigen einer (bestimmten) Religion. Insofern kann ein Zusammenhang mit der Bildung und der Beibehaltung einer inneren religiösen Vorstellung hergestellt werden. Allerdings schützt die forum-internum-Dimension der Religionsfreiheit nur die grundlegende Entscheidungsfreiheit in Glaubensfragen, nicht hingegen vor bloßen Irritationen durch Provokationen. Vor diesem Hintergrund wird mit beachtlichen Gründen die Auffassung vertreten, dass die „Problematik der ‚Verletzung religiöser Gefühle' durch Gotteslästerung oder Religionsbeschimpfung... in keiner denkbaren Konstellation überhaupt zur Eröffnung des Schutzbereichs des Art. 4 Abs. 1 und/oder 2 GG" führe.⁶² Insofern könne auch die in § 166 StGB verankerte Strafwürdigkeit der Religionsbeschimpfung jedenfalls nicht auf das Grundrecht der Religionsfreiheit gestützt werden.

bb) Die Bekenntnisfreiheit

Mit dem Schutz der **Freiheit des religiösen Bekenntnisses** (Art. 4 Abs. 1, 2. Alt. GG) wird der Bereich des forum internum verlassen. Die Bekenntnisfreiheit gewährleistet das Recht, die eigene religiöse Überzeugung in vielfältiger Form nach außen zu tragen, d.h. den eigenen Glauben nicht nur auszubilden und zu haben, sondern auch im weiteren Sinne kommunikativ zu äußern. Mit den Worten des BVerfG gehört daher zur Religionsfreiheit unter dem Grundgesetz auch das Recht, „auszusprechen oder zu verschweigen, dass und was man glaubt oder nicht glaubt."⁶³ Die Form der Kundgabe des eigenen (Nicht-) Glaubens in Wort, Schrift oder Bild ist für die Eröffnung des sachlichen Schutzbereiches unbeachtlich. Unzweifelhaft ist jede verbale Kundgabe umfasst, u.zw. einschließlich der Werbung für den eigenen Glauben in der Form der Missionierung.⁶⁴ Aber auch das nonverbale Bekenntnis zu einer bestimmten religiösen Überzeugung fällt in den sachlichen Schutzbereich der Religionsfreiheit, so etwa das Tragen religiöser Kleidung⁶⁵ oder Symbole. In diesem Zusammenhang haben sowohl das BVerfG als auch der EGMR das Tragen eines Kopftuches als Ausdrucksform eines religiösen – hier des islamischen – Bekenntnisses angesehen.⁶⁶ Entsprechendes hat für das Tragen einer Burka oder Niqab, also auch bei der sog. Vollverschleierung zu gelten.⁶⁷ Schließlich fällt auch das christliche Symbol des Kreuzes in den Bereich des nonverbalen Bekenntnisses.⁶⁸ Insgesamt kann das äußere Erscheinungsbild in vielfältiger Weise zugleich Ausdruck einer religiösen Überzeugung sein.

---

61 Dazu u.a. *Heger*, ZevKR 61 (2016), 109 ff.; *v. Arnauld*, in: Isensee (Hrsg.), S. 63 ff.; *Isensee*, in: ders. (Hrsg.), S. 105 ff.; *Enders*, KuR 2007, 40 ff.; *Rox*: Schutz religiöser Gefühle im freiheitlichen Verfassungsstaat?, passim, jeweils m.w.N. Aus evangelisch-theologischer Perspektive *Moxter*, ZevKR 61 (2016), 221 ff.
62 *Rox*: Schutz religiöser Gefühle im freiheitlichen Verfassungsstaat?, S. 163 f.; ebenso *dies.*, JZ 2013, 30 (31).
63 BVerfGE 12, 1 (4).
64 BVerfGE 12, 1 (3 f.); *Morlok*, in: H. Dreier (Hrsg.), Art. 4 Rn. 65.
65 Dazu die luzide rechtsvergleichende Abhandlung von *Pottmeyer*, passim.
66 BVerfGE 138, 296 (330); 108, 282 (294, 298); EGMR, EuGRZ 2005, 31. Dazu u.a. *Haupt*, S. 49 ff., 87 ff.; jedenfalls gegen „(v)ereinfachende Betrachtungen, die das Kopftuch pauschal als ein Zeichen des Islamismus oder der Unterdrückung der Frau sehen" und für eine „differenzierende Einzelfallbetrachtung" überzeugend *Tariq*, S. 04 (405) unter Bezugnahme auf *Hecker*, S. 22 ff.
67 Dazu *Barczak*, DÖV 2011, 54 ff.
68 Zur Deutung des Kreuzes in religionsverfassungsrechtlicher Hinsicht zutreffend BVerfGE 93, 1 (19 f.): „Das Kreuz gehört nach wie vor zu den spezifischen Glaubenssymbolen des Christentums. Es ist geradezu sein Glaubenssymbol schlechthin."

cc) Die Freiheit der Religionsausübung

83 Insbesondere im Verhältnis zwischen der Bekenntnisfreiheit und der **Freiheit der Religionsausübung** (Art. 4 Abs. 2 GG) werden die Abgrenzungsprobleme innerhalb der in Art. 4 Abs. 1 und 2 GG benannten Trias der Schutzbereichsaspekte offenbar, denn der Übergang ist fließend. Im Übrigen liefert gerade dieser Aspekt des einheitlichen Grundrechts der Religionsfreiheit den dogmatischen Ort, an dem der Disput um das weite oder enge Verständnis seines Schutzbereiches ausgetragen wird.

84 Außer Streit steht die Erkenntnis, dass der Begriff der Religionsausübung jedenfalls alle Verhaltensweisen einschließt, die in einem kultischen Zusammenhang mit der jeweiligen Religion stehen.[69] Diese **Kultusfreiheit** umfasst also u.a. das Abhalten von Gottesdiensten, das sakrale Glockengeläut oder den Ruf des Muezzins sowie das Gebet. Dies gilt auch für Gebete außerhalb originärer Kultstätten wie Kirchen oder Moscheen, etwa in Räumen einer öffentlichen Schule.[70]

85 Umstritten ist, ob der Schutzaspekt der Religionsausübungsfreiheit und damit der sachliche Schutzbereich der Religionsfreiheit darüber hinaus weit zu verstehen ist. Die h.M. in Rspr. und Literatur geht von einem **weiten Verständnis** des sachlichen Schutzbereichs aus. Das BVerfG betont seit der Leitentscheidung zum sog. Lumpensammlerfall,[71] dass das Grundrecht aus Art. 4 Abs. 1 und 2 GG nicht nur sachlich beschränkte Aspekte der Religionsausübung schützt, sondern in einem umfassenden Sinne alle Handlungen, die von der religiösen Überzeugung motiviert, d.h. getragen oder verlangt werden. Ausgehend von der Erkenntnis, dass Glaubens-, Bekenntnis- und Religionsausübungsfreiheit in der Sache als Synonyme des einheitlichen Grundrechts der Religionsfreiheit aufzufassen sind (s.o. Rn. 80), steht für das Gericht in nunmehr stdg. Rspr. fest: Zur Religionsfreiheit „gehört auch das Recht des Einzelnen, sein gesamtes Verhalten an den Lehren seines Glaubens auszurichten und seiner inneren Glaubensüberzeugung gemäß zu handeln".[72] In der Literatur hat diese Auffassung ganz überwiegend Zustimmung gefunden.[73] Zur Begründung wird vor allem angeführt, dass diese weite Fassung des Schutzbereiches im Interesse des hohen Schutzgutes der Religionsfreiheit liege, die sich anderenfalls „nicht voll entfalten" könnte.[74] Notwendige Beschränkungen des Grundrechts sollten nicht auf der Schutzbereichs-, sondern auf der Schrankenebene erfolgen.

86 **Teile der Literatur** setzen diesem extensiven Verständnis das **Postulat der Schutzbereichsbegrenzung** entgegen. Cum grano salis können hier zwei Richtungen unterschieden werden, die sich in der gemeinsamen Annahme treffen, dass jedenfalls nicht jedes religiös motivierte Verhalten in den Schutzbereich der Religionsfreiheit falle. Nach der ersten, besonders restriktiven Auffassung ist der Schutzbereich des Art. 4 Abs. 1 und 2 GG nur dann eröffnet, wenn „Glaubens- und Kultushandlungen in einem engeren Sinne, d.h. Aktionsformen in Vollzug von Glaube, Bekenntnis, Religion" in Frage stehen.[75] In der Sache handelt es sich um eine strikte **Begrenzung auf die Kultusfreiheit**

---

69 *Jeand'Heur/Korioth*, Rn. 79. Vgl. auch BVerfGE 93, 1 (15 f.).
70 OVG Berl-Bbg, NVwZ 2010, 1310 (1311 f.).
71 BVerfGE 24, 236 (245.).
72 BVerfGE 32, 98 (106); ebenso u.a. BVerfGE 93, 1 (15); 108, 282 (297).
73 Statt vieler *Morlok*, in: H. Dreier (Hrsg.), Art. 4 Rn. 67 f.; *v. Campenhausen/de Wall*, § 12 Rn. 14; *Maurer*, FS Brohm, 455 (456).
74 BVerfGE 32, 98 (106).
75 *Schoch*, FS Hollerbach, 150 (159); ebenso *Kästner*, JZ 1998, 974 (980); *Waldhoff*, EssGspr. 42 (2008), 55 (75 f.); *ders.*: Neue Religionskonflikte und staatliche Neutralität, S.D 73 f.

(s.o. Rn. 84). Die Vertreter der zweiten Auffassung stellen hingegen auf ein **Konnexitätsgebot** ab. Danach sei der Schutzbereich der Religionsfreiheit nur dann eröffnet, wenn geltend gemacht wird, dass gerade das staatlicherseits verlangte oder verbotene Verhalten mit einem „echten", „konkreten" bzw. „zwingenden" Glaubenssatz der jeweiligen Religion kollidiert.[76]

In einer **Stellungnahme** zu der Streitfrage sind die gegen das weite Verständnis des Schutzbereichs vorgebrachten Argumente zu benennen und zu gewichten. Diese Argumente bewegen sich jedenfalls z.T. im Rahmen der aktuellen und allgemeinen grundrechtsdogmatischen Kontroverse zwischen der weiten und der engen Schutzbereichstheorie.[77] Bezogen auf die Religionsfreiheit lassen sich zumindest **vier Argumente** unterscheiden.[78]

Das **Unredlichkeitsargument** besagt, dass mit dem weiten Schutzbereichsverständnis „etwas versprochen wird, was im Ergebnis an definitivem Grundrechtsschutz gar nicht eingelöst werden kann."[79] Demgegenüber ist an die allgemeine grundrechtsdogmatische Erkenntnis zu erinnern, dass mit der Feststellung der Schutzbereichseröffnung (und ggf. eines Eingriffs) noch keine abschließende Aussage über den tatsächlichen Grundrechtsschutz getroffen ist. Alle, auch die sog. vorbehaltlos gewährleisteten Grundrechte unterliegen verfassungsrechtlich gezogenen Grenzen; und erst wenn sich zeigt, dass ein Eingriff in den Schutzbereich eines Grundrechts nicht über eine einschlägige Schranke verfassungsrechtlich legitimiert werden kann, liegt im Ergebnis ein Grundrechtsverstoß vor. Dies gilt auch für Art. 4 Abs. 1 und 2 GG, so dass das Unredlichkeitsargument allenfalls eine psychologische, jedenfalls aber keine dogmatische Grundlage aufweisen kann.

Mit der Erinnerung an die Grundlagen der Grundrechtsdogmatik verbindet sich allerdings das zweite, nämlich das **Abwägungsargument**. Es besagt, dass insbesondere vor dem Hintergrund eines veränderten religionssoziologischen Umfeldes mit dem weiten Schutzbereichsverständnis eine „Problemverschiebung" auf die Schrankenebene einhergehe mit der Folge, dass sich der konkrete Grundrechtsschutz erst auf der Grundlage einer rational nur bedingt steuer- und vorhersehbaren Abwägung ermitteln lasse.[80] Dagegen lässt sich zunächst einwenden, dass die Rationalität einer Abwägungsentscheidung nicht von vornherein hinter der Rationalität einer Schutzbereichsbegrenzung zurückbleiben muss, da beide das Ergebnis einer Wertung sind. Im Übrigen ist diese Wertung gerade im Rahmen einer Abwägung offen zu legen, während sie bei der Schutzbereichsbegrenzung die Gestalt einer apodiktischen Definition annehmen kann. Insoweit kann – in Tendenz verändernder Adaption des o.g. Begriffs – festgestellt werden, dass das weite Schutzbereichsverständnis eher dem Gebot der dogmatischen Redlichkeit entspricht.

In engem Zusammenhang mit dem Abwägungsargument steht die These, dass dieses weite Schutzbereichsverständnis zu einer weitgehenden **Rechtsunsicherheit** bzgl. der sachlichen Reichweite der Religionsfreiheit führe. Neben dem erneuten Hinweis auf den vergleichbaren Grad an Vorhersehbarkeit bei Abwägungsentscheidungen ist

---

76 In diesem Sinne etwa *Walter*: Religionsverfassungsrecht, S. 511 f., und *Borowski*, S. 433.
77 Allgemein dazu *H. Dreier*, in: ders. (Hrsg.), Vorb., Rn. 119 ff.; Überblick auch bei *Rox*: Schutz religiöser Gefühle im freiheitlichen Verfassungsstaat?, S. 62 ff. m.w.N.
78 Ausführlich dazu *Borowski*, S. 381 ff.
79 *Schoch*, FS Hollerbach, 150 (156).
80 Nochmals *Schoch*, FS Hollerbach, 150 (156).

hier zu entgegnen, dass auch eine Schutzbereichsbegrenzung nicht zu einer erhöhten Rechtssicherheit führt, denn auch die insofern herangezogenen Kriterien können (und werden) umstritten sein.

Das vierte und stärkste Argument stellt wiederum auf die vermeintliche Gefahr einer „**Hypertrophie**" des Grundrechts der Religionsfreiheit ab: Mit dem einheitlichen und hinsichtlich des Schutzbereichs extensiven Verständnis des Art. 4 Abs. 1 und 2 GG drohe „das Grundrecht auf Religionsfreiheit zu einem allgemeinen Freiheitsgrundrecht zu mutieren", das sich dazu eigne, „den Geltungsanspruch des allgemeinen Rechts unter Verweis auf individuelle Verhaltensmaximen in Frage zu stellen – wirksamer jedenfalls als Art. 2 Abs. 1 GG, dem immerhin ein eindeutiger Schrankenvorbehalt beigefügt ist."[81] Indes kann eine Abgrenzung der Religions- zur allgemeinen Handlungsfreiheit schon auf der Schutzbereichsebene auch ohne die Mahnung einer vermeintlichen Hypertrophie bewerkstelligt werden. Denn der Schutz über Art. 4 Abs. 1 und 2 GG setzt jedenfalls voraus, dass das geschützte Verhalten religiös motiviert ist. Über die objektive Dimension des Merkmals Religion (s.u. Rn. 95) kann die dogmatische Gleichschaltung beider Grundrechte vermieden werden. Im Übrigen dürfte auch über die einschlägige Schrankendogmatik (s.u. Rn. 119 ff.) eine unverhältnismäßige Ausweitung des Grundrechtsschutzes für die Religionsfreiheit zu verhindern sein. Insgesamt vermögen die zugunsten einer Schutzbereichsbegrenzung vorgebrachten Argumente nicht zu überzeugen; das weite Schutzbereichsverständnis bleibt auch vor dem Hintergrund des sich wandelnden tatsächlichen Umfelds des Religionsverfassungsrechts vorzugswürdig.

dd) Positive und negative Religionsfreiheit

88 Die bisherige Darstellung des sachlichen Schutzbereichs des Art. 4 Abs. 1 und 2 GG beschreibt die **positive Religionsfreiheit**, d.h. die Freiheit, einen Glauben auszubilden, zu bekennen oder auszuüben (s.o. Rn. 80 ff.). Umfasst ist aber nach überwiegender Ansicht auch die im Übrigen historisch primäre **negative Religionsfreiheit**. Danach gewährleistet Art. 4 Abs. 1 und 2 GG auch das Recht, *keinen* Glauben auszubilden, den eigenen Glauben *nicht* zu bekennen und/oder *nicht* auszuüben.[82] Daraus kann im Einzelfall auch das Recht auf die Freiheit von der – staatlich zu verantwortenden – Konfrontation mit religiösen Inhalten oder Handlungen abgeleitet werden (s.u. Rn. 111 ff.), nicht hingegen ein genereller Anspruch auf Freiheit von der Konfrontation mit religiösen Erscheinungsformen in der Öffentlichkeit. Bereichsspezifische Ausprägungen der negativen Komponente der Religionsfreiheit enthalten Art. 7 Abs. 3 S. 3 GG sowie vor allem Art. 140 GG i. V. m. Art. 136 Abs. 3 S. 1 und Abs. 4 WRV.

89 Die Unterscheidung zwischen positiver und negativer Schutzbereichsdimension ist kein Spezifikum der Religionsfreiheit, sondern ist – mit Ausnahme des Art. 6 Abs. 2 GG – bei allen Grundrechten nachweisbar.[83] Diese Unterscheidung lässt sich auch nicht mit dem Argument in Frage stellen, dass sie „immer nur vom Standpunkt eines bestimmten Sinnsystems aus möglich ist".[84] Denn sie ist nicht mit einer bestimmten Wertung

---

81 *Kästner*, JZ 1998, 974 (977) m.w.N., der freilich die Komponente des Selbstverständnisses bei der Definition von Religion i.S.d Art. 4 Abs. 1 und 2 GG als zusätzliche Prämisse benennt.
82 Zum Folgenden siehe insbesondere BVerfGE 93, 1 (15 f.); 108, 282 (301 f.); *M. Heckel*: Religionsfreiheit, S. 647 (765 ff.); *Heinig*, HSKR, Bd. 1, Rn. 57; *Jeand'Heur/Korioth*, Rn. 98 ff.; *Classen*: Religionsrecht, Rn. 161 ff.; *Stern*: Staatsrecht, Bd. IV/2, S. 956 ff.; kritisch *Hellermann*: Die sogenannte negative Seite der Freiheitsrechte, S. 140.
83 Vgl. *Merten*, in: ders./Papier (Hrsg.), § 42 Rn. 7 ff.; 37 ff., 62 ff.
84 So aber *Morlok*, in: H. Dreier (Hrsg.), Art. 4 Rn. 70; zustimmend *Classen*: Religionsrecht, Rn. 161.

verbunden. So ist die negative auch nicht etwa der positiven Religionsfreiheit geltungstheoretisch übergeordnet. Beide Schutzbereichsdimensionen sind vielmehr dogmatisch gleichwertig. Insofern handelt es sich um eine rein **formale Unterscheidung**. Dies schließt Kollisionen nicht aus, die im Einzelfall nur durch eine Vorrangrelation gelöst werden können. Eine generelle Überordnung einer der beiden Schutzbereichsdimensionen ist damit jedoch nicht verbunden. Überzeugender ist der Einwand, dass die Unterscheidung der positiven und negativen Freiheit letztlich im Gebot der weltanschaulich-religiösen Neutralität des Staates aufgeht und damit dogmatisch überflüssig wird.[85]

ee) Das Neutralitätsgebot

Aus der soeben erörterten abwehrrechtlichen Dimension der Religionsfreiheit folgt das **Gebot der ethischen und religiösen Neutralität des Staates**.[86] Bei der Verpflichtung zur Neutralität handelt es sich um ein verfassungs*rechtliches*, und nicht um ein *vor*verfassungsrechtliches Gebot, d.h. nicht um eine „Meta- oder Übernorm, die sogar der Verfassung vorgelagert wäre".[87] Das Neutralitätsgebot erweist sich zunehmend als „das zentrale Argument bei der Lösung religionsrechtlicher Konflikte"[88], ist im Hinblick auf seine Herleitung und seinen dogmatischen Gehalt jedoch umstritten.[89] Ganz überwiegend wird angenommen, dass es nicht nur in Art. 4 Abs. 1 und 2 GG, sondern auch in Art. 3 Abs. 3, Art. 33 Abs. 1 sowie Art. 140 GG in Verbindung mit Art. 136 Abs. 1 und 4 und Art. 137 Abs. 1 WRV wurzelt.[90] Verstöße gegen das Neutralitätsgebot berühren daher zugleich den sachlichen Schutzbereich der Religionsfreiheit. Im Allgemeinen fordert das Neutralitätsgebot nicht eine Wirkungs-, sondern (allein) eine Begründungsneutralität staatlichen Handelns und Entscheidens.[91] Konkret sind neben dem **Verbot der Staatskirche** (s.u. § 5) ein **Beeinflussungs-**, ein **Identifikations-** und ein **Bewertungsverbot** vom Gebot der staatlichen Neutralität umfasst. So ist es dem Staat verwehrt, „gezielte Beeinflussung im Dienste einer bestimmten politischen, ideologischen oder weltanschaulichen Richtung (zu) betreiben oder sich durch von ihm ausgehende oder ihm zuzurechnende Maßnahmen ausdrücklich oder konkludent mit einem bestimmten Glauben oder einer bestimmten Weltanschauung zu identifizieren und dadurch den religiösen Frieden in einer Gesellschaft von sich aus zu gefährden... Auch verwehrt es der Grundsatz religiös-weltanschaulicher Neutralität dem Staat,

---

85 So etwa *H. Dreier*: Staat ohne Gott, S. 136 ff.
86 Vgl. BVerfGE 138, 296 (338 ff.). Grundlegend *Huster*: Die ethische Neutralität des Staates, passim; *Bornemann*, passim; *Busse*, passim; *Unruh*, Huber/Voßkuhle, Art. 140, Rn. 19 ff., und *Engi*, passim, der ebd., S. 8 ff., 13 ff., die Begriffe der „ethischen" und „weltanschaulichen" Neutralität definiert und gegeneinander abgrenzt. Für die Verabschiedung des Neutralitätsgebotes aus dem Religionsverfassungsrecht aus demokratietheoretischen Erwägungen *Möllers*, VVDStRL 68 (2009), 47 (56 ff.); dagegen zutreffend *Heinig*, JZ 2009, 1136 f.). Gegen die Be- und Abwertung der staatlichen Neutralität als „Mythos" überzeugend *Morlok*, in: H. Dreier (Hrsg.), Art. 4 Rn. 162.
87 *Waldhoff*, in: Honecker (Hrsg.), S. 17 (18).
88 *Waldhoff*, in: Honecker (Hrsg.), S. 17.
89 Überblick bei *Heinig*, JZ 2009, 1136 ff.
90 BVerfGE 93, 1 (17); 108, 282 (299). Die wohl überwiegende Literatur leitet das Neutralitätsgebot aus einer „Zusammenschau" der genannten Vorschriften ab, so etwa *Morlok*, in: H. Dreier (Hrsg.), Art. 4 Rn. 161; *Schlaich*: Neutralität, S. 135 ff.; *Waldhoff*, EssGspr. 42 (2008), 55 (77); *Stern*: Staatsrecht, Bd. IV/2, S. 1217. Zur Begründung der ethischen und religiösen Neutralität des Staates aus der politischen Philosophie siehe *Huster*: Die ethische Neutralität des Staates, S. 18 ff., 47 ff., und *Engi*, S. 43 ff., 89 ff., 104 ff.
91 Vgl. *Huster*: Die ethische Neutralität des Staates, S. 98 ff. et passim; ebenso *Engi*, S. 120 ff.; *Gärditz*: Säkularität und Verfassung, Rn. 37 ff. Siehe aber die Kontroverse zwischen *Heinig*, JZ 2009, 1136 ff.; *ders.*, JZ 2010, 357 ff., und *Huster*, JZ 2010, 354 ff.

Glauben und Lehre einer Religionsgemeinschaft als solche zu bewerten."[92] Dies gilt auch für das Christentum.[93] Folglich ist einer (Re-) Sakralisierung der Verfassung nach Maßgabe jüngerer „Hierarchisierungsmodelle" in der Staatsrechtslehre, die dem Christentum eine Vorrangstellung einräumen wollen, entgegenzutreten.[94] Die religiöse Überzeugung darf insgesamt bei staatlichen (Rechts-) Entscheidungen oder für die staatliche Ämterordnung kein Entscheidungskriterium sein. Der Staat muss allen Bürgern ungeachtet ihrer jeweiligen religiösen Überzeugung eine „Heimstatt" bieten.[95] Im Übrigen ist ethische und religiöse Neutralität nicht gleichbedeutend mit einem vermeintlichen Gebot kritischer Distanz gegenüber der Religion. Aus der Sicht des BVerfG ist das Grundgesetz vielmehr geprägt von „Offenheit gegenüber dem Pluralismus weltanschaulich-religiöser Anschauungen angesichts eines Menschenbildes, das von der Würde des Menschen und der freien Entfaltung der Persönlichkeit in Selbstbestimmung und Eigenverantwortung bestimmt ist. In dieser Offenheit bewährt der freiheitliche Staat des Grundgesetzes seine religiöse und weltanschauliche Neutralität."[96] Das Gebot einer **offenen Neutralität** schließt daher die staatliche – auch finanzielle – Förderung von Religion und Religionsgemeinschaften nicht grundsätzlich aus. Ausgeschlossen ist aber etwa die Beauftragung einer Religionsgemeinschaft mit der Vergabe staatlicher Fördermittel an andere, möglicherweise konkurrierende Religionsgemeinschaften, wenn und soweit damit eine „strukturelle Gefährdungslage" im Hinblick auf „die gleiche grundrechtliche Berechtigung" der beteiligten Religionsgemeinschaften geschaffen wird.[97] Insgesamt verbleibt das vorstehend mit Inhalt erfüllte Neutralitätsgebot nicht im Status eines bloß objektiven Prinzips, sondern kann dogmatisch an eine konkrete Verfassungsnorm angebunden werden.[98] Es bildet eine **Teilmenge des Schutzbereichs der Religionsfreiheit** in ihrer abwehrrechtlichen Dimension, kann also über Art. 4 Abs. 1 und 2 GG verfassungsgerichtlich geltend gemacht werden. Zugleich bildet das Neutralitätsgebot das dogmatische Bindeglied zwischen dem Grundrecht der Religionsfreiheit und den religionsverfassungsrechtlichen Gleichheitsrechten sowie dem Paritätsgebot (Rn. 106), denn: „Aus dem Grundsatz der religiösen und weltanschaulichen Neutralität des Staates ...folgt, dass der Staat auf eine am Gleichheitssatz orientierte Behandlung der verschiedenen Religions- und Weltanschauungsgemeinschaften zu achten hat."[99]

---

92 BVerfGE 108, 282 (300), std. Rspr. Ebenso u.a. *Jeand'Heur/Korioth*, Rn. 166 f.
93 So schon *Ebers*, S. 123.
94 Für eine historisch bedingte Prävalenz christlicher Werthaltungen aber u.a. *Hillgruber*: Staat und Religion, S. 49 ff.; *Kirchhof*, EssGspr. 39 (2005) 105 ff.; *Uhle*: Staat-Kirche-Kultur, passim; *Ladeur/Augsberg*, JZ 2007, 12 ff. *Stern*: Staatsrecht, Bd. IV/2, S. 1229 („positive Haltung zum Christentum"); ähnlich *M. Müller*, S. 90. Gegen diese Positionen u.a. *Heinig*: Ordnung der Freiheit, S. 3 (9 ff.); *Sacksofsky*, VVDStRL 68 (2009), 7 (34), *Bornemann*, S. 195 ff., und *Unruh*: Reformation-Staat-Religion, S. 213 ff. m.w.N.
95 BVerfGE 19, 206 (216); zustimmend etwa *Morlok*, in: H. Dreier (Hrsg.), Art. 4 Rn. 45.
96 BVerfGE 41, 29 (50). Dazu auch *Waldhoff*, in: Honecker (Hrsg.), S. 17 (20). Zur Differenzierung zwischen einer distanzierenden „Neutralität" – etwa in Gestalt des französischen Laizismus vom Beginn des 20. Jahrhunderts – und der das GG prägenden „wohlwollenden Neutralität" siehe u.a. *Stern*: Staatsrecht, Bd. IV/2, S. 1221 ff.
97 BVerfGE 123, 148 (180) zu den verfassungsrechtlichen Anforderungen bei der Gewährung staatlicher Mittel an Religionsgemeinschaften, hier jüdische Gemeinden; dazu *Robbert*, NVwZ 2009, 1211 ff.
98 Gegen eine originär „eigenständige normative Dignität" des Neutralitätsgebots schon *Heinig*, JZ 2009, 1136 (1140).
99 BVerfGE 123, 148 (178).

d) Der Begriff der Religion

Nach der Feststellung, dass Art. 4 Abs. 1 und 2 GG ein einheitliches und hinsichtlich religiös motiviertem Verhalten umfassendes Grundrecht auf Religionsfreiheit darstellt, stellt sich die für die Bestimmung des Schutzbereichs zentrale Frage: Welches Verhalten kann verfassungsrechtlich als religiös motiviert angesehen werden? Damit ist zugleich die Frage nach dem einschlägigen Begriff der Religion aufgeworfen. Eine abschließende und von allgemeinem Konsens getragene Definition ist bisher nicht gelungen, u.zw. weder in der Rspr. noch in der Staatsrechtswissenschaft oder den Nachbarwissenschaften. Gleichwohl hat insbesondere das BVerfG wiederholt auf die Notwendigkeit einer Begriffsbestimmung hingewiesen.[100] Eine Annäherung kann in drei Schritten erfolgen.

aa) Die Definitionskompetenz

Zunächst ist zu klären, wem überhaupt die Befugnis zukommt, die Religion als Verfassungsrechtsbegriff zu definieren. Übereinstimmung besteht darüber, dass dieser Begriff offen sein muss für die Aufnahme neuer religiöser Strömungen und nicht nur die etablierten Religionen abdecken darf.[101] Im Übrigen stehen sich zwei Auffassungen gegenüber. Die erste, von weiten Teilen der Rspr. und der Literatur getragene Auffassung stellt ganz wesentlich auf das **Selbstverständnis** der Grundrechtsträger ab.[102] Dem zu religiöser und weltanschaulicher Neutralität verpflichteten Staat (s.o. Rn. 90) sei es von vornherein verwehrt, bestimmte Bekenntnisse zu bewerten oder sogar zu privilegieren. Vielfach wird insofern auf die bereits erwähnte Lumpensammler-Entscheidung des BVerfG Bezug genommen, in der es heißt: „Bei der Würdigung dessen, was im Einzelfall als Ausübung von Religion und Weltanschauung zu betrachten ist, darf das Selbstverständnis der Religions- und Weltanschauungsgemeinschaften nicht außer Betracht bleiben. Zwar hat der religiös-neutrale Staat grundsätzlich verfassungsrechtliche Begriffe nach neutralen, allgemeingültigen, nicht konfessionell oder weltanschaulich gebundenen Gesichtspunkten zu interpretieren ... Wo aber in einer pluralistischen Gesellschaft die Rechtsordnung gerade das religiöse oder weltanschauliche Selbstverständnis wie bei der Kultusfreiheit voraussetzt, würde der Staat die den Kirchen, den Religions- und Weltanschauungsgemeinschaften nach dem Grundgesetz gewährte Eigenständigkeit und ihre Selbstständigkeit in ihrem eigenen Bereich verletzen, wenn er bei der Auslegung der sich aus einem bestimmten Bekenntnis oder einer Weltanschauung ergebenden Religionsausübung deren Selbstverständnis nicht berücksichtigen würde."[103] Ein ausschließliches Abstellen auf das jeweilige Selbstverständnis des Grundrechtsträgers hätte indes zur Folge, dass schon die bloße Behauptung, ein bestimmtes Verhalten sei religiös ge- bzw. verboten, die Eröffnung des sachlichen Schutzbereichs der Religionsfreiheit bewirken könnte. Den staatlichen Instanzen wäre die Kompetenz zur Begriffsbestimmung der Religion vollständig entwunden; die sachliche Reichweite des Grundrechts der Religionsfreiheit stünde im Belieben der Grundrechtsträger selbst.

Zur Vermeidung dieser Konsequenzen, aber auch um eine Kompatibilität der Auslegung der Religionsfreiheit mit den allgemeinen Grundsätzen der Grundrechtsdogmatik zu erreichen, werden nach der zweiten Auffassung – zumindest ergänzend – **objektive**

---

100 Vgl. etwa BVerfGE 105, 279 (293).
101 Vgl. *Classen*: Religionsrecht, Rn. 78.
102 Aus der Literatur siehe u.a. *Morlok*: Selbstverständnis als Rechtskriterium, S. 78 ff.; *Isak*, S. 259 ff.; *Huster*: Die ethische Neutralität des Staates, S. 382 ff.; *Borowski*, S. 251 ff. m.w.N.
103 BVerfGE 24, 236 (247 f.); ähnlich BVerfGE 12, 1 (3); 18, 285 (386); 33, 23 (28 f.); 46, 73 (85); 53, 366 (401).

und justitiable Maßstäbe zur Definition von Religion herangezogen.[104] Bei genauem Hinsehen fordert schon die soeben zitierte Lumpensammler-Entscheidung nur, dass das Selbstverständnis der betroffenen Grundrechtsträger „nicht außer Betracht bleiben" darf und zu „berücksichtigen" ist. Das BVerfG selbst ist einer einseitigen und exklusiven Betonung des Selbstverständnisses mit seiner Bahá'í-Entscheidung entgegengetreten. Danach genügt allein die Berufung auf das Selbstverständnis nicht, um den Schutzbereich der Religionsfreiheit des Art. 4 Abs. 1 und 2 GG zu eröffnen; „vielmehr muss es sich auch tatsächlich, nach geistigem Gehalt und äußerem Erscheinungsbild, um eine Religion und eine Religionsgemeinschaft handeln. Dies im Streitfall zu prüfen und zu entscheiden, obliegt – als Anwendung einer Regelung der staatlichen Rechtsordnung – den staatlichen Organen, letztlich den Gerichten, die dabei freilich keine freie Bestimmungsmacht ausüben, sondern den von der Verfassung gemeinten oder vorausgesetzten, dem Sinn und Zweck der grundrechtlichen Verbürgung entsprechenden Begriff der Religion zugrunde zu legen haben."[105] Maßgeblich ist die **Plausibilität** der Vorliegens einer Religion.[106] Mit der Einführung objektiver und justitiabler Maßstäbe im Sinne dieser Rechtsprechung wird den staatlichen Rechtsanwendungsinstanzen (wieder) die Kompetenz zugewiesen, letztverbindlich – wenn auch unter Berücksichtigung (!) des Selbstverständnisses der Grundrechtsträger und nach Maßgabe der Plausibilität – darüber zu entscheiden, ob ein Verhalten unter den Begriff der Religion zu subsumieren ist.

94 In einer **Stellungnahme** ist insbesondere auf drei Argumente hinzuweisen, die im Ergebnis die Heranziehung objektiver und justitiabler Maßstäbe zur Klärung des Begriffs der Religion stützen. Zunächst kann dem **Folgenargument** eine gewisse Überzeugungskraft nicht abgesprochen werden. Die exklusive Berücksichtigung des Selbstverständnisses der Grundrechtsträger ließe jede Kontur des Schutzbereichs der Religionsfreiheit verschwinden. Die Vermeidung dieser Konsequenz durch die Fixierung nachvollziehbarer Kriterien für die Bestimmung dessen, was Religion i.S.d. Art. 4 Abs. 1 und 2 GG ist, führt auch nicht zu einer Schutzbereichsbegrenzung, sondern eröffnet erst eine adäquate und konturierte Beschreibung dieses Schutzbereiches. Zweitens lässt sich so ein Anschluss der Dogmatik zur Religionsfreiheit an die **allgemeine Grundrechtsdogmatik** gewährleisten. Denn auch die Eröffnung des Schutzbereichs der anderen Grundrechte ist anhand materieller Kriterien bzw. Tatbestandsvoraussetzungen (gerichtlich) überprüfbar. Für eine diesbezügliche Ausnahmestellung der Religionsfreiheit gibt es keine hinreichende Begründung. Insbesondere kann dem Staat auf diesem Wege nicht etwa die Kompetenz zu einer inhaltlichen Bewertung von Religion(en) zugewiesen werden. Denn zu entscheiden ist hier allein die Frage, *ob* eine Religion im Rechtssinn vorliegt, nicht hingegen, ob diese Religion auch „richtig" ist.[107] Schließlich lässt sich – drittens – mit der Adaption objektiver Merkmale des Religionsbegriffs die **Kompatibilität der Dogmatik zur Religionsfreiheit mit dem Religionsverfassungsrecht** herstellen. Das aktuelle Religionsverfassungsrecht zieht (nur) den rechtlich-säkularen Rahmen für die Entfaltung des Glaubens im religiös-neutralen demokratischen Verfassungsstaat.[108] Der Begriff der Religion unterliegt insofern – wie etwa der Begriff des Religionsunterrichts – hinsichtlich seiner äußeren Merkmale der Definitionskompetenz der staatli-

---

104 So etwa von *v. Campenhausen/de Wall*, § 12 Rn. 15 ff.
105 BVerfGE 83, 341 (353).
106 Vgl. BVerfGE 138, 296 (329).
107 *Classen*: Religionsrecht, Rn. 80.
108 Grundlegend *M. Heckel*: Religionsfreiheit und Staatskirchenrecht, S. 303 (307).

chen Rechtsanwendungsinstanzen, hinsichtlich seiner inhaltlichen Ausfüllung hingegen ausschließlich den betroffenen Grundrechtsträgern. Insgesamt ist daher davon auszugehen, dass die Bestimmung des Begriffs der Religion i.S.d. Art. 4 Abs. 1 und 2 GG nicht allein dem Selbstverständnis der Grundrechtsträger überlassen bleiben darf.[109] Die Frage nach den konkreten Kriterien ist damit freilich noch nicht beantwortet, wohl aber die sichere dogmatische Fahrt zwischen der Scylla einer „Staats-" oder „Richtertheologie" und der Charybdis beliebiger und nur vermeintlich religiös imprägnierter Postulate gewährleistet.[110]

bb) Die Begriffsmerkmale

Den entscheidenden Ansatzpunkt für eine adäquate Definition liefert der geistige Gehalt einer Religion. Insofern sind insgesamt vier Begriffselemente, und zwar drei objektive und ein subjektives Element zu unterscheiden. In **objektiver** Hinsicht lässt sich eine Religion i.S.d. Art. 4 Abs. 1 und 2 GG bestimmen als System von Aussagen mit sinnstiftendem, ganzheitlichem, d.h. umfassendem und metaphysischem, d.h. auf Transzendenz bezogenem Charakter.[111] **Sinnstiftung** liegt vor, wenn es sich um ein System von Aussagen zur Deutung der Welt bzw. zu Herkunft, Ziel und Sinn des menschlichen Lebens handelt. Im Sinne der **Ganzheitlichkeit** bildet dieses System nur dann eine Religion, wenn es in seinem Geltungsanspruch umfassend ist bzw. einen kompletten Lebensentwurf bereithält. An seine inhaltliche Geschlossenheit und innere Konsistenz dürfen jedoch keine hohen Anforderungen gestellt werden.[112] Allerdings schließt bereits dieses Begriffsmerkmal Doppel- oder Mehrfachzugehörigkeiten zu verschiedenen Religionen – nicht notwendig auch zu verschiedenen Bekenntnissen derselben Religion! – aus.[113] Damit liegt schon im Verfassungsbegriff der Religion ein Anknüpfungspunkt für die These, dass etwa Scientology nicht als Religionsgemeinschaft gelten kann.[114] Schließlich ist ein metaphysischer bzw. **transzendenter Bezug** jedenfalls dann gegeben, wenn das betreffende System von Aussagen auf die Existenz (eines) Gottes rekurriert.[115]

Dieses objektiv umschriebene System von Aussagen stellt darüber hinaus nur dann eine Religion dar, wenn es von den Grundrechtsträgern als verbindlich anerkannt wird. Darin liegt zugleich das **subjektive** Element der Begriffsbestimmung. In diesem Zusammenhang gewinnt das Kriterium des zu plausibilisierenden Selbstverständnisses Bedeutung, denn dem betroffenen Grundrechtsträger obliegt hinsichtlich dieses subjektiven Merkmals eine Darlegungs- und Plausibilisierungspflicht.[116] Die objektiven

---

109 In diesem Sinne zusammenfassend *Badura*, HSKR Bd. 1, Rn. 24: „Eigenart und ‚Selbstverständnis' der Religion sind für den Inhalt und die Ausübung des Glaubens maßgebend, weil sonst keine Freiheit der Religion möglich wäre, sie binden aber den Staat nicht bei der Festlegung und Abgrenzung der verfassungsrechtlichen Garantien, also auch nicht bei der Auslegung, was als ‚Religion' oder ‚Weltanschauung' unter den Schutz der Verfassung gestellt ist.".
110 Die Bezeichnungen der Staats- bzw. Richtertheologie stammen von *Heinig*, HSKR, Bd. 1, Rn. 56, einerseits bzw. *ders.*: Europäische Richtertheologie, in: Frankfurter Allgemeine Zeitung Nr. 96 vom 25. April 2019, S. 6, andererseits.
111 Vgl. *Borowski*, S. 392 ff. m.w.N.
112 Vgl. *v. Campenhausen/de Wall*, § 12 Rn. 16.
113 Zum Thema siehe *Thüsing*, ZevKR 45 (2000), 592 (617), und differenzierend *Heinig*: Öffentlich-rechtliche Religionsgesellschaften, S. 70 f.
114 Ebenso *Muckel*, in: Friauf/Höfling (Hrsg.), Art. 140/Art. 137 WRV, Rn. 15; *Classen*: Religionsrecht, Rn. 100; m.w.N. auch zur a.A.
115 *V. Campenhausen*, HdBStR VI, § 136 Rn. 42.
116 *Morlok*, in: H. Dreier (Hrsg.), Art. 4 Rn. 60, 92; ebenso *Heinig*, HSKR, Bd. 1, Rn. 50.

Elemente des verfassungsrechtlichen Rahmenbegriffs der Religion sind also der inhaltlichen Ausfüllung durch das religiöse Selbstverständnis im Rahmen der Plausibilität fähig und bedürftig.[117]

cc) Einschränkende Begriffsbestimmung?

97 Aus dem weiten Schutzbereichsverständnis sowie dem impliziten Neutralitätsgebot folgt das Postulat, auch die Definition des Verfassungsrechtsbegriffs der Religion weitgehend offen zu halten für die Aufnahme auch neuer Strömungen. Dem Gebot eines weiten Schutzbereichsverständnisses entspricht demnach das **Gebot einer extensiven Definition** der Religion i.S.d. Art. 4 Abs. 1 und 2 GG. Gleichwohl sind in Rspr. und Literatur zahlreiche Versuche einer einschränkenden Begriffsbestimmung unternommen worden. Ihnen ist gemeinsam, dass sie im Ergebnis zusätzliche (positive und/oder negative) Begriffsmerkmale enthalten. Eine adäquate Auslegung des grundgesetzlichen Religionsbegriffs kann nur in Auseinandersetzung mit den vorgebrachten Argumenten für eine einschränkende Begriffsbestimmung gelingen. Die folgende Darstellung ist auf die wesentlichen und aktuell relevanten Argumente beschränkt, so dass etwa die These von der Reduktion des Religionsbegriffs auf das Christentum von vornherein außer Betracht bleibt.[118] Insgesamt lassen sich **fünf Argumente bzw. Argumentgruppen** unterscheiden.

98 Die erste Argumentgruppe umfasst vier Versuche einer Reduktion des grundgesetzlichen Religionsbegriffs auf **typische Formen der Religionsausübung**. Eine begriffsbedingte Beschränkung des Schutzbereichs der Religionsfreiheit auf christliche Formen der Religionsausübung[119] kommt schon wegen seiner Unvereinbarkeit mit dem Neutralitätsgebot nicht in Betracht. Auch die Auffassung, geschützt seien nur die zur Zeit der Entstehung des Grundgesetzes in Deutschland üblichen bzw. vergleichbare Formen der Religionsausübung, vermag nicht zu überzeugen.[120] Zum einen ist dieses Kriterium inhaltlich zu unbestimmt (Bsp.: ist der Ruf des Muezzin tatsächlich mit dem Glockengeläut vergleichbar?), und zum anderen findet es in der Entstehungsgeschichte des Grundgesetzes selbst keine Stütze. Drittens ging die frühe Rspr. des BVerfG davon aus, dass der Verfassungsbegriff der Religion nur die bei den „Kulturvölkern" übliche Form der Religionsausübung umfasse.[121] Diese sog. Kulturadäquanzformel hat das BVerfG inzwischen - zurecht - fallen gelassen.[122] Unabhängig von der problematischen Zuordnungsfrage, welche Völker als „Kulturvölker" angesehen werden können, ist diese Formel jedenfalls mit dem Neutralitätsgebot unvereinbar. Schließlich greift auch eine Begriffs- und damit Schutzbereichsbegrenzung auf traditionelle Handlungen der Religionsausübung der jeweiligen Religion nicht durch.[123] Denn auf diese Weise würden neue Religionen ohne eigene Tradition sowie Abweichler von einer gefestigten religiösen Tradition in unzulässiger Weise vom Schutz der Religionsfreiheit ausgeschlossen.

---

117 Vgl. *M. Heckel*, ZevKR 44 (1999), 340 (361). Zum Korrektiv der Plausibilität u.a. *Kästner*, in: Stern/Becker (Hrsg.), Art. 4 Rn. 37 m.w.N.
118 Zum Folgenden siehe ausführlich *Borowski*, S. 413 ff. Zur Kritik an der Auffassung, vom Begriff der „Religion" i.S.d. Art. 4 Abs. 1 und 2 GG sei nur das Christentum umfasst, siehe ebd. S. 414 ff.
119 In diesem Sinne etwa *Loschelder*, EssGspr 20 (1986), 149 (156).
120 Dagegen u.a. *v. Campenhausen/de Wall*, § 12 Rn. 15.
121 BVerfGE 12, 1 (4).
122 Vgl. BVerfGE 41, 29 (50).
123 So aber u.a. *Fischer/Groß*, DÖV 2003, 932 (938.).

Mit der zweiten Argumentgruppe wird in restriktiver Absicht versucht, die beschriebenen Merkmale des Religionsbegriffs um das **Erfordernis einer Gemeinschaft** zu ergänzen. In einer ersten Variante wird behauptet, dass eine Religion i.S.d. Art. 4 Abs. 1 und 2 GG nur dann vorliege, wenn faktisch eine Religionsgemeinschaft existiere. Die Berufung des/eines Individuums auf seinen Glauben genüge noch nicht für die Eröffnung des Schutzbereichs. Vielmehr müsse dieser Glaube „von einer Gruppe getragen" werden, in der ein Konsens über die grundlegenden Glaubenslehren bestehen müsse.[124] Dieser Variante kann mit dem Argument entgegengetreten werden, dass sich damit weder Religionsstifter noch Abweichler innerhalb einer Religionsgemeinschaft auf die Religionsfreiheit des Grundgesetzes berufen könnten. Dieser Einwand greift hingegen nicht gegenüber dem zweiten Gemeinschafts-Argument, denn damit wird – insoweit einschränkend – behauptet, dass die bloße Intention zur Gemeinschaftsgründung erforderlich, aber auch ausreichend sei.[125] Dagegen lässt sich allerdings die grundsätzlich individuelle Ausrichtung des Grundrechtsschutzes anführen, und zumindest gedanklich ist eine Religion vorstellbar, die nur von Einzelpersonen vertreten wird. Gleiches gilt für eine Religion, nach der der Einzelne auch auf sich allein gestellt bleiben soll. Auch wenn es sich hier um rein akademische Annahmen handeln sollte, so stehen sie doch einer einschränkenden Bestimmung des Verfassungsbegriffs der Religion nachhaltig im Wege.

99

Das dritte Argument besagt, dass eine **wirtschaftliche Betätigung** nicht unter den Begriff der Religion subsumiert werden könne und daher vom Schutzbereich der Religionsfreiheit nicht umfasst sei. Dies gelte jedenfalls dann, wenn das wirtschaftlich orientierte Handeln den Schwerpunkt der Aktivitäten des betroffenen Einzelnen bzw. der betroffenen Gemeinschaft und die ideellen Zielsetzungen nur einen Vorwand für wirtschaftliche Aktivitäten bilden.[126] Die Frage nach der Vereinbarkeit von Religion und kommerzieller Gewinnerzielungsabsicht ist in der jüngeren Vergangenheit vor allem im Zusammenhang mit der **sog. Scientology Church** diskutiert worden, die ihre Mitglieder zur Teilnahme an verschiedenen „Kursen" zum Preis von mehreren Tausend Euro auffordert und auch im Übrigen die Erwirtschaftung von materiellem Gewinn nicht nur als Nebenzweck auffasst. Generell gilt, dass eine wirtschaftliche Betätigung – auch in nennenswertem Ausmaß – das Vorliegen einer für Art. 4 Abs. 1 und 2 GG maßgeblichen religiösen Motivation nicht von vornherein ausschließt. Insofern ist die Quantität der rein wirtschaftlichen Aktivitäten ebenso irrelevant wie der Umstand, dass der Gründer bzw. Leiter der jeweiligen Gemeinschaft persönlichen Nutzen in nicht unerheblichem Umfang zieht.[127] Entscheidend für die Zuordnung einer Betätigung zum Religionsbegriff ist allein die qualitative Frage, ob diese Betätigung aus dem „religiösen Grundauftrag" bzw. aus dem sinnstiftenden, ganzheitlichen, metaphysischem und subjektiv verbindlichen System von Aussagen über Mensch und Welt (s.o. Rn. 95 f.) des bzw. der Betreffenden folgt.[128] Nicht umfasst sind daher wirtschaftliche Tätigkeiten ohne jeden religiösen Bezug oder die „religiöse Verbrämung des Erwerbsstrebens".[129] Ob die sog. Scientology Church nach Maßgabe dieser Kriterien als Religionsgemeinschaft betrachtet werden kann, ist nach wie vor umstritten und auch

100

---

124 *Classen*: Religionsrecht, Rn. 89; ähnlich *Morlok*, in: H. Dreier (Hrsg.), Art. 4 Rn. 67 f.
125 So etwa *Jarass*, in: Jarass/Pieroth, Art. 4 Rn. 8 m.w.N.
126 Vgl. BVerfGE 105, 279 (293); *Bock*, AöR 123 (1998), 444 (461); *Kokott*, in: Sachs (Hrsg.), Art. 4 Rn. 20.
127 BVerwGE 90, 112 (116 ff.) zur Osho-Bewegung.
128 Ebenso etwa *v. Campenhausen/de Wall*, § 12 Rn. 31.
129 Zutreffend *Borowski*, S. 434 unter Bezugnahme auf BVerwGE 90, 112 (118).

in der Rspr. des BVerwG nicht einheitlich entschieden worden. Plausibel erscheinen hingegen die Ausführungen des BAG: „Scientology ist eine Institution zur Vermarktung bestimmter Erzeugnisse. Die religiösen und weltanschaulichen Lehren dienen als Vorwand für die Verfolgung wirtschaftlicher Ziele."[130] Sofern diese Bewertung geteilt wird, dürfte der sog. Scientology Church auch aus diesem Grund der Charakter einer Religionsgemeinschaft abzusprechen sein (vgl. schon Rn. 95). In grundrechtlicher Hinsicht werden ihre einschlägigen Aktivitäten von Art. 12 GG bzw. Art. 2 GG erfasst.

101 Der gleiche Maßstab, also der Bezug zu einer religiösen Grundaussage, gilt auch für die **politische Betätigung**.[131] In diesem Zusammenhang ist der Versuch unternommen worden, insbesondere „dem Islam" den Charakter einer Religionsgemeinschaft abzusprechen.[132] Zur Begründung wird zumeist angeführt, dass dem Islam eine Trennung von Staat und Religion fremd und jede islamische Vereinigung daher als politische, und nicht primär als religiöse Gemeinschaft anzusehen sei. Dagegen ist die originär religiöse Fundierung der einschlägigen Aussagen über die Ordnung des Weltlichen zu betonen, so dass die Zuordnung der vielfältigen Strömungen des Islam zum Verfassungsbegriff der Religion – allerdings ohne Präjudiz für ihre Verfassungskonformität im Übrigen – nicht in Abrede gestellt werden kann.

102 Viertens wird argumentiert, dass bestimmte **Formen sozialschädlichen Verhaltens** von vornherein nicht in den Schutzbereich der Religionsfreiheit fallen. Genannt werden u.a. Verhaltensweisen wie kultische Menschenopfer, Witwenverbrennungen, Ritualmorde bzw. entsprechende Aufforderungen oder religiös motivierter Rauschgiftgenuss.[133] Es handelt sich hier um ein Element der grundrechtsdogmatischen Auffassung, dass sozialschädliche Handlungen bereits nicht vom Schutzbereich der Freiheitsrechte umfasst seien. Ebenso wenig wie ein „Grundrecht auf Töten" könne es ein Grundrecht auf religiös motivierte Schädigungen anderer Rechtsgüter geben. Diese Auffassung ist im Hinblick auf das Ergebnis – natürlich – zutreffend. Sie beruht aber auf einer unzutreffenden Prämisse, denn sie identifiziert die Aufnahme einer Handlung in den Schutzbereich mit dem grundrechtlichen Schutz insgesamt, d.h. mit der grundrechtlich garantierten „Nettofreiheit". Demgegenüber resultiert aus der Aufnahme etwa der rituellen Tötung in den Schutzbereich der Religionsfreiheit noch kein „Grundrecht auf Menschenopfer". Die notwendige Beschränkung der Grundrechtsausübung gelingt jedenfalls über die einschlägigen Schrankenregelungen, so dass im Ergebnis auch auf dem Boden eines weiten Schutzbereichsverständnisses sozialschädliche Handlungen vom Grundrechtsschutz ausgenommen sind. Diese allgemeine grundrechtsdogmatische Erkenntnis ist naturgemäß auch für das Grundrecht auf Religionsfreiheit gültig.[134]

103 Ein fünftes Argument bzw. eine weitere Strategie zum Ausschluss bestimmter Verhaltensweisen aus dem Schutzbereich des Art. 4 Abs. 1 und 2 GG lässt sich schließlich aus der **Entscheidung des BVerfG zum Schächten** entnehmen. Hier – und vergleichbar in Entscheidungen zu anderen Freiheitsrechten – hat das Gericht den Schutzbereich der

---

130 BAG, JZ 1995, 951 ff. Siehe auch BVerwG, JZ 1995, 949 ff.; BVerwGE 89, 368 (382); zustimmend etwa *Waldhoff*, EssGspr. 42 (2008), 55 (73) m.w.N.; skeptisch *Heinig*, HSKR, Bd. 1, Rn. 56.
131 Statt vieler *Classen*, Rn. 105 m.w.N.; restriktiver *Jeand'Heur/Korioth*, Rn. 94.
132 So der Versuch bei *Uhle*: Staat-Kirche-Kultur, S. 157; dagegen überzeugend v. *Campenhausen/de Wall*, § 12 Rn. 22 ff.
133 So etwa *Müller-Volbehr*, ZevKR 44 (1999), 385 (397). Zum Rauschgiftgenuss als religiöser Handlung BVerwGE 112, 314.
134 Ebenso etwa *Walter*: Religionsverfassungsrecht, S. 508, und *Borowski*, S. 440 f.

Religionsfreiheit zwar nicht für eröffnet betrachtet, dieses Grundrecht aber zur Verstärkung des Schutzbereichs der Berufsfreiheit des Beschwerdeführers herangezogen.[135]

▸ **Zu Fall 3:** Das BVerfG stellt in seiner Grundrechtsprüfung primär auf die Berufsfreiheit des A ab, für die hier nicht Art. 12 GG (A ist nicht deutscher Staatsangehöriger!), sondern Art. 2 Abs. 1 GG einschlägig sei. Das Schächten sei zwar auch Ausdruck einer religiösen Grundhaltung; vorrangig sei hier aber die berufliche Tätigkeit des A als Metzger berührt. Allerdings werde der Schutz der Berufsfreiheit durch den speziellen Freiheitsgehalt der Religionsfreiheit verstärkt. Diese Schutzverstärkung soll dadurch bewirkt werden, dass die Religionsfreiheit im Rahmen der Verhältnismäßigkeitsprüfung einer Beschränkung des Art. 2 Abs. 1 GG Beachtung findet. In diesem Zusammenhang spricht das BVerfG auch von einem „Grundrecht aus Art. 2 Abs. 1 GG und Art. 4 Abs. 1 und 2 GG" bzw. von der grundrechtlich geschützten Ausübung eines „religiös geprägten Berufs".

Diese Entscheidung erweist sich jedoch zumindest in doppelter Hinsicht als zweifelhaft. Zum einen kann ein Grundrecht nur dann rechtliche Relevanz entfalten, wenn sein Schutzbereich berührt ist. Die „verstärkende" Berücksichtigung der Religionsfreiheit nach der Feststellung, dass der Schutzbereich des Art. 4 Abs. 1 und 2 GG nicht eröffnet sei, ist grundrechtsdogmatisch jedenfalls widersprüchlich. Zum anderen ist bei der Berücksichtigung eines Grundrechts stets zu prüfen, ob ein ggf. verfassungsrechtlich gerechtfertigter Eingriff vorliegt. Die bloße „verstärkende" Einbeziehung eines Grundrechts in die Prüfung eines anderen Grundrechts genügt diesen grundrechtsdogmatisch anerkannten Anforderungen nicht. Vielmehr liegt es im Fall des A näher, auf die Kriterien für die Lösung von *Grundrechtskonkurrenzen* zurückzugreifen. Dies setzt allerdings voraus, dass neben dem sachlichen Schutzbereich der Berufs- auch der sachliche Schutzbereich der Religionsfreiheit tatsächlich eröffnet ist. Nach der z.T. in der Lit. vertretenen Auffassung von der Begrenzung der Religions- auf die Kultusfreiheit (s.o. Rn. 86) dürfte dies nicht der Fall sein, weil das Schächten nicht als Element der kultischen Religionsausübung aufgefasst werden kann.[136] Auf der Grundlage des weiten Schutzbereichsverständnisses hingegen ist Art. 4 Abs. 1 und 2 GG einschlägig, da das Schächten unbestritten eine religiös motivierte Art der Schlachtung darstellt.[137] Für die nachfolgende Prüfung kommt es demnach darauf an, ob § 4a Abs. 2 Nr. 2 TierSchG und seine Auslegung im Einzelfall von den Schranken der Religionsfreiheit gedeckt sind, und ob sich im Rahmen der Lehre von der Auflösung von Grundrechtskonkurrenzen die Religionsfreiheit gegenüber der Berufsfreiheit bei eventueller Schrankendivergenz als stärkeres Grundrecht erweist. Sofern die Religionsfreiheit zutreffend als vorbehaltlos gewährleistetes Grundrecht aufgefasst wird (s. u. Rn. 119 ff.), erlangt nunmehr der im Jahre 2002 um den Tierschutz ergänzte Art. 20a GG als verfassungsimmanente Schranke eine erhebliche Bedeutung (s. u. Rn. 132). ◂

e) Die Schutzpflichtendimension der Religionsfreiheit

Aus der abwehrrechtlichen Dimension der Religionsfreiheit, insbesondere aus dem Gebot der ethischen und religiös-weltanschaulichen Neutralität des Staates folgt kein

---

135 BVerfGE 104, 337 (346).
136 Nachweise bei *Heun*, in: Heinig/Walter (Hrsg.), S. 339 (344). Ähnlich die inzwischen modifizierte Rspr. in BVerwGE 99, 1 ff.
137 Für eine Einbeziehung des Schächtens in den Schutzbereich der Religionsfreiheit siehe schon *Kuhl/Unruh*, DÖV 1994, 644 (646); ebenso im Lichte des Schächt-Urteils des BVerfG etwa *Classen*: Religionsrecht, Rn. 166; *Stern*: Staatsrecht, Bd. IV/2, S. 1105, 1110 ff.; *Hain/Unruh*, DÖV 2003, 147 (151). Allgemein zum Schächt-Urteil des BVerfG siehe ferner *Arndt/Dröge*, ZevKR 48 (2003), 188 ff.; *Traulsen*, ZevKR 48 (2003), 198 ff.; *Wittreck*, Der Staat 42 (2003), 519 ff.; *Kästner*, JZ 2002, 491 ff.

Gebot der Indifferenz gegenüber der Religion und noch weniger ein Gebot der strikten Trennung zwischen Staat und Religion. Nach der zutreffenden Rechtsprechung des BVerfG ist das Neutralitätsgebot (Rn. 90) vielmehr als „eine offene und übergreifende, die Glaubensfreiheit für alle Bekenntnisse gleichermaßen fördernde Haltung zu verstehen. Art. 4 Abs. 1 und 2 GG gebietet auch in positivem Sinn, den Raum für die aktive Betätigung der Glaubensfreiheit und die Verwirklichung der autonomen Persönlichkeit auf weltanschaulich-religiösem Gebiet zu sichern."[138] Damit ist die **Schutzpflichtendimension** der Religionsfreiheit umschrieben.[139] In der allgemeinen Grundrechtsdogmatik bildet die Schutzfunktion die notwendige Ergänzung zur Abwehrfunktion der Grundrechte. Sie ist gerichtet auf die Schaffung und Erhaltung der Bedingungen der Möglichkeit der Grundrechtsausübung. Alle gegenwärtig (noch) diskutierten Grundrechtsfunktionen, die über den Abwehraspekt hinausgehen – insbesondere die sog. „objektiv-rechtlichen" Grundrechtsfunktionen – lassen sich auf den Schutzaspekt und damit auf eine einheitliche dogmatische Struktur zurückführen. Im Grundrechtsbereich existieren daher nur zwei Verpflichtungsmodi: (negative) Eingriffsabwehr und (positiver) Schutz.[140] Dies gilt auch für das Grundrecht auf Religionsfreiheit.[141] Hier geht es darum, Raum für die Ausbildung und das Bekenntnis eines Glaubens sowie die religiöse Betätigung zu schaffen.[142] In Anlehnung an die Ausführungen aus dem ersten Abtreibungsurteil des BVerfG lässt sich der materielle Gehalt der Schutzpflichtendimension des Art. 4 Abs. 1 und 2 GG wie folgt umschreiben: Der Staat hat sich **schützend und fördernd vor die Religion zu stellen**, sie auch vor rechtswidrigen Eingriffen von Seiten anderer zu bewahren. An diesem Gebot haben sich die einzelnen Bereiche der Rechtsordnung, je nach ihrer besonderen Aufgabenstellung auszurichten.[143] Im Übrigen unterscheidet sich der **Prüfungsaufbau einer Schutzpflicht** signifikant von der Prüfung der abwehrrechtlichen Dimension der Grundrechte. Während hier zwischen Schutzbereich, Eingriff und verfassungsrechtlicher Rechtfertigung zu differenzieren ist, ist die Erfüllung einer Schutzpflicht an den Maßstäben des Anspruchsinhalts, der Anspruchsberechtigung und der Schranken zu messen.

105 Zu den **konkreten staatlichen Pflichten**, die sich aus der Schutzpflichtendimension der Religionsfreiheit ergeben bzw. ihr zuzuordnen sind, gehören jedenfalls die über Art. 140 GG in das Grundgesetz inkorporierten Sicherungen in Art. 136–139, 141 WRV, die ihrerseits als Abwehrrecht oder als Schutzpflicht ausgestaltet sein können. Darüber hinaus zählen dazu die Pflicht zur neutralen, d.h. paritätischen (s.u. Rn. 106) Religionsförderung, die Pflicht zum Schutz religiöser Minderheiten sowie die Pflicht zur Abwehr von Beeinträchtigungen der Religionsausübung durch andere Bürger oder Religionsgemeinschaften. Auch die Notwendigkeit einer staatlichen Sicherung der Freiheit, aus einer Religionsgemeinschaft ohne Aufschub austreten zu können, ist Ausfluss des Schutzaspektes der Religionsfreiheit. Die zur Erfüllung der Schutzpflicht einzusetzenden **Instrumente** differieren je nach dem funktionellen Teilbereich der Staatsgewalt. In erster Linie ist der Gesetzgeber aufgerufen, die normativen Grundlagen für einen

---

138 BVerfGE 108, 282 (300).
139 Zum Begriff der Schutzpflicht siehe *Unruh*: Schutzpflichten, S. 20 f.
140 Vgl. *Unruh*: Der Verfassungsbegriff des Grundgesetzes, S. 545 ff. Differenzierend *H. Dreier*, in: ders. (Hrsg.), Grundgesetz, Bd. 1, 2. Aufl., Vorb., Rn. 82 ff.
141 Ebenso *Heinig*, HSKR, Bd. 1, Rn. 28; *Kästner*, in: Stern/Becker (Hrsg.), Art. 4 Rn. 166, und *Stern*: Staatsrecht, Bd. IV/2, S. 996.
142 Vgl. Ebenso *Morlok*, in: H. Dreier (Hrsg.), Art. 4 Rn. 169 unter Bezugnahme auf BVerfGE 41, 29 (49, 52). Siehe auch BVerfGE 108, 282 (300).
143 BVerfGE 39, 1 (42), zum Grundrecht aus Art. 2 Abs. 1 GG.

§ 4 Das Grundrecht der Religionsfreiheit aus Art. 4 Abs. 1 und 2 GG § 4

rechtswirksamen, d.h. auch prozessual durchsetzbaren Schutz der Religion zu schaffen. Dieser Verpflichtung ist der Bundesgesetzgeber etwa im Strafrecht durch §§ 139, 166 ff., 303 StGB nachgekommen. Im Zivilrecht entfalten etwa die §§ 823, 1004 BGB (auch) eine Schutzwirkung zugunsten der Religion. Im Landesrecht wird eine entsprechende Wirkung u.a. über die ordnungsrechtliche Generalklausel erreicht.[144] Exekutive und Judikative sind jeweils im Rahmen ihrer Rechtsanwendung zum Schutz der Religionsfreiheit verpflichtet. Zur Konkretisierung der Schutzpflicht kann auch die finanzielle Förderung von Religionsgemeinschaften oder einzelner ihrer Aufgaben oder Projekte gehören.

f) Exkurs: Das Paritätsgebot und die religionsverfassungsrechtlichen Gleichheitsrechte

Auf das dogmatische Komplementverhältnis zwischen dem Neutralitäts- und dem Paritätsgebot ist bereits hingewiesen worden (s.o. Rn. 90). Ob es sich insoweit um ein Ableitungs- oder um ein Interdependenzverhältnis handelt, kann offenbleiben.[145] In der Sache spricht jedenfalls Vieles dafür, die dogmatischen Einsichten über das allgemeine Verhältnis von Freiheits- und Gleichheitsrechten auf das Verhältnis zwischen dem Neutralitäts- und dem Paritätsgebot zu übertragen. Vor diesem Hintergrund kann von einer Gleichursprünglichkeit beider Aspekte gesprochen werden, denn Freiheit und Gleichheit wurzeln in gleicher Weise in der Autonomie des Menschen, die über die Menschenwürdegarantie in Art. 1 Abs. 1 GG als verfassungstheoretisches Axiom in das GG inkorporiert ist.[146] Die allgemeine Parität der Religionen und Religionsgemeinschaften weist daher einen engen Bezug zu Art. 4 Abs. 1 und 2 GG auf, wurzelt aber primär in den religionsverfassungsrechtlichen Gleichheitsrechten auf der Individual- und der korporativen Ebene. Spezielle Ausprägungen finden sich in Art. 3 Abs. 3, Art. 33 Abs. 2 und 3 GG, Art. 140 GG i.V.m. Art. 136 Abs. 1 und 2 WRV.[147] Auch Art. 140 GG i. V. m. Art. 137 Abs. 1, 3 und 5 WRV ist relevant. Subsidiär sowie zum näheren Verständnis des Paritätsgebotes ist der allgemeine Gleichheitssatz aus Art. 3 Abs. 1 GG heranzuziehen.[148] Inhaltlich fordert das Paritätsgebot die **rechtliche Gleichordnung und Gleichbehandlung aller Bürger und Religionsgemeinschaften**, unabhängig von ihrer konkreten religiösen Überzeugung. Der zum Schutz der Religion verpflichtete Staat darf im Rahmen seiner Pflichterfüllung – etwa in Gestalt einer finanziellen Förderung von Religionsgemeinschaften oder einzelner Projekte – nicht in unzulässiger Weise zwischen unterschiedlichen religiösen Richtungen oder zwischen

106

---

144 Überblick über die staatlichen Regelungen bei *Borowski*, S. 624 ff.; insbesondere zum Strafrecht *Fateh-Moghadam*, passim.
145 Für ein Ableitungsverhältnis *Muckel*, in Friauf/Höfling (Hrsg.), Art. 140 Rn. 39; auch *Morlok*, in: H. Dreier (Hrsg.), Art. 4 Rn. 148 beschreibt das Paritätsgebot als „Konsequenz" des Neutralitätsgebots; ähnlich BVerfGE 123, 148 (178). Hingegen spricht *Heinig*: Öffentlich-rechtliche Religionsgemeinschaften, S. 180, von „Interdependenzen". Grundsätzlich gegen die Eigenständigkeit des Paritätsgrundsatzes *Engi*, S. 182 f.
146 Dazu ausführlich *Unruh*: Der Verfassungsbegriff des Grundgesetzes, S. 340 ff.; zum System der Freiheits- und Gleichheitsrechte ebd., S. 536 ff. Zur Beschreibung des Verhältnisses von Freiheit und Gleichheit als „freiheitstheoretische Aporie" siehe aber *Heinig*, in: Huber/Voßkuhle (Hrsg.), Art. 4 Rn. 117, und *Möllers*: Freiheitsgrade, S. 39 ff.
147 Zur Differenzierung zwischen der Individual- und der korporativen Ebene *Heinig*: Öffentlich-rechtliche Religionsgemeinschaften, S. 181.
148 *K.-A. Schwarz*, HSKR, § 17 Rn. 1 f.; *Jeand'Heur/Korioth*, Rn. 168.; *v. Campenhausen/de Wall*, § 13 Rn. 4; *Schrooten*, passim.

Religion und Nicht-Religion differenzieren.[149] Das Paritätsgebot zielt dabei nicht auf eine schematische Ergebnis-, sondern auf die Chancengleichheit bei der Realisierung der Religionsfreiheit. Dogmatisch können die konkreten Ausprägungen des Paritätsgebotes als **Begründungsverbote** beschrieben werden, d.h. bestimmte Begründungsmuster sind für die verfassungsrechtliche Rechtfertigung staatlicher Differenzierung von vornherein ausgeschlossen.[150] Eine **zulässige Differenzierung** liegt hingegen vor, wenn die Unterscheidung – im Sinne der Dogmatik zu Art. 3 Abs. 1 GG – durch sachliche, etwa durch Art. 4 Abs. 1 und 2 GG selbst indizierte Gründe geboten oder zumindest gerechtfertigt und verhältnismäßig ist.[151] Dies ist nicht der Fall bei einer Differenzierung nach dem Inhalt der religiösen Überzeugung oder bei einer Bevorzugung der großen christlichen Kirchen aufgrund ihrer historischen Bedeutung. Zulässig sind hingegen Differenzierungen am Maßstab der konkreten Größe, der aktuellen Bedeutung bzw. Verbreitung sowie dem Grad der öffentlichen Wirksamkeit einer Religion bzw. Religionsgemeinschaft.[152] Zulässig ist ferner die schon in der Verfassung selbst angelegte Differenzierung zwischen privatrechtlich organisierten und Religionsgemeinschaften mit Körperschaftsstatus nach Art. 140 GG i.V.m. Art. 137 Abs. 5 WRV (sog. zweistufige Parität).[153] Zulässig sind schließlich auch die ebenfalls in der Verfassung angelegten konfessionell gebundenen Staatsämter, bei denen die Konfessionszugehörigkeit zu den Eignungsvoraussetzungen zählt. Dies gilt etwa im Zusammenhang mit staatlichen Bekenntnisschulen, dem Religionsunterricht in sonstigen öffentlichen Schulen, den Theologischen Fakultäten und der Stellenbesetzung in der Anstalt- und Militärseelsorge.[154] Insgesamt ist auch darauf zu achten, dass die rein formale Beachtung des Paritätsgebotes nicht zu einer mittelbaren Diskriminierung einzelner, zumeist kleinerer Religionen oder Religionsgemeinschaften führt.[155]

▶ **Zu Fall 4 (abschliessend zum Schutzbereich der Religionsfreiheit aus Art. 4 Abs. 1 und 2 GG; zu den landesrechtlichen Grundlagen des Verbots religiöser Symbole s. u. Rn. 132 f.):** Fraglich ist zunächst, ob der personelle Schutzbereich des Art. 4 Abs. 1 und 2 GG eröffnet ist. A ist eine natürliche Person, und hinsichtlich ihrer vollständigen Religionsmündigkeit bestehen keine Zweifel. Problematisch ist hingegen, dass A den Zugang zu einem Beamtenverhältnis (im Schulbereich) begehrt. Im Sondervotum zur ersten Kopftuch-Entscheidung des BVerfG (2003) führten drei Richter aus, dass der personelle Schutzbereich der Religionsfreiheit in dieser Konstellation nicht eröffnet sei.[156] Vielmehr sei von einer „funktionelle(n) Begrenzung des Grundrechtsschutzes für Beamte" auszugehen: „Grundrechtliche Freiheitsansprüche eines Beamten oder des Bewerbers um ein öffentliches Amt sind deshalb von vornherein nur insoweit gewährleistet, als sie mit diesen Sachgesetzlichkeiten (des Beamtenverhältnisses) vereinbar sind." Dieser „funktionelle" Ausschluss der Beamtinnen und Beamten im Dienst aus dem personellen Schutzbereich der Religionsfreiheit

---

149 BVerfGE 19, 206 (216). *Heinig*: Öffentlich-rechtliche Religionsgemeinschaften, S. 181: „Recht auf religiös-weltanschauliche Nichtdiskriminierung".
150 *Heun*, in: H. Dreier (Hrsg.), Art. 3 Rn. 125; *Hennig*, S. 74; *Heinig*: Öffentlich-rechtliche Religionsgemeinschaften, S. 189.
151 Zur Zulässigkeit von Differenzierungen u.a. *K.-A. Schwarz*, HSKR, § 17 Rn. 26 ff., und *Stern*: Staatsrecht, Bd. IV/2, S. 1236 ff. Zur Bedeutung des Art. 4 Abs. 1 und 2 GG als Rechtfertigungsgrund für Differenzierungen siehe *Classen*: Religionsrecht, Rn. 207.
152 Vgl. BVerfGE 19, 1 (10); *Classen*: Religionsrecht, Rn. 128.
153 *v. Campenhausen/de Wall*, § 13 Rn. 8.
154 Dazu *Heun*: in: H. Dreier (Hrsg.), Art. 3 Rn. 133; *K.-A. Schwarz*, HSKR, § 17 Rn. 2.
155 Allgemein zum Problem der mittelbaren Diskriminierung *Heun*: in: H. Dreier (Hrsg.), Art. 3 Rn. 118 ff.
156 BVerfGE 108, 282 (314 ff.).

ist insofern nicht überzeugend, als spätestens seit der Strafvollzugsentscheidung in BVerfGE 33, 1 ff. anerkannt ist, dass auch besondere Näheverhältnisse des Bürgers zum Staat, d.h. sog. Sonderstatusverhältnisse, zu denen entgegen der Annahme aus dem Sondervotum auch das Beamtenverhältnis gehört, nicht von der Grundrechtsgeltung ausgenommen sind. Eventuelle Konflikte – etwa mit den „Sachgesetzlichkeiten" des Beamtenverhältnisses oder den Grundrechten von Schülern und Eltern – sind auf der Schrankenebene zu lösen. Im Ergebnis ist daher bzgl. der A der personelle Schutzbereich des Art. 4 Abs. 1 und 2 eröffnet.[157]

Neben dem personellen müsste auch der sachliche Schutzbereich eröffnet sein. Für die Vertreter der Auffassung von einer Begrenzung der Religions- auf die Kultusfreiheit fällt das Tragen eines Kopftuches nicht in den Schutzbereich des Art. 4 Abs. 1 und 2 GG. Nach dem im Ergebnis vorzugswürdigen weiten Schutzbereichsverständnis werden hingegen alle religiös motivierten Handlungen von der grundgesetzlich gewährleisteten Religionsfreiheit umfasst. Da ferner die Religionsqualität des Islam sowie zumindest die Plausibilität einer Verbindung zum Gebot des Kopftuchtragens außer Frage stehen, ist auch der sachliche Schutzbereich des Art. 4 Abs. 1 und 2 GG eröffnet. Die Zulässigkeit des Kopftuchverbotes bemisst sich also – im Einklang mit (dem Mehrheitsvotum aus) der ersten und auch der zweiten Kopftuchentscheidung des BVerfG (2015)[158] – nach den Erkenntnissen der einschlägigen Schrankendogmatik.

Hinweis: Das Tragen eines Kopftuchs durch eine Lehrerin berührt umgekehrt auch den sachlichen Schutzbereich der Religionsfreiheit der Schüler. Insoweit ist das Gebot der ethischen und religiösen Neutralität des Staates einschlägig.[159] Ebenso wie das Kreuz in Klassenräumen muss sich der Staat – entgegen den Ausführungen aus der ersten Kopftuchentscheidung des BVerfG – auch die religiös motivierte Bekleidung seiner Lehrerinnen und Lehrer zurechnen lassen.[160] In beiden Fällen entsteht eine vom Staat geschaffene und für die Schüler unausweichliche Situation, die den Schutzbereich des Grundrechts auf Religionsfreiheit in seiner abwehrrechtlichen Dimension berührt. ◄

III. Der Eingriff in den Schutzbereich

▶ **Fall 5 (nach BVerfGE 105, 279):** Seit einigen Jahrzehnten treten in der Bundesrepublik Deutschland neue Gruppierungen in Erscheinung, die bereits kurz nach ihrer Gründung das Interesse der Öffentlichkeit fanden und zumeist als „Jugendsekten" bzw. „Jugendreligionen" oder als „Psychogruppen" bezeichnet werden. Auch die Bundesregierung wurde mehrfach mit dem Thema befasst, u.a. im Rahmen Kleiner Anfragen, die im Deutschen Bundestag gestellt wurden. In der Antwort auf eine dieser Anfragen bezeichnete die Bundesregierung u.a. eine dieser Gruppierungen, die als Verein organisiert ist, als „destruktive Jugendsekte" und „pseudoreligiöse Psycho-Gruppe", die ihre Mitglieder systematisch von der Öffentlichkeit abschotte, in ihrem Verhalten manipuliere und finanziell ausbeute. Der Verein, der nach seinem Selbstverständnis ein religiöser Verein ist, erhob daraufhin Verfassungsbeschwerde mit der Begründung, die Äußerungen der Bundesregierung hätten schwer wiegende negative Folgen und verletzten daher sein Grundrecht auf Religionsfreiheit aus Art. 4 Abs. 1 und 2 GG. Liegt ein Eingriff in dieses Grundrecht vor? ◄

---

[157] Aus der Fülle der einschlägigen Literatur siehe nur *Wißmann*, ZevKR 52 (2007), 51 ff. (mit Hinweisen und Analysen zur weiteren Rechtsentwicklung in den Bundesländern); *Huster*, in: Heinig/Walter (Hrsg.), S. 107 (117 ff.). Monografisch nunmehr *Schleder*, passim.
[158] BVerfGE 138, 296 (328).
[159] Ebenso *Morlok*, in: H. Dreier (Hrsg.), Art. 4 Rn. 78; *Huster*: Die ethische Neutralität des Staates, S. XL ff.
[160] Überzeugend *Wißmann*, ZevKR 52 (2007), 51 (58 f. gegen BVerfGE 108, 282 (305 f.)).

B. Religionsverfassungsrechtlich Grundentscheidungen

1. Der klassische Eingriffsbegriff

107 Der Begriff des Eingriffs in die abwehrrechtliche Dimension der Grundrechte hat unter dem Grundgesetz eine Wandlung i.S. einer Erweiterung erfahren. Am Beginn der Entwicklung stand der sog. klassische Eingriffsbegriff. Danach sind nur bestimmte Beeinträchtigungen des Schutzbereichs eines Grundrechts zugleich als Eingriff zu betrachten.[161] Die Feststellung eines Grundrechtseingriffs bestimmt sich nach **vier Kriterien**. Das erste Kriterium wird zumeist als **Finalität** der Belastung umschrieben, d.h. die Beeinträchtigung des Schutzbereichs eines Grundrechts darf nicht nur eine unbeabsichtigte Folge eines auf andere Ziele gerichteten staatlichen Handelns sein. Zweitens muss die Beeinträchtigung eine **unmittelbare** Folge des Staatshandelns sein, d.h. sie darf nicht erst durch dazwischen tretende Ursachen erzielt worden sein. Das dritte Kriterium fordert die **Rechtsförmigkeit** des staatlichen Handelns, d.h. die Beeinträchtigung muss die Qualität eines Rechtsaktes haben (Gesetz, Verwaltungsakt etc.); bloß faktische Beeinträchtigungen scheiden demnach aus. Schließlich muss die Beeinträchtigung mit Befehl und Zwang gegen den Willen der oder des Betroffenen durchgesetzt werden. Dieses Kriterium wird zumeist mit dem Begriff der **Imperativität** umschrieben. Klassische Eingriffe in diesem Sinn sind etwa das gesetzliche Verbot des Reitens im Walde, die Gewerbeuntersagung durch Bescheid oder die richterliche Anordnung von Freiheitsentzug.

108 In der aktuellen Rechtsprechung und Staatsrechtslehre ist anerkannt, dass der klassische Eingriffsbegriff unzureichend ist, um alle grundrechtlich erheblichen staatlichen Belastungen begrifflich einfangen zu können. Er behält gleichwohl seine zumindest heuristische Bedeutung; denn wenn seine vier Kriterien im Einzelfall erfüllt sind, dann liegt notwendig auch ein – der verfassungsrechtlichen Rechtfertigung bedürftiger – Eingriff in den Schutzbereich des betroffenen Grundrechts vor.[162]

2. Der moderne bzw. grundrechtliche Eingriffsbegriff

109 Der klassische Eingriffsbegriff, der im Wesentlichen dem liberalen Rechtsstaatsdenken des 19. Jahrhunderts entstammt, wird vor dem Hintergrund des aktuellen Grundrechtsverständnisses als unzureichend empfunden. So bieten die Grundrechte nicht nur Schutz vor Rechtsakten und unmittelbaren Belastungen, sondern auch vor Realakten und mittelbaren Eingriffen. Im Ergebnis haben alle vier Kriterien des klassischen Eingriffsbegriffs eine Erweiterung erfahren.[163] Als Grundrechtseingriff gilt nunmehr **jede dem Staat zurechenbare Maßnahme, die dem Einzelnen ein Verhalten, das vom Schutzbereich eines Grundrechts umfasst ist, ganz oder teilweise unmöglich macht**, u.zw. unabhängig von seiner Finalität, der Unmittelbarkeit, der Rechtsförmigkeit und der Imperativität.[164] Mit diesem modernen bzw. grundrechtlichen Eingriffsbegriff sind Folgeprobleme verbunden, die aus der Gefahr einer Überdehnung des Grundrechtsschutzes resultieren, allerdings hier nicht im Einzelnen behandelt werden sollen.[165] Die Erweiterung der Kriterien zwingt jedenfalls dazu, eine **Bagatellgrenze** vorzusehen,

---

161 Statt vieler *H. Dreier*, in: ders. (Hrsg.), Vorb., Rn. 124 m.w.N.; *Stern*: Das Staatsrecht der Bundesrepublik Deutschland, Bd. III/2, S. 82 ff.
162 Vgl. *Sachs*, A8, Rn. 13: „Wird durch einen Rechtsakt der Staatsgewalt gezielt und unmittelbar zwangsweise die geschützte Grundrechtssphäre einer Person verkürzt, bedarf dies stets besonderer Rechtfertigung ...".
163 Überblick bei *Michael/Morlok*, Rn. 492 ff.
164 *Kingreen/Poscher*, Rn. 339 ff.
165 Vgl. *Pieroth/Schlink*, Rn. 339 ff.

die Grundrechtseingriffe von bloßen Belästigungen zu unterscheiden hilft. Im Ergebnis kann ein Grundrechtseingriff also auch durch Realakte erfolgen (faktischer Grundrechtseingriff), nur mittelbar von staatlichem Handeln verursacht sein (etwa über die Entscheidung von Dritten) oder sich als unbeabsichtigte Nebenfolge staatlichen Handelns erweisen.

3. Insbesondere: Eingriffe in die Religionsfreiheit

Die soeben geschilderten Grundlagen für die Bestimmung eines Grundrechtseingriffs gelten naturgemäß auch für das Grundrecht auf Religionsfreiheit aus Art. 4 Abs. 1 und 2 GG. In den allermeisten Fällen wird sich nach der Feststellung, dass der Schutzbereich der Religionsfreiheit einschlägig ist, das Vorliegen eines Eingriffs mühelos begründen lassen. Wenn und soweit einer der drei Schutzaspekte des einheitlichen Grundrechts auf Religionsfreiheit den Anknüpfungspunkt für rechtliche Sanktionen bildet, liegt ein Grundrechtseingriff vor. So dürften etwa die Verbote, einen Gottesdienst zu besuchen oder eine Religionsgemeinschaft zu gründen, keinen Zweifel an der Eingriffsqualität dieser Maßnahmen auslösen. Gleiches gilt für die Verpflichtung zu einem Handeln gegen die eigene religiöse Überzeugung, etwa die Zwangsmitgliedschaft in einer Religionsgemeinschaft, die Eidesleistung[166] oder ggf. die Pflicht zum Schulbesuch[167] bzw. die Teilnahme am Sportunterricht mit entsprechender Bekleidung (s.o. Fall 2 und Rn. 132).[168] Ferner stellt auch die an die Mitgliedschaft anknüpfende Kirchensteuerpflicht einen Eingriff dar,[169] nicht hingegen die allgemeine Steuerpflicht mit dem Hinweis auf die Verwendung von Steuergeldern zur Finanzierung einer Armee.[170] Auch ein eventuelles Verbot des Baus religiöser Kultstätten – etwa Moscheen – ist als Eingriff in das Grundrecht der Religionsfreiheit zu werten.[171] Die Verabreichung einer Bluttransfusion gegen die religiösen Überzeugungen der bzw. des Betroffenen („Zeugen Jehovas") ist als Eingriff in Art. 4 Abs. 1 und 2 GG zu werten, vorausgesetzt, ihr bzw. sein tatsächlicher Wille ist einwandfrei zu ermitteln.[172] Auch jede staatliche Behinderung oder Verzögerung der Befugnis, aus einer Religionsgemeinschaft auszutreten, beeinträchtigt die Religionsfreiheit.[173] Gleiches gilt für die Schleierfahndung rund um Moscheen mit umfassenden Personenbefragungen von Moscheebesuchern.[174] Auf die möglichen Kollisionen der Religionsfreiheit mit dem Arbeitsrecht – etwa im Zusammenhang mit Gebetszeiten, Arbeitskleidung und religiösen Feiertagen – kann hier nur hingewiesen werden.[175] Gleiches galt für das Verhältnis zwischen der obligatorischen Zivilehe (§ 67 PStG a.F.) und der kirchlichen Trauung.[176] Auf **zwei problematische Konstellationen**, die in jüngerer Zeit auch die allgemeine grundrechtsdogmatische Diskussion und das BVerfG beschäftigt haben, muss in besonderer Weise

110

---

166 BVerfGE 33, 23 (29 ff.); 47, 144 (145); 79, 69 (76).
167 BVerfGE 41, 29 (48).
168 Zu der abweichenden Konstellation, dass islamische Schülerinnen nicht am Schwimmunterricht oder am koedukativen Sportunterricht teilzunehmen wünschen, siehe *Jeand'Heur/Korioth*, Rn. 131 mit Hinweisen auf die Rspr. des BVerwG; vgl. BVerwGE 94, 82; BVerwG, NVwZ 2014, 81 ff.
169 BVerfGE 30, 415 (423 f.); 44, 37 (50 f.).
170 Dazu BVerfGE, NJW 1993, 455.
171 Dazu *Gaudernack*, passim.
172 Vgl. *Classen*, Rn. 226 f.
173 BVerfGE 44, 37 (49, 51 ff.); BVerwGE 79, 62 (63 ff.).
174 Dazu *Groh*, NdsVwBl 2011, 10 ff.
175 Dazu *Classen*, Rn. 229 ff.
176 Dazu *Morlok*, in: H. Dreier (Hrsg.), Art. 4 Rn. 139. § 67 a. F. PStG ist durch das Personenstandsreformgesetz vom 19.2.2007 (BGBl. I, 122) aufgehoben worden. Zur neuen Rechtslage u.a. *Schüller*, NJW 2008, 2745 ff.

hingewiesen werden. Es handelt sich um die staatlich veranlasste Konfrontation mit religiösen Symbolen sowie die staatliche Warnung vor bzw. die Information über Glaubensgemeinschaften.

a) Die Konfrontation mit religiösen Symbolen

111 In der ersten Konstellation geht es um die Frage, ob und ggf. unter welchen Bedingungen die Verwendung von religiösen Symbolen durch den Staat einen Eingriff in die Religionsfreiheit in ihrer negativen Schutzbereichsdimension (s.o. Rn. 88 f.) darstellt.[177] Sie ist in der höchstrichterlichen Rechtsprechung bereits mehrfach behandelt worden. Den Auftakt bildete die Entscheidung des BVerfG zum **Kreuz im Gerichtssaal**. Das Gericht gab der Verfassungsbeschwerde von zwei an einem Verwaltungsgerichtsprozess Beteiligten jüdischen Glaubens statt, die sich geweigert hatten, in einem Gerichtssaal zu verhandeln, der mit einem Kruzifix auf dem Richtertisch ausgestattet war. Zur Begründung wurde zunächst angeführt, dass das Kruzifix bzw. Kreuz „als Sinnbild des Leidens und der Herrschaft Christi ...von alters her als symbolischer Inbegriff des christlichen Glaubens" gelte, und jedenfalls dann, wenn ein Gebäude oder ein Raum mit einem Kreuz versehen wird, auch heute der Eindruck nahe (liege), dadurch solle eine enge Verbundenheit mit christlichen Vorstellungen bekundet werden".[178] Anschließend wird zwar festgestellt, dass das bloße Vorhandensein eines Kreuzes im Gerichtssaal von den Prozessbeteiligten keine eigene Identifizierung oder ein sonstiges aktives Verhalten verlange. Gleichwohl müsse anerkannt werden, „dass sich einzelne Prozessbeteiligte durch den für sie unausweichlichen Zwang, entgegen eigenen religiösen oder weltanschaulichen Überzeugungen ‚unter dem Kreuz' einen Rechtsstreit zu führen und die als Identifikation empfundene Ausstattung in einem weltlichen Lebensbereich tolerieren zu müssen", in ihrem Grundrecht aus Art. 4 Abs. 1 und 2 GG verletzt fühlen könnten.[179] Im Ergebnis wurde daher ein Eingriff in den Schutzbereich der Religionsfreiheit angenommen.

112 In der viel diskutierten **Kruzifix-Entscheidung** des BVerfG zu Kreuzen in Unterrichtsräumen wurde die Rechtsprechung zum Kreuz im Gerichtssaal insoweit bekräftigt, als auch hier ein Eingriff in die Religionsfreiheit – hier der betroffenen Schülerinnen und Schüler – angenommen wurde. Die Begründung ist dreistufig aufgebaut. In einem ersten Schritt wird festgestellt, dass die Anbringung von Kreuzen in Unterrichtsräumen zusammen mit der allgemeinen Schulpflicht dazu führe, dass die Schülerinnen und Schüler „**von Staats wegen** und **ohne Ausweichmöglichkeit**" mit diesem Symbol konfrontiert und damit gezwungen würden, „unter dem Kreuz zu lernen". Nach Dauer und Intensität sei die Wirkung des Kreuzes in Unterrichtsräumen zudem noch größer als diejenige von Kreuzen in Gerichtssälen, so dass vor dem Hintergrund der Rechtsprechung zum Kreuz im Gerichtssaal hier erst recht ein Eingriff in die Religionsfreiheit anzunehmen sei.[180] Zweitens sei das Kreuz – verstanden als Oberbegriff für Kreuze mit und ohne Corpus – nicht nur Ausdruck der vom Christentum geprägten abendländischen Kultur, sondern unweigerlich als **Symbol einer bestimmten religiösen**

---

[177] Grundlegend nunmehr *Röhrig*, passim. Zur Konfrontation mit religiösen Symbolen oder Aussagen, die nicht vom Staat, sondern von Privaten zu verantworten ist, siehe BVerwG, NJW 1999, 805 ff. (Werbung an Taxen mit religiösem Inhalt); dazu kritisch *Rox*: Schutz religiöser Gefühle im freiheitlichen Verfassungsstaat?, S. 150 ff.
[178] BVerfGE 35, 366 (374).
[179] BVerfGE 35, 366 (375).
[180] BVerfGE 93, 1 (18), Hervorhebungen vom Verf.

Überzeugung zu bewerten: „Das Kreuz gehört nach wie vor zu den spezifischen Glaubenssymbolen des Christentums. Es ist geradezu sein Glaubenssymbol schlechthin."[181] Schließlich könne dem Kreuz – drittens – eine Einwirkung auf die Schülerinnen und Schüler nicht abgesprochen werden. Zwar werde mit der Anbringung des Kreuzes im Unterrichtsraum kein Zwang zu bestimmten Verhaltensweisen oder zu sonstiger Identifikation verbunden. Gleichwohl entfalte es einen **appellativen Charakter** und weise die von ihm symbolisierten Glaubensgehalte als vorbildhaft und befolgungswürdig aus, und dies zudem gegenüber einem jugendlichen und damit (noch) beeinflussbaren Personenkreis.[182] Die von einer Richterin und zwei Richtern getragene **abweichende Meinung** folgt keinem dieser drei Begründungsschritte der Senatsmehrheit und lehnt folglich die Annahme eines Eingriffs in das Grundrecht auf Religionsfreiheit durch die Anbringung eines Kreuzes in Unterrichtsräumen ab.[183] Zunächst wird das argumentum e fortiori aus der Kreuz im Gerichtssaal-Entscheidung mit dem Hinweis auf die **fehlende Vergleichbarkeit der beiden Konstellationen** zurückgewiesen: die öffentliche Schule „sei ein Lebensbereich, in dem sich staatliches Handeln und bürgerliche Freiheit begegnen", während die Gerichtsbarkeit in den „Bereich ursprünglicher staatlicher Hoheitsfunktionen" falle und daher anderen verfassungsrechtlichen Bindungen unterliege. Bei der Anbringung von Kreuzen in Unterrichtsräumen träfen negative und positive Religionsfreiheit unterschiedlicher Schülergruppen aufeinander und müssten zu einem adäquaten Ausgleich gebracht werden, ohne dass die negative Religionsfreiheit prima facie als „Obergrundrecht" angesehen werden könne. Zweitens sei der Symbolcharakter des Kreuzes – entgegen der Annahme der Senatsmehrheit – nicht eindeutig, sondern **doppeldeutig**: Für christliche Schülerinnen und Schüler könne das Kreuz die von der Senatsmehrheit angenommenen Implikationen haben; aus der Sicht der nichtgläubigen Schülerinnen und Schüler stehe das Kreuz hingegen nicht für christliche Glaubensinhalte, sondern (nur) für die Vermittlung der Werte der christlich geprägten abendländischen Kultur. Schließlich wird – drittens – der appellative Charakter des Kreuzes zwar nicht vollständig geleugnet, ihm komme aber „nur ein verhältnismäßig geringes Gewicht" im Sinne der **Bagatellgrenze** zu. Eine verfassungsrechtlich unzulässige Beeinflussung und damit ein Eingriff in die Religionsfreiheit sei daher ausgeschlossen.

Die bereits erwähnte **erste Kopftuch-Entscheidung** des BVerfG (s.o. Fall 4) brachte im Zusammenhang mit der Feststellung eines Grundrechtseingriffs die Klarstellung, dass es für die Bewertung eines Symbols als religiöses Symbol auf den „objektiven Empfängerhorizont" ankomme. Die besondere Intensität der Einwirkung religiöser Symbole in der Schule wird zudem auch hier mit der fehlenden „Ausweichmöglichkeit" begründet.[184] Im Unterschied zum Kreuz handele es sich aber beim Kopftuch nicht per se um ein religiöses Symbol; diese Qualität könne es erst im Zusammenhang mit der Person, die es trage, erhalten. Dies Auffassung wurde in der **zweiten und auch in der dritten Kopftuch-Entscheidung** des BVerfG bekräftigt.[185]

In der **Literatur** wird die Eingriffsqualität der staatlich zu verantwortenden Konfrontation mit religiösen Symbolen unterschiedlich bewertet. Einigkeit besteht darin, dass ein

113

114

---

181 BVerfGE 93, 1 (19).
182 BVerfGE 93, 1 (20).
183 BVerfGE 93, 1 (25 ff.); zustimmend u.a. *Stern*: Staatsrecht, Bd. IV/2, S. 935 f.
184 BVerfGE 108, 282 (305 f.). Im Übrigen hat das BVerfG (Kammer) festgestellt, dass das Tragen eines Kopftuches durch eine Zuhörerin in einer Gerichtsverhandlung zulässig ist, BVerfG, NJW-Rspr. 2007, 56 f.
185 BVerfGE 138, 296 (331 ff.); 153, 1, Rn. 103; zu diesen Entscheidungen s.u. Rn. 133.

Grundrechtseingriff nur auf der Grundlage des modernen bzw. grundrechtlichen Eingriffsbegriffs begründet werden kann. Ob bei der Konfrontation mit religiösen Symbolen die einschlägigen Kriterien erfüllt sind, und ob insbesondere die Bagatellgrenze überschritten ist, ist hingegen umstritten. Z.T. wird mit dem BVerfG ein Grundrechtseingriff angenommen.[186] Verbreitet ist hingegen die Auffassung, dass etwa Kreuze in Gerichtssälen oder Unterrichtsräumen „keine die grundrechtliche Eingriffsschwelle überschreitende Zwangswirkungen" entfalten.[187] In dieser Auffassung spiegelt sich im Wesentlichen die Substanz der abweichenden Meinung zur Kruzifix-Entscheidung des BVerfG wider. So wird auch in der Literatur die Vergleichbarkeit der Situationen in Gerichtssälen und Unterrichtsräumen bezweifelt[188] und die vermeintlich eindimensionale Deutung des Kreuzes durch die Senatsmehrheit abgelehnt zugunsten der Annahme seiner Doppeldeutigkeit je nach Glaubensausrichtung.[189] Ferner wird auch der appellative Charakter des Kreuzes und vergleichbarer religiöser Symbole verneint: Kreuze seien lediglich präsent, von ihnen gehe kein unausweichlicher Einfluss auf die Schülerinnen und Schüler etwa im Sinne einer Aufforderung zu einem bestimmten Verhalten aus; es handele sich ausschließlich um einen Anstoß zur Reflexion.[190] Schließlich wird die Eingriffsqualität mit dem Hinweis verneint, dass von den Staatsdienerinnen und -dienern getragene religiöse Symbole auch als „Ausdruck eines staatlichen Selbstverständnisses verstanden werden (können), das Religion hoch schätzt und die Religiosität des staatlichen Personals in seiner Vielfalt ausdrücklich zulässt."[191]

115 Unter Berücksichtigung der vorgebrachten Argumente führt eine **Stellungnahme** zu dem Ergebnis, dass bei der vom Staat zu verantwortenden und unausweichlichen Konfrontation mit religiösen Symbolen (Kreuz, Kopftuch, Nonnenhabit)[192] nach Maßgabe der Kriterien des modernen bzw. grundrechtlichen Eingriffsbegriffs ein **Grundrechtseingriff** vorliegt.[193] Einschlägig ist das Grundrecht auf Religionsfreiheit unter dem Aspekt des Neutralitätsgebotes. Der einschlägigen Rechtsprechung des BVerfG und der ihr folgenden Literatur ist daher grundsätzlich zuzustimmen, u.zw. auch im Hinblick auf die grundsätzlich religiöse Deutung des Kreuzes und die differenzierte Beurteilung des Kopftuches sowie die veranschlagten Kriterien der vom Staat geschaffenen und für die Betroffenen unausweichlichen Lage. Ergänzend kann u.a. angeführt werden, dass die Konfrontation mit religiösen Symbolen zwar keinen Rechts-, wohl aber einen Realakt darstellt. Dies gilt auch dann, wenn sie – wie etwa das Anbringen von Kreuzen – auf der Grundlage einer gesetzlichen Regelung erfolgt. Als das Grundrecht der Religionsfreiheit berührender Realakt überschreitet sie regelmäßig auch die Bagatellgrenze für die grundrechtliche Relevanz des staatlichen Handelns, d.h. die jeweiligen Beeinträchtigungen werden von den Betroffenen regelmäßig als erheblich empfunden. Diese Annahme lässt sich mit einem Hinweis auf die z.T. vehementen Auseinandersetzungen

---

186 *Jarass*, in: Jarass/Pieroth, Art. 4 Rn. 22; *Jeand'Heur/Korioth*, Rn. 113; *M. Heckel*: ZevKR 44 (1999), 340 (362, Anm. 19); *Czermak*: Zur Unzulässigkeit des Kreuzes in der Schule aus verfassungsrechtlicher Sicht, S. 31 f.; *Huster*: Die ethische Neutralität des Staates, S. 150 f., 159 f. *Kokott*, Der Staat 44 (2005), 343 (355 – zur Beurteilung der Symbole aus dem „Empfängerhorizont").
187 *Ehlers*, in: Sachs (Hrsg.), Art. 140 GG/136 WRV, Rn. 8. Ebenso wohl *M. Heckel*: Religionsfreiheit, S. 647 (853 ff.). Umfassend zur Kritik an der Kruzifix-Entscheidung des BVerfG *Jeand'Heur/Korioth*, Rn. 104 ff.
188 Vgl. *Link*, NJW 1995, 3353 (3356).
189 *M. Heckel*: Religionsfreiheit, S. 647 (836 f.).
190 *Kästner*, ZevKR 41 (1996), 241, (263 f.).
191 *Möllers*, VVDStRL 68 (2009), 47 (85).
192 Zur Vergleichbarkeit von Kopftuch und Nonnenhabit siehe *Bader*, NVwZ 2006, 1333 ff. Allgemein zu religiösen Konflikten in der Schule *Walter*, ZevKR 62 (2017), 395 ff.
193 Ebenso etwa *Borowski*, S. 469 ff. A.A. *Kästner*, in: Stern/Becker (Hrsg.), Art. 4 Rn. 186 ff.

um das Kruzifix und das Kopftuch in der Schule belegen. Ungeachtet anderweitiger Kritik an den einschlägigen Entscheidungen des BVerfG bleibt daher festzuhalten, dass jedenfalls die dort getroffene Feststellung eines Grundrechtseingriffs zutrifft.

b) **Staatliche Warnungen vor bzw. Informationen über Religionsgemeinschaften**

Die zweite problematische Konstellation bei der Bestimmung eines Eingriffs in das Grundrecht auf Religionsfreiheit betrifft staatliche Informationen, Empfehlungen und Warnungen vor Religionsgemeinschaften.[194] Das Problem wurde und wird vor allem virulent im Zusammenhang mit sog. **Jugendreligionen** bzw. **Jugendsekten** und/oder sog. **Psychogruppen**.[195] Seitdem diese Vereinigungen, die zumeist in der Rechtsform privatrechtlicher Vereine auftreten, schon kurz nach ihrer Entstehung in den Verdacht gerieten, ihre Mitglieder massiv und z.T. unter Einsatz psychischer Techniken in ihrem Verhalten zu manipulieren sowie finanziell auszubeuten, haben sich staatliche Stellen vermehrt mit Informationen und Warnungen an die Öffentlichkeit gewandt. Diese Äußerungen waren und sind zumindest geeignet, das Erscheinungsbild der betroffenen Vereine in der Öffentlichkeit negativ zu beeinflussen. Grundrechtsdogmatisch stellt sich die Frage, ob in diesem staatlichen Verhalten zugleich ein Grundrechtseingriff liegt. Gemessen an den Kriterien des klassischen Eingriffsbegriffs (s.o. Rn. 107) liegt jedenfalls kein Grundrechtseingriff vor.[196] So mag es zwar zweifelhaft erscheinen, ob die Beeinträchtigung dieser Gemeinschaften den (primären) Zweck der Informationen und Warnungen ausmacht. Jedenfalls ist bereits das Kriterium der Unmittelbarkeit nicht erfüllt, denn die Beeinträchtigung wird – wenn überhaupt – erst durch das Verhalten Dritter (etwa der aktuellen oder der potenziellen Mitglieder, die sich von einem Beitritt abhalten lassen) bewirkt. Auch an der Qualität der Rechtsförmigkeit fehlt es, denn Informationen und Warnungen können nur als schlichtes Verwaltungshandeln aufgefasst werden. Schließlich wird auch kein Zwang gegenüber den betroffenen Vereinen ausgeübt, so dass auch die geforderte Imperativität nicht vorliegt. Sofern die negativen Auswirkungen auf die betroffenen Vereinigungen tatsächlich vorliegen und die Bagatellgrenze überschreiten, liegt aber eine **mittelbar-faktische Beeinträchtigung** vor, die nach Maßgabe des modernen bzw. grundrechtlichen Eingriffsbegriffs einen **Grundrechtseingriff** darstellt.[197] Das Kriterium der **Bagatellgrenze** ist in diesem Zusammenhang auf die tatsächlichen bzw. prospektiven Auswirkungen der staatlichen Informationen und Warnungen zu beziehen, nicht hingegen auf ihren Charakter als bloße kritische Auseinandersetzung in vermeintlicher Abgrenzung zu diffamierenden, diskriminierenden und verfälschenden Äußerungen.[198] Auch nicht diffamierende und zutreffende Informationen können die Qualität eines rechtfertigungsbedürftigen Eingriffs in die Religionsfreiheit erreichen.

Ein Grundrechtseingriff im soeben beschriebenen Sinn kommt auch dann in Betracht, wenn der Staat nicht selbst entsprechende Warnungen ausspricht, sondern einen priva-

---

194 Dazu auch *Wußler*, S. 71 ff.
195 Umfassende Hinweise auf die einschlägige Literatur bei *v. Campenhausen/de Wall*, § 13 Rn. 30, Anm. 51. Einen Vorschlag zur Abgrenzung von Warnung, Empfehlung, Aufklärung und Öffentlichkeitsarbeit unterbreitet *Muckel*, JA 1995, 343 (346).
196 I.E. ebenso BVerfGE 105, 279 (299 f.).
197 Statt vieler *v. Campenhausen/de Wall*, § 12 Rn. 47.
198 Wie hier *Morlok*, in: H. Dreier (Hrsg.), Art. 4 Rn. 108; a.A. etwa BVerfGE 105, 279, und *Jarass*, in: Jarass/Pieroth, Art. 4 Rn. 23.

ten Verein, der vor Religionsgemeinschaften warnt, finanziell fördert.[199] In der **Förderung eines Privaten** liegt jedenfalls dann ein Grundrechtseingriff, wenn sie in ihren Auswirkungen einem staatlichen Handeln gleichkommt. Anderenfalls könnte sich der Staat mit einem Umweg über das Handeln eines Dritten seiner Grundrechtsbindung entledigen. Im Ergebnis sind die privaten, aber staatlich in finanzieller Hinsicht unterstützten Warnungen dem Staat zurechenbar.

118 Von den staatlichen bzw. staatlich zu verantwortenden Informationen und Warnungen abzugrenzen sind diejenigen Konstellationen, in denen sich **Religionsgemeinschaften selbst** – etwa durch ihre Sektenbeauftragten – über andere Vereinigungen kritisch äußern oder entsprechende Warnungen aussprechen.[200] Auch wenn es sich bei den Akteuren um Körperschaften des öffentlichen Rechts handelt, liegt kein Grundrechtseingriff vor. Denn die informierenden oder warnenden Religionsgemeinschaften handeln insoweit nicht hoheitlich, sondern – umgekehrt – in Ausübung ihres Grundrechts auf Religionsfreiheit aus Art. 4 Abs. 1 und 2 GG. Dieses Grundrecht umfasst mit dem Recht zum eigenen Bekenntnis auch das Recht zur Kritik an anderen religiösen Überzeugungen.[201] Die sog. Jugendreligionen bzw. Jugendsekten und die sog. Psychogruppen haben daher grundsätzlich keinen Anspruch gegen den Staat, von wertenden Äußerungen seitens der Religionsgemeinschaften verschont zu werden.[202] Derartige Äußerungen unterliegen auch keinen gesteigerten Sorgfaltspflichten,[203] müssen sich jedoch im Rahmen der geltenden Strafgesetze bewegen.

▶ **Zu Fall 5:** Mit den Antworten der Bundesregierung auf die Kleinen Anfragen im Deutschen Bundestag wird der Schutzbereich des Grundrechts auf Religionsfreiheit zumindest in Gestalt des Neutralitätsgebotes berührt. Fraglich ist, ob auch ein *Eingriff* in Art. 4 Abs. 1 und 2 GG gegeben ist. Das BVerfG hat in seiner dem Sachverhalt zugrunde liegenden Osho-Entscheidung zunächst zutreffend festgestellt, dass nach den Maßstäben des klassischen Eingriffsbegriffs kein Grundrechtseingriff vorliegt. Statt im Folgenden auf den modernen bzw. grundrechtlichen Eingriffsbegriff zu verweisen, verwendet das Gericht den Begriff der „Grundrechtsbeeinträchtigung", die aber ebenfalls „nur dann nicht zu beanstanden ist, wenn sie sich verfassungsrechtlich rechtfertigen lässt". De facto werden damit – wie beim modernen bzw. grundrechtlichen Eingriffsbegriff – mittelbar-faktische Eingriffe als Grundrechtseingriffe gewertet, auch wenn die vom BVerfG gewählte Terminologie zu Recht auf überwiegende Ablehnung gestoßen ist.[204] Im Ergebnis ist daher festzuhalten, dass auch Reden, Berichte und sonstige an die Öffentlichkeit gerichtete Informationen und Warnungen von Vertretern staatlicher Stellen Grundrechtseingriffe darstellen können.

Im Zusammenhang mit der Osho-Entscheidung des BVerfG sind neben der Begründung eines Grundrechtseingriffs zwei weitere Aspekte bedeutsam. Zum einen hat das Gericht ausgeführt, dass die verfassungsrechtliche Rechtfertigung eines derartigen Eingriffs nicht dem allgemeinen *Gesetzesvorbehalt* unterliege. Vielmehr folge die Befugnis der Bundesre-

---

199 Vgl. BVerwGE 90, 112, (119 f., 122 ff.).
200 Dazu auch *Wußler*, S. 134 ff.
201 BVerfG, NVwZ 1994, 159 f.; BVerfG, NVwZ 2001, 908 ff.; ebenso u.a. *Jeand'Heur/Korioth*, Rn. 152.
202 Dazu auch BGH, NJW 2001, 2537 f.
203 A.A. BGH, NJW 2003, 1308; dagegen überzeugend *Ehlers*, JZ 1994, 196 ff., und *de Wall*, EvStL, Sp.1987 (1990).
204 Vgl. *H. Dreier*, in: ders. (Hrsg.), Grundgesetz, Bd. 1, 2. Aufl., Vorb., Rn. 128; *Borowski*, S. 456 ff., die beide auch die in der Osho-Entscheidung fehlende Klarheit in der Abgrenzung zwischen der Feststellung eines Eingriffs und der verfassungsrechtlichen Rechtfertigung monieren. Kritisch zur Terminologie auch *P.M. Huber*, JZ 2003, 290 (292 ff.); zustimmend hingegen *Hoffmann-Riem*, Der Staat 43 (2004), 203 ff.

gierung, mit Informationen und Warnungen „auch auf aktuelle, streitige, die Öffentlichkeit erheblich berührende Fragen einzugehen", aus der „verfassungsunmittelbare(n) Aufgabe der Staatsleitung".[205] Auch wenn dem Gericht zuzugeben ist, dass eine gesetzliche Regelung entsprechender Äußerungen den Gesetzgeber vor erhebliche – aber nicht unlösbare – Probleme stellen dürfte, ist auch hier der implizite Schluss von der Aufgabe auf eine (Eingriffs-) Befugnis unzulässig.[206] Zum anderen ist darauf hinzuweisen, dass das BVerfG im Rahmen der Prüfung der *Verhältnismäßigkeit* der Äußerungen zu einem differenzierten Ergebnis gelangt. Während die Bezeichnung der Osho-Bewegung als „Jugendsekte" nicht zu beanstanden sei, müssten die Attribute „destruktiv" und „pseudoreligiös" sowie der Vorwurf der Mitgliedermanipulation als „diffamierend" und damit als unverhältnismäßig bewertet werden.[207] Ob das BVerfG mit dieser Entscheidung zu mehr Klarheit in die Dogmatik zu den Grundrechtseingriffen durch Informationen und Warnungen verholfen hat, ist fragwürdig.[208] ◄

IV. Die verfassungsrechtliche Rechtfertigung von Eingriffen

Grundrechtseingriffe müssen dann hingenommen werden, wenn sie sich verfassungsrechtlich rechtfertigen lassen. Eine verfassungsrechtliche Rechtfertigung gelingt, wenn der Grundrechtseingriff über eine Schranke des betroffenen Grundrechts gedeckt und keine sog. Schranken-Schranken – wie etwa der Grundsatz der Verhältnismäßigkeit – entgegenstehen.[209] Art. 4 Abs. 1 und 2 GG enthält keinen ausdrücklichen Gesetzes- oder Schrankenvorbehalt. Gleichwohl besteht ein Konsens darüber, dass auch das Grundrecht der Religionsfreiheit – wie jedes Freiheitsrecht – eingeschränkt werden kann und muss. Ferner konnte Einigkeit darüber erzielt werden, dass für die verfassungsrechtliche Rechtfertigung von Eingriffen in die Religionsfreiheit nicht auf die Schranken aus Art. 5 Abs. 2 bzw. Art. 2 Abs. 1 GG zurückgegriffen werden kann. Eine solche „Schrankenleihe" widerspräche einerseits der Spezialitätsrelation zwischen dem allgemeinen Freiheitsrecht in Art. 2 Abs. 1 GG und den besonderen Freiheitsrechten sowie dem Grundsatz der Schrankenspezialität der Freiheitsgrundrechte untereinander.[210] Im Übrigen ist die Frage nach den Schranken der Religionsfreiheit heftig umstritten.[211] Im Wesentlichen stehen sich **zwei Auffassungen** gegenüber: Während die Rspr. insbesondere des BVerfG sowie weite Teile der Literatur davon ausgehen, dass die Religionsfreiheit – ebenso wie die Kunst- und die Wissenschaftsfreiheit sowie die Versammlungsfreiheit nach Art. 8 Abs. 1 GG – **vorbehaltlos**, also ohne spezifischen Gesetzesvorbehalt gewährleistet ist, greift eine gewichtige Auffassung in der Literatur zur Schrankenbestimmung auf die über Art. 140 GG in das Grundgesetz inkorporierte Vorschrift des **Art. 136 Abs. 1 WRV** zurück.

119

---

205 BVerfGE 105, 279 (301).
206 Ebenso *Jeand'Heur/Korioth*, Rn. 150.
207 BVerfGE 105, 279 (309).
208 Dazu nochmals u.a. *H. Dreier*, in: ders. (Hrsg.), Vorb., Rn. 128; *Borowski*, S. 456 ff.
209 Siehe dazu *H. Dreier*, in: ders. (Hrsg.), Vorb., Rn. 134 ff.
210 Vgl. BVerfGE 32, 98 (107); *Ehlers*, in: Sachs (Hrsg.), Art. 4 Rn. 123.
211 Grundlegend nunmehr *Maurer*, ZevKR 49 (2004), 311 ff., und *Vosgerau*, passim.

B. Religionsverfassungsrechtlich Grundentscheidungen

1. Art. 140 GG i. V. m. Art. 136 Abs. 1 WRV als Schranke der Religionsfreiheit?

a) Die These vom Schranken-Charakter des Art. 136 Abs. 1 WRV

120 Für die These, Art. 140 GG i.V.m. Art. 136 Abs. 1 GG enthalte einen allgemeinen Gesetzesvorbehalt für das Grundrecht der Religionsfreiheit, wird eine Reihe von Argumenten vorgebracht.[212] Zumindest drei Argumente für das **Verständnis des Art. 136 Abs. 1 WRV als Grundrechtsschranke** sind bedeutsam. In **systematischer** Hinsicht wird zunächst daran erinnert, dass die Art. 136–139, 141 WRV insgesamt über Art. 140 GG als vollgültiges Verfassungsrecht gelten. Vor diesem Hintergrund sei nicht einzusehen, dass Art. 137 Abs. 3 GG für die korporative Religionsfreiheit als Schranke betrachtet werde,[213] dies aber für Art. 136 Abs. 1 WRV nicht gelten solle. Ferner wird die **Entstehungsgeschichte** des Grundrechts der Religionsfreiheit im Grundgesetz so gedeutet, dass der Verfassunggeber auch die Religionsfreiheit der allgemeinen Rechtsordnung und damit einem allgemeinen Gesetzesvorbehalt unterstellen wollte.[214] Schließlich wird in doppelter Weise auch **teleologisch** argumentiert. Zum einen wird darauf hingewiesen, dass die Vorschrift des Art. 136 Abs. 1 WRV mangels verbleibenden Anwendungsbereichs faktisch außer Kraft gesetzt würde, wenn ihr nicht der Charakter eines Gesetzesvorbehalts für das Grundrecht aus Art. 4 Abs. 1 und 2 GG zukäme. Zum anderen wird die Erwartung formuliert, dass über die Aktivierung eines allgemeinen Gesetzesvorbehalts die weite Schutzbereichsbestimmung der Religionsfreiheit (s.o. Rn. 80 ff.) auf der Schrankenebene eingefangen und damit eine Überdehnung des Grundrechtsschutzes vermieden werden könne. Diese effektivere Begrenzung des Grundrechts sei insbesondere angesichts der veränderten Rahmenbedingungen der Religionsfreiheit (s.o. Rn. 47 ff.) geboten.

121 Unter dem argumentativen Dach der gemeinsamen Auffassung, dass Art. 140 GG i. V. m. Art. 136 Abs. 1 WRV einen allgemeinen Gesetzesvorbehalt der Religionsfreiheit enthalte, sind **Variationen bzgl. des Anwendungsbereichs** dieser Vorschrift anzutreffen. Z.T. wird angenommen, dass Art. 136 Abs. 1 WRV für alle Schutzbereichsdimensionen des Art. 4 Abs. 1 und 2 GG (s.o. Rn. 80 ff.) gelte.[215] Gelegentlich wird Art. 136 Abs. 1 WRV ausschließlich auf die in Art. 4 Abs. 2 GG normierte Schutzbereichsdimension bezogen.[216] Eine ähnlich differenzierende Lösung findet sich schließlich in der Auffassung, dass Art. 136 Abs. 1 WRV nur dann als Schranke heranzuziehen sei, wenn es um nicht zielgerichtete Eingriffe in die Religionsfreiheit gehe, die vor allem beim Recht des Einzelnen, sein gesamtes Verhalten an den Lehren seines Glaubens auszurichten, zu verzeichnen seien. Im Übrigen seien die Kriterien für die Beschränkung vorbehaltlos gewährleisteter Grundrechte maßgeblich.[217] Gemeinsam ist allen einschlägigen Auffassungen, dass die Aktivierung des allgemeinen Gesetzesvorbehalts nur im Lichte der Bedeutung des Grundrechts der Religionsfreiheit erfolgen

---

[212] So etwa von *Schoch*, FS Hollerbach, S. 149 (163 ff.) m.w.N.; *Kästner*, in: Stern/Becker (Hrsg.), Art. 4 Rn. 207 ff.; *ders.*, JZ 1998, 974 (982 f.); *Jarass*, in: Jarass/Pieroth, Art. 4 Rn. 28.
[213] Vgl. BVerfGE 70, 138 (170).
[214] So insbesondere *Hillgruber*, JZ 1999, 538 (543); *ders.*, DVBl. 1999, 1155 (1173); *Muckel*: Religiöse Freiheit, S. 226 ff.; *Epping*, Rn. 302.
[215] So *Jarass*, in: Jarass/Pieroth, Art. 4 Rn. 28. Ohne Differenzierung auch BVerwGE 112, 227 (231 f.); zur Singularität dieser Entscheidung siehe *Maurer*, ZevKR 49 (2004), 311 (314). Inzwischen geht das BVerwG nicht mehr von einer Anwendbarkeit des Art. 136 Abs. 1 WRV als Grundrechtsschranke aus; vgl. schon BVerwGE 112, 314 (318).
[216] So etwa *Schoch*, FS Hollerbach, S. 149 (165 f.); *Lenz*, S. 28 ff., 36.
[217] Vgl. *Magen*, in: Umbach/Clemens (Hrsg.), Art. 140 Rn. 44, der insoweit für eine teleologische Reduktion plädiert.

§ 4 Das Grundrecht der Religionsfreiheit aus Art. 4 Abs. 1 und 2 GG

dürfe.[218] Insoweit wird auf die zunächst für Art. 5 Abs. 1 und 2 GG entwickelte **Wechselwirkungslehre** des BVerfG zurückgegriffen.[219]

b) Zur Ablehnung der These vom Schranken-Charakter des Art. 136 Abs. 1 WRV

Das BVerfG hat bereits früh die These vom Schranken-Charakter des Art. 136 Abs. 1 WRV zurückgewiesen.[220] Mit Art. 4 GG sei das Grundrecht der Religionsfreiheit aus dem Kontext der Weimarer Kirchenrechtsartikel herausgelöst, an den Beginn des Katalogs der speziellen Freiheitsgrundrechte gestellt und vorbehaltlos gewährleistet worden. Art. 136 Abs. 1 WRV sei vor dem Hintergrund dieser verstärkten Bedeutung der Religionsfreiheit unter dem Grundgesetz auszulegen und werde daher von Art. 4 GG „überlagert". Maßgeblich für den Schutz der grundrechtlichen Religionsfreiheit sei daher Art. 4 Abs. 1 und 2 GG. Diese Rechtsprechung wirft hinsichtlich der Begründung Fragen auf – etwa: was bedeutet „Überlagerung" des Art. 136 Abs. 1 WRV durch Art. 4 GG?[221] Im Ergebnis ist ihr jedoch zuzustimmen.[222] Denn gegen die These vom Schranken-Charakter des Art. 136 Abs. 1 WRV lassen sich zumindest **vier Argumente** anführen.

aa) Das Wortlaut-Argument

Alle Argumente zugunsten dieser These (s.o. Rn. 120) gehen implizit davon aus, dass Art. 136 Abs. 1 WRV einen Gesetzesvorbehalt formuliert. Bei näherer Betrachtung erweist sich diese Prämisse jedoch als unzutreffend, denn schon der **Wortlaut** der Vorschrift legt eine andere Auslegung nahe. Die maßgebliche (ursprüngliche) Bedeutung des Art. 136 Abs. 1 WRV kann nur aus dem (damaligen) Kontext der Vorschrift ermittelt werden. Ein Blick auf diesen Kontext zeigt, dass die zentrale Vorschrift der Weimarer Reichsverfassung zur Religionsfreiheit in **Art. 135 WRV** formuliert war.[223] Art. 135 S. 3 WRV enthielt einen ausdrücklich auf dieses Grundrecht bezogenen allgemeinen Gesetzesvorbehalt. Die Annahme, dieser Gesetzesvorbehalt sei in Art. 136 Abs. 1 WRV wiederholt worden, überzeugt nicht. Vielmehr setzen die „bürgerlichen und staatsbürgerlichen Rechte und Pflichten" in Art. 136 Abs. 1 WRV verpflichtende Gesetze voraus, die seinerzeit nur über Art. 135 S. 3 WRV legitimiert werden konnten. Die historisch-systematische Analyse des Wortlauts des Art. 136 Abs. 1 WRV führt zu der Erkenntnis, dass diese Vorschrift keine Beschränkung der Religionsfreiheit, sondern ein **Differenzierungsverbot** normiert. Die Vorschrift wollte der Bevorzugung oder Benachteiligung der Angehörigen bestimmter Religions- oder Weltanschauungsgemeinschaften wehren. Die Religionszugehörigkeit sollte hinsichtlich der staatsbürgerlichen Rechte und Pflichten „keinen zulässigen Differenzierungsgrund" bilden.[224] Als Differenzierungsverbot war Art. 136 Abs. 1 WRV nicht nur Ausdruck der Neutralitäts-

---

218 Vgl. *Kästner*, JZ 1998, 974 (987); *Bock*, AöR 123 (1998), 444 (469 ff.); *Ehlers*, in: Sachs (Hrsg.), Art. 4 Rn. 121.
219 Grundlegend BVerfGE 7, 198 (208 f.), std. Rspr.
220 Grundlegend BVerfGE 33, 23 (30 f.). I.E. ebenso u.a. BVerfGE 44, 37 (49 f.); 52, 223 (246 f.); 93, 1 (21); 102, 270 (387); 138, 296 (333).
221 Vgl. *Maurer*, ZevKR 49 (2004), 311 (313 f.).
222 Ebenso u.a. *Heinig*, in: Huber/Voßkuhle (Hrsg.), Art. 4 Rn. 66 ff.
223 Art. 135 WRV lautete: „Alle Bewohner des Reichs genießen volle Glaubens- und Gewissensfreiheit. Die ungestörte Religionsausübung wird durch die Verfassung gewährleistet und steht unter staatlichem Schutz. Die allgemeinen Staatsgesetze bleiben hiervon unberührt."
224 *Maurer*, ZevKR 49 (2004), 311 (323); ebenso *Morlok*, in: H. Dreier (Hrsg.), Art. 4 Rn. 112; *Borowski*, S. 491.

pflicht des Staates, sondern übernahm die Funktion, die unter dem Grundgesetz die Gleichheitssätze der Art. 3 Abs. 3 und 33 Abs. 3 GG übernehmen.[225]

124 Im Übrigen sind der Wortlaut und der damit zusammenhängende Regelungsumfang des Art. 136 Abs. 1 WRV **nicht hinreichend mit Art. 4 Abs. 1 und 2 GG kompatibel**. So ergreift der Bezugspunkt der „Ausübung der Religionsfreiheit" ausdrücklich nur Art. 4 Abs. 2 GG bzw. eine einzelne Schutzbereichsdimension. Auch hier ist aber kein terminologischer Gleichklang zu verzeichnen, denn in Art. 4 Abs. 2 GG ist von der „Religionsausübung" die Rede. Aus der Gesamtperspektive des Art. 4 GG wäre festzustellen, dass Art. 136 Abs. 1 WRV nur für die Religions- und nicht auch für die Weltanschauungs- und die Gewissensfreiheit einen Gesetzesvorbehalt bereit hielte. Auf die damit verbundenen, problematischen Wertungsunterschiede hinsichtlich der Beschränkbarkeit der betroffenen Grundrechte kann hier nur hingewiesen werden. Diese Unklarheiten bzgl. der Bezugspunkte in Art. 4 Abs. 1 und 2 GG verstärken den Eindruck, dass Art. 136 Abs. 1 WRV schon nach seinem Wortlaut keinen allgemeinen Gesetzesvorbehalt für die Religionsfreiheit normiert.

bb) Das systematische Argument

125 Auch aus systematischer Hinsicht ergeben sich Zweifel an der These vom Schranken-Charakter des Art. 136 Abs. 1 WRV. Nach der im Übrigen durchgehaltenen grundgesetzlichen Konzeption der **Schrankenspezialität der Grundrechte** werden die konkreten (Gesetzes-) Vorbehalte jeweils im Anschluss an die Grundrechtsgewährleistung benannt. Die Annahme, dass diese Systematik ausschließlich und in sprachlich verklausulierter Form als Pflichtenbindung für das im Grundgesetz stark aufgewertete Grundrecht der Religionsfreiheit durchbrochen werde, vermag nicht zu überzeugen.[226] Dies gilt auch dann, wenn – wie hier (s.o. Rn. 67) – Art. 4 GG und Art. 140 GG in systematischer Hinsicht zusammenhängend gelesen werden.[227]

126 Das gegenläufige systematische Argument, Art. 136 Abs. 1 WRV und **Art. 137 Abs. 3 WRV** dürften hinsichtlich ihres Schranken-Charakters nicht unterschiedlich behandelt werden (s.o. Rn. 120), schlägt dagegen nicht durch. Die entscheidende Differenz zwischen beiden Vorschriften besteht darin, dass dem Art. 136 Abs. 1 WRV ausschließlich eine Schrankenfunktion zugewiesen werden soll, während Art. 137 Abs. 3 GG eine in sich abgeschlossene Regelung des Selbstbestimmungsrechts der Religionsgemeinschaften mit den einschlägigen Schranken enthält.[228]

cc) Das teleologische Argument

127 Die Frage, ob die teleologische Auslegung des Art. 136 WRV die These vom Schranken-Charakter dieser Vorschrift deckt, stellt sich unter zwei Aspekten. Aus der Perspektive der grundgesetzlich gewährleisteten Religionsfreiheit ist zunächst festzustellen, dass der Schutz dieses Grundrechts hinter dem **Schutzniveau** der unumstritten vorbehaltlos gewährleisteten Grundrechte aus Art. 5 Abs. 3 GG bzw. Art. 8 Abs. 1 GG zurückbliebe. Denn zur Beschränkung der Religionsfreiheit reichten legitime Erwägungen des Allgemeinwohls aus, während die Beschränkung der vorbehaltlos ge-

---

225 Ebenso *v. Campenhausen/de Wall*, § 12 Rn. 53 ff. Wie hier auch *Heinig*, HSKR, Bd. 1, § 14 Rn. 65.
226 Ebenso *Heinig*, HSKR, Bd. 1, § 14 Rn. 77 f., und *Korioth*, in: Dürig/Herzog/Scholz (Hrsg.), Art. 140 GG/Art. 136 WRV, Rn. 54.
227 Wie hier *v. Campenhausen/de Wall*, § 12 Rn. 55.
228 Vgl. *Maurer*, ZevKR 49 (2004), 311 (328).

währleisteten Grundrechte durch Grundrechte Dritter oder sonstige Rechtsgüter von Verfassungsrang gedeckt sein muss. Dieses Ergebnis widerspricht aber dem Telos des Art. 4 Abs. 1 und 2 GG. Schon die Entstehungsgeschichte der Norm zeigt, dass die Religionsfreiheit durch den Verzicht auf einen ausdrücklichen Gesetzesvorbehalt unter dem gesteigerten Schutz des Grundgesetzes stehen sollte (s.u. Rn. 129 f.). Dieser Eindruck wird durch den Wortlaut der Norm verstärkt, denn nach Art. 4 Abs. 1 GG soll die Religionsfreiheit „unverletzlich" sein. Sie befindet sich zudem nicht im Katalog der Grundrechte, die verwirkt werden können (Art. 18 GG). Schließlich ist nochmals an den besonderen Zusammenhang dieses Grundrechts mit der Menschenwürde (s.o. Rn. 65) und seine exponierte Stellung an der Spitze der speziellen Freiheits- und Gleichheitsrechte zu erinnern. Diese grundgesetzliche Wertung des Grundrechts auf Religionsfreiheit kann nicht durch einen dogmatisch fragwürdigen Rückgriff auf einen vermeintlichen Gesetzesvorbehalt aus Art. 140 GG i.V.m. Art. 136 WRV unterlaufen werden.[229]

Aus der Perspektive des Art. 136 Abs. 1 WRV stellt sich die Frage, ob dieser Norm bei Ablehnung ihres Schranken-Charakters überhaupt ein **Anwendungsbereich** verbleibt. Aus der „Überlagerung" des Art. 136 Abs. 1 WRV – unterstellt, die Vorschrift enthielte einen Gesetzesvorbehalt – folgt nicht ihre Ungültigkeit. Vielmehr wäre ein entsprechender Regelungsgehalt von Art. 4 Abs. 1 und 2 GG verdrängt. Es verbleiben jedenfalls die Differenzierungsverbote nach Art. 136 Abs. 1 und 2 WRV, die allerdings vor dem Hintergrund der Art. 3 Abs. 3 und Art. 33 Abs. 3 GG kaum eine eigenständige Wirkung entfalten können, sowie die weiteren Bestimmungen des Art. 136 WRV.

128

dd) Das genetische Argument

Das entscheidende Argument gegen die These vom Schranken-Charakter des Art. 140 GG i.V.m. Art. 136 Abs. 1 WRV kann der **Entstehungsgeschichte** des im Grundgesetz verankerten Grundrechts der Religionsfreiheit entnommen werden.[230] In den Beratungen des Parlamentarischen Rates hatte der Grundsatzausschuss zunächst eine Gewährleistung der Religionsfreiheit „im Rahmen der allgemeinen Gesetze" vorgesehen. Die **bewusste Streichung** dieser Formulierung aus dem späteren Art. 4 GG erfolgte dann aber mit dem Hinweis, dass die Religionsfreiheit nicht durch einen allgemeinen Gesetzesvorbehalt aufgeweicht werden dürfe. Eine Beschränkung könne über die verfassungsmäßige Ordnung i.S.d. Schrankenklausel des Art. 2 Abs. 1 GG erfolgen. Mit der ausdrücklichen Entgegensetzung von allgemeinem Gesetzesvorbehalt und der Schrankenklausel des Art. 2 Abs. 1 GG („verfassungsmäßige Ordnung") wird bereits deutlich, dass letztere nach damaligem Verständnis wesentlich enger ausgelegt wurde als in der aktuellen Dogmatik. Vielmehr deckt sich das Verständnis der Schrankenklausel des Art. 2 Abs. 1 GG jedenfalls zur Zeit ihrer Entstehung mit der heutigen Dogmatik zu den **verfassungsimmanenten Schranken** vorbehaltlos gewährleisteter Grundrechte. Damit kann im Ergebnis festgehalten werden, dass sich der Verfassunggeber mit der Bestätigung der Vorarbeiten des Parlamentarischen Rates eindeutig für eine vorbehaltlose Gewährleistung der Religionsfreiheit entschieden hat.

129

Diese Entscheidung wurde auch nicht bewusst oder unbewusst mit der **Inkorporation der Weimarer Kirchenartikel** in das Grundgesetz konterkariert. In den Beratungen

130

---

[229] Ebenso u.a. *Heinig*, HSKR, Bd. 1, § 14 Rn. 71 ff.; *Jeand'Heur/Korioth*, Rn. 127; *Stern:* Staatsrecht, Bd. IV/2, S. 1060 f.
[230] Dazu grundlegend *Maurer*, ZevKR 49 (2004), 311 (316 ff.).

des Parlamentarischen Rates wurde zunächst nur die Aufnahme der Art. 137–139, 141 WRV, nicht hingegen die Inkorporation von Art. 135, 136 WRV empfohlen. Die **Aufnahme des Art. 136 WRV** erfolgte erst kurz vor dem Abschluss der Beratungen des Parlamentarischen Rates auf Vorschlag des Redaktionsausschusses. Dementsprechend hatte dieser Vorschlag auch nur redaktionelle Gründe. In der Sache ging es um eine Verschlankung des Art. 4 GG, der in den Absätzen 3 und 4 seiner damaligen Fassung z.T. wortgleiche Regelungen zu Art. 136 Abs. 3 und 4 WRV enthielt. Diese Verschiebung ging nicht mit einer sachlich-inhaltlichen Diskussion einher. Insbesondere wurden die möglichen Konsequenzen aus einer Aufnahme des gesamten Art. 136 WRV nicht erörtert. Angesichts der Tatsache, dass der Hauptausschuss des Parlamentarischen Rates die Religionsfreiheit ausdrücklich keinem allgemeinen Gesetzesvorbehalt unterwerfen wollte (s.o. Rn. 129), kann nicht angenommen werden, dass diese Grundsatzentscheidung gegen Ende der Beratungen durch eine redaktionell motivierte Aufnahme des Art. 136 WRV und ohne substantielle Diskussion revidiert werden sollte.[231] Diese Einschätzung wird bestätigt durch den Umstand, dass **Art. 135 WRV gerade nicht in das Grundgesetz übernommen** wurde. Wenn der Verfassunggeber die Religionsfreiheit einem allgemeinen Gesetzesvorbehalt hätte unterstellen wollen, so hätte es nahe gelegen, den ausdrücklich in Art. 135 S. 3 WRV enthaltenen Gesetzesvorbehalt ebenfalls über Art. 140 GG in das Grundgesetz zu überführen. Dies ist jedoch bewusst unterblieben und kann in der Sache auch nicht durch eine fragwürdige Interpretation des Art. 136 Abs. 1 WRV nachgeholt werden. Vielmehr bleibt die Feststellung aus dem Abschlussbericht des Hauptausschusses gültig, dass der Verfassunggeber „die Unverletzlichkeit der Religionsfreiheit und die Gewährleistung der ungestörten Religionsausübung in Art. 4 Abs. 2 GG in unbedingter Form ohne Statuierung irgendeiner dem Art. 135 S. 3 WRV entsprechenden Einschränkung ausgesprochen" habe.[232]

2. Die Religionsfreiheit als vorbehaltlos gewährleistetes Grundrecht

131 Da weder Art. 4 Abs. 1 und 2 GG selbst noch Art. 140 GG i.V.m. Art. 136 Abs. 1 WRV einen allgemeinen Gesetzesvorbehalt enthalten, gehört die Religionsfreiheit zu den sog. vorbehaltlos gewährleisteten Grundrechten.[233] Nicht zuletzt, weil die Freiheit des Einen ihre Schranke an der Freiheit des Anderen findet, unterliegen auch diese Grundrechte Einschränkungen. Vor diesem Hintergrund ist die gelegentlich unter (ausschließlicher) Berufung auf systematische und unter Vernachlässigung historisch-genetischer Argumente vertretene Auffassung, dass vorbehaltlos gewährleistete Grundrechte wie die Religionsfreiheit nicht einschränkbar seien, abzulehnen.[234] Die Religionsfreiheit ist daher **nicht schrankenlos** gewährleistet. Im Unterschied zu den Grundrechten mit einem einfachen oder qualifizierten Gesetzesvorbehalt wird hier jedoch ein höheres Rechtfertigungsniveau verlangt. Mit Rücksicht auf die Einheit der Verfassung müssen die Schranken auf der Verfassungsebene selbst anzutreffen sein. Eingriffe in vorbehaltlos gewährleistete Grundrechte können also nur durch **verfassungsimmanente Schran-**

---

231 Für *Magen*, in: Umbach/Clemens (Hrsg.), Art. 140 Rn. 43, und *Walter*, in: Grote/Marauhn (Hrsg.), Handbuch, Rn. 95, handelt es sich bei der Inkorporation des vermeintlichen Gesetzesvorbehalts in Art. 136 WRV um ein „Redaktionsversehen"; a.A. *Bock*, AöR 123 (1998), 444 (462 ff.).
232 Zitiert bei *Maurer*, ZevKR 49 (2004), 311 (321). Wie hier auch *Heinig*, HSKR, Bd. 1, § 14 Rn. 66 ff.
233 Statt vieler *Michael/Morlok*, Rn. 184 m.w.N.
234 Die genannte Auffassung wird vertreten von *Vosgerau*, S. 38 ff.; sie ist i.Ü. mit einer besonders engen Auslegung des Schutzbereiches der Religionsfreiheit verbunden. Dagegen überzeugend *Rox*: Schutz religiöser Gefühle im freiheitlichen Verfassungsstaat?, S. 116 ff.

ken gerechtfertigt werden, d.h. unter Berufung auf Grundrechte Dritter oder sonstige Rechtsgüter mit Verfassungsrang.[235]

Ein **Beispiel** für eine zunehmend relevante verfassungsimmanente Schranke, die ggf. Eingriffe in das Grundrecht der Religionsfreiheit verfassungsrechtlich rechtfertigen kann, liefert der staatliche Bildungsauftrag im Schulbereich aus Art. 7 Abs. 1 GG (außerhalb des Anwendungsbereichs des Art. 7 Abs. 3 GG).[236] So ist etwa beim sog. **Homeschooling** eine Abwägung zwischen dem Grundrecht der Religionsfreiheit (sowie dem Elternrecht aus Art. 6 Abs. 2 und 3 GG) und dem staatlichen Bildungsauftrag vorzunehmen.[237] Entsprechende gilt für die Fälle, in denen muslimische Schülerinnen aus religiösen Gründen die Befreiung vom **koedukativen Sport- bzw. Schwimmunterricht** begehren (s.o. Fall 2).[238] Unter den staatlichen Bildungsauftrag i.S.d. Art. 7 Abs. 1 GG fällt neben der staatlichen Befugnis, den Inhalt des Unterrichts festzulegen, auch die Befugnis, über seine äußeren Modalitäten wie etwa die Frage seiner Durchführung in koedukativer oder monoedukativer Form zu bestimmen.[239] Nach der Rspr. des BVerfG und des BVerwG hat die Schule über Art. 7 Abs. 1 GG auch den Auftrag, die Einzelnen „zu dem Ganzen gegenüber verantwortungsbewussten ‚Bürgern' heranzubilden und hierüber eine für das Gemeinwesen unerlässliche Integrationsfunktion".[240] Diese Funktion liefe leer, wenn die Schule zu einer kategorischen Beachtung sämtlicher vorgebrachter religiöser Verhaltensgebote verpflichtet wäre. Nachdem das BVerwG in seiner früheren Rechtsprechung großzügiger war, hat es in seiner jüngeren Rechtsprechung klargestellt, dass die Befreiung vom koedukativen Sport- bzw. Schwimmunterricht die Ausnahme bleiben müsse.[241] Eine solche Ausnahme ist nach Auffassung des BVerwG geboten, wenn die begehrte Unterrichtsbefreiung für den Grundrechtsschutz der bzw. des Betroffenen unerlässlich ist. Dies ist vor allem dann der Fall, wenn die Beeinträchtigung im Einzelfall eine besonders gravierende Intensität aufweist. Eine Ausnahme ist nach Auffassung des Gerichts nicht erforderlich, wenn etwa beim Schwimmunterricht den religiösen Belangen durch das Tragen eines sog. Burkinis Rechnung getragen werden könne.[242] Nach Auffassung des VGH München kann auch das Tragen einer Burka in der Schule durch Schülerinnen mit Hinweis auf den staatlichen Bildungsauftrag untersagt werden.[243] Ebensowenig sei die „extreme Schwelle" des Intensitätskriteriums überschritten bei der schulisch veranlassten Konfrontation mit einer **Filmvorführung**, die nach Ansicht einer Religionsgemeinschaft die religiöse Integrität der ihr angehörenden Schülerinnen und Schüler gefährde.[244] Nach

132

---

235 Stdg. Rspr. seit BVerfGE 28, 243 (261); vgl. BVerfGE 93, 1 (21); 108, 282 (305 ff.). Überblick bei *H. Dreier*, in: ders. (Hrsg.), Vorb., Rn. 139 ff.; speziell zu Art. 4 GG *Germann*, in: Epping/Hillgruber (Hrsg.), Art. 4 Rn. 47 ff. A.A. nunmehr *Lenz*, S. 203 ff. Skeptisch bzgl. des höheren Rechtfertigungsniveaus *Sacksofsky*, VVDStRL 68 (2009), 7 (19).
236 Dazu *Unruh*, DÖV 2007, 625 ff. Dieses Beispiel wird auch gewählt von Wie hier auch *Heinig*, HSKR, Bd. 1, § 14 Rn. 80 f. Einen Überblick über die Religionsfreiheit in der Schule gewähren *Heinig*, KuR 2013, 8 ff., und *Walter*, ZevKR 62 (2017), 395 ff.
237 Dazu *Brosius-Gersdorf*, ZevKR 61 (2016), 141 ff.
238 Ausführlich *Krampen-Lietzke*, passim.
239 BVerfGE 108, 282 (297).
240 Vgl. u.a. BVerfGE 34, 165 (182); BVerfGE 94, 82 (84).
241 Zur früheren Rechtsprechung BVerwGE 94, 82; aktuelle Rechtsprechung in BVerwGE 147, 362 ff.
242 BVerwGE 147, 362 ff., dazu u.a. *Winkler*, S. 142 f. dazu auch *Muckel*, JA 2014, 234 ff., *Uhle*, NVwZ 2014, 541 (542 ff.), und *Hufen*, JuS 2014, 379 ff. Die Verfassungsbeschwerde gegen das BVerwG-Urteil wurde mangels hinreichender Substantiierung nicht zur Entscheidung angenommen; BVerfG v. 8.11.2016, Az.: 1 BvR 3237/13.
243 VGH München, NVwZ 2014, 1109 f.
244 BVerwG, NVwZ 2014, 237 ff. („Krabat"); dazu *Uhle*, NVwZ 2014, 541 (546 ff.).

der Rspr. des BVerwG kann Art. 7 Abs. 1 GG auch dem von der Religionsfreiheit umfassten **Gebet in der Schule** entgegenstehen.[245] Im Ausgangsfall hatte die Verrichtung des islamischen Pflichtgebets außerhalb der Schulzeit durch einige Schüler zu schulinternen Konflikten geführt. Die Erfüllung des staatlichen Bildungsauftrages aus Art. 7 Abs. 1 GG setzt jedoch die Wahrung des (auch religiösen) Schulfriedens voraus. Der Begriff des Schulfriedens wird vom BVerwG als „Zustand der Konfliktfreiheit und -bewältigung" beschrieben, der „den ordnungsgemäßen Unterrichtsablauf ermöglicht, damit der staatliche Bildungs- und Erziehungsauftrag erfüllt werden kann."[246] Nach Auffassung des Gerichts müsse die Religionsfreiheit hinter das Gebot des Schulfriedens zurücktreten, wenn sich durch „die Verrichtung des Gebets auf dem Schulflur ... eine ohnehin bereits bestehende konkrete Gefahr für den Schulfrieden weiter verschärfen" würde.[247] Diese Lösung des Konflikts zwischen der Religionsfreiheit und dem Gebot des Schulfriedens aus Art. 7 Abs. 1 GG über Grundsätze des Gefahrenabwehr bzw. Notstandsrechts sowie die Zuordnung der Gefahrenverschärfung zu den betenden Schülern sind zu Recht kritisiert worden. Als über den Einzelfall hinaus gültiges Abwägungsergebnis ist diese Lösung jedenfalls fraglich.[248]

Dem Recht auf Leben aus **Art. 2 Abs. 1 GG** ist das Verbot eines religiös motivierten **Menschenopfers** zu entnehmen.

Zu den Beispielen zählt auch der in **Art. 20 a GG** verankerte Tierschutz, der das religiös motivierte Schächten auf der Grundlage des Tierschutzgesetzes zu begrenzen vermag.[249] Die rechtliche Unzulässigkeit des ursprünglich vorrechtsstaatlichen „Kirchenasyls" lässt sich mit einem Hinweis auf das Verfassungsgut der **Funktionsfähigkeit der Rechtsordnung** und Art. 16 a GG begründen.[250] Zu den verfassungsimmanenten Schranken zählen auch **Art. 136 Abs. 3 S. 2 WRV und Art. 137 Abs. 6 WRV** bzgl. der Pflicht, die jeweilige Religionszugehörigkeit auf der Lohnsteuerkarte vermerken zu lassen.[251] Insgesamt kann gezeigt werden, dass die erforderliche Begrenzung der Religionsfreiheit – entgegen anders lautender verfassungspolitischer Erwägungen – über die Dogmatik zur Beschränkung vorbehaltloser Grundrechte geleistet werden kann.[252]

133 Zur Einschränkung vorbehaltlos gewährleisteter Grundrechte ist zudem eine **gesetzliche Grundlage** erforderlich, die die Abwägung zwischen dem betroffenen Grundrecht und dem gegenläufigen Verfassungsrechtsgut zum Ausdruck und beide in das Verhältnis der praktischen Konkordanz bringt.[253] Diese Grundlage muss ihrerseits verfassungsrechtlich zulässig sein, d.h. insbesondere dem **Grundsatz der Verhältnismäßigkeit** entsprechen: „Nur wenn das Rechtsgut mit Verfassungsrang unter Berücksichtigung des Grundsatzes der Verhältnismäßigkeit in nachvollziehbarer Begründung höheren Rang genießt, haben die Rechte der Religions- und Gewissensfreiheit zurückzutreten."[254] Zweifel ergeben sich in diesem Zusammenhang hinsichtlich einiger lan-

---

245 BVerwGE 141, 223 ff.; dazu u.a. *Muckel*, JA 2012, 235 ff.; *Rubin*, Jura 2012, 718 ff.; *Enders*, JZ 2012, 363 ff. Zum staatlich verantworteten Schulgebet BVerfGE 52, 223 ff.
246 BVerwGE 141, 223 (235), Rz.42.
247 BVerwGE 141, 223 (236), Rz.43.
248 Ähnlich *Heinig*, KuR 2013, 8 (18 f.); *Enders*, JZ 2012, 363 (365 f.); *Rubin*, Jura 2012, 718 ff.
249 Dazu *Hain/Unruh*, DÖV 2003, 147 ff.
250 Vgl. *Jeand'Heur/Korioth*, Rn. 134; *Geis*, JZ 1997, 60 ff.; *v. Münch*, NJW 1995, 565 ff; Klausurfall bei *Grote/Kraus*, JuS 1997, 345 ff.
251 Vgl. BVerfGE 49, 375 (376); *Stern*: Staatsrecht, Bd. IV/2, S. 1103 f.
252 Nachdrücklich und zutreffend *Maurer*, ZevKR 49 (2004), 311 (331).
253 Für die Religionsfreiheit BVerfGE 108, 282 (297).
254 *Stern*: Staatsrecht, Bd. IV/2, S. 1069.

desrechtlicher Regelungen zum Verbot religiöser Symbole, die von Lehrerinnen und Lehrern an staatlichen Schulen im Unterricht getragen werden. Insbesondere setzt sich hier der Streit um das **Verbot des Kopftuches** fort (s.o. Fall 4). Die Zweifel verdichten sich zum Verdikt der Verfassungswidrigkeit, wenn – wie etwa in § 57 Abs. 4 SchulG-NRW – christliche Symbole privilegiert werden.[255] Im Übrigen hat die einschlägige Rspr. des BVerfG einen bemerkenswerten Wandel vollzogen. Während der Zweite Senat des Gerichts in seiner **ersten Kopftuch-Entscheidung (2003)** den schonenden Ausgleich zwischen der Religionsfreiheit der das Kopftuch tragenden Lehrerin bzw. Pädagogin und den gegenläufigen verfassungsrechtlichen Positionen in Gestalt der negativen Religionsfreiheit der Schülerinnen und Schüler sowie der Eltern und der staatlichen Neutralität noch der generellen Regelung durch den Landesgesetzgeber überließ[256], hat der **Erste Senat in der zweiten Kopftuch-Entscheidung des Gerichts (2015)** die Anforderungen an ein Verbot des Kopftuchs deutlich angehoben.[257] Da das Tragen des Kopftuchs durch eine Lehrerin primär als Grundrechtsausübung und nicht als Identifizierung des Staates mit einer bestimmten Religion zu werten sei, reiche einen Beschränkung aufgrund einer abstrakten Gefahr für die gegenläufigen Verfassungsposition nicht aus. Erforderlich sei vielmehr eine „hinreichend konkrete Gefahr" für den jeweiligen Schulfrieden.[258] Diese Entscheidung hat zurecht viel Kritik erfahren.[259] Schon die abweichende Meinung hielt der Mehrheitsauffassung des 2. Senates entgegen, dass das Kriterium der „hinreichend konkreten Gefahr" unzulänglich sei.[260] Bei der erforderlichen Abwägung habe der Gesetzgeber einen weiten Spielraum und zudem gute Gründe, eine abstrakte Gefahr für die gegenläufigen Verfassungspositionen als ausreichend zu betrachten, um das Tragen eines Kopftuchs durch eine Lehrerin in Ausübung ihres Amtes zu untersagen. Diese Gründe bestünden in der zwingenden Konfrontation der Schülerinnen und Schüler mit dem religiösen Symbol, dem besonderen Abhängigkeitsverhältnis zwischen der betreffenden Lehrkraft und den Schülerinnen und Schülern, der Vorbildfunktion der Lehrkraft sowie der jedenfalls nicht auszuschließenden appellativen Funktion des Kopftuchs als religiösem Symbol.[261] Zutreffend wird auch die These der Senatsmehrheit zurückgewiesen, dass das Kopftuch der Lehrerin das Gebot der ethischen und religiösen Neutralität des Staates in Gestalt des Identifikationsverbotes nicht berühre.[262] Im Ergebnis vernachlässige die „Schwelle der hinreichend konkreten Gefahr" die „spezifische Situation in der Schule" und sei daher abzulehnen.[263] In Ergänzung zu diesen überzeugenden Ausführungen im Minderheitenvotum ist – quasi als Folgenargument – darauf hinzuweisen, dass die Verfestigung dieses Kriteriums darauf hinausläuft, die Verantwortung für den

---

255 BVerfGE 138, 296 (346 ff.). Zu einer ähnlichen Problematik in Baden-Württemberg *Traulsen*, RdJB 2006, 116 ff.
256 BVerfGE 108, 282 (310 ff.).
257 Zu der Frage, ob hier eine Divergenzvorlage an das Plenum des BVerfG nach § 16 Abs. 1 BVerfGG erforderlich war, siehe *Huster*: Die ethische Neutralität des Staates, S. XLV, Anm. 87 m.w.N.
258 BVerfGE 138, 296 (327, 335 ff.); bekräftig in BVerfG, NJW 2017, S. 381 ff.
259 Vgl. die Nachweise *Huster*: Die ethische Neutralität des Staates, S. XLV, Anm. 85; zustimmend hingegen *Walter*, ZevKR 62 (2017), 395 (400 f.).
260 BVerfGE 138, 296 (359 ff.).
261 BVerfGE 138, 296 (364 ff.).
262 BVerfGE 138, 296 (367): „Die Pädagogen genießen zwar ihre individuelle Glaubensfreiheit. Zugleich sind sie aber Amtsträger und damit der fördernden Neutralität des Staates auch in religiöser Hinsicht verpflichtet. Denn der Staat kann nicht als anonymes Wesen, sondern nur durch seine Amtsträger und seine Pädagogen handeln. Diese sind seine Repräsentanten. Die Verpflichtung des Staates auf die Neutralität kann deshalb keine andere sein als die einer Verpflichtung seiner Amtsträger."
263 BVerfGE 138, 296 (369).

adäquaten Ausgleich der gegenläufigen Verfassungspositionen vom eigentlich zuständigen Landesgesetzgeber auf die einzelne Schule bzw. Schulleitung zu verlagern, die damit notwendig überfordert ist.[264] Die Weigerung des Landes Berlin, das pauschale Kopftuchverbot für Lehrkräfte im Berliner Neutralitätsgesetz im Lichte der Judikatur des BVerfG abzuschaffen, ist trotz der dogmatischen Bedenken „eines Rechtsstaats nicht würdig."[265] In seiner **dritten Kopftuch-Entscheidung aus 2020** hat das Bundesverfassungsgericht – wiederum durch den Zweiten Senat – seine Rechtsprechung zum Kopftuch-Verbot nochmals korrigiert.[266] Gegenstand des Verfahrens war ein absolutes Kopftuch-Verbot für Rechtsreferendarinnen, sofern sie im Dienst an Gerichtsverhandlungen teilnehmen. Das Gericht hat dieses Verbot im Ergebnis für verfassungsgemäß erachtet. Maßgeblich war der Rekurs auf die Besonderheit der Justiz. Anders als in der öffentlichen Schule müsse sich der Staat in der „formalisierten Situation vor Gericht" eine religiös motivierte Kleidung von Richterinnen und Richtern „als Beeinträchtigung der weltanschaulich-religiösen Neutralität" zurechnen lassen.[267] Zwar ist das Tragen religiöser Kleidung nach Auffassung des Gerichts „für sich genommen nicht geeignet, Zweifel an der Objektivität der betreffenden Richter zu begründen." Dem Gesetzgeber komme vielmehr bei der Antwort auf die Frage, „ob Werte von Verfassungsrang eine Regelung rechtfertigen, die Justizangehörige aller Bekenntnisse zu äußerster Zurückhaltung in der Verwendung von Kennzeichen mit religiösem Bezug verpflichtet, ...eine Einschätzungsprärogative" zu. Vor diesem Hintergrund kulminiert das Judikat in der Feststellung: „Angesichts der konkreten Ausgestaltung des verfahrensgegenständlichen Verbots kommt keiner der kollidierenden Rechtspositionen vorliegend ein derart überwiegendes Gewicht zu, das verfassungsrechtlich dazu zwänge, der Beschwerdeführerin das Tragen religiöser Symbole im Gerichtssaal zu verbieten oder zu erlauben. Die Entscheidung des Gesetzgebers für eine Pflicht, sich im Rechtsreferendariat in weltanschaulich-religiöser Hinsicht neutral zu verhalten, ist daher aus verfassungsrechtlicher Sicht zu respektieren."[268] Das noch 2015 für den Ersten Senat maßgebliche Kriterium der konkreten Gefahr spielt keine Rolle bzw. wird aufgrund der Annahme eines besonderen Status der Justiz als Element eines „Kernbereich(s)" staatlicher Hoheitsgewalt[269] überspielt.[270]

133a Neben der Zulässigkeit eines pauschalen Kopftuchverbotes für Minderjährige[271] stellen sich weitere Probleme im Kontext der religiös motivierten Bekleidung. Seit 2010 haben einige europäische Länder, wie etwa Belgien, Frankreich und jüngst Österreich Gesetze zum Verbot der **Vollverschleierung** bzw. der Gesichtsverhüllung in der Öffentlichkeit erlassen.[272] Die französische Regelung ist vom EGMR unter Hinweis auf den weiten Beurteilungsspielraum der Mitgliedstaaten betätigt worden.[273] Auch in Deutschland ist die Diskussion um ein Verbot der Vollverschleierung im öffentlichen

---

264 Statt vieler *Huster*: Die ethische Neutralität des Staates, S. XLVI.
265 *Tariq*, S. 404 (410) zum Gesetz zur Schaffung eines Gesetzes zu Artikel 29 der Verfassung von Berlin und zur Änderung des Kinderbetreuungsgesetzes vom 27.01.2005 (GVBl. S. 92); dazu auch *Hecker*, S. 156 ff.
266 BVerfGE 153, 1.
267 BVerfGE 153 1 (39).
268 Dieses Zitat und die vorstehenden Zitate aus BVerfGE 153, 1 (Leitsätze).
269 BVerfGE 153, 1 (30).
270 Kritisch dazu u.a. *van Ooyen*, S. 143 ff., und *Hecker*, S. 134 ff. Aus der Fülle der Literatur siehe auch *Payandeh*, DÖV 2018, S. 482 ff.
271 Dazu u.a. *Tariq*, S. 404 (414 f. m.w.N.).
272 Dazu die Ausarbeitung des *Wissenschaftlichen Dienstes des Bundestages*: Sachstand. Verbot der Vollverschleierung in den Staaten der EU, abrufbar unter Az.: WD2 – 3000 – 095/17 (stand 16.10.2017).
273 EGMR, NJW 2014, 2925 ff.

§ 4 Das Grundrecht der Religionsfreiheit aus Art. 4 Abs. 1 und 2 GG § 4

Raum seit etwa 2015 aufgeflammt. Diese Flamme wurde jedoch nach kurzer Zeit und nach einem Blick auf die religionsverfassungsrechtliche Dogmatik im Keim erstickt. Sofern das Tragen gesichtsverhüllender Kleidung religiös motiviert ist, ist das Grundrecht auf Religionsfreiheit aus Art. 4 Abs. 1 und 2 GG einschlägig. Für eine Beschränkung sind gegenläufige Grundrechte Dritter oder anderweitige Rechtsgüter mit Verfassungsrang erforderlich. Entsprechende Schranken sind jedoch – anders als in Frankreich – derzeit nicht erkennbar. Insbesondere das Argument, eine freie und plurale demokratische Gesellschaft sei auf offene Kommunikation „von Angesicht zu Angesicht" angewiesen, lässt sich nicht verfassungsrechtlich untermauern.[274]

Am 15.6.2017 trat jedoch das „Gesetz zu bereichsspezifischen Regelungen der Gesichtsverhüllung und zur Änderung weiterer dienstrechtlicher Vorschriften" in Kraft.[275] Es verbietet zum einen die Gesichtsverhüllung bei der Ausübung des öffentlichen Dienstes und für Soldatinnen und Soldaten. Zur Begründung wurde auf die „Funktionsfähigkeit der Verwaltung" und das erforderliche „Vertrauen in ein öffentliches Amt und damit in die Tätigkeit und Integrität des Staates" abgestellt.[276] Ausnahmen gelten bei dienstlichen oder gesundheitlichen Gründen.

Zum anderen gilt nunmehr ein Gesichtsverhüllungsverbot im Kontext der Mitwirkung bei der Identitätsfeststellung oder beim Lichtbildabgleich. So muss im Rahmen einer erforderlichen Identitätsfeststellung – etwa im Straßenverkehr oder bei der Vornahme einer Wahlhandlung – die Möglichkeit eines Abgleichs des Gesichts mit dem Lichtbild im Personalausweis eröffnet werden.[277] Diese Regelungen zum bereichsspezifischen Verhüllungsverbot sind religionsverfassungsrechtlich umstritten, aber haltbar, weil die „Funktionsfähigkeit der Verwaltung" ein gegenläufiges Verfassungsgut und damit eine taugliche Schranke der Religionsfreiheit markiert.[278] Von einem generellen Verbot der Vollverschleierung in der Öffentlichkeit wurde allerdings bisher und zu Recht Abstand genommen.

Abschließend sei betont, dass die vorstehend entfaltete Dogmatik zur verfassungsrechtlichen Rechtfertigung von Eingriffen in die Religionsfreiheit auch für Beschränkungen des **Neutralitätsgebots** (s.o. Rn. 90) gilt. Die Verpflichtung des säkularen Staates auf ethische und religiöse Neutralität schließt eine Differenzierung zwischen einzelnen Religionsgemeinschaften nicht aus. Im Gegenteil: Eine Unterscheidung ist zum Schutz von Grundrechten Dritter oder sonstiger Rechtsgüter mit Verfassungsrang „sogar geboten, wo die Unterschiede nicht aus historischer Deutung und zurückliegenden Verdiensten gerechtfertigt werden, sondern aus nachweisbar unterschiedlichem Verhalten resultieren, etwa wenn eine Glaubensgemeinschaft Integrität und Persönlichkeit ihrer Mitglieder durch Gewalt und Misshandlung verletzt, den Austritt durch strafbewehrte Nötigung zu verhindern sucht oder sich den aktiven Kampf gegen die freiheitlich-demokratische Grundordnung auf die Fahnen geschrieben hat."[279] In dieser Begrenzung der Neutralität des Staates durch die „Verfassungskompatibilität" der Religionsge-

134

---

[274] Vgl. *Hufen*, KuR 2015, 165 ff.
[275] Gesetz vom 8.6.2017, BGBl. 2017, Teil I Nr. 36, S. 1570 ff. Dazu *Greve/ Kortländer/ Schwarz*, NVwZ 2017, 992 ff.
[276] BT Drcks. 18/11180, S. 9.
[277] Vgl. BT Drcks. 18/11180, S. 9: „Dort, wo eine Identifizierung von Bürgerinnen und Bürgern rechtlich notwendig und geboten ist, muss ein Abgleich amtlicher Lichtbildausweise mit dem Gesicht der Ausweisinhaberin oder des Ausweisinhabers durchgesetzt werden."
[278] Kritisch *Reisgies*, ZevKR 62 (2017), 271 ff.
[279] *Di Fabio*: Gewissen, Glaube, Religion, S. 15 (31).

meinschaften liegt keine bedeutungsmindernde Relativierung des Neutralitätsgebotes: „Der ethisch und religiös neutrale Staat ist nicht kulturell, politisch und sittlich neutral."[280] Sie führt auch nicht zu einer unzulässigen Identifizierung des Staates mit bestimmten – etwa christlichen – Religionsgemeinschaften, denn die staatliche „Begründungsneutralität" bleibt gewahrt.[281] Vielmehr erweist sich der ethisch und religiös neutrale, demokratische Verfassungsstaat des Grundgesetzes auch in der Begegnung mit der Religion und den Religionsgemeinschaften als „wehrhaft".

▶ **Zu Fall 3**: Durch das an A gerichtete und auf § 4a Abs. 2 Nr. 2 TierSchG gestützte Schächtverbot wird in den Schutzbereich der Religionsfreiheit eingegriffen. Verfassungsrechtlich gerechtfertigt ist dieser Eingriff nur dann, wenn er von einer verfassungsimmanenten Schranke gedeckt ist. So müsste die den Eingriff unmittelbar legitimierende, einfachgesetzliche Vorschrift des § 4a Abs. 2 Nr. 2 TierSchG ihrerseits durch Grundrechte Dritter oder sonstige Rechtsgüter mit Verfassungsrang indiziert sein. In Betracht kommt insoweit nur das Rechtsgut des Tierschutzes. Vor 2002 war der Verfassungsrang des Tierschutzes umstritten, im Ergebnis aber abzulehnen, da eine hinreichende Verankerung im Grundgesetz nicht gegeben war.[282] Mit der Ergänzung des Art. 20a GG um das Element des Tierschutzes ist nunmehr ein Rechtsgut mit Verfassungsrang identifizierbar, das eine Einschränkung des religiös motivierten Schächtens erlaubt. An der Verhältnismäßigkeit der Regelung im Tierschutzgesetz bestehen keine Zweifel. Wenn und soweit A also darlegen kann, dass das Gebot, nur nach bestimmtem Ritus erzeugte Fleischwaren zu verzehren, zu den zwingenden Vorschriften seiner Religionsgemeinschaft gehört, ist ihm die Ausnahmegenehmigung nach § 4a Abs. 2 Nr. 2 TierSchG auch weiterhin zu erteilen. Anderenfalls sind ein Schächtverbot aus Gründen des Tierschutzes und der damit verbundene Eingriff in die Religionsfreiheit verfassungsrechtlich gerechtfertigt.[283] ◀

V. Internationaler und europarechtlicher Schutz der Religionsfreiheit

1. Der internationale Schutz der Religionsfreiheit

135 Das Grundrecht der Religionsfreiheit gehört zum unverzichtbaren Bestand der nationalen und internationalen Grund- und Menschenrechtskataloge.[284] Schon **Art. 18 der AEMR** vom 10.12.1948 enthält die (deklaratorische) Aussage, dass „jeder Mensch Anspruch auf Gedanken-, Gewissens- und Religionsfreiheit hat; dieses Recht umfasst die Freiheit, seine Religion oder Überzeugung zu wechseln, sowie die Freiheit, seine Religion oder Überzeugung allein oder in Gemeinschaft mit anderen, in der Öffentlichkeit oder privat, durch Lehre, Ausübung, Gottesdienst und Vollziehung der Riten zu bekunden." Als zumindest völkerrechtlich verbindliche Garantie der Religionsfreiheit gilt **Art. 18 IPbpR** vom 19.12.1966. Zwar wird hier die Freiheit der religiösen Erziehung durch die Eltern besonders hervorgehoben; es fehlt aber der Schutz des

---

280 *Engi*, S. 494.
281 Vgl. *Waldhoff*, EssGspr. 42 (2008), 55 (77 ff.) unter Bezugnahme u.a. auf *Huster*, in: Heinig/Walter (Hrsg.), S. 107 (116).
282 Im Ergebnis war § 4a Abs. 2 Nr. 2 TierSchG daher vor der Ergänzung des Art. 20a GG verfassungswidrig; vgl. *Unruh*, Der Tierschutzbeauftragte 1998, 122 ff.
283 Zur Abwägung von Tierschutz und Religionsfreiheit *Unruh*, in: Caspar/Luy (Hrsg.), S. 158 ff. Klausurfall bei *Huster/Rux*, in: Heinig (Hrsg.), S. 35 ff.
284 Überblick bei *Stern*: Staatsrecht, Bd. IV/2, S. 1111 ff., 1404 ff.; *Frowein*, in: Grote/Marauhn (Hrsg.), Religionsfreiheit, S. 73 ff.; *H. Weber*, ZevKR 45 (2000), 109 ff.; *Borowski*, S. 135 ff.; *Morlok*, in: H. Dreier (Hrsg.), Art. 4 Rn. 21 ff. Zum internationalen Recht *Ottenberg*, passim; speziell zu Europa *Ungern-Sternberg*, passim.

§ 4 Das Grundrecht der Religionsfreiheit aus Art. 4 Abs. 1 und 2 GG § 4

Religionswechsels. Zudem enthält Art. 18 IPbpR einen Schrankenvorbehalt. In der **UN-Erklärung über die Beseitigung aller Formen von Intoleranz und Diskriminierung aufgrund der Religion oder der Überzeugung** von 1981 werden die Garantien aus der AEMR und dem IPbpR wiederholt und religiös bedingte Diskriminierungen untersagt. Zum internationalen Schutz der Religionsfreiheit gehören auch die entsprechenden Selbstbindungen der heutigen OSZE-Mitgliedstaaten aus dem Prinzip VII der **KSZE-Schlussakte von Helsinki** (1975) und den Nrn. 16, 17 aus dem **Abschlussdokument des Wiener Folgetreffens** (1989).

2. Europarecht

Für den europarechtlichen Schutz der Religionsfreiheit ist die **EMRK vom 4.11.1950** von besonderer Bedeutung (s. u. Rn. 587 ff.).[285] Sie normiert einen für die Mitgliedsstaaten des Europarates verbindlichen Grundrechtekatalog, der von den Bürgern im Wege der Individualbeschwerde vor dem EGMR geltend gemacht werden kann. **Art. 9 Abs. 1 EMRK** enthält einen Anspruch auf Gedanken-, Gewissens- und Religionsfreiheit, der auch im Wortlaut dem Art. 18 AEMR entspricht (s. u. Rn. 587 ff.). Der Schutzgehalt dieser Vorschrift ist in zahlreichen Entscheidungen zunächst der Europäischen Menschenrechtskommission und nunmehr des EGMR näher bestimmt worden und entspricht zumindest weitgehend der Dogmatik zur Religionsfreiheit unter dem Grundgesetz.[286] Auch die kollektive und korporative Dimension des Grundrechts ist inzwischen anerkannt.[287] Abweichend von Art. 4 Abs. 1 und 2 GG enthält **Art. 9 Abs. 2 EMRK** einen ausdrücklichen Schrankenvorbehalt. Danach darf die Religionsfreiheit gesetzlichen Beschränkungen unterworfen werden, „die in einer demokratischen Gesellschaft notwendige Maßnahmen im Interesse der öffentlichen Sicherheit, der öffentlichen Ordnung, Gesundheit oder Moral oder für den Schutz der Rechte und Freiheiten anderer sind." Ob damit die Religionsfreiheit in der EMRK im Vergleich zu Art. 4 Abs. 1 und 2 GG weiter gehenden Beschränkungen unterworfen wird, ist zweifelhaft und i. E. abzulehnen.[288] Obwohl Art. 9 EMRK im Geltungsbereich des Grundgesetzes als einfaches Gesetz gilt, hat diese Vorschrift in Deutschland bisher wenig Wirkung entfaltet. Als Schutznorm gegenüber Rechtsakten der EU bleibt sie aber auch hier bedeutsam.

136

Die Religionsfreiheit ist schließlich als „supranationales Grundrecht" auch Bestandteil des **Unionsrechts**.[289] Sie ist zunächst über **Art. 6 Abs. 2 EUV** als gemeineuropäisches Grundrecht bzw. als allgemeiner Grundsatz des Gemeinschaftsrechts anerkannt (s. u. Rn. 585). **Art. 10 Abs. 1 EU-GRCh** übernimmt wortgleich die Formulierung aus Art. 9 Abs. 1 EMRK.[290] Die EU-Grundrechte-Charta hat mit dem Inkrafttreten des Vertrages

137

---

285 Vgl. *H. Weber*, ZevKR 47 (2002), 265 ff. Zur europarechtlichen Dimension der Religionsfreiheit s. u. Rn. 581 ff.
286 Dazu *Morlok*, in: H. Dreier (Hrsg.), Art. 4 Rn. 29 ff.; *Borowski*, S. 146 ff., jeweils m.w.N.
287 Vgl. EGMR, Urteil vom 26.10.2000, Nr. 30985/96 (*Hasan* und *Chaush* gegen Bulgarien); EGMR, Urteil vom 13.12.2001, Nr. 45701/99 (*Metropolitan Church of Bessarabia* u.a. gegen Moldawien); dazu *Kästner*, in: Stern/Becker (Hrsg.), Art. 4 Rn. 251 ff.; *H. Weber*, ZevKR 47 (2002), 265 (274 ff.); *ders.*, NVwZ 2009, 503 ff. m.w.N.
288 Siehe aber die Bestätigung des gesetzlichen Burka-Verbots in Frankreich durch EGMR, NJW 2014, 2925 ff., s. o. Rn. 133 a.
289 Dazu *Morlok*, in: H. Dreier (Hrsg.), Art. 4 Rn. 36 ff.; *Borowski*, S. 156 ff.; *Mückl*: Religions- und Weltanschauungsfreiheit, S. 32 ff., jeweils m.w.N.
290 Zur religionsverfassungsrechtlichen Bedeutung der EU-Grundrechte-Charta (vor Inkrafttreten des Vertrages von Lissabon) siehe *Heinig*, ZevKR 46 (2001), 440 ff.; *Robbers*, FS Maurer, S. 425 ff.; zur aktuellen Rechtslage u.a. *Kästner*, in: Stern/Becker (Hrsg.), Art. 4 Rn. 264 f

§ 4   B. Religionsverfassungsrechtlich Grundentscheidungen

von Lissabon – dem „EU-Verfassungsvertrag" – am 1.12.2009 nunmehr den Status verbindlichen EU-Rechts erhalten (s.u. Rn. 593 ff.).

Wiederholungs- und Vertiefungsfragen

> Worauf beruht die besondere Stellung des Grundrechts der Religionsfreiheit im Grundgesetz? (Rn. 65)
> Wie lässt sich das Verhältnis des Art. 4 Abs. 1 und 2 GG zu Art. 140 GG beschreiben? (Rn. 67 f.)
> Welche Besonderheiten gelten für Minderjährige im Hinblick auf den personellen Schutzbereich der Religionsfreiheit? (Rn. 71 ff.)
> Welche Argumente streiten für und wider das weite Schutzbereichsverständnis der Religionsfreiheit? (Rn. 83 ff.)
> Wie lässt sich das Neutralitätsgebot dogmatisch herleiten und inhaltlich beschreiben? (Rn. 90)
> Welches sind die Merkmale des Verfassungsbegriffs der Religion? (Rn. 91 ff.)
> Welche Probleme stellen sich bei der Bestimmung eines Eingriffs in den Schutzbereich der Religionsfreiheit? (Rn. 110 ff.)
> Kann Art. 140 GG i.V.m. Art 136 Abs. 1 WRV als Schranke der Religionsfreiheit herangezogen werden? (Rn. 120 ff.)
> Wie lassen sich Eingriffe in die Religionsfreiheit anderweitig verfassungsrechtlich rechtfertigen? (Rn. 131 ff.)
> Wie wird die Religionsfreiheit auf internationaler und europarechtlicher Ebene geschützt? (Rn. 135 f.)

§ 5 Das Verbot der Staatskirche

▶ **Fall 6 (nach BVerfGE 19, 206):** Der Landtag des Bundeslandes L möchte dem zunehmenden Verfall kirchlicher Bauten nicht länger tatenlos zusehen und erlässt ein „Ortskirchensteuergesetz" (OKiStG). Art. 13 OKiStG erhält u.a. folgende Fassung:

1. *Zur Deckung der durch die Kirchensteuer aufzubringenden Kosten für die Unterhaltung und den Neubau von Pfarrkirchen und Pfarrhäusern können Körperschaften, Personenvereinigungen und Vermögensmassen, die im Lande L Grundbesitz haben oder Gewerbebetriebe unterhalten, zur Leistung von Kirchensteuer (Bausteuer) herangezogen werden.*

2. *Die in Absatz 1 bezeichneten Steuerpflichtigen können von allen steuerberechtigten Religionsgesellschaften zur Bausteuer herangezogen werden. Die Steuerberechtigung der einzelnen Religionsgesellschaften bemisst sich nach dem Verhältnis des Anteils, den die Angehörigen ihres Bekenntnisses an der Gesamtzahl der Gemeindeeinwohner haben.*

Zur Begründung wird neben der früheren Sonderstellung der Landeskirchen angeführt, dass den Kirchen und den Kirchbauten eine allgemeine Kulturfunktion zukomme. Im Übrigen sei die erstmals 1888 eingeführte Kirchenbausteuerpflicht 1940 vom nationalsozialistischen Unrechtsregime aus kirchenfeindlichen Gründen abgeschafft worden, und diese Entscheidung sei nun zu revidieren. Ist Art. 13 OKiStG verfassungsgemäß? ◀

I. Allgemeines

Art. 137 Abs. 1 WRV, der über Art. 140 GG in das Grundgesetz inkorporiert wurde, lautet: „Es besteht keine Staatskirche." Ob dieser schlichte Satz aus dem Jahr 1919 nicht nur rechtlich, sondern auch tatsächlich den Paukenschlag markiert, mit dem das **Staatskirchentum** aus Deutschland verbannt wurde, erscheint fraglich, denn das Staatskirchentum war hier schon lange abgeschafft (in Preußen durch die Verfassungen von 1848 und 1850).[1] Immerhin wurden mit Art. 137 Abs. 1 WRV die letzten vorhandenen Reste des Staatskirchentums in Gestalt des landesherrlichen Kirchenregiments (Summepiskopat, s.o. Rn. 26 ff.) in den evangelischen Landeskirchen beseitigt.[2] Bedeutsamer war seinerzeit der Umstand, dass mit Art. 137 Abs. 1 WRV das Verhältnis zwischen dem Staat und den Religionsgemeinschaften auf ein **neues verfassungsrechtliches Fundament** gestellt und grundlegend neu bestimmt wurde: jede institutionelle Verbindung zwischen Staat und Kirche sollte künftig unzulässig sein.[3] Die Zielrichtung der Vorschrift bestand und besteht in der grundsätzlichen, nicht hingegen in einer strikten **Trennung zwischen Staat und Religionsgemeinschaften**.[4] Positiv gewendet bedeutet diese Neubestimmung die gegenseitige Emanzipation der beiden Institutionen, d.h. die Anerkennung der Freiheit des Staates von unmittelbarer kirchlicher Einflussnahme und umgekehrt die Freiheit der Religionsgemeinschaften „von staatlicher Kuratel und Bevormundung".[5] Damit wurde nicht nur das moderne Verständnis von den unterschiedlichen Aufgaben des Staates und der Religionsgemeinschaften, sondern

138

---

1 *v. Campenhausen*, ZevKR 47 (2002), 359 ff.
2 Vgl. *Anschütz*, S. 630 f.; siehe auch *Heinig*: „Es besteht keine Staatskirche", S. 265 (267), der feststellt, „dass 1918 eigentlich gar keine Staatskirche mehr bestand."
3 Vgl. *Mager*, in: v. Münch/Kunig (Hrsg.), Art. 140, Rn. 23 m.w.N.
4 Wider die Interpretation von Art. 137 Abs. 1 WRV im Sinne einer strikten Trennung schon seinerzeit *Anschütz*, S. 631, und *Ebers*, S. 132 („System der Trennung eigener Art"). Gegen die Validität des verbreiteten Diktums von der „hinkenden Trennung" s.o. Rn. 38.
5 *v. Campenhausen/de Wall*, § 14, Rn. 2; ähnlich *Stern*, Staatsrecht, Bd. IV/2, S. 1215.

B. Religionsverfassungsrechtlich Grundentscheidungen

auch die historische Entwicklung der fortschreitenden Ausdifferenzierung von Staat und Religion verfassungsrechtlich nachvollzogen.

139 Unter dem **Grundgesetz** kann Art. 140 GG i.V.m. Art. 137 Abs. 1 GG als spezifische Ausprägung der in Art. 4 Abs. 1 und 2 GG grundrechtlich verbürgten Religionsfreiheit gelten (s.o. Rn. 68).[6] Dieser Neubestimmung des Verhältnisses von Staat und Religionsgemeinschaften werden weitere Vorschriften zugeordnet, die das Trennungsgebot näher ausgestalten. In diesem Zusammenhang ist insbesondere auf das Verbot einer religiös motivierten Bevorzugung oder Benachteiligung aus Art. 3 Abs. 3 GG und die Verbürgung eines religionsneutralen Zugangs zu öffentlichen Ämtern aus Art. 33 Abs. 3 GG, aber auch auf die Diskriminierungsverbote und die religionsneutrale Gewährleistung der staatsbürgerlichen Rechte und Pflichten aus Art. 140 GG i.V.m. Art. 136 Abs. 1 bis 4 WRV hinzuweisen.

140 Der Charakter des in Art. 140 GG i.V.m. Art. 137 Abs. 1 WRV verankerten Verbots des Staatskirchentums als spezifische Ausprägung der grundgesetzlichen Religionsfreiheit kann nicht mit dem Hinweis darauf verneint werden, dass das Religionsverfassungsrecht anderer europäischer Staaten das **Staats- bzw. Volkskirchentum** beibehalten hat und das Europarecht diese Residuen – etwa in England oder Skandinavien – auch vor dem Hintergrund der in Art. 9 EMRK gewährleisteten Religionsfreiheit anerkennt (s.u. Rn. 575 f.). Grundlegend ist auch in diesen staats- und volkskirchlichen Systemen das **Grundrecht der Religionsfreiheit**, das dem Staat jeden Zwang in Religionsangelegenheiten untersagt.[7] Das der Religionsfreiheit an sich immanente Neutralitätsgebot (s.o. Rn. 90) wird aber hier durch die gegenläufigen Verfassungsbestimmungen zum Staats- bzw. Volkskirchentum eingeschränkt. Grundrechtsdogmatisch handelt es sich jeweils um verfassungsimmanente Schranken, die die Religionsfreiheit in den betreffenden Staaten nicht aufheben. Die (Wieder-) Einführung staatskirchlicher Strukturen im Geltungsbereich des Grundgesetzes wird durch Art. 140 GG i.V.m. Art. 137 Abs. 1 WRV ausgeschlossen. Die sedes materiae des Neutralitätsgebotes bleibt hingegen Art. 4 Abs. 1 und 2 GG, dessen grundgesetzspezifische Ausprägung das Verbot der Staatskirche ist.[8]

II. Das Trennungsgebot

141 Auch unter dem Grundgesetz besteht Einigkeit darüber, dass der Normgehalt der über Art. 140 GG inkorporierten Vorschrift des Art. 137 Abs. 1 WRV in der Trennung von Staat und Religionsgemeinschaften besteht. Aus dieser Trennung folgt das **grundsätzliche Verbot institutioneller und funktioneller Verbindungen** beider Sphären. Ausnahmen können (jedenfalls) dem Grundgesetz selbst entnommen werden.[9] Streit besteht hingegen über die **normative Reichweite des Trennungsgebotes**. Hier stehen sich zwei Auffassungen gegenüber.

---

6 Zum Charakter des Art. 140 GG i.V.m. Art. 137 Abs. 1 WRV als „Ausprägung" der Religionsfreiheit unter dem Grundgesetz auch *Jarass*, in: Jarass/Pieroth, Art. 140 GG/Art. 137 WRV, Rn. 2, und *Jeand'Heur/Korioth*, Rn. 159.
7 Siehe aber *v. Campenhausen/de Wall*, § 38, Rn. 1: „Auch wenn das Grundrecht der Religionsfreiheit überall gewährleistet wird, bestehen schon in den Fragen der religiösen Gleichheit oder der Selbstbestimmung der Religionsgemeinschaften erhebliche Unterschiede."
8 A.A. *Classen*: Religionsrecht, Rn. 112, der das Neutralitätsgebot nicht in Art. 4 Abs. 1 und 2 GG, sondern in Art. 140 GG i.V.m. Art. 137 Abs. 1 WRV verortet. Wie hier auch *Sacksofsky*, VVDStRL 68 (2009), 7 (21).
9 Statt vieler *Morlok*, in: H. Dreier (Hrsg.), Art. 140 GG/137 WRV, Rn. 16, 21 f., *Germann*, in: Epping/Hillgruber (Hrsg.), Art. 140, Rn. 15 ff. Zurückhaltender *Kästner*, in: Dolzer u.a. (Hrsg.), Art. 140, Rn. 111, 119.

§ 5 Das Verbot der Staatskirche

1. Strikte Trennung?

Nach einer gelegentlich in der religionsverfassungsrechtlichen Literatur vertretenen Auffassung enthält Art. 140 GG i.V.m. Art. 137 Abs. 1 WRV ein **striktes Trennungsgebot**.[10] Die Bereiche des Staates und der Religion bzw. der Religionsgemeinschaften müssten streng, d.h. ohne Rest voneinander gesondert werden. In dieser Lesart mündet das Trennungsgebot in ein **Verbot jeglicher Berührung von Staat und Religion bzw. Staat und Religionsgemeinschaften**. Zur Begründung wird auf Art. 4 Abs. 1 und 2 GG verwiesen, dem der Status einer religionsverfassungsrechtlichen „Grundnorm" zukomme. Insbesondere die abwehrrechtliche Dimension des Grundrechts auf Religionsfreiheit verordne dem Staat eine strikte Abstinenz in Sachen Religion und eine absolute Distanz zu den Religionsgemeinschaften. Es liegt in der Konsequenz dieser Auffassung, dass die vom Grundgesetz vorgesehenen Verbindungen von Staat und Religionsgemeinschaften – etwa beim Religionsunterricht (Art. 7 Abs. 3 GG), bei der Kirchensteuer (Art. 140 GG i.V.m. Art. 137 Abs. 5 und 6 WRV) oder bei der Anstalts- und Militärseelsorge (Art. 140 GG i.V.m. Art. 141 WRV) – als **systemwidrige Durchbrechungen des Trennungsgebotes** bzw. noch weiter gehend als **verfassungswidriges Verfassungsrecht** bezeichnet werden.[11]

142

Gegen diese tendenziell laizistische Interpretation des Trennungsgebotes können gravierende **Einwände** erhoben werden.[12] Schon der **Wortlaut** des Art. 140 GG i.V.m. Art. 137 Abs. 1 WRV, der allein das Verbot des Staatskirchentums benennt, trägt die These von der strikten Trennung nicht. In laizistischen Verfassungsordnungen wird die strikte Trennung – anders als im Grundgesetz – ausdrücklich im Verfassungstext verankert; ein prominentes Beispiel liefert Art. 1 der Verfassung Frankreichs und das Trennungsgesetz von 1905 (s.u. Rn. 578).[13] Auch das **systematische** Argument, der abwehrrechtliche Gehalt des Grundrechts der Religionsfreiheit schließe jede Lockerung des Trennungsgebotes aus, vermag nicht zu überzeugen. Denn das Grundgesetz selbst lässt – wie bereits erwähnt – an anderer Stelle Verbindungen zwischen Staat und Religion zu; von besonderer Bedeutung ist hier die den Religionsgemeinschaften eröffnete Möglichkeit, den Status einer Körperschaft des öffentlichen Rechts zu erlangen (Art. 140 GG i.V.m. Art. 137 Abs. 5 WRV). Diese Regelungen, die formal als vollgültiges Verfassungsrecht auf einer normhierarchischen Stufe mit Art. 4 Abs. 1 und 2 GG stehen, stellen als souveräne und bewusste Entscheidungen des Verfassunggebers auch **kein verfassungswidriges Verfassungsrecht** dar. Vielmehr steht die Gewährleistung der Religionsfreiheit einer Kooperation von Staat und Religionsgemeinschaften nicht entgegen, sondern erfordert sie in den genannten Bereichen sogar, damit die grundrechtliche Freiheit möglichst weitgehend verwirklicht werden kann. Diese Verbindungen lassen sich demnach strikt verfassungs- bzw. grundrechtsdogmatisch begründen. Eventuelle Rückgriffe auf den Volkskirchen-Charakter der großen Kirchen oder losgelöste Theorien über das Verhältnis zwischen Staat und Religionsgemeinschaften (etwa die Koordinationslehre, s.o. Rn. 44) sind daher nicht nur überflüssig, sondern methodisch fragwürdig. Im Zusammenhang mit dem Argument aus der Religionsfreiheit sei zu-

143

---

10 In diesem Sinn etwa *Fischer*: Volkskirche ade!, S. 83 ff.; *Renck*, BayVBl. 1999, 70 (73 f.); vgl. auch Art. 50 Abs. 1 HessVerf., der ebenfalls eine strikte Trennung der beiden Sphären von Staat und Religionsgemeinschaften festschreibt.
11 So *Kleine*, S. 212 ff.; *Fischer*: Volkskirche ade!, S. 92, 117 ff., 137 ff., 141 ff., 151 ff.
12 Zum Folgenden siehe *Korioth*, in: Dürig/Herzog/Scholz (Hrsg.), Art. 140 GG/Art. 137 WRV, Rn. 7 f.; *Jeand'Heur/Korioth*, Rn. 163; *Classen*: Religionsrecht, Rn. 115 ff.
13 Zum Trennungssystem Frankreichs *Heun*, ZevKR 49 (2004), 273 ff., und *Classen*, ZevKR 62 (2017), 111 ff.

dem daran erinnert, dass nach der Rechtsprechung des EGMR das Grundrecht der Religionsfreiheit aus Art. 9 EMRK sogar mit staatskirchlichen Strukturen in einer Verfassung vereinbar sein kann (s.o. Rn. 140). Schließlich kann – in dem Bewusstsein, dass die Einbettung der Weimarer Kirchenartikel in das Grundgesetz nicht die unreflektierte Übernahme einer **historischen** Interpretation erlaubt – darauf hingewiesen werden, dass schon die damalige Staatsrechtslehre die These von der strikten Trennung zurückgewiesen hat.[14] Die auf Art. 140 GG i.V.m. Art. 137 Abs. 1 WRV gegründete These von der strikten Trennung von Staat und Religionsgemeinschaften lässt sich demnach nicht halten.

2. Freundliche Trennung

144 Es ist vielmehr von einer **freundlichen** Trennung auszugehen (s.o. Rn. 38), die eine sachlich begründete Berührung von Staat und Religion sowie eine Kooperation von Staat und Religionsgemeinschaften nicht ausschließt und in einigen Bereichen sogar verfassungsrechtlich vorschreibt. Mit der Rechtsprechung des BVerfG und der in der Literatur überwiegenden Auffassung ist das Verbot der Staatskirche (nur) als **Verbot institutioneller und bzw. organisatorischer Verbindungen zwischen Staat und Religionsgemeinschaften** anzusehen.[15] Daraus folgt zunächst das Verbot der Einführung staatskirchlicher Strukturen.[16] Eine Eingliederung der Religionsgemeinschaften in die Staatsorganisation sowie ihre umfassende Unterwerfung unter die Staatsaufsicht scheiden demnach ebenso aus, wie die staatliche Einflussnahme auf die zu vermittelnden religiösen Inhalte und die entsprechenden Aktivitäten der Religionsgemeinschaften.[17] Eine untrennbare Verbundenheit staatlicher und religiöser Aufgaben ist ausgeschlossen; stets müssen die jeweilige Aufgabe und die inhaltliche Verantwortung – wie etwa bei der Gestaltung des Religionsunterrichts – unterscheidbar bleiben. Schließlich dürfen religiöse Aufgaben grundsätzlich nicht durch staatliche Amtsträger wahrgenommen werden; dies gilt im umgekehrten Fall entsprechend.[18]

145 Diese institutionelle bzw. organisatorische Trennung schließt aber eine auch umfangreiche **Kooperation** beider Sphären nicht aus. Sie schafft vielmehr die Voraussetzungen dafür, diese Kooperation in klaren Strukturen und in respektvollem Miteinander zu gestalten.[19] Eine Kooperation ist sinnvoll und nahezu unumgänglich, weil sich die Aufgaben und Aktivitäten des Staates und der Religionsgemeinschaften vielfach überschneiden, ohne dass dafür schon der Begriff der „gemeinsamen Angelegenheiten" verwendet werden müsste (s.u. Rn. 381). Beispiele liefern u.a. das Erziehungs- und das Krankenhauswesen. Verfassungsrechtlich vorgegeben sind etwa der Religionsunterricht an öffentlichen Schulen gem. Art. 7 Abs. 3 GG sowie die Anstalt- und Militärseelsorge gem. Art. 140 GG i.V.m. Art. 141 WRV. Verfassungsrechtlich zu legitimieren ist ferner die Einrichtung theologischer Fakultäten an öffentlichen Universitäten (Rn. 470 ff.); dies folgt u.a. aus der Notwendigkeit, der Ausbildung von Lehrkräften für den Religionsunterricht, aus der Wissenschaftsfreiheit (Art. 5 Abs. 3 GG) und dem

---

14 So u.a. *Anschütz*, S. 631, und *Ebers*, S. 119 ff.; zur Diskussion in der Staatsrechtslehre der Weimarer Republik siehe *Könemann*, S. 75 ff.
15 Statt vieler *Mager*, in: v. Münch/Kunig (Hrsg.), Art. 140, Rn. 23 m.w.N.
16 Vgl. BVerfGE 19, 206 (216); 93, 1 (17); 108, 282 (299).
17 *v. Campenhausen/de Wall*, § 14.
18 Dazu *Kazele*, VerwArch 96 (2005), 267 (271).
19 Vgl. BVerfGE 139, 321 (351): „Das Verhältnis von Kirchen und Staat... ist gekennzeichnet durch wechselseitige Zugewandtheit und Kooperation."

§ 5 Das Verbot der Staatskirche § 5

Selbstbestimmungsrecht der Religionsgemeinschaften (Art. 140 GG i.V.m. Art. 137 Abs. 3 WRV).[20] Bedeutsam ist vor allem die bereits mehrfach erwähnte Option der Religionsgemeinschaften, den Status einer Körperschaft des öffentlichen Rechts und damit das Recht der Steuererhebung zu erhalten (Art. 140 GG i.V.m. Art. 137 Abs. 5, 6 WRV). Diese Formen der Kooperation stehen nicht im Widerspruch zum Trennungsgebot aus Art. 140 GG i.V.m. Art. 137 Abs. 1 WRV, sondern belegen und bekräftigen die Beschreibung des Verhältnisses zwischen Staat und Religionsgemeinschaften unter dem Grundgesetz als freundliche und offene (s.o. Rn. 90), also gerade nicht als strikte Trennung.[21]

3. Insbesondere: Das konfessionsgebundene Staatsamt

Ein Beleg für die freundliche Trennung von Staat und Religionsgemeinschaften unter dem Grundgesetz ist das sog. konfessionsgebundene Staatsamt. Ein Staatsamt ist konfessionsgebunden, wenn es in einem **unlösbaren Zusammenhang zur Religion bzw. zu einem religiösen Bekenntnis** steht. Formal handelt es sich um staatliche Beamtenverhältnisse, allerdings wird die **Konfessionszugehörigkeit** zum Kriterium für die Zulassung.[22] Daher kommen den betreffenden Religionsgemeinschaften zumeist ein **Mitwirkungsrecht** bei ihrer Begründung sowie ein nachträgliches **Beanstandungsrecht** zu. Beispiele für Inhaber konfessionsgebundener Staatsämter liefern die Religionslehrerinnen bzw. -lehrer an öffentlichen Schulen,[23] die Anstalt- und Militärseelsorgerinnen bzw. -seelsorger[24] sowie die Professoren der Theologie an den staatlichen Hochschulen.[25]

146

Die verfassungsrechtliche Zulässigkeit des konfessionsgebundenen Staatsamtes ist umstritten.[26] Es kollidiert zunächst mit den speziellen **Differenzierungsverboten** aus Art. 3 Abs. 3, Art. 33 Abs. 3, Art. 140 GG i.V.m. Art. 136 Abs. 2 WRV (Rn. 106), denn mit diesen Vorschriften wird der religionsneutrale Zugang zu öffentlichen Ämtern gewährleistet, während die Zulassung zu einem konfessionsgebundenen Staatsamt die betreffende Konfessionszugehörigkeit gerade voraussetzt. In grundsätzlicher Hinsicht wird zugleich ein Verstoß gegen das in Art. 140 GG i.V.m. Art. 137 Abs. 1 WRV verankerte **Trennungsgebot** angenommen.[27] Die **Zulässigkeit des konfessionsgebundenen Staatsamtes** und damit auch die darauf bezogene Teilbegründung der These von der freundlichen Trennung von Staat und Religionsgemeinschaften (s.o. Rn. 144 f.) muss

147

---

20 Dazu *Morlok*, in: H. Dreier (Hrsg.), Art. 137 WRV, Rn. 24 m.w.N.
21 *Unruh*, in: Huber/Voßkuhle (Hrsg.), Art. 140 GG/Art. 137 WRV, Rn. 10 ff. Ebenso u.a. *Muckel*, in: Friauf/Höfling (Hrsg.), Art. 140/Art. 137 WRV, Rn. 3; *Korioth*, in: Dürig/Herzog/Scholz (Hrsg.), Art. 140 GG/Art. 137 WRV, Rn. 5; *M. Heckel*, VVDStRL 26 (1968), S. 5 (36 ff.).
22 Zum Begriff des konfessionsgebundenen Staatsamts siehe *Korioth*, in: Dürig/Herzog/Scholz (Hrsg.), Art. 140 GG/Art. 136 WRV, Rn. 65; *Germann/Rüfner*, HSKR, Bd. 2, Rn. 118.
23 Dazu ausführlich *Unruh*, in: Huber/Voßkuhle (Hrsg.), Art. 140 GG/Art. 136 WRV, Rn. 29 ff.; *Korioth*, in: Dürig/Herzog/Scholz (Hrsg.), Art. 140 GG/Art. 136 WRV, Rn. 66 ff., jeweils m.w.N.
24 A.A. *Korioth*, in: Dürig/Herzog/Scholz (Hrsg.), Art. 140 GG/Art. 136 WRV, Rn. 71, der aus Art. 141 WRV keine Verpflichtung entnimmt, die Militär- und Anstaltseelsorge zu verstaatlichen. Jedenfalls in der Praxis handelt es sich hier um konfessionsgebundene Staatsämter; die verfassungsrechtliche Zulässigkeit ist aber umstritten, s.u. Rn. 400 ff.
25 Dazu ausführlich *Korioth*, in: Dürig/Herzog/Scholz (Hrsg.), Art. 140 GG/Art. 136 WRV, Rn. 69, und *Waldhoff*, HSKR, Bd. 2, Rn. 35 ff., jeweils m.w.N.
26 Nachweise bei *Unruh*, in: Huber/Voßkuhle (Hrsg.), Art. 140 GG/Art. 136 WRV, Rn. 18.
27 Dazu nochmals *Fischer*: Volkskirche ade!, S. 92, 117 ff., 137 ff., 141 ff., 151 ff.

sich auch hier **aus dem Grundgesetz** selbst ergeben.[28] Eine entsprechende Vorschrift enthält Art. 7 Abs. 3 GG für die Religionslehrerinnen und -lehrer. Für die Professoren an den theologischen Fakultäten kann die Zulässigkeit der Konfessionsgebundenheit aus Art. 140 GG i.V.m. Art. 137 Abs. 3 WRV sowie aus Art. 5 Abs. 3 GG hergeleitet werden (s.o. Rn. 145). Ob aus Art. 140 GG i.V.m. Art. 141 WRV auch die Zulässigkeit konfessionsgebundener Staatsämter in der Anstaltsseelsorge folgt, ist hingegen umstritten (s.u. Rn. 401 ff.)

148 Aus dem Kriterium der notwendigen Verankerung im Grundgesetz folgt zudem, dass die sog. **Konkordatsprofessuren** verfassungsrechtliche Probleme aufwerfen. Es handelt sich um Professuren an staatlichen Hochschulen außerhalb der theologischen Fakultäten, die regelmäßig der Theologen- oder Lehrerausbildung dienen und deren Besetzung aufgrund von Konkordaten an die Zugehörigkeit der zu Berufenden zur katholischen Konfession bzw. an die Zustimmung der katholischen Kirche gebunden ist. Hinsichtlich der Zulässigkeit von Konkordatslehrstühlen werden zwei Auffassungen vertreten. Die **These von der verfassungsrechtlichen Unbedenklichkeit** der Konkordatsprofessuren wird im Wesentlichen auf den tatsächlichen Bedarf der katholischen Kirche an einer konfessionsorientierten Ausbildung ihrer Theologen und Lehrer auch in nichttheologischen Fächern gestützt. Ggf. wird ein landesverfassungsrechtlicher Gesetzgebungsauftrag unterstützend hinzugezogen.[29] Vorzugswürdig ist hingegen die **These von der Verfassungswidrigkeit** der Konkordatsprofessuren. Da die Konfessionsgebundenheit hier allein in den einschlägigen (Staatskirchen-) Verträgen, und nicht unmittelbar im Grundgesetz begründet ist, können Art. 140 GG i.V.m. Art. 137 Abs. 1 WRV und die speziellen Differenzierungsgebote nicht überspielt werden. Der bloße, d.h. nicht selbst verfassungsrechtlich abgesicherte Bedarf einer Religionsgemeinschaft vermag, auch wenn er in der Sache nachvollziehbar erscheint, verfassungsrechtlich fixierte Wertungen nicht außer Kraft zu setzen. Dies gilt wegen Art. 31 GG auch für den Fall, dass die Errichtung von Konkordatslehrstühlen landesverfassungsrechtlich geboten ist.[30] Insgesamt sind die Konkordatsprofessuren daher aus der Perspektive des Grundgesetzes verfassungswidrig. Diese Bewertung wird durch einen Blick auf das **supranationale Recht** gestützt, denn auch das Verbot einer Ungleichbehandlung aus Gründen der Religion in Beschäftigung und Beruf nach Art. 2 der Richtlinie 2000/78/EG (s.u. Rn. 197) steht einer „Reservierung von nichttheologischen Professuren für Angehörige einer bestimmten Religion" entgegen.[31]

▶ **Zu Fall 6:** Art. 13 OKiStG verstößt gegen das Verbot der Staatskirche aus Art. 140 GG i.V.m. Art. 137 Abs. 1 GG. Das hier verankerte Gebot der institutionellen bzw. organisatorischen Trennung von Staat und Religionsgemeinschaften verwehrt die Einführung staatskirchlicher Strukturen. Nach der Rspr. des BVerfG ist die Verbotsgrenze des Art. 137 Abs. 1 WRV überschritten, wenn einer Religionsgesellschaft Hoheitsbefugnisse gegenüber

---

28 Zur erforderlichen Verankerung im Grundgesetz auch *Ehlers.*, in: Sachs (Hrsg.), Art. 140 GG/Art. 136 WRV, Rn. 3.
29 *Ehlers.*, in: Sachs (Hrsg.), Art. 140 GG/Art. 136 WRV, Rn. 3; einen Gesetzgebungsauftrag enthält Art. 131 ff., 136 BayVerf.; dazu BayVerfGH, BayVBl 1980, 462 ff.; zur jüngeren Entwicklung in Bayern siehe *Waldhoff*, HSKR, Bd. 2, Rn. 77 ff.
30 Überzeugend *Korioth*, in: Dürig/Herzog/Scholz (Hrsg.), Art. 140 GG/Art. 136 WRV, Rn. 70; *Morlok*, in: H. Dreier (Hrsg.), Art. 140 GG/136 WRV, Rn. 17; *Jeand'Heur/Korioth*, Rn. 338 f.; *Classen*: Religionsrecht, Rn. 554; moderat *Waldhoff*, HSKR, Bd. 2, Rn. 77 ff.
31 *Heinig*: Öffentlich-rechtliche Religionsgesellschaften, S. 485. Grundlegend zur Richtlinie 2000/78/EG *Triebel*: Das europäische Religionsrecht, passim; insbesondere gegen die Zulässigkeit von Konkordatslehrstühlen ebd., S. 139.

Personen eingeräumt werden, die ihr nicht angehören. Eine solche Verleihung von Hoheitsbefugnissen liegt vor, wenn der Staat einer Religionsgemeinschaft durch Gesetz das Recht einräumt, Kirchensteuern auch von ihr nicht angehörenden Personen zu erheben. Diese Personen würden durch die Besteuerung von Staats wegen in unzulässiger Weise gezwungen, Religionsgemeinschaften finanziell zu unterstützen, denen sie nicht durch Mitgliedschaft verbunden sind. Dagegen kann nicht auf die vormalige Sonderstellung der Landeskirchen verwiesen werden, da mit Art. 137 Abs. 1 WRV gerade die letzten Reste des Staatskirchentums beseitigt wurden. Auch der Hinweis auf die allgemeine Kulturfunktion der Kirchen, die zweifellos besteht, vermag zwar eine allgemeine staatliche Förderung im Rahmen der Kooperation von Staat und Religionsgemeinschaften, nicht aber eine allgemeine Kirchbausteuer verfassungsrechtlich zu rechtfertigen. Schließlich kann sich auch die Wiedergutmachung nationalsozialistischen Unrechts nur im Rahmen des geltenden Verfassungsrechts vollziehen. Art. 13 OKiStG ist demnach verfassungswidrig. ◄

Wiederholungs- und Vertiefungsfragen

> Welche (verfassungs-) rechtliche Bedeutung hatte Art. 137 Abs. 1 WRV im Zeitpunkt seiner Verabschiedung? (Rn. 138)
> Welche Einwände können gegen die These von einer „strikten" und zugunsten der These von einer „freundlichen" Trennung von Staat und Kirche unter dem Grundgesetz vorgebracht werden? (Rn. 143)
> Was ist ein konfessionsgebundenes Staatsamt und wie lässt es sich verfassungsrechtlich legitimieren? (Rn. 146)

§ 6 Das Selbstbestimmungsrecht der Religionsgemeinschaften

▶ **Fall 7 (nach BVerfGE 53, 366):** Der Landtag des Bundeslandes L erlässt ein neues Krankenhausgesetz, das detaillierte Vorgaben für die künftige Organisationsstruktur von Krankenhäusern in privater und kirchlicher Trägerschaft enthält. So werden u.a. die Bildung eines ärztlichen Vorstands und einer Betriebsleitung sowie die Berufung eines leitenden Arztes vorgeschrieben und Beteiligungsrechte der Ärzteschaft und der sonstigen Mitarbeiter festgelegt. Die als Körperschaft des öffentlichen Rechts organisierte katholische Kirchengemeinde K, der als e.V. organisierte katholische Krankenhausverein V sowie die katholische Krankenhaus-GmbH betreiben in L jeweils als „katholisch" bezeichnete und von der katholischen Kirche als solche anerkannte Krankenhäuser. Sie erheben gegen das neue Krankenhausgesetz einzeln vor dem BVerfG eine Verfassungsbeschwerde. Zur Begründung führen sie an, dass die karitative (bzw. diakonische) Tätigkeit eine besonders wichtige Lebensäußerung des Christentums und der christlichen Kirchen sei, die vom Grundrecht der Religionsfreiheit umfasst werde. Im Übrigen verletze das Gesetz ihre in Art. 140 GG i.V.m. Art. 137 Abs. 3 WRV verankerte Freiheit, über ihre Organisation selbst zu bestimmen. Schließlich hätten sie – was zutrifft – für ihre Krankenhäuser ein eigenes Organisationsrecht geschaffen, das die spezifisch christlichen Vorstellungen von einer Dienstgemeinschaft aller Mitarbeitenden umsetze und das durch das neue Gesetz verdrängt werde. Hat die Verfassungsbeschwerde Aussicht auf Erfolg? ◀

I. Allgemeines

1. Rechtsgrundlagen

Gem. **Art. 140 GG i.V.m. Art. 137 Abs. 3 WRV** ordnet und verwaltet jede Religionsgesellschaft[1] ihre Angelegenheiten selbstständig innerhalb der Schranken des für alle geltenden Gesetzes. Dieses Selbstbestimmungsrecht der Religionsgemeinschaften kann auf eine lange verfassungsrechtliche Tradition zurückblicken; Vorläuferbestimmungen finden sich schon in Art. 12 PrVerf von 1848, Art. 147 der Paulskirchenverfassung von 1849 und in Art. 15 PrVerf von 1850. Unter dem Grundgesetz ist dieses Recht gleichbedeutend mit einer vollständigen Freistellung der Religionsgemeinschaften von staatlicher Aufsicht und Bevormundung in ihren eigenen Angelegenheiten.[2] Aufgrund dieser weit reichenden Bedeutung ist Art. 140 GG i.V.m. Art. 137 Abs. 3 WRV auch als „lex regia",[3] als „dritte Säule" (neben dem Grundrecht auf Religionsfreiheit und dem Trennungsgebot aus Art 140 GG i.V.m. Art. 137 Abs. 1 WRV)[4] bzw. als „bestimmendes Kennzeichen des deutschen Religionsverfassungsrechts"[5] bezeichnet worden.[6] Die Bedeutung des Selbstbestimmungsrechts der Religionsgemeinschaften wird zusätzlich durch eine regelmäßige Verankerung in den religionsverfassungsrechtlichen Verträgen

---

1 Zum Begriff der „Religionsgesellschaft" und der Vorzugswürdigkeit des Begriffs der Religionsgemeinschaft siehe *Unruh*, in: Huber/ Voßkuhle (Hrsg.), Art. 140 GG/Art. 137 WRV, Rn. 15 ff. Zur rechtlichen Gleichbedeutung beider Begriffe *Heinig*, EvStL, Sp.2012.
2 *Korioth*, in: Dürig/Herzog/Scholz u. a. (Hrsg.), Art. 140 GG/Art. 137 WRV, Rn. 17.
3 *M. Heckel*, ZevKR 1966/67, 1 (34, Anm. 7).
4 *V. Campenhausen/de Wall*, § 15, Rn. 1.
5 *Kästner*, in: Kahl/Waldhoff/Walter (Hrsg.), Art. 140, Rn. 289.
6 *Stern*, Staatsrecht, Bd. IV/2, S. 1241, weist zusätzlich auf den Zusammenhang des Selbstbestimmungsrechts mit der Trennung von Staat und Religionsgemeinschaften gem. Art. 140 GG i. V. m. Art. 137 Abs. 1 WRV hin: „Wenn Staat und Kirche getrennt sein sollen, ist es konsequent, dass die Kirche ihre Angelegenheiten auch eigenständig wahrnimmt."

(s.u. § 10) unterstrichen.⁷ Über Art. 17 AEUV bleibt. Ob dieses (mitgliedstaatliche) Selbstbestimmungsrecht auch in der EU über Art. 17 AEUV gesichert bleibt⁸, wird zunehmend fraglich (s.u. Rn. 199 a).

2. Dogmatischer Status

Umstritten ist das **Verhältnis des Art. 140 GG i. V. m. Art. 137 Abs. 3 WRV zu Art. 4 Abs. 1 und 2 GG**. Die **überwiegende Auffassung in Rspr. und Literatur** geht davon aus, dass zwar eine besondere Nähe zwischen beiden Garantien bestehe, das Selbstbestimmungsrecht der Religionsgemeinschaften jedoch nicht vollständig im Grundrecht der Religionsfreiheit aufgehe.⁹ Die korporative Religionsfreiheit biete – zumal in der gebotenen extensiven Interpretation – dem Selbstbestimmungsrecht einen „normativen Halt".¹⁰ Gleichwohl verbleibe dem Art. 140 GG i. V. m. Art. 137 Abs. 3 WRV ein **eigenständiger Regelungsgehalt**, der über die Garantie des Art. 4 Abs. 1 und 2 GG hinausgehe.¹¹ So könne die Grundstücksverwaltung oder die Buchführung der Religionsgemeinschaften nicht als Religionsausübung, wohl aber als Ausdruck ihres Selbstbestimmungsrechts angesehen werden. Insgesamt erweise sich Art. 140 GG i. V. m. Art. 137 Abs. 3 WRV nicht nur im Hinblick auf den Schrankenvorbehalt als **speziellere Norm**, die die Religionsfreiheit ergänze bzw. vervollständige: „Die Garantie freier Ordnung und Verwaltung der eigenen Angelegenheiten (Art. 137 Abs. 3 WRV) erweist sich als *notwendige*, wenngleich rechtlich selbstständige Gewährleistung, die der Freiheit des religiösen Lebens und Wirkens der Kirchen und Religionsgemeinschaften die zur Wahrnehmung dieser Aufgaben unerlässliche Freiheit der Bestimmung über Organisation, Normsetzung und Verwaltung hinzufügt ..."¹² Die h.M. geht weiter davon aus, dass das Selbstbestimmungsrecht mit der Verfassungsbeschwerde vor dem BVerfG geltend gemacht werden kann, obwohl Art. 140 GG keine Grundrechte enthalte. Die Religionsgemeinschaften müssten und könnten sich insofern auf Art. 4 Abs. 1 und 2 GG berufen, dessen Schutzbereich im Kern auch das Selbstbestimmungsrecht umfasse. Für die Feststellung der Zulässigkeit einer Verfassungsbeschwerde reiche dieser normative Zusammenhang der beiden Vorschriften aus. In der Begründetheitsprüfung sei das BVerfG nicht mehr auf eine Prüfung der Religionsfreiheit beschränkt, sondern könne auch den spezielleren Maßstab des Art. 140 GG i.V.m. Art. 137 Abs. 3 WRV heranziehen.¹³

Die **Gegenauffassung** betrachtet Art. 140 GG i.V.m. Art. 137 Abs. 3 WRV nicht nur als Grundrecht im materiellen Sinne, sondern originär als „grundrechtliche Bestimmung"¹⁴, d. h. als Freiheitsrecht der Religionsgemeinschaften auf Ordnung und Verwaltung der eigenen Angelegenheiten.¹⁵ Der Schutzbereich dieser Vorschrift werde vollständig von der korporativen Dimension des Art. 4 Abs. 1 und 2 GG umfasst, so dass insofern eine **„Schutzbereichsüberdeckung"** vorliege.¹⁶ Den Besonderheiten

150

151

---

7 Statt vieler: Art. 2 Abs. 1 Vertrag SH; Art. 1 Abs. 2 Vertrag HH.
8 So *Waldhoff*, in: Callies/Ruffert (Hrsg.), Art. 17 AEUV, Rn. 12 f.
9 *Korioth*, HSKR, Bd. 1, Rn. 1.
10 *Korioth*, in: Dürig/Herzog/Scholz (Hrsg.), Art. 140 GG/Art. 137 WRV, Rn. 20.
11 Etwa *Muckel*, in Friauf/Höfling (Hrsg.), Art. 140/Art. 137 WRV, Rn. 27.
12 BVerfGE 53, 366 (401); Hervorhebung im Original. Ebenso BVerfGE 66, 1 (20); 72, 278 (289). Zustimmend u.a. *Stern*, Staatsrecht, Bd. IV/2, S. 1243.
13 Siehe dazu u.a. *Jeand'Heur/Korioth*, Rn. 177.
14 *Ehlers*, in: Sachs (Hrsg.), Art. 140 GG/Art. 137 WRV, Rn. 4.
15 So auch *Korioth*, HSKR, Bd. 1, Rn. 1.
16 *Morlok*, in: H. Dreier (Hrsg.), Art. 140 GG/137 WRV, Rn. 12. Vorher schon *Listl*, Religionsfreiheit, S. 372 ff.

des Handelns von Organisationen werde durch den Schrankenvorbehalt Rechnung getragen.

152 In einer **Stellungnahme** ist zunächst festzuhalten, dass dieser Meinungsstreit kaum praktische Auswirkungen zeitigt, da beide Auffassungen zu Recht von der Möglichkeit einer Geltendmachung des Selbstbestimmungsrechts im Wege der Verfassungsbeschwerde ausgehen. Im Übrigen ist auch das in das Grundgesetz inkorporierte Selbstbestimmungsrecht aus Art. 137 Abs. 3 WRV als **spezifische Ausprägung der Religionsfreiheit** anzusehen (s.o. Rn. 68). Daraus folgt zunächst sein Charakter als freiheitsrechtliche Garantie mit den entsprechenden Auswirkungen auf das einschlägige Prüfungsschema (Schutzbereich – Eingriff – verfassungsrechtliche Rechtfertigung). Darüber hinaus kann im Hinblick auf die korporative Religionsfreiheit eine (sachliche) **Schutzbereichsidentität** angenommen und mit einem Hinweis auf die **Schutzpflichtendimension des Art. 4 Abs. 1 und 2 GG** begründet werden. Wenn nämlich die Schutzdimension der Religionsfreiheit zur Schaffung und Erhaltung der Bedingungen der Möglichkeit einer Grundrechtsausübung im Rahmen des rechtlich und tatsächlich Möglichen verpflichtet (s.o. Rn. 104 f.), dann ist davon auch das Recht der Religionsgemeinschaften umfasst, ihre Angelegenheiten selbst zu ordnen und zu verwalten. Das Selbstbestimmungsrecht der Religionsgemeinschaften – einschließlich des Rechts zur eigenen Buchführung und Grundstücks- sowie Vermögensverwaltung – ist damit identisch mit der korporativen Religionsfreiheit (s.o. Rn. 69). In diesem Sinn hat das BVerfG zutreffend festgestellt, dass das Selbstbestimmungsrecht der Religionsgemeinschaften in seiner „*funktionalen* Bedeutung auf Inanspruchnahme und Verwirklichung des Grundrechts der kollektiven Bekenntnis- und Kultfreiheit (Art. 4 GG) angelegt ist."[17] Art. 140 GG i. V. m. Art. 137 Abs. 3 WRV ist **inhaltlich** gegenüber Art. 4 Abs. 1 und 2 GG **die speziellere und daher vorrangig anzuwendende Norm**. Ihr Charakter als abschließende, spezifische Ausprägung der korporativen Religionsfreiheit wird nicht zuletzt am Vorbehalt „des für alle geltenden Gesetzes" deutlich: Die Religionsausübung der Religionsgemeinschaften wird aufgrund des unterschiedlichen Gefährdungspotentials anders als die rein individualrechtliche Dimension der Religionsfreiheit einem Schrankenvorbehalt unterworfen.[18] Im Ergebnis ist daher der Gegenauffassung zur (noch) überwiegenden Meinung in Rechtsprechung und Literatur der Vorzug zu geben. **Verfassungsprozessual** kann das Selbstbestimmungsrecht der Religionsgemeinschaften hingegen unmittelbar über die Schutzpflichtendimension des Art. 4 Abs. 1 und 2 GG im Wege der Verfassungsbeschwerde gem. Art. 93 a Abs. 1 Nr. 4 a GG, §§ 13 Nr. 8 a, 90 ff. BVerfGG geltend gemacht werden.

II. Der Schutzbereich des Selbstbestimmungsrechts

1. Der personelle Schutzbereich

153 Vom personellen Schutzbereich des Selbstbestimmungsrechts sind **alle Religionsgemeinschaften** umfasst, u.zw unabhängig von ihrem Rechtsstatus. Art. 140 GG i. V. m. Art. 137 Abs. 3 WRV gilt also für öffentlich-rechtliche Körperschaften, für privatrechtliche Vereine und für Gemeinschaften ohne eigene Rechtspersönlichkeit, solange sie

---

17 BVerfGE 42, 312 (322); Hervorhebungen vom Verfasser. Ähnlich die Ableitung des Selbstbestimmungsrechts der Religionsgemeinschaften aus dem Individualgrundrecht der Religionsfreiheit durch EGMRE 30/985/96 (Hasan and Chaush vs. Bulgaria); E 47 701/99 (Metropolitan Church of Bessarabia vs. Moldavia); dazu *Walter*: Religionsverfassungsrecht, S. 378 m.w.N.
18 Insoweit zutreffend *Morlok*, in: H. Dreier (Hrsg.), Art. 140 GG/137 WRV, Rn. 15.

§ 6 Das Selbstbestimmungsrecht der Religionsgemeinschaften   § 6

die begrifflichen Voraussetzungen für das Vorliegen einer Religionsgemeinschaft erfüllen.[19] Der **Begriff der Religionsgemeinschaft** wird – als säkularer Verfassungsbegriff (s.o. Rn. 9 ff.) – nach wie vor mithilfe einer Formulierung von *Gerhard Anschütz* definiert: Eine Religionsgemeinschaft ist danach in Abgrenzung zu religiösen Vereinen „ein die Angehörigen eines und desselben Glaubensbekenntnisses – oder mehrerer verwandter Glaubensbekenntnisse... – für ein Gebiet... zusammenfassender Verband zu allseitiger Erfüllung der durch das gemeinsame Bekenntnis gestellten Aufgaben".[20] Die bloße Behauptung und das Selbstverständnis, eine Gemeinschaft sei eine Religionsgemeinschaft, genügt nicht. Vielmehr muss es sich auch tatsächlich und nach geistigem Inhalt und äußerem Erscheinungsbild um eine Religionsgemeinschaft handeln.[21] Dies am Maßstab der Plausibilität zu beurteilen, obliegt den staatlichen Organen, letztlich den staatlichen Gerichten. Der Anwendungsbereich des Selbstbestimmungsrechts wird nach ganz überwiegender Ansicht auf die rechtlich selbstständigen Untergliederungen und **Einrichtungen** der organisierten Religionsgemeinschaften erweitert. So werden nach der für die christlichen Kirchen entwickelten und gefestigten Rspr. des BVerfG alle der „Kirche in bestimmter Weise zugeordneten Einrichtungen ohne Rücksicht auf ihre Rechtsform (umfasst), bei deren Ordnung und Verwaltung die Kirche grundsätzlich frei ist, wenn die Einrichtungen nach kirchlichem Selbstverständnis ihrem Zweck oder ihrer Aufgabe entsprechend berufen sind, ein Stück des Auftrags der Religionsgemeinschaft wahrzunehmen und zu erfüllen."[22] Dies gilt im Wesentlichen für die karitativen bzw. diakonischen Einrichtungen, die nicht der umfassenden, sondern nur der partiellen Pflege des religiösen Lebens gewidmet sind, z.B. für (kirchliche) Kindertagesstätten, Krankenhäuser etc.[23] Allerdings kommt das Selbstbestimmungsrecht diesen Einrichtungen nicht aus eigenem Recht zu, sondern nur vermittelt über die Religionsgemeinschaft, der sie zugeordnet sind.[24] Trägerin des Rechts aus Art. 140 GG i.V.m. Art. 137 Abs. 3 WRV bleibt die betreffende Religionsgemeinschaft, die aber gerade aufgrund des Selbstbestimmungsrechts darüber entscheiden kann, ob und in welchem Ausmaß sie rechtlich selbstständige, aber ihr zuzuordnende Einrichtungen daran teilhaben lässt.[25] Aus diesem verfassungsdogmatischen Grund vermag die restriktive, gegen die Ausdehnung des Anwendungsbereichs des Selbstbestimmungsrechts gerichtete Ansicht nicht zu überzeugen.[26]

2. Der sachliche Schutzbereich

Der sachliche Schutzbereich des Art. 140 GG i.V.m. Art. 137 Abs. 3 WRV umfasst das Ordnen und Verwalten der eigenen Angelegenheiten der Religionsgemeinschaften. Geschützt ist damit der gesamte Bereich ihrer Aufgaben und Tätigkeitsbereiche. Wie das zugrunde liegende Grundrecht der Religionsfreiheit, so sind auch diese Elemente des Selbstbestimmungsrechts als säkulare, verfassungsrechtliche Rahmenbegriffe unter

154

---

19 BVerfGE 99, 100 (120); *v. Campenhausen/de Wall*, § 15, Rn. 1.
20 *Anschütz*, S. 633; Übernahme dieser Formulierung etwa in BVerwGE 123, 49 (54).
21 BVerfGE 83, 341 (353 – Bahá'í).
22 Vgl. BVerfGE 46, 73 (85 ff.); 53, 366 (391); 70, 138 (162 ff.); zustimmend u.a. *Isak*, S. 81 f., 287 ff.; *Morlok*, Selbstverständnis, S. 388 ff.
23 Konkretisierte Zuordnungskriterien sind inzwischen von der EKD für den Bereich der evangelischen Einrichtungen erarbeitet worden: Zuordnungsrichtlinie vom 8.10.2007, ABl.-EKD 2007, 405.
24 Zu den Kriterien der Zuordnung *Glawatz*, ZevKR 51 (2006), 352 ff.
25 Vgl. *Korioth*, in: Dürig/Herzog/Scholz (Hrsg.), Art. 140 GG/Art. 137 WRV, Rn. 19; *Stern*, Staatsrecht, Bd. IV/2, S. 1245.
26 Diese Ansicht wird u. a. vertreten von *Wieland*, Der Staat 25 (1986), 321 (342 ff.).

Berücksichtigung des Selbstverständnisses der jeweiligen Religionsgemeinschaft weit auszulegen.

a) Ordnen und Verwalten

155 Das selbstständige **Ordnen** betrifft die eigenständige Rechtsetzung der Religionsgemeinschaften in eigenen Angelegenheiten.[27] Das Inkrafttreten kirchlicher Rechtsvorschriften kann nicht einseitig vom Staat an Vorlagepflichten oder Genehmigungsvorbehalte gebunden werden. Damit werden jedoch vertraglich begründete Mitteilungs- und Vorlagepflichten nicht ausgeschlossen; sie finden sich in zahlreichen religionsverfassungsrechtlichen Verträgen.[28] Aus der Neutralitätspflicht des Staates und dem Trennungsgebot folgt, dass die Religionsgemeinschaften im Bereich der eigenen Angelegenheiten eine **originäre Normsetzungskompetenz** ausüben.[29] Wenn und soweit die (als Körperschaft des öffentlichen Rechts organisierten) Religionsgemeinschaften hingegen Recht setzen dürfen, das den Wirkungskreis der eigenen Angelegenheiten übersteigt, handelt es sich um eine autonome, d.h. vom Staat verliehene Normsetzungskompetenz. Dies ist etwa der Fall bei Regelungen über die vermögensrechtliche Dimension der öffentlich-rechtlichen Dienstverhältnisse der Mitarbeiterinnen und Mitarbeiter von Religionsgemeinschaften.[30]

156 Das Recht der Religionsgemeinschaften zum selbstständigen **Verwalten** der eigenen Angelegenheiten umfasst die „freie Betätigung (ihrer) Organe zur Verwirklichung der jeweiligen Aufgaben".[31] Dazu gehört zunächst die Verwaltung im engeren Sinne, d. h. die Umsetzung des eigenen Rechts und der darauf beruhenden Beschlüsse auf der Grundlage eines eigenen Verfahrensrechts. Dazu zählen ferner Bestimmungen über die interne Organisation, insbesondere über die Leitung der jeweiligen Religionsgemeinschaft. Im Übrigen umfasst der Begriff des Verwaltens auch die Befugnis zur Errichtung einer eigenständigen Gerichtsbarkeit in eigenen Angelegenheiten und zum Erlass des erforderlichen Verfahrensrechts. In Art. 140 GG i.V.m. Art. 137 Abs. 3 S. 2 WRV wird den Religionsgemeinschaften schließlich das Recht zugesprochen, „ihre Ämter ohne Mitwirkung des Staates oder der bürgerlichen Gemeinde" zu verleihen. Die freie Ämterbesetzung ist bereits Teil des Selbstverwaltungsrechts der Religionsgemeinschaften und wird nur aus historischen Gründen gesondert aufgeführt, weil dieser Aspekt der Freiheitsgarantie faktisch stets in besonderem Maße bedroht war.[32]

b) Die eigenen Angelegenheiten

aa) Dogmatische Grundlegung

157 Den Bezugspunkt für das eigenständige „Ordnen" und „Verwalten" bilden die eigenen Angelegenheiten der Religionsgemeinschaften. Die normative Reichweite des Selbstbestimmungsrechts nach Art. 140 GG i.V.m. Art. 137 Abs. 3 WRV erschließt sich daher erst mit der Auslegung des Begriffs der eigenen Angelegenheiten. So verwundert es nicht, dass die Dogmatik gerade zu diesem Teilaspekt des Selbstbestimmungsrechts der

---

27 So schon *Anschütz*, S. 635; aus jüngerer Zeit *Jeand'Heur/Korioth*, Rn. 180.
28 Statt vieler Art. 12, 13 StKiV-SH;.
29 *Muckel*, in Friauf/Höfling (Hrsg.), Art. 140/Art. 137 WRV, Rn. 32; *Kästner*, in: Kahl/Waldhoff/Walter (Hrsg.), Art. 140 Rn. 315 ff.
30 Zu dieser Unterscheidung *v. Campenhausen/de Wall*, § 15, Rn. 21.
31 *V. Campenhausen/de Wall*, § 15, Rn. 19; ebenso *Korioth*, HSKR, Bd. 1, Rn. 31.
32 *Kästner*, in: Kahl/Waldhoff/Walter (Hrsg.), Art. 140 Rn. 323; *Korioth*, HSKR, Bd. 1, Rn. 4.

§ 6 Das Selbstbestimmungsrecht der Religionsgemeinschaften

Religionsgemeinschaften nicht geradlinig verlaufen und auch heute noch umstritten ist. Im Wesentlichen lassen sich **vier Entwicklungsschritte** unterscheiden, die je für sich zum Verständnis der aktuellen Dogmatik beitragen.[33]

In seinem grundlegenden Kommentar zur Weimarer Reichsverfassung hat *Gerhard Anschütz* die Auffassung vertreten, dass sich der Umfang des Selbstbestimmungsrechts aus dem Normtext selbst erschließen müsse. Die Bedeutung des insoweit maßgeblichen Begriffs der eigenen Angelegenheiten sei von der Verfassung objektiv vorgegeben. Folglich müsse sie von den dazu berufenen staatlichen Stellen durch **Auslegung** bestimmt und ggf. durch die staatlichen Gerichte verbindlich festgelegt werden.[34] Ebenfalls noch zur Zeit der Geltung der Weimarer Reichsverfassung hat *Godehard Josef Ebers* nach einem materiellen Maßstab für die Abgrenzung der eigenen Angelegenheiten der Religionsgemeinschaften von den staatlichen Angelegenheiten gesucht und meinte ihn in der „**Natur der Sache**", d.h. in der Zweckbeziehung bzw. Zweckbestimmung der jeweiligen Angelegenheiten gefunden zu haben.[35] Das BVerfG hat sich in seiner frühen Rspr. zum Religionsverfassungsrecht diesen Maßstab ausdrücklich zu eigen gemacht.[36] Nach beiden Auffassungen kommt den staatlichen Rechtsanwendungsinstanzen die Letztentscheidung über die Frage zu, was als eigene Angelegenheit der Religionsgemeinschaften anzusehen ist. Gegen diese objektivierende Betrachtungsweise lässt sich einwenden, dass sie im Widerspruch zu den religionsverfassungsrechtlichen Grundentscheidungen der Neutralität des Staates und der Trennung von Staat und Religionsgemeinschaften steht. Mit der Verortung der Definitionsmacht beim Staat, der über die verbindliche Auslegung des Normtextes bzw. die Zuordnung der jeweiligen Angelegenheiten am Maßstab der „Natur der Sache" entscheiden soll, würde das in Art 140 GG i.V.m. Art. 137 Abs. 3 WRV gewährleistete Selbstbestimmungsrecht zurückgenommen, denn die Bestimmung der Reichweite dieses Rechts läge (ausschließlich!) in der Zuständigkeit staatlicher Stellen.[37] Dem die Religionsfreiheit gewährleistenden, weltanschaulich-neutralen Staat fehlt aber die Kompetenz, den Inhalt religionsverfassungsrechtlicher Rahmenbegriffe selbst zu bestimmen.[38] Im Übrigen bietet der unbestimmte Begriff der „Natur der Sache" genügend Raum für divergierende Festlegungen der eigenen Angelegenheiten. Selbst wenn also eine staatliche Definitionskompetenz anerkannt werden könnte, wäre kein hinreichend konkretes Differenzkriterium vorhanden, um die religionsgemeinschaftlichen von den staatlichen Angelegenheiten zu unterscheiden.

158

Aus den vorstehend genannten Gründen gehen die aktuelle Rspr. des BVerfG und die ganz überwiegende Literatur davon aus, dass das **Selbstverständnis der Religionsgemeinschaften** für die Bestimmung ihrer eigenen Angelegenheiten maßgeblich ist. Damit wird die Kompetenz zur Qualifizierung einer Angelegenheit als eigene – in diametraler Entgegensetzung zu den objektivierenden Ansätzen – in die Hände der Religionsgemeinschaften selbst gelegt.[39] Sofern diese Auffassung die Berücksichtigung des

159

---

33 Zur Entwicklung der aktuellen Dogmatik auch *Stern*, Staatsrecht, Bd. IV/2, S. 1245 ff.
34 *Anschütz*, S. 635 f.; aus jüngerer Zeit zustimmend *Wieland*, Der Staat 25 (1986), 323 (346); jedenfalls primär auf die Auslegung abstellend *Ehlers*, in: Sachs (Hrsg.), Art. 140 GG/Art. 137 WRV, Rn. 6.
35 *Ebers*, S. 258 ff.
36 BVerfGE 18, 385 (387).
37 So auch *Korioth*, in: Dürig/Herzog/Scholz (Hrsg.), Art. 140 GG/Art. 137 WRV, Rn. 28.
38 Zum verfassungsrechtlichen Rahmenbegriff der „Religion" i.S.d. Art. 4 Abs. 1 und 2 GG s.o. § 3 Rn. 31.
39 Vgl. BVerfGE 137, 273 (307 f.); 70, 138 (166 ff.); *Isak*, S. 210 ff., 222 ff.; *Morlok*, in: H. Dreier (Hrsg.), Art. 140 GG/137 WRV, Rn. 47. Für die Rückkehr zu einer objektivierenden Beschränkung der eigenen Angelegenheiten der Religionsgemeinschaften *Schlink*, JZ 2013, 209 ff.; dagegen *Neureither*, JZ 2013, 1089 ff.

Selbstverständnisses der Religionsgemeinschaften bei der Bestimmung ihrer eigenen Angelegenheiten anmahnt, ist ihr zuzustimmen. Ebenso wie beim Begriff der Religion (s.o. Rn. 91 ff.) ist aber auch hier – d.h. mit dem vierten Entwicklungsschritt – von einer Verabsolutierung des Standpunkts der Religionsgemeinschaften abzusehen. Anderenfalls liefe der sachliche Schutzbereich des Selbstbestimmungsrechts Gefahr, sämtliche Konturen zu verlieren. Die bloße Behauptung einer Religionsgemeinschaft, eine Angelegenheit sei ihre eigene und keine staatliche, genügt also nicht. Vielmehr obliegt es den staatlichen Rechtsanwendungsinstanzen, diese Behauptung (zumindest) auf ihre **Plausibilität** zu überprüfen.[40] Das Selbstverständnis der Religionsgemeinschafen spielt also auch im Rahmen des Art. 140 GG i.V.m. Art. 137 Abs. 3 WRV – wie im gesamten Religionsverfassungsrecht des Grundgesetzes – eine gewichtige, wenn auch keine exklusive Rolle. Im Ergebnis zählen zu den eigenen Angelegenheiten i.S.d. Art. 140 GG i.V.m. Art. 137 Abs. 3 WRV alle Aufgaben und Tätigkeitsbereiche, die vom konkreten religionsgemeinschaftlichen Auftrag umfasst und nach dem auf Plausibilität überprüften Selbstverständnis der jeweiligen Religionsgemeinschaft für die Erfüllung dieses Auftrages erforderlich sind.[41]

bb) Konkretisierung

160 Auf dieser dogmatischen Grundlage kann im Folgenden ein erster Überblick über die anerkannten Bereiche der eigenen Angelegenheiten der Religionsgemeinschaften gegeben werden.[42] Die Spezialbereiche des Mitgliedschaftsrechts, des religionsgemeinschaftlichen Arbeitsrechts und des Rechtsschutzes gegen Maßnahmen von Religionsgemeinschaften werden gesondert erörtert.

161 Zu den eigenen Angelegenheiten der Religionsgemeinschaften zählt zunächst der Bereich von **Lehre und Kultus**. Darunter fallen u.a. die verbindliche Festlegung der eigenen Bekenntnisgrundlagen, die Verkündigung der Lehre und die Ausgestaltung der Gottesdienste, ggf. die Verwaltung der Sakramente und die praktische Seelsorge.

162 Vom Selbstbestimmungsrecht umfasst sind auch **Verfassung und Organisation** der Religionsgemeinschaften. Dazu zählt zunächst die rechtliche Gestaltung des institutionellen Aufbaus, etwa die Errichtung von (Kirchen-) Gemeinden oder die Untergliederung in andere gebietsbezogene Teilbereiche. Ferner können die Religionsgemeinschaften auch über die Gestalt ihrer internen Organisationsstruktur ohne staatliche Einwirkung entscheiden, d. h. die für den staatlichen Bereich geltenden Prinzipien der Demokratie und der Gewaltenteilung sind nicht kraft staatlichen Rechts auf die Religionsgemeinschaften übertragbar. Daher sind neben demokratischen und gewaltenteilenden Organisationsformen grundsätzlich auch hierarchische oder autoritäre Leitungsstrukturen geschützt.[43] Im weiteren Sinne gehört auch die Errichtung einer eigenen Gerichtsbarkeit zu diesem Teilaspekt der eigenen Angelegenheiten. Schließlich fallen insofern auch die Errichtung und Einrichtung von Behörden und Ämtern sowie die freie Besetzung dieser Ämter in den Bereich des Selbstbestimmungsrechts. Die Freiheit der religions-

---

40 Ebenso u. a. *Muckel*, in Friauf/Höfling (Hrsg.), Art. 140/Art. 137 WRV, Rn. 35; *Ehlers*, in: Sachs (Hrsg.), Art. 140 GG/Art. 137 WRV, Rn. 6, mit dem zutreffenden Hinweis auf die Parallele zu BVerfGE 83, 341 (353); *Classen*: Religionsrecht, Rn. 261. Ähnlich *Korioth*, in: Dürig/Herzog/Scholz (Hrsg.), Art. 140 GG/Art. 137 WRV, Rn. 29, der den Religionsgemeinschaften eine entsprechende „Darlegungslast" zuweist.
41 Ebenso BVerfGE 137, 273 (307 f.).
42 Zum Folgenden siehe auch die Aufzählungen bei *Unruh*, in: Huber/ Voßkuhle (Hrsg.), Art. 140 GG/Art. 137 WRV, Rn. 29 ff.
43 Vgl. BVerwGE 105, 117 (124); im weiten Kontext der Verfassungstheorie *H. Dreier*, RW 2010, 11 (27 f.).

gemeinschaftlichen Ämterbesetzung wird in Art. 140 GG i.V.m. Art. 137 Abs. 3 S. 2 WRV ausdrücklich betont (s.o. Rn. 156). Konstitutive staatliche Mitwirkungsrechte bei der Besetzung dieser Ämter können unter dem Grundgesetz also auch vertraglich nicht begründet werden. Die Freiheit der Ämterbesetzung steht nicht zur Disposition der Religionsgemeinschaften; Art. 140 GG i.V.m. Art. 137 Abs. 3 WRV bildet insofern keine Verhandlungsmasse.[44] In diesem Zusammenhang sind die sog. „Politischen Klauseln" in religionsverfassungsrechtlichen Verträgen bedeutsam, die dem Staat das Recht einräumen, vor der Berufung leitender Geistlicher (etwa Bischöfinnen bzw. Bischöfen) Bedenken geltend zu machen.[45] Ihnen kommt insbesondere in den evangelischen Kirchen aufgrund des einschlägigen Wahlverfahrens zur Bestimmung der Bischöfinnen bzw. Bischöfe keine praktische Bedeutung mehr zu, so dass sie in die jüngeren religionsverfassungsrechtlichen Verträge nur noch als Mitteilungspflichten aufgenommen wurden.[46]

Die **Ausbildung der Geistlichen** ist ebenfalls eine eigene Angelegenheit der Religionsgemeinschaften. Davon umfasst ist die Errichtung und Unterhaltung eigener Ausbildungsstätten, auch in der Form von Hochschulen.[47] Die theologischen Fakultäten an staatlichen Universitäten zählen hingegen zu den Formen des Zusammenwirkens von Staat und Religionsgemeinschaften (s.u. § 13).

Ferner unterfällt die Festlegung der **Rechte und Pflichten der Mitglieder** dem Selbstbestimmungsrecht aus Art. 140 GG i.V.m. Art. 137 Abs. 3 WRV. Dazu zählen Regelungen über den Ein- und Austritt, die mitgliedschaftliche Stellung sowie über den Ausschluss aus der jeweiligen Religionsgemeinschaft. Gleiches gilt für das Disziplinarrecht und ggf. das Lehrbeanstandungsverfahren.

Auch die **Vermögensverwaltung** gehört zu den eigenen Angelegenheiten der Religionsgemeinschaften. Einschlägig sind etwa die Errichtung, der Unterhalt sowie der Erhalt der für den Gottesdienst und die Leitungs- bzw. Verwaltungsorgane erforderlichen Gebäude einschließlich deren Ausstattung. Insoweit tritt die Eigentumsgarantie aus Art. 14 Abs. 1 GG, auf die sich die Religionsgemeinschaften über Art. 19 Abs. 3 GG ebenfalls berufen können, zurück.[48] Im Übrigen kann auch die wirtschaftliche Betätigung einer Religionsgemeinschaft den eigenen Angelegenheiten zugeordnet werden (s.o. Rn. 100).

Nach zutreffender, wenngleich umstrittener Auffassung fällt auch das religionsgemeinschaftliche bzw. kirchliche **Friedhofswesen** in den Schutzbereich des Selbstbestimmungsrechts der Religionsgemeinschaften.[49] Entsprechende Absicherungen finden sich in den Bestattungsgesetzen der Länder und in religionsverfassungsrechtlichen Verträgen. Es handelt sich hier nicht um eine vermeintliche „res mixtae", da mit den kirchlichen Friedhöfen nicht zugleich eine staatliche Aufgabe erfüllt wird, sondern der Staat allenfalls aus ordnungspolitischen Gründen ein Interesse an der Materie hat. Der Staat hat daher den Religionsgemeinschaften auch nicht etwa die Aufgabe des Friedhofswesens übertragen (können). Vielmehr sind „die Kommunen als Fried-

---

44 Ebenso *Ehlers*, in: Sachs (Hrsg.), Art. 140 GG/Art. 137 WRV, Rn. 9.
45 Vgl. Art. 14 Abs. 2 Reichskonkordat vom 20.7.1933; Art. 7 Vertrag Nds.
46 Vgl. *H. Weber*, NVwZ 1994, 759 (765).
47 Dazu *Korioth*, HSKR, Bd. 1, Rn. 22.
48 Vgl. *Isensee*, JZ 2004, 912 (913).
49 Ebenso *Jeand'Heur/Korioth*, Rn. 340; *Ehlers*, in: Sachs (Hrsg.), Art. 140 GG/Art. 137 WRV, Rn. 8. A.A. aber BVerwGE 105, 117 ff., *Morlok*, in: H. Dreier (Hrsg.), Art. 4 Rn. 105.

hofsträger neben die Kirchen getreten".⁵⁰ Allein die kirchliche Teilhabe am Betrieb kommunaler Friedhöfe kann als Form der Zusammenarbeit von Staat und Religionsgemeinschaften gewertet werden. Der Betrieb eigener Friedhöfe sowie die Ausgestaltung der Benutzungsverhältnisse einschließlich der Benutzungsgebühren bzw. -entgelte unterfällt hingegen dem Art. 140 GG i.V.m. Art. 137 Abs. 3 WRV. Als Körperschaften des öffentlichen Rechts organisierte Religionsgemeinschaften können entsprechende Regelungen in einer (Friedhofs-) Satzung niederlegen. In der Praxis nimmt ein kirchlicher Friedhof in seinem jeweiligen Einzugsgebiet eine Monopolstellung ein. Dann können Beschränkungen des Selbstbestimmungsrechts zugunsten einer Pflicht zur Aufnahme Konfessionsfremder erfolgen.⁵¹

167 Schließlich stellen die **karitative bzw. diakonische Tätigkeit** speziell der christlichen Kirchen sowie die Wohlfahrtspflege anderer, etwa islamischer Religionsgemeinschaften⁵² eine gewichtige eigene Angelegenheit i.S.d. Art. 140 GG i. V. m. Art. 137 Abs. 3 WRV dar. Im Bereich sozialer Dienste – so etwa in der Kranken-, Jugend-, Familien-, Alten- und Behindertenhilfe – genießen die Träger der freien, also auch der kirchlichen Wohlfahrtspflege Schutz vor einem Verdrängungswettbewerb mit vergleichbaren staatlichen bzw. kommunalen Einrichtungen. Nach der Rspr. des BVerfG gilt im Verhältnis beider Sphären der Subsidiaritätsgrundsatz zugunsten der freien Träger; gefordert sind eine sinnvolle Zusammenarbeit und eine vernünftige Arbeitsteilung.⁵³

168 Nicht zu den eigenen Angelegenheiten zählt hingegen das (in vorrechtsstaatlicher Zeit wurzelnde) sog. **Kirchenasyl**, mit dem Asylbewerber nach Ablehnung ihres Asylantrags und der Androhung ihrer Abschiebung durch staatliche Stellen vorübergehende Aufnahme in (bisher ausschließlich) kirchlichen Räumen finden.⁵⁴ Dies folgt z.T. bereits aus den Erklärungen der betreffenden Religionsgemeinschaften selbst, etwa aus den einschlägigen Thesen der EKD aus dem Jahre 1994, in denen das Kirchenasyl in den Bereich der persönlichen Glaubens- und Gewissensentscheidung der handelnden Geistlichen und Gemeinden verwiesen wird.⁵⁵ Im Übrigen kann es keine eigene Angelegenheit der Religionsgemeinschaften sein, die weltliche Rechtsstellung der eigenen Mitglieder oder Außenstehender zu gestalten. Sofern die Religionsfreiheit der unmittelbar Handelnden einschlägig ist, greifen die verfassungsimmanenten Schranken der Funktionsfähigkeit der Rechtsordnung in Gestalt der Durchsetzbarkeit staatlichen Rechts (s.o. Rn. 134).⁵⁶

III. Eingriffe in den Schutzbereich

169 Die Verletzung des Art. 140 GG i.V.m. Art. 137 Abs. 3 WRV setzt voraus, dass ein Eingriff in den Schutzbereich des Selbstbestimmungsrechts vorliegt. Nach der aktuellen und zutreffenden Grundrechtsdogmatik gilt als **Eingriff** jede dem Staat zurechenbare Maßnahme, die dem Grundrechtsträger ein Verhalten, das vom Schutzbereich eines

---

50 *V. Campenhausen/de Wall*, § 23, Rn. 2.
51 Dazu u. a. *Jeand'Heur/Korioth*, Rn. 342 m.w.N.
52 Dazu *Ceylan/Kiefer*, passim.
53 Vgl. BVerfGE 22, 180 ff.
54 Wie hier u. a. *Morlok*, in: H. Dreier (Hrsg.), Art. 140 GG/137 WRV, Rn. 48; *Jeand'Heur/Korioth*, Rn. 133 ff.; *Ehlers*, in: Sachs (Hrsg.), Art. 140 GG/Art. 137 WRV, Rn. 7, jeweils m.w.N.; a. A. *Geis*, JZ 1997, 60 (63 – Kirchenasyl als karitative Tätigkeit); *Görisch*, S. 267 ff. Zu den historischen Erscheinungsformen des Kirchenasyls siehe *Robbers*, AöR 113 (1988), 30 (32 ff.) m.w.N.
55 Dazu *v. Münch*, NJW 1995, 565.
56 Siehe dazu auch OLG München, Urt. v. 3.5.2018 – Az. 4 OLG 13 Ss 54/18 -: Der Senat machte deutlich, dass das Kirchenasyl kein in der geltenden Rechtsordnung anerkanntes Rechtsinstitut ist.

§ 6 Das Selbstbestimmungsrecht der Religionsgemeinschaften

Grundrechts umfasst ist, ganz oder teilweise unmöglich macht, sofern jedenfalls die Bagatellgrenze überschritten ist (s.o. Rn. 109). Für das Selbstbestimmungsrecht gilt daher, dass jede dem Staat zurechenbare rechtliche oder faktische Beeinträchtigung der Religionsgemeinschaften in ihrem freien Ordnen und Verwalten eigener Angelegenheiten als Eingriff in den Schutzbereich des Art. 140 GG i.V.m. Art. 137 Abs. 3 WRV gewertet werden muss. Beispiele liefern etwa staatliche Warnungen vor Religionsgemeinschaften (s.o. Rn. 116 ff.), die Reglementierung des Glockenläutens und des Muezzin-Rufes in Lärmschutznormen[57] sowie die Kontrolle über die Verwendung staatlicher Zuwendungen durch staatliche Rechnungshöfe.[58]

IV. Die verfassungsrechtliche Rechtfertigung von Eingriffen

1. Allgemeines

Nach Art. 140 GG i.V.m. Art. 137 Abs. 3 WRV wird das Selbstbestimmungsrecht der Religionsgemeinschaften „innerhalb der Schranken des für alle geltenden Gesetzes" gewährleistet. Da die in Art. 137 Abs. 3 S. 2 WRV erwähnte Freiheit der Ämterverleihung sachlich bereits dem freien Verwalten der eigenen Angelegenheiten i.S.d. Art. 137 Abs. 3 S. 1 WRV unterfällt, gilt der Schrankenvorbehalt – entgegen dem Anschein aus dem Wortlaut der Vorschrift – für den gesamten Schutzbereich des Selbstbestimmungsrechts.[59] Der Schrankenvorbehalt bezieht sich ausdrücklich auf die für alle geltenden **Gesetze**. Daraus folgt zunächst, dass die Beschränkung des Selbstbestimmungsrechts über formelle Bundes- oder Landesgesetze erfolgen muss.[60] Darüber hinaus besteht seit der Entstehung des Art. 137 Abs. 3 WRV bis heute keine Einigkeit über die Auslegung des Schrankenvorbehalts.[61]

170

2. Der Inhalt des Schrankenvorbehalts

In der **Weimarer Zeit** wurde zunächst ein rein **formales Verständnis** der Schranke des für alle geltenden Gesetzes vertreten; gemeint seien Gesetze, die für jede Person gelten: „Für alle ist gleichbedeutend mit ‚für jedermann'".[62] Gegen die Übernahme dieser i.E. extensiven Formel spricht, dass der spezifische Bedeutungsgehalt des Selbstbestimmungsrechts der Religionsgemeinschaften in seiner Eigenschaft als Ausprägung der Religionsfreiheit im Rahmen der Schranken keine Berücksichtigung fände. Im Verhältnis zum hohen Schutzniveau des Art. 4 Abs. 1 und 2 GG läge darin eine nicht zu rechtfertigende und daher nicht hinzunehmende Diskrepanz.[63] Noch in der Literatur zum Religionsverfassungsrecht der Weimarer Reichsverfassung wurde diesem formalen ein materiales Verständnis in Gestalt der sog. **Heckel'schen Formel** entgegengehalten. Ausgehend von dem Grundverständnis, dass Staat und Religionsgemeinschaften (bzw. die

171

---

57 Dazu *Troidl*, DVBl 2012, 925 ff.
58 Dazu *Morlok*, in: H. Dreier (Hrsg.), Art. 140 GG/137 WRV, Rn. 50 ff. m.w.N.
59 Ebenso, wenn auch mit anderer Begründung *Morlok*, in: H. Dreier (Hrsg.), Art. 140 GG/137 WRV, Rn. 54; a. A. *Lücke*, EuGRZ 1995, 651 (654 ff.).
60 Ebenso u.a. *Korioth*, HSKR, Bd. 1, Rn. 33.
61 Zur Entwicklung der aktuellen Dogmatik auch *Stern*, Staatsrecht, Bd. IV/2, S. 1254 ff.; *Muckel*, in Friauf/Höfling (Hrsg.), Art. 140/Art. 137 WRV, Rn. 48 ff.
62 *Anschütz*, S. 636, der allerdings darauf hinweist, dass mit dieser Formel die Zulässigkeit von Sonderrecht für Religionsgemeinschaften nicht in Frage gestellt werde. Zum Streit in der Weimarer Staatsrechtslehre um die adjektivische („alle Religionsgemeinschaften") oder subjektivische („alle Personen, jedermann") Auslegung des Worts „alle" in Art. 137 Abs. 3 S. 1 WRV siehe *Könemann*, S. 354 ff.
63 Ebenso *Isak*, S. 231.

christlichen Großkirchen) grundsätzlich einander gleichgeordnet seien, lehnte *Johannes Heckel* eine Auslegung der Schrankenklausel ab, mit der die Religionsgemeinschaften – wie andere Verbände auch – einem allgemeinen Gesetzesvorbehalt unterworfen wurden. Als für alle geltendes Gesetz i.S.d. Art. 137 Abs. 3 WRV könne daher nur ein solches Gesetz gelten, „das trotz grundsätzlicher Bejahung der kirchlichen Autonomie vom Standpunkt der Gesamtnation als sachlich notwendige Schranke der kirchlichen Freiheit anerkannt werden muss; m.a.W. jedes für die Gesamtnation als politische, Kultur- und Rechtsgemeinschaft unentbehrliche Gesetz, aber auch nur ein solches Gesetz."[64] Diese Formel wurde in der frühen Rechtsprechung und Literatur unter dem Grundgesetz rezipiert. Sie findet auch in der aktuellen Debatte einen gewissen (modifizierten) Widerhall, wenn das für alle geltende Gesetz aufgefasst wird als Gesetz, das „zwingenden Erfordernissen des friedlichen Zusammenlebens von Staat und Kirche in einem religiös und weltanschaulich neutralen politischen Gemeinwesen entspricht."[65] Gegen die (nicht modifizierte) Heckel'sche Formel lassen sich zumindest vier **Einwände** formulieren.[66] So ist schon die Ausgangsprämisse der Koordination von Staat und Religionsgemeinschaften problematisch (s.o. Rn. 44 f.). Zweitens ist das Kriterium der Unentbehrlichkeit für die Gesamtnation inhaltlich zu unpräzise und eröffnet einer freien, nicht notwendig am Verfassungsrecht orientierten Auslegung weite Spielräume. Drittens bleibt dieses Kriterium auch dann unzulänglich, wenn es in seinem Gehalt präzisiert werden könnte. Denn wie insbesondere die historische Erfahrung zeigt, sind nicht alle aus der Sicht der „Gesamtnation" unentbehrlichen Gesetze für die Religionsgemeinschaften hinnehmbar. Andererseits müssen diese sich auch vermeintlich weniger grundlegenden Gesetzen – etwa aus dem Bau- oder Straßenverkehrsrecht – beugen. Schließlich würde – viertens – das Selbstbestimmungsrecht der Religionsgemeinschaften mit diesem besonderen Schrankenkriterium von der Schrankendogmatik der anderen Freiheitsrechte abgekoppelt. Aus diesen Gründen wird die Heckel'sche Formel in ihrer ursprünglichen Gestalt in der aktuellen Debatte nicht mehr vertreten.

172   Der nächste Entwicklungsschritt wird beherrscht von der sog. **Bereichslehre**, die auch in der Rspr. verbreitet ist.[67] Nach dieser Auffassung ist zwischen dem Innen- und dem Außenbereich der religionsgemeinschaftlichen Angelegenheiten zu unterscheiden. Während der Innenbereich – etwa die Teilung einer Kirchengemeinde und das Amtsrecht – der staatlichen Einwirkung durch „für alle geltende Gesetze" vollständig entzogen sein soll, unterliege der Außenbereich dem Schrankenvorbehalt des Art. 140 GG i.V.m. 137 Abs. 3 WRV. Aufgrund der extensiven Bestimmung des Innenbereichs durch das BVerfG verbleibt der Schrankenklausel nur ein schmales Anwendungsfeld. Für diesen Außenbereich hat das BVerfG die sog. **Jedermann-Formel** entwickelt. Danach kann nur ein solches Gesetz als „für alle geltendes Gesetz" gelten, das die Religionsgemeinschaften in gleicher Weise trifft wie andere Personen oder Verbände, denn: trifft das Gesetz eine Religionsgemeinschaft „nicht wie den Jedermann, sondern in ihrer Besonderheit als Religionsgemeinschaft härter, ihr Selbstverständnis, insbesondere ihren geistig-religiösen Auftrag beschränkend, also anders als den normalen Adressaten,

---

64 *J. Heckel*, VerwArch 37 (1932), 280 (282); *ders.*: Kirchliche Autonomie, S. 399 (413). Zur Heckel'schen Formel auch *Könemann*, S. 222 ff.
65 *V. Campenhausen/de Wall*, § 15, Rn. 37.
66 Zum Folgenden u. a. *Korioth*, in: Dürig/Herzog/Scholz (Hrsg.), Art. 140 GG/Art. 137 WRV, Rn. 45.
67 Vgl. BVerfGE 18, 385 (387 f.); 42, 312 (334); 66, 1 (20); 72, 278 (289); BVerfG, NJW 2009, 1195 ff. Weitere Nw. bei *Morlok*, in: H. Dreier (Hrsg.), Art. 140 GG/137 WRV, Rn. 62 ff.

dann bildet es insoweit keine Schranke."⁶⁸ In Anlehnung an die Dogmatik zu Art. 5 Abs. 2 GG ist nach Maßgabe dieser Formel jedes gegen die Religionsgemeinschaften gerichtete Sonderrecht unzulässig. Damit sind Ausnahmegesetze zugunsten, vor allem aber auch zulasten der Religionsgemeinschaften – etwa in Gestalt von „Kulturkampfgesetzen" – oder die Unterwerfung der Religionsgemeinschaften unter eine besondere Staatsaufsicht unter dem Grundgesetz verfassungsrechtlich nicht zu rechtfertigen.⁶⁹ Zulässig sind hingegen allgemeine Vorschriften u. a. aus dem Bau- und dem sonstigen Ordnungsrecht sowie aus dem Verfahrens- und Prozessrecht, ggf. mit Ausnahme- bzw. Berücksichtigungsklauseln zugunsten der Religionsgemeinschaften.⁷⁰ Bereichslehre und Jedermann-Formel haben ein differenziertes Echo gefunden. Während das Verbot von Sonderrecht als Parallele zur Dogmatik zu Art. 5 Abs. 2 GG zu Recht akzeptiert wird, werden gegen die Bereichslehre gravierende **Einwände** erhoben.⁷¹ So findet die Unterscheidung in Innen- und Außenbereich der religionsgemeinschaftlichen Angelegenheiten mit der daran geknüpften partiellen Außerkraftsetzung des Schrankenvorbehalts im Normtext des Art. 137 Abs. 3 WRV keinen Anhaltspunkt. Ferner ist es unmöglich, eine trennscharfe Abgrenzung beider Bereiche vorzunehmen, denn jede Bereichsscheidung ist das Ergebnis einer Wertung. Diese Wertung wird aber nicht offengelegt und argumentativ begründet, sondern definitorisch festgelegt.

Aufgrund dieser Mängel der Bereichslehre wird in der neueren Rspr. des BVerfG und in der Literatur zutreffend die sog. **Wechselwirkungs- bzw. Abwägungslehre** bevorzugt.⁷² Ausgangspunkt ist die auf den Normtext gegründete Feststellung, dass der Schrankenvorbehalt grundsätzlich für alle religionsgemeinschaftlichen Angelegenheiten gilt. Die Bestimmung der Schranken des Selbstbestimmungsrechts kann aber nicht anhand einer einheitlichen Formel erfolgen, sondern hat sich im Einzelfall an einer Abwägung mit den kollidierenden Rechtsgütern zu orientieren. In diesem Sinn hat das BVerfG (im Hinblick auf die Kirchen) festgestellt: „Art. 137 Abs. 3 Satz 1 WRV gewährleistet in Rücksicht auf das zwingende Erfordernis friedlichen Zusammenlebens von Staat und Kirchen sowohl das selbstständige Ordnen und Verwalten der eigenen Angelegenheiten der Kirchen als auch den staatlichen Schutz anderer für das Gemeinwesen bedeutsamer Rechtsgüter. Dieser Wechselwirkung ist durch entsprechende Güterabwägung Rechnung zu tragen."⁷³ Erforderlich ist demnach eine Abwägung des Selbstbestimmungsrechts der Religionsgemeinschaften mit den Rechtsgütern, die mit dem einschränkenden Gesetz geschützt werden sollen. Beide Rechtspositionen sind zwar in möglichst hohem Maße zu verwirklichen. Sie sind einander aber i.S. einer Wechselwirkung verhältnismäßig zuzuordnen, d.h. das einschränkende Gesetz muss stets im Lichte der Bedeutung des Art. 140 GG i.V.m. Art. 137 Abs. 3 WRV betrachtet werden, wie umgekehrt die Bedeutung des kollidierenden Rechtsguts im Verhältnis zum Selbstbestimmungsrecht gewichtet werden muss. Nach der Abwägungslehre dürften z.B. gezielte gesetzliche Einwirkungen auf das Selbstbestimmungsrecht in Gestalt von Sonderrecht verfassungsrechtlich nicht zu rechtfertigen sein. Im Übrigen ist in jedem Einzelfall durch Abwägung der kollidierenden Rechtsgüter zu prüfen,

---
68 BVerfGE 42, 312 (334).
69 Dazu u.a. *Bock*, Gesetz, S. 277 ff.
70 Vgl. *Korioth*, in: Dürig/Herzog/Scholz (Hrsg.), Art. 140 GG/Art. 137 WRV, Rn. 49 mit zahlreichen weiteren Beispielen.
71 Statt vieler *Bock*, Gesetz, S. 70 f., 181 ff.; und *Morlok*, in: H. Dreier (Hrsg.), Art. 140 GG/137 WRV, Rn. 63.
72 Vgl. *Korioth*, in: Dürig/Herzog/Scholz (Hrsg.), Art. 140 GG/Art. 137 WRV, Rn. 47 m.w.N.; *Kästner*, in: Kahl/Waldhoff/Walter (Hrsg.), Art., Rn. 344; *Muckel*, in Friauf/Höfling (Hrsg.), Art. 140/Art. 137 WRV, Rn. 51.
73 BVerfGE 53, 366 (400).

ob das jeweilige Gesetz als „für alle geltendes Gesetz" Einschränkungen des Selbstbestimmungsrechts der Religionsgemeinschaften verfassungsrechtlich zu rechtfertigen vermag.

174 Strittig ist, welche Qualität das Rechtsgut aufweisen muss, das dem Selbstbestimmungsrecht in einer einschränkenden Regelung entgegengesetzt wird. Gelegentlich wird zu dieser Frage die Auffassung vertreten, dass insoweit nur ein ausdrücklich in der Verfassung benanntes Rechtsgut, d. h. ausschließlich (!) in Gesetzesform gegossenes **kollidierendes Verfassungsrecht** zur Einschränkung des Selbstbestimmungsrechts in Betracht kommt.[74] Dagegen lassen sich zumindest drei i.e. überzeugende Argumente anführen.[75] Erstens findet diese Deutung keinen normativen Halt im Wortlaut des Art. 137 Abs. 3 WRV, der das Selbstbestimmungsrecht der Religionsgemeinschaften ausdrücklich einem (qualifizierten) Gesetzesvorbehalt unterstellt und nicht als vorbehaltlos gewährleistetes Grundrecht konzipiert. Zweitens liefert auch die Entstehungsgeschichte der Vorschrift keinen Hinweis auf eine entsprechende Auslegung. Drittens käme dieser kollisionsrechtliche Ansatz in systematisch fragwürdiger Hinsicht zu dem Ergebnis, dass die Schrankendogmatiken zum Art. 140 GG i.V.m. Art. 137 Abs. 3 WRV und zu Art. 4 Abs. 1 und 2 GG – trotz abweichenden Wortlauts – inhaltlich identisch sind. Damit würde aber die ausdrücklich gewollte und formulierte Schrankenspezialität der inkorporierten Weimarer Regelung unterlaufen. Es bleibt also dabei, dass neben kollidierendem Verfassungsrecht auch **Rechtsgüter des Allgemeinwohls** Gegenstand eines „für alle geltenden Gesetzes" sein können. Dies ist anerkannt u. a. für das Strafrecht,[76] die Regelungen zum Kündigungsschutz (§ 1 KSchG, § 626 BGB),[77] die Beschränkung des Glockenläutens aus Lärmschutzgründen[78] sowie für das Denkmalschutzgesetz und das Gewerberecht.[79]

3. Grundrechtsbindung der Religionsgemeinschaften?

175 Auf die viel diskutierte Frage, ob auch die Kirchen und sonstigen Religionsgemeinschaften an die Grundrechte gebunden sind, ist eine differenzierte Antwort erforderlich.[80] Ausgangspunkt ist die Feststellung, dass sich die staatlichen Grundrechte – abgesehen von dem Sonderproblem der Drittwirkung – ausschließlich an die Staatsgewalt richten. Die Grundrechte des Grundgesetzes oder der gemeinschaftsrechtlichen Ebene kommen als Schranken des Selbstbestimmungsrechts aus Art. 140 GG i.V.m. Art. 137 Abs. 3 WRV daher nicht in Betracht.[81] Im **internen Bereich der Religionsgemeinschaften** können die Mitglieder also nicht unter Berufung auf das Grundrecht der Religionsfreiheit maßgebliche religiöse Dogmen angreifen, ohne disziplinarische Maßnahmen befürchten zu müssen. Entsprechendes gilt für Art. 5 GG bzgl. der Äußerung von Meinungen, die mit der religiösen Lehre der jeweiligen Religionsgemeinschaft unvereinbar sind. Schließlich kann auch unter Hinweis auf Art. 3 Abs. 1 GG nicht die

---

74 Etwa *Grzeszick*, AöR 129 (2004), 168 (210 ff.).
75 Zum Folgenden auch *Classen*: Religionsrecht, Rn. 260; *Ehlers*, in: Sachs (Hrsg.), Art. 140 GG/Art. 137 WRV, Rn. 11. Wie hier auch *Stern*, Staatsrecht, Bd. IV/2, S. 1238.
76 BGH, NJW 1983, 1809.
77 BVerfGE 70, 138 (166).
78 BVerwGE 68, 62 (69).
79 Dazu mit weiteren Beispielen *Ehlers*, in: Sachs (Hrsg.), Art. 140 GG/Art. 137 WRV, Rn. 14.
80 Grundlegend dazu *H. Weber*, HSKR, Bd. 1, Rn. 19 ff.; *ders.*: ZevKR 17 (1972), 386 ff.; *ders.*, ZevKR 42 (1997), 282 ff.
81 A.A. *Stern*, Staatsrecht, Bd. IV/2, S. 1046, mit dem Hinweis auf Art. 137 Abs. 3 WRV und die Abwägungslehre zu den Schranken des Selbstbestimmungsrechts der Religionsgemeinschaften.

§ 6 Das Selbstbestimmungsrecht der Religionsgemeinschaften

Ordination von Frauen in der katholischen Kirche durchgesetzt werden. Allerdings ist eine Selbstbindung der Religionsgemeinschaften an interne „Grundrechte" nicht ausgeschlossen.[82]

Wenn und soweit die Religionsgemeinschaften hingegen **staatliche Hoheitsrechte** in Anspruch nehmen, unterliegen sie ebenso wie die staatliche Gewalt der Bindung an staatliche Grundrechte. Dies ist etwa der Fall im Kirchsteuerrecht, im Bestattungs- und im Privatschulwesen.[83]

▶ **Zu Fall 7:**[84] Die Verfassungsbeschwerde der drei Beschwerdeführer ist zulässig. Insbesondere ist auch die K als Körperschaft des öffentlichen Rechts grundrechts- und damit beschwerdefähig. Gleiches gilt – ebenfalls über Art. 19 Abs. 3 GG – für V und L. Die Beschwerdebefugnis besteht unproblematisch bzgl. Art. 4 Abs. 1 und 2 GG. Aber auch im Hinblick auf das ebenfalls angemahnte Selbstbestimmungsrecht aus Art. 140 GG i.V.m. Art. 137 Abs. 3 WRV ist die Beschwerdebefugnis gegeben, sofern ihm Grundrechtsqualität beigemessen wird. Der Meinungsstreit ist i. E. aber ohne Belang, da das Selbstbestimmungsrecht in jedem Fall, d. h. auch über das „Vehikel" des Art. 4 Abs. 1 und 2 GG vor dem BVerfG geltend gemacht werden kann und es im vorliegenden Fall nicht ausgeschlossen ist, dass die Vorgabe bestimmter Organisationsformen das Selbstbestimmungsrecht der Beschwerdeführer beeinträchtigt. Die Verfassungsbeschwerde ist auch begründet. Im Rahmen der Begründetheitsprüfung kann das BVerfG in jedem Fall auch den Maßstab des Art. 140 GG i. V. m. Art. 137 Abs. 3 WRV heranziehen. Der personelle Schutzbereich des Selbstbestimmungsrechts ist eröffnet, da sich nicht nur die Religionsgemeinschaften selbst, sondern auch die ihr in bestimmter Weise zugeordneten Einrichtungen ohne Rücksicht auf ihre Rechtsform darauf berufen können. Hier erfüllen K, V und L mit ihrer karitativen Tätigkeit ein Stück des Auftrags der katholischen Kirche und auch bzgl. der Erfüllung der weiteren Zuordnungskriterien (Einklang mit dem Bekenntnis, organisatorische Verbindung zur jeweiligen Religionsgemeinschaft) ergeben sich jedenfalls keine Zweifel. Die karitative Tätigkeit ist eine eigene Angelegenheit der katholischen Kirche, so dass auch der sachliche Schutzbereich des Selbstbestimmungsrechts eröffnet ist. Gleiches gilt für die Organisation ihrer karitativen Einrichtungen. Durch die ausnahmslose Regelung der Organisationsformen von Krankenhäusern im Landesgesetz erfolgte ein Eingriff in den Schutzbereich, der nur über die Schranke des „für alle geltenden Gesetzes" verfassungsrechtlich gerechtfertigt werden kann. Für die Auslegung der Schrankenformel des Art. 137 Abs. 3 WRV haben weder die Heckel'sche Formel, noch die Bereichslehre überzeugende Maßstäbe geliefert. Vielmehr sind nach der Wechselwirkungs- und Abwägungslehre das Selbstbestimmungsrecht und die vom Gesetzeszweck umfassten gegenläufigen Rechtsgüter in ihrer Wechselwirkung zu betrachten und im Wege einer Abwägung zum Ausgleich zu bringen. Der hier in Frage stehende Regelungskomplex dient nicht primär der optimalen Krankenhausversorgung, sondern den Interessen der medizinischen Mitarbeiter. Darin liegt ein legitimes Gemeinwohlinteresse, das dem Selbstbestimmungsrecht der Religionsgemeinschaften zuwiderläuft. Im vorliegenden Fall haben die Einrichtungen aber ein eigenes, spezifisch auf die „Dienstgemeinschaft" in christlichen Krankenhäusern abgestelltes Organisationsrecht geschaffen, dessen Besonderheiten hätten berücksichtigt werden müssen. Die Beschränkung durch das Landesgesetz ist daher i. E. nicht verfassungsrechtlich gerechtfertigt. ◀

---

82 Dazu u. a. *H. Weber*: Grundprobleme, S. 63 f.
83 Dazu *Stern*, Staatsrecht, Bd. IV/2, S. 1052 ff.
84 Klausurmäßige Aufbereitung bei *de Wall*, in: Heinig (Hrsg.), S. 89 ff.

V. Spezialmaterien der eigenen Angelegenheiten

1. Allgemeines

177 Einschränkungen des Selbstbestimmungsrechts der Religionsgemeinschaften können sich aus unterschiedlichen gesetzlichen Regelungen ergeben, solange es sich dabei um für alle geltende Gesetze i.S.d. Art. 140 GG i.V.m. Art. 137 Abs. 3 WRV handelt. In der Praxis haben sich einige Materien der eigenen Angelegenheiten als besonders problematisch bzw. erläuterungsbedürftig erwiesen. Der nachfolgende Überblick soll über die wesentlichen Problemkonstellationen im Verhältnis des Selbstbestimmungsrechts zur staatlichen Regelungskompetenz, d. h. über die Hauptschauplätze der einschlägigen verfassungsrechtlichen Konflikte informieren.

2. Das Mitgliedschaftsrecht

▶ **Fall 8 (nach BVerfGE 30, 415 und BFH, NVwZ 1999, 1149):** A ist im zarten Alter von wenigen Monaten nach der Lebensordnung der evangelisch-lutherischen Landeskirche L getauft worden und inzwischen zu einem Herrn „im besten Alter" herangereift. Er hat sich allerdings mit L, in deren Gebiet er wohnt, aus religiösen Gründen überworfen. Da L berechtigt ist, Kirchensteuern zu erheben, wird auch A nach wie vor zu entsprechenden Zahlungen herangezogen. Dies ändert sich auch dann nicht, als er einwendet, er sei nie Mitglied der L geworden, da er niemals eine eigene wirksame Beitrittserklärung abgegeben habe. Die Taufe sei eine rein geistliche und keine rechtliche Handlung, die i.Ü. im Kindesalter ohnehin noch nicht wirksam vorgenommen werden könne. Nach Erschöpfung des Rechtswegs erhebt A Verfassungsbeschwerde vor dem BVerfG. Dort trifft er auf die gleichaltrige B, die aus ähnlichen Gründen behauptet, sie sei niemals Mitglied der Religionsgemeinschaft R geworden, zu deren Kirchensteuern sie herangezogen wird. Nach den Regeln von R entsteht die Mitgliedschaft durch Abstammung von Eltern(-teilen), die ihr ebenfalls angehören. B behauptet wahrheitsgemäß, dass sie niemals eine Beitrittserklärung abgegeben oder sich in anderer Weise öffentlich zu R bekannt habe. Werden die Verfassungsbeschwerden Erfolg haben? ◀

a) Allgemeines

178 Die Mitgliedschaft in einer Religionsgemeinschaft kann definiert werden als „rechtliche Beziehung eines Einzelnen zu einer Glaubensgemeinschaft".[85] Die Regelung des Mitgliedschaftsrechts fällt nach allgemeiner Auffassung in den sachlichen Schutzbereich des Selbstbestimmungsrechts der Religionsgemeinschaften.[86] Der weltanschaulich-neutrale Staat hat die internen religionsgemeinschaftlichen Bestimmungen des Mitgliedschaftsrechts daher grundsätzlich auch für den eigenen Rechtskreis anzuerkennen, d.h.: wenn weltliches Recht an die Mitgliedschaft in Religionsgemeinschaften anknüpft, dann kann und soll es auf die internen Mitgliedschaftsregelungen verweisen.[87] Die Grenze wird festgelegt durch das „für alle geltende Gesetz", insbesondere durch das Grundrecht auf Religionsfreiheit, denn Art. 4 Abs. 1 und 2 GG schützt auch das Recht, keiner Religionsgemeinschaft anzugehören. Ausgeschlossen ist daher die staat-

---

[85] *Engelhardt*, ZevKR 41 (1996), 142; ebenso *Germann/Rüfner*, HSKR, Bd. 2, Rn. 1.
[86] BVerfGE 30, 415 (422); BVerfG-K, NVwZ 2015, 250, in Auseinandersetzung mit BVerwG, NVwZ-RR 2011, 90; *Germann/Rüfner*, HSKR, Bd. 2, Rn. 6 ff. m.w.N.
[87] Vgl. *v. Campenhausen/de Wall*, § 20, Rn. 1: Der Staat hat dieses Mitgliedschaftsrecht „einfach hinzunehmen."

liche Anerkennung von solchen religionsgemeinschaftlichen Bestimmungen, die eine Mitgliedschaft auch ohne oder gegen den Willen der Betroffenen begründen.[88] Entscheidend ist der nach dem objektivierten Empfängerhorizont erkennbar gewordene Wille des Einzelnen mit Bezug auf eine konkrete rechtlich verfasste Religionsgemeinschaft.[89] In einem solchen Fall bleibt die Mitgliedschaftsregelung zwar im internen religionsgemeinschaftlichen Bereich gültig, sie entfaltet aber im und für den weltlichen Bereich keine Rechtswirkung. Neben dieser Unterscheidung zwischen der religionsgemeinschaftsrechtlichen und der weltlichen Rechtssphäre ist die weitere Unterscheidung zwischen den privatrechtlich und den als öffentlich-rechtliche Körperschaften organisierten Religionsgemeinschaften bedeutsam, weil hier jeweils unterschiedliche staatliche Vorschriften einschlägig sind. Religionsverfassungsrechtlich ist nur die weltliche Dimension des Mitgliedschaftsrechts relevant.

b) Die Begründung der Mitgliedschaft

Der Erwerb der Mitgliedschaft in **privatrechtlich** organisierten Religionsgemeinschaften erfolgt auf der Grundlage des (dispositiven) Vereinsrechts des BGB. Erforderlich ist demnach ein wirksamer Beitritt. Für die Religionsgemeinschaften mit **öffentlich-rechtlichem Körperschaftsstatus** sieht das staatliche Recht keine vergleichbaren Regelungen vor. Vielmehr werden die einschlägigen religionsgemeinschaftlichen Regelungen grundsätzlich auch in der Sphäre des weltlichen Rechts – etwa bei der Anwendung der Kirchensteuergesetze – wirksam.[90] Solange sich diese Regelungen im Rahmen des „für alle geltenden Gesetzes" bewegen, werden sie auch von staatlichen Stellen als Maßstab für die Feststellung der Mitgliedschaft in einer Religionsgemeinschaft anerkannt. Dieser Rahmen wird aber überschritten mit religionsgemeinschaftlichen Regelungen, die eine Mitgliedschaft auch ohne oder gegen den Willen des Betroffenen begründen sollen. Solche Vorschriften mögen für die Religionsgemeinschaft selbst verbindlich sein, für die staatliche Rechtssphäre müssen sie außer Betracht bleiben, weil die Rechtsgüterabwägung hier eindeutig zugunsten der Religionsfreiheit der Betroffenen ausfällt.

Mit der in den großen christlichen Kirchen üblichen **Kindestaufe** wird nicht in das Grundrecht des Täuflings aus Art. 4 Abs. 1 und 2 GG eingegriffen. Die Taufe ist als wesentliches Element der kirchenrechtlichen Begründung der Kirchenmitgliedschaft – neben dem Bekenntnis zu einer bestimmten Kirche und dem Wohnsitz im Bereich einer Diözese oder evangelischen Landeskirche – ein geistlicher und zugleich ein rechtserheblicher (kirchlicher Verwaltungs-) Akt.[91] Auch wenn dieser Akt nur wenige Monate nach der Geburt erfolgt, wird er nicht ohne oder gegen den Willen der oder des Betroffenen vollzogen. Denn die Voraussetzung der Taufe ist eine entsprechende Taufbitte, also eine Willenserklärung, die die sorgeberechtigten Eltern nach Maßgabe der allgemeinen Regeln (RelKEG, BGB; s.o. Rn. 71 ff.) rechtswirksam für ihr Kind, das sein Grundrecht auf Religionsfreiheit noch nicht selbst ausüben kann, abgeben können. Sie bedürfen insofern auch keiner vormundschaftlichen Genehmigung.[92] Belastende Rechtsfolgen zeitigt eine qua Taufe begründete Kirchenmitgliedschaft – etwa

---

88 BVerfGE 30, 415 (423): Art. 4 Abs. 1 und 2 GG verbietet die staatliche Anerkennung kirchlicher Mitgliedschaftsregelungen, „die eine Person einseitig und ohne Rücksicht auf ihren Willen der Kirchengewalt unterwirft." Ebenso BVerfG, NVwZ 2015, 517 ff.; BFH, NVwZ 1999, 1149.
89 BVerfG-K, NVwZ 2015, 517 ff.; Germann/Rüfner, HSKR, Bd. 2, Rn. 127.
90 Vgl. Korioth, in: Dürig/Herzog/Scholz (Hrsg.), Art. 140 GG/Art. 137 WRV, Rn. 34.
91 Vgl. Engelhardt, ZevKR 41 (1996), 142 (146).
92 Jestaedt, HSKR, Bd. 2, Rn. 75 ff.

in Gestalt der selbst aufzubringenden Kirchensteuer – i.d.R. erst nach Eintritt der Religionsmündigkeit mit der Möglichkeit eines sofortigen Kirchenaustritts. Wird danach die Kirchenmitgliedschaft gleichwohl aufrechterhalten, „so liegt darin ein Element der Freiwilligkeit, das es ausschließt, von einer Zwangsmitgliedschaft zu sprechen".[93] Dies gilt nach vereinzelter jüngerer Rspr. nicht für den Fall, dass eine „Person bei objektiver Betrachtung aufgrund besonderer Lebensumstände keine Veranlassung hatte, die Möglichkeit einer ihr verschwiegenen und auch sonst nicht bekannt gewordenen Taufe im Kindesalter auch nur in Erwägung zu ziehen, und daher als sicher davon ausgehen durfte, nicht Mitglied einer Kirche und deshalb auch nicht kirchensteuerpflichtig zu sein. Eine ...unbedingt geschützte (freie) Entscheidung über die Beendigung einer Kirchenmitgliedschaft ist demjenigen nicht möglich, der mit der Existenz einer solchen Mitgliedschaft nicht rechnen kann und muss".[94] Gegen diese Rspr. kann jedoch zum einen eingewandt werden, dass sich die bzw. der Betroffene neben der Taufe auch die mangelnde Unterrichtung der Sorgeberechtigten zurechnen lassen muss. Zum anderen ist kein rationaler Maßstab für die Ermittlung des objektivierten Nichtwissens ersichtlich.[95]

181 Umstritten sind hingegen Mitgliedschaftsregelungen, die neben dem Wohnsitz im Gebiet einer Gemeinde im Wesentlichen auf die **Abstammung** von Angehörigen der betreffenden Religionsgemeinschaft abstellen. Dies trifft insbesondere für jüdische Religionsgemeinschafen zu.[96] Das **BVerwG und Teile der Literatur** können in diesen Regelungen keinen Verstoß gegen die Religionsfreiheit der oder des Betroffenen erkennen. Zur Begründung wird angeführt, dass die Möglichkeit eines Austritts aus der Religionsgemeinschaft auch hier gegeben sei, bevor belastende Folgen der Mitgliedschaft eintreten. Insofern liege eine der Kindstaufe vergleichbare Situation und damit keine Zwangsmitgliedschaft vor.[97] Die Rspr., insbesondere **die Finanzgerichtsbarkeit und der überwiegende Teil der Literatur** weisen dagegen zu Recht darauf hin, dass die Mitgliedschaft einer Person allein durch Abstammung von religionsangehörigen Eltern einseitig und ohne Rücksicht auf ihren Willen begründet wird. Der signifikante Unterschied zur christlichen Kindstaufe liegt hier im Fehlen einer wirksamen Erklärung, der betreffenden Religionsgemeinschaft angehören zu wollen. Der bloßen Abstammung kommt kein Erklärungsgehalt zu. Die Möglichkeit des Kirchenaustritts vermag dieses fehlende Element nicht zu ersetzen, denn der Kirchenaustritt beseitigt die Mitgliedschaft in einer Religionsgemeinschaft und die ggf. daraus resultierenden Folgen nicht für die Vergangenheit: „Für die Zeit bis zum Kirchenaustritt verbleibt es aus verfassungsrechtlicher Sicht, sofern die Mitgliedschaft nicht vom Willen des Einzelnen getragen war, bei einer verbotenen Zwangsmitgliedschaft."[98] Die im staatlichen Bereich wirksame Anerkennung einer Mitgliedschaft erfordert aus Gründen der Religionsfreiheit eine willentliche Dokumentation der jeweiligen Religionszugehörigkeit. Auch wenn religionsgemeinschaftsintern die qualifizierte Abstammung genügt, kann für das staatliche Recht nur eine solche Person als Angehörige der betreffenden Religionsgemeinschaft betrachtet werden, die sich „durch nach außen hin erkennbare

---

93 BVerfGE 30, 415 (424).
94 VerfGH-Berl, ZevKR 56 (2011), 453 (455 f.).
95 Zum ersten Einwand vgl. die Vorinstanz OVG-Berl/Bbg, NVwZ-RR 2010, 909; zum zweiten Einwand *Ziekow*, ZevKR 56 (2011), 457 (461).
96 Nach jüdischem Religionsgesetz gilt als Person jüdischen Glaubens jede Person, die von einer jüdischen Mutter abstammt; vgl. *Demel*, Gebrochene Normalität, S. 231 f.; *Germann/Rüfner*, HSKR, Bd. 2, Rn. 16 ff.
97 BVerwGE 21, 330; *Kapischke*, ZevKR 50 (2005), 112 (114 m.w.N).
98 BFH, NVwZ 1999, 1149.

und zurechenbare Willensäußerung als der Religionsgemeinschaft zugehörig bekannt hat."[99] Gleiches muss gelten für Regelungen, die eine Mitgliedschaft weder durch Erklärung noch durch Abstammung, sondern durch ein bloßes Zugehörigkeitsgefühl begründen sowie für den Wiedereintritt in eine Religionsgemeinschaft.[100]

c) Die Beendigung der Mitgliedschaft

Die Mitgliedschaft in einer Religionsgemeinschaft kann durch **Austritt** beendet werden.[101] Anders als bei der Begründung der Mitgliedschaft hat der Staat für den Austritt aus einer Religionsgemeinschaft lückenlose eigene Vorschriften geschaffen, die als „für alle geltende Gesetze" i.S.d. Art. 137 Abs. 3 WRV gelten können. Denn auch hier überwiegt das Grundrecht der Religionsfreiheit aus Art. 4 Abs. 1 und 2 GG. Davon umfasst ist das Individualrecht, keiner Religionsgemeinschaft anzugehören oder die Zugehörigkeit zu einer Religionsgemeinschaft zu wechseln oder ganz aufzugeben. Aus der Perspektive des Staates ist die „Freiwilligkeit der Mitgliedschaft" in einer Religionsgemeinschaft maßgeblich.[102] Ein verstärkter staatlicher Regelungsbedarf ergibt sich hier aus dem Umstand, dass einige Religionsgemeinschaften – etwa die katholische Kirche oder der Islam – die Möglichkeit eines intern wirksamen Austritts nicht kennen und den öffentlich-rechtlich organisierten Kirchen und Religionsgemeinschaften z. T. hoheitliche Befugnisse und Privilegien zukommen. Der Austritt auf der Grundlage der staatlichen Normen bewirkt, dass die oder der Betroffene von staatlichen Stellen nicht mehr als Angehörige(r) der jeweiligen Religionsgemeinschaft betrachtet und behandelt werden darf. Die internen religionsgemeinschaftlichen Auswirkungen bleiben unberührt: Ob etwa „durch den Kirchenaustritt das Band der Taufe gelöst wird, ist für den Staat ohne Interesse, da er in solchen Fragen gänzlich inkompetent ist".[103]

182

Für den Austritt aus **privatrechtlich organisierten** Religionsgemeinschaften ist das Vereinsrecht maßgeblich, insbesondere § 39 BGB. Der Austritt aus Religionsgemeinschaften mit **öffentlich-rechtlichem Körperschaftsstatus** vollzieht sich nach Maßgabe der einschlägigen staatlichen Austrittsgesetze.[104] Danach wird der Austritt von der austrittswilligen Person mündlich zu Protokoll der zuständigen staatlichen Stelle oder in öffentlich beglaubigter Schriftform erklärt. Zuständig für die Entgegennahme der Erklärung ist ganz überwiegend das Amtsgericht oder das Standesamt, in Bremen hingegen eine von der Religionsgemeinschaft selbst zu bestimmende Stelle. Zumeist ist eine Benachrichtigung der betreffenden Religionsgemeinschaft durch die staatliche Stelle vorgesehen und der oder dem Ausgetretenen wird ein schriftlicher Nachweis des Austritts ausgehändigt. Ggf. können auch Gebühren erhoben werden.[105] Unzulässig ist hingegen der sog. **modifizierte Austritt**: Weil die Austrittserklärung ausschließlich in der staatlichen Rechtssphäre wirken kann, sind Zusatzerklärungen etwa des Inhalts, dass der Austritt nur die Religionsgemeinschaft in ihrer Eigenschaft als (kirchensteuerberechtigte) öffentlich-rechtliche Körperschaft, nicht hingegen die fortwirkende Zuge-

183

---

99 BFH, NVwZ 1999, 1149 (1150); ebenso FG Köln, ZevKR 50 (2005), 117 ff.; *Classen*: Religionsrecht, Rn. 340; *Engelhardt*, ZevKR 41 (1996), 142 (148).
100 Vgl. *Classen*: Religionsrecht, Rn. 346, 349.
101 Zum Folgenden grundlegend und unter Einbeziehung der historischen Entwicklung *Schmal*, passim; ferner *Stuhlfauth*, DÖV 2009, 225 ff., und *Germann/Rüfner*, HSKR, Bd. 2, Rn. 148 ff.
102 BVerfG-K, NVwZ 2015, 250 (251); BVerwGE 144, 171, Rz. 18.
103 *V. Campenhausen/de Wall*, § 20, Rn. 16. I.E. ebenso BVerwGE 144, (178 f.), Rz.27 ff. Zu den kirchenrechtlichen Folgen siehe *Güthoff*, in: Holzner/Ludyga (Hrsg.), S. 449 ff.
104 Überblick bei *Unruh*, in: Huber/Voßkuhle (Hrsg.), Art. 140 GG/Art. 137 WRV, Rn. 52, Anm. 134.
105 Vgl. BVerfG, NJW 2008, 2978.

hörigkeit zu der jeweiligen Glaubensgemeinschaft betreffe, nicht zu protokollieren.[106] Ein rechtlich bedeutsames Interesse der oder des Betroffenen an der Aufnahme derartiger Zusatzerklärungen ist nicht erkennbar. Entsprechende Verbote sind in den neueren Austrittsgesetzen der Länder normiert.[107]

184 Gegen das in den staatlichen Gesetzen vorgeschriebene Austrittsverfahren sind **verfassungsrechtliche Bedenken** erhoben worden.[108] So wird zum einen das Auseinanderfallen der Auswirkungen des Austritts im staatlichen und im internen religionsgemeinschaftlichen Bereich kritisiert. Es sei „ein Unfug, einen Kirchenaustritt zu verlangen und behördlich zu protokollieren, der kirchenrechtlich keiner ist und staatskirchenrechtlich keiner sein kann"; dies sei „eine Farce und der staatlichen Autorität abträglich". Zum anderen wird in dem Erfordernis einer Austrittserklärung eine „Abschreckungsmaßnahme" erblickt, die einen unzulässigen Eingriff in die „Bekenntnisneutralität" bewirke. Hinnehmbar sei allenfalls eine formlose „Abstandserklärung" nach dem Vorbild der Abmeldung vom Religionsunterricht gem. Art. 7 Abs. 2 GG. Gegen diese Bedenken ist jedoch zutreffend darauf hingewiesen worden, dass der Schutz der **Religionsfreiheit** der und des Einzelnen sowie das Gebot der **Rechtssicherheit** ein formalisiertes Austrittsverfahren mit hinreichend bestimmten Festlegungen über den Modus des Austritts und den Adressaten der Austrittserklärung nicht nur ermöglichen, sondern erfordern. Die Formalisierung des Austrittsverfahrens schafft für alle Beteiligten die notwendige Rechtsklarheit über die Mitgliedschaftspflichten des Einzelnen, die Auswirkungen in der staatlichen Rechtssphäre – etwa im Kirchensteuerrecht – zeitigen können.[109] Insofern ist der mit dem staatlich vorgeschriebenen Austrittsverfahren verbundene Eingriff in die (negative) Religionsfreiheit verfassungsrechtlich gerechtfertigt.[110]

185 Der nach Maßgabe der staatlichen Gesetze erklärte Austritt aus einer Religionsgemeinschaft wird **sofort wirksam**. Frühere Regelungen, die den Eintritt der Rechtswirkungen erst nach Ablauf einer **Überlegungsfrist** vorsahen, sind unzulässig.[111] Das Grundrecht auf Religionsfreiheit umfasst das Recht, zu jedem Zeitpunkt ohne staatliche Einwirkung über den eigenen Glauben und die Zugehörigkeit zu einer Religionsgemeinschaft zu entscheiden. Verfassungsrechtlich unbedenklich ist hingegen die normative Festlegung einer **Abwicklungsfrist bzgl. der Kirchensteuerpflicht**. Da die Kirchensteuerpflicht selbst in Art. 140 GG i.V.m. Art. 137 Abs. 6 WRV verfassungsrechtlich verankert ist, ist insofern eine (geringfügige) Einschränkung der Religionsfreiheit aus Art. 4 Abs. 1 und 2 GG verfassungsrechtlich zu rechtfertigen. Nach allgemeiner und zutreffender Ansicht kann eine Maximalfrist bis zum Ablauf des auf die Austrittserklärung folgenden Kalendermonats vorgesehen werden.[112]

---

106 Grundlegend BVerwGE 144, 171 ff; dazu *Reimer*, JZ 2013, 136 ff.; *Muckel*, JA 2013, 314 ff.; kritisch *Löhnig/Preisner*, NVwZ 2013, 39 ff.; dagegen *Muckel*, NVwZ 2013, 260 ff.; zuvor schon BVerwG, NJW 1979, 2322; ebenso u. a. *Ehlers*, in: Sachs (Hrsg.), Art. 140 GG/Art. 137 WRV, Rn. 31. Zu den kirchenrechtlichen Folgen in der römisch-katholischen Kirche und in den evangelischen Kirchen siehe u. a. *Hammer*, ZevKR 58 (2013), 200 ff.
107 Z.B. § 3 Abs. 4 KAG-NRW: „Die Austrittserklärung darf keine Vorbehalte, Bedingungen oder Zusätze enthalten."
108 Vor allem *Renck*, DÖV 1995, 373 ff.; dort auch die nachfolgenden Zitate.
109 Dazu BVerwGE 144, 171, (180, 182 f.), Rz. 32, 38 ff.; *Häußler*, DÖV 1995, 985 (988 f.); *Jeand'Heur/Korioth*, Rn. 259.
110 Ebenso mit schulmäßiger Prüfung *Stuhlfauth*, DÖV 2009, 225 ff.
111 Grundlegend BVerfGE 44, 37 (49 ff.); zustimmend u. a. *Germann/Rüfner*, HSKR, Bd. 2, Rn. 164.
112 BVerfGE 44, 37 (53); *Classen*: Religionsrecht, Rn. 342.

d) Übertritt und Umzug

Abschließend ist auf zwei besondere Problemkreise des Mitgliedschaftsrechts hinzuweisen. Der bekenntnisbedingte Wechsel der Zugehörigkeit, d.h. der **Übertritt** zu einer zumeist glaubensverwandten, als **Körperschaft des öffentlichen Rechts** organisierten Religionsgemeinschaft, ist nach der Intention des oder der Betroffenen zumeist nicht mit dem Wunsch nach einer vollständigen Lossagung vom jeweiligen Glauben verbunden. Insofern erscheint es unangemessen, in diesem Fall zunächst eine rechtlich verbindliche Austrittserklärung zu verlangen.[113] Eine staatliche Regelung, die ohne Weiteres eine Übertrittserklärung genügen ließe, kann jedoch in das Selbstbestimmungsrecht der Religionsgemeinschaften eingreifen. So akzeptiert etwa die katholische Kirche eine Konversion grundsätzlich nicht.[114] Die Zulässigkeit staatlicher Übertrittsregelungen setzt daher voraus, dass auf die gegenseitige Akzeptanz des Übertritts bezogene Vereinbarungen zwischen den betreffenden Religionsgemeinschaften geschlossen werden. Fehlt ein entsprechender Zusatz in der staatlichen Norm, so ist sie verfassungskonform dahin gehend auszulegen, dass der Übertritt zwischen Religionsgemeinschaften, die eine einschlägige Vereinbarung nicht geschlossen haben, nicht erfasst wird.[115] Eine vorbildliche staatliche Übertrittsregelung enthält § 5 Abs. 1 S. 1 KAG-Nds: „Wer aus einer Kirche, Religionsgemeinschaft oder Weltanschauungsgemeinschaft, die die Rechte einer Körperschaft des öffentlichen Rechts besitzt, in eine andere derartige Körperschaft übertreten will, kann anstelle des Austritts bei der aufnehmenden Körperschaft den Übertritt erklären, sofern die beteiligten Körperschaften den Übertritt durch Vereinbarung zugelassen haben."[116] Kommt ein Übertritt etwa mangels einer entsprechenden Vereinbarung nicht in Betracht, muss der Wechsel der Religionsgemeinschaft über den Umweg des Austritts erfolgen. Für den Wechsel der Mitgliedschaft in **privatrechtlich organisierten** Religionsgemeinschaften gilt das Vereinsrecht des BGB.[117]

Der zweite Problemkreis betrifft die mitgliedschaftsrechtlichen Auswirkungen eines **Umzugs** von Mitgliedern einer Religionsgemeinschaft. Probleme treten (nur) dann auf, wenn die an beiden Orten bestehenden Religionsgemeinschaften rechtlich nicht identisch sind. Dies gilt z.B. nicht für die territorialen Untergliederungen der katholischen Kirche, die insgesamt als Teile der einen mundialen Konfessionskirche aufgefasst werden.[118] Im Übrigen ergibt sich für privatrechtlich organisierte Religionsgemeinschaften die Lösung zumeist aus den einschlägigen Satzungsbestimmungen und ergänzenden Vereinbarungen.[119] Bei öffentlich-rechtlich organisierten Religionsgemeinschaften sind im Rahmen des Parochialrechts ebenfalls einschlägige Regelungen und Vereinbarungen üblich und jedenfalls grundsätzlich erforderlich. In diesem Zusammenhang sind zwei Konstellationen zu unterscheiden, die hier exemplarisch am Beispiel der evangelischen Kirchen erörtert werden.[120] Bei einem Umzug **innerhalb Deutschlands** ergeben sich keine Probleme, sofern die umziehenden Mitglieder einer Gliedkirche der EKD angehören. Art. III der Vereinbarung über die Kirchenmitgliedschaft vom 1.2.1970 hat diesbezüglich eine einheitliche Regelung geschaffen. Sie lautet: „Innerhalb der Evange-

---

113 Vgl. *Robbers*, ZevKR 32 (1987), 19 (23 ff.).
114 Dazu *Robbers*, ZevKR 32 (1987), 19 (39 ff.); *Germann/Rüfner*, HSKR, Bd. 2, Rn. 48 ff.
115 *Classen*: Religionsrecht, Rn. 351.
116 Dazu *Robbers*, ZevKR 32 (1987), 19 (26 ff.).
117 Dazu *Classen*: Religionsrecht, Rn. 352.
118 Vgl. *Germann/Rüfner*, HSKR, Bd. 2, Rn. 25 ff.
119 *Engelhardt*, NVwZ 1992, 239.
120 Zum Folgenden siehe auch *Classen*: Religionsrecht, Rn. 353 ff.

lischen Kirche in Deutschland setzt sich bei einem Wohnsitzwechsel in den Bereich einer anderen Gliedkirche die Kirchenmitgliedschaft in der Gliedkirche des neuen Wohnsitzes fort. – Zuziehende Evangelische haben das Recht, innerhalb eines Jahres zu erklären, dass sie einer anderen im Gebiet der Gliedkirche bestehenden evangelischen Kirche oder Religionsgemeinschaft angehören. Die Erklärung hat die Wirkung, dass die Mitgliedschaft vom Zeitpunkt des Zuzuges an nicht fortgesetzt wird."[121] Insofern bilden auch die Gliedkirchen der EKD eine territorial und konfessionell gegliederte Einheit mit entsprechenden Auswirkungen auf die jeweilige Mitgliedschaft. Insbesondere mit der Eröffnung der Möglichkeit einer abweichenden Erklärung wird auch die Religionsfreiheit der Zuziehenden gewahrt. Beim **Zuzug aus dem Ausland** ist zunächst die Konkordie reformatorischer Kirchen in Europa vom 16.3.1973 (Leuenberger Konkordie) maßgeblich, mit der zwischen den beteiligten Kirchen eine Kirchengemeinschaft begründet wurde. Ob darüber hinaus mit ausländischen Religionsgemeinschaften Vereinbarungen vorliegen müssen, oder ob die Erklärung des jeweiligen Mitglieds über seine Religionszugehörigkeit für die Zuordnung zu einer Gliedkirche der EKD genügt, ist umstritten.[122] Vornehmlich aus pragmatischen Gründen dürfte ein Abstellen auf die Erklärung der oder des Betroffenen vorzugswürdig sein, sofern allen Beteiligten die Möglichkeit eines Widerspruchs eingeräumt wird.

▶ **Zu Fall 8:** An der Zulässigkeit der Verfassungsbeschwerden bestehen keine Zweifel. Für die Begründetheitsprüfung ist die Frage entscheidend, ob die staatliche Anerkennung der einschlägigen Mitgliedschaftsregelungen im Rahmen der Kirchensteuerpflicht, die durch Art. 140 GG i.V.m. Art. 137 Abs. 3 WRV angezeigt ist, gegen das Grundrecht der Beschwerdeführer aus Art. 4 Abs. 1 und 2 GG verstößt. Ein solcher Verstoß läge vor, wenn die Beschwerdeführer aufgrund dieser Regelungen „einseitig und ohne Rücksicht auf ihren Willen" zu Mitgliedern der betreffenden Religionsgemeinschaften würden. In dieser Konstellation führt die gebotene Abwägung zwischen dem Selbstbestimmungsrecht der Religionsgemeinschaften und dem Grundrecht der Religionsfreiheit zu dem Ergebnis, dass das Grundrecht aus Art. 4 Abs. 1 und 2 GG überwiegt. Für A ist dies nicht der Fall, denn mit der von seinen Eltern für ihn abgegebenen Willenserklärung in Gestalt der Taufbitte hat A die Mitgliedschaft in L gerade nicht ohne oder gegen seinen Willen erworben. Dass u. a. die Taufe nach kirchlichem Recht die Mitgliedschaft begründet, ist nach Maßgabe des Selbstbestimmungsrechts der Religionsgemeinschaften nicht zu beanstanden und kann staatlicherseits anerkannt werden. Da A ferner auch keine Austrittserklärung abgegeben hat, ist er nach wie vor Mitglied der L. Die Verfassungsbeschwerde des A ist somit unbegründet. Begründet ist hingegen die Verfassungsbeschwerde der B. Die Anknüpfung der Mitgliedschaft in R an die Abstammung setzt gerade keinen ausdrücklichen Willensakt voraus; sie erfolgt demnach ohne den erklärten Willen der oder des Betroffenen. Für eine staatliche Anerkennung – nicht hingegen für die interne religionsgemeinschaftliche Wirksamkeit – der Mitgliedschaft ist daher zusätzlich eine nach außen erkennbare Manifestation des Willens, der betreffenden Religionsgemeinschaft angehören zu wollen, erforderlich. Daran fehlt es aber hier, da B nach dem Sachverhalt keine Beitrittserklärung oder vergleichbare öffentliche Willensbekundungen abgegeben hat. Im Gegensatz zur Verfassungsbeschwerde des A wird die Verfassungsbeschwerde der B Erfolg haben. ◀

---

121 Vgl. auch § 8 KMG-EKD.
122 Dazu *Germann/Rüfner*, HSKR, Bd. 2, Rn. 83.

3. Das Arbeitsrecht

▶ **Fall 9 (nach BVerfGE 70, 138):** A ist als Arzt in dem der katholischen Kirche zugeordneten und als Stiftung organisierten Krankenhaus K auf der Grundlage eines privatrechtlichen Beschäftigungsverhältnisses tätig. Er unterzeichnet einen Aufruf verschiedener Ärzte gegen die von „klerikal-konservativer Seite" vorgetragene „inhumane" Kritik an der Liberalisierung der Abtreibung im einschlägigen § 218 StGB. Zudem tritt er aus der katholischen Kirche aus. Daraufhin erhält er von seiner Arbeitgeberin ein Kündigungsschreiben unter Hinweis auf die bestehenden Loyalitätsobliegenheiten in Beschäftigungsverhältnissen zu Religionsgemeinschaften, die zudem – was zutrifft – vom Arbeitsvertrag umfasst seien. A obsiegt in allen Instanzen der arbeitsgerichtlichen Auseinandersetzung. K erhebt nunmehr Verfassungsbeschwerde vor dem BVerfG mit der Begründung, die Befugnis zur Ausgestaltung der Arbeitsverhältnisse inklusive der verbindlichen Festlegung von Loyalitätsobliegenheiten seien Gegenstand ihres Selbstbestimmungsrechts aus Art. 140 GG i.V.m. Art. 137 Abs. 3 WRV. Ein Arzt, der sich in Massenmedien für eine Liberalisierung der Abtreibungsrechts ausspreche, obwohl die Abtreibung nach kanonischem Recht zu den schwersten Delikten zähle, sei zur Erfüllung der Aufgaben in einem katholischen Krankenhaus nicht geeignet. Gleiches gelte für ausgetretene Arbeitnehmer in vergleichbaren Positionen. Wird K Erfolg haben? ◀

a) Allgemeines

Die Ausgestaltung der privatrechtlichen Arbeitsverhältnisse von Mitarbeiterinnen und Mitarbeitern in Religionsgemeinschaften erfreut sich zunehmender Aufmerksamkeit in Rechtsprechung und Literatur. Dies liegt im Wesentlichen daran, dass die Religionsgemeinschaften – insbesondere die großen christlichen Kirchen mit ihren karitativen bzw. diakonischen Einrichtungen – neben dem staatlichen öffentlichen Dienst quantitativ zu den bedeutendsten Arbeitgebern in der Bundesrepublik zählen. Die politische Brisanz des Themas wird noch gesteigert durch die Bewegung, in die diese Rechtsmaterie in jüngerer Zeit durch innerkirchliche Normsetzung einerseits und staatliche – auch gemeinschaftsrechtliche – Normsetzung und Judikatur andererseits geraten ist. Schließlich wird das für die Religionsgemeinschaften geltende Arbeitsrecht auch praktisch zunehmend relevant, insbesondere im Zusammenhang mit der Beendigung von Arbeitsverhältnissen.

188

Die als öffentlich-rechtliche Körperschaften organisierten Religionsgemeinschaften können kraft ihrer Dienstherrenfähigkeit ihre Dienstverhältnisse als (Kirchen-) Beamtenverhältnisse ausgestalten (s.u. Rn. 298 ff.). Aber auch ihnen steht es frei, sich bei der Ausgestaltung der Arbeitsverhältnisse von Mitarbeiterinnen und Mitarbeitern der Handlungsform privatrechtlicher Arbeitsverträge zu bedienen. Die Entscheidung darüber, welche „Dienste es in ihren Einrichtungen geben soll und in welcher Rechtsform sie wahrzunehmen sind", ist Teil der eigenen Angelegenheiten der Religionsgemeinschaften i.S.d. Art. 140 GG i.V.m. Art. 137 Abs. 3 WRV.[123] Der vielfach zur Kennzeichnung des Rechtsgebiets verwandte Begriff des „religionsgemeinschaftlichen" bzw. „kirchlichen Arbeitsrechts" ist jedoch missverständlich. Denn für die privatrechtlichen Arbeitsverhältnisse der Religionsgemeinschaften gilt grundsätzlich **das staatliche Arbeitsrecht** unter Einschluss der Vorschriften zum Kündigungsschutz (§ 1 KSchG, § 626 BGB). Dies ist auch nach der Auffassung des BVerfG „die schlichte Folge einer Rechts-

189

---

123 BVerfGE 70, 138 (LS 1, 164 ff.); *Classen:* Religionsrecht, Rn. 429 m.w.N

wahl".[124] Insofern handelt es sich hier nicht um „kirchliches Arbeitsrecht", sondern um Arbeitsrecht in der Kirche".[125] Die Gewährleistung des Selbstbestimmungsrechts der Religionsgemeinschaften ist aber sowohl bei der Normierung als auch bei der Anwendung des staatlichen Arbeitsrechts zu berücksichtigen, denn die Einbeziehung der religionsgemeinschaftlichen Arbeitsverhältnisse in das staatliche Arbeitsrecht hat auf deren Zugehörigkeit zu den eigenen Angelegenheiten keinen Einfluss.[126] Die verfassungsrechtlich geschützte Eigenart des religionsgemeinschaftlichen bzw. kirchlichen Dienstes, „das spezifisch Kirchliche, das kirchliche Proprium" darf dadurch nicht in Frage gestellt werden. Auch für das BVerfG bleibt die Verfassungsgarantie des Selbstbestimmungsrechts für die Ausgestaltung der Arbeitsverhältnisse wesentlich.[127] Diese Garantie bezweckt und bewirkt aber keine Ausklammerung aus der staatlichen Rechtsordnung und damit auch nicht aus dem staatlichen Arbeitsrecht, „sondern sie begründet im Gegenteil nicht als Privilegierung, sondern als Ausprägung einer freiheitsrechtlichen Dimension eine Sonderstellung innerhalb der staatlichen Rechtsordnung, um der (Religionsgemeinschaft) eine glaubwürdige Erfüllung ihres Sonderauftrags zu ermöglichen".[128]

190 Die Geltung des staatlichen Arbeitsrechts und die dahinter stehenden Wertungen etwa des Arbeitnehmerschutzes werden – als Resultat einer entsprechenden Abwägung (s.o. Rn. 173) – durch das Selbstbestimmungsrecht der Religionsgemeinschaften modifiziert. Art und Ausmaß der Modifikationen richten sich grundsätzlich nach den Vorgaben der zuständigen Organe der jeweiligen Religionsgemeinschaft, die sich im Rahmen des für alle geltenden Gesetzes halten müssen. Die großen christlichen Kirchen haben in diesem Zusammenhang für ihre Mitarbeiterschaft das orientierende Leitbild einer **Dienstgemeinschaft** entworfen.[129] Für die **katholische Kirche** ist dieses Leitbild in Art. 1 S. 1 der Grundordnung für den kirchlichen Dienst im Rahmen kirchlicher Arbeitsverhältnisse vom 9.12.1993 umschrieben: „Alle in einer Einrichtung der katholischen Kirche Tätigen tragen durch ihre Arbeit ohne Rücksicht auf die arbeitsrechtliche Stellung gemeinsam dazu bei, dass die Einrichtung ihren Teil am Sendungsauftrag der Kirche erfüllen kann (Dienstgemeinschaft)."[130] Für die **evangelischen Kirchen in der EKD** gilt § 2 des Arbeitsrechtsregelungsgrundsätzegesetz: „Die gemeinsame Verantwortung für den Dienst der Kirche und ihrer Diakonie verbindet Dienstgeber und Mitarbeiter wie Mitarbeiterinnen zu einer Dienstgemeinschaft, die auch in der Gestaltung der verbindlichen Verfahren zur Regelung der Arbeitsbedingungen ihren Ausdruck findet. Für die Regelung der Arbeitsbedingungen haben in der Dienstgemeinschaft Dienstgeber sowie Mitarbeiter und Mitarbeiterinnen und deren Interessenvertretungen die gemeinsame Verantwortung. Die Wahrnehmung dieser gemeinsamen Verantwortung setzt einen

---

124 BVerfGE 70, 138 (165). Zur Geltung des staatlichen Arbeitsrechts auch *Richardi*, Arbeitsrecht, § 5 Rn. 1 ff. Insbesondere zur grundsätzlichen Geltung des staatlichen Kündigungsschutzrechts für die kirchlichen Arbeitsverhältnisse *Triebel*: Das europäische Religionsrecht, S. 21 ff.
125 Vgl. *Joussen*, HSKR, Bd. 2, Rn. 33 m.w.N.
126 Kritisch *Schlink*, JZ 2013, 209 (212, 217 f.); dagegen wiederum *Neureither*, JZ 2013, 1089 ff.
127 BVerfGE 70, 138 (165); dort auch die vorangegangenen Zitate.
128 *Richardi*, ZevKR 52 (2007), 182 (191).
129 BVerfGE 70, 138 (165 f.); BVerfGE 137, 273 ff.; BAGE 144, 1, Rz.37 ff.; BAGE 143, 354, Rz.97 ff.; dazu auch *Neuhoff*, S. 30 ff.; *Arleth*, S. 45 ff.; *Richardi*: Arbeitsrecht, § 4 Rn. 10 ff.; *Grzeszick*, in: ders. (Hrsg.), S. 21 (30 ff.); kurze Begriffserläuterung bei *Heinig*, in: ders./Munsonius (Hrsg.), S. 27 ff.
130 Dazu *Overbeck*, EssGspr. 46 (2012), S. 7 (14 ff.).

§ 6 Das Selbstbestimmungsrecht der Religionsgemeinschaften § 6

partnerschaftlichen Umgang voraus."[131] In vergleichbarer Weise bestimmt § 2 Abs. 1 der (Neufassung der) Richtlinie über die Anforderungen der privatrechtlichen beruflichen Mitarbeit in der EKD und des Diakonischen Werks der EKD vom 6.12.2016 (**Loyalitätsrichtlinie**): „Der Dienst der Kirche ist durch den Auftrag bestimmt, das Evangelium in Wort und Tat zu bezeugen. Alle Frauen und Männer, die in Anstellungsverhältnissen in Kirche und Diakonie tätig sind, tragen in unterschiedlicher Weise dazu bei, dass dieser Auftrag erfüllt werden kann. Dieser Auftrag ist die Grundlage der Rechte und Pflichten von Anstellungsträgern sowie Mitarbeiterinnen und Mitarbeitern. Die gemeinsame Verantwortung für den Dienst der Kirche und ihrer Diakonie verbindet Anstellungsträger und Mitarbeiterinnen wie Mitarbeiter zu einer Dienstgemeinschaft und verpflichtet sie zu vertrauensvoller Zusammenarbeit."[132] Dieses Leitbild ist nicht nur für die verfasste Religionsgemeinschaft, sondern auch für die ihr zuzuordnenden rechtlich selbstständigen **Einrichtungen** verbindlich.[133]

Die Befugnis der Religionsgemeinschaften, ihrer jeweiligen Mitarbeiterschaft das Leitbild einer Dienstgemeinschaft vorzugeben, wird nicht bestritten.[134] Umstritten ist hingegen, ob zwischen den Religionsgemeinschaften und anderen „**Tendenzbetrieben**" etwa aus dem Medien-, dem Forschungs- oder dem Kulturbereich ein auch dogmatisch erheblicher Unterschied besteht, der sich in weiter gehenden Sonderrechten der Religionsgemeinschaften niederschlägt. Die überwiegende Auffassung in Rechtsprechung und Literatur nimmt tatsächlich eine grundsätzliche Differenzierung in diesem Sinne vor. Zur Begründung wird im Wesentlichen das verfassungsrechtlich abgesicherte Selbstbestimmungsrecht aus Art. 140 GG i.V.m. Art. 137 Abs. 3 WRV angeführt.[135] Dagegen wird eingewandt, dass auch im Bereich der Religionsgemeinschaften ein Interessengegensatz zwischen Arbeitgeber und Arbeitnehmern nicht ausgeschlossen sei. Ferner bestünde zwischen den Grundrechten, auf die sich auch Arbeitnehmer in Religionsgemeinschaften berufen können, und dem Selbstbestimmungsrecht aus Art. 140 GG i.V.m. Art. 137 Abs. 3 WRV kein dogmatischer Unterschied. Schließlich sei der Gleichheitssatz bzw. das Neutralitätsgebot zu beachten. Im Ergebnis seien die Religionsgemeinschaften als Tendenzbetriebe zu behandeln. Gleichwohl müssten einige Besonderheiten berücksichtigt werden, die eine Erweiterung des personellen und sachlichen Bereichs des „Tendenzschutzes" erforderten. So könne aufgrund des umfassenden Anspruchs der Religionsgemeinschaften nicht ohne Weiteres eine Trennlinie zwischen „Tendenzträgern" und anderen Arbeitnehmern gezogen werden, wie dies etwa im Fall eines Medienunternehmens bzgl. der Journalisten einerseits und etwa den Sekretariatskräften andererseits möglich und geboten sei. Schließlich stellten die Religionsgemeinschaften umfassende Anforderungen an die persönliche Lebensführung, die ebenfalls weiter gingen als die Anforderungen in den „anderen" Tendenzbetrieben.[136] Dieser Auffassung ist zunächst zuzugestehen, dass das Neutralitätsgebot (s.o. Rn. 90) im Bereich des anzuwendenden Arbeitsrechts nicht aufgehoben wird. Die Möglichkeit eines Interessengegensatzes zwischen Arbeitgeber und Arbeitnehmern im Bereich der

---

131 Kirchengesetz über die Grundsätze zur Regelung der Arbeitsverhältnisse der Mitarbeiter und Mitarbeiterinnen in der Evangelischen Kirche in Deutschland und ihrer Diakonie (Arbeitsrechtsregelungsgrundsätzegesetz – ARGG-EKD) vom 13.11.2013 (ABl. EKD 2013 S. 420).
132 Abl. EKD 2017 S. 11. Dazu ausführlich *Joussen*, HevKR, S. 276 (302 f.); eine Neufassung ist in der Bearbeitung.
133 Vgl. *Richardi*: Arbeitsrecht, § 3 Rn. 3 ff.; *ders.*, ZevKR 52 (2007), 182, 191 f.
134 *Richardi*, Arbeitsrecht, § 2 Rn. 2, § 4 Rn. 7 ff.
135 So etwa *v. Campenhausen/de Wall*, S. 207 ff.
136 Zu dieser Argumentation *Classen*: Religionsrecht, Rn. 431.

Religionsgemeinschaften wird – soweit ersichtlich – auch von den Vertretern der überwiegenden Auffassung nicht bestritten.[137] Schließlich kann die Qualifizierung des Selbstbestimmungsrechts der Religionsgemeinschaften als freiheitsrechtliche Gewährleistung bekräftigt werden (s.o. Rn. 152), die den einschlägigen Grundrechten der Arbeitnehmerinnen und Arbeitnehmern gegenüberzustellen ist. Diese Aspekte zwingen aber nicht zu einer Abweichung von der These, dass zwischen den Religionsgemeinschaften und den „Tendenzunternehmen" grundsätzlich zu differenzieren sei. In den Religionsgemeinschaften geht es gerade nicht um grundrechtsgestützten Tendenzschutz – wie etwa im Fall von Journalisten oder Wissenschaftlern gegenüber ihren jeweiligen Arbeitgebern. Grundlegend für die religionsgemeinschaftlichen Arbeitsverhältnisse ist nicht ein partieller, sondern der **umfassende geistig-religiöse Auftrag der jeweiligen Religionsgemeinschaft**, der sich auf sämtliche Bereiche des Lebens erstreckt.[138] Die gleichwohl gebotene Abwägung des Selbstbestimmungsrechts mit den Grundrechten der betroffenen Arbeitnehmerinnen und Arbeitnehmer als „für alle geltendes Gesetz" führt zur grundsätzlichen, aber modifizierten Anerkennung der Schutzvorschriften des Arbeitsrechts auch im Bereich der Religionsgemeinschaften. Im Ergebnis zeitigen beide Auffassungen daher keine Unterschiede. Dissens besteht allein bzgl. der dogmatischen Konstruktion.[139] Insofern ist darauf hinzuweisen, dass die zu Recht konstatierten Besonderheiten der Religionsgemeinschaften und die Folgen für die Vergleichbarkeit mit den „Tendenzbetrieben" ihre Wurzel letztlich im Selbstbestimmungsrecht aus Art. 140 GG i. V. m. Art. 137 Abs. 3 WRV haben.

b) Individuelles Arbeitsrecht

192 Die Probleme des individuellen Arbeitsrechts in Religionsgemeinschaften konzentrieren sich auf die Frage nach der Zulässigkeit von **Loyalitätspflichten** für die Mitarbeiterschaft.[140] Die Antwort auf diese Frage ist ihrerseits entscheidend für den (ggf. arbeitsgerichtlichen) Bestand der Personalauswahl, insbesondere der Beendigung eines Arbeitsverhältnisses mit einer Religionsgemeinschaft. Sie ist im Wesentlichen in der von der Literatur ganz überwiegend positiv aufgenommenen **Entscheidung des BVerfG vom 4.6.1985**, bestätigt durch den **Beschluss des BVerfG vom 22.10.2014**, enthalten.[141] Danach ist die Befugnis zur Fixierung von Loyalitäts- bzw. Treuepflichten auf der Grundlage des jeweiligen Leitbildes der Dienstgemeinschaft (s.o. Rn. 190) **Teil des Selbstbestimmungsrechts der Religionsgemeinschaften**. Die Religionsgemeinschaften sind aufgrund ihres umfassenden religiösen Auftrags in besonderer Weise darauf angewiesen, dass ihre Mitarbeiterschaft sich mit diesem Auftrag identifiziert. Dies gilt nicht nur für die Glaubwürdigkeit der jeweiligen Religionsgemeinschaft nach *außen*,[142] sondern auch für ihre *innere* Funktionsfähigkeit, d.h. für die Fähigkeit, ihren religiösen Auftrag sachgemäß zu erfüllen. Es steht den Religionsgemeinschaften daher frei, im Rahmen des jeweiligen Leitbildes festzulegen, welche spezifischen Anforderungen sie an die allgemeine Lebensführung ihrer Mitarbeiterschaft stellen wollen. Unter Bezugnahme auf die christlichen Kirchen zählt das BVerfG dazu „die Beachtung jedenfalls der tragenden Grundsätze der kirchlichen Glaubens- und Sittenlehre" sowie der „fun-

---

137 Vgl. *Richardi*: Arbeitsrecht, § 4 Rn. 20.
138 Vgl. *Richardi*: Arbeitsrecht, § 6 Rn. 26; *Fey*, AuR 2005, 349 (351).
139 Deutlich in diesem Sinn *Classen*: Religionsrecht, Rn. 432 a. E.
140 Zum Begriff der Loyalität siehe u.a. *Fey*, AuR 2005, 349 (351), und *Heinig*, in: ders./Munsonius, S. 158 ff.
141 BVerfGE 70, 138 (165 ff.), und BVerfGE 137, 273 ff.; *Richardi*, Arbeitsrecht, § 6 Rn. 13 f.
142 Darauf stellt das BVerfGE 70, 138 (166) im Wesentlichen ab.

§ 6 Das Selbstbestimmungsrecht der Religionsgemeinschaften § 6

damentalen Verpflichtungen ..., die sich aus der Zugehörigkeit zur Kirche ergeben und die jedem Kirchenglied obliegen." Religionsgemeinschaftliche Loyalitätspflichten münden nicht in eine Klerikalisierung des Arbeitsverhältnisses und führen auch nicht dazu, „dass aus dem bürgerlich-rechtlichen Arbeitsverhältnis eine Art kirchliches Statusverhältnis wird, das die Person total ergreift und auch ihre private Lebensführung voll umfasst".[143] Analog zur Bestimmung des Schutzbereichs des Grundrechts auf Religionsfreiheit aus Art. 4 Abs. 1 und 2 GG (s.o. Rn. 77 ff.) ist aber auch bzgl. der Loyalitätspflichten zu fordern, dass der Bezug zum religiösen Auftrag der jeweiligen Religionsgemeinschaft objektiv nachvollziehbar ist, d.h. **plausibel** gemacht wird.

Neben der Frage nach der Zugehörigkeit von Loyalitätspflichten zum Selbstbestimmungsrecht der Religionsgemeinschaften stellen sich auch die Fragen nach der Kompetenz ihrer Begründung und den Inhalten. Zur **Kompetenzzuweisung** hat das BVerfG – bezogen auf die christlichen Kirchen – die erforderliche Klärung herbeigeführt: „Welche kirchlichen Grundverpflichtungen als Gegenstand des Arbeitsverhältnisses bedeutsam sein können, richtet sich nach der von der verfassten Kirche anerkannten Maßstäben."[144] Entsprechendes gilt naturgemäß auch für andere Religionsgemeinschaften. Wichtig ist festzuhalten, dass es bzgl. der Existenz und der Verbindlichkeit von Loyalitätspflichten nicht auf die Auffassung einzelner Mitglieder oder Einrichtungen der Religionsgemeinschaft, sondern allein auf die Fixierung durch die zuständigen Organe ankommt.[145]

193

Die **Inhalte** der Loyalitätspflichten werden also von den zuständigen Organen der Religionsgemeinschaften selbst festgelegt. Für die beiden großen christlichen Kirchen ist diese Festlegung in den beiden bereits erwähnten Dokumenten der „**Grundordnung**" für die katholische Kirche und der „**Loyalitätsrichtlinie**" des Rates der EKD erfolgt (s.o. Rn. 190). Die römisch-katholische Regelung ist insbesondere im Hinblick auf die Folgen des Ehebruchs i.S.d. kanonischen Rechts und der praktizierten und ggf. in einer eingetragenen Lebenspartnerschaft dokumentierten Homosexualität deutlich restriktiver als die evangelische Richtlinie.[146] Dies vorausgeschickt, kann und soll hier exemplarisch auf die Loyalitätsrichtlinie der EKD Bezug genommen werden.[147] Für die *Begründung* eines Arbeitsverhältnisses ist nach § 3 Abs. 1 der Richtlinie „grundsätzlich" die Zugehörigkeit zu einer Gliedkirche der EKD oder einer mit ihr in Kirchengemeinschaft verbundenen Kirche erforderlich. Dies gilt uneingeschränkt für Mitarbeiterinnen und Mitarbeiter, denen Aufgaben der Verkündigung, der Seelsorge und der evangelischen Bildung übertragen sind. Für „Aufgaben der Dienststellenleitung" können gem. § 3 Abs. 2 auch Personen eingestellt werden, die einer anderen christlichen Kirche angehören. Im Übrigen können, wenn und soweit dies mit der Beschaffenheit der jeweiligen Dienststelle bzw. Einrichtung sowie der Erfüllung des kirchlichen Auftrags kompatibel ist, auch Personen angestellt werden, die keiner christlichen Kirche angehören. Gem. § 3 Abs. 3 der Richtlinie kommen Personen für eine Anstellung nicht in Betracht, die aus der evangelischen Kirche, aus einer anderen Kirche der Arbeitsgemeinschaft Christlicher Kirchen in Deutschland oder der Vereinigung Evangelischer Freikirchen ausgetreten sind. Die Loyalitätspflichten während des Arbeitsverhältnisses werden

194

---
143 BVerfGE 70, 138 (166).
144 BVerfGE 70, 138 (166).
145 *V. Campenhausen/de Wall*, S. 212 f.
146 Vgl. *Kalb*, HdbKathKiR, S. 324 (333 f.). Zu diesen Kündigungsgründen siehe umfassend *Richardi*: Arbeitsrecht, § 7 Rn. 36 ff.
147 Dazu *Fey*, AuR 2005, 349 (351 f.).

in § 4 der Richtlinie umschrieben. In § 4 Abs. 1 ist der Grundsatz enthalten, dass sich alle Mitarbeiterinnen und Mitarbeiter gegenüber der evangelischen Kirche „loyal zu verhalten" haben. Im Folgenden werden die Loyalitätspflichten, abgestuft nach evangelischen, konfessionsverschiedenen christlichen und nichtchristlichen Mitarbeiterinnen und Mitarbeitern, ausdifferenziert. Von ersteren wird erwartet, dass sie „Schrift und Bekenntnis anerkennen", und soweit sie „in der Verkündigung, Seelsorge, Unterweisung oder Leitung tätig sind, wird eine inner- und außerdienstliche Lebensführung erwartet, die der übernommenen Verantwortung entspricht." Von nichtchristlichen Mitarbeiterinnen und Mitarbeitern wird lediglich erwartet, dass sie „den kirchlichen Auftrag beachten und die ihnen übertragenen Aufgaben im Sinne der Kirche erfüllen." Der Verstoß gegen diese Pflichten kann gem. § 5 der Richtlinie – als ultima ratio – den Grund für eine außerordentliche Kündigung des Arbeitsverhältnisses abgeben; dies gilt insbesondere für den Austritt aus der Kirche.[148] Besondere Berücksichtigung verdienen ferner die kirchlichen Orden.[149]

195 Mit dem staatlichen Arbeitsrecht ist die Verankerung entsprechender Pflichten in regulären Arbeitsverträgen grundsätzlich zwar nicht vereinbar. Nach der bereits erwähnten Rspr. des BVerfG (s.o. Rn. 192), die eine vorangegangene Rspr. des BAG korrigiert, sind Loyalitätspflichten jedoch **zulässig**.[150] Sie sind damit grundsätzlich von den ggf. zuständigen staatlichen Arbeitsgerichten zu beachten und insofern auch für den Staat verbindlich. Dies folgt aus der gebotenen **Abwägung** zwischen dem Selbstbestimmungsrecht der Religionsgemeinschaften einerseits und dem „für alle geltenden Gesetz" in Gestalt des staatlichen Arbeitsrechts andererseits. Aus dieser Abwägung folgen aber zugleich religionsverfassungsrechtliche **Grenzen** für die staatliche Anerkennung religionsgemeinschaftlicher Loyalitätspflichten. Jedenfalls die „**Grundprinzipien der Rechtsordnung**, wie sie im allgemeinen Willkürverbot (Art. 3 Abs. 1 GG) sowie in dem Begriff der ‚guten Sitten' (§ 138 BGB) und des ordre public (Art. 30 EGBGB) ihren Niederschlag gefunden haben", dürfen nicht verletzt sein.[151] Gegen das allgemeine Willkürverbot wird etwa dann verstoßen, wenn das im Einzelfall von einer Mitarbeiterin oder einem Mitarbeiter geforderte Verhalten in der jeweiligen Religionsgemeinschaft tatsächlich nicht bzw. nicht überall gelebt oder die einschlägige Anforderung innerhalb der Religionsgemeinschaft unterschiedlich gehandhabt wird.[152] Zum ordre public, jedenfalls zu den Grundprinzipien der Rechtsordnung gehören auch die Grundrechte der Arbeitnehmerinnen und Arbeitnehmer.[153] Anhand dieses Maßstabs, der zumindest durch die Arbeitsschutzgesetze und das Verhältnismäßigkeitsprinzip zu ergänzen ist,[154] kann und muss die staatliche Gerichtsbarkeit sicherstellen, dass die Religionsgemeinschaften keine unannehmbaren Anforderungen an die Loyalität ihrer Mitarbeiterschaft stellen.

196 Nach der überwiegenden Auffassung in der religionsverfassungsrechtlichen **Literatur** sind die von den beiden großen christlichen Kirchen normierten Loyalitätspflichten

---

148 Zum Kirchenaustritt als Kündigungsgrund umfassend *Richardi*, Arbeitsrecht, § 7 Rn. 65 ff.
149 Dazu *Richardi*, ZevKR 52 (2007), 182 (192 f.).
150 BVerfGE 70, 138 (165 ff.); Art. 30 EGBGB entspricht nunmehr Art. 6 EGBGB. In der Sache anders zuvor BAGE 34, 195 (204 ff.); 45, 250 (256); 47, 144 (153 ff.); 47, 292 (300 ff.), dazu *Richardi*: Arbeitsrecht, § 6 Rn. 23 ff.
151 BVerfGE 70, 138 (168).
152 Vgl. *Budde*, AuR 2005, 353 (354).
153 *Classen*: Religionsrecht, Rn. 436.
154 *Morlok*, in: H. Dreier (Hrsg.), Art. 140 GG/137 WRV, Rn. 66 bzw. – zum Kriterium der Verhältnismäßigkeit – *Budde*, AuR 2005, 353 (354).

jedenfalls mit dieser Rspr. des BVerfG vereinbar.[155] Gelegentlich werden jedoch Zweifel geäußert, ob die z. T. vorgesehenen Sanktionen im Fall von Wiederverheiratung und Kirchenaustritt insbesondere vor dem Kriterium der Verhältnismäßigkeit Bestand haben. Insgesamt würde den Religionsgemeinschaften ein zu großer Freiraum bei der Bestimmung der die Grundrechte der Arbeitnehmerinnen und Arbeitnehmer einschränkenden Loyalitätspflichten eingeräumt.[156] Angesichts der Bedeutung des Selbstbestimmungsrechts der Religionsgemeinschaften und der damit verbundenen Bedeutung ihrer Glaubwürdigkeit nach außen und ihrer Funktionsfähigkeit nach innen vermag diese Kritik jedoch grundsätzlich nicht zu überzeugen. Dies gilt jedoch nicht für den Einwand gegen die Auffassung des BVerfG, dass auch „die Entscheidung darüber, ob und wie innerhalb der im (religionsgemeinschaftlichen) Dienst tätigen Mitarbeiter eine ‚**Abstufung**' **der Loyalitätspflichten** eingreifen soll, ... grundsätzlich eine dem (religionsgemeinschaftlichen) Selbstbestimmungsrecht unterliegende Angelegenheit" sei.[157] Aus dem Grundsatz der Verhältnismäßigkeit, der in der Abwägung zwischen dem Selbstbestimmungsrecht der Religionsgemeinschaften und den Grundrechtspositionen der Arbeitnehmerinnen und Arbeitnehmer zu beachten ist, folgt die **Notwendigkeit einer doppelten Ausdifferenzierung der Loyalitätspflichten**. Zum einen verlangt der Aspekt der Glaubwürdigkeit und Funktionsfähigkeit, dass zumindest das Führungsbzw. Leitungspersonal der jeweiligen Religionsgemeinschaft angehört. Die Normierung dieser Anforderung auch für Mitarbeiterinnen und Mitarbeiter in anderen Funktionen hält einer religionsverfassungsrechtlichen Überprüfung nur dann stand, wenn sie von der betreffenden Religionsgemeinschaft plausibel begründet werden kann. Zum anderen ist eine Differenzierung verhaltensbezogener Loyalitätspflichten geboten, die sich an der Zugehörigkeit oder Nicht-Zugehörigkeit der Mitarbeiterin oder des Mitarbeiters zu der jeweiligen Religionsgemeinschaft orientiert. Die Anforderungen an Mitglieder der betreffenden Religionsgemeinschaft können umfangreicher sein. Diese Abweichung von den Maßstäben des BVerfG zeitigt jedenfalls im Hinblick auf die beiden großen christlichen Kirchen keine praktischen Auswirkungen, denn beide Differenzierungen finden sich in den einschlägigen Regelungen der Loyalitätspflichten (s.o. Rn. 192). Sowohl die katholische „Grundordnung" als auch die EKD-Richtlinie sind daher religionsverfassungsrechtlich vom Selbstbestimmungsrecht aus Art. 140 GG i.V.m. Art. 137 Abs. 3 WRV gedeckt. In Aufnahme der jüngeren Rspr. des EGMR (s.o. Rn. 199 a) stellt aber auch das Bundesarbeitsgericht fest, dass Kündigungen wegen Verstoßes gegen religionsgemeinschaftliche Loyalitätspflichten nur gerechtfertigt sind, wenn der Verstoß auch bei **Abwägung** der Interessen beider Vertragsteile im Einzelfall ein hinreichend schweres Gewicht hat.[158]

In der Literatur ist ferner umstritten, ob hinsichtlich der gebotenen Abstufung ein Änderungsbedarf aus dem gemeinschaftsrechtlich indizierten **Antidiskriminierungsrecht** entsteht. In diesem Zusammenhang ist die auf Art. 13 EGV gestützte gemeinschaftsrechtliche **Antidiskriminierungsrichtlinie 2000/78/EG** vom 27.11.2000[159] und deren

197

---

155 Vgl. *v. Campenhausen/de Wall*, S. 217 ff.
156 So etwa *Morlok*, in: H. Dreier (Hrsg.), Art. 140 GG/137 WRV, Rn. 66; *Heinig*: Öffentlich-rechtliche Religionsgemeinschaften, S. 170 ff.
157 BVerfGE 70, 138 (168).
158 BAG, Urteil vom 8.9.2011 – 2 AZR 543/10.
159 Abl. 2000 L 303, S. 16 ff. Grundlegend zur Richtlinie 2000/78/EG *Triebel*: Das europäische Religionsrecht, S. 30 ff. Diese Richtlinie lieferte i.Ü. den unmittelbaren Anlass zum Erlass der EKD-Loyalitätsrichtlinie (s.o. Rn. 192).

nationale Umsetzung im **Allgemeinen Gleichstellungsgesetz (AGG)** vom 14.8.2006[160] von besonderer Bedeutung. In der EG-Richtlinie, die gem. Art. 1 auch der „Bekämpfung der Diskriminierung wegen der Religion oder Weltanschauung" dient, wird in den beiden Absätzen des Art. 4 eine Bereichsausnahme zugunsten der Religionsgemeinschaften festgeschrieben. In Art. 4 Abs. 1 der Richtlinie, der zunächst ohne den Zusatz in Abs. 2 vorgesehen war, wird (nur) ein allgemeiner Tendenzschutz garantiert. Danach ist eine Ungleichbehandlung wegen eines Merkmals – wie etwa der Religion – zulässig, „wenn das betreffende Merkmal aufgrund der Art einer bestimmten beruflichen Tätigkeit oder der Bedingungen ihrer Ausübung eine wesentliche und entscheidende berufliche Anforderung darstellt, sofern es sich um einen rechtmäßigen Zweck und eine angemessene Anforderung handelt." Nachdem im Normgebungsverfahren erkannt worden war, dass diese Regelung für die Konservierung der religionsgemeinschaftlichen Vorgabe des umfassenden Leitbilds einer Dienstgemeinschaft unzureichend ist, wurde Art. 4 Abs. 2 der Richtlinie angefügt.[161] Nach dem 1. Unterabschnitt dieser Vorschrift können die Mitgliedsstaaten bzgl. der beruflichen Tätigkeiten in „Kirchen und anderen öffentlichen oder privaten Organisationen, deren Ethos auf religiösen Grundsätzen oder Weltanschauungen beruht", Ungleichbehandlungen wegen der Religion vorsehen, wenn die Religion oder Weltanschauung der betroffenen Person „nach der Art dieser Tätigkeiten oder der Umstände ihrer Ausübung eine wesentliche, rechtmäßige und gerechtfertigte berufliche Anforderung angesichts des Ethos der Organisation darstellt". Das Religionsverfassungsrecht des jeweiligen Mitgliedsstaats sowie die allgemeinen Grundsätze des Gemeinschaftsrechts sind einzuhalten und eine Diskriminierung aus anderem Grund wird über Art. 4 Abs. 1 der Richtlinie nicht gerechtfertigt. Der 2. Unterabschnitt erlaubt sodann den Religionsgemeinschaften, von ihren Mitarbeiterinnen und Mitarbeitern „zu verlangen, dass sie sich loyal und aufrichtig im Sinne des Ethos der Organisation verhalten". Die Umsetzung dieses Teils der Richtlinie erfolgte in § 9 AGG.[162] § 9 Abs. 1 AGG erlaubt „bei der Beschäftigung durch Religionsgemeinschaften" eine Ungleichbehandlung wegen der Religion, „wenn eine bestimmte Religion oder Weltanschauung unter Beachtung des Selbstverständnisses der jeweiligen Religionsgemeinschaft oder Vereinigung im Hinblick auf ihr Selbstbestimmungsrecht oder nach der Art der Tätigkeit eine gerechtfertigte berufliche Anforderung darstellt". § 9 Abs. 2 AGG stellt klar, dass das Recht der Religionsgemeinschaften, „von ihren Beschäftigten ein loyales und aufrichtiges Verhalten im Sinne ihres jeweiligen Selbstverständnisses verlangen zu können", unberührt bleibt.

198 Aus diesen antidiskriminierungsrechtlichen Bestimmungen wird z. T. die Forderung nach einer zumindest partiellen Reduktion der staatlichen Anerkennung bestehender Loyalitätspflichten abgeleitet.[163] Maßgeblich sei insofern eine **restriktive Lesart** der einschlägigen Rechtsgrundlagen, die insbesondere durch das Ziel der Antidiskriminierung indiziert sei. Diese Lesart mündet – soweit ersichtlich – in vier Teilpostulate, von denen drei sich auf die EG-Richtlinie beziehen. Ihr wird – erstens – eine Beschränkung der Bereichsausnahme auf funktionsspezifische, für den religiösen Auftrag bedeutende Tätigkeiten entnommen. Zweitens könne künftig jede Ungleichbehandlung nur abge-

---

160 BGBl. I, S. 1897.
161 Zur Entstehungsgeschichte und Inhalt *Thüsing*, EssGspr. 46 (2012), S. 129 (132 ff.), und *Triebel*: Das europäische Religionsrecht, S. 81 ff., S. 135 ff.
162 Dazu *Schoenauer*, passim, *Richardi*, ZevKR 52 (2007), 182 (186 ff.), und *Fischermeier*, in: Annuss/Picker/Wissmann (Hrsg.), S. 875 ff.
163 So insbesondere *Budde*, AuR 2005, 353 (357 ff.).

stuft nach Funktionen erfolgen; insofern seien aber auch alle Mitarbeiterinnen und Mitarbeiter auf derselben Funktionsstufe – unabhängig von ihrer Konfessionszugehörigkeit – gleich zu behandeln. Drittens müsse eine Umverteilung der Kompetenzen vorgenommen werden. Die Bereichsausnahme knüpfe nach wie vor an den Grundsatz der Verhältnismäßigkeit an und erlaube eine Diskriminierung allein aus Gründen der Glaubwürdigkeit (und Funktionsfähigkeit) der jeweiligen Religionsgemeinschaft. Damit obliege es nunmehr dem Staat und seinen Gerichten festzustellen, ob diese Gründe tatsächlich vorlägen; die autonome Festlegung von Loyalitätspflichten durch die Religionsgemeinschaften könne und dürfe nicht mehr ungeprüft hingenommen werden. Folglich sei der allein auf das Selbstverständnis der Religionsgemeinschaften abstellende § 9 Abs. 1 AGG zu weit gefasst. Praktische Konsequenzen zeitigt diese Auffassung insbesondere für die Zulässigkeit von Kündigungen. So sei eine Kündigung wegen des Austritts aus der Religionsgemeinschaft nur dann gerechtfertigt, wenn die Mitgliedschaft zugleich eine Einstellungsvoraussetzung war. Eine Loyalitätsabstufung nach der Konfessionsangehörigkeit sei aufgrund der gebotenen Gleichbehandlung aller funktionsgleichen Mitarbeiterinnen und Mitarbeiter unzulässig. Die Verletzung katholischer Ehevorschriften rechtfertige eine Kündigung ebenfalls nur bei leitenden Funktionsträgern, weil nur hier eine erhebliche Gefährdung der Glaubwürdigkeit der Kirche anzunehmen sei. Schließlich sei eine Kündigung wegen praktizierter Homosexualität künftig vollständig ausgeschlossen, da der 1. Unterabschnitt des Art. 4 Abs. 2 der EG-Richtlinie eine Diskriminierung „aus einem anderen Grund" nicht rechtfertige. Allenfalls ein Rückgriff auf Art. 4 Abs. 1 der Richtlinie denkbar, der eine Kündigung aus den genannten Gründen i.d.R. ebenfalls nicht zu rechtfertigen vermag.

Gegen Teilpostulate dieser restriktiven Lesart lassen sich Gegenargumente anführen.[164] Gegen die verabsolutierte Begrenzung der Bereichsausnahme auf spezifisch religionsgemeinschaftliche Tätigkeiten sprechen die Aspekte der Glaubwürdigkeit und Funktionsfähigkeit. Eine Religionsgemeinschaft und ihre Einrichtungen müssen in ihrem jeweiligen Profil erkennbar bleiben (können), auch in weniger „verkündungsnahen" Tätigkeiten. So kann etwa von einer religionsgemeinschaftlich getragenen Privatschule auch aus der Außenperspektive erwartet werden, dass alle Lehrkräfte und nicht nur die Religionslehrerinnen und -lehrer der jeweiligen Konfession angehören. Im Übrigen sind **Abstufungen** nach funktionsspezifischen Tätigkeiten – etwa bzgl. der Reinigungskräfte – nicht ausgeschlossen. Sofern der Wortlaut des Art. 4 Abs. 2 1. Unterabschnitt der Richtlinie auf eine „wesentliche, rechtmäßige und gerechtfertigte berufliche Anforderung angesichts des Ethos der Organisation" abstellt und eine restriktive Lesart nahe zu legen scheint, ist eine differenzierende und im Lichte der gemeinschaftsrechtlich abgesicherten Religionsfreiheit primärrechtskonforme Auslegung mit der beizubehaltenden Differenzierung geboten. Gegen die absolute Gleichbehandlung der Mitarbeitenden auf vergleichbaren Funktionsstufen, also gegen das Verbot der Differenzierung nach der **Konfessionszugehörigkeit** sprechen zunächst praktische Erwägungen. Von islamischen Mitarbeitenden in christlichen Einrichtungen kann keine allgemeine christliche Lebensführung erwartet werden – und umgekehrt. Auch in dem praktisch wichtigen Fall der **Kündigung** kann und muss weiterhin differenziert werden. Es ist schon zweifelhaft, ob konfessionsfremde und konfessionsangehörige Mitarbeitende eine Vergleichsgruppe bilden. In jedem Fall stellt die bewusste und dokumentierte Abkehr von der Religionsgemeinschaft durch Austritt einen sachlichen Grund für die

199

---

[164] So insbesondere *Link*, ZevKR 50 (2005), 403 (410 ff.).

Kündigungsbefugnis dar. Auch hier liefern die Glaubwürdigkeit und Funktionsfähigkeit der betreffenden Religionsgemeinschaft den entscheidenden Hinweis, denn die Weiterbeschäftigung von Mitarbeitenden, die sich mit dem Austritt offen gegen „das Ethos der Organisation" stellen, ist vor dem Hintergrund dieser beiden Aspekte nicht zumutbar.[165] Gegen die These von der Umkehrung der **Kompetenz** zur Bestimmung religionsverfassungsrechtlich zulässiger Loyalitätspflichten ist auf das Telos und die Entstehungsgeschichte des Art. 4 der Richtlinie in seiner Gesamtheit hinzuweisen. Mit der Richtlinie 2000/78/EG wird insgesamt das Ziel eines umfassenden Antidiskriminierungsschutzes verfolgt. Ohne die Ausnahmevorschrift des Art. 4 der Richtlinie stellte die religionsverfassungsrechtliche Anerkennung religionsgemeinschaftlicher Loyalitätspflichten eine unzulässige Diskriminierung dar. Entgegen der Regel, dass Ausnahmevorschriften restriktiv auszulegen sind, soll Art. 4 eine weitgehende Freistellung der Religionsgemeinschaften von den Anforderungen der Richtlinie nach Maßgabe der jeweiligen Standards in den Mitgliedstaaten bewirken. Dies folgt zum einen aus der Bezugnahme der Erwägungsgründe auf die Kirchenerklärung zum Vertrag von Amsterdam vom 2.10.1997 (umgesetzt in Art. 17 AEUV), mit der klargestellt wird, dass das Religionsverfassungsrecht der Mitgliedsstaaten durch das Gemeinschaftsrecht nicht beeinträchtigt wird (s.u. Rn. 598).[166] Mit der Antidiskriminierungsrichtlinie soll daher das jeweilige Religionsverfassungsrecht zur Anerkennung religionsgemeinschaftlicher Loyalitätspflichten insgesamt vom Antidiskriminierungsschutz ausgenommen sein. Diese Folgerung wird zudem durch die Entstehungsgeschichte der Ausnahmevorschrift bestätigt, denn der zumeist weiter gehende Art. 4 Abs. 2 der Richtlinie wurde erst eingefügt, als die Unzulänglichkeit des Abs. 1 für eine umfassende Ausnahme zugunsten der Religionsgemeinschaften erkannt worden war (s.o. Rn. 197). Schließlich folgt schon aus der nachweisbaren Intention, die religionsgemeinschaftlichen Loyalitätspflichten nach Maßgabe des jeweiligen mitgliedsstaatlichen Religionsverfassungsrechts aus dem Anwendungsbereich des Antidiskriminierungsrechts auszunehmen, die Zulässigkeit und Adäquatheit des § 9 AGG. Im Übrigen liefert der Begriff des „Ethos der Organisation" einen weiteren Beleg für dieses Ergebnis, denn: „Dem deutschen Recht entsprechend ,übersetzt' wird aus dem europarechtlichen ,Ethos der Organisation' im Rahmen des Selbstbestimmungsrechts der (Religionsgemeinschaften) das ,(religionsgemeinschaftliche) Selbstverständnis'."[167] Auch hier unterliegt das Selbstverständnis einer Plausibilitätskontrolle.

199a Die auf den Erkenntnissen des BVerfG basierende Dogmatik zum religionsgemeinschaftlichen Arbeitsrecht und damit die „dritte Säule" des grundgesetzlichen Religionsverfassungsrechts insgesamt ist inzwischen durch die **Judikatur der europäischen Gerichte**, insbesondere des EuGH unter Druck geraten.

So wurde in der **jüngeren Rspr. des EGMR** zum kirchlichen Arbeitsrecht festgestellt, dass auch bestehende Loyalitätsregelungen der Religionsgemeinschaften im Einzelfall einer Abwägung mit (Grund-) Rechtspositionen der Mitarbeiterinnen und Mitarbeiter unterliegen.[168] So hat das Gericht die Kündigung eines katholischen Organisten und Chorleiters aus Gründen der Lebensführung beanstandet, weil es für den Betroffenen

---

165 Ebenso *Classen*: Religionsrecht, Rn. 440 f. Vgl. für die christlichen Kirchen *Richardi*: Arbeitsrecht, § 7 Rn. 70: „Wer aus der Kirche austritt, gibt die Mindestübereinstimmung preis, die die Kirche von jedem Arbeitnehmer erwarten kann, der in ihren Dienst tritt."
166 Dazu u. a. *Grzeszick*, ZevKR 48 (2003), 284 ff.; s. u. § 18.
167 *Fey*, AuR 2005, 349 (350).
168 Dazu u.a. *Plum*, NZA 2011, 1194 ff.; *Grabenwarther/Pabel*, KuR 2011, 55 ff.; *Joussen*, RdA 2011, 173 ff.

angesichts seiner speziellen Qualifikation nur schwer möglich sei, eine neue Arbeitsstelle zu finden.[169] Verhältnismäßig und daher nicht zu beanstanden seien hingegen die Kündigungen einer katholischen Erzieherin in einem evangelischen Kindergarten nach ihrem Übertritt zu den Universalen und eines zu den Mormonen gehörenden Direktors der Öffentlichkeitsarbeit für Europa aufgrund außerehelicher Beziehungen.[170]

Während die Auswirkungen der EGMR-Rspr. noch moderat ausfallen dürften, hat die bisherige Bedeutung des Antidiskriminierungsrechts für das Individualarbeitsrecht in den Religionsgemeinschaften und speziell für den Bestand der Loyalitätspflichten durch die **jüngere Rspr. des EuGH** eine tektonische Verschiebung erfahren. Einschlägig sind die „Egenberger"- und die „Chefarzt"-Entscheidung zu Art. 4 Abs. 2 RL 2000/78/EG (RL).[171] Zunächst stellt er EuGH fest, dass auch die kirchlich-arbeitsrechtliche Loyalitätspflichten „Gegenstand einer wirksamen gerichtlichen Kontrolle sein" müssen, damit sichergestellt sei, dass die Kriterien des Art. 4 Abs. 2 erfüllt sind.[172] Aus Art. 4 Abs. 2 RL folgert der EuGH, dass zu prüfen sei, ob die betreffende Anforderung im Hinblick auf das Ethos der jeweiligen Religionsgemeinschaft „aufgrund der Art der fraglichen Tätigkeiten oder der Umstände ihrer Ausübung wesentlich, rechtmäßig und gerechtfertigt ist." Zudem muss der Grundsatz der Verhältnismäßigkeit gewahrt sein. Insgesamt sind drei Kriterien- bzw. Kriteriengruppen zu unterscheiden.[173] Das erste Kriterium extrahiert der EuGH aus der in Art. 4 Abs. 2 UAbs. 1 RL fixierten Abhängigkeit einer möglichen Rechtfertigung kirchlich-arbeitsrechtlicher Anforderungen von der Art der Tätigkeit oder den Umständen ihrer Ausübung. Daraus sei zu folgern, dass ein „direkte(r) Zusammenhang zwischen der vom Arbeitgeber aufgestellten beruflichen Anforderung und der fraglichen Tätigkeit" besteht, dessen Vorliegen zudem objektiv überprüfbar sein müsse. Ein solcher Zusammenhang könne sich aus der Art der Tätigkeit - etwa aus der Teilhabe am Verkündigungsauftrag - oder aus den Umständen ihrer Ausübung - etwa der glaubwürdigen Vertretung der Kirche nach außen - ergeben.[174] Sodann nimmt der EuGH eine vermeintlich „schulmäßige Auslegung"[175] der in Art. 4 Abs. 2 UAbs. 1 RL genannten Kriterien „wesentlich, rechtmäßig und gerechtfertigt" vor.[176] Danach ist eine Einstellungs- oder sonstige Loyalitätsanforderung „wesentlich", wenn sie aufgrund der Bedeutung der betreffenden beruflichen Tätigkeit für die Bekundung des Ethos oder die Ausübung des Rechts der jeweiligen Religionsgemeinschaft auf Autonomie notwendig erscheinen muss. Eine Anforderung ist „rechtmäßig", wenn sie „nicht zur Verfolgung eines sachfremden Ziels ohne Bezug zu diesem Ethos oder zur Ausübung des Rechts der jeweiligen Kirche oder Organisation auf Autonomie dient." Schließlich bedeute der Ausdruck „gerechtfertigt", dass die von der jeweiligen Kirche oder Organisation „geltend gemachte Gefahr einer Beeinträchtigung ihres Ethos oder ihres Rechts auf Autonomie wahrscheinlich und erheblich ist, so dass sich eine solche Anforderung tatsächlich als notwendig erweist." Gegen diese Auslegung des Art. 4 Abs. 2 RL 2000/78/EG durch den EuGH ist

---

169 EGMR, EuGRZ 2010, 560 ff. (Schüth).
170 EGMR, DÖV 2011, 364 (Leitsatz – Siebenhaar); bzw. EGMR, EuGRZ 2010, 571 ff. (Obst).
171 EuGH, NJW 2018, 1869 (Egenberger); NJW 2018, 3086 (Chefarzt).
172 EuGH, NJW 2018, 1869 (1870 - Egenberger); NJW 2018, 3086 (3087 – Chefarzt).
173 Dazu auch *Greiner*, Juris Mitteilungen 6 (2018), 233 (236 f.).
174 EuGH, Urt. V. 1704.2012 – C-414/16, NJW 2018, 1869 (1871 – Egenberger).
175 So mit ironischem Unterton *Junker*, NJW 2018, 1850 (1852); kritisch auch *Krimphove*, ArbRAktuell 2018, 511.
176 EuGH, NJW 2018, 1869 (1872 - Egenberger). Zur Auslegung vor der aktuellen Rechtsprechung des EuGH siehe *Triebel*: Das europäische Religionsrecht, S. 144 ff.

schon früh in der kommentierenden Literatur angemerkt worden, dass die dargebotenen Definitionen „nicht gerade von begriffsjuristischer Trennschärfe" seien. Allerdings werde bei genauer Betrachtung zumindest die zugrundeliegende Unterscheidung zwischen verkündigungsnahen und -fernen Tätigkeiten sichtbar.[177] Schließlich wird aus der Bezugnahme auf die „allgemeinen Grundsätze des Gemeinschaftsrechts" in Art. 4 Abs. 2 UAbs. 1 RL gefolgert, dass kirchlich-arbeitsrechtliche Anforderungen mit dem Grundsatz der Verhältnismäßigkeit in Einklang stehen müssen. Danach ist zu prüfen, ob die fragliche Anforderung angemessen ist und nicht über das zur Erreichung des angestrebten Ziels Erforderliche hinaus geht."[178] Mit dieser Rspr. wird das grundgesetzliche Religionsverfassungsrecht an einer zentralen Stelle des Arbeitsrechts in der Kirche und damit das Selbstbestimmungsrecht der Religionsgemeinschaften gem. Art. 140 iVm Art. 137 WRV aus unionsrechtlicher Perspektive in Frage gestellt. Auffällig ist, dass der EuGH in diesem Zusammenhang die Bedeutung des Art. 17 AEUV kaum, jedenfalls unzureichend würdigt.[179] Ob das in dem „Egenberger"-Fall angerufene Bundesverfassungsgericht die Anwendung der EUGH-Rspr. über das Instrument einer ultra-vires- oder Identitätskontrolle suspendiert, bleibt abzuwarten.[180] Die lange Zeit gültige Einschätzung, dass das Unionsrecht (in seiner Auslegung durch den EuGH) zwar ein „Gefahrenpotenzial" für das deutsche religionsgemeinschaftliche Arbeitsrecht in der Auslegung durch das BVerfG berge, aber im Wege der gebotenen Auslegung der einschlägigen Rechtsgrundlagen entschärft werden könne[181], kann jedenfalls nicht mehr aufrecht erhalten werden.

c) Kollektives Arbeitsrecht

200 Auch das kollektive Arbeitsrecht innerhalb der Religionsgemeinschaften und der ihnen zugeordneten Einrichtungen unterfällt dem Selbstbestimmungsrecht aus Art. 140 GG i.V.m. Art. 137 Abs. 3 WRV. Aus der Befugnis zur Ausrichtung des religionsgemeinschaftlichen Dienstes am Leitbild einer „Dienstgemeinschaft" folgt, dass den Religionsgemeinschaften auch die Kompetenz für die normative Ausgestaltung ihrer kollektiven Arbeitsordnung zukommt.[182] In diesem Zusammenhang ist zwischen der Kompetenz zur Regelung der allgemeinen Grundlagen des religionsgemeinschaftlichen Arbeitsverhältnisses und dem Mitarbeitervertretungsrecht zu unterscheiden.

aa) Das Arbeitsrechtsregelungsrecht der Religionsgemeinschaften

201 Das Selbstbestimmungsrecht aus Art. 140 GG i.V.m. Art. 137 Abs. 3 WRV umfasst auch das Recht zur Festlegung des Verfahrens, in dem die Regelungen des religionsgemeinschaftlichen Arbeitsrechts zustande kommen. Insbesondere werden die Religionsgemeinschaften nicht durch **Art. 9 Abs. 3 GG** von Verfassungs wegen auf den Weg eines Tarifvertragssystems verwiesen.[183] Zwar gilt das Grundrecht auf Koalitionsfrei-

---

177 *Junker*, NJW 2018, 1850 (1852).
178 EuGH, NJW 2018, 1869 (1872 - Egenberger).
179 Ebenso *Joussen* in Pirson/Rüfner/Germann/Muckel StaatskirchenR-HdB II, Rn. 75.
180 Zu den Gefährdungen des grundgesetzlichen Religionsverfassungsrechts durch die beschriebene EuGH-Rspr. und insbesondere zu den Möglichkeiten einer Ultra-vires- und einer Identitätskontrolle *Unruh*, ZevKR 64 (2019), 188 (205 ff.) m.w.N.; ähnlich *Kahl*, ZevKR 65 (2020), 107 ff.; dagegen *Krewerth*: Besondere Loyalitätsobliegenheiten, S. 359 ff., und *Giehl*: Die Europäisierung, S. 141 ff., 200.
181 So auch das Fazit bei *Link* ZevKR 50 (2005), 403 (418), bzgl. des Gemeinschaftsrechts; ähnlich *de Wall*, ZevKR 52 (2007), 310 (321); für das AGG s. *Richardi* ZevKR 52 (2007), 182 (186).
182 *Joussen*, HevKR, S. 276 (283).
183 Dazu *Classen*: Religionsrecht, Rn. 456.

heit aus Art. 9 Abs. 3 GG auch im religionsgemeinschaftlichen Bereich mit Ausnahme der Personen, die ein originär geistliches Amt innehaben oder einem Orden angehören, und unter Beachtung der jeweiligen religionsgemeinschaftlich fundierten Loyalitätspflichten.[184] Allerdings hat das BVerfG in seinem **Mitbestimmungsurteil** vom 1.3.1979 festgestellt, dass sich Art. 9 Abs. 3 GG „nicht dahin auslegen (lasse), dass er ein Tarifsystem als ausschließliche Form der Förderung der Arbeits- und Wirtschaftsbedingungen gewährleiste. ... Vielmehr kann die sinnvolle Ordnung und Befriedung des Arbeitslebens, um die es Art. 9 Abs. 3 GG geht, auf verschiedenen Wegen angestrebt werden."[185] Insgesamt steht es den Religionsgemeinschaften frei, welchen Weg der Arbeitsrechtsregelung sie beschreiten wollen.

Grundsätzlich sind drei Wege eröffnet.[186] Auf dem sog. **Ersten Weg** werden die Regeln über den Abschluss, den Inhalt und die Beendigung der religionsgemeinschaftlichen Arbeitsverhältnisse einseitig von den jeweils zuständigen Organen der Religionsgemeinschaften vorgegeben. Jedenfalls die großen christlichen Kirchen sind sich darin einig, dass dieser Weg dem Dienst in der Kirche und dem jeweiligen Leitbild einer Dienstgemeinschaft nicht angemessen ist.

202

Der sog. **Zweite Weg** führt zu einem Tarifvertragssystem, das die Arbeitsrechtsregelungen innerhalb der Religionsgemeinschaften durch den Abschluss von Tarifverträgen regelt.[187] Dieser Weg stellt allerdings grundlegende Prinzipien des spezifisch religionsgemeinschaftlichen, einheitlichen Dienstes in einer Dienstgemeinschaft in Frage. Denn Tarifverträge können für gleiche Arbeitsverhältnisse verschiedene Inhalte festschreiben, die Tarifgeltung für die Mitarbeiter muss grundsätzlich über ihren freiwilligen Koalitionsbeitritt legitimiert sein und – vor allem – in Tarifauseinandersetzungen sind Streik und Aussperrung legitime Mittel der Durchsetzung jeweils konfligierender Interessen. Auch dieser Weg scheint daher für die Arbeitsrechtsregelung in Religionsgemeinschaften grundsätzlich ungeeignet zu sein. Gleichwohl haben sich innerhalb der EKD zwei Gliedkirchen, nämlich die **Evangelisch-Lutherische Kirche in Norddeutschland** und die **Evangelische Kirche Berlin-Brandenburg/schlesische Oberlausitz**, für ein Tarifvertragssystem entschieden.[188] Bei genauerem Hinsehen wird jedoch deutlich, dass sich die kirchliche Tarifpartnerschaft signifikant von ihrem weltlichen Pendant unterscheidet und im Ergebnis doch ein spezifisch religionsgemeinschaftliches Beteiligungsmodell etabliert.[189] Insbesondere sind Arbeitskampfmaßnahmen zugunsten eines zwingend vorgeschriebenen Schlichtungsverfahrens ausgeschlossen.[190] Die Abweichung von dem in den großen christlichen Kirchen üblichen sog. Dritten Weg ist daher geringer als vielfach angenommen.

203

Von den großen christlichen Kirchen ist ganz überwiegend der sog. **Dritte Weg** beschritten worden. Der Rat der EKD hatte den Gliedkirchen diesen Weg ausdrücklich

204

---

184 Dazu *Joussen*, HevKR, S. 276 (283).
185 BVerfGE 50, 290 (371).
186 Zum Folgenden insbes. *Richardi*: Arbeitsrecht, § 13 Rn. 1 ff.; *Joussen*, HevKR, S. 276 (314 ff.).
187 Dazu auch *Thüsing*, ZevKR 41 (1996), 52 ff.
188 Diese Entscheidungen erfolgten ursprünglich gegen den die Empfehlung der EKD; vgl. Richtlinie des Rates der EKD vom 8.10.1976 (ABl. 1976 S. 398 ff.). Nach den grundlegenden Entscheidungen des BAG zur (Un-)Zulässigkeit von Arbeitskampfmaßnahmen im Dienst der Religionsgemeinschaften (s. u. Rn. 205) hat das ARGG-EKD die Option des kirchengemäßen Weges ausdrücklich anerkannt; vgl. §§ 13 f. ARGG-EKD vom 13.11.2013 (ABl. 2013 S. 420).
189 Dazu *Richardi*: Arbeitsrecht, § 13 Rn. 13 ff.
190 Für die Nordkirche siehe § 1 Tarifvertrag zur Regelung einer kirchengemäßen Tarifpartnerschaft vom 3.06.2021, KABl., S. 492.

empfohlen[191] (s.o. Rn. 203) und für die katholische Kirche folgt die Wahl des Dritten Weges aus Art. 7 der „Grundordnung des kirchlichen Dienstes" vom 22.11.2022.[192] Auf diesem Weg wird auch ohne Tarifvertrag eine paritätische Beteiligung von Dienstgebern und Arbeitnehmern bei der Festlegung der Arbeitsrechtsregelungen installiert. Als Instrument dienen auf evangelischer Seite paritätisch besetzte **„Arbeitsrechtliche Kommissionen"** und auf katholischer Seite entsprechend besetzte **„Kommissionen zur Ordnung des Arbeitsvertragsrechts"** (**KODA**), die jeweils auf kirchengesetzlicher Grundlage geschaffen wurden. Während allerdings bei Nicht-Einigung in den Arbeitsrechtlichen Kommissionen ein Schlichtungsausschuss i.d.R. verbindlich entscheidet, unterliegen die KODA-Entscheidungen dem Letztentscheidungsrecht des zuständigen Bischofs.[193] Die **Grenzen der Regelungsbefugnis** der Kommissionen wird durch diejenigen Materien des Arbeitsrechts markiert, die nach dem religionsgemeinschaftlichen Selbstverständnis nicht zur Disposition stehen, etwa die Fixierung von Loyalitätspflichten (s.o. Rn. 192 ff.). Allerdings ist darauf hinzuweisen, dass die auf dem Dritten Weg gefundenen Regelungen keine Tarifverträge darstellen und vom staatlichen Recht auch nicht entsprechend behandelt werden.[194]

205 Sowohl für den Zweiten als auch für den Dritten Weg war und ist der **Ausschluss von Arbeitskampfmaßnahmen** umstritten. Die jüngere instanzliche Arbeitsgerichtsbarkeit hatte insbesondere Zweifel an der Zulässigkeit des Streikverbots in kirchlichen Einrichtungen angemeldet.[195] Das BAG hat in zwei Entscheidungen aus dem November 2012, von denen eine den Zweiten und die andere den Dritten Weg betraf, in zutreffender Weise für Klarheit gesorgt.[196] Zunächst bekräftigt das Gericht, dass die kollektivrechtliche Ausgestaltung der Arbeitsbedingungen der in kirchlichen Einrichtungen beschäftigten Arbeitnehmerinnen und Arbeitnehmer vom Schutzbereich des Selbstbestimmungsrechts der Religionsgemeinschaften umfasst ist. Das gilt auch für die Ausrichtung des Verfahrens zur kollektiven Arbeitsrechtssetzung am Leitbild der Dienstgemeinschaft (Rn. 190), in der Interessenskonflikte nicht durch Arbeitskampf, sondern friedlich, d. h. durch Schlichtung beigelegt werden. Der sowohl auf dem Zweiten als auch auf dem Dritten Weg vorgesehene Ausschluss von Arbeitskampfmaßnahmen kollidiert jedoch nach zutreffender Ansicht des BAG mit der Koalitionsfreiheit der Gewerkschaften aus Art. 9 Abs. 3 GG unter Einschluss des Rechts, (auch in kirchlichen Einrichtungen) Arbeitskämpfe zu führen.[197] Für die gebotene Abwägung (Rn. 173 f.) formuliert das Gericht folgenden Maßstab: Das kirchliche Schlichtungsmodell darf das Konzept der Tarifautonomie nur insoweit verändern, wie es für die Wahrung ihres Leitbildes erforderlich ist und ein Verhandlungsgleichgewicht ermöglicht.[198] Auch in

---

191 Siehe nunmehr und nochmals §§ 13 f. ARGG-EKD vom 13.11.2013 (Abl. 2013, S. 420).
192 Dazu *Joussen*, HSKR, Bd. 3, Rn. 95 ff.
193 Zum Rechtsschutz gegen Regelungen des Dritten Weges im Bereich der evangelischen Kirche(n) siehe *v. Tiling*, NZA 2009, 590 ff.
194 Vgl. BAGE 130, 146; dazu *Reichold*, NZA 2009, 1377 ff. A.A. *Classen*: Religionsrecht, Rn. 458.
195 So das LAG Hamburg, Urteil vom 23.3.2011 – Sa 83/10, für den Zweiten Weg und das LAG Hamm, NZA-RR 2011, 185, für den Dritten Weg. So auch *Kühling*, AuR 2001, 241 ff.; *Lührs*, S. 241. Nach *Arleth*, S. 78 ff., befindet sich der Ausschluss von Arbeitskampfmaßnahmen nicht im Schutzbereich von Art. 140 GG i. V. m. Art. 137 Abs. 3 S. 1 WRV.
196 BAGE 144, 1 ff. (Zweiter Weg); BAGE 143, 354 ff. (Dritter Weg); bestätigt durch BVerfGE 140, 42 ff. Dazu *Richardi*, RdA 2014, 42 ff.; *Schubert*, JbArbR 50 (2013), 101 ff.; *Heinig*, ZevKR 58 (2013), 177 ff.; *Arleth*, S. 147 ff. Zuvor schon *Willemsen/Mehrens*, NZA 2011, 1205 ff., sowie *Thüsing*: Kirchliches Arbeitsrecht, S. 139 ff.
197 Dagegen geht *Robbers*: Streikrecht in der Kirche, S. 64, davon aus, dass kein Kollisionsfall vorliegt und damit der Ausschluss des Streikrechts keiner verfassungsrechtlichen Rechtfertigung bedarf.
198 BAGE 144, 1, Rz. 55; BAGE 143, 354 ff., Rz. 116.

kirchlichen Einrichtungen verlangt daher ein fairer und angemessener Ausgleich widerstreitender Arbeitsvertragsinteressen nach annähernd gleicher Verhandlungsstärke und Durchsetzungskraft. An dieser Stelle ist zwischen dem Zweiten und dem Dritten Weg zu differenzieren. Auf dem *Zweiten Weg* werden Tarifverträge zwischen kirchlichen Arbeitgebern und Gewerkschaften ausgehandelt (Rn. 204). Zur Herstellung eines Verhandlungsgleichgewichts auch ohne Arbeitskampf genügt hier nach Auffassung des BAG die paritätisch und zwingend vereinbarte Schlichtung, sofern (1.) die jeweilige Gewerkschaft in die obligatorische Schlichtung eingewilligt hat, (2.) der jeweiligen Gewerkschaft die Anrufung der Schlichtungskommission und die Überleitung in das Schlichtungsverfahren uneingeschränkt offen stehen und (3.) die Unabhängigkeit und Neutralität des Vorsitzenden durch das Bestellungsverfahren gesichert sind.[199] Auf dem *Dritten Weg* genügen paritätisch zusammengesetzte Kommissionen (Rn. 204) nicht.[200] Hinzu kommen muss – erstens – ein Schlichtungsverfahren, das den für den Zweiten Weg formulierten Anforderungen genügt. Zweitens muss gewährleistet sein, dass die Gewerkschaften organisatorisch in das Verfahren des Dritten Weges eingebunden werden. Mit den Worten des BAG sind die Kirchen nicht berechtigt, die Gewerkschaften „von einer frei gewählten Mitwirkung am Dritten Weg auszuschließen." Welche konkreten Maßnahmen für die gebotene Einbindung der Gewerkschaften zu ergreifen sind, lässt sich den Ausführungen des Gerichts jedoch nicht entnehmen. Die Unzulässigkeit eines Ausschlusses lässt aber darauf schließen, dass die Eröffnung der Möglichkeit einer Mitwirkung der Gewerkschaften ausreicht. Schließlich muss – drittens – gewährleistet sein, dass das auf dem Dritten Weg erzielte Ergebnis „verbindlich und einer einseitigen Änderung durch den Dienstgeber entzogen ist." Dem kirchlichen Dienstgeber ist es demnach verwehrt, zwischen mehreren auf dem Dritten Weg verhandelten Arbeitsrechtsregelungen zu wählen; verlangt wird ein „funktionales Äquivalent zu § 4 TVG".[201] Insgesamt ist mit diesen Vorgaben des BAG ein angemessener Ausgleich zwischen dem Selbstbestimmungsrecht der Religionsgemeinschaften aus Art. 140 GG i. V. m. Art. 137 Abs. 2 WRV und der Koalitionsfreiheit aus Art. 9 Abs. 3 GG erreicht.[202] Dieser Ausgleich ist zudem übertragbar auf die entsprechende Kollisionslage auf der Ebene des Unionsrechts, deren Pole das Streikrecht aus Art. 28 EU-GRCh einerseits und die Religionsfreiheit aus Art. 10 EU-GRCh andererseits bilden. Entsprechendes gilt für die Kollision zwischen der Versammlungs- und Vereinigungsfreiheit aus Art. 11 EMRK und der Religionsfreiheit aus Art. 9 EMRK.[203]

bb) Das Mitarbeitervertretungsrecht

Aus dem Selbstbestimmungsrecht der Religionsgemeinschaften folgt auch nach Abwägung mit den einschlägigen (Grund-) Rechten der Arbeitnehmerinnen und Arbeitnehmer die Notwendigkeit von Sonderregelungen für die Religionsgemeinschaften

206

---

199 BAGE 144, 1, Rz. 56 ff.
200 BAGE 143, 354 ff., Rz.117 ff.
201 *Heinig*, ZevKR 58 (2013), 177 (185).
202 A.A. *Arleth*, S. 154 ff. Die Kirchen haben bereits auf die Vorgaben aus der Rechtsprechung des BAG reagiert; vgl. z. B. das Arbeitsrechtsregelungsgrundsätzegesetz der EKD vom 13.11.2013, ABl. EKD 2013, S. 420 ff., in dem für die Arbeitsrechtsregelung der Gliedkirchen der EKD der Zweite und der Dritte Weg gleichberechtigt nebeneinander gestellt sind und u.a. die Mitwirkung der Gewerkschaften vorgegeben ist; dazu u.a. *Unruh*, in: Huber/Voßkuhle (Hrsg.), Art. 140 GG/Art. 137 WRV, Rn. 91 a.E.
203 Zu den völker- und europarechtlichen Aspekten *Grzeszick*, in: ders. (Hrsg.), S. 21 (36 ff.), und *Arleth*, S. 161 ff.

im Bereich des **Mitarbeitervertretungsrechts**.²⁰⁴ Insofern ist es konsequent, wenn die Religionsgemeinschaften und „ihre karitativen und erzieherischen Einrichtungen unbeschadet ihrer Rechtsform" gem. § 118 Abs. 2 BetrVG, § 112 BPersVG, § 1 Abs. 4 S. 2 MitbestG und § 81 Abs. 2 BVG (1952) aus dem Geltungsbereich der staatlichen Gesetze zur Betriebsverfassung, zur Personalvertretung und zur Unternehmensmitbestimmung ausgenommen werden. Bzgl. der den Religionsgemeinschaften zugeordneten Einrichtungen (§ 118 Abs. 2 BetrVG) ist zudem eine im Wege der teleologischen Auslegung vorzunehmende Ausdehnung des Gegenstandsbereichs über den Kreis der karitativen bzw. diakonischen und erzieherischen Einrichtungen hinaus geboten.²⁰⁵ Mit dieser Herausnahme aus dem Geltungsbereich des staatlichen Mitarbeitervertretungsrechts sollte und konnte **kein rechtsfreier Raum** in den Religionsgemeinschaften geschaffen werden. Nicht nur § 112 PersVG formuliert die Erwartung, dass die Religionsgemeinschaften dem jeweiligen Bekenntnis entsprechende Regelungen treffen. Dieser Erwartung sind jedenfalls die christlichen Kirchen mit dem Erlass entsprechender kirchenrechtlicher Regelwerke nachgekommen. Die EKD hat das „Zweite(.) Kirchengesetz über Mitarbeitervertretungen in der Evangelischen Kirche Deutschlands 2013 (**MVG**)" vom 12.11.2013 und die katholische Kirche hat die „Rahmenordnung für die Mitarbeitervertretungsordnung (**MAVO**)" vom 20.11.1995 erlassen.²⁰⁶ Die Frage, ob insofern eine Pflicht der Kirchen und Religionsgemeinschaften zum Erlass mitarbeitervertretungsrechtlicher Regelungen besteht, ist also gegenwärtig rein akademischer Natur. Sie dürfte insbesondere vor dem Hintergrund des Gemeinschaftsrechts in Gestalt der **Richtlinie 2002/14/EG**,²⁰⁷ die eine umfassende Arbeitnehmerbeteiligung in Unternehmen ohne völlige Befreiung der Religionsgemeinschaften vorschreibt, zu bejahen sein.²⁰⁸

207 Zu den im Rahmen des religionsgemeinschaftlichen Mitarbeitervertretungsrechts diskutierten Problemen gehört zunächst die Frage nach der **Zulässigkeit gewerkschaftlicher Betätigung** in religionsgemeinschaftlichen Einrichtungen. Zwar dürfen sich Mitarbeiter von Religionsgemeinschaften gem. Art. 9 Abs. 3 GG gewerkschaftlich organisieren. Die überwiegende Auffassung, die sich zudem auf die Rspr. des BVerfG berufen kann, geht aber davon aus, dass den Gewerkschaften derzeit kein Zutrittsrecht zu den religionsgemeinschaftlichen Einrichtungen zukommt. Ein solches Recht stelle einen Eingriff in das Selbstbestimmungsrecht aus Art. 140 GG i.V.m. Art. 137 Abs. 3 WRV dar, der nur auf der Grundlage eines Gesetzes gerechtfertigt werden könne, und ein solches Gesetz fehle.²⁰⁹ Im Übrigen wird der insofern einschlägige § 2 Abs. 2 BetrVG durch § 118 Abs. 2 BetrVG bzgl. der Religionsgemeinschaften gerade für nicht anwendbar erklärt. Dagegen wird eingewandt, dass selbst im Bereich der Beamten, in dem ebenfalls keine Tarifverträge abgeschlossen werden, eine gewerkschaftliche Betätigung grundsätzlich zulässig und vor dem Hintergrund des Art. 9 Abs. 3 GG auch geboten sei. Da insofern kein sachlicher Grund für eine Sonderbehandlung der Religionsge-

---

204 Für die Erforderlichkeit der Freistellung der Religionsgemeinschaften vom staatlichen Mitarbeitervertretungsrecht u. a. BVerfGE 46, 73 (95); 57, 220 (248); *Richardi*: Arbeitsrecht, § 16 Rn. 19 ff; A.A. *Classen*: Religionsrecht, Rn. 450, der allerdings ebd., Rn. 451, Sonderregelungen für die Religionsgemeinschaften für erforderlich hält.
205 Vgl. BAGE 68, 170 (175 f.) für den Evangelischen Pressedienst; kritisch *Classen*: Religionsrecht, Rn. 448.
206 Dazu *Richardi*: Arbeitsrecht, § 18 für das katholische und § 19 für das evangelische Mitarbeitervertretungsrecht.
207 ABl. 2002, L 80/29.
208 *Classen*: Religionsrecht, Rn. 452.
209 BVerfGE 57, 220 (246 ff.).

meinschaften ersichtlich sei, liege ein Verstoß gegen Art. 3 GG vor.[210] Der sachliche Grund kann auch nicht in der über das Selbstbestimmungsrecht der Religionsgemeinschaften und das Leitbild der Dienstgemeinschaft begründeten Sonderstellung des religionsgemeinschaftlichen kollektiven Arbeitsrechts gegenüber jeder staatlichen Dienst- oder Arbeitsrechtsregelung erblickt werden. Diese Besonderheiten gehen nicht so weit, dass jegliche gewerkschaftliche Betätigung ausgeschlossen sein müsste. Insgesamt vermag daher die überwiegende Auffassung, die den Gewerkschaften (derzeit) den Zutritt zu religionsgemeinschaftlichen Einrichtungen verweigert, nicht zu überzeugen.

Schließlich ist der Frage nachzugehen, ob die Religionsgemeinschaften die **Wählbarkeit von Arbeitnehmerinnen bzw. Arbeitnehmern in die Mitarbeitervertretungen** einschränken dürfen. Konkret geht es um die Einschränkung des passiven Wahlrechts auf Angehörige der jeweiligen Religionsgemeinschaft. Auch hier überwiegt in der Abwägung letztlich das Selbstbestimmungsrecht der Religionsgemeinschaft über die Rechtsposition der Mitarbeitenden. Denn die Kirchen und Religionsgemeinschaften sehen in der Mitarbeitervertretung nicht primär eine Interessenvertretung der Arbeitnehmerschaft, sondern die Wahrnehmung eines Amtes innerhalb der jeweiligen Dienstgemeinschaft. Insofern ist der Ausschluss von Nicht-Angehörigen der Religionsgemeinschaft aus der Wählbarkeit zu den Mitarbeitervertretungen nicht zu beanstanden.[211]

208

▶ **Zu Fall 9:** An der Zulässigkeit der Verfassungsbeschwerden bestehen keine Zweifel. Insbesondere liegt die Beschwerdebefugnis nach allen dazu vertretenen Auffassungen vor. Ferner kommt das Selbstbestimmungsrecht nicht nur den Religionsgemeinschaften als solchen, sondern auch den ihnen zugeordneten Einrichtungen zu. In der Begründetheitsprüfung ist zunächst festzustellen, dass der sachliche und persönliche Schutzbereich des Selbstbestimmungsrechts der K eröffnet ist. Das grundsätzlich auch für Religionsgemeinschaften geltende staatliche Arbeitsrecht hat das Selbstbestimmungsrecht i.s.v. Art. 140 GG i.V.m. Art. 137 Abs. 3 GG zu berücksichtigen: „Die Verfassungsgarantie des Selbstbestimmungsrechts bleibt für die Gestaltung der Arbeitsverhältnisse wesentlich" (BVerfGE 70, 138 (165)). Insofern ist es den Religionsgemeinschaften und ihren Einrichtungen gestattet, Loyalitätsobliegenheiten zu verbindlichen Voraussetzungen der Arbeitsverhältnisse zu bestimmen. Die staatlichen Normen zum Kündigungsschutz könnten für alle geltende Gesetze i.S.d. Art. 140 G i. V. m. Art. 137 Abs. 3 WRV sein. Die gebotene Güterabwägung zwischen Schrankenzweck und Selbstverständnis führt hier zu dem Ergebnis, dass das Leitbild der Dienstgemeinschaft und die daraus resultierenden Loyalitätsobliegenheiten zu berücksichtigen sind. Die Arbeitsgerichte haben diese dem Selbstbestimmungsrecht unterfallenden Vorgaben bei der Anwendung des staatlichen Arbeitsrechts zu berücksichtigen, sofern sie plausibel begründet und verhältnismäßig sind sowie nicht im Widerspruch zu Grundprinzipien der Rechtsordnung stehen. Das ist hier nicht der Fall. Vielmehr gilt die Erklärung des Kirchenaustritts für die katholische Kirche als schweres Vergehen, so dass in diesem Fall die Beendigung eines Arbeitsverhältnisses möglich sein muss. Im Ergebnis ist die Verfassungsbeschwerde zulässig und begründet und wird daher Erfolg haben. ◀

---

210 *Classen*: Religionsrecht, Rn. 454.
211 Ebenso *v. Campenhausen/de Wall*, S. 220 f.; *Classen*: Religionsrecht, Rn. 451, jeweils m.w.N. Zum Rechtsschutz siehe *Hempel*, ZevKR 62 (2017), 293 ff.

§ 6 B. Religionsverfassungsrechtlich Grundentscheidungen

4. Staatliche und religionsgemeinschaftliche Gerichtsbarkeit

▶ **Fall 10 (nach BGH, NJW 2000, 1555):** J ist eine Religionsgemeinschaft mit dem Status einer Körperschaft des öffentlichen Rechts und eigenen Organen, u.a einem Vorstand. Sie ist dem Dachverband Z angeschlossen und unterliegt dessen Schiedsgerichtsbarkeit. Bei der letzten Vorstandswahl wurde A gewählt und anschließend zum Vorstandsvorsitzenden bestimmt. Die Wahl wurde von dem vorherigen Vorstand und seinem Vorsitzenden nicht anerkannt, so dass es zu Streitigkeiten darüber kam, wer J rechtmäßig vertrete. Das angerufene Schiedsgericht des Z erklärte beide Wahlen für ungültig und setzte eine kommissarische Geschäftsführung ein mit der Aufgabe, Neuwahlen anzuberaumen. Zwischen der kommissarischen Geschäftsführung und A kam es gleichwohl in der Folge zu Auseinandersetzungen um die rechtmäßige Vertretung der J. Diese klagt nun vor dem Landgericht gegen A u.a. auf Unterlassung, sich im allgemeinen Rechtsverkehr als Vorstandsvorsitzender der J zu bezeichnen und unter dieser Bezeichnung sowie unter Verwendung von Kopfbogen und Amtssiegel der J aufzutreten. Wird diese Klage Erfolg haben? ◀

a) Allgemeines

209 Das Verhältnis der staatlichen zur religionsgemeinschaftlichen Gerichtsbarkeit gehört nach wie vor zu den meist umstrittenen Themenbereichen des Religionsverfassungsrechts.[212] Dies gilt in der Praxis insbesondere für den Rechtsweg in dienstrechtlichen Angelegenheiten der religionsgemeinschaftlichen Geistlichen und Beamten. In der jüngsten Vergangenheit ist die Dogmatik zu dieser Teilmaterie jedoch in Bewegung geraten und befindet sich seitdem offensichtlich in einer Übergangsphase. Insbesondere die bis vor kurzem klare Frontstellung zwischen der höchstrichterlichen Rechtsprechung und der ganz überwiegenden Literatur scheint sich aufzulösen.

b) Gerichtsbarkeit als eigene Angelegenheit der Religionsgemeinschaften

210 Die Einrichtung einer eigenen Gerichtsbarkeit einschließlich des einschlägigen Verfahrensrechts wird unstreitig vom Selbstbestimmungsrecht aus Art. 140 GG i. V. m. Art. 137 Abs. 3 WRV umfasst (s.o. Rn. 162). Insbesondere die großen christlichen Kirchen haben von diesem Recht intensiven Gebrauch gemacht und eine ausdifferenzierte und mit mehreren Instanzen ausgestattete **Kirchengerichtsbarkeit** geschaffen.[213] Die **römisch-katholische Kirche** hat im Verlaufe der Jahrhunderte ein umfassendes Rechtsschutzsystem mit verschiedenen Verfahren aufgebaut, das auch – nach weltlicher Terminologie – das Zivil-, das Disziplinar- und das Strafrecht umfasst. Die moderne Trennung zwischen ordentlicher und Verwaltungsgerichtsbarkeit fehlt allerdings. In der **evangelischen Kirche** haben sich vier Gerichtszweige sowohl auf der Ebene der EKD – teilweise auch auf Ebene der anderen Zusammenschlüsse (VELKD, UEK) – sowie auf der Ebene der Gliedkirchen herausgebildet: die Verfassungs-, die Verwaltungs- und die Disziplinargerichtsbarkeit sowie die Gerichtsbarkeit in mitarbeitervertretungsrechtlichen Angelegenheiten.[214] Für **jüdische Religionsgemeinschaften** besteht beim Zentralrat der Juden in Deutschland ein Schiedsgericht.[215]

---

212 Vorzügliche und kurze Aufbereitung des Themas m.w.N. bei *Germann*, in: Epping/Hillgruber (Hrsg.), Art. 140 Rn. 54 ff., und *ders.*, HevKR, S. 1060 ff.
213 Vgl. *Arning*, S. 141 ff.
214 Überblick bei *Solte*, EvStL, Sp. 748 (750 ff.); *Germann*: Die Gerichtsbarkeit der evangelischen Kirche, S. 22 ff. Zu den Grundlagen der kirchlichen Gerichtsbarkeit siehe auch H. *Weber*, ZevKR 49 (2004), 385 (388 ff.).
215 Vgl. BGH, NJW 2000, 1555.

§ 6 Das Selbstbestimmungsrecht der Religionsgemeinschaften § 6

Die Frage nach dem (Konkurrenz-) Verhältnis der religionsgemeinschaftlichen zur staatlichen Gerichtsbarkeit mündet in die Frage, ob und ggf. in welchem Umfang die staatlichen Gerichte die Rechtmäßigkeit bzw. Wirksamkeit religionsgemeinschaftlicher Rechtsakte nachprüfen dürfen oder sogar müssen. Sie lässt sich ihrerseits in zwei Teilfragen aufspalten. Zunächst ist zu klären, ob überhaupt der Rechtsweg zu den staatlichen Gerichten eröffnet ist, wenn und soweit eine Religionsgemeinschaft beteiligt ist. Sollte dies der Fall sein, so stellt sich die Frage nach dem Umfang der Kontrolldichte. In der Rechtsprechung und der Literatur werden jeweils zwei unterschiedliche Antworten angeboten. Vor einer Erörterung dieser Antworten kann jedoch festgehalten werden, dass sie nicht nach der prozessualen Rolle der Religionsgemeinschaften differenzieren dürfen: Die anzulegenden Maßstäbe gelten sowohl für den Rechtsschutz der Religionsgemeinschaften durch staatliche Gerichte als auch für den Fall, dass sie dort als Beklagte bzw. als Klagegegner auftreten.[216]

211

c) Der Rechtsweg zu den staatlichen Gerichten

Unstrittig ist der Rechtsweg zu den staatlichen Gerichten eröffnet, wenn die Religionsgemeinschaften am **allgemeinen Rechtsverkehr** teilnehmen bzw. Rechte Außenstehender oder von Nicht-Mitgliedern betroffen sind.[217] Im Übrigen gilt zumindest § 40 VwGO für den Fall, dass öffentlich-rechtlich organisierte Religionsgemeinschaften vom Staat abgeleitete **öffentliche Gewalt** ausüben, etwa bei der Erhebung von Kirchensteuern (Rn. 316 ff.) oder in Friedhofsangelegenheiten (Rn. 166).[218] Umstritten ist allein die Frage, ob die staatlichen Gerichte auch angerufen werden können, wenn der Streitgegenstand oder eine zu klärende Vorfrage aus dem Bereich der eigenen Angelegenheiten der Religionsgemeinschaften stammt.

212

aa) Die ältere höchstrichterliche Rechtsprechung

Den Ausgangspunkt für die Auffassung der bis in die jüngste Vergangenheit einheitlichen höchstrichterlichen Rechtsprechung liefert die zu Art. 140 GG i.V.m. Art. 137 Abs. 3 WRV entwickelte sog. **Bereichslehre**, die zwischen dem Innen- und dem Außenbereich der religionsgemeinschaftlichen Angelegenheiten unterscheidet (s.o. Rn. 172).[219] Während der Rechtsweg zu den staatlichen Gerichten in Angelegenheiten, die den Innenbereich betreffen – etwa in Fragen der religiösen Lehre, des Kultus oder des Statusrechts in Dienstverhältnissen etc. –, verschlossen sei, könne der Außenbereich der eigenen Angelegenheiten der Religionsgemeinschaften – etwa die vermögensrechtlichen Fragen der Dienstverhältnisse – der staatlichen Gerichtsbarkeit unterliegen. Ihre Zuständigkeit sei aber hier nicht grundsätzlich gegeben, sondern von – alternativen – Bedingungen abhängig.[220] So könnten – erstens – die staatlichen Gerichte nur dann in eigenen Angelegenheiten der Religionsgemeinschaften entscheiden, wenn der von der jeweiligen Religionsgemeinschaft angebotene Rechtsschutz unzureichend sei; insofern sei der staatliche Rechtsschutz allenfalls **subsidiär**. Zweitens komme die Eröffnung des staatlichen Rechtsweges nach der sog. **Angebotstheorie** in Betracht, wenn sich dies aus übereinstimmenden Regelungen des staatlichen und

213

---

216 Der Rechtsschutz durch staatliche Gerichte zugunsten der Religionsgemeinschaften wird wenig thematisiert; vgl. aber *Radtke*, HSKR, Bd. 3, S. 3131 ff.
217 Vgl. *Jarass*, in: Jarass/Pieroth (Hrsg.), Art. 140 GG/Art. 137 WRV, Rn. 25.
218 Vgl. *Jeand'Heur/Korioth*, Rn. 361.
219 Vgl. *Mager*, in: v. Münch/Kunig (Hrsg.), Art. 140 Rn. 451; und *Wittreck*, HSKR, Bd. 3, Rn. 4 ff.
220 Zum Folgenden insbesondere *v. Campenhausen/de Wall*, S. 366 ff.

religionsgemeinschaftlichen Rechts ergebe.²²¹ Ein Beispiel liefere § 135 BRRG, der es den Religionsgemeinschaften ermögliche, in dienstrechtlichen Angelegenheiten den staatlichen Verwaltungsrechtsweg zu eröffnen. Im Ergebnis hängt die Eröffnung des staatlichen Rechtswegs von einem Einverständnis zwischen dem Staat und den Religionsgemeinschaften ab. Zur Begründung wird zumeist auf die Gleichordnung von Staat und Kirchen bzw. Religionsgemeinschaften, letztlich also auf die Koordinationsthese Bezug genommen.²²² Schließlich könne der Rechtsweg zu der staatlichen Verwaltungsgerichtsbarkeit über **Art. 19 Abs. 4 GG** eröffnet sein, wenn und soweit die Religionsgemeinschaften auch bei der Besorgung eigener Angelegenheiten öffentliche Gewalt ausüben.²²³ Insgesamt kann festgehalten werden, dass die ältere Rechtsprechung den Bereich des Selbstbestimmungsrechts der Religionsgemeinschaften weit ausgedehnt und in der Folge die Eröffnung des Rechtsweges zu den staatlichen Gerichten sehr restriktiv gehandhabt hat.

bb) Die Literatur

214 In der einschlägigen Literatur hat die Auffassung der Rechtsprechung nur wenig Anklang gefunden.²²⁴ Gelegentlich findet sich eine dogmatische Modifikation auf der Grundlage der Bereichslehre, etwa mit der Unterscheidung zwischen der innerkirchlich-geistlichen und der weltlich-rechtlichen Seite von Rechtsverhältnissen, speziell Dienstverhältnissen.²²⁵ Die ganz überwiegende Ansicht in der Literatur lehnt zumindest den dogmatischen Ansatz der Rechtsprechung und die weitgehende Versagung des staatlichen Rechtsschutzes zu Recht ab. Diese Ablehnung kann positiv mit dem Hinweis auf den allgemeinen, gegen den Staat gerichteten Justizgewährungsanspruch und negativ mit Argumenten gegen die Auffassung der bisherigen Rechtsprechung begründet werden.

215 Der Versagung des Rechtswegs in religionsgemeinschaftlichen Angelegenheiten zu den staatlichen Gerichten kann zunächst und vor allem der allgemeine **Justizgewährungsanspruch** entgegen gehalten werden.²²⁶ Während der Inhalt dieses Anspruchs unumstritten ist, gehen die Auffassungen über seine dogmatische Herleitung auseinander. Das BVerfG geht mit weiten Teilen der Literatur den Weg über das Rechtsstaatsprinzip und Art. 2 GG: „Die Garantie wirkungsvollen Rechtsschutzes ist ein wesentlicher Bestandteil des Rechtsstaates ... Das Grundgesetz garantiert Rechtsschutz vor den Gerichten nicht nur gemäß Art. 19 Abs. 4 GG, sondern darüber hinaus im Rahmen des allgemeinen Justizgewährungsanspruchs. Dieser ist Bestandteil des Rechtsstaatsprinzips in Verbindung mit den Grundrechten, insbesondere Art. 2 Abs. 1 GG ... Die grundgesetzliche Garantie des Rechtsschutzes umfasst den Zugang zu den Gerichten, die Prüfung des Streitbegehrens in einem förmlichen Verfahren sowie die verbindliche gerichtliche Entscheidung."²²⁷ Diese Beschreibung des Inhalts des Justizgewährungsanspruchs ist nicht zu beanstanden. Hinsichtlich seiner verfassungsrechtlichen Veranke-

---

221 Vgl. BGHZ 34, 372 (373 ff.); 46, 96 (101); BVerwGE 66, 241 (247 ff.); BVerwGE 95, 379 (380 ff.); dazu *Kästner*: Staatliche Justizhoheit und religiöse Freiheit, S. 32 ff.
222 So etwa in BGHZ 46, 96 (101); zustimmend noch *Listl*, DÖV 1989, 409 ff.
223 Vgl. BVerwGE 25, 226 (228 ff.); 28, 345 (346 ff.); 30, 326 (327); 117, 145 (147).
224 Vgl. den Überblick bei *Kästner*: Staatliche Justizhoheit und religiöse Freiheit, S. 85 ff.
225 *H. Weber*, NJW 1989, 2217 (2226 m.w.N.).
226 Dazu *Wittrek*, HSKR, Bd. 3, Rn. 16 ff., und *Schmidt-Aßmann*, in: Dürig/Herzog/Scholz (Hrsg.), Art. 19 Abs. 4, Rn. 113 ff.
227 BVerfGE 105, 395 (401); ebenso u.a. BVerfGE 149, 139 ff. Aus der Literatur grundlegend *Stern*: Staatsrecht, Bd.1, S. 838 ff.

§ 6 Das Selbstbestimmungsrecht der Religionsgemeinschaften § 6

rung ist aber ergänzend auf das Rechtsschutzmonopol des Staates zu verweisen, das aus Art. 92 GG abgeleitet werden kann. Als Kehrseite des staatlichen Gewaltmonopols enthält diese Vorschrift die Garantie, dass keine Rechtsschutz suchende Person von den staatlichen Gerichten zurückgewiesen wird.[228] Ungeachtet dieser Differenzen bzgl. der dogmatischen Herleitung wird aus dem Justizgewährungsanspruch übereinstimmend und zutreffend gefolgert, dass der Rechtsweg zu den staatlichen Gerichten in allen Streitfällen eröffnet ist, deren Beurteilung sich nach staatlichem Recht richtet. In diesem Zusammenhang ist darauf hinzuweisen, dass kirchliche Gerichte keine Gerichte i.S.d. Art. 92 GG sind.[229] Der Justizgewährungsanspruch kann nicht mit dem Hinweis auf das Selbstbestimmungsrecht der Religionsgemeinschaften vollständig ausgehebelt werden.[230]

Neben diesem positiven Argument aus dem Justizgewährungsanspruch können auch (negative) Argumente gegen die von der älteren Rechtsprechung fixierten Bedingungen für die ausnahmsweise Eröffnung des Rechtsweges zu den staatlichen Gerichten in religionsgemeinschaftlichen Angelegenheiten (s.o. Rn. 213) vorgebracht werden.[231] So spricht gegen die These von der **Subsidiarität**, dass es den Religionsgemeinschaften nicht freisteht, durch das Vorhalten einer eigenen Gerichtsbarkeit den verfassungsrechtlich verankerten staatlichen Rechtsschutz auszuschließen. Gegen die These von der Abhängigkeit des staatlichen Rechtsschutzes insbesondere vom Einverständnis der Religionsgemeinschaften nach der sog. **Angebotstheorie** sind mehrere Teilargumente anzuführen. Das erste Teilargument entspricht der Entgegnung gegen die Subsidiaritäts-These in dem Verweis auf das geltende Verfassungsrecht. Die Eröffnung des Rechtswegs zu den staatlichen Gerichten auch in religionsgemeinschaftlichen Angelegenheiten ist in der Verfassung verankert und kann nicht von Handlungen der Religionsgemeinschaften – etwa vom Vorhalten einer eigenen Gerichtsbarkeit oder einem Einverständnis – abhängig sein.[232] Das zweite Teilargument richtet sich speziell gegen die der Angebotstheorie zugrunde liegende Koordinationsthese. In diesem Zusammenhang ist zunächst an die allgemeine und durchschlagende Kritik an dieser These zu erinnern (s.o. Rn. 44 f.). Im Übrigen besagt das zweite Teilargument, dass sich Staat und Religionsgemeinschaften auch nach dem Wegfall der Kirchenhoheit nicht gleichrangig i.S.d. Koordinationstheorie (s.o. Rn. 44 f.) gegenüber stehen mit der Folge einer Exemtion der Religionsgemeinschaften aus dem staatlichen Rechtsschutzsystem. Im Gegenteil: nach dem (weitgehenden) Auseinandertreten von Staat und Religionsgemeinschaften hat sich die Bedeutung der Kontrolle durch die staatlichen Gerichte erhöht. Mit dem dritten Teilargument wird der Versuch der älteren Rechtsprechung widerlegt, § 135 S. 2 BRRG als Anwendungsbeispiel und Beleg für die Angebotstheorie zu verwenden. § 135 BRRG lautet: „Dieses Gesetz gilt nicht für öffentlich-rechtliche Religionsgesellschaften und ihre Verbände. Diesen bleibt es überlassen, die Rechtsverhältnisse ihrer Beamten und Seelsorger diesem Gesetz entsprechend zu regeln und ihre Vorschriften des Kapitels II Abschnitt II für anwendbar zu erklären." Schon aus dem Wortlaut dieser Vorschrift, mindestens aber aus ihrer systematischen Stellung und ihrem Telos ergibt sich, dass hier nicht generell (!) die Eröffnung des staatlichen

216

---

[228] *Jeand'Heur/Korioth*, Rn. 358 m.w.N. Auch BGH, NJW 2000, 1555 (1556) nimmt Bezug auf Art. 92 GG.
[229] *Muckel*, in Friauf/Höfling (Hrsg.), Art. 140/Art. 137 WRV, Rn. 59.
[230] In diesem Sinn auch *Jeand'Heur/Korioth*, Rn. 358; *Classen*: Religionsrecht, Rn. 588; *Stern*, Staatsrecht, Bd. IV/2, S. 1261 ff.
[231] Zum Folgenden siehe insbesondere *v. Campenhausen/de Wall*, S. 366 ff.
[232] Ebenso *Kästner*: Staatliche Justizhoheit und religiöse Freiheit, S. 143 ff.

Rechtswegs in das Belieben der Religionsgemeinschaften gestellt wird, sondern allenfalls die Wahl zwischen dem Verwaltungs- und dem ordentlichen Rechtsweg in dienstrechtlichen Angelegenheiten der Beamten und Seelsorger.[233] Gegen den Rückgriff auf Art. 19 Abs. 4 GG ist einzuwenden, dass der Anwendungsbereich dieser Vorschrift auf die Ausübung öffentlicher Gewalt beschränkt ist. Damit scheidet eine Einbeziehung der privatrechtlich organisierten Religionsgemeinschaften in den staatlichen Rechtsschutz von vornherein aus. Darüber hinaus ist öffentliche Gewalt i.S.d. Art. 19 Abs. 4 GG nur staatliche oder vom Staat abgeleitete Gewalt. Auch die i.S.d. Art. 140 GG i. V. m. Art. 137 Abs. 5 WRV als Körperschaften des öffentlichen Rechts organisierten Religionsgemeinschafen sind aber aufgrund ihrer grundsätzlichen Staatsferne als originäre Grundrechtsträger anzusehen (s.o. Rn. 76), soweit ihnen nicht ausnahmsweise – etwa im Kirchensteuerwesen – hoheitliche Befugnisse übertragen sind.[234] Insgesamt erweist sich die Bezugnahme auf Art. 19 Abs. 4 GG als wenig hilfreich, da auf diesem Wege eine einheitliche Lösung der Rechtsschutzfrage nicht zu erreichen ist.[235]

cc) Die jüngere Rechtsprechung

217   Die Kritik aus der Literatur hat ihre Wirkung beim Adressaten nicht verfehlt und um den Milleniumswechsel zu einer **Tendenzwende in der höchstrichterlichen Rechtsprechung** geführt, die allerdings noch nicht abgeschlossen ist.[236] Die aktuelle Entwicklung wurde eingeleitet mit dem **Urteil des 5. Zivilsenates des BGH vom 11.2.2000**, das allgemein als „Paukenschlag" empfunden wurde.[237] Denn schon in der Frage nach der Eröffnung des Rechtswegs zu den staatlichen Gerichten rezipiert der BGH uneingeschränkt die Auffassung der ganz überwiegenden Literatur: Aus der dem Staat obliegenden Justizgewährungspflicht wird gefolgert, dass es insoweit nicht auf ein staatliches Einverständnis zur Inanspruchnahme der Gerichte durch die Kirche bzw. Religionsgemeinschaft ankommen kann. Auch die These von der Subsidiarität der staatlichen gegenüber der religionsgemeinschaftlichen Gerichtsbarkeit wird ausdrücklich abgelehnt. Daher kann der BGH zutreffend resümieren: „Die Pflicht des Staates zur Justizgewährung hat deshalb sowohl gegen als auch zugunsten der Religionsgemeinschaften in gleicher Weise wie für und gegen alle Rechtssubjekte auf dem Staatsgebiet selbst dann zu gelten, wenn bei der Anwendung staatlicher Rechtssätze religionsgemeinschaftliche Vorfragen zu klären sind."[238] Der BGH hat diese Rechtsprechung in seinem **Urteil vom 28.3.2003** ausdrücklich bestätigt und darüber hinaus klargestellt, dass das Selbstbestimmungsrecht der Religionsgemeinschaften aus Art. 140 GG i. V. m. Art. 137 Abs. 3 WRV keine Freistellung von der staatlichen Justizhoheit bewirkt; vielmehr gilt: „Das kirchliche (bzw. religionsgemeinschaftliche) Selbstbestimmungsrecht schränkt nicht die Justizgewährungspflicht ein, wohl aber das Maß der

---

233 Ebenso mit der gebotenen Klarheit *Ehlers*, in: Sachs (Hrsg.), Art. 140 GG/Art. 137 WRV, Rn. 15 mwN.: § 135 BRRG betrifft „nur das Wie (Zuständigkeit der ordentlichen oder Verwaltungsgerichtsbarkeit), nicht aber das Ob des Rechtsschutzes...".
234 *Sachs*, in: ders. (Hrsg.), Art. 19 Rn. 117.
235 Nw. bei *Unruh*, in: Huber/Voßkuhle (Hrsg.), Art. 137 WRV, Rn. 114, Anm. 363.
236 Dazu *Rüfner*, HSKR, Bd. 3, Rn. 10 ff. Beispiele für eine „rückständige" Rechtsprechung der Verwaltungsgerichtsbarkeit aus der jüngsten Zeit liefert *Germann*, ZevKR 51 (2006), 589 ff.
237 BGH, NJW 2000, 1555 ff. Die Bezeichnung als „Paukenschlag" und die entsprechende Einschätzung stammt von *H. Weber*, ZevKR 49 (2004), 385 (386); ebenso schon *v. Campenhausen*, ZevKR 45 (2000), 622 ff.; *Kästner*, NVwZ 2000, 889 ff.; *A. Nolte*, NJW 2000, 1844 f.
238 BGH, NJW 2000, 1555 (1556); zustimmend u. a. *Jarass*, in: Jarass/Pieroth, Art. 140 GG/Art. 137 WRV, Rn. 24.

Justiziabilität der angegriffenen Entscheidung."²³⁹ Die jüngere Rechtsprechung des BVerwG ist demgegenüber ambivalent. Während sich das **Urteil des 7. Senats des BVerwG vom 28.2.2002** mittels eines kurzen Verweises in den dogmatischen Bahnen des „Paukenschlag"-Urteils des BGH bewegt,²⁴⁰ kann das **Urteil des 2. Senats des BVerwG vom 30.10.2002** als „herber Rückschlag" auf dem Weg zu einer Annäherung der Rechtsprechung an die Literatur bezeichnet werden, denn hier wird die vollständige Exemtion der Religionsgemeinschaften aus der staatlichen Gerichtsbarkeit – zumindest für den Bereich des religionsgemeinschaftlichen Amtsrechts – wiederbelebt.²⁴¹ Mit **Urteil vom 27.2.2014** schwenkt der **2. Senat des BVerwG** nunmehr auf die Linie seines 7. Senats und des BGH sowie der aktuellen Literatur ein.²⁴² Danach besteht aufgrund des Justizgewähranspruchs ein Recht auf Zugang zu den staatlichen Gerichten auch in dienstrechtlichen Angelegenheiten von Geistlichen. Das Selbstbestimmungsrecht der Religionsgemeinschaften ist erst bei Umfang und Intensität der gerichtlichen Kontrolle maßgeblich. Das BVerfG schließlich hatte in seinen jüngeren (Kammer-) Entscheidungen den staatlichen Rechtsschutz in religionsgemeinschaftlichen Angelegenheiten zunächst nicht kategorisch ausgeschlossen und die Frage letztlich offen gelassen.²⁴³ Nunmehr scheint sich das Gericht der Bereichslehre angeschlossen zu haben.²⁴⁴

Als **Fazit** kann auf der Grundlage der ganz überwiegenden Auffassung in der Literatur und der sich verstärkenden Tendenz in der jüngeren höchstrichterlichen Rechtsprechung festgehalten werden, dass das Selbstbestimmungsrecht aus Art. 140 GG i.V.m. Art. 137 Abs. 3 WRV nicht die Einrichtung „rechtsschutzfreier Zone(n)" verlangt.²⁴⁵ Die staatliche Justizgewährungspflicht erfordert den uneingeschränkten Zugang zu den staatlichen Gerichten, wenn und soweit die Anwendung staatlichen Rechts im Streit steht. Der gebotene Ausgleich zwischen dem staatlichen Rechtsschutz und dem Selbstbestimmungsrecht der Religionsgemeinschaften hat auf einer anderen Ebene stattzufinden: Das Selbstbestimmungsrecht schränkt nicht die staatliche Justizgewährungspflicht, sondern nur den konkreten **Umfang der Justiziabilität** ein.²⁴⁶

218

d) Die Justiziabilität religionsgemeinschaftlicher Angelegenheiten

Wenn das Selbstbestimmungsrecht der Religionsgemeinschaften nicht die Eröffnung des Rechtsweges *zu*, sondern nur die Justiziabilität religionsgemeinschaftlicher Angelegenheiten *vor* den staatlichen Gerichten begrenzen kann, so stellt sich die Frage nach Art und Ausmaß dieser Begrenzung. Zur Erinnerung: Die staatlichen Gerichte entscheiden jedenfalls über alle Streitigkeiten, die nach staatlichem Recht zu beurteilen sind (s.o. Rn. 215). Daher richtet sich der staatliche Rechtsschutz für und wider eine religionsgemeinschaftliche Maßnahme in eigenen Angelegenheiten nach der **Reichweite des für alle geltenden Gesetzes** i.S.d. Art. 140 GG i.V.m. Art. 137 Abs. 3 WRV.²⁴⁷

219

---

239 BGHZ 154, 306 ff. (306 (Leitsatz c), 312).
240 BVerwGE 116, 86 ff.; ebenso OVG Koblenz, NJW 2009, 1223 ff.
241 BVerwGE 117, 145 ff.; dazu kritisch *H. Weber*, ZevKR 49 (2004), 419 ff.
242 BVerwGE 149, 139 ff.
243 Vgl. etwa BVerfG (Kammer), NJW 1999, 349; BVerfGE 111, 1 ff. Zur einschlägigen jüngeren Rechtsprechung des BVerfG siehe *Germann*, FS Listl, S. 627 (630).
244 BVerfG (Kammer), NJW 2009, 1195 ff.; dazu kritisch *Germann*, ZevKR 54 (2009), 214 ff., und *H. Weber*, NJW 2009, 1179 ff.
245 *Jeand'Heur/Korioth*, Rn. 366.
246 Ebenso u.a. *Germann*, HevKR, S. 1060 (1077 ff.), und *Muckel*, in Friauf/Höfling (Hrsg.), Art. 140/Art. 137 WRV, Rn. 59.
247 *Ehlers*, in: Sachs (Hrsg.), Art. 140 GG/Art. 137 WRV, Rn. 15; differenzierend *Classen*: Religionsrecht, Rn. 588.

Der Meinungsstreit zur inhaltlichen Konkretisierung dieses Schrankenvorbehalts ist bereits erörtert und aufgrund der Mängel der in der Rechtsprechung (noch) vertretenen Bereichslehre zugunsten der **Wechselwirkungs- bzw. Abwägungslehre** entschieden worden (s.o. Rn. 173 ff.). Dies entspricht der Auffassung in der neueren höchstrichterlichen Rechtsprechung. So führt etwa der BGH aus: „Inhalt und Umfang der staatlichen Justizgewährung werden dadurch bestimmt, dass Selbstverwaltungsrecht und allgemeine Gesetze sowie ihre Durchsetzung in einem Wechselverhältnis stehen. Dem ist durch eine Güterabwägung Rechnung zu tragen, die dem Selbstverwaltungsrecht und Selbstverständnis der Kirchen und Glaubensgemeinschaften gemäß ihrer geistlichen Grundordnung Rechnung trägt."[248] Diese Abwägung ist grundsätzlich in jedem Einzelfall vorzunehmen. Für einzelne Fallgruppen lassen sich gleichwohl generalisierende Aussagen treffen. So ist die Justiziabilität von Streitfragen aus den Bereichen von **religiöser Lehre, Kultus und Seelsorge** ausgeschlossen, u.zw. auch dann, wenn es sich um Vorfragen handelt, die für die Streitentscheidung auf der Grundlage staatlichen Rechts von mittelbarer Bedeutung sind. Gleiches gilt für den Bereich des internen religionsgemeinschaftlichen **Organisationsrechts**, einschließlich der Wahl von Vertretungsorganen.[249] In dem am meisten umstrittenen Bereich des religionsgemeinschaftlichen **Dienstrechts** der Geistlichen und Beamten ist zu differenzieren. Vermögensrechtliche Fragen sind einer eigenen Entscheidung durch die staatlichen Gerichte zugänglich. Eine Überprüfung statusrechtlicher Fragen (z.B. Entfernung aus dem Dienst, Zwangsbeurlaubung, Versetzung) ist hingegen ausgeschlossen, denn hier fällt die Güterabwägung nicht zuletzt aufgrund der Schwere des Eingriffs in die Ämterhoheit der Religionsgemeinschaften, die zudem in Art. 140 GG i. V. m. Art. 137 Abs. 3 S. 2 WRV ausdrücklich geschützt ist, zugunsten des Selbstbestimmungsrechts aus. Allerdings ist darauf hinzuweisen, dass sich nunmehr das **Problem der sog. verkappten Statusklagen** nicht mehr stellt. Für die Bereichslehre ist in statusrechtlichen Fragen bereits der Rechtsweg zu den staatlichen Gerichten verschlossen; vielfach treten statusrechtliche Probleme aber in Gestalt zu prüfender Vorfragen für vermögensrechtliche Auseinandersetzungen auf.[250] Nach der zutreffenden Auffassung in der Literatur und der neueren Rechtsprechung können die staatlichen Gerichte statusrechtliche Fragen ebenfalls nicht eigenständig beurteilen; sie müssen den mit einer statusrechtlichen Vorfrage behafteten Rechtsstreit aber – nach einer verbindlichen Vorklärung durch die betroffene Religionsgemeinschaft – insgesamt entscheiden. Für **privatrechtlich beschäftigte Mitarbeiter** gilt das staatliche Arbeitsrecht. Die staatlichen Gerichte haben ihrer Entscheidung aber ggf. die religionsgemeinschaftlichen Loyalitätspflichten zugrunde zu legen (s.o. Rn. 192 ff.).

220 In allen Bereichen der begrenzten Justiziabilität haben die staatlichen Gerichte die einschlägigen religionsgemeinschaftlichen Maßnahmen und Entscheidungen grundsätzlich als verbindlich zu übernehmen. Dies gilt auch dann, „wenn das im Einzelfall dazu führen kann, dass staatliche Gerichte an der Durchsetzung von Entscheidungen mitwirken, von denen sie mangels vollständiger Überprüfbarkeit gar nicht wissen, ob die angeordneten Maßnahmen berechtigt sind..."[251] Grenzen dieser Übernahmepflicht

---

248 BGHZ 154, 306 (312); zuvor schon BGH, NJW 2000, 1555 (1556). Ebenso u.a. *Stern*, Staatsrecht, Bd. IV/2, S. 1262 ff.
249 BGH, NJW 2000, 1555 (1556).
250 Zum Problem der verkappten Statusklagen siehe *Korioth*, in: Dürig/Herzog/Scholz (Hrsg.), Art. 140 GG/ Art. 137 WRV, Rn. 55; *Kästner*: Staatliche Justizhoheit und religiöse Freiheit, S. 240 ff. m.w.N.
251 BGH, NJW 2000, 1555 (1556).

bilden das **Willkürverbot, die guten Sitten und der ordre public.**[252] In der Diktion des BGH kann in den Bereichen des überwiegenden Selbstbestimmungsrechts daher keine Rechtmäßigkeits-, sondern allenfalls eine „Wirksamkeitsprüfung" der religionsgemeinschaftlichen Maßnahmen und Entscheidungen anhand der genannten Kriterien vorgenommen werden.[253] Allerdings sollte der weitgehend unbestimmte Maßstab dieser „Wirksamkeitsprüfung" aus sachlichen Erwägungen, aber auch aus dem legitimen Interesse an einheitlichen Standards an die Kriterien angepasst werden, die das BVerfG in seinem Urteil zum Körperschaftsstatus der Zeugen Jehovas entwickelt hat. Danach kommen im Wesentlichen die in Art. 79 Abs. 3 GG aufgezählten **fundamentalen Rechts- und Verfassungsprinzipien** – einschließlich der Grundrechte und der Grundprinzipien des deutschen Religionsverfassungsrechts – als Maßstab in Betracht.[254] Insgesamt kann festgestellt werden, dass die mithilfe der Wechselwirkungs- bzw. Abwägungslehre ermittelten Ergebnisse nicht signifikant von den Ergebnissen der Bereichslehre abweichen. Sie werden aber auf eine tragfähigere dogmatische Grundlage gestellt.

e) Prozessuale Fragen

Dieser Wechsel der dogmatischen Grundlagen hat **prozessuale Auswirkungen.** So scheidet eine Verweisung des angerufenen staatlichen Gerichts an ein religionsgemeinschaftliches Gericht aus, weil der staatliche Rechtsschutz auch in religionsgemeinschaftlichen Angelegenheiten offen steht. Da der Ausgleich zwischen dem Selbstbestimmungsrecht der Religionsgemeinschaften und der staatlichen Justizgewährungspflicht auf dem staatlichen Rechtsweg erreicht werden muss, geraten die Zulässigkeits- und die Begründetheitsprüfung in den Blick.

221

aa) Die Zulässigkeitsprüfung

Zunächst ist zu klären, welcher **konkrete Rechtsweg** innerhalb des staatlichen Rechtsschutzsystems jeweils eröffnet ist. Hier gelten die **allgemeinen Grundsätze des Prozessrechts.**[255] Unproblematisch sind die Fälle mit Beteiligung von **privatrechtlich organisierten Religionsgemeinschaften**, denn insofern kommt nur die ordentliche bzw. die Arbeitsgerichtsbarkeit in Betracht. Bei Streitigkeiten mit **öffentlich-rechtlich organisierten Religionsgemeinschaften** ist nach der jeweiligen Rechtsform des Handelns zu differenzieren. Sofern es um die konkrete Ausübung öffentlicher Gewalt geht, ist gem. § 40 Abs. 1 VwGO die Verwaltungsgerichtsbarkeit, in Kirchensteuerangelegenheiten ggf. die Finanzgerichtsbarkeit zuständig.[256] In diesen Fällen ist auch eine Verfassungsbeschwerde nach Art. 93 Abs. 1 Nr. 4 a, § 90 Abs. 1 BVerfGG möglich. Im Übrigen ist im Einzelfall zu prüfen, ob eine Religionsgemeinschaft mit Körperschaftsstatus öffentlich-rechtlich oder privatrechtlich handelt. Wie im staatlichen Bereich, so können auch hier Indizien die Einordnung erleichtern. Bei der Nutzung religionsgemeinschaftlicher Einrichtungen wie Kindergärten, Schulen oder Friedhöfen ist die konkrete Ausgestaltung des Nutzungsverhältnisses entscheidend. In dienstrechtlichen Angelegenheiten

222

---

252 BGHZ 154, 306 (313) mit Verweis auf BVerfGE 70, 138 (168), dazu s.o. Rn. 47.
253 BGHZ 154, 306 (313).
254 BVerfGE 102, 370 (392 f.). Ebenso BVerwG, NVwZ 2014, 227 ff.; *Stern*, Staatsrecht, Bd. IV/2, S. 1268. Zur Frage der Grundrechtsbindung der kirchlichen Gerichtsbarkeit siehe nunmehr *Arning*, passim.
255 Vgl. *Classen*: Religionsrecht, Rn. 590 f.
256 Zur Frage des Rechtswegs in Fragen der Kirchensteuer siehe *Korioth*, in: Dürig/Herzog/Scholz (Hrsg.), Art. 140 GG/Art. 137 WRV, Rn. 102.

steht den Religionsgemeinschaften gem. § 135 S. 2 BRRG ein Wahlrecht zwischen der Verwaltungs- und der ordentlichen Gerichtsbarkeit zu (s.o. Rn. 216). Bei faktischem Handeln ist die Zuordnung zur öffentlich-rechtlichen Aufgabenerfüllung maßgeblich, etwa bei der Differenzierung zwischen liturgischem und sonstigem Glockenläuten. Ob darüber hinaus für die Religionsgemeinschaften mit Körperschaftsstatus – wie für die staatlichen Körperschaften – eine Vermutung für die Wahl des öffentlich-rechtlichen Rechtsregimes gilt mit der Folge der Zuständigkeit der Verwaltungsgerichtsbarkeit, ist umstritten. Obwohl die Vergleichbarkeit mit den staatlichen Körperschaften aufgrund der Staatsferne auch der „korporierten" Religionsgemeinschaften an Grenzen stößt, sollte die Vermutung für öffentlich-rechtliches Handeln einheitlich gelten.[257]

223 Die erforderliche Abwägung des Selbstbestimmungsrechts und des Justizgewährungsanspruchs könnte ferner relevant werden bei der Prüfung der **Klagebefugnis**.[258] So muss etwa die Klägerin bzw. der Kläger in einem verwaltungsgerichtlichen Prozess gem. § 42 Abs. 2 VwGO nach der ganz überwiegenden und zutreffenden Auffassung die Möglichkeit einer Verletzung eigener Rechte durch die angegriffene Maßnahme oder Entscheidung darlegen.[259] Die Klagebefugnis ist nur dann nicht gegeben, wenn die geltend gemachten Rechte unter Zugrundelegung des Klagevorbringens offensichtlich und eindeutig nach keiner Betrachtungsweise bestehen oder der Klägerin bzw. dem Kläger zustehen können, eine Verletzung subjektiver Rechte also von vorneherein ausgeschlossen ist.[260] Die Frage, ob in den Fällen der begrenzten Justiziabilität religionsgemeinschaftlicher Angelegenheiten tatsächlich die Klagebefugnis fehlen könnte, ist bisher nur wenig thematisiert und nicht geklärt worden. Sie dürfte aber zu verneinen sein, denn eine eindeutige Feststellung, dass die jeweils behaupteten (staatlichen!) Rechte offensichtlich nicht bestehen oder der Klägerin bzw. dem Kläger nicht zustehen können, wird sich jedenfalls im Hinblick auf die gebotene Abwägung nicht treffen lassen.[261] Im Ergebnis wird die Klagebefugnis jeweils anzusprechen und ihr Vorliegen – jedenfalls unter dem Gesichtspunkt der Abwägung von Selbstbestimmungsrecht und Justizgewähranspruch – anzunehmen sein.

224 Bedeutsamer ist die Frage, ob der Klägerin bzw. dem Kläger das **Rechtsschutzbedürfnis** fehlt, wenn zwar die staatlichen Gerichte im Grundsatz zuständig sind, auf Seiten der betroffenen Religionsgemeinschaft jedoch eine nach ihrem Recht zuständige Gerichtsbarkeit vorhanden ist. Die Rechtsprechung hat diesbezüglich ein klares Signal gesetzt: Ist ein inner-religionsgemeinschaftlicher Rechtsweg geschaffen „und von ihm ein effektiver Rechtsschutz auch zu erwarten, dürfen staatliche Gerichte nicht vor Erschöpfung des kirchlichen (bzw. religionsgemeinschaftlichen) Rechtswegs entscheiden … Der Klage fehlt dann das Rechtsschutzbedürfnis. Der innerkirchliche (bzw. religionsgemeinschaftliche) Rechtsschutz ist vorrangig und die staatliche Justizgewährung insoweit subsidiär."[262] Das Fehlen des Rechtsschutzbedürfnisses vor staatlichen Gerichten ist danach ausgeschlossen, wenn drei Bedingungen erfüllt sind: Erstens muss

---

257 I.E. ebenso BVerwGE 25, 364 (365); *Classen*: Religionsrecht, Rn. 590; a.A. *H. Weber*, NJW 1989, 2217 (2223).
258 Die Klagebefugnis wird als relevanter Prüfungsaspekt ebenfalls erwähnt bei *Korioth*, in: Dürig/Herzog/Scholz (Hrsg.), Art. 140 GG/Art. 137 WRV, Rn. 56, und *Ehlers*, in: Sachs (Hrsg.), Art. 140 GG/Art. 137 WRV, Rn. 16.
259 *Sodan*, in: ders./Ziekow, (Hrsg.) § 42 Rn. 379.
260 *Sennekamp*, in: Fehling/Kastner/Wahrendorf (Hrsg.), § 42 VwGO, Rn. 61.
261 In diesem Sinn auch *v. Campenhausen/de Wall*, S. 373 f., die den Gedanken an „von vorneherein unzulässige Klagen" ausdrücklich verwerfen.
262 BGHZ 154, 306 (312) mit Verweis auf BVerfG, NJW 1999, 349 (350); ebenso BVerwG, NVwZ 2014, 227 ff.; grundsätzlich zustimmend etwa *Kästner*, ZevKR 48 (2003), 301 (310).

ein einschlägiger **religionsgemeinschaftlicher Rechtsweg** eröffnet sein; dieser Rechtsweg muss – zweitens – einen nach staatlichen Maßstäben **effektiven Rechtsschutz** bieten; und drittens darf dieser religionsgemeinschaftliche Rechtsweg noch **nicht ausgeschöpft** sein. In dreifacher Hinsicht problematisch ist vor allem das unverzichtbare Kriterium eines nach staatlichen Maßstäben effektiven Rechtsschutzes.[263] Zum einen kann fraglich sein, ob die religionsgemeinschaftliche Gerichtsbarkeit im Hinblick auf die Unabhängigkeit und Neutralität der Richter stets den (rechts-)staatlichen Anforderungen entspricht. Ferner stellt die mangelnde Vollstreckbarkeit religionsgemeinschaftlicher Gerichtsentscheidungen ihre Gleichwertigkeit mit dem staatlichen Rechtsschutz in Frage.[264] Schließlich weckt die mit der Vorschaltung eines ggf. mehrinstanzlichen Verfahrens vor einem religionsgemeinschaftlichen Gericht zu erwartende Dauer eines Rechtsstreits Zweifel, ob insgesamt noch ein effektiver Rechtsschutz gewährleistet werden kann. Diese Bedenken gegen den Wegfall des Rechtsschutzbedürfnisses schlagen jedoch nicht durch. In diesem Zusammenhang ist zum einen auf die Bedeutung des Selbstbestimmungsrechts aus Art. 140 GG i.V.m. Art. 137 Abs. 3 WRV hinzuweisen, das auch die Befugnis umfasst, religionsgemeinschaftliche Streitigkeiten durch eigene Gerichte mit in bestimmter Weise qualifizierten Richterinnen und Richtern beizulegen.[265] Zum anderen sind die religionsgemeinschaftlichen Gerichte zumeist mit den einschlägigen Rechtsproblemen (besser) vertraut, so dass eine vorgreifliche Überprüfung sowohl in sachlicher als auch in zeitlicher Hinsicht die ggf. abschließende Rechtsfindung vor den staatlichen Gerichten erleichtert. Damit wird zugleich der Einwand einer unzumutbaren zeitlichen Verzögerung relativiert; eventuell verbleibende generelle Bedenken können mit einem Hinweis auf die Bedeutung des Selbstbestimmungsrechts und auf die erforderliche Prüfung im Einzelfall zerstreut werden. Insgesamt bleibt festzuhalten, dass das Rechtsschutzbedürfnis einer Klage vor den staatlichen Gerichten fehlt, wenn und soweit die von der Rechtsprechung entwickelten drei Kriterien erfüllt sind. In diesem Fall ist die Klage als unzulässig abzuweisen. Im Fall der sog. verkappten Statusklage (s.o. Rn. 219) ist das Verfahren vor dem staatlichen Gericht bis zur Klärung der statusrechtlichen Vorfrage durch die Gerichtsbarkeit der betreffenden Religionsgemeinschaft auszusetzen.

bb) Die Begründetheitsprüfung

Zumeist wird die Güterabwägung zwischen der staatlichen Justizgewährungspflicht und dem Selbstbestimmungsrecht der Religionsgemeinschaften schwerpunktmäßig der Begründetheitsprüfung zugewiesen.[266] Staatliche Gerichte können die Rechtmäßigkeit einer – nach der Abwägung – dem autonomen Religionsgemeinschaftsrecht unterfallenden Maßnahme oder Entscheidung grundsätzlich nicht auf ihre Rechtmäßigkeit überprüfen; es verbleibt ihnen nur eine „Wirksamkeitsprüfung" am Maßstab fundamentaler Rechts- und Verfassungsprinzipien (s.o. Rn. 220 m.w.N.). Dies gilt für alle Arten religionsgemeinschaftlicher Maßnahmen und Entscheidungen, also auch für bestandskräftige Entscheidungen religionsgemeinschaftlicher Gerichte, sowie für religionsgemeinschaftsrechtliche Vorfragen. Ob die Güterabwägung zugunsten des Justizge-

225

---

263 Zum Folgenden insbesondere *Ehlers*, in: Sachs (Hrsg.), Art. 140 GG/Art. 137 WRV, Rn. 17, und *H. Weber*, ZevKR 49 (2004), 385 (398 ff.).
264 Speziell zu der Frage der Vollstreckbarkeit von Entscheidungen religionsgemeinschaftlicher Gerichte siehe *Ehlers*: ZevKR 49 (2004), 496.
265 Dieser Aspekt wird betont in BGHZ, 154, 306 (312), und bei *Classen*: Religionsrecht, Rn. 582.
266 Vgl. BGHZ 154, 306 (313 ff.); ebenso *v. Campenhausen/de Wall*, S. 369 ff.

währungsanspruchs oder des Selbstbestimmungsrechts ausfällt, ist jeweils im Einzelfall zu prüfen. Allerdings kann in diesem Zusammenhang auf die generalisierenden Zuordnungen in den allgemeinen Ausführungen zur Justiziabilität religionsgemeinschaftlicher Angelegenheiten zurückgegriffen werden (s.o. Rn. 219). Überwiegt das Selbstbestimmungsrecht der Religionsgemeinschaften, so ist die Klage als unbegründet abzuweisen.

▶ **Zu Fall 10:** Zunächst ist zu prüfen, ob J mit ihrem Anliegen überhaupt vor den staatlichen Gerichten um Rechtsschutz nachsuchen kann. Dies ist der Fall, da aufgrund der Justizgewährungspflicht die staatlichen Gerichte über alle Rechtsfragen entscheiden, deren Beurteilung sich nach staatlichem Recht richtet, u.zw. auch dann, wenn bei der Anwendung staatlichen Rechts religionsgemeinschaftsrechtlichen Vorfragen zu klären sind. Hier ist ein zivilrechtlicher Anspruch auf Unterlassung aus §§ 862, 1004 BGB im Streit; die Frage nach der Vertretungsbefugnis ist dem religionsgemeinschaftlichen Organisationsrecht und damit dem Selbstbestimmungsrecht der J aus Art. 140 GG i.V.m. Art. 137 Abs. 3 WRV zuzuordnen. Die Klage ist zulässig. Der Rechtsweg zu den Zivilgerichten ist eröffnet, da die streitentscheidenden Normen aus dem Zivilrecht stammen. Das Rechtsschutzbedürfnis der J ist ebenfalls gegeben, da keine Anzeichen ersichtlich sind, dass der religionsgemeinschaftliche Rechtsweg mit Erlangung des schiedsgerichtlichen Urteils nicht ausgeschöpft ist. Die Klage ist auch begründet, da der Unterlassungsanspruch aus §§ 862, 1004 BGB besteht. Bzgl. der vorgreiflichen Frage nach der Vertretungsbefugnis ist das LG an das Urteil des Schiedsgerichts des Z gebunden. Dies folgt aus der anzustellenden Güterabwägung zwischen der Justizgewährpflicht und dem Selbstbestimmungsrecht der J: Die Justiziabilität des internen Organisationsrechts der Religionsgemeinschaften durch staatliche Gerichte ist eingeschränkt. Da das Schiedsgerichtsurteil auch nicht gegen fundamentale Rechts- und Verfassungsprinzipien verstößt, ist es der Entscheidung des LG als verbindlich zugrunde zu legen. Daher ist davon auszugehen, dass A kein rechtmäßiger Vertreter der J ist, so dass der geltend gemachte Unterlassungsanspruch besteht und die Klage insgesamt Erfolg haben wird. ◀

5. Datenschutz, Personenstands- und Meldewesen
a) Allgemeines

226   Der Datenschutz ist religionsverfassungsrechtlich in doppelter Hinsicht relevant. Zum einen ist der Umgang der Religionsgemeinschaften mit ihren Daten in das staatliche Datenschutzrecht einzupassen; hier geht es also um den **Schutz *vor* den Religionsgemeinschaften**. Zum anderen haben die Religionsgemeinschaften ein Interesse, an den auf Seiten der staatlichen Behörden vorhandenen Daten teilhaben zu können, etwa bzgl. der Religionszugehörigkeit der Bürgerinnen und Bürger; hier geht es um den **Schutz *der* Religionsgemeinschaften**. Systematisch ist zu unterscheiden zwischen dem allgemeinen Datenschutzrecht und dem bereichsspezifischen Datenschutz im Personenstands- und Meldewesen.

227   Der Umgang mit und der Zugang zu Daten unterfallen dem **Selbstbestimmungsrecht der Religionsgemeinschaften**.[267] Denn einerseits gehört zum eigenständigen, von staatlicher Kontrolle befreiten Ordnen und Verwalten der eigenen Angelegenheiten auch die Erhebung und Verarbeitung der eigenen Daten. Andererseits ist das Ordnen und

---

[267] *Germann*, ZevKR 48 (2003), 446 (447); *Ziekow*, HSKR, Bd. 2 (§ 33), Rn. 1 ff.; *ders.*: HevKR, S. 962 ff., und *ders*: Datenschutz und evangelisches Kirchenrecht, S. 40 ff.

§ 6 Das Selbstbestimmungsrecht der Religionsgemeinschaften   § 6

Verwalten der eigenen Angelegenheiten in weitem Umfang nur auf der Grundlage einer breiten und gesicherten Datenbasis möglich. Diese Aspekte des Selbstbestimmungsrechts begegnen auf staatlicher Seite dem Erfordernis, auch bei den Religionsgemeinschaften auf die Einhaltung bestimmter Datenschutzstandards zu achten.

b) Datenschutzrecht

Der Grundgedanke des Datenschutzes liegt im Schutz des Grundrechts auf **informationelle Selbstbestimmung**, das vom BVerfG in seinem Volkszählungsurteil aus Art. 2 Abs. 1 GG i.V.m. Art. 1 Abs. 1 GG destilliert wurde.[268] Der Bundes- und die Landesgesetzgeber haben darauf mit einem inhaltlichen Ausbau ihrer Datenschutzgesetze reagiert. Am 25.5.2018 ist die **EU-Datenschutzgrundverordnung** (Verordnung EU 2016/679 vom 27.4.2016; DSGVO) in Kraft getreten. Der deutsche Gesetzgeber hat daraufhin das neue **BDSG vom 30.6.2016** erlassen, das zeitgleich mit der EU-Verordnung in Kraft getreten ist und die dort eröffneten Regelungsspielräume ausfüllt.[269] In § 3 BDSG wird unterschieden zwischen dem Erheben, dem Verarbeiten und dem Nutzen von Daten, und in § 4 BDSG wird dieser Umgang mit Daten einem Verbot mit Erlaubnisvorbehalt unterworfen. Flankiert und komplettiert wird dieses Datenschutzsystem durch vorsorgende Elemente – etwa zur Sicherung von Daten vor unbefugtem Zugriff – und die Kontrolle durch Aufsichtsbehörden und Datenschutzbeauftragte. Religionsverfassungsrechtlich bedeutsam sind vor allem die beiden Fragen nach der Geltung des staatlichen Datenschutzrechts für die Religionsgemeinschaften und nach den Möglichkeiten einer Datenübermittlung von den staatlichen Behörden an religionsgemeinschaftliche Stellen und Einrichtungen. Im ersten Fall ist der Schutz *vor* den Religionsgemeinschaften betroffen; hier wird die Schutzpflichtendimension des Grundrechts auf informationelle Selbstbestimmung wirksam, denn die Religionsgemeinschaften sind – unabhängig von ihrer Rechtsform – nicht Teil der Staatsgewalt und damit – jedenfalls grundsätzlich, d.h. außer im Fall der Beleihung – nicht selbst Grundrechtsadressaten. Im zweiten Fall geht es um die Übermittlung von Daten durch den Staat an die Religionsgemeinschaften; hier ist die Abwehrdimension des Grundrechts einschlägig.

228

aa) Staatliches Datenschutzrecht und Religionsgemeinschaften

Die **Geltung des staatlichen Datenschutzrechts** für die und in den Religionsgemeinschaften ist umstritten.[270] Gelegentlich wird in der Literatur die Auffassung vertreten, dass das staatliche Datenschutzrecht grundsätzlich auch für die Religionsgemeinschaften gelte. Nur bei seiner Anwendung sei auf das Selbstbestimmungsrecht aus Art. 140 GG i.V.m. Art. 137 Abs. 3 WRV im Wege einer verfassungskonformen Auslegung Rücksicht zu nehmen.[271] Ein weiterer Anwendungsfall dieser **Subsumtionslösung** begegnet etwa im Bereich des Arbeitsrechts. Auch dort gilt das staatliche Recht grundsätzlich auch für die Religionsgemeinschaften, in der Rechtsanwendung sind jedoch die religionsgemeinschaftlichen Loyalitätspflichten zu beachten (s.o. Rn. 188 ff.). Die überwiegende Auffassung legt ihrer Interpretation des staatlichen Datenschutzrechts

229

---

268 BVerfGE 65, 1 ff.
269 Vgl. zum Folgenden auch *Ziekow*, ZevKR 63 (2018), 390 ff.
270 Zum Folgenden *Ziekow*, HSKR, Bd. 2 (§ 33), Rn. 9 ff.; *Germann*, ZevKR 48 (2003), 446 (458 ff.).
271 So etwa *Dammann*, NVwZ 1992, 1147 ff.

hingegen im Grundsatz und zutreffend die **Exemtionslösung** zugrunde.[272] Danach sind jedenfalls die Kirchen und sonstigen Religionsgemeinschaften mit dem Status einer **Körperschaft des öffentlichen Rechts** durch „beredtes Schweigen"[273] vom Anwendungsbereich des BDSG ausgenommen. Dies folgt aus § 1 Abs. 2 und § 2 BDSG. Danach gilt das staatliche Datenschutzrecht für öffentliche und nicht-öffentliche Stellen. Diese Begriffe werden im Folgenden näher definiert: Als öffentliche Stellen gelten nur Behörden des Bundes oder bundesunmittelbare Körperschaften, Anstalten und Stiftungen sowie Behörden oder öffentlich-rechtliche Träger unter der Aufsicht der Länder; als nicht-öffentliche Stellen gelten nur natürliche und juristische Personen, Gesellschaften und andere Personenvereinigungen des Privatrechts. Die Kirchen und die anderen öffentlich-rechtlich organisierten Religionsgemeinschaften werden als Körperschaften des öffentlichen Rechts sui generis offensichtlich von keiner dieser Kategorien und damit auch nicht vom Anwendungsbereich des BDSG erfasst. Diese Freistellung von der Geltung des BDSG ist insbesondere vor dem Hintergrund des einschlägigen Primärrechts der Europäischen Union mit der EU-Datenschutzgrundverordnung (s.o. Rn. 228) vereinbar.[274] Sie bedeutet jedoch nicht zugleich eine Exemtion der öffentlich-rechtlichen Religionsgemeinschaften vom allgemeinen und verfassungsrechtlich geforderten „Datenschutzprinzip". Nur wenn und soweit die Religionsgemeinschaften kraft autonomen Rechts ein **vergleichbares Datenschutzniveau** garantieren können, ist der Staat befugt, die Erfüllung seiner grundrechtlichen Schutzpflicht im Hinblick auf die informationelle Selbstbestimmung des Individuums in die Hände der betreffenden Körperschaften zu geben. Diese „bedingte Exemtionslösung" entspricht nunmehr auch Art. 91 Abs. 1 DSGVO. Jedenfalls die großen christlichen Kirchen haben ein solches vergleichbares Schutzniveau mit ihren datenschutzrechtlichen Regelungen geschaffen, die sich inhaltlich eng an das staatliche Vorbild anlehnen. In der katholischen Kirche gilt das von der Vollversammlung des Verbandes der Diözesen Deutschlands erlassene „Gesetz über den kirchlichen Datenschutz (KDG)" vom 20.11.2017 und in der EKD sowie den Gliedkirchen das „Kirchengesetz über den Datenschutz der Evangelischen Kirche in Deutschland (DSG-EKD)" vom 15.11.2017; beide Gesetze sind am 24.5.2018 in Kraft getreten. Sollte das hier fixierte Schutzniveau zukünftig unterschritten werden – wofür es derzeit keine Anzeichen gibt – oder sollten andere öffentlich-rechtlich organisierte Religionsgemeinschaften dieses Schutzniveau nicht erreichen (können), so muss der Staat (wieder) selbst für die Erfüllung seiner grundrechtlichen Schutzpflicht sorgen.

230 Im Rahmen der Exemtionslösung wird die Frage nach der Geltung des BDSG für die einer korporierten Religionsgemeinschaft nach den Kriterien des Goch-Urteils des BVerfG[275] zugeordneten **privatrechtlich organisierten Einrichtungen** – etwa kirchliche Krankenhäuser, Kindergärten, Schulen etc. – unterschiedlich beurteilt.[276] Z.T. wird angenommen, dass mit der Unterscheidung in öffentliche und nicht-öffentliche Stellen im BDSG eine formale Differenzierung nach der Rechtsform vorgegeben sei. Danach gelte für privatrechtlich organisierte Einrichtungen der Religionsgemeinschaften in ihrer Eigenschaft als nicht-öffentliche Stellen i.S.d. § 2 Abs. 4 BDSG die Subsumtionslösung.

---

272 Vgl. u. a. *Germann*, ZevKR 48 (2003), 446 (458 ff. – dort auch erstmals die Begriffe „Subsumtions-" und „Exemtionslösung"); *Ziekow*, HevKR, S. 962 (971 ff.).
273 *Stolleis*, ZevKR 23 (1978), 230 (233).
274 Dazu *Germann*, ZevKR 48 (2003), 446 (469 ff.) noch zu Vorgängerregelung.
275 BVerfGE 46, 73 (85 ff.).
276 Dazu *Ziekow*, HSKR, Bd. 2 (§ 33), Rn. 29 f.

§ 6 Das Selbstbestimmungsrecht der Religionsgemeinschaften § 6

Ihre Tätigkeiten unterfielen damit dem staatlichen Datenschutzrecht, das seinerseits aber im Lichte des Selbstbestimmungsrechts der Religionsgemeinschaften verfassungskonform auszulegen sei. Wenn und soweit die betreffenden Einrichtungen zugleich dem religionsgemeinschaftlichen Datenschutzrecht mit vergleichbarem Schutzniveau unterliegen, dürfte ein Eingreifen der staatlichen Aufsicht jedoch mangels Handlungsermessens ausgeschlossen sein.[277] Vorzugswürdig ist hingegen eine Erweiterung der Exemtion zugunsten der Zuordnungskörperschaft auf die zugeordneten Einrichtungen mit der Folge, dass auch dort das BDSG keine Rechtswirkung entfaltet. Zur Begründung kann auf die „Einheit der Kirche mit ihren Einrichtungen" abgestellt werden, die einer gespaltenen Lösung für beide Bereiche entgegensteht.

Für die **privatrechtlich organisierten Religionsgemeinschaften** gilt die Subsumtionslösung. Die Reichweite der Anwendung des BDSG wird jeweils bestimmt durch eine Abwägung zwischen dem Grundrecht auf informationelle Selbstbestimmung und dem Selbstbestimmungsrecht aus Art. 140 GG i.V.m. Art. 137 Abs. 3 WRV. Mit der These, dass die privatrechtlich organisierten Religionsgemeinschaften einen Antrag auf Entlassung aus dem Geltungsbereich des BDSG stellen könnten, der zu bewilligen wäre, wenn in ihrem Bereich ein vergleichbares Schutzniveau nachweisbar ist, wird das Selbstbestimmungsrecht der Religionsgemeinschaften überdehnt. Für eine solche Exemtion qua Antrag gibt es kein Bedürfnis, denn ein adäquater Ausgleich zwischen dem Selbstbestimmungsrecht und dem Datenschutzprinzip kann auch über die Subsumtionslösung erreicht werden. Der Staat hat also die Wahl zwischen den beiden Lösungen. Er darf insofern auch unterschiedliche Lösungen für öffentlich-rechtlich und privatrechtlich organisierte Religionsgemeinschaften wählen, und hat dies mit und im BDSG auch in zulässiger Weise getan. Für die privatrechtlichen Religionsgemeinschaften bleibt es daher bei der Subsumtionslösung und damit bei der Geltung des BDSG.[278] Dessen Durchsetzung dürfte aber auch hier mangels Handlungsermessens ausgeschlossen sein, wenn und soweit ein religionsgemeinschaftliches Datenschutzrecht auf vergleichbarem Schutzniveau vorhanden ist.

bb) Datenübermittlung an Religionsgemeinschaften

Die Religionsgemeinschaften können aus verschiedenen Gründen ein Interesse an der Übermittlung von Daten haben, die von der staatlichen Seite erhoben worden sind. Dies gilt etwa für Meldedaten zum Zweck der Erhebung von Kirchensteuern oder der Dokumentation des Mitgliederbestandes. Für die Übermittlung von Daten gilt generell der Zweckbindungsgrundsatz; eine Zweckänderung ist nur zulässig, sofern sie ausdrücklich durch eine Rechtsvorschrift gestattet ist oder der Betroffene eingewilligt hat. Speziell für die Übermittlung personenbezogener Daten von öffentlichen Stellen an Stellen der **öffentlich-rechtlichen Religionsgemeinschaften** gilt § 15 Abs. 4 BDSG. Danach gelten die Vorschriften über die Datenübermittlung der öffentlichen Stellen untereinander, sofern sichergestellt ist, dass bei den öffentlich-rechtlichen Religionsgemeinschaften „**ausreichende Datenschutzmaßnahmen** getroffen werden". Die vorhandenen kirchlichen Datenschutzgesetze dürften ihre Entstehung nicht zuletzt dem Zweck dieser Sicherstellung verdanken. In materieller Hinsicht ist eine Datenübermittlung (auch) an öffentlich-rechtliche Religionsgemeinschaften nur zulässig, wenn sie **für die Erfüllung ihrer Aufgaben erforderlich** ist. Die Festlegung dessen, was für ihre

---
277 Vgl. *Germann*, ZevKR 48 (2003), 446 (467).
278 I.E. ebenso *Germann*, ZevKR 48 (2003), 446 (466 mit Anm. 60).

Aufgabenerfüllung erforderlich ist, treffen jedoch die Religionsgemeinschaften selbst und eigenverantwortlich. Den zu religiös-weltanschaulicher Neutralität verpflichteten staatlichen Stellen (s.o. Rn. 90) verbleibt insofern nur eine Plausibilitätskontrolle.[279]

233 Die Datenübermittlung an **privatrechtlich organisierte Einrichtungen** öffentlich-rechtlicher Religionsgemeinschaften richtet sich – unstreitig – nach **§ 16 BDSG**.[280] Gleiches gilt für die **privatrechtlich organisierten Religionsgemeinschaften**. Beide sind nicht-öffentliche Stellen im Sinne dieser Vorschrift.

c) Personenstandswesen

234 Der Begriff des Personenstandswesens bezeichnet die Gesamtheit der Normen, die sich auf die rechtliche Stellung einer Person aufgrund ihrer **Zugehörigkeit zu einer Familie** beziehen.[281] Als bereichsspezifisches Datenschutzrecht ist auch diese Rechtsmaterie in die Betrachtung des Selbstbestimmungsrechts der Religionsgemeinschaften einzubeziehen. Religionsverfassungsrechtlich sind in diesem Zusammenhang insbesondere zwei Fragenkomplexe bedeutsam: Sowohl die Möglichkeit einer Eintragung der Religionszugehörigkeit als auch das Informationsrecht der Religionsgemeinschaften sind zu klären. Für die Angabe der Religionszugehörigkeit in Personenstandsbüchern und Namenslisten ist **Art. 140 GG i.V.m. Art. 136 Abs. 3 WRV** zu beachten.

aa) Die Eintragung der Religionszugehörigkeit

235 Nach einer diesbezüglich wechselvollen Geschichte des Personenstandsrechts von 1875 bis in die Gegenwart lässt das geltende PStG vom 19.2.2007 (zuletzt geändert mit Gesetz vom 20.7.2017 zur Einführung der Ehe für gleichgeschlechtliche Paare) die Eintragung der Religionszugehörigkeit in den Personenstandsbüchern **auf Wunsch** der bzw. des Betroffenen zu (§ 15 Abs. 1 Nr. 2 PStG – Eheregister, gem. §§ 17, 17a PStG für Lebenspartnerschaften und in Ehen umgewandelte Lebenspartnerschaften entsprechend; § 21 Abs. 1 Nr. 4 PStG und § 27 Abs. 3 Nr. 5 PStG – Geburtenregister; § 31 Abs. 1 Nr. 1 PStG – Sterberegister). Die Freiwilligkeit der Angabe ist durch das Erfordernis eines entsprechenden Wunsches gewahrt. Es liegt insbesondere kein Verstoß gegen Art. 4 GG und Art. 140 GG i.V.m. Art. 136 Abs. 3 S. 1 WRV vor, da diese Vorschriften zwar zum Verschweigen der Religionszugehörigkeit berechtigen, aber nicht verpflichten.[282]

236 Bis zum Inkrafttreten des aktuellen PStG waren gem. § 69a Abs. 2 S. 2 und S. 4 PStG a. F. auf der Grundlage von Zählkarten **Namenslisten** zu führen, die auch Angaben über die Zugehörigkeit zu einer Religionsgemeinschaft enthalten müssen. Die insoweit bestehende Auskunftspflicht gem. § 69 Abs. 2 S. 3 PStG a. F. war verfassungsrechtlich unbedenklich, denn diese Angaben waren für eine gesetzlich angeordnete statistische Erhebung i.S.d. Art. 140 GG i. V. m. Art. 136 Abs. 3 S. 2 WRV erforderlich.[283]

---

279 Für eine Reduktion der Datenübermittlung zum Zweck der Steuererhebung nach Maßgabe des Art. 140 GG i.V.m. Art. 136 Abs. 3 S. 2 WRV *Janssen*, S. 295 ff.
280 Auch im Rahmen der Exemtionslösung für privatrechtliche Einrichtungen, die den öffentlich-rechtlichen Religionsgemeinschaften zugeordnet sind, erstreckt sich das Argument von der „Einheit der Kirche mit ihren Einrichtungen" nicht auf den Fall der Datenübermittlung von staatlichen Stellen.
281 *Ziekow*, HSKR, Bd. 2 (§ 32), Rn. 1 ff.
282 Ebenso *v. Campenhausen/de Wall*, S. 353 f.
283 Dazu *Ziekow*, HSKR, Bd. 2 (§ 32), Rn. 4 ff.

§ 6 Das Selbstbestimmungsrecht der Religionsgemeinschaften § 6

bb) Das Informationsrecht der Religionsgemeinschaften

Für den Informationsfluss von den staatlichen Behörden zu den Religionsgemeinschaften in Personenstandsangelegenheiten war vor der grundlegenden Novellierung des Personenstandsrechts nur in § 69a Abs. 2 S. 5 PStG a. F. eine ausdrückliche Regelung getroffen worden. Danach konnten Auskünfte über die Religionszugehörigkeit einzelner Personen aus Namenslisten nur den Kirchen und Religionsgemeinschaften oder Weltanschauungsgemeinschaften erteilt werden, denen diese Personen angehören. Dieser Informationsanspruch der Religionsgemeinschaften war daher beschränkt auf die jeweilige Person und die Frage nach ihrer Religionszugehörigkeit; ausgeschlossen waren Auskünfte über sonstige Daten und über Dritte.[284]

237

Auf der Grundlage des geltenden Personenstandsrechts ist die weiter gehende Frage, ob den Religionsgemeinschaften auch Zugang zu den sonstigen Personenstandsdaten gewährt werden kann oder muss, differenziert zu beantworten. Grundsätzlich können Ein- und Durchsicht der Personenstandsbücher sowie die Erteilung von Personenstandsurkunden nur den staatlichen Behörden im Rahmen ihrer Aufgabenerfüllung und Privaten mit einem „rechtlichen Interesse" gewährt werden, § 62 Abs. 1 PStG. Die Religionsgemeinschaften können nur dann am Behördenprivileg dieser Vorschrift teilhaben, wenn und soweit sie Aufgaben in öffentlich-rechtlicher Gestalt wahrnehmen und das Informationsinteresse im sachlichen Zusammenhang mit der Erfüllung dieser Aufgaben steht. Im Übrigen gelten sie als Private, die allerdings ggf. aus ihrem materiell öffentlichen Status als Körperschaften des öffentlichen Rechts ein rechtliches Interesse an der Kenntnis von Personenstandsdaten geltend machen können, § 65 Abs. 2 PStG.

238

d) Das Meldewesen

Das Meldewesen dient der Erhebung und Speicherung allgemeiner personenbezogener Daten und ist gegenwärtig im MRRG und den ergänzenden Meldegesetzen der Länder rechtlich geregelt.[285] Hier sind die Erfassung der Religionszugehörigkeit in den Melderegistern einerseits und das Informationsrecht der Religionsgemeinschaften andererseits zu betrachten.

239

aa) Die Erfassung der Religionszugehörigkeit

Die Rechtsgrundlage für die Erhebung und Speicherung der Religionszugehörigkeit befindet sich in § 2 Abs. 1 Nr. 11 und § 4 MRRG. Sie differenziert nicht zwischen öffentlich-rechtlichen und privatrechtlichen Religionsgemeinschaften. Die Hürde des Art. 140 GG i.V.m. Art. 136 Abs. 3 WRV kann nur übersprungen werden, wenn die gesetzliche Möglichkeit zu dieser Datenerhebung im letzteren Fall auf eine statistische Zwecksetzung gestützt wird. Bei öffentlich-rechtlich organisierten Religionsgemeinschaften sind zusätzlich „Rechte und Pflichten" – etwa im Zusammenhang mit der Kirchensteuer – einschlägig. Insgesamt dürfte die Erhebung der Religionszugehörigkeit auch generell zur Feststellung der Mitgliedschaft zulässig sein.[286] Der weitere Umgang mit den Meldedaten unterliegt den allgemeinen Grundsätzen des Melderechts. Eine

240

---

284 Dazu v. Campenhausen/de Wall, S. 353 f.
285 Überblick bei Ziekow, HSKR, Bd. 2 (§ 32), Rn. 19 ff.
286 Vgl. Ziekow, HSKR, Bd. 2 (§ 32), Rn. 21 f.

§ 6   B. Religionsverfassungsrechtlich Grundentscheidungen

Weitergabe ist grundsätzlich unzulässig; an Behörden kann sie hingegen jeweils aufgabenbezogen erfolgen, etwa zur Eintragung auf der Lohnsteuerkarte.

bb) Das Informationsrecht der Religionsgemeinschaften

241   Die Übermittlung von Meldedaten an staatliche Behörden und sonstige öffentliche Stellen erfolgt jeweils aufgabenbezogen. Die Übermittlung der Daten über die Religionszugehörigkeit an Private, also auch an privatrechtlich organisierte Religionsgemeinschaften ist ausgeschlossen; dies folgt aus dem Fehlen der religionsbezogenen Angaben in den Katalogen des § 21 MRRG. Für die Übermittlung von Meldedaten an öffentlich-rechtliche Religionsgemeinschaften enthält § 19 MRRG eine Sonderregelung. Danach können diesen Religionsgemeinschaften die in § 19 Abs. 1 MRRG aufgelisteten Daten ihrer Mitglieder übermittelt werden, sofern dies der Erfüllung ihrer Aufgaben dient. Der Begriff der Aufgabenerfüllung ist weit zu verstehen. Er umfasst alle Tätigkeitsbereiche, in denen die Kirchen und sonstigen öffentlich-rechtlichen Religionsgemeinschaften ihren spezifischen Auftrag erfüllen, also neben der Kirchensteuer auch seelsorgerliche, karitative bzw. diakonische, kulturelle und missionarische Zwecke.[287] Schließlich können den öffentlich-rechtlichen Religionsgemeinschaften die in § 19 Abs. 2 MRRG aufgelisteten Daten von Familienangehörigen ihrer Mitglieder übermittelt werden, sofern die Betroffenen nicht widersprechen.

6. Baurecht, Denkmalschutz und Denkmalpflege

▶ **Fall 11 (nach VGH Baden-Württemberg, JZ 2004, 908 ff.):** Die Kirchengemeinde K ist Eigentümerin eines in Baden-Württemberg gelegenen Grundstücks, das mit einer spätgotischen Kirche bebaut ist. Nach vorheriger Anhörung der K hat die zuständige Behörde dieses Kulturdenkmal „von besonderer Bedeutung" i.S.d §§ 2, 12 Abs. 1 DSchG-BaWü samt Zubehör in das Denkmalbuch eingetragen. Gem. § 15 DSchG-BaWü hat diese Eintragung zur Folge, dass wesentliche Veränderungen des Kulturdenkmals durch K nunmehr einem Genehmigungsvorbehalt der staatlichen Denkmalschutzbehörde unterliegen. K sieht sich dadurch in ihren Verfügungsrechten über die Kirche beschränkt und wendet sich nach erfolglosem Widerspruch an das zuständige Verwaltungsgericht – mit Erfolg? ◀

a) Allgemeines

242   Auch die Errichtung und der Erhalt von Gebäuden, die religionsgemeinschaftlichen Zwecken dienen, unterfallen – als Teil der Vermögensverwaltung, aber auch als Bedingung für die kollektive Religionsausübung – den eigenen Angelegenheiten der Religionsgemeinschaften und sind damit am Maßstab des Art. 140 GG i.V.m. Art. 137 Abs. 3 WRV zu messen (s.o. Rn. 165). Im Anwendungsbereich des grundgesetzlichen Religionsverfassungsrechts haben insbesondere die christlichen Kirchen mit ihren Bauten und sonstigen Kunstgegenständen einen sehr bedeutenden Teil der bewahrenswerten Kulturdenkmäler geschaffen und wenden beträchtliche Mittel zur Konservierung dieses Kulturgutes auf. Ganz überwiegend haben sie eigene Bauämter bzw. Bauabteilungen in den Kirchenämtern geschaffen. In diesem Zusammenhang stellt sich die Frage nach dem Verhältnis des kirchlichen Eigentums und Handelns zum staatlichen Denkmalschutzrecht und zu den staatlichen Denkmalpflegemaßnahmen. Für die Er-

---

287 *V. Campenhausen/de Wall*, S. 353 f. m.w.N.

richtung religionsgemeinschaftlicher Gebäude ist das staatliche Baurecht einschlägig und gegenwärtig vor allem im Zusammenhang mit dem Bau von Moscheen relevant.

b) Baurecht

Im Baurecht wird der Ausgleich zwischen der staatlichen Planungs- und Ordnungshoheit mit dem religionsgemeinschaftlichen Selbstbestimmungsrecht über verschiedene „für alle geltende Gesetze" erreicht. Die Vorschriften zur **Bauleitplanung** schreiben durchgängig eine Berücksichtigung religionsgemeinschaftlicher Belange vor.[288] So sind in sämtlichen Baugebieten i.S.d. BauNVO „Anlagen" zulässig, die „kirchlichen" Zwecken dienen. Der Wortlaut der einschlägigen Bestimmungen legt eine Beschränkung ihres Anwendungsbereichs auf kirchliche, und damit christliche Zwecke nahe. Aus den Geboten der religiös-weltanschaulichen Neutralität des Staates (s.o. Rn. 90) und der Parität (s.o. Rn. 106) folgt hingegen, dass insoweit alle Religionsgemeinschaften umfasst sind. Ferner gilt das Berücksichtigungsgebot der BauNVO nicht nur für sakrale Gebäude im engeren Sinne, sondern auch für die Errichtung religionsgemeinschaftlich getragener Kindergärten, Schulen, Krankenhäuser und Friedhöfe. Im Stadium der konkreten Planung ist sodann **§ 1 Abs. 6 Nr. 6 BauGB** zu beachten. Danach sind „die von den Kirchen und Religionsgesellschaften des öffentlichen Rechts festgestellten Erfordernisse für Gottesdienst und Seelsorge" zu berücksichtigen. Die jeweilige Feststellung der tatsächlichen Erfordernisse ist den betroffenen Religionsgemeinschaften selbst überlassen und muss von den zur Neutralität verpflichteten staatlichen Behörden hingenommen werden. Problematisch ist allerdings die Privilegierung derjenigen Religionsgemeinschaften, die den Status einer Körperschaft des öffentlichen Rechts besitzen. Sie lässt sich rechtfertigen über den Hinweis, dass dieser Status an die Gewähr einer gewissen Dauer der Religionsgemeinschaft und an ihre Rechtstreue gebunden ist und beide Momente für die rechtlichen Rahmenbedingungen der – ebenfalls dauerhaften – Errichtung von Gebäuden relevant sind. Die Belange der nicht-korporierten Religionsgemeinschaften sind über § 1 Abs. 6 Nr. 3 BauGB zu berücksichtigen. Auch im Bereich des sonstigen **Bauplanungs- und Bauordnungsrechts** müssen religionsgemeinschaftliche Belange berücksichtigt werden.[289] Ggf. müssen die einschlägigen Bauvorschriften verfassungskonform ausgelegt werden.

c) Denkmalschutz und Denkmalpflege

Der Erhalt und die Pflege von Kulturdenkmälern, d.h. von Gebäuden und Gegenständen von künstlerischem, historischem oder wissenschaftlichem Wert, liegen im öffentlichen Interesse und gehören daher zu den – auch verfassungsrechtlich abgesicherten – Aufgaben des Staates.[290] Da die Kulturhoheit nach der föderalistischen Kompetenzverteilung des Grundgesetzes bei den Bundesländern liegt, wird diese Aufgabe im Wesentlichen mit dem Erlass von Landesrecht wahrgenommen. Eine umfassende bundeseinheitliche Lösung nach dem Vorbild des Art. 150 WRV scheidet aus.[291] Materiell spaltet sich diese Aufgabenwahrnehmung auf in die Bereiche des Denkmalschutzes und der Denkmalpflege. Während der Denkmalschutz staatliche Maßnahmen der Eingriffs-

---

288 Zum Folgenden *Hense*, HSKR, Bd. 3, Rn. 18 ff., und *Classen*: Religionsrecht, Rn. 383 ff.
289 Umfassend *Hense*, HSKR, Bd. 3, Rn. 16 ff.
290 Zur verfassungsrechtlichen Absicherung der Aufgabe des Denkmalschutzes siehe *Hammer*, HSKR, Bd. 3, Rn. 12 ff.; *Isensee*, JZ 2004, 912 (912 f.), unter Hinweis auf das Kulturstaatsprinzip. A.A. wohl *Classen*: Religionsrecht, Rn. 392.
291 Vgl. *M. Heckel*: Staat. Kirche. Kunst, S. 62 ff.

verwaltung gegenüber den Eigentümern und Besitzern von Denkmälern rechtlich legitimiert, betrifft die Denkmalpflege staatliche Fördermaßnahmen. Aus der Perspektive der Religionsgemeinschaften ist das staatliche Handeln im Bereich des Denkmalschutzes und der Denkmalpflege ambivalent. Zum einen sind sie (aufgrund ihrer Finanzlage zunehmend) angewiesen auf staatliche Fördermaßnahmen; zum anderen birgt die staatliche Einflussnahme Gefahren für ihr Selbstbestimmungsrecht.

245 Insbesondere der staatliche **Denkmalschutz** ist über die Schranke des Art. 140 GG i.V.m. Art. 137 Abs. 3 WRV mit dem Selbstbestimmungsrecht der Religionsgemeinschaften in eine Abwägung einzustellen. Insoweit ist zu fragen, ob die staatlichen Denkmalschutzgesetze „für alle geltende Gesetze" i.S. dieser Vorschrift sind. Das Resultat dieser Abwägung bilden im Wesentlichen die Landesverfassungen bzw. die **Denkmalschutzgesetze der Bundesländer**.[292] Diese Gesetze enthalten überwiegend Berücksichtigungsklauseln zugunsten der Kirchen und der anderen Religionsgemeinschaften. Deren Stellungnahme ist für die staatlichen Stellen verbindlich, denn wie im Baurecht, so hat der Staat auch hier keine Befugnis, über die zu berücksichtigenden religiösen Aspekte selbst zu entscheiden. Gleiches gilt für den Fall, dass die religionsgemeinschaftlichen Belange nicht ausdrücklich erwähnt, sondern nur über die denkmalschutzrechtlichen Generalklauseln geschützt sind.[293] Mit der allgemeinen Geltung der staatlichen Denkmalschutzgesetze und den Berücksichtigungsklauseln wird – wie auch im Bereich des Arbeitsrechts – eine **Subsumtionslösung** verfolgt (s.o. Rn. 229). Denkbar erscheint aber auch hier eine **Exemtionslösung** dergestalt, dass die Religionsgemeinschaften aus dem Geltungsbereich der staatlichen Denkmalschutzgesetze entlassen werden, wenn und soweit sie im Benehmen mit dem Staat eigene Regelungen mit einem vergleichbaren Schutzniveau schaffen. Diese Lösung wird etwa im Denkmalschutzrecht des Landes Baden-Württemberg ermöglicht.[294] Ausgehend vom Loccumer Vertrag aus dem Jahre 1955 (s.u. Rn. 336) findet sich eine Exemtionslösung bzgl. der tatsächlichen Durchführung des Denkmalschutzes in zahlreichen **religionsverfassungsrechtlichen Verträgen**.[295] Darin verpflichten sich die Kirchen, den Denkmalschutz durch eigene Maßnahmen im Benehmen mit den staatlichen Stellen, denen ihrerseits dann keine Entscheidungsrechte mehr zukommen, wahrzunehmen.

246 Die **Denkmalpflege** zur Förderung des Denkmalschutzes umfasst neben einer einschlägigen Beratung vor allem die finanzielle Unterstützung auch der Kirchen und Religionsgemeinschaften. Die staatlichen Zuschüsse können zweckgebunden bzw. aufgaben- oder projektbezogen vergeben und an eine Verwendungskontrolle gebunden werden.[296]

▶ **Zu Fall 11:** Die durch die Eintragung in das Denkmalbuch ausgelöste Rechtsfolge des § 15 DSchG-BaWü in Gestalt des Verbots mit Erlaubnisvorbehalt stellt einen Eingriff in den Schutzbereich des Art. 140 GG i.V.m. Art. 137 Abs. 3 WRV dar. Denn zu den eigenen Angelegenheiten der Religionsgemeinschaften zählt auch der Erhalt und Unterhalt kirchlicher Gebäude und die eigenständige Erfüllung dieser Aufgabe wird nunmehr in weitem Umfang der staatlichen Einflussnahme unterworfen. Dieser Eingriff ist jedoch verfassungsrechtlich

---

292 Überblick über die Denkmalschutzgesetze bei *Hammer*, HSKR, Bd. 3, Rn. 24 ff.
293 Vgl. *v. Campenhausen/de Wall*, S. 232. Zur Funktion des Denkmalschutzes, auch die künstlerische und weltanschauliche bzw. religiöse Bedeutung des geschützten Denkmals zu bewahren, siehe *M. Heckel*: Staat. Kirche. Kunst., S. 97 ff., 100 ff., 194 ff., 207 ff.
294 Dazu VGH Baden-Württemberg, JZ 2004, 908 (910 ff.), *Isensee*, JZ 2004, 912 (915 f.).
295 So etwa in Art. 25 StKiV-SH. Insgesamt dazu *Hammer*, HSKR, Bd. 3, Rn. 23 m.w.N.
296 *V. Campenhausen/de Wall*, S. 234.

gerechtfertigt. Er beruht auf den einschlägigen Regelungen des DSchG-BaWü, die ihrerseits von der Schrankenklausel des Art. 140 GG i.V.m. Art. 137 Abs. 3 WRV gedeckt sind. Dies folgt aus der Anwendung der Güterabwägungslehre, derzufolge der staatliche – hier sogar unmittelbar über Art. 3 c Abs. 2 Verf-BaWü verfassungsrechtlich verankerte – Zweck des Denkmalschutzes mit dem Selbstbestimmungsrecht der Religionsgemeinschaften in eine Abwägung einzustellen ist. Diese Abwägung führt zu dem Ergebnis, dass der besondere Schutz von Kulturdenkmalen „von besonderer Bedeutung" vor jeglicher Veränderung ohne Zustimmung der staatlichen Denkmalschutzbehörden impliziert, dass das religionsgemeinschaftliche Interesse am eigenständigen Erhalt ihrer Kulturdenkmäler überwiegt. Dies gilt umso mehr, als das staatliche Denkmalschutzgesetz in § 11 DSchG die Möglichkeit einer Exemtionslösung eröffnet, wenn und soweit die betreffende Religionsgemeinschaft eine eigenes Denkmalschutzrecht mit vergleichbarem Schutzniveau schafft. Im Übrigen enthalten die einschlägigen Vorschriften der §§ 12, 15 Abs. 1 DSchG-BaWü auch keine unverhältnismäßigen Beschränkungen des religionsgemeinschaftlichen Selbstbestimmungsrechts. Die Klage der K wird daher keinen Erfolg haben. ◂

7. Staatliche Rechnungsprüfung

Zu den eigenen Angelegenheiten der Religionsgemeinschaften zählt auch die von staatlicher Einflussnahme freie Vermögensverwaltung, u.zw. sowohl in den Religionsgemeinschaften selbst als auch in den ihnen zugeordneten (karitativen bzw. diakonischen) Einrichtungen.[297] Die staatliche Kontrolle der religionsgemeinschaftlichen Haushalte sowie der Haushalte der ihnen zugeordneten Einrichtungen greift daher in das Selbstbestimmungsrecht aus Art. 140 GG i.V.m. Art. 137 Abs. 3 WRV ein. Der staatlichen Rechnungsprüfung unterliegt aber die gesamte Haushalts- und Wirtschaftsführung des Staates und damit grundsätzlich auch die zweckbestimmte Verwendung von Zuwendungen seitens der – ggf. auch privaten – Empfänger. Für den Bundesrechnungshof ergibt sich eine entsprechende Kompetenz aus § 91 Abs. 1 Nr. 3 und Abs. 2 BHO. Vergleichbare Regelungen existieren auf Landesebene. Diese Vorschriften sind grundsätzlich „für alle geltende Gesetze" i.S.d. Art. 140 GG i. V. m. Art. 137 Abs. 3 WRV, jedenfalls sofern sie restriktiv ausgelegt werden. Dies ergibt die gebotene Abwägung zwischen dem Gebot der Sicherung der Staatsfinanzen und des parlamentarischen Budgetrechts einerseits und dem Selbstbestimmungsrecht der Religionsgemeinschaften andererseits. Bei der Überprüfung der wirtschaftlichen Verwaltung und Verwendung von Zuwendungen ist darauf zu achten, dass der Staat den Religionsgemeinschaften nicht im Wege der Rechnungsprüfung die eigenen Vorstellungen über wirtschaftliches Verhalten aufzwingt. Die Bestimmung des einschlägigen Maßstabs bleibt – im Rahmen der Plausibilität – den Religionsgemeinschaften überlassen. Eine vollständige **Exemtionslösung** nach dem Vorbild des Daten- oder des Denkmalschutzes ist im Bereich der Rechnungsprüfung **nicht möglich**. Gleichwohl vermag eine inner-religionsgemeinschaftliche Rechnungsprüfung von entsprechendem Niveau die staatliche Aufgabenerfüllung zu erleichtern und zu entlasten.

---

297 Statt vieler *Kämper/Schulten*, HSKR, Bd. 3, Rn. 24 ff., und *Mainusch*, NVwZ 1994, 736 ff.

B. Religionsverfassungsrechtlich Grundentscheidungen

Wiederholungs- und Vertiefungsfragen

> In welchem Verhältnis stehen Art. 140 GG i.V.m. Art. 137 Abs. 3 WRV und Art. 4 Abs. 1 und 2 GG? (Rn. 150)

> Welche Bedeutung haben die Begriffe „Ordnen" und „Verwalten" i.S.d. Art. 140 GG i.V.m. Art. 137 Abs. 3 GG? (Rn. 155 f.)

> Was sind eigene Angelegenheiten der Religionsgemeinschaften? (Rn. 160 ff.)

> Wie ist der Schrankenvorbehalt der „für alle geltenden Gesetze" auszulegen? (Rn. 171 ff.)

> Unterliegen die Religionsgemeinschaften einer Grundrechtsbindung? (Rn. 175 f.)

> Wie kann die Mitgliedschaft in einer Religionsgemeinschaft beendet werden? (Rn. 182 ff.)

> Was sind und welche rechtliche Bedeutung haben religionsgemeinschaftliche „Loyalitätspflichten"? (Rn. 192 ff.)

> Sind die eigenen Angelegenheiten der Religionsgemeinschaften vor den staatlichen Gerichten justiziabel? (Rn. 219 f.)

> Was bedeuten die Begriffe „Subsumtionslösung" und „Exemtionslösung" im Daten- und Denkmalschutzrecht? (Rn. 229)

> Ist eine staatliche Rechnungsprüfung im Bereich der Religionsgemeinschaften zulässig? (Rn. 247)

C. Organisationsformen der Religionsgemeinschaften

§ 7 Die religiöse Vereinigungsfreiheit

I. Rechtsgrundlagen und dogmatischer Status

Den Ausgangspunkt für die Erörterungen der Organisationsformen der Religionsgemeinschaften liefert die in Art. 140 GG i.V.m. Art. 137 Abs. 2 S. 1 WRV normierte religiöse Vereinigungsfreiheit: „Die Freiheit der Vereinigung zu Religionsgesellschaften wird gewährleistet." Der Status dieser Vorschrift ist umstritten. Z.T. wird angenommen, Art. 140 GG i.V.m. 137 Abs. 2 WRV sei eine lex specialis gegenüber Art. 4 Abs. 1 und 2 sowie Art. 9 GG[1] bzw. nur gegenüber Art. 9 GG.[2] Maßgebliche Prämisse für eine adäquate Bestimmung des Status der religiösen Vereinigungsfreiheit ist ihre Kompatibilität mit den grundlegenden Aussagen zum Verhältnis zwischen Art. 4 Abs. 1 und 2 GG und den inkorporierten (Kirchen-) Artikeln der Weimarer Reichsverfassung (s.o. Rn. 67 f.). Danach ergibt sich folgendes Bild: Gegenstand des Art. 140 GG i.V.m. Art. 137 Abs. 2 WRV ist die **Garantie der kollektiven Religionsfreiheit**. Inhaltlich geht die religiöse Vereinigungsfreiheit daher vollständig im Grundrecht der Religionsfreiheit auf (s.o. Rn. 69). Art. 140 GG i.V.m. Art. 137 Abs. 2 WRV kommt insofern gegenüber Art. 4 Abs. 1 und 2 GG kein eigenständiger Regelungscharakter zu. Die Vorschrift beschreibt lediglich eine textlich speziellere Ausgestaltung der kollektiven Religionsfreiheit, die bereits **von Art. 4 Abs. 1 und 2 GG umfasst** wird.[3] Diese These lässt sich insbesondere mit einem Hinweis auf die Entstehungsgeschichte des Grundgesetzes belegen. Denn von der in den Beratungen des Parlamentarischen Rates ursprünglich vorgesehenen ausdrücklichen (!) Verankerung der religiösen Vereinigungsfreiheit in Art. 4 Abs. 1 GG wurde nach dem Beschluss über die Inkorporation der Weimarer Kirchenartikel abgesehen, und zwar mit dem Argument, diese Ergänzung des Art. 4 Abs. 1 GG sei nunmehr entbehrlich.[4]

248

Die Folgen dieser Statusbestimmung entsprechen der Einordnung des Selbstbestimmungsrechts in das spezifisch grundgesetzliche System des Religionsverfassungsrechts (s.o. Rn. 152). Wie Art. 137 Abs. 3 WRV, so ist auch die religiöse Vereinigungsfreiheit i.S.d. Art. 137 Abs. 2 WRV als **spezifische Ausprägung – hier: der kollektiven Dimension – des Grundrechts der Religionsfreiheit** anzusehen. Daraus folgt der Charakter der religiösen Vereinigungsfreiheit als freiheitsrechtliche Garantie mit den entsprechenden Auswirkungen auf das anzuwendende Prüfungsschema (Schutzbereich – Eingriff – verfassungsrechtliche Rechtfertigung). Ferner kann und muss auch Art. 140 GG i.V.m. Art. 137 Abs. 2 WRV dem Bereich der **Schutzpflichtendimension** der grundgesetzlichen Religionsfreiheit zugeordnet werden: Wenn diese Schutzpflichtendimension zur Etablierung und Erhaltung der Bedingungen der Möglichkeit einer Ausübung der Religionsfreiheit im Rahmen des rechtlich und tatsächlich Möglichen verpflichtet, dann ist davon auch die Möglichkeit umfasst, rechtlich organisierte religiöse Vereinigungen zu

249

---

1 So etwa *Ehlers*, in: Sachs (Hrsg.), Art. 140 GG/Art. 137 WRV, Rn. 3.
2 Vgl. *Unruh*, in Huber/Voßkuhle (Hrsg.), Art. 140 GG/Art. 137 WRV, Rn. 14.
3 BVerfGE 123, 148 (177); 83, 341 (354): „Die Religionsfreiheit umfasst auch die religiöse Vereinigungsfreiheit..." S.a. *Mager*, in: v. Münch/Kunig (Hrsg.), Art. 140, Rn. 25.
4 Dazu BVerfGE 83, 341 (354 f.); *Korioth*, in: Dürig/Herzog/Scholz (Hrsg.), Art. 140 GG/Art. 137 WRV, Rn. 11; a.A. *Muckel*, in: Friauf/Höfling (Hrsg.), Art. 140/Art. 137 WRV, Rn. 7.

bilden. Hinsichtlich des inhaltlichen Prüfprogramms ist Art. 140 GG i.V.m. Art. 137 Abs. 2 WRV die speziellere und daher vorrangig in Betracht zu ziehende Norm. Dies gilt nicht zuletzt angesichts der differenzierten Inhalts- und Schrankenbestimmungen in Art. 140 GG i.V.m. Art. 137 Abs. 4 und 5 WRV. Verfassungsprozessual ist gleichwohl und unmittelbar Art. 4 Abs. 1 und 2 GG einschlägig, so dass Verstöße gegen die in Art. 137 Abs. 2 WRV spezifizierte kollektive Religionsfreiheit über Art. 93 a GG, §§ 13 Nr. 8 a, 90 ff. BVerfGG im Wege der **Verfassungsbeschwerde** vor dem BVerfG angegriffen werden können.[5]

II. Der Schutzbereich der religiösen Vereinigungsfreiheit

1. Der personelle Schutzbereich

a) Die religiöse Vereinigungsfreiheit als Menschenrecht

250   Art. 140 GG i.V.m. Art. 137 Abs. 2 S. 1 WRV gewährleistet die „Freiheit der Vereinigung zu Religionsgesellschaften". Daraus folgt zunächst, dass sich Individuen zu religiösen Vereinigungen zusammenschließen dürfen (**kollektive Religionsfreiheit**). Dieses Recht, sich zu religiösen Vereinigungen zusammenzuschließen, ist mangels einer weiteren Eingrenzung des personellen Schutzbereichs im Religionsverfassungsrecht des Grundgesetzes ein **Menschenrecht** und nicht nur – wie etwa die Vereinigungsfreiheit nach Art. 9 Abs. 1 GG – ein Bürgerrecht.[6]

b) Die religiöse Vereinigungsfreiheit als Recht der Religionsgemeinschaften

251   Das in Art. 140 GG i.V.m. Art. 137 Abs. 2 S. 1 WRV bezeichnete Recht steht darüber hinaus auch den religiösen Vereinigungen selbst zu. Dies gilt sowohl für bereits existierende als auch für religiöse Vereinigungen in statu nascendi. In diesem Zusammenhang sind der **Begriff der Religionsgesellschaft** und insbesondere sein Verhältnis zum **Begriff der Religionsgemeinschaft** klärungsbedürftig.[7] Die Bedeutungsgehalte beider Begriffe stimmen überein; insofern handelt es sich in der Sache um Synonyme. Gleichwohl ist der neuere Begriff der Religionsgemeinschaft, der u.a. auch in Art. 7 Abs. 3 GG und in den nach 1945 entstandenen Landesverfassungen verwendet wird, vorzugswürdig.[8] Für diese Auffassung sprechen historische und systematische Gründe. Aus historischer Perspektive ist darauf hinzuweisen, dass der Begriff der Religionsgesellschaft im Zeitalter der Aufklärung entstanden ist und in engem Zusammenhang mit der seinerzeit vertretenen Kollegialtheorie steht (s.o. Rn. 29). Im aktuellen religionsverfassungsrechtlichen Diskurs ist jedoch zu Recht anerkannt, dass die Kirchen und sonstigen religiösen Vereinigungen nicht i.S.d. Kollegialtheorie als bloße Zusammenschlüsse von Individuen gleichen Glaubens, sondern nach ihrem jeweiligen Selbstverständnis als transzendent gestiftete Religionsgemeinschaften anzusehen sind. In systematischer Hinsicht wird durch die im Begriff der Religionsgesellschaft enthaltene Betonung des „gesellschaftlichen" Charakters religiöser Vereinigungen in unzulässiger Weise bereits die Adäquatheit einer bestimmten rechtlichen Organisationsform suggeriert. Im Übri-

---

5   Ebenso *Classen*: Religionsrecht, Rn. 291.
6   *Jarass*, in: Jarass/Pieroth (Hrsg.), Art. 140 GG/Art. 137 WRV, Rn. 5. Der Unterschied zwischen der in Art. 9 GG gewährleisteten allgemeinen und der religiösen Vereinigungsfreiheit wird zutreffend hervorgehoben bei *Michael*, JZ 2002, 482 (483).
7   Zum Folgenden insbesondere *Pieroth/Görisch*, JuS 2002, 937 ff.; *Korioth*, in: Dürig/Herzog/Scholz (Hrsg.), Art. 140 GG/Art. 137 WRV, Rn. 13 f.
8   Dazu insbesondere *Heinig*, ZevKR 64 (2019), 1 ff. m.w.N.

gen wird mit dieser Bezeichnung eine begriffliche Abgrenzung zu den religiösen Vereinen (s.u. Rn. 252) unmöglich.

Religionsgemeinschaften sind organisatorisch strukturierte Vereinigungen von mindestens zwei Personen, die dem Zweck der gemeinsamen Religionsausübung dienen (s.o. Rn. 153).[9] Aus dieser Definition lassen sich zumindest drei konkrete Kriterien für das Vorliegen einer Religionsgemeinschaft destillieren. Eine Religionsgemeinschaft ist – erstens – eine auf **Dauer** angelegte Vereinigung. Unerheblich sind hingegen die soziale Relevanz, die konkrete numerische Mitgliederstärke oder auch die jeweils aktuelle Rechtsform. Ferner müssen Religionsgemeinschaften von einer gemeinsamen **religiösen Überzeugung** getragen sein. Ob dies der Fall ist, ist anhand der Elemente des Religionsbegriffs zu klären (s.o. Rn. 91 ff.). In diesem Zusammenhang ist daran zu erinnern, dass allein die Behauptung und das Selbstverständnis der Vereinigung nicht ausreichen; „vielmehr muss es sich auch tatsächlich, nach geistigem Gehalt und äußerem Erscheinungsbild, um eine Religion und Religionsgemeinschaft handeln."[10] Schließlich müssen Religionsgemeinschaften auf die **umfassende** Erfüllung der aus dem jeweiligen Bekenntnis folgenden Aufgaben gerichtet sein. Dieses Kriterium kann u.a. für die Abgrenzung der Religionsgemeinschaften zu den religiösen Vereinen herangezogen werden (s.u. Rn. 254 f.). Die Überprüfung, ob diese Kriterien für das Vorliegen einer Religionsgemeinschaft erfüllt sind, obliegt den staatlichen Organen, letztlich den staatlichen Gerichten.[11]

252

Dem **Gebot einer extensiven Interpretation** des Religionsbegriffs (s.o. Rn. 97) entsprechend ist aber auch der Begriff der Religionsgemeinschaft weit auszulegen. Insoweit kann den seit dem Ende des 20. Jahrhunderts vermehrt auftretenden sog. „Jugendreligionen" oder „Jugendsekten" i.d.R., d.h. vorbehaltlich einer Prüfung im Einzelfall auch am Maßstab des Religionsbegriffs, die Qualifizierung als Religionsgemeinschaft nicht versagt werden.[12] Auch ein aus mehreren lokalen Gemeinschaften und nicht unmittelbar von natürlichen Personen gebildeter **Dachverband islamischer Teilorganisationen** kann als Religionsgemeinschaft qualifiziert werden (s.u. Rn. 292, 459).[13] Denn da die Mitgliedschaft in den lokalen Vereinigungen personell ausgerichtet ist, liegt beim Dachverband jedenfalls eine mittelbare Zusammensetzung aus natürlichen Personen und im Gesamtgebilde eine „arbeitsteilige" und umfassende Erfüllung der durch das gemeinsame Bekenntnis gestellten Aufgaben vor. Ausreichend ist daher, dass die Gemeinschaft in ihrer Gesamtheit durch ein organisatorisches Band zusammengehalten wird, das vom Dachverband mit seinen Organen und Gremien bis zu den lokal organisierten natürlichen Personen verläuft.[14]

253

c) Exkurs: religiöse Vereine

Religiöse Vereine erfüllen – etwa auf karitativem bzw. diakonischem Gebiet – **partielle Aufgaben** der jeweiligen Religionsgemeinschaft.[15] Aufgrund dieser Aufgabenbeschrän-

254

---

9 Ähnliche Definitionen bei BVerwGE 123, 49 (54); *Morlok*, in: H. Dreier (Hrsg.), Art. 140 GG/Art. 137 WRV, Rn. 26 (noch unter Verwendung des Begriffs „Religionsgesellschaften"); *Korioth*, in: Dürig/Herzog/Scholz (Hrsg.), Art. 140 GG/Art. 137 WRV, Rn. 14.
10 BVerfGE 83, 341 (353).
11 Statt vieler *v. Campenhausen/de Wall*, § 15, Rn. 4.
12 Dazu u.a. *Towfigh*, HSKR, Bd. 1, Rn. 12 m.w.N.
13 Zum Begriff des Dachverbandes siehe *Hennig*, S. 34 ff.
14 Dazu BVerwGE 123, 49 (57 f.); skeptisch *Kloepfer*, DÖV 2006, 45 (51), und *Muckel*, JZ 2001, 58 (60 f.).
15 Zum Folgenden insbesondere *Muckel/Traub*, HSKR, Bd. 1, Rn. 1 ff.

C. Organisationsformen der Religionsgemeinschaften

kung fällt die Gründung religiöser Vereine nicht in den personellen Schutzbereich des Art. 140 GG i.V.m. Art. 137 Abs. 2 S. 1 WRV, da es sich insoweit nicht um Religionsgemeinschaften handelt. Bildung und Bestand religiöser Vereine sind vielmehr durch Art. 9 GG verfassungsrechtlich geschützt; für die Tätigkeit religiöser Vereine ist Art. 4 Abs. 1 und 2 GG unmittelbar einschlägig.[16] Im Übrigen können die Religionsgemeinschaften das in Art. 140 GG i.V.m. Art. 137 Abs. 3 WRV verankerte Selbstbestimmungsrecht auch für die ihnen zugeordneten (s.o. Rn. 153) religiöse Vereine geltend machen.[17]

255 Den weiteren rechtlichen Rahmen für die Tätigkeit der religiösen Vereine liefern zumeist das Vereinsrecht des BGB und das VereinsG. Die damit verbundenen religionsverfassungsrechtlichen Probleme, insbesondere die Frage nach dem Verhältnis des Vereinsrechts zu den Gewährleistungen aus Art. 4 Abs. 1 und 2 GG sowie zum Selbstbestimmungsrecht, stellen sich hier in vergleichbarer Weise.[18] Bzgl. der Antworten kann daher im Wesentlichen auf die Ausführungen zu den Religionsgemeinschaften in privatrechtlicher Organisationsform verwiesen werden.

2. Der sachliche Schutzbereich

256 Der sachliche Schutzbereich umfasst zunächst das Recht der Einzelpersonen, sich zu Religionsgemeinschaften zusammenzuschließen und zu organisieren. Die kollektive Dimension des Schutzbereichs kommt darüber hinaus in dem Recht zum Ausdruck, der jeweiligen Vereinigung von Menschen „eine rechtliche Gestalt zu geben" und ihr damit die Möglichkeit zu eröffnen, „am allgemeinen Rechtsverkehr teilzunehmen".[19] Art. 140 GG i.V.m. Art. 137 Abs. 2 WRV schützt daher die Organisationsfreiheit und den Bestand von Religionsgemeinschaften.[20] Diese **„umfassende Organisationsfreiheit"**[21] der Religionsgemeinschaften geht inhaltlich über das in Art. 140 GG i.V.m. Art. 137 Abs. 3 WRV gewährleistete Selbstbestimmungsrecht hinaus, denn hier geht es nicht (nur) um die intern wirksamen Organisations- und Handlungsformen, sondern ausschließlich um die rechtlich außenwirksame Organisation von Religionsgemeinschaften.[22] Gleichwohl kann auch in diesem Zusammenhang das Selbstbestimmungsrecht nicht vollständig außer Betracht bleiben. So ist der Staat aus Art. 140 GG i.V.m. Art. 137 Abs. 2 S. 1 WRV zwar verpflichtet, adäquate Rechtsformen für eine Teilnahme der Religionsgemeinschaften am allgemeinen (weltlichen) Rechtsverkehr vorzuhalten.[23] Diese Rechtsformen müssen es den Religionsgemeinschaften aber zugleich ermöglichen, sich in Übereinstimmung mit ihren religiösen Überzeugungen rechtlich zu organisieren.

257 In einer Paraphrase zu den Ausführungen des BVerfG zur Vereinigungsfreiheit i.S.d. Art. 9 GG[24] kann das Verhältnis der in Art. 140 GG i.V.m. Art. 137 Abs. 2 S. 1 WRV gewährleisteten umfassenden Organisationsfreiheit zu den einschlägigen staatlichen

---

16 V. Campenhausen/de Wall, § 17, Rn. 1; kritisch bzgl. einer Erstreckung der Art. 4 Abs. 1 und 2 GG und Art. 140 GG i.V.m. Art. 137 Abs. 3 WRV Ehlers, in: Sachs (Hrsg.), Art. 140 GG/Art. 137 WRV, Rn. 3.
17 BVerfGE 24, 236 (246 f.); 70, 138 (162).
18 Ebenso Classen: Religionsrecht, Rn. 364.
19 BVerfGE 83, 341 (355); ebenso u.a. Classen: Religionsrecht, Rn. 292.
20 Z.T. wird einseitig die Bestandsschutzfunktion betont, so etwa bei Michael, JZ 2002, 482 (483).
21 Morlok, in: H. Dreier (Hrsg.), Art. 140 GG/Art. 137 WRV, Rn. 28.
22 Zu den Rechtsformen der Organisation von Religionsgemeinschaften Towfigh, HSKR, Bd. 1, Rn. 27 ff. Insbesondere zur Organisation muslimischer Gemeinschaften Pabel, HSKR, Bd. 1, S. 985 ff.
23 Vgl. Magen: Körperschaftsstatus, S. 220.
24 BVerfGE 50, 290 (354 f.).

Normen wie folgt beschrieben werden: Die religiöse Vereinigungsfreiheit ist in nicht unerheblichem Ausmaß auf Regelungen angewiesen, welche diese Zusammenschlüsse und ihre Aktivitäten in die allgemeine Rechtsordnung einfügen, die Sicherheit des Rechtsverkehrs gewährleisten, Rechte der Mitglieder sichern und den schutzbedürftigen Belangen Dritter oder auch öffentlichen Interessen Rechnung tragen. Daher ist mit der verfassungsrechtlichen Garantie der religiösen Vereinigungsfreiheit unmittelbar die **Notwendigkeit einer gesetzlichen Ausgestaltung** dieser Freiheit verbunden, ohne die sie keine praktische Wirksamkeit gewinnen könnte. Diese Notwendigkeit gehört von vornherein zum Inhalt des Art. 140 GG i.V.m. Art. 137 Abs. 2 S. 1 WRV. Dieser Inhalt lässt sich nur bestimmen, indem die Bedingungen geklärt werden, denen der ausgestaltende Gesetzgeber unterliegt. Als Inhaltsbestimmungen werden auf Verfassungsebene einerseits die „allgemeinen bürgerlichen Vorschriften" (Art. 137 Abs. 4 WRV) und andererseits die Organisationsform der „Körperschaft des öffentlichen Rechts" (Art. 137 Abs. 5 WRV) genannt.

III. Eingriff und verfassungsrechtliche Rechtfertigung

1. Eingriff

Jede staatlich zu verantwortende Beeinträchtigung der umfassenden Organisationsfreiheit von Religionsgemeinschaften mit Wirkungen im weltlich-rechtlichen Bereich stellt eine rechtfertigungsbedürftige Beeinträchtigung der religiösen Vereinigungsfreiheit dar. Ein solcher (i.E. verfassungsrechtlich nicht zu rechtfertigender) Eingriff läge u.a. in der Wiedereinführung des bis 1919 geltenden Konzessionssystems, demzufolge die Rechtsfähigkeit von Religionsgemeinschaften von staatlicher Genehmigung abhängig war. Insbesondere Art. 137 Abs. 4 WRV richtete sich seinerzeit unmittelbar gegen Diskriminierungen der Religions- gegenüber anderen Gemeinschaften, die auf den inzwischen gegenstandslos gewordenen Art. 84 EGBGB und weitere Vorschriften des BGB gestützt wurden.[25]

258

Bei genauerer Betrachtung sprechen gute Gründe für die Annahme, dass auch die staatlichen Regelungen über mögliche Organisationsformen der Religionsgemeinschaften neben ihrer Freiheit ermöglichenden Funktion (s.o. Rn. 256f.) auch eine Eingriffsfunktion erfüllen. Denn die einschlägigen organisationsrechtlichen Bestimmungen knüpfen den Erwerb der außenwirksamen Rechtsfähigkeit regelmäßig an rechtliche Voraussetzungen und Einschränkungen und müssen insofern auch als Eingriff in die religiöse Vereinigungsfreiheit gewertet werden. Daher sind sie trotz ihres die Freiheit ausgestaltenden Charakters am Maßstab der verfassungsrechtlichen Rechtfertigung von Eingriffen in Art. 140 GG i.V.m. Art. 137 Abs. 2 S. 1 WRV zu messen; insoweit unterliegt auch der ausgestaltende Gesetzgeber verfassungsrechtlichen „Bindungen".[26]

259

2. Die verfassungsrechtliche Rechtfertigung von Eingriffen

Eingriffe in die religiöse Vereinigungsfreiheit sind verfassungsrechtlich gerechtfertigt, wenn und soweit sie über eine einschlägige Schranke gedeckt und keine Schranken-Schranken – etwa der Grundsatz der Verhältnismäßigkeit – entgegenstehen (s.o. Rn. 119). Die Bestimmung der einschlägigen Schranken der religiösen Vereinigungs-

260

---

25 Dazu *Unruh*, in: Huber/Voßkuhle (Hrsg.), Art. 140 GG/Art. 137 WRV, Rn. 180.
26 BVerfGE 50, 290 (355) zur Vereinigungsfreiheit gem. Art. 9 GG. Wie hier *Morlok*, in: H. Dreier (Hrsg.), Art. 140 GG/Art. 137 WRV, Rn. 33.

freiheit ist **umstritten**. Im Wesentlichen lassen sich zwei Auffassungen unterscheiden: Einerseits wird Art. 9 Abs. 2 GG herangezogen; andererseits wird Art. 140 GG i.V.m. Art. 137 Abs. 2 WRV – wie Art. 4 Abs. 1 und 2 GG – als vorbehaltlos gewährleistetes Grundrecht begriffen mit der Folge, dass ausschließlich verfassungsimmanente Schranken greifen.

a) Anwendbarkeit des Art. 9 Abs. 2 GG?

261 In Teilen der Literatur und der Rechtsprechung wird Art. 9 Abs. 2 GG als Grundlage für die verfassungsrechtliche Rechtfertigung von Eingriffen in die religiöse Vereinigungsfreiheit angesehen. Diese Vorschrift könne Verbote (auch) von Religionsgemeinschaften rechtfertigen. Von den Vertretern dieser Auffassung werden zwei Wege zu diesem Ergebnis aufgezeigt, die sich jedoch beide als Irrwege erweisen.[27]

262 Der erste Weg führt über die Annahme einer **direkten Anwendbarkeit** des Art. 9 Abs. 2 GG.[28] Aus dem weit gefassten Wortlaut dieser Vorschrift folge, dass hier eine allgemeine Schranke für die Vereinigungsfreiheit unter Einschluss der religiösen Vereinigungsfreiheit formuliert worden sei. Zwar müsse Art. 140 GG i.V.m. Art. 137 Abs. 2 WRV auf der Schutzbereichsebene als lex specialis angesehen werden. Da hier aber eine eigenständige Schrankenregelung fehle, könne und müsse insoweit auf Art. 9 Abs. 2 GG zurückgegriffen werden. **Gegen** diese Annahme lassen sich zumindest vier Argumente anführen. Mit dem **systematischen Argument** kann zunächst darauf hingewiesen werden, dass sich die Verbotsnorm erkennbar und ausschließlich auf Art. 9 Abs. 1 GG bezieht und insofern eine Verallgemeinerung auf jegliche Vereinigungsfreiheit und damit die Erstreckung ihrer Anwendbarkeit auf die religiöse Vereinigungsfreiheit fragwürdig ist. In dieselbe Richtung zielt das **teleologische Argument** mit dem Hinweis, dass religiöse Vereinigungen nach ihrem Zweck und ihrem Herkommen den von Art. 9 Abs. 1 und 2 GG umfassten Vereinigungen nicht entsprechen; insoweit handelt es sich bei den Religionsgemeinschaften um ein aliud. Das **konzeptionelle Argument** lenkt den Blick auf die grundlegenden Unterschiede der jeweiligen grundrechtlichen Schutzdimension, die eine Anwendbarkeit des Art. 9 Abs. 2 GG auf die religiöse Vereinigungsfreiheit ausschließen: Während die religiöse Vereinigungsfreiheit als Menschenrecht von Art. 4 Abs. 1 und 2 GG vollständig umfasst ist (s.o. Rn. 248), stellt sich die Vereinigungsfreiheit nach Art. 9 Abs. 1 GG als Deutschengrundrecht dar, das zudem gem. Art. 18 GG verwirkt werden kann. Das **Spezialitätsargument** fußt schließlich auf dem Umstand, dass Art. 140 GG i.V.m. Art. 137 Abs. 2 WRV keine Schrankenregelung enthält. Nach dem Grundsatz der Schrankenspezialität ist die Übertragung der Schranken anderer Grundrechte – hier der Schranken der Vereinigungsfreiheit aus Art. 9 Abs. 1 und 2 GG – ausgeschlossen.[29] Im Übrigen liegt im Fehlen ausdrücklicher Schranken in Art. 140 GG i.V.m. Art. 137 Abs. 2 WRV auch keine planwidrige Regelungslücke, die eine Übertragung der Schranken des Art. 9 Abs. 2 GG etwa im Wege der Analogie rechtfertigen könnte. Dies folgt zum einen aus der Entstehungsgeschichte des Grundgesetzes, der zu entnehmen ist, dass die religiöse Vereinigungsfreiheit von der in Art. 4 Abs. 1 und 2 GG vorbehaltlos (!) gewährleisteten Religionsfreiheit umfasst ist (s.o. Rn. 248).

---

27 Zum Folgenden insbesondere *Michael*, JZ 2002, 482 (483); wie hier u.a. *Stern*: Staatsrecht, Bd. IV/2, S. 1276 ff. m.w.N.
28 So etwa *Listl*, DÖV 1973, 181 (185 f.); *Muckel/Traub*, HSKR, Bd. 1, Rn. 8; *Ehlers*, in: Sachs (Hrsg.), Art. 140 GG/Art. 137 WRV, Rn. 20.
29 Ebenso ausdrücklich *Korioth*, in: Dürig/Herzog/Scholz (Hrsg.), Art. 140 GG/Art. 137 WRV, Rn. 15.

Es folgt zum anderen aus dem Umstand, dass mit Art. 140 GG i.V.m. Art. 137 Abs. 4 und 5 WRV spezifische Inhalts- und Schrankenbestimmungen auf Verfassungsebene nachweisbar sind.

Auf dem zweiten Weg wird eine **indirekte**, über Art. 140 GG i.V.m. Art. 137 Abs. 3 WRV vermittelte Anwendbarkeit des Art. 9 Abs. 2 GG auf die religiöse Vereinigungsfreiheit behauptet: Art. 9 Abs. 2 GG sei ein für alle geltendes Gesetz i.S.d. Art. 140 GG i.V.m. Art. 137 Abs. 3 WRV und könne somit (auch) die religiöse Vereinigungsfreiheit einschränken.[30] Auch **gegen** diese Version einer Übertragung der Schranken des Art. 9 Abs. 2 GG auf die religiöse Vereinigungsfreiheit lassen sich zumindest vier Argumente vorbringen. Mit dem **systematischen Argument** wird daran erinnert, dass die Schutzbereiche der religiösen Vereinigungsfreiheit (Art. 137 Abs. 2 WRV) und des Selbstbestimmungsrechts der Religionsgemeinschaften (Art. 137 Abs. 3 WRV) trotz ihrer gemeinsamen Verwurzelung in der Religionsfreiheit (Art. 4 Abs. 1 und 2 GG) nicht deckungsgleich sind. Daraus folgt bereits die Unzulässigkeit der Übertragung der Schranke des Selbstbestimmungsrechts der Religionsgemeinschaften („Schranken des für alle geltenden Gesetzes") auf die Gewährleistung der religiösen Vereinigungsfreiheit: Art. 137 Abs. 3 WRV ist im Rahmen des Art. 137 Abs. 2 WRV nicht anwendbar! Ferner kann mithilfe des **logischen Arguments** nachgewiesen werden, dass Art. 137 Abs. 3 WRV – unabhängig von seiner Anwendbarkeit im Rahmen des Art. 137 Abs. 2 WRV – nicht auf andere Verfassungsnormen, also auch nicht auf Art. 9 Abs. 2 GG verweisen kann. Dies folgt aus der Überlegung, dass der Verweis auf die für alle geltenden Gesetze nur den Sinn haben kann, diesen Gesetzen verfassungsrechtliche Bedeutung im Hinblick auf die Einschränkung verfassungsrechtlicher Gewährleistungen einzuräumen. Insofern können ausschließlich einfache Gesetze gemeint sein. Im Übrigen wäre ein Verweis auf andere Verfassungsnormen sinnlos, denn „Verfassungsnormen gelten entweder unmittelbar oder sie gelten gerade nicht ‚für alle'".[31] Das **historische Argument** besagt, dass die religiöse Vereinigungsfreiheit aufgrund der Entstehungsgeschichte des grundgesetzlichen Religionsverfassungsrechts als Bestandteil der Religionsfreiheit i.S.d. Art. 4 Abs. 1 und 2 GG gelesen (s.o. Rn. 248) und daher einer identischen Schrankendogmatik unterworfen werden muss. In dieselbe Richtung weist das **teleologische Argument** mit dem Hinweis, dass die verschiedenen Schutzdimensionen der Religionsfreiheit einem vorbehaltlosen Schutz unterliegen sollen und insofern ein unterschiedliches Schutzniveau für Religionsgemeinschaften (nach Art. 140 GG i.V.m. Art. 137 Abs. 2 WRV) und sonstige (Deutschen-) Vereine (nach Art. 9 Abs. 1 und 2 GG) gerechtfertigt ist.

b) Die religiöse Vereinigungsfreiheit als vorbehaltlos gewährleistetes Freiheitsrecht

Da Art. 140 GG i.V.m. Art. 137 Abs. 2 WRV keinen Schrankenvorbehalt enthält und die Schranken-, genauer die Verbotsregelung des Art. 9 Abs. 2 GG nicht auf diese Vorschrift übertragbar ist, muss die religiöse Vereinigungsfreiheit – wie das Grundrecht der Religionsfreiheit insgesamt – als **vorbehaltlos gewährleistetes Freiheitsrecht** angesehen werden (s.o. Rn. 131 f.).[32] Auch hier müssen also mit Rücksicht auf die Einheit der

---

30 So insbesondere BVerwGE 37, 344 (364 f.); 105, 177 (121); BVerwG, NVwZ 2006, 694.
31 *Michael*, JZ 2002, 482 (484).
32 Ebenso *Korioth*, in: Dürig/Herzog/Scholz (Hrsg.), Art. 140 GG/Art. 137 WRV, Rn. 15; *Michael*, JZ 2002, 482 (485); *Stern*: Staatsrecht, Bd. IV/2, S. 1276. Ohne Rekurs auf Art. 9 Abs. 2 GG auch BVerfG (Kammer), NJW 2004, 47 ff; BVerwG, NVwZ 2003, 986 ff. *Muckel*, in: Friauf/Höfling (Hrsg.), Art. 140/Art. 137 WRV, Rn. 20 f., stellt auf den (vermeintlichen, s.o. Rn. 120 f.) Gesetzesvorbehalt in Art. 136 Abs. 1 WRV ab.

Verfassung die Schranken auf der Verfassungsebene selbst anzutreffen sein. In Betracht kommen daher nur **verfassungsimmanente Schranken** in Gestalt von Grundrechten Dritter und sonstiger Rechtsgüter mit Verfassungsrang.[33] Darüber hinaus setzt die verfassungsrechtliche Rechtfertigung von Eingriffen in die religiöse Vereinigungsfreiheit eine **gesetzliche Grundlage** voraus, die die Abwägung zwischen Art. 140 GG i.V.m. Art. 137 Abs. 2 WRV und dem gegenläufigen Verfassungsrechtsgut zum Ausdruck und den Geltungsanspruch beider zum Ausgleich bringt.

265 Eine verfassungsrechtliche Regelung und damit zugleich eine Beschränkung der umfassenden Organisationsfreiheit der Religionsgemeinschaften enthält zunächst **Art. 140 GG i.V.m. Art. 137 Abs. 4 WRV**. Danach erwerben die Religionsgemeinschaften „die Rechtsfähigkeit nach den allgemeinen Vorschriften des bürgerlichen Rechts." Mit diesem Hinweis auf das bürgerliche Recht legitimiert der Verfassunggeber zum einen die gesetzliche Ausgestaltung der religiösen Vereinigungsfreiheit auf der einfachgesetzlichen Ebene (s.o. Rn. 256). Zum anderen hat dieser Verweis aber zugleich die „Bedeutung eines Gesetzesvorbehalts" und damit einer verfassungsimmanent fundierten Schranke der religiösen Vereinigungsfreiheit, die durch die einfachgesetzlichen Regelungen des bürgerlichen Rechts konkretisiert wird.[34] Daneben liefert auch **Art. 140 GG i.V.m. Art. 137 Abs. 5 WRV** einen Hinweis auf mögliche Organisationsformen von Religionsgemeinschaften. Danach *be*halten die „altkorporierten" Religionsgemeinschaften ihren Körperschaftsstatus und Zusammenschlüsse derartiger Religionsgemeinschaften *er*halten ihn. Dieser Körperschaftsstatus steht aber auch anderen Religionsgemeinschaften offen, wenn und soweit die in Art. 137 Abs. 5 S. 2 WRV aufgeführten Bedingungen erfüllt sind.

266 Als **Schranken-Schranke** sowohl für die gesetzliche Ausgestaltung der religiösen Vereinigungsfreiheit als auch für die Anwendung der einschlägigen Rechtsnormen muss neben dem Grundsatz der Verhältnismäßigkeit – wie schon im Rahmen des Selbstbestimmungsrechts der Religionsgemeinschaften (s.o. Rn. 173 f.) – die **Wechselwirkung bzw. Abwägung** zwischen der gesetzlichen Schranke einerseits und der Bedeutung der religiösen Vereinigungsfreiheit unter Einschluss des Selbstbestimmungsrechts der Religionsgemeinschaften andererseits beachtet werden.[35] Dieses Erfordernis führt – wie zu zeigen sein wird – zu einer spezifisch religionsverfassungsrechtlichen Modifikation des einschlägigen bürgerlichen Rechts und des verwaltungsrechtlichen Begriffs der Körperschaft, wenn und soweit Religionsgemeinschaften betroffen sind.

---

33 Wie hier u.a. *Mager*, in: v. Münch/Kunig (Hrsg.), Art. 140, Rn. 27.
34 Ebenso *Morlok*, in: H. Dreier (Hrsg.), Art. 140 GG/Art. 137 WRV, Rn. 34 (dort auch das Zitat).
35 Ebenso *Morlok*, in: H. Dreier (Hrsg.), Art. 140 GG/Art. 137 WRV, Rn. 35.

§ 7 Die religiöse Vereinigungsfreiheit

Wiederholungs- und Vertiefungsfragen

> In welchem dogmatischen Verhältnis steht Art. 140 GG i.V.m. Art. 137 Abs. 2 GG zum Grundrecht der Religionsfreiheit aus Art. 4 Abs. 1 und 2 GG? (Rn. 248 f.)
> Was ist eine Religionsgemeinschaft und worin unterscheidet sie sich von religiösen Vereinen? (Rn. 251 ff.)
> Wie kann der sachliche Schutzbereich der religiösen Vereinigungsfreiheit umschrieben werden? (Rn. 256 f.)
> Wie können Eingriffe in die religiöse Vereinigungsfreiheit verfassungsrechtlich gerechtfertigt werden? (Rn. 260 ff.)

§ 8 Privatrechtlich organisierte Religionsgemeinschaften

▶ **Fall 12 (nach BVerfGE 83, 341 ff. – Bahá'í):** Die aus dem schiitischen Islam entstandene Glaubensrichtung der Bahá'í ist hierarchisch gegliedert. Die Leitung untersteht dem „Universalen Haus der Gerechtigkeit" mit Sitz in Haifa (Israel). In Ländern mit einer größeren Anzahl von Ortsgemeinden wird regelmäßig ein „Nationaler Geistiger Rat" (NGR) gewählt. Auf der Ebene der Ortsgemeinden wird von den Gläubigen jeweils ein örtlicher „Geistiger Rat" (GR) gewählt. Der GR in der Stadt T begehrt, sich in der Rechtsform des eingetragenen Vereins zu organisieren und beantragt beim zuständigen Amtsgericht seine Eintragung in das Vereinsregister. In der vorgelegten Satzung sind u.a. folgende Regelungen enthalten: Die Wahl in den GR erfolgt zwar durch die wahlberechtigten Mitglieder der Gemeinde in T; über den Ausschluss eines Mitgliedes aus dem GR befindet hingegen der NGR. Der NGR entscheidet ferner über die Zuständigkeit des GR. Änderungen der Satzung des GR bedürfen der Genehmigung des NGR. Schließlich kann der NGR den GR durch Mehrheitsbeschluss sogar auflösen, und im Falle einer solchen Auflösung fällt das gesamte Vermögen des GR dem NGR zu. Das Amtsgericht und das in der Folge angerufene Land sowie das Oberlandesgericht verweigern dem GR die Eintragung in das Vereinsregister. Zur Begründung wird jeweils angeführt, die Satzung sei mit dem in verschiedenen Vorschriften des BGB-Vereinsrechts verankerten Grundsatz der Vereinsautonomie nicht zu vereinbaren, da sie den GR einem so umfassenden Einfluss eines Dritten – des NGR – ausliefere, dass von einem eigenverantwortlichen Handeln des Vereins nicht mehr die Rede sein könne. Der GR wendet demgegenüber ein, dass die in der Satzung verankerte Einbindung in den hierarchischen Aufbau der Bahá'í auf einer gemeinsamen religiösen Grundlage beruhe. Mit der Begründung, dass die Instanzgerichte diese Grundlegung verkannt hätten, wendet sich der GR an das BVerfG; mit Erfolg? ◀

I. Allgemeines

267   Gem. **Art. 140 GG i.V.m. Art. 137 Abs. 4 WRV** erwerben Religionsgemeinschaften „die Rechtsfähigkeit nach den allgemeinen Vorschriften des bürgerlichen Rechts." Die historische Bedeutung dieser Vorschrift lag in der Aufhebung der bis 1919 gültigen diskriminierenden Sonderbestimmungen für Religionsgemeinschaften, die insbesondere auf Art. 84 EGBGB gestützt worden waren.[1] Nunmehr sollten und sollen die allgemeinen Bestimmungen des bürgerlichen Rechts über die Bildung von Vereinigungen auch für die Religionsgemeinschaften gelten. Aus der Perspektive der heutigen Dogmatik geht die aktuelle Bedeutung der Vorschrift über diese ursprüngliche Intention insoweit hinaus, als der unmittelbare Zusammenhang mit der Schutzpflichtendimension des Art. 4 Abs. 1 und 2 GG herausgestellt wird. Denn die über Art. 140 GG i.V.m. Art. 137 Abs. 4 WRV eröffnete Teilnahme am allgemeinen Rechtsverkehr ist eine Bedingung der Möglichkeit der Religionsfreiheit (s.o. Rn. 249).

II. Der Erwerb der Rechtsfähigkeit

1. Die Geltung des bürgerlichen Rechts

268   Mit dem Verweis auf die Vorschriften des bürgerlichen Rechts wird den Religionsgemeinschaften u.a. die Wahl der Rechtsform nach Genossenschafts- oder Handelsrecht

---

1 Zum Zweck der Vorschrift schon *Anschütz*, S. 644: „Alle einschlägigen Sondervorschriften sind aufgehoben...".

eröffnet.[2] Von praktischer Bedeutung ist aber im Wesentlichen das **Vereinsrecht**, das im BGB und im VereinsG kodifiziert ist. Art. 140 GG i.V.m. Art. 137 Abs. 4 WRV vermittelt insofern einen verfassungsmäßig verbürgten Anspruch auf Eintragung in das Vereinsregister, wenn die im Vereinsrecht aufgeführten Voraussetzungen erfüllt sind. I.d.R erfolgt eine Eintragung als **Idealverein i.S.d. § 21 BGB**. Ohne und bis zu dieser Eintragung kommt den Religionsgemeinschaften der Status eines nicht-rechtsfähigen Vereins (§ 54 BGB) und damit zumindest eine partielle Rechtsfähigkeit zu.[3] Auch die Rechtsform der Gesellschaft bürgerlichen Rechts ist möglich.[4]

Die Eintragung als Idealverein i.S.d. § 21 BGB wird problematisch, wenn sich die Antrag stellende Vereinigung in beachtlichem Ausmaß **wirtschaftlich** betätigt. Die Abgrenzung zwischen Idealvereinen und wirtschaftlich ausgerichteten Vereinigungen ist rechtlich und praktisch relevant, da für wirtschaftliche Vereine i.S.d. § 22 BGB und für Gesellschaften nach Genossenschafts- oder Handelsrecht zum Schutz Dritter im wirtschaftlichen Rechtsverkehr weiter reichende Voraussetzungen gelten. In Rechtsprechung und Literatur wird übereinstimmend angenommen, dass kein Idealverein vorliegt, wenn die betreffende Vereinigung eine planmäßige, auf Dauer angelegte und nach außen gerichtete eigenunternehmerische Tätigkeit mit dem Zweck der Gewinnerzielung entfaltet. Gleiches gilt, wenn die Vereinigung gegenüber ihren Mitgliedern entgeltliche Leistungen erbringt, die unabhängig von mitgliedschaftlichen Beziehungen üblicherweise auch von anderen angeboten werden.[5] Unschädlich ist eine wirtschaftliche Betätigung allerdings dann, wenn sie dem von der Rechtsprechung entwickelten sog. **Nebenzweckprivileg** unterfällt. Danach bleibt es bei der Einstufung als Idealverein, wenn die unternehmerische Tätigkeit erkennbar dem nichtwirtschaftlichen – etwa dem religiösen oder karitativen bzw. diakonischen – Hauptzweck der Vereinigung dient.[6]

269

2. Die (partielle) Modifikation des bürgerlichen Rechts

Die Vorschriften des bürgerlichen Rechts über den Erwerb der Rechtsfähigkeit von Vereinigungen erfüllen eine das Grundrecht der Religionsfreiheit fördernde Funktion, da sie den Religionsgemeinschaften die Möglichkeit eröffnen, sich in ein „weltlich rechtliches Kleid"[7] zu wanden und darin am allgemeinen Rechtsverkehr teilzunehmen (s.o. Rn. 267). Die Reichweite ihrer Anwendbarkeit auf Religionsgemeinschaften wird aber auch durch den Umstand bestimmt, dass die rechtlichen Voraussetzungen und Einschränkungen, die das einschlägige Recht u.a. an die Eintragung in das Vereinsregister knüpft, als **Schranken der religiösen Vereinigungsfreiheit** anzusehen sind. Als solche werden sie im Wege der Abwägung ihrerseits durch die Bedeutung des Grundrechts der Religionsfreiheit und seiner spezifischen Ausprägungen beschränkt (**Schranken-Schranke**; s.o. Rn. 265). Denn auch die privatrechtlich organisierten Religionsgemeinschaften verlieren etwa durch die Eintragung im Vereinsregister nicht ihren religionsverfassungsrechtlichen Schutz.[8] Insbesondere kann und soll mit dem

270

---

2 Vgl. *Towfigh*, HSKR, Bd. 1, Rn. 28.
3 Vgl. *Unruh*, in: Huber/Voßkuhle (Hrsg.). Art. 140 GG/Art. 137 WRV, Rn. 183 m.w.N.
4 Dazu *Korioth*, in: Dürig/Herzog/Scholz (Hrsg.), Art. 140 GG/Art. 137 WRV, Rn. 59.
5 BVerwGE 105, 313 (316 ff. – Scientology); *Ehlers*, in: Sachs (Hrsg.), Art. 140 GG/Art. 137 WRV, Rn. 18 m.w.N.
6 BGHZ 85, 84 (92 ff.); BVerwGE 105, 313 (316); *Korioth*, in: Dürig/Herzog/Scholz (Hrsg.), Art. 140 GG/Art. 137 WRV, Rn. 62; *Ehlers*, in: Sachs (Hrsg.), Art. 140 GG/Art. 137 WRV, Rn. 18 mit Anm. 105.
7 *Hollerbach*, HdBStR Bd. VI, § 138 Rn. 125.
8 *V. Campenhausen/de Wall*, § 16, Rn. 4 ff.

Verweis auf die bürgerlichen Vorschriften nicht das Selbstbestimmungsrecht der Religionsgemeinschaften aus Art. 140 GG i.V.m. Art. 137 Abs. 3 WRV ausgehebelt werden. Dogmatisch kann und muss die Bestimmung des Verhältnisses zwischen Art. 137 Abs. 3 und 4 WRV aus zwei Blickwinkeln erfolgen. Aus der Perspektive des Selbstbestimmungsrechts stellt sich die Frage, ob und inwieweit die „bürgerlichen Vorschriften" i.S.d. Art. 137 Abs. 4 WRV als „für alle geltendes Gesetz" anzusehen sind. Aus der Perspektive des Art. 140 GG i.V.m. Art. 137 Abs. 4 WRV ist zu fragen, ob und inwieweit das Selbstbestimmungsrecht eine verfassungsimmanente Schranke für die Geltung insbesondere des staatlichen Vereinsrechts darstellt. Die Antwort auf beide Fragen ist identisch: Die für den Erwerb der Rechtsfähigkeit maßgeblichen „Vorschriften des bürgerlichen Rechts" werden in ihrer Anwendung auf Religionsgemeinschaften **modifiziert**. Es ist im Einzelfall durch Abwägung mit dem Selbstbestimmungsrecht zu prüfen, welche vereinsrechtlichen Vorschriften auf Religionsgemeinschaften angewandt werden können.[9]

271 Insoweit ist zu differenzieren zwischen den Regelungen für die Außenbeziehungen und den Vorgaben für die inneren Vereinsangelegenheiten.[10] Aus Gründen der Sicherheit für den Rechtsverkehr und der Rechte Dritter bleiben die vereinsrechtlichen Vorschriften über die **Außenbeziehungen** eingetragener Vereine unberührt, auch wenn privatrechtlich organisierte Religionsgemeinschaften betroffen sind. Neben den zwingenden Vorgaben für eine rechtsgeschäftliche Außenvertretung (etwa § 26 BGB) sind insbesondere die formalen Vorschriften der §§ 55 ff. BGB uneingeschränkt gültig. So kann als Voraussetzung für die Eintragung von Religionsgemeinschaften in das Vereinsregister auch die Mindestzahl von sieben Mitgliedern veranschlagt werden (§ 56 BGB). Ferner müssen auch Religionsgemeinschaften eine Satzung mit einem bestimmten Mindestinhalt vorlegen (§§ 57 f. BGB). In diesem Zusammenhang begegnet das Erfordernis, die Beitragsregelung, d. h. die finanzielle Basis der Religionsgemeinschaft offen zu legen (§ 58 Nr. 2 BGB), keinen religionsverfassungsrechtlichen Bedenken. Sofern hingegen die **innere Organisation** betroffen ist, unterliegt das einschlägige Vereinsrecht weit reichenden Modifikationen. So greift der in § 37 BGB verankerte Minderheitenschutz nicht ein. Ferner kann die Eintragung in das Vereinsregister nicht mit der Begründung abgelehnt werden, dass die Satzung der Antrag stellenden Religionsgemeinschaft abweichende Regelungen über das Mitgliedschaftsrecht, die Abgrenzung der Vereinsaufgaben, die Erfordernisse der Satzungsänderung und/oder die Vereinsauflösung enthält. In diesem Zusammenhang wird auch eine satzungsmäßig verankerte Ein- bzw. Unterordnung in eine übergreifende hierarchische Struktur mit umfangreichen Einwirkungsbefugnissen für die übergeordnete religionsgemeinschaftliche Institution nicht ausgeschlossen. In seiner grundlegenden **Bahá'í-Entscheidung** hat das BVerfG – zutreffend und daher mit Billigung der Literatur – festgestellt, dass auch weit reichende Einschränkungen der autonomen Auflösungs-, Ausschließungs- und Betätigungsbefugnis den Eintragungsanspruch jedenfalls dann nicht beeinträchtigen, wenn „sie der Sicherung und Einordnung in die größere Religionsgemeinschaft im Rahmen der bestehenden religionsrechtlichen Verknüpfung – etwa der Wahrung der Identität der Glaubenslehre und grundlegender glaubensbedingter Lebensführungspflichten – dienen und sich darauf begrenzen." Die Grenze der zulässigen Abweichung vom Vereinsrecht ist jedoch dann erreicht, wenn Selbstbestimmung und Selbstverwaltung in einem Aus-

---

9 Statt vieler *Towfigh*, HSKR, Bd. 1, Rn. 31.
10 Diese Differenzierung ist bereits angelegt in BVerfGE 83, 341 (358); ebenso etwa *Classen*: Religionsrecht, Rn. 298 ff.

maß eingeschränkt werden, dass der Verein „zur bloßen Verwaltungsstelle oder einem bloßen Sondervermögen eines anderen" würde.[11]

III. Der Verlust der Rechtsfähigkeit

Der Verlust der Rechtsfähigkeit wird in Art. 140 GG i.V.m. Art. 137 Abs. 4 WRV zwar nicht erwähnt. Es kann aber davon ausgegangen werden, dass sich dieser „**actus contrarius**" wie der Erwerb der Rechtsfähigkeit nach den allgemeinen Vorschriften des bürgerlichen (Vereins-) Rechts vollzieht.[12] Danach kann auch einer als Verein eingetragenen Religionsgemeinschaft die Rechtsfähigkeit etwa nach § 43 Abs. 2 BGB (bei nicht nur als Nebenzweck ausgeübter wirtschaftlicher Tätigkeit) oder nach § 73 BGB (beim Absinken der Mitgliederzahl unter drei) entzogen werden. Der Verlust der Rechtsfähigkeit bewirkt jedoch noch nicht das vereinsrechtliche Verbot einer Religionsgemeinschaft; vielmehr kann sie etwa als nicht-rechtsfähiger Verein weiter existieren.

272

IV. Das Verbot von Religionsgemeinschaften

1. Die verfassungsrechtliche Grundlage

Das Verbot von Religionsgemeinschaften stellt den stärksten Eingriff in die religiöse Vereinigungsfreiheit dar. Nach ganz überwiegender und zutreffender Auffassung steht Art. 140 GG i.V.m. Art. 137 Abs. 2 und 4 WRV einer solchen Verbotsregelung jedoch nicht grundsätzlich entgegen.[13] Umstritten ist hingegen die **Quelle der verfassungsrechtlichen Rechtfertigung** für diesen Eingriff. Eine direkte oder indirekte Anwendung des Art. 9 Abs. 2 GG[14] scheitert aus den Gründen, die bereits im Rahmen der Ausführungen zur religiösen Vereinigungsfreiheit angeführt wurden (s.o. Rn. 260 ff.). Gegen eine Anwendung des Gesetzesvorbehalts in Art. 140 GG i.V.m. Art. 136 Abs. 1 WRV[15] spricht der Grundsatz der Schrankenspezialität. Für die verfassungsrechtliche Rechtfertigung von Eingriffen in das vorbehaltlos gewährleistete Recht der religiösen Vereinigungsfreiheit kommt vielmehr nur **kollidierendes Verfassungsrecht** in Gestalt von Grundrechten Dritter oder sonstigen gegenläufigen Verfassungsrechtsgütern in Betracht (s.o. Rn. 264 ff.).[16] In diesem Zusammenhang wird von der Rspr. des BVerwG und des BVerfG festgestellt, dass die religiöse Vereinigungsfreiheit „grundsätzlich ihre Schranke in der Abwehr von Gefahren für die verfassungsmäßige Ordnung findet". Das Verbot einer Religionsgemeinschaft ist dann gerechtfertigt, wenn es bei Abwägung der kollidierenden Verfassungsgüter unerlässlich, d. h. verhältnismäßig ist. Dies ist i.d.R. dann der Fall, „wenn sich die Vereinigung gegen die in Art. 79 Abs. 3 GG genannten Verfassungsgrundsätze richtet".[17] Dieser Rspr. ist im Grundsatz zuzustim-

273

---

11 BVerfGE 83, 341 (360 f.).
12 Vgl. *Towfigh*, HSKR, Bd. 1, Rn. 32; *Ehlers*, in: Sachs (Hrsg.), Art. 140 GG/Art. 137 WRV, Rn. 19, und *Korioth*, in: Dürig/Herzog/Scholz (Hrsg.), Art. 140 GG/Art. 137 WRV, Rn. 60.
13 Ebenso *Germann*, in: Epping/Hillgruber (Hrsg.), Art. 140 Rn. 59 ff.; *Ehlers*, in: Sachs (Hrsg.), Art. 140 GG/Art. 137 WRV, Rn. 20 m.w.N. auch zur Gegenauffassung in Anm. 113. Dazu auch *Stuhlfauth*, DVBl. 2009, 416 ff.
14 Für eine direkte Anwendung BVerwGE 105, 117 (121); für eine indirekte, über Art. 140 GG i.V.m. Art. 137 Abs. 3 WRV vermittelte Anwendung *Magen*, in: Umbach/Clemens (Hrsg,), Art. 140 Rn. 90.
15 Dazu *Sachs*, JuS 2004, 12 (16).
16 Ebenso u.a. *Towfigh*, HSKR, Bd. 1, Rn. 34 f.; *Korioth*, in: Dürig/Herzog/Scholz (Hrsg.), Art. 140 GG/Art. 137 WRV, Rn. 15; *Michael*, JZ 2002, 482 (485 ff.).
17 BVerwG, NVwZ 2003, 986 (987 – Kalifatstaat; unter Inbezugnahme der Zeugen-Jehovas-Entscheidung in BVerfGE 102, 370 ff.) mit ausdrücklicher Billigung durch BVerfG, NJW 2004, 47 (48); und EGMR, EuGRZ

men. Der angebotene Maßstab für die verfassungsrechtliche Rechtfertigung ist jedoch in konsequenter Fortführung der zutreffenden Inbezugnahme der **Zeugen-Jehovas-Entscheidung** des BVerfG zu erweitern. In sachlicher Parallelisierung zu den dort genannten Voraussetzungen für die Verleihung (bzw. Versagung) des Status einer Körperschaft des öffentlichen Rechts kann das Verbot einer privatrechtlich organisierten Religionsgemeinschaft darauf gestützt werden, dass ihr zukünftiges Verhalten voraussichtlich nicht nur die in **Art. 79 Abs. 3 GG** umschriebenen fundamentalen Verfassungsprinzipien inklusive der **Grundrechte Dritter**, sondern alternativ auch die **Grundprinzipien des freiheitlichen Religionsverfassungsrechts** gefährdet.[18]

2. Die gesetzliche Grundlage

274 Für die Beschränkung der Religionsfreiheit und damit auch der religiösen Vereinigungsfreiheit ist neben der verfassungsrechtlichen Rechtfertigung durch kollidierendes Verfassungsrecht zudem eine gesetzliche Grundlage erforderlich (s.o. Rn. 131).[19] Nach der (hastigen) Streichung des sog. vereinsrechtlichen Religionsprivilegs in § 2 Abs. 2 Nr. 3 VereinsG im Jahre 2001 ist nach wie vor fraglich, ob die **Verbotstatbestände des Vereinsrechts** auch auf Religionsgemeinschaften anwendbar sind. In Betracht kommen das Verbot von Deutschenvereinen in § 3 Abs. 1 S. 1 VereinsG, das (2001 verschärfte) Verbot von Ausländervereinen in § 14 Abs. 1 S. 1 VereinsG und das Verbot von ausländischen Vereinen in § 15 Abs. 1 S. 1 VereinsG. Ein Teil der Literatur geht davon aus, dass diese Verbotstatbestände nunmehr auch auf Religionsgemeinschaften uneingeschränkt anwendbar sind.[20] Dem wird von einem anderen Teil der Literatur – in der Sache zutreffend – entgegengehalten, dass die genannten Verbotstatbestände in ihrem Wortlaut unmittelbar an Art. 9 Abs. 2 GG anknüpfen und daher für das spezifische Verbot von Religionsgemeinschaften irrelevant seien, da die Besonderheiten dieser „Vereine" im VereinsG nicht hinreichend berücksichtig würden.[21] Mangels weiterer einschlägiger Verbotsnormen wäre damit de lege lata ein Verbot von privatrechtlich organisierten Religionsgemeinschaften vollständig ausgeschlossen. Dieses Ergebnis widerspricht allerdings der Intention des Gesetzgebers, der das „vereinsrechtliche Religionsprivileg" gestrichen hatte, um auch die als Verein organisierten Religionsgemeinschaften der Möglichkeit eines Verbotes zu unterwerfen.[22] Zwischen der uneingeschränkten Anwendung der vereinsrechtlichen Verbotstatbestände und deren vollständigem Ausschluss dürfte daher eine vermittelnde Lösung angebracht sein. Diese Lösung liegt in einer **verfassungskonformen Auslegung** des Vereinsrechts.[23] Ein auf die vereinsrechtlichen Verbotstatbestände gestütztes Verbot ist danach nur dann zulässig, d. h. verfassungsrechtlich gerechtfertigt, wenn sich das Verhalten der betreffenden Religionsgemeinschaft gegen die in Art. 79 Abs. 3 GG genannten fundamentalen Verfassungsprinzipien, die Grundrechte Dritter oder die Grundprinzipien des freiheitlichen Religionsverfassungsrechts richtet.

2007, 543 (Kalifatstaat vs. Deutschland) zur Vereinbarkeit der auf Religionsgemeinschaften anwendbaren Vereinsverbote mit Art. 9 EMRK.
18 BVerfGE 102, 370 (392).
19 Vgl. BVerfGE 108, 282 (297).
20 *Ehlers*, in: Sachs (Hrsg.), Art. 140 GG/Art. 137 WRV, Rn. 20; *Korioth*, in: Dürig/Herzog/Scholz (Hrsg.), Art. 140 GG/Art. 137 WRV, Rn. 15.
21 So etwa *Radtke*, ZevKR 50 (2005), 95 (110 f.), und *Michael*, JZ 2002, 482 (488).
22 Darauf weist insbesondere *Heinig*: Öffentlich-rechtliche Religionsgesellschaften, S. 369, hin.
23 Wie hier *Stern*: Staatsrecht, Bd. IV/2, S. 1277 m.w.N.

▶ **Zu Fall 12:** Die Verfassungsbeschwerde des GR ist zulässig. Insbesondere kann die Antragsbefugnis nicht mit dem Argument verneint werden, dass dem GR die Rechtsfähigkeit fehle, da die Verfassungsbeschwerde gerade die Frage betrifft, ob die Eintragung als Verein vorzunehmen ist. Die Verfassungsbeschwerde ist auch begründet, da in der Versagung der Eintragung ein verfassungsrechtlich nicht gerechtfertigter Eingriff in die religiöse Vereinigungsfreiheit (Art. 140 GG i.V.m. Art. 137 Abs. 2 WRV) liegt. Gem. Art. 140 GG i.V.m. Art. 137 Abs. 4 WRV können Religionsgemeinschaften die Rechtsfähigkeit nach den „allgemeinen Vorschriften des bürgerlichen Rechts" erlangen. Zu diesen Vorschriften zählt das Vereinsrecht des BGB, das sich insoweit (auch) als Schranke der religiösen Vereinigungsfreiheit darstellt. Der Inhalt der vom GR vorgelegten Satzung stimmt zwar in mehrfacher Hinsicht nicht mit den Anforderungen des BGB-Vereinsrechts überein. Soweit aber „unabweisbare Rücksichten auf die Sicherheit des Rechtsverkehrs und auf die Rechte anderer" nicht vernachlässigt werden, ist es möglich und aus (religionsverfassungs-)rechtlichen Gründen geboten, „die glaubensbedingten Anforderungen an die innere Organisation des örtlichen Geistigen Rates der Bahá'í als religiöser Verein und Teilgliederung einer Religionsgemeinschaft besonders zu berücksichtigen."[24] Daher hindern auch erhebliche Einschränkungen der autonomen Auflösungs-, Ausschließungs- oder Betätigungsbefugnis der Antrag stellenden Religionsgemeinschaft die Eintragung als Verein grundsätzlich nicht. Auch die Grenze des vollständigen Ausschlusses von Selbstbestimmung und Selbstverwaltung des GR ist hier (noch) nicht überschritten. Da die Verfassungsbeschwerde des GR zulässig und begründet ist, wird sie Erfolg haben. ◀

Wiederholungs- und Vertiefungsfragen

> - Welche Funktionen erfüllte und erfüllt Art. 140 GG i.V.m. Art. 137 Abs. 4 WRV? (Rn. 267)
> - Welche Vorschriften des „allgemeinen bürgerlichen Rechts" sind für privatrechtlich organisierte Religionsgemeinschaften von besonderer Relevanz? (Rn. 268)
> - In welcher Weise werden die Vorschriften des bürgerlichen (Vereins-) Rechts in ihrer Anwendung auf Religionsgemeinschaften modifiziert? (Rn. 270 f.)
> - Auf welcher Grundlage und nach welchem konkreten Maßstab dürfen Religionsgemeinschaften verboten werden? (Rn. 273 f.)

---

24 Vorstehende Zitate in BVerfGE 83, 341 (356 f.).

§ 9 Religionsgemeinschaften als Körperschaften des öffentlichen Rechts

▶ **Fall 13 (nach BVerfGE 102, 370 ff.):** Die Religionsgemeinschaft Z beantragt bei der zuständigen staatlichen Stelle die Anerkennung als Körperschaft des öffentlichen Rechts i.S.d. Art. 140 GG i.V.m. Art. 137 Abs. 5 S. 2 WRV. Dieser Antrag wird abgelehnt und die Anerkennung lässt sich auch in dem nachfolgenden verwaltungsgerichtlichen Rechtsstreit, der bis zum BVerwG geführt wird, nicht erreichen. Zur Begründung der Ablehnung wird zum einen angeführt, dass schon die geforderte „Gewähr der Dauer" nicht gewährleistet sei, da Z nachweislich von einer eschatologischen Grundüberzeugung getragen ist, derzufolge der Untergang der Welt nahe sei. Zum anderen sei auch die ungeschriebene Voraussetzung der „Loyalität" zum Staat und seinen verfassungsrechtlichen Grundprinzipien nicht erfüllt. Von einer den Körperschaftsstatus, und damit eine besondere Nähe zum Staat anstrebenden Religionsgemeinschaft könne erwartet werden, dass sie die Grundlagen der staatlichen Existenz nicht prinzipiell in Frage stelle. Dies tue Z aber, indem sie – was zutrifft – ihren Mitgliedern die Teilnahme an staatlichen Wahlen verbiete und sich damit in einen nicht hinnehmbaren Widerspruch zu dem im Bund und in den Ländern fundamentalen Demokratieprinzip setze. Z ist der Auffassung, dass die Versagung des Körperschaftsstatus mit der angeführten Begründung einen Verstoß gegen ihr Recht aus Art. 140 GG i.V.m. Art. 137 Abs. 5 S. 2 WRV darstellt und erhebt vor dem BVerfG eine Verfassungsbeschwerde. Mit Erfolg? ◀

I. Allgemeines

1. Der religionsverfassungsrechtliche Körperschaftsbegriff

275 Mit **Art. 140 GG i.V.m. Art. 137 Abs. 5 WRV** wird den Religionsgemeinschaften – als einzigen nicht-staatlichen Organisationen – *neben* der privatrechtlichen Organisationsform auch der Zugang zum Status einer Körperschaft des öffentlichen Rechts eröffnet. Beide Organisationsformen sind als Angebote zu verstehen, die der Verfassunggeber den Religionsgemeinschaften in Erfüllung seiner Pflicht zur rechtlichen Ausgestaltung der religiösen Vereinigungsfreiheit (s.o. Rn. 256) unterbreitet, um ihnen den Erwerb der Rechtsfähigkeit, d. h. die Teilnahme am allgemeinen Rechtsverkehr zu ermöglichen. Sie stehen insbesondere nicht in einem Stufenverhältnis zueinander, d. h. der Erwerb des Körperschaftsstatus setzt nicht etwa den vorhergehenden Erwerb der Rechtsfähigkeit „nach den allgemeinen Vorschriften des bürgerlichen Rechts" voraus.[1] Ferner gibt es keinen Zwang, im jeweiligen Status quo zu verharren; vielmehr kann ein in der Vergangenheit erlangter Status wieder aufgegeben und die jeweils andere Organisationsform angenommen werden. Mit der Einschränkung, dass die einschlägigen Voraussetzungen erfüllt sein müssen, kommt den Religionsgemeinschaften insoweit eine Auswahlfreiheit bzgl. ihrer Organisationsform zu.[2] Aus der rein religionsverfassungsrechtlichen Perspektive dürfte jedoch der Körperschaftsstatus für die Religionsge-

---

[1] BVerfGE 102, 370 (385 f.) m.w.N. aus der Rspr.
[2] *Lindner*, VerwArch 95 (2004), 88 (94 ff.); *v. Campenhausen/de Wall*, § 18, Rn. 5, die im Hinblick auf die beiden Organisationsformen und ihre rechtlichen Differenzen treffend von einem „Zwei-Klassen-System gestufter Parität" sprechen.

meinschaften attraktiver sein als sein privatrechtliches Pendant.³ Er entspricht zumeist eher ihrem Selbstverständnis als Kreation göttlicher, jedenfalls transzendenter Stiftung unabhängig von der Beliebigkeit menschlicher Zusammenschlüsse, von denen etwa das Vereinsrecht ausgeht. Ferner sind mit dem Körperschaftsstatus zahlreiche Vergünstigungen in Gestalt von (öffentlich-rechtlichen) Gestaltungsbefugnissen verbunden, die den privatrechtlich organisierten Religionsgemeinschaften versagt sind.⁴ So enthält das staatliche Recht keine inhaltlichen Vorgaben für die Gestaltung der inneren Organisationsstruktur von Religionsgemeinschaften als Körperschaften des öffentlichen Rechts und steht damit auch der Ausbildung von hierarchischen Strukturen nicht im Wege.⁵ Gem. Art. 140 GG i.V.m. Art. 137 Abs. 6 WRV können von den Mitgliedern Steuern erhoben werden, und schließlich eröffnet der Körperschaftsstatus auch die Möglichkeit, öffentlich-rechtliche Dienstverhältnisse zu begründen und eigenverantwortlich auszugestalten. Allerdings sind auch religiöse Gründe für eine bewusste Ablehnung des Körperschaftsstatus denkbar, z.B. weil damit zumindest der „Rechtsschein der Staatsnähe" verbunden sei.⁶

Der Körperschaftsstatus von Religionsgemeinschaften ist schon früh nach der Inkorporation des Art. 137 Abs. 5 WRV in das Grundgesetz als „rätselhafter Ehrentitel"⁷ und als „Crux der staatskirchenrechtlichen Problematik"⁸ bezeichnet worden. Diese Bezeichnung deutet auf fortbestehende Unklarheiten im Verständnis des Begriffs und des Telos dieses Status hin.⁹ Der Begriff der Körperschaft des öffentlichen Rechts verweist zunächst auf den Umstand, dass die betreffenden Religionsgemeinschaften organisatorisch dem öffentlichen Recht zugeordnet werden; ihnen wird gleichsam ein „öffentlich-rechtliche(s) Kleid" umgeworfen.¹⁰ Gleichwohl unterscheiden sie sich grundlegend von den Körperschaften des öffentlichen Rechts im verwaltungs- und staatsorganisationsrechtlichen Sinn; sie genießen einen **Körperschaftsstatus sui generis**.¹¹ Der Begriff der Körperschaft des öffentlichen Rechts hat im Zusammenhang mit Art. 140 GG i.V.m. Art. 137 Abs. 5 WRV insoweit lediglich die Funktion eines religionsverfassungsrechtlichen „Mantelbegriffs", mit dem die besondere Rechtsstellung der betreffenden Religionsgemeinschaften beschrieben werden soll.¹² In Abweichung von den Körperschaften im verwaltungs- und staatsorganisationsrechtlichen Sinn werden mit dem Körperschaftsstatus versehene Religionsgemeinschaften nicht durch staatlichen Rechtsakt gegründet. Ohne ausdrückliche Beleihung nehmen sie auch keine originären staatlichen Aufgaben wahr. Sie sind kein Teil des Staates, werden daher nicht in die staatliche Organisationsstruktur eingebunden und unterliegen keiner Staatsauf-

---

3 Zum Folgenden u.a. auch *Classen*: Religionsrecht, Rn. 306. Zur Zulässigkeit dieser Differenzierung aus europarechtlicher Perspektive (Art. 9, 11 EMRK) siehe EGMR, NVwZ 2009, 509 ff. (Zeugen Jehovas in Österreich); dazu *H. Weber*, NVwZ 2009, 503 ff.
4 Auflistung u.a. bei *Muckel*, DÖV 1995, 311 (311 ff.).
5 Dazu unter Hinweis auf die katholische Kirche BVerfGE 83, 341 (357).
6 Dazu *Magen*: Körperschaftsstatus, S. 139 und passim.
7 *Smend*: Staat und Kirche, S. 411 (416). Weitere Nachweise zum Präzisionsdefizit des Begriffs bei *v. Campenhausen/de Wall*, § 18, Rn. 2 mit Anm. 2.
8 *Hesse*, ZevKR 11 (1964/65), 337 (357).
9 *Janssen*, S. 56. Bestandsaufnahme bei *Starski*, KuR 2016, 51 ff. Zu den bereits in der Weimarer Staatsrechtslehre kontroversen Deutungen siehe *Könemann*, S. 364 ff.
10 Das Bild entstammt BVerfGE 102, 370 (388).
11 So schon *Anschütz*, S. 644 (dazu *Könemann*, S. 189 f.). Aus aktueller Sicht statt vieler *Unruh*, in: Huber/Voßkuhle (Hrsg.), Art. 140 GG/Art. 137 WRV, Rn. 198 m.w.N.
12 BVerfGE 102, 370 (388); ebenso statt vieler *Morlok*, in: H. Dreier (Hrsg.), Art. 140 GG/Art. 137 WRV, Rn. 72 m.w.N.; *v. Campenhausen/de Wall*, § 18, Rn. 6 („Hilfsbegriff").

sicht.[13] Sie verlieren mit dem Körperschaftsstatus schließlich nicht ihren religionsverfassungsrechtlichen Grundstatus aus Art. 4 Abs. 1 und 2 GG. Sie verbleiben – räumlich gesprochen – im Gegenüber zum Staat, sind Grundrechtsberechtigte und können ihre Beziehungen zum Staat kooperativ gestalten.[14]

277 Praktische Probleme bereitet zuweilen die Frage der **Zuordnung** von Rechts- oder Realakten korporierter Religionsgemeinschaften zum öffentlichen oder privaten Recht. Prominente Beispiele liefern das liturgische und das Stundengeläut von Kirchenglocken sowie das Hausrecht in religionsgemeinschaftlichen Einrichtungen. Die Antwort ist u.a. bedeutsam für die Eröffnung des Verwaltungs- oder Zivilrechtswegs. Vier Auffassungen lassen sich unterscheiden. Am weitesten geht die **These vom öffentlich-rechtlichen Gesamtstatus**. Sie besagt, dass das gesamte außenwirksame Handeln korporierter Religionsgemeinschaften dem öffentlichen Recht zuzuordnen sei, weil anderenfalls der Körperschaftsstatus im Rechtsverkehr leer liefe.[15] Dagegen lässt sich jedoch einwenden, dass auch dem Staat die Möglichkeit fiskalischen bzw. verwaltungsprivatrechtlichen Handelns offen steht. Nach der Rspr. des BVerwG und des BGH sind die **typischen Lebensäußerungen** der korporierten Religionsgemeinschaften dem öffentlichen Recht zuzuordnen. Jedenfalls der „Kernbestand" religionsgemeinschaftlicher Tätigkeiten müsse dem öffentlichen Recht unterfallen, wenn die Rechtsformgarantie des Art. 140 GG i.V.m. Art. 137 Abs. 5 WRV Wirkung entfalten soll. Zu diesem Kernbestand sollen u. a. das liturgische bzw. sakrale Glockengeläut[16] und die Äußerungen der bzw. des Sektenbeauftragten einer korporierten Religionsgemeinschaft gehören.[17] Fraglich ist hier aber, wo die Trennlinie zwischen dem „Kernbestand" und den untypischen Lebensäußerungen der Religionsgemeinschaften zu ziehen ist. Vorzugswürdig ist daher die Unterscheidung nach dem Maßstab, den Art. 140 GG i.V.m. Art. 137 Abs. 5 WRV selbst enthält. Danach sind alle Tätigkeiten, die sich im Rahmen der von dieser Vorschrift eingeräumten **Korporationsrechte** vollziehen – jedenfalls im Zweifel, d.h. wenn nicht ausdrücklich das Handeln in Privatrechtsform angeordnet wurde, – dem öffentlichen Recht zuzuordnen.[18] Auch hier bleibt eine Klärung im Einzelfall erforderlich, deren Ergebnisse sich allerdings nur wenig von denen der Rechtsprechung unterscheiden dürften. So kann auch auf der Grundlage dieser dritten Ansicht das liturgische Geläut – im Gegensatz zum Stundengeläut – aufgrund seines Zusammenhangs mit dem Gottesdienst dem öffentlichen Recht zugeordnet werden. Gleiches gilt etwa für das Hausrecht für eine Bischofskanzlei, während das Hausrecht für eine privatrechtlich betriebene kirchliche Kindertagesstätte nach zivilrechtlichen Maßstäben zu beurteilen ist (s.u. Rn. 308). Diese Auffassung und ihre Ergebnisse entsprechen auch eher dem öffentlich-rechtlichen Status der korporierten Religionsgemeinschaften als die vierte Auffassung, derzufolge **im Zweifel privatrechtliches Handeln** anzunehmen sei. Danach liegen nur dann öffentlich-rechtliche Tätigkeiten vor, wenn die betreffende Religionsgemeinschaft „selbst ihr Handeln dem öffentlichen Recht zugeordnet" hat.[19]

---

13 BVerfGE 102, 370 (387 f.); *Classen*: Religionsrecht, Rn. 303; *Mager*, in: v. Münch/Kunig (Hrsg.), Art. 140, Rn. 54; *Stern*: Staatsrecht, Bd. IV/2, S. 1281.
14 Vgl. BVerfGE 102, 370 (387).
15 So u.a. *Renck*, NVwZ 1990, 38 (40).
16 BVerwGE 68, 62 (64 ff.); zum privatrechtlichen Charakter des Stundengeläuts von Kirchenglocken siehe BVerwG, NJW 1994, 956.
17 BGHZ 148, 307 (312).
18 So etwa *Morlok*, in: H. Dreier (Hrsg.), Art. 140 GG/Art. 137 WRV, Rn. 195; ähnlich *Ehlers*, in: Sachs (Hrsg.), Art. 140 GG/Art. 137 WRV, Rn. 22.
19 *Muckel*, in: Friauf/Höfling (Hrsg.), Art. 140/Art. 137 WRV, Rn. 79.

2. Der Zweck des Körperschaftsstatus

Den **historischen** Ausgangspunkt für die Regelung des Art. 137 Abs. 5 WRV bildete der Umstand, dass die großen christlichen Kirchen – insbesondere die evangelischen Kirchen – durch die Fortwirkungen der Verbindung von „Thron und Altar" eine besondere Staatsnähe entwickelt hatten (s.o. § 2). Zwar ist eine ausdrückliche Verleihung des Körperschaftsstatus an die katholische und evangelische Kirche nicht erfolgt. Seit dem späten 18. Jahrhundert wurde ihr öffentlich-rechtlicher Status jedenfalls faktisch vorausgesetzt und anerkannt.[20] Nach dem Wegfall des landesherrlichen Kirchenregiments im Zuge der Umwälzungen von 1918 war das Verhältnis der Religionsgemeinschaften zum Staat neu zu bestimmen und damit auch eine Aussage zu ihrem Körperschaftsstatus zu treffen.[21] Die in die Weimarer Reichsverfassung eingefügte Vorschrift ist ein Kompromiss zwischen der Forderung nach einer strikten Trennung von Staat und Religion nach dem Muster des (damaligen) französischen Laizismus mit einem Verweis der Religionsgemeinschaften ausschließlich auf die Privatrechtsform auf der einen Seite und der Forderung nach einer Beibehaltung der Privilegierung der christlichen Kirchen aufgrund ihrer herausragenden Bedeutung für das Gemeinwesen auf der anderen Seite.[22] Der Kompromiss bestand darin, den christlichen Kirchen auch weiterhin ihren Körperschaftsstatus zu garantieren und damit von einer strikten Trennung von Staat und Religion abzusehen, dafür aber aus Gründen der religiösen und weltanschaulichen Neutralität die Möglichkeit, diesen Status zu erlangen, allen Religionsgemeinschaften zu eröffnen, die den verfassungsrechtlichen Anforderungen entsprechen.

278

In der aktuellen religionsverfassungsrechtlichen Diskussion gehen die Meinungen über die verfassungsrechtliche Legitimation und den Zweck des Körperschaftsstatus z.T. weit auseinander. Die **verfassungsrechtliche Legitimation** des Art. 140 GG i.V.m. Art. 137 Abs. 5 WRV ist mit dem Argument bezweifelt worden, diese Vorschrift statuiere „verfassungswidriges Verfassungsrecht", weil sie mit dem Neutralitätsgebot des Grundgesetzes und dem Selbstbestimmungsrecht der Religionsgemeinschaften nicht in Einklang zu bringen sei.[23] Diese Auffassung verkennt, dass die Religionsgemeinschaften auch als Körperschaften des öffentlichen Rechts nicht der Sphäre des Staates zuzurechnen sind, sondern ihr grundsätzlich als eigenständige Sphäre gegenübertreten (s.o. Rn. 276). Auch unter dem Gesichtspunkt der „gestuften Parität", d. h. der notwendigen Differenzierung zwischen Religionsgemeinschaften mit Körperschafts- und solchen mit privatrechtlichem Status wird die verfassungsrechtliche Legitimation der Inkorporation des Art. 137 Abs. 5 WRV nicht gefährdet. Der Gleichheitssatz ist hier nicht verletzt, da sich jedenfalls sachliche Gründe (historischer, aber auch inhaltlicher Art) für diese Differenzierung anführen lassen.[24] Ob – quasi auf der nächst niederen Stufe – de constitutione ferenda die Abschaffung des Körperschaftsstatus von Religi-

279

---

20 Dazu *Korioth*, in: Dürig/Herzog/Scholz (Hrsg.), Art. 140 GG/Art. 137 WRV, Rn. 63, der in diesem Zusammenhang auch auf die erstmalige normative Qualifizierung der Religionsgemeinschaften als „privilegierter Corporationen" in § 17 Teil II Titel 11 des PrALR von 1794 hinweist.
21 Zu den historischen Grundlagen und der Entstehungsgeschichte des Art. 137 Abs. 5 WRV vor allem *Heinig*: Öffentlich-rechtliche Religionsgemeinschaften, S. 94 ff.; *Magen*: Körperschaftsstatus, S. 156 ff., und *Janssen*, S. 76 ff.
22 Vgl. *Magen*, HSKR, Bd. 1, Rn. 7 f.
23 So *Schmidt-Eichstaedt*, S. 41 f., 54 ff., 107 ff., 128 ff. Dagegen insbesondere *Jeand'Heur/Korioth*, Rn. 220 m.w.N.
24 Ebenso u.a. *Korioth*, in: Dürig/Herzog/Scholz (Hrsg.), Art. 140 GG/Art. 137 WRV, Rn. 66.

onsgemeinschaften zu fordern sei,[25] kann und muss vom Feld des geltenden Religionsverfassungsrechts auf das Feld der Verfassungspolitik verwiesen werden. Die Rspr. und die ganz überwiegende Auffassung der Literatur gehen jedenfalls zu Recht davon aus, dass die Eröffnung der mit Art. 140 GG i.V.m. Art. 137 Abs. 5 WRV verbundenen Möglichkeit auch verfassungspolitisch zweckmäßig ist. Art und Ausmaß dieses Zwecks sind jedoch umstritten.

280 Dieser **Meinungsstreit** über das Telos des Körperschaftsstatus ist nicht nur von akademischem Interesse. Denn mit der jeweiligen Position sind weit reichende dogmatische Konsequenzen verbunden. Dies gilt etwa für die Frage, welche (ungeschriebenen) Voraussetzungen für die Verleihung des Körperschaftsstatus nach Art. 140 GG i.V.m. Art. 137 Abs. 5 S. 2 WRV gelten (s.u. Rn. 288 ff.). Im Wesentlichen stehen sich zwei Auffassungen gegenüber, die als Verbindungs- bzw. als Grundrechtsthese bezeichnet werden können. Mit der **Verbindungsthese** wird behauptet, dass Staat und Religionsgemeinschaften in dem gemeinsamen Dienst für das Allgemeinwohl verbunden seien.[26] Ausgehend von dem hinreichend bekannten Diktum von *E.-W. Böckenförde*, dass der freiheitliche, säkularisierte Staat von Voraussetzungen lebt, die er selbst nicht garantieren kann,[27] soll den Religionsgemeinschaften der Körperschaftsstatus zugesprochen werden, wenn und soweit sie zumindest einen Teil dieser Garantie übernehmen: „Der freiheitliche, säkularisierte Staat, der ein ethisches Fundament braucht, das er seiner Freiheitlichkeit wegen weder selbst erhalten noch gar schaffen kann, versichert sich dabei der Hilfe jener Religionsgemeinschaften, die bereit und willens sind, als ‚moralische Instanz' an dieser Grundlegung mitzuarbeiten."[28] Sinn des Körperschaftsstatus sei daher die kooperative Verbindung zwischen dem Staat und denjenigen Religionsgemeinschaften, die einen Beitrag zur außerrechtlichen Zementierung der Grundlagen des Verfassungsstaats leisten könnten und wollten. Diese Verbindung des Körperschaftsstatus mit einer Inpflichtnahme der betreffenden Religionsgemeinschaften für die Garantie der außerrechtlichen Grundlagen der grundgesetzlichen Ordnung führt im Ergebnis zu einer Differenzierung zwischen einer Gruppe von „Verfassungsreligionsgemeinschaften" bzw. „größerer oder kleinerer Staatskirchen" einerseits und Religionsgemeinschaften von – aus staatlicher Sicht – minderer Wertigkeit andererseits.[29] Mit dieser selektiven rechtlichen Würdigung wird zunächst die schon historisch begründete Intention des Art. 137 Abs. 5 WRV unterlaufen, möglichst allen Religionsgemeinschaften den Zugang zum Körperschaftsstatus zu ermöglichen, wenn die in S. 2 aufgeführten Voraussetzungen erfüllt sind. Ferner wird die Bedeutung des Grundrechts auf Religionsfreiheit und des impliziten Neutralitätsgrundsatzes verfehlt. Denn der

---

25 So etwa *Kleine*, S. 203, und *Sacksofsky*, VVDStRL 68 (2009), 7 (28). Dagegen etwa *Korioth*, in: Dürig/Herzog/Scholz (Hrsg.), Art. 140 GG/Art. 137 WRV, Rn. 65, und *Muckel*, ZevKR 63 (2018), 30 (32 ff.). Auch innerkirchlich wird die „staatsanaloge" Organisationsstruktur, die mit dem Körperschaftsstatus verbunden ist, gelegentlich angefragt; vgl. *Grethlein*: Kirchentheorie, S. 151 ff., 233, 238, und den Meinungsstand zusammenfassend *Munsonius*, ZevKR 68 (2023), 52 ff.
26 Dazu *Magen*, HSKR, Bd. 1, Rn. 12 ff.
27 *Böckenförde*: Entstehung, S. 92 (112).
28 *Hillgruber*, in: Heinig/Walter (Hrsg.), S. 213 (222); ebenso *ders.*, Staat und Religion, S. 91 (speziell zum Christentum); *ders.*, NVwZ 2001, 1347 (1353 f.). Ähnlich *Isensee*, HbBStR V, § 115 Rn. 261; *Kirchhof*, EssGspr 39 (2005), 105 (114 ff.). *Uhle*, S. 142, stellt darüber hinaus „kulturelle Kompatibilitätsanforderungen" auf, die nur solchen Religionsgemeinschaften den Korporationsstatus zuerkennen möchten, die „die abendländische Kulturidentität wirkmächtig unterstützen". *Stern*: Staatsrecht, Bd. IV/2, S. 1281, stellt auf die „Anerkennung des besonderen Wirkens der Kirche(n)" ab. Weiter Nachweise bei *Janssen*, S. 58 ff. Gegen derartige Hierarchisierungsmodelle s.a. *Unruh*: Reformation – Staat - Religion, S. 213 ff. m.w.N.
29 *H. Weber*, in: Heinig/Walter (Hrsg.), S. 229 (233); zum Folgenden ebd., S. 229 (234).

Staat darf auch bei der Vergabe von Vergünstigungen nicht nach der aus seiner Sicht unterschiedlichen Leistungsfähigkeit der Religionsgemeinschaften für das Gemeinwohl differenzieren. Schließlich basiert die These von der eigenständigen und deshalb förderungswürdigen Funktion einiger (!) Religionsgemeinschaften für den Erhalt der grundgesetzlichen Ordnung zumindest implizit auf Vorstellungen aus der Koordinationslehre, die nicht nur sachlich und historisch überholt, sondern auch verfassungstheoretisch und religionsverfassungsrechtlich unhaltbar sind (s.o. Rn. 44 f.).[30] Vorzugswürdig ist demgegenüber die **Grundrechtsthese**, derzufolge die Funktion des Körperschaftsstatus in engem Zusammenhang mit dem Grundrecht der Religionsfreiheit zu betrachten ist.[31] Das BVerfG hat dazu in seiner grundlegenden **Ersten Zeugen-Jehovas-Entscheidung** ausgeführt: „Im Kontext des Grundgesetzes ist der den Religionsgemeinschaften in Art. 137 Abs. 5 S. 2 WRV angebotene Status einer Körperschaft des öffentlichen Rechts ein Mittel der Entfaltung der Religionsfreiheit. ... Der Status einer Körperschaft des öffentlichen Rechts soll die Eigenständigkeit und Unabhängigkeit der Religionsgemeinschaften unterstützen."[32] Der Körperschaftsstatus erleichtert es den Religionsgemeinschaften gerade im Vergleich zur privatrechtlichen Organisationsform, ihre Organisation nach dem jeweiligen religiösen Selbstverständnis auszurichten und die dafür erforderlichen – auch finanziellen – Ressourcen zu erlangen. Die mit dem Körperschaftsstatus verbundenen Befugnisse und Vergünstigungen fördern also die korporative Wahrnehmung und damit die tatsächliche Verwirklichung des Grundrechts der Religionsfreiheit.[33] Sie lassen sich dogmatisch der **Schutzpflichtendimension des Grundrechts aus Art. 4 Abs. 1 und 2 GG,** hier vermittelt über Art. 140 GG i.V.m. Art. 137 Abs. 2 und 5 WRV, zuordnen.[34]

II. Der Erwerb des Körperschaftsstatus

1. Die Garantie des Körperschaftsstatus

Gem. **Art. 140 GG i.V.m. Art. 137 Abs. 5 S. 1 WRV** bleiben die Religionsgemeinschaften Körperschaften des öffentlichen Rechts, „soweit sie solche bisher waren". Damit wird denjenigen Religionsgemeinschaften, die bereits vor dem Inkrafttreten der Weimarer Reichsverfassung am 14.8.1919 den Körperschaftsstatus innehatten, die Beibehaltung ihres Status garantiert.[35] Dies trifft bspw. auf die Diözesen der katholischen Kirche und die evangelischen Landeskirchen sowie auf ihre Untergliederungen – etwa die Kirchengemeinden und deren Verbände – zu.[36]

---

30 Ebenso *Korioth*, in: Dürig/Herzog/Scholz (Hrsg.), Art. 140 GG/Art. 137 WRV, Rn. 64.
31 Vgl. *Magen*, HSKR, Bd. 1, Rn. 16 ff. m.w.N., der aber (in Rn. 28) Art. 140 GG i.V.m. Art. 137 Abs. 5 WRV als „institutionelle Garantie" bezeichnet.
32 BVerfGE 102, 370 (387); ebenso BVerfGE 139, 321 (350). Aus der Literatur siehe *Heinig*: Öffentlich-rechtliche Religionsgemeinschaften, S. 265 ff.; *Magen*: Körperschaftsstatus, S. 197 ff., 296 ff.; *Classen*: Religionsfreiheit und Staatskirchenrecht, S. 6 ff.; *Walter*: Religionsverfassungsrecht, S. 546 ff.; *H. Weber*, in: Heinig/Walter (Hrsg.), S. 229 (233); zum Folgenden ebd., S. 229 (231). Nw. für die Gegenauffassung bei *Janssen*, S. 65 ff.
33 Ebenso *Magen*, HSKR, Bd. 1, Rn. 16 ff.
34 Ähnlich, allerdings skeptisch gegenüber einer „Deduktion" des Körperschaftsstatus aus Art. 4 Abs. 1 und 2 GG *Germann*, in: Epping/Hillgruber (Hrsg.), Art. 140 Rn. 68.
35 Vgl. *Magen*, HSKR, Bd. 1, Rn. 54.
36 Dazu v. *Campenhausen/de Wall*, § 18, Rn. 32.

2. Die Verleihung des Körperschaftsstatus
a) Allgemeines

282 Gem. Art. 140 GG i.V.m. Art. 137 Abs. 5 S. 2 WRV müssen anderen als den „altkorporierten" Religionsgemeinschaften „gleiche Rechte" gewährt werden, „wenn sie durch ihre Verfassung und die Zahl ihrer Mitglieder die Gewähr der Dauer bieten." Eine Religionsgemeinschaft, die diese Anforderungen erfüllt, hat demnach – vermittelt über Art. 4 Abs. 1 und 2 GG und Art. 140 GG i.V.m. Art. 137 Abs. 2 WRV – einen grundrechtlich fundierten Anspruch auf Anerkennung als Körperschaft des öffentlichen Rechts, wenn die in Art. 137 Abs. 5 WRV aufgeführten Voraussetzungen erfüllt sind.[37] Dogmatisch können diese **Voraussetzungen** aber auch als **verfassungsimmanente Schranken** der allgemeinen, durch Art. 140 GG i.V.m. Art. 137 Abs. 2 WRV vorbehaltlos gewährleisteten Organisationsfreiheit der Religionsgemeinschaften verstanden werden (s.o. Rn. 264 ff.). Wie das (modifizierte) Vereinsrecht des bürgerlichen Rechts, so schränken die Kriterien des Art. 140 GG i.V.m. Art. 137 Abs. 5 S. 2 WRV die Erlangung der Rechtsfähigkeit – hier in Gestalt einer Körperschaft des öffentlichen Rechts – nicht unerheblich ein. Gestützt auf diese Kriterien kann aber die verfassungsrechtliche Rechtfertigung einer Versagung des Körperschaftsstatus gelingen.

283 Der Körperschaftsstatus ist in der Praxis bisher einer Vielzahl zumeist kleinerer christlicher oder jüdischer Religionsgemeinschaften verliehen worden.[38] Mit der Rechtsfolge der Gewährung „gleicher Rechte" ist eine historisch oder sachlich begründete, staatliche **Differenzierung** zwischen „geborenen" und „gekorenen" Körperschaften nicht ausgeschlossen. Eine absolut paritätische Gleichstellung wird weder vom Gleichheitssatz gefordert, noch ist sie praktisch möglich.[39]

b) Zuständigkeit, Verfahren und Form

284 Die Verleihung des Körperschaftsstatus ist antragsgebunden.[40] Die Zuständigkeit für die Verleihung liegt gem. Art. 30, 140 GG i.V.m. Art. 137 Abs. 8 WRV bei den **Bundesländern**. Sie vollziehen damit aber kein Bundesgesetz i. S. d. Art. 83 GG, weil hier eine Kompetenzzuweisung an den Bund fehlt.[41] Art. 140 GG i.V.m. Art. 137 Abs. 5 WRV geben nur „einen bundesweit verbindlichen Maßstab vor, den die Länder sowohl bei der Verleihung des Körperschaftsstatus als auch bei der Normierung landesrechtlicher Pflichten und Privilegien zu beachten haben".[42] Die Verleihung erfolgt jeweils in der Form eines Status begründenden staatlichen Rechtsakts, der gem. Art. 140 GG i.V.m. Art. 137 Abs. 5 und 8 WRV sowie der Wesentlichkeitstheorie auf einer gesetzlichen Grundlage beruhen muss.[43] Die konkrete Rechtsform und damit auch das einschlägige Verfahren variieren in den einzelnen Bundesländern zwischen der Form einer Rechtsverordnung und eines Verwaltungsaktes in Gestalt eines Beschlusses der Landesregierung oder des Kultusministers. Von einem Organ der Exekutive ausge-

---

37 *Muckel*, in: Friauf/Höfling (Hrsg.), Art. 140/Art. 137 WRV, Rn. 84 m.w.N. Zum Streit, ob Kirchengemeinden bzw. Pfarreien Religionsgesellschaften i.S.d. Art. 137 Abs. 5 WRV sein können, siehe *Janssen*, S. 122 ff.
38 Aufzählung u.a. in BVerfGE 102, 370 (372), und bei *Stern*: Staatsrecht, Bd. IV/2, S. 1304.
39 Vgl. *Korioth*, in: Dürig/Herzog/Scholz (Hrsg.), Art. 140 GG/Art. 137 WRV, Rn. 72.
40 Vgl. *Magen*, HSKR, Bd. 1, Rn. 56.
41 BVerfGE 139, 321 (354), unter Bezugnahme auf *Huxdorf*, S. 293.
42 BVerfGE 139, 321 (354; Mehrheitsmeinung des Senats) unter Bezugnahme auf *Huxdorf*, S. 293 f.; a.A. BVerfGE 139, 321 (372; abweichende Meinung des Richters Voßkuhle, der Richterin Hermanns und des Richters Müller).
43 I.E. ebenso *Magen*, HSKR, Bd. 1, Rn. 65, und *Bohl*, S. 171 ff.

sprochene Verleihungen sind Verwaltungsakte. Nach der Rspr. des BVerfG verstößt eine landesverfassungsrechtlich vorgesehene Verleihung des Körperschaftsstatus durch förmliches Gesetz gegen den Grundsatz der Gewaltenteilung aus Art. 20 Abs. 2 S. 2 GG. Denn diese Verleihung ist als „subsumierender Normvollzug" eine Entscheidung, die „funktional typischerweise der Verwaltung vorbehalten" ist und insofern zum „Kernbereich der Exekutive" gehört. Da zwingende Gründe für eine Übertragung dieser Entscheidung auf den parlamentarischen Gesetzgeber nicht ersichtlich sind, ist diese Übertragung unzulässig.[44] Zudem wird mit der Zuweisung dieser Entscheidung an die Legislative der subjektive Rechtsschutz verkürzt.[45] Mit dieser Argumentation hat das BVerfG den vormaligen Art. 61 S. 2 der Bremischen Landesverfassung, der eine Verleihung des Körperschaftsstaus „durch Gesetz" vorsah, für verfassungswidrig und nichtig erklärt.[46] Ob dieses Verdikt auch die Regelung in § 2 Abs. 1 S. 1 Körperschaftsstatusgesetz des Landes Nordrhein-Westfahlen vom 29.9.2014 (GV. NRW S. 604) trifft, die eine Verleihung des Körperschaftsstatus durch Rechtsverordnung der Landesregierung vorsieht, ist umstritten.[47] Die evangelischen Kirchen und die katholischen Diözesen genießen Körperschaftsstatus in den Ländern, in denen sie mit ihren Kirchengemeinden vertreten sind. Den „anderen" Religionsgemeinschaften werden die Körperschaftsrechte für das Sitzland verliehen. Andere Länder, in denen die Religionsgemeinschaft wirkt, müssen die Verleihung für ihren Bereich durch besonderen Rechtsakt anerkennen. Im Hinblick auf die Rechtswirkungen des Verleihungsakts ist zu unterscheiden. Aufgrund der föderativen Kompetenzverteilung können die (öffentlich-rechtlichen) Körperschaftsrechte nur mit Wirkung für das jeweilige Bundesland als „Sitzland" der Religionsgemeinschaft verliehen werden. In anderen Ländern muss die Verleihung insoweit durch besonderen Rechtsakt ausdrücklich anerkannt werden. In diesem Zusammenhang ist umstritten, ob den Ländern bei der „**Zweitverleihung**" ein eigenständiges Prüfungsrecht zusteht. Da die Erstverleihung die Vermutung begründet, dass die Voraussetzungen des Art. 140 GG i.V.m. Art. 137 Abs. 5 S. 2 WRV erfüllt sind, sprechen gute Gründe für eine „Zweitverleihung" ohne eigenständige Prüfung.[48] Dagegen spricht u. a. der Rekurs auf das bundesstaatliche Kompetenzgefüge. Danach kann ein Land eine Religionsgemeinschaft „nicht mit über sein eigenes Staatsgebiet hinausgehenden Befugnissen ausstatten".[49] Aus der Pflicht zu bundesfreundlichem Verhalten folgt aber zugleich das Gebot, die jeweilige Prüfung nur unter Berücksichtigung der Ergebnisse in den anderen Ländern zu vollziehen.[50] Bezüglich der Rechtsfähigkeit erweist sich die Verleihung hingegen per se als „überregionaler Akt", d. h. sie wirkt bundesweit.[51]

---

44 BVerfGE 139, 321, 361 ff. (Zitate ebd., S. 363). Zustimmend *Muckel*, NVwZ 2015, 1426 (1428); *Beckermann*, DÖV 2016, 112 (116); kritisch *Möllers*, JZ 2016, 1103 (1105 f.), und *Sachs/ Jasper*, NWVBl. 2016, 1 ff. Zum Begriff des Kernbereichs der Exekutive siehe umfassend *Kuhl*, Der Kernbereich der Exekutive, passim.
45 BVerfGE 139, 321, 364.
46 BVerfGE 139, 321 ff.
47 Zu diesem Gesetz siehe *Trapp*, KuR 2014, 158 ff. Für die Zulässigkeit dieser Regelung *Hartung*, KuR 2016, 43 ff., dagegen *Beckermann*, DÖV 2016, 112 (116 ff.).
48 Ebenso *Zacharias*, NVwZ 2007, 1257 (1262), und *H. Weber*, ZevKR 57 (2012), 347, 385, sowie BVerfGE 139, 321 (371 ff.; abweichende Meinung des Richters Voßkuhle, der Richterin Hermanns und des Richters Müller; Zustimmung für dieses abweichende Votum u.a. bei *Morlok*, in: H. Dreier (Hrsg.), Art. 140 GG/ Art. 137 WRV, Rn. 107. Meinungsübersicht bei *Muckel*, NVwZ 2015, 1426 f.
49 So BVerfGE 139, 321 (356; Mehrheitsmeinung des Senats).
50 BVerfGE 139, 321 (360). Dazu *Hartung*, KuR 2016, 43, 49 f.; ähnlich *Magen*, HSKR, Bd. 1, Rn. 68 f.
51 BVerfGE 139, 321 (357). Umfassend dazu *Walter/v. Ungern-Sternberg/Lorentz*, passim.

c) Voraussetzungen bzw. Schranken

aa) Gewähr der Dauer

285 Gem. Art. 140 GG i.V.m. Art. 137 Abs. 5 S. 2 WRV ist bisher nicht korporierten Religionsgemeinschaften der Körperschaftsstatus zu verleihen, „wenn sie durch ihre Verfassung und die Zahl ihrer Mitglieder die Gewähr der Dauer bieten". Die einzige geschriebene **Voraussetzung** ist nach dem klaren Wortlaut der Vorschrift also die „Gewähr der Dauer", während die Verfassung und die Mitgliederzahl der antragstellenden Religionsgemeinschaft (nur) **Indikatoren** für das Vorliegen dieser Voraussetzung sind.[52] Nach allgemeiner Ansicht bietet eine Religionsgemeinschaft die Gewähr ihres dauerhaften Bestehens, „wenn sie als ein stetiger Rechtsträger mit klaren Organisationsformen, Willensbildungsverfahren und Organen bestimmt werden kann, die eine langfristige Fähigkeit zur Kooperation mit dem freiheitlich demokratischen Rechtsstaat gewährleisten".[53] Mit dem Kriterium der Gewähr der Dauer soll sichergestellt werden, dass der mit weit reichenden Befugnissen verknüpfte Körperschaftsstatus nur an in ihrem aktuellen und voraussichtlich künftigen Bestand gefestigte Religionsgemeinschaften verliehen wird. Dieses Kriterium liefert aber keinen Maßstab, der es erlaubte, mit mathematischer Präzision das (Nicht-)Vorliegen der Voraussetzungen für eine Verleihung des Körperschaftsstatus festzustellen. Vielmehr eröffnet es den Raum für eine „prognostische Einschätzung" der Verleihungsbehörde.[54]

bb) Verfassung

286 Der Begriff der Verfassung i.S.d. Art. 140 GG i.V.m. Art. 137 Abs. 5 S. 2 WRV bezeichnet zunächst nicht nur die rechtliche Struktur, sondern den **tatsächlichen Gesamtzustand** der antragstellenden Religionsgemeinschaft.[55] In rechtlicher Hinsicht ist zunächst eine den Erfordernissen des Rechtsverkehrs genügende **Satzung** erforderlich, die umfassend vor allem über den organisatorischen Aufbau der Religionsgemeinschaft, insbesondere über ihre Vertretungsorgane Auskunft gibt. Für die Ermittlung des tatsächlichen Gesamtzustandes können darüber hinaus weitere Indizien ausgemacht werden, die allerdings nicht schematisch, sondern im Wege einer Gesamtbetrachtung in die Bewertung einfließen.[56] Zu diesen Indizien zählen etwa die Grundlagen der **Finanzausstattung**.[57] Ferner muss die Religionsgemeinschaft bereits über einen hinreichend langen **Zeitraum** existiert haben. Die Dauer dieses Zeitraums lässt sich nicht mit mathematischer Genauigkeit ermitteln. Im Allgemeinen wird eine Mindestbestandszeit von etwa 30 Jahren, d.h. ein Bestand über den ersten Generationswechsel hinaus gefordert.[58] Wird dieser Zeitraum unterschritten, so ist die Erlangung des Körperschaftsstatus gleichwohl möglich, wenn es sich bei der betreffenden Religionsgemeinschaft – wie etwa bei islamischen Religionsgemeinschaften – um Vereinigungen handelt, die im

---

52 In diesem Sinn BVerfGE 102, 370 (384); *Classen*: Religionsrecht, Rn. 309; anders wohl *Korioth*, in: Dürig/Herzog/Scholz (Hrsg.), Art. 140 GG/Art. 137 WRV, Rn. 73, der dem Art. 137 Abs. 5 S. 2 WRV „drei Kriterien" entnimmt.
53 Zustimmend u.a. *v. Campenhausen/de Wall*, § 18, Rn. 17.
54 BVerfGE 102, 370 (384); ebenso *Stern*: Staatsrecht, Bd. IV/2, S. 1300; *Muckel*, in: Friauf/Höfling (Hrsg.), Art. 140/Art. 137 WRV, Rn. 86.
55 BVerfGE 102, 370 (384 f.); zustimmend etwa *Ehlers*, in: Sachs (Hrsg.), Art. 140 GG/Art. 137 WRV, Rn. 25, und *Mager*, in: v. Münch/Kunig (Hrsg.), Art. 140, Rn. 60.
56 Vgl. BVerfGE 102, 370 (385) m.w.N.
57 BVerfGE 66, 1 (24).
58 *H. Weber*, ZevKR 34 (1989), 337 (352).

Ausland seit langem bestehen und eine weiterhin dauerhafte Etablierung auch in dem jeweiligen Bundesland erwarten lassen. Im Lichte der Rspr. des EGMR ist allgemein zweifelhaft geworden, ob die bisher verlangte Mindestbestandszeit jedenfalls bei Religionsgemeinschaften, die international seit langem etabliert sind, als religionsverfassungsrechtliches Kriterium zulässig ist.[59] Im Übrigen hat das BVerfG festgestellt, dass ein eschatologischer Glaubensinhalt einer positiven Gesamteinschätzung der Gewähr der Dauer nicht entgegensteht.[60] Schließlich gehört auch eine gewisse **Intensität des praktizierten religiösen Lebens** zu den Indizien für den tatsächlichen Gesamtzustand der Religionsgemeinschaft. Insoweit muss ein Mindestmaß an lokaler Gemeindeorganisation mit religiös-seelsorgerlicher Grundversorgung gegeben sein.[61]

cc) Zahl der Mitglieder

Auch der Indikator der Zahl der Mitglieder der antragstellenden Religionsgemeinschaft ist kein mit Sicherheit zu bestimmender Maßstab. Nach einer einschlägigen Empfehlung der Kultusministerkonferenz soll die Mitgliederzahl eine gewisse Bedeutung im öffentlichen Leben anzeigen.[62] Die Verleihungspraxis der Länder verlangt i.d.R. einen Mitgliederanteil von einem **Tausendstel der Bevölkerung**.[63] Da jedoch weder der Wortlaut des Art. 137 Abs. 5 S. 2 WRV noch die Entstehungsgeschichte dieser Norm einen Hinweis auf dieses Kriterium geben, werden zunehmend und zutreffend Zweifel an seiner Gültigkeit geäußert.[64] Das BVerwG hat diese Zweifel aufgenommen und klargestellt, dass das Tausendstel-Kriterium keine bindende Wirkung entfaltet.[65] Zudem kann „allein aus der Zahl der Mitglieder nicht unmittelbar auf den künftigen Fortbestand der Religionsgemeinschaft geschlossen werden".[66] Darüber hinaus werden unter dem übergreifenden Gesichtspunkt der „Gewähr der Dauer" klare Mitgliedschaftsregeln und auch ein Blick auf die Altersstruktur verlangt.

287

dd) Ungeschriebene Voraussetzungen bzw. Schranken

Neben den in Art. 140 GG i.V.m. Art. 137 Abs. 5 S. 2 WRV ausdrücklich erwähnten Voraussetzungen werden zumindest drei weitere, ungeschriebene Schranken für den Zugang zum Körperschaftsstatus diskutiert. So wird unter Rückgriff auf die Verbindungsthese zum Zweck des Körperschaftsstatus (s.o. Rn. 280) eine besondere **Staatsloyalität** gefordert. Die mit den Körperschaftsrechten verbundenen Befugnisse auf dem Gebiet des öffentlichen Rechts dürften nur verliehen werden, wenn die antragstellende Religionsgemeinschaft eine grundsätzlich positive Grundeinstellung gegenüber den (verfassungs-)rechtlichen Grundlagen des Staates und seinen Institutionen einnimmt.[67]

288

---

59 EGMR, NVwZ 2009, 509; dazu *Walter*, DVBl. 2010, 993 (996); *H. Weber*, NVwZ 2009, 503 (505 ff.).
60 BVerfGE 102, 370 (386). Bezogen auf die in dem Verfahren betroffene Religionsgemeinschaft der Zeugen Jehovas hat das Gericht auf den bemerkenswerten Umstand hingewiesen, dass ihr Mitgliederbestand unbeeinträchtigt geblieben ist, „obwohl mehrmals ein von ihr konkret berechneter Weltuntergang nicht stattgefunden hat".
61 So insbesondere *v. Campenhausen/de Wall*, § 18, Rn. 18 m.w.N.
62 Dazu *H. Weber*, ZevKR 34 (1989), 337 (377 f.) m.w.N.
63 Statt vieler *Ehlers*, in: Sachs (Hrsg.), Art. 140 GG/Art. 137 WRV, Rn. 25 m.w.N.
64 Vgl. VGH-Hess., DVBl. 2011, 1498 (1499 f.).
65 BVerwG, NVwZ 2013, 943 (944), dazu auch *Magen*, HSKR, Bd. 1, Rn. 58.
66 BVerwG, NVwZ 2013, 943 (943).
67 BVerwGE 105, 117 (126); *Muckel*, DÖV 1995, 311 (316); *ders.*, Der Staat 38 (1999), 569; *Tillmanns*, DÖV 1999, 441 (449 ff.).

Z.T. wird dieses Kriterium sogar erweitert zu einem allgemeinen Kulturvorbehalt.[68] Gegen diese Auffassung lassen sich – neben der Zurückweisung der zugrunde liegenden Verbindungsthese (s.o. Rn. 280) – zumindest fünf Argumente anführen.[69] Das **Wortlaut-Argument** besagt, dass sich für das zusätzliche Kriterium der Staatsloyalität kein Anhaltspunkt im Wortlaut des Art. 137 Abs. 5 S. 2 WRV findet. Da der Wortlaut die Grenze jeder Auslegung eines Rechtstextes bildet, muss die These von der Geltung dieser Loyalitätsklausel zurückgewiesen werden. Das **Systematik-Argument** besagt, dass die Annahme weiterer, ungeschriebener Voraussetzungen das Verhältnis von Art. 137 Abs. 2 und 3 WRV einerseits und Art. 137 Abs. 5 WRV andererseits beeinträchtigt. Mit dem Loyalitätskriterium wird die umfassende, auch im Lichte des Selbstbestimmungsrechts zu betrachtende Organisationsfreiheit derjenigen Religionsgemeinschaften, die den Körperschaftsstatus anstreben, zu stark zurückgedrängt. Mit dem **Grundrechtsargument** wird – drittens – darauf hingewiesen, dass das zugrunde liegende Grundrecht aus Art. 4 Abs. 1 und 2 GG in seiner Konkretisierung durch Art. 140 GG i.V.m. Art. 137 Abs. 2 WRV ein vorbehaltloses Grundrecht ist. Zur verfassungsrechtlichen Rechtfertigung von Einschränkungen kommen also ausschließlich konkrete verfassungsimmanente Schranken in Betracht. Neben seiner verfassungsrechtlichen Verankerung ist aber auch der Bedeutungsgehalt der „Staatsloyalität" zu vage, um eine taugliche Grundrechtsschranke abgeben zu können. Das vierte und **funktionale Argument** weist auf das verfehlte Grundrechtsverständnis hin, auf dem die Forderung nach der Staatsloyalität beruht. Dieses Argument besagt, dass die Verleihung des Körperschaftsstatus ausschließlich der Förderung des Grundrechts der Religionsfreiheit und nicht bestimmten Verfassungserwartungen an das vermeintlich dem Staat nützliche Verhalten der Religionsgemeinschaften dient (s.o. Rn. 280). Den betreffenden Religionsgemeinschaften wird dieser Status also „um ihrer selbst willen" verliehen, und nicht aufgrund ihrer vermeintlichen Funktion als dem Staat gegenüber loyalen „Unternehmer(n) für Sinngebung" und kulturelle Stabilisierung.[70] Der vom Grundgesetz gewährleistete, grundrechtlich fundierte Freiheitsgebrauch ist nicht an die Erfüllung bestimmter Funktionen für den Staat gekoppelt. Mit dem **Paritätsargument** wird schließlich auf die Konsequenz der Loyalitätsklausel hingewiesen, die aus Gründen der Parität nicht hinzunehmen ist. Es besagt, dass mit dem Postulat der Staatsloyalität die korporierten Religionsgemeinschaften in ihrem Freiheitsgebrauch im Ergebnis stärker eingeschränkt werden als die privatrechtlich organisierten Religionsgemeinschaften. Darin liegt ein Wertungswiderspruch, da mit der Verleihung des Körperschaftsstatus besondere Vergünstigungen verbunden sein sollen. Insgesamt ist die Forderung nach einer grundsätzlich „staatsloyalen" Haltung angesichts der Pluralisierung religionsgemeinschaftlicher Phänomene verfassungspolitisch nachvollziehbar; sie ist aber verfassungsdogmatisch nicht zu begründen.[71]

289 Während das Kriterium der „Staatsloyalität" in Rechtsprechung und Literatur umstritten ist, herrscht weitgehende Einigkeit darüber, dass eine Religionsgemeinschaft, die den Körperschaftsstatus anstrebt, rechtstreu sein muss.[72] **Rechtstreue** soll vorliegen, wenn die betreffende Religionsgemeinschaft „die Gewähr dafür bietet, dass sie

---

68 Dazu u.a. *Korioth*, in: Dürig/Herzog/Scholz (Hrsg.), Art. 140 GG/Art. 137 WRV, Rn. 78.
69 Zum Folgenden ausführlich *Korioth*, in: Dürig/Herzog/Scholz (Hrsg.), Art. 140 GG/Art. 137 WRV, Rn. 79, und *Bohl*, S. 114 ff., jeweils m.w.N. Gegen das Kriterium der Staatsloyalität auch BVerfGE 102, 370 (395 f.).
70 *H. Weber*, in: Heinig/Walter (Hrsg.), S. 229 (231).
71 BVerfGE 102, 370 (395); *Stern*: Staatsrecht, Bd. IV/2, S. 1303 m.w.N.
72 So schon *Ebers*, S. 181; aus jüngerer Zeit u.a. *Stern*: Staatsrecht, Bd. IV/2, S. 1300 ff.

das geltende Recht beachten, insbesondere die ihr übertragene Hoheitsgewalt nur in Einklang mit den verfassungsrechtlichen und den sonstigen gesetzlichen Bindungen ausüben wird".[73] In dieser undifferenzierten Formulierung können dem Kriterium der Rechtstreue z.T. die schon gegen die Loyalitätsklausel angeführten Argumente entgegengehalten werden. Dies gilt etwa für das Grundrechts- und das Paritätsargument, u.zw. auch dann, wenn mit der Forderung nach Respektierung der Rechtsordnung eine allgemeingültige Selbstverständlichkeit gemeint sein sollte.[74] Sinn macht das Kriterium der Rechtstreue dann, wenn es zum Kriterium der „**Verfassungstreue**" verengt und seine Handhabung in die Grundrechtsdogmatik integriert wird.[75]

Diese Transformation hat das BVerfG in seiner **Ersten Zeugen-Jehovas-Entscheidung** selbst vollzogen und in seiner **Zweiten Zeugen-Jehovas-Entscheidung** bestätigt. Danach muss eine antragstellende Religionsgemeinschaft „insbesondere die Gewähr dafür bieten, dass ihr künftiges Verhalten die in Art. 79 Abs. 3 GG umschriebenen **fundamentalen Verfassungsprinzipien**, die dem staatlichen Schutz anvertrauten **Grundrechte Dritter** sowie die **Grundprinzipien des freiheitlichen Religions- und Staatskirchenrechts des Grundgesetzes** nicht gefährdet".[76] Das Gericht betont zudem, dass nicht der *Glaube*, sondern das *Verhalten* der jeweiligen Religionsgemeinschaft den Anknüpfungspunkt für die Gewährsprüfung bildet. Die vom BVerfG genannten Kriterien für die Versagung des Körperschaftsstatus fügen sich nahtlos in die grundrechtsbasierte Betrachtungsweise der religiösen Vereinigungsfreiheit ein. Nur **kollidierendes Verfassungsrecht** vermag – nach einer entsprechenden Abwägung und auf einer (landes-)gesetzlichen Grundlage – Eingriffe in Gestalt von Beschränkungen des Zugangs zum Körperschaftsstatus verfassungsrechtlich zu rechtfertigen.[77] Sie ermöglichen zudem eine kohärente Schrankendogmatik für privatrechtlich organisierte und korporierte Religionsgemeinschaften, denn das Verbot einer Religionsgemeinschaft kann ebenfalls nur aufgrund kollidierenden Verfassungsrechts erfolgen (s.o. Rn. 273). Das BVerfG deutet selbst an, dass der Körperschaftsstatus insoweit zu versagen ist, wenn die von der betreffenden Religionsgemeinschaft empfohlenen Erziehungspraktiken das Wohl der Kinder beeinträchtigen oder austrittswillige Mitglieder zwangsweise in der Gemeinschaft festgehalten werden.[78]

290

d) Aktuelle Probleme

Die Verleihung des Körperschaftsstatus gem. Art. 140 GG i.V.m. Art. 137 Abs. 5 S. 2 WRV wirft im Zuge der **Pluralisierung** der Religion zunehmend Probleme auf. Konkret geht es um die Frage, ob auch solche Religionsgemeinschaften, deren religiöse und strukturelle Eigenarten bei Entstehung und Inkorporation der Vorschrift noch

291

---

73 BVerfGE 102, 370 (390); ebenso u.a. *Magen*, HSKR, Bd. 1, Rn. 59 ff.; *Mager*, in: v. Münch/Kunig (Hrsg.), Art. 140, Rn. 61, und *Korioth*, in: Dürig/Herzog/Scholz (Hrsg.), Art. 140 GG/Art. 137 WRV, Rn. 77 m.w.N. in Anm. 3.
74 Zur Kritik an diesem weit verstandenen Kriterium der Rechtstreue auch *Heinig*: Öffentlich-rechtliche Religionsgemeinschaften, S. 328 ff.
75 Zur Rechtstreue als „Verfassungstreue" siehe *Magen*: Körperschaftsstatus, S. 142 ff.
76 BVerfGE 102, 370 (392) (Hervorhebungen vom Verf.); ebenso BVerfGE 139, 321 (351). Diese Kriterien entsprechen Art. 36 Abs. 3 S. 3 Verf-Bbg.
77 Ebenso *Korioth*, in: Dürig/Herzog/Scholz (Hrsg.), Art. 140 GG/Art. 137 WRV, Rn. 80; *Morlok*, in: H. Dreier (Hrsg.), Art. 140 GG/Art. 137 WRV, Rn. 99; ausdrücklich zur Anwendung der Grundrechtsdogmatik *Heinig*: Öffentlich-rechtliche Religionsgemeinschaften, S. 328 ff.
78 BVerfGE 102, 370 (399); zustimmend *Ehlers*, in: Sachs (Hrsg.), Art. 140 GG/Art. 137 WRV, Rn. 26; weitere Gründe für eine Versagung des Körperschaftsstatus bei *Sendler*, DVBl 2004, 8 (9); *Link*, ZevKR 43 (1998), 1 (23 ff.); *H. Weber*, ZevKR 41 (1996), 172 (204 ff.).

§ 9 C. Organisationsformen der Religionsgemeinschaften

nicht im Fokus der Überlegungen standen, einen Verleihungsanspruch erfolgreich geltend machen können. Virulent wird diese Frage, weil die Nachfrage nach dem Körperschaftsstatus aufgrund der mit ihm verbundenen Vorteile steigt. Zum religionsverfassungsrechtlichen Problem wird sie durch den Umstand, dass die Rechtsfigur der Körperschaft sui generis erkennbar auf die Struktur der großen christlichen Kirchen zugeschnitten ist, die historisch bedingte Parallelen zur gebietskörperschaftlichen Verbandsstruktur des Staates aufweist.[79] Die konkreten Einzelfragen und -antworten differieren je nachdem, welche religiöse Vereinigung betroffen ist. So hat das BVerfG bereits eine positive Antwort auf die Frage nach dem Anspruch der Zeugen Jehovas auf die Verleihung des Körperschaftsstatus gegeben.[80]

292 Eine abschließende Beurteilung des Zugangs **islamischer Vereinigungen** steht noch aus. Probleme ergeben sich hier unter zwei Aspekten. Zum einen ist fraglich, ob islamische Vereinigungen als „**Religionsgemeinschaften**" i.S.d. Anspruchsvoraussetzungen des Art. 140 GG i.V.m. Art. 137 Abs. 5 S. 2 WRV gelten können. Denn die Anhänger des Islam und seiner verschiedenen Strömungen sind i.d.R. weniger fest organisiert: Formale Konfessionen oder eine klar strukturierte und einheitliche Amtskirche sind dem Islam fremd.[81] In diesem Zusammenhang ist daran zu erinnern, dass jedenfalls nach der zutreffend extensiven Interpretation in der Rspr. des BVerwG auch ein **islamischer Dachverband** als körperschaftstaugliche Religionsgemeinschaft angesehen werden kann (vgl. Rn. 253, 459). Zum anderen wird gelegentlich bezweifelt, dass islamische Vereinigungen die **Gewähr der „Verfassungstreue"** (s.o. Rn. 290) bieten – etwa im Hinblick auf die Trennung von Staat und Kirche, die Rolle der Geschlechter oder ihre vermeintlich latente Bereitschaft zur Gewalt.[82] Ein unlösbarer Konflikt mit den Kriterien der „Verfassungstreue" kann zwar nicht kategorisch ausgeschlossen werden. Für einen Generalverdacht aller islamischen Vereinigungen gibt es jedoch keinen Anlass.[83] Vielmehr muss in jedem Einzelfall geprüft werden, ob das Verhalten der antragstellenden religiösen Vereinigung hinreichend konkrete Anhaltspunkte dafür liefert, dass die Fundamentalprinzipien des Art. 79 Abs. 3 GG, die Grundrechte Dritter oder die Grundprinzipien des grundgesetzlichen Religionsverfassungsrechts gefährdet werden.[84]

3. Der Zusammenschluss korporierter Religionsgemeinschaften

293 Nach **Art. 140 GG i.V.m. Art. 137 Abs. 5 S. 3 WRV** ist auch ein Verband von Religionsgemeinschaften, die nach Maßgabe des Art. 140 GG i.V.m. Art. 137 Abs. 5 S. 1 und 2 WRV den Körperschaftsstatus *be*- bzw. *erhalten* haben, eine öffentlich-rechtliche Körperschaft. Die Auslegung dieser Vorschrift ist in mehrfacher Hinsicht problematisch. Dies gilt etwa für die Frage, welches Landesrecht bei überregionalen Zusammenschlüssen einschlägig ist. Aus der Fülle der Probleme sollen zwei aktuelle und praktisch besonders bedeutsame näher betrachtet werden. Zunächst ist der **Begriff des**

---

79 Zu diesem Problem auch *Kloepfer*, DÖV 2006, 45 (48).
80 BVerfGE 102, 390.
81 Vgl. *Stock*, NVwZ 2004, 1399 (1402 ff.); *Waldhoff*: Neue Religionskonflikte und staatliche Neutralität, D81 f.
82 Vgl. *Quaas*, NVwZ 2009, 1400 (1402 f.); *Hillgruber*, JZ 1999, 538 (546 f.); *Mager*, in: v. Münch/Kunig (Hrsg.), Art. 140, Rn. 64.
83 Zutreffend insofern die Aussage bei *Stern*: Staatsrecht, Bd. IV/2, S. 1303, dass „exzessive Auswüchse religiöser Fundamentalisten nicht dazu führen (dürfen), überzogene Anforderungen an diese Gemeinschaften zu stellen." Zum Verhältnis der islamischen Religionsgemeinschaften zum deutschen Recht s.a. *Rohe*, S. 187 ff.
84 Instruktiver Klausurfall bei *Magen*, in: Heinig (Hrsg.), S. 129 ff.

Verbandes klärungsbedürftig. Unstreitig werden von diesem Begriff Zusammenschlüsse fortexistierender Religionsgemeinschaften etwa in der Form von Zweckverbänden umfasst. Aufgrund der Offenheit des Begriffs ist darüber hinaus davon auszugehen, dass auch Fusionen, d.h. Zusammenschlüsse, in denen die betreffenden Religionsgemeinschaften aufgehen, gemeint sind. Zwar dürfte speziell das zunehmend aktuelle Thema der Fusion evangelischer Landeskirchen zum Zeitpunkt der Entstehung und der Inkorporation der Norm noch nicht im Fokus der Überlegungen gestanden haben. Es entspricht aber nicht ihrem Telos, Fusionen korporierter Religionsgemeinschaften im Gegensatz zu Zweckverbänden den Körperschaftsstatus zu versagen. Ein identisches Ergebnis kann mit einem argumentum a maiore ad minus erreicht werden: Wenn schon der Zusammenschluss korporierter Religionsgemeinschaften in Form eines Zweckverbandes den Körperschaftsstatus erlangt, dann muss dies erst recht für Zusammenschlüsse in Form von Fusionen korporierter Religionsgemeinschaften gelten. Allerdings hat der über Art. 140 GG i.V.m. Art. 137 Abs. 5 S. 3 WRV vermittelte öffentlich-rechtliche Status der Zusammenschlüsse keine unmittelbaren Auswirkungen auf ihren jeweiligen Status als Religionsgemeinschaft.[85] So sind etwa Zweckverbände evangelischer Landeskirchen oder Dachverbände islamischer Teilorganisationen (vgl. Rn. 253, 459) nicht zwingend zugleich selbst Kirchen bzw. Religionsgemeinschaften.

Das zweite bemerkenswerte Problem resultiert aus dem Umstand, dass Art. 140 GG i.V.m. Art. 137 Abs. 5 S. 3 WRV qua Verfassung den Körperschaftsstatus der von der Norm umfassten Zusammenschlüsse anordnet. Für die Entstehung einer Körperschaft des öffentlichen Rechts genügt also ein religionsgemeinschaftlicher Rechtsakt; eine **staatliche Mitwirkung** ist nicht erforderlich. Unter Hinweis auf die Rechtsklarheit und die Sicherheit des allgemeinen Rechtsverkehrs wird daher die These vertreten, dass ein staatlicher Mitwirkungsakt in Gestalt einer Bestätigung des Körperschaftsstatus nebst Publikation in einem staatlichen Verkündungsblatt erforderlich sei. Zudem wird darauf hingewiesen, dass eine entsprechende staatliche Mitwirkung in vielen religionsverfassungsrechtlichen Verträgen festgeschrieben ist.[86] Die Forderung nach einer Anerkennung des über Art. 140 GG i.V.m. Art. 137 Abs. 5 S. 3 WRV vermittelten Körperschaftsstatus durch den Staat ist zwar verfassungspolitisch nachvollziehbar und ihr wird in der Praxis auch nachgekommen, wenn und soweit die religionsverfassungsrechtlichen Verträge keine Regelungen treffen – etwa bei Fusionen evangelischer Landeskirchen. Aufgrund des klaren Wortlauts der Norm ist das dogmatische Fundament dieser Forderung jedoch brüchig.[87]

III. Verlust und Entzug des Körperschaftsstatus

Der Körperschaftsstatus von Religionsgemeinschaften kann auch wieder verloren gehen oder entzogen werden.[88] Der **Verlust** des Körperschaftsstatus kann nur durch einen staatlichen Hoheitsakt auf gesetzlicher Grundlage eintreten.[89] Er kann angezeigt sein, wenn die Religionsgemeinschaft ihre Mitglieder verliert oder sich selbst auflöst. Ferner muss der Körperschaftsstatus aufgehoben werden, wenn die betreffende

---

85 Vgl. BVerwGE 123, 49 (59).
86 So etwa *Stern*: Staatsrecht, Bd. IV/2, S. 1305; zustimmend etwa *Ehlers*, in: Sachs (Hrsg.), Art. 140 GG/ Art. 137 WRV, Rn. 27.
87 Ebenso *Kästner*, in: Dolzer u.a. (Hrsg.), Art. 140 Rn. 412.
88 Zum Folgenden siehe insbesondere *K.S. Stein*, passim, und *Lindner*, VerwArch 95 (2004), 88 ff. Zur Frage des Fortbestehens der Israelitischen Synagogengemeinde „Adass Jisroel" siehe BVerwGE 105, 255 ff.
89 BVerwG, NVwZ 2009, 309 f.; *Quaas*, NVwZ 2009, 1400 (1403).

Religionsgemeinschaft einen entsprechenden Antrag stellt; dies folgt schon aus dem Selbstbestimmungsrecht der Religionsgemeinschaften. Dies gilt unter dem Aspekt der Organisationsgewalt auch für Anträge, die sich auf korporierte Untergliederungen der Religionsgemeinschaft beziehen.[90]

296 Hinsichtlich der Voraussetzungen für einen **Entzug**, d. h. für einen unfreiwilligen Verlust des Körperschaftsstatus ist zu unterscheiden. Bei den **geborenen Körperschaften** i.S.d. Art. 140 GG i.V.m. Art. 137 Abs. 5 S. 1 WRV, die ihren Körperschaftsstatus qua Verfassung innehaben, ist zunächst eine Verfassungsänderung erforderlich. Der konkrete Entzug muss sodann durch Gesetz oder auf der Grundlage eines Gesetzes erfolgen.[91] Bei den **gekorenen Körperschaften** nach Art. 140 GG i.V.m. Art. 137 Abs. 5 S. 2 WRV ist eine gesetzliche Grundlage und ein actus contrarius zur Verleihung erforderlich. Als gesetzliche Grundlage kommen Spezialgesetze – etwa die Regelung zu Rücknahme und Widerruf in Art. 1 Abs. 3 KiStG-Bay – oder die allgemeinen Regelungen der §§ 48, 49 VwVfG in Betracht.[92] Als Entzugsgründe kommen die Rechtswidrigkeit der Verleihung des Körperschaftsstatus, der Wegfall der Voraussetzungen oder das Verbot der betreffenden Religionsgemeinschaft in Betracht.

IV. Die Körperschaftsrechte

1. Allgemeines

297 Mit dem Körperschaftsstatus gem. Art. 140 GG i.V.m. Art. 137 Abs. 5 WRV ist unstreitig eine Reihe von konkreten Körperschaftsrechten verbunden.[93] Im Einzelnen handelt es sich um die Dienstherrnfähigkeit[94], die Organisationsgewalt, das Satzungsrecht, das Parochialrecht, die Widmungsbefugnis, das Besteuerungsrecht und das sog. „Privilegienbündel". Die **dogmatische Ableitung** dieser Rechte ist hingegen – mit Ausnahme des in Art. 140 GG i.V.m. Art. 137 Abs. 6 WRV verankerten Rechts der Erhebung von Steuern – umstritten. So wird zum einen angenommen, dass die mit dem Körperschaftsstatus verbundenen Hoheitsbefugnisse „erst im Wege einer ausdrücklichen Verleihung seitens des Staates übertragen" werden.[95] Zum anderen wird pauschal auf die Rechtspraxis verwiesen und damit auf eine dogmatische Verankerung der konkreten Körperschaftsrechte überhaupt verzichtet.[96] Den Ausgangspunkt für eine adäquate Herleitung der Körperschaftsrechte liefert die Rückbesinnung auf die Funktion des Körperschaftsstatus (s.o. Rn. 280). Die anerkannten Körperschaftsrechte dienen ausnahmslos dem Ziel der Grundrechtsförderung, d. h. sie stehen in einem engen Zusammenhang mit der Erleichterung der Wahrnehmung der (kollektiven) Religionsfreiheit. Vor diesem religionsverfassungsrechtlichen Hintergrund können die mit dem Körperschaftsstatus verbundenen Rechte direkt dem Begriff der Körperschaft des öffentlichen Rechts sui generis entnommen werden.

---

90 BVerwG, NVwZ 2009, 309. Die gegen diese Entscheidung erhobene Verfassungsbeschwerde hat das Bundesverfassungsgericht mit Beschluss vom 17.6.2009 – 2 BvR 911/09 – nicht zur Entscheidung angenommen.
91 Statt vieler *Korioth*, in: Dürig/Herzog/Scholz (Hrsg.), Art. 140 GG/Art. 137 WRV, Rn. 82 m.w.N.; a.A. u.a. *Heinig*: Gesetzgeberische Gestaltungsoptionen, S. 182 ff. (252 ff.), und *Magen*, HSKR, Bd. 1, Rn. 71 m.w.N.
92 Zur Heranziehung der §§ 48, 49 VwVfG in der jeweiligen Fassung der Ländergesetze siehe *Stern*: Staatsrecht, Bd. IV/2, S. 1306 f. m.w.N.
93 Überblick bei *Starski*, KuR 2016, 51 (66 f.).
94 Gegen die Möglichkeit einer Ableitung der Dienstherrnfähigkeit aus Art. 140 GG i.V.m. Art. 137 Abs. 5 WRV *Janssen*, S. 122 ff., der insofern (ebd., S. 168) auf die konstitutive Wirkung von § 135 S. 2 BRRG verweist.
95 So etwa *Korioth*, in: Dürig/Herzog/Scholz (Hrsg.), Art. 140 GG/Art. 137 WRV, Rn. 83, und *Janssen*, passim.
96 Dazu u.a. *Classen*: Religionsrecht, Rn. 314.

2. Die Dienstherrnfähigkeit

Nach der allgemeingültigen Legaldefinition in § 2 BeamtStG bezeichnet die Dienstherrnfähigkeit das „Recht, Beamte zu haben", d.h. öffentlich-rechtliche Dienstverhältnisse zu begründen, die nicht dem Arbeits- und Sozialversicherungsrecht unterliegen.[97] Die korporierten Religionsgemeinschaften machen von diesem Recht zumeist Gebrauch bei Personen(gruppen), die einen besonderen, insbesondere mit Hoheits- und Aufsichtsbefugnissen verbundenen Dienst versehen, etwa bei Pastorinnen oder Pastoren und leitenden Mitarbeiterinnen oder Mitarbeitern. Über das in Art. 140 GG i.V.m. Art. 137 Abs. 3 S. 2 WRV verankerte Recht zur freien Ämtervergabe (s.o. Rn. 156) hinaus bewirkt die Dienstherrnfähigkeit, dass diese von den Religionsgemeinschaften durch Hoheitsakt begründeten Dienstverhältnisse auch im weltlichen Bereich anerkannt werden. Hier wird der religionsgemeinschaftliche Dienst nach anfänglichem Zögern auch unabhängig von einer entsprechenden Vereinbarung in religionsverfassungsrechtlichen Verträgen[98] als öffentlicher Dienst gewertet mit der Folge, dass entsprechende Dienstzeiten im Bundesbesoldungs- und -versorgungsgesetz als Vordienstzeiten gelten. Einschlägige Rechtsstreitigkeiten werden vor der Verwaltungsgerichtsbarkeit ausgetragen (s.o. Rn. 219 ff.).

298

Für die Ausgestaltung des religionsgemeinschaftlichen Dienstes kann gem. § 135 S. 2 BRRG auf das staatliche (Bundes-) Beamtenrecht verwiesen werden.[99] Unabhängig davon setzt die Anerkennung dieses Dienstes als öffentlicher Dienst zumindest eine dem öffentlichen Dienst vergleichbare Struktur voraus. In diesem Sinn unterliegt die Ausgestaltung des religionsgemeinschaftlichen Beamtenrechts einem „**Typenzwang**", dessen Ausmaß in einen schonenden Ausgleich mit dem Selbstbestimmungsrecht aus Art. 140 GG i.V.m. Art. 137 Abs. 3 WRV zu bringen ist.[100] Daraus folgt, dass die in Art. 33 Abs. 5 GG verankerten Grundsätze des Berufsbeamtentums zwar nicht pauschal und uneingeschränkt, als Struktur bildendes Minimum jedoch weitgehend auch auf religionsgemeinschaftliche Dienstverhältnisse anwendbar sind.[101] So müssen jedenfalls diejenigen Grundsätze aus Art. 33 Abs. 5 GG berücksichtigt werden, die die Exemtion der öffentlich-rechtlichen Dienstverhältnisse aus dem Arbeits- und Sozialversicherungsrecht rechtfertigen, so etwa das Lebenszeit-, das Leistungs-, das Laufbahn-, das Alimentations- und das Legalitätsprinzip sowie die Fürsorgepflicht des Dienstherrn und die Treuepflicht der bzw. des Beamten.[102]

299

Aus der Dienstherrnfähigkeit folgen mit der Disziplinargewalt und dem Vereidigungsrecht zumindest zwei weitere konkrete Befugnisse. Die **Disziplinargewalt** bezeichnet die Befugnis, über den Bereich der inner-religionsgemeinschaftlichen „Zuchtmaßnahmen" hinaus öffentlich-rechtliche Disziplinarmaßnahmen mit Wirkung in der weltlichen Rechtssphäre zu verhängen, um die Beamtinnen und Beamten zur Pflichterfüllung anzuhalten oder Fehlverhalten nachhaltig zu sanktionieren. In Betracht kommt ein Spektrum von Maßnahmen, das von der Verwarnung über die Gehaltskürzung

300

---

97 Statt vieler *Unruh*, in: Huber/Voßkuhle (Hrsg.), Art. 140 GG/Art. 137 WRV, Rn. 215 ff., und *Magen*, HSKR, Bd. 1, Rn. 47 f.; jeweils m.w.N.
98 Vgl. Art. 2 Abs. 2 S. 2 StKiV-SH. Zur Unzulässigkeit einer Ableitung der Dienstherrnfähigkeit von Religionsgemeinschaften aus religionsverfassungsrechtlichen Verträgen siehe *Janssen*, S. 156 ff.
99 § 135 BRRG gilt gem. § 63 Abs. 3 BeamtStG vom 17.6.2008 fort.
100 Dazu *Magen*, HSKR, Bd. 1, Rn. 47; *de Wall*, ZevKR 40 (2004), 369 ff., und *Janssen*, S. 170 ff.
101 Gegen die unmittelbare und entsprechende Anwendung des Art. 33 Abs. 5 GG auf den religionsgemeinschaftlichen Dienst aber die Rspr., etwa BVerfG (Kammer), NJW 2009, 1195 ff.
102 Ebenso u.a. *Janssen*, S. 171 f.; *Kästner*, in: Dolzer u.a. (Hrsg.), Art. 140 Rn. 417 m.w.N.

und eine Strafversetzung bis zu der Entfernung aus dem Dienst reicht. Bei der Durchsetzung dieser Maßnahmen leisten staatliche Organe regelmäßig Amts- und Vollstreckungshilfe. Mit der Dienstherrnfähigkeit kommt den korporierten Religionsgemeinschaften schließlich auch das **Vereidigungsrecht**, d. h. das Recht zur Abnahme von Eiden zu.[103] Die von Religionsgemeinschaften vorgenommene Vereidigung steht damit der staatlichen Vereidigung insbesondere strafrechtlich und strafverfahrensrechtlich gleich.

3. Die Organisationsgewalt

301 Der Begriff der Organisationsgewalt bezeichnet die Befugnis der korporierten Religionsgemeinschaften zur Bildung, Errichtung, Einrichtung, Änderung und Aufhebung von Untergliederungen, Organen oder sonstigen Rechtssubjekten.[104] Zwar ist die Kompetenz zur autonomen Regelung der internen Organisationsstruktur bereits in Art. 140 GG i.V.m. Art. 137 Abs. 3 WRV enthalten (s.o. Rn. 156). Über dieses Selbstbestimmungsrecht hinaus gehend ermöglicht es Art. 140 GG i.V.m. Art. 137 Abs. 5 WRV den Religionsgemeinschaften aber, sich dabei der Rechtsform des öffentlichen Rechts zu bedienen. Insgesamt garantiert der Körperschaftsstatus den Religionsgemeinschaften daher das Recht, eine **umfassende öffentlich-rechtlich strukturierte Organisationsstruktur** zu schaffen. So war bereits beim Erlass des Art. 137 Abs. 5 WRV unstreitig, dass es den Religionsgemeinschaften zusteht, etwa Kirchengemeinden, Kirchenkreise, Diözesen sowie deren Untergliederungen und Zusammenschlüsse zu errichten. Inzwischen ist darüber hinaus anerkannt, dass auch die Errichtung von Anstalten des öffentlichen Rechts – etwa im karitativen bzw. diakonischen sowie im Schulbereich – auf diese Norm gestützt werden kann.[105] Eine konstitutive Mitwirkung des Staates bei entsprechenden Organisationsakten ist religionsverfassungsrechtlich nicht vorgesehen. In der Praxis werden aber regelmäßig zumindest Informationsrechte, bzgl. kirchlicher Anstalten und Stiftungen auch Mitwirkungsrechte des Staates in den religionsverfassungsrechtlichen Verträgen vereinbart.[106]

4. Die Rechtsetzungsgewalt

302 Die Rechtsetzungsgewalt der korporierten Religionsgemeinschaften steht in engem Zusammenhang mit der Dienstherrnfähigkeit und der Organisationsgewalt. Sie umfasst als eigenständigen Aspekt die **Befugnis zur Rechtsetzung auf dem Gebiet des öffentlichen Rechts**. Entsprechende Rechtsetzungsakte gelten nicht nur gegenüber den Mitgliedern der jeweiligen Religionsgemeinschaft. Sie genießen Außenwirkung, d.h. sie sind im staatlichen Bereich als Rechtsakte auf dem Gebiet des öffentlichen Rechts anzuerkennen und ggf. anzuwenden.[107]

---

103 Dazu *Kästner*, in: Dolzer u.a. (Hrsg.), Art. 140 Rn. 418 m.w.N.; a.A. *Janssen*, S. 269 ff.
104 Vgl. *Magen*, HSKR, Bd. 1, Rn. 41; dazu auch *Mainusch*, ZevKR 49 (2004), 285 ff.
105 Dazu v. *Campenhausen/de Wall*, § 30, Rn. 13; a.A. *Janssen*, S. 234 f.
106 Vgl. Art. 13 StKiV-SH. Zur staatlichen Mitwirkung bei der Zu- bzw. Aberkennung des Körperschaftsstatus von Untergliederungen – etwa im Zusammenhang mit dem Kirchensteuerrecht – siehe BVerwG, NVwZ 2009, 390 f.; dazu *Quaas*, NVwZ 2009, 1400 ff.
107 Dazu statt vieler *Magen*, HSKR, Bd. 1, Rn. 37 ff., und *Jeand'Heur/Korioth*, Rn. 331 m.w.N.

5. Das Widmungsrecht
a) Begriff, Grundlage und Anwendungsbereich

Der religionsverfassungsrechtliche Begriff des Widmungsrechts bezeichnet die Befugnis der korporierten Religionsgemeinschaften, Vermögensgegenstände zu **öffentlichen Sachen** zu erklären und damit weitgehend dem staatlichen Recht der öffentlichen Sachen zu unterwerfen. Auf der gemeinsamen Grundlage dieser abstrakt gehaltenen Definition sind die meisten Aspekte des Widmungsrechts umstritten. Insbesondere der Umstand, dass sich hier verwaltungsrechtliche und spezifisch (religions-)verfassungsrechtliche Probleme begegnen und z. T. überlagern, offenbart die vielfach erkannte „Notwendigkeit einer juristischen Aufarbeitung und Systematisierung des gesamten Rechtsgebiets".[108] Bereits die Frage nach der konkreten religionsverfassungsrechtlichen Verankerung des Widmungsrechts wird nicht einheitlich beantwortet. Neben einigen wenigen Stimmen aus der Literatur, die seine Existenzberechtigung generell bezweifeln,[109] wird z. T. auf Verfassungsgewohnheitsrecht ggf. unter Anknüpfung an Art. 140 GG i.V.m. Art. 138 Abs. 2 WRV verwiesen.[110] Demgegenüber ist mit der ganz überwiegenden Auffassung festzuhalten, dass das Widmungsrecht als **verfassungsunmittelbare Rechtsfolge aus dem Körperschaftsstatus** zu qualifizieren ist.[111] Als (religions-)verfassungsrechtliche Grundlage genügt demnach Art. 140 GG i.V.m. Art. 137 Abs. 5 WRV.[112]

303

Die dogmatische Betrachtung des Widmungsrechts darf sich jedoch nicht ausschließlich auf diese Norm fokussieren; vielmehr sind auch weitere religionsverfassungsrechtliche Vorschriften einzubeziehen. Diese gilt vor allem für Art. 4 Abs. 1 und 2 GG, Art. 140 GG i.V.m. Art. 137 Abs. 3 und Art. 138 Abs. 2 WRV. Auf dieser Folie ist ein differenziertes Bild des Widmungsrechts und darüber hinaus des religionsverfassungsrechtlichen Schutzes von Vermögensgegenständen, die im Eigentum von korporierten Religionsgemeinschaften stehen, zu zeichnen. Insbesondere gilt es zu unterscheiden zwischen den sog. res sacrae und sonstigen Vermögensgegenständen. Der Begriff der **res sacrae** umfasst diejenigen Gegenstände, die unmittelbar dem Gottesdienst bzw. der Ausübung des jeweiligen Kultus dienen.[113] Dazu zählen etwa nach evangelischer Auffassung die Kirchengebäude, die Kirchenglocken und die Friedhöfe; nach katholischer Lesart werden darüber hinaus u. a. der Altar und die liturgischen Geräte erfasst. Diese Gegenstände werden aufgrund ihrer Bedeutung für die jeweilige Religion und Religionsgemeinschaft bereits unmittelbar vom Schutzbereich des Grundrechts der Religionsfreiheit sowie vom Selbstbestimmungsrecht der Religionsgemeinschaften und von der religionsverfassungsrechtlichen Eigentumsgarantie umfasst.[114] Dieser Schutz ist daher nicht an den Körperschaftsstatus gebunden und kommt auch den privatrechtlich organisierten Religionsgemeinschaften zu. Die betroffenen Gegenstände werden als res sacrae aber nicht zugleich zu religionsgemeinschaftlichen öffentlichen Sachen,

304

---

108 *V. Campenhausen/de Wall*, § 30, Rn. 23; ebenso *Korioth*, in: Dürig/Herzog/Scholz (Hrsg.), Art. 140 GG/ Art. 137 WRV, Rn. 88. Eine monografische Darstellung unter Einschluss der historischen Entwicklungslinien liefert *Mainusch*: Die öffentlichen Sachen, passim; ebenso schon *ders.*, ZevKR 38 (1993), 26 ff.
109 Vgl. *Renck*, DÖV 1990, 333 ff.; dagegen überzeugend *Axer*, HSKR, Bd. 3, Rn. 34 ff.
110 *Hense*: Glockenläuten und Uhrenschlag, S. 86 ff.
111 Vgl. *Korioth*, in: Dürig/Herzog/Scholz (Hrsg.), Art. 140 GG/Art. 137 WRV, Rn. 88; *Morlok*, in: H. Dreier (Hrsg.), Art. 140 GG/Art. 137 WRV, Rn. 98; a.A *Janssen*, S. 200 ff.; skeptisch auch *Axer*, HSKR, Bd. 3, Rn. 41 f.
112 Insbesondere gegen die These, dass für die Widmung eine ausdrückliche gesetzliche Grundlage erforderlich ist *Germann*, AöR 128 (2003), 458 ff.
113 Zu Begriffsgeschichte und Anwendungsbeispielen siehe *Mainusch*: Die öffentlichen Sachen, S. 8 ff., 154 ff.
114 Ebenso *Ehlers*, ZevKR 32 (1987), 158 (166 f.).

denn dieser Status erfordert die Widmung und Ingebrauchnahme durch eine korporierte Religionsgemeinschaft. In diesem Erfordernis berühren sich die res sacrae mit dem gesamten **religionsgemeinschaftlichen Verwaltungsvermögen**, zu dem etwa die Verwaltungsgebäude und Pfarrhäuser gehören. Diese Gegenstände genießen zwar nicht den erhöhten religionsverfassungsrechtlichen Schutz, der den res sacrae zukommt. Sie können aber – wie die res sacrae – qua Widmung und Ingebrauchnahme durch die jeweilige korporierte Religionsgemeinschaft zu öffentlichen Sachen werden.

b) Widmung und Entwidmung

305 Grundvoraussetzung für den Status einer religionsgemeinschaftlichen öffentlichen Sache ist die **Widmung** durch die jeweilige korporierte Religionsgemeinschaft.[115] Mit der Widmung erhält der betroffene Gegenstand eine spezifisch religionsgemeinschaftliche Zweckbestimmung. Dogmatisch betrachtet weist die Widmung insoweit einen Doppelcharakter auf, als sie einerseits eine eigene und interne Angelegenheit der jeweiligen Religionsgemeinschaft ist und als solche keiner Mitwirkung des Staates bedarf; andererseits entfaltet sie aufgrund des Art. 140 GG i.V.m. Art. 137 Abs. 5 WRV in der Sphäre des weltlichen Rechts unmittelbare (Rechts-) Wirkung und bedarf keiner gesonderten staatlichen Anerkennung durch Norm oder Einzelakt.[116] Damit wird die religionsgemeinschaftliche Widmung nicht zu einem Verwaltungsakt i.S.d. § 35 VwVfG; sie entfaltet aber vergleichbare Rechtswirkungen.[117] Aufgrund dieser rechtlichen Außenwirkung haben die betreffenden Religionsgemeinschaften die im weltlichen Bereich geltenden Grundsätze für eine ordnungsgemäße Widmung zu beachten. Neben dem sachenrechtlichen Typenzwang ist insbesondere der für den weltlichen Rechtsverkehr unverzichtbare „Mindeststandard von Bestimmtheit und Objektivierbarkeit" einzuhalten: Die auf eine Widmung gerichtete Willenserklärung muss – unabhängig von ihrer konkreten Rechtsform als Norm oder Einzelakt – objektiv und von außen als solche erkennbar sein. Schließlich ist eine Widmung nur zulässig, wenn der zu widmende Gegenstand im Eigentum der betreffenden Religionsgemeinschaft steht oder die bzw. der sachenrechtlich Verfügungsberechtigte zustimmt.[118]

306 Während mit der ordnungsgemäßen Widmung der Status einer religionsgemeinschaftlichen öffentlichen Sache verliehen werden kann, geht dieser Status mit der **Entwidmung** wieder unter. Die Entwidmung ist eine Willenserklärung, die auf die Beendigung des Status eines Vermögensgegenstandes als öffentliche Sache gerichtet ist. Sie unterliegt als actus contrarius zur Widmung vergleichbaren Anforderungen.[119] So muss auch der Entwidmungsakt aufgrund seines Doppelcharakters hinreichend bestimmt und objektivierbar sein. Eventuelle eigentumsrechtliche Ansprüche auf Entwidmung können vor der staatlichen Verwaltungsgerichtsbarkeit geltend gemacht werden. Da der Entwidmungsakt kein Verwaltungsakt i.S.d. § 35 VwVfG, aber öffentlich-rechtlicher Natur ist, ist die allgemeine Leistungsklage statthaft.[120] Im Übrigen geht der öffentlich-recht-

---

115 Ausführlich dazu *Axer*, HSKR, Bd. 3, Rn. 18 ff., und *Mainusch*: Die öffentlichen Sachen, S. 197 ff.
116 Insbesondere bedarf es auch keines Rückgriffs auf Gewohnheitsrecht; dazu *Renck*, JZ 2001, 375 ff.
117 *Korioth*, in: Dürig/Herzog/Scholz (Hrsg.), Art. 140 GG/Art. 137 WRV, Rn. 88, Anm. 4 (S. 219); *Ehlers*, ZevKR 32 (1987), 158 (167).
118 Vgl. *v. Campenhausen/de Wall*, § 30, Rn. 28.
119 Dazu ausführlich *Axer*, HSKR, Bd. 3, Rn. 26 f., und *Mainusch*: Die öffentlichen Sachen, S. 268 ff.
120 Beispielsfall in VG München, BayVBl. 1985, 281 ff.

liche Status einer Sache auch dann verloren, wenn die Religionsgemeinschaft, die den Gegenstand gewidmet hat, ihrerseits den Körperschaftsstatus verliert.[121]

c) Rechtsfolgen der Widmung

Mit der Widmung erhält der betreffende Vermögensgegenstand den Status einer religionsgemeinschaftlichen öffentlichen Sache. Es gilt das **staatliche Recht der öffentlichen Sachen**.[122] Daraus folgt, dass die Sache im privatrechtlichen Eigentum der widmenden Religionsgemeinschaft oder eines anderen Rechtsträgers bleibt, jedoch mit einer **öffentlich-rechtlichen Dienstbarkeit** belastet ist. Der Eigentümer hat daher die Benutzung der Sache im Rahmen der religionsgemeinschaftlichen Zweckbestimmung zu dulden. Diese Zweckbestimmung wirkt sachenrechtlich absolut, d.h. sie wird auch durch eine – grundsätzlich mögliche – Veräußerung der Sache nicht beeinträchtigt und wirkt auch gegenüber dem Erwerber. Entsprechendes gilt auch für den Begünstigten einer rechtmäßigen Enteignung einer religionsgemeinschaftlichen öffentlichen Sache.

d) Der Gebrauch religionsgemeinschaftlicher öffentlicher Sachen

Die **Rechtsnatur des Gebrauchs religionsgemeinschaftlicher öffentlicher Sachen** ist umstritten.[123] Konkret geht es um die Frage der Zuordnung des religionsgemeinschaftlichen Handelns zum privatrechtlichen oder zum öffentlich-rechtlichen Rechtsregime. Die Antwort ist insbesondere bedeutsam für die Bestimmung des Rechtswegs für Klagen gegen die Nutzung religionsgemeinschaftlicher öffentlicher Sachen. Während bürgerliche Rechtsstreitigkeiten gem. § 13 GVG den ordentlichen Gerichten zugewiesen sind, ist der Verwaltungsrechtsweg gem. § 40 Abs. 1 S. 1 VwGO (nur) eröffnet, wenn eine öffentlich-rechtliche Streitigkeit vorliegt. Prominente Beispielsfälle, in denen die Ausgangsfrage virulent wird, liefern etwa das liturgische und das nicht-sakrale Glockengeläut, das Hausrecht in religionsgemeinschaftlichen Gebäuden sowie die Benutzungsverhältnisse in religionsgemeinschaftlichen Einrichtungen wie Kindergärten, Krankenhäusern und Friedhöfen.[124] Eine adäquate Antwort kann nur auf der Grundlage einer zumindest **doppelten Differenzierung** erfolgen.

Die erste Differenzierung besteht in der Erkenntnis, dass **keine vorgreifliche Vermutung** für die Zuordnung des Gebrauchs religionsgemeinschaftlicher öffentlicher Sachen zu einem Rechtsregime besteht. Es werden also jene beiden Extrempositionen zurückgewiesen, die das religionsgemeinschaftliche Handeln umfassend und grundsätzlich einem der beiden Rechtsregime unterstellen. So folgert das BVerwG in seiner 1983 ergangenen Entscheidung zum liturgischen Glockengeläut aus dem Körperschaftsstatus der korporierten Religionsgemeinschaften, dass ihr „Wirken, soweit es der staatlichen Rechtsordnung unterliegt, grundsätzlich dem öffentlichen Recht angehört". Daher spreche bezüglich öffentlich-rechtlich gewidmeter Gegenstände „die Vermutung ... für die öffentlich-rechtliche Qualifikation" ihres Gebrauchs. Insbesondere „typische Lebensäußerung(en) der öffentlich-rechtlichen Körperschaft Kirche", zu denen das liturgische Glockengeläut gehöre, und der Gebrauch gewidmeter Gegenstände begründeten

---

121 Vgl. *Unruh*, in: Huber/Voßkuhle (Hrsg.), Art. 140 GG/Art. 137 WRV, Rn. 229 m.w.N.
122 Zu den Rechtswirkungen der Widmung siehe *Mainusch*: Die öffentlichen Sachen, S. 122 ff.
123 Dazu ausführlich *Hense*: Glockenläuten und Uhrenschlag, S. 298 ff.; *Mainusch*: Die öffentlichen Sachen, S. 296 ff.
124 Generell gegen eine Beschränkung des Rechts, Friedhöfe anzulegen und zu betreiben, auf korporierte Religionsgemeinschaften *Janssen*, S. 320 ff.

öffentlich-rechtliche Beziehungen.[125] Demgegenüber wollen einige Stimmen in der Literatur das religionsgemeinschaftliche Handeln auch hinsichtlich des Gebrauchs ihrer öffentlichen Sachen grundsätzlich dem Zivilrecht unterstellen.[126] Zur Begründung wird u. a. angeführt, dass das öffentlich-rechtliche Handlungsinstrumentarium – etwa die Handlungsform des Verwaltungsakts i.S.d. § 35 VwVfG – jenseits der Wahrnehmung staatlich verliehener Hoheitsbefugnisse für korporierte Religionsgemeinschaften, die nur einen Körperschaftsstatus „sui generis" innehätten, unzugänglich sei. Gegen beide Extrempositionen spricht nicht zuletzt der Umstand, dass auch im staatlichen Verwaltungsrecht entsprechende Vermutungen nicht weiterführen. Maßgeblich ist die Betrachtung des jeweiligen Widmungszwecks und des konkreten Nutzungs- bzw. Benutzungsverhältnisses: Weder kann der Körperschaftsstatus eine Vermutung für öffentlich-rechtliches Handeln begründen,[127] noch kann aus dem vermeintlich defizienten „sui-generis"-Körperschaftsstatus gefolgert werden, dass grundsätzlich das Zivilrecht anwendbar ist (s.o. Rn. 277).[128]

310 Auf der Grundlage dieser ersten Differenzierung wird z. T. weiter gehend differenziert zwischen religionsgemeinschaftlichen öffentlichen Sachen im **Gemein- und Verwaltungsgebrauch** einerseits und entsprechenden Sachen im **Anstaltsgebrauch** andererseits.[129] Sachen im *Gemeingebrauch* stehen grundsätzlich zur allgemeinen, wenn auch zweckgebundenen Benutzung offen. Dazu zählen in religionsverfassungsrechtlicher Hinsicht die den Gottesdiensten gewidmeten Gebäude. Zu den Sachen im *Verwaltungsgebrauch* gehören die intern von den jeweiligen Amtsträgern und Mitarbeitenden genutzten Sachen, die von Außenstehenden nicht im Rahmen eines separaten Benutzungsverhältnisses, sondern in der Folge der Inanspruchnahme von Tätigkeiten der Religionsgemeinschaften genutzt werden. Dazu zählen insbesondere die Verwaltungsgebäude und die Hilfsmittel der Verwaltung, aber auch die Kirchenglocken. Aufgrund des engen Zusammenhangs mit der Widmung soll der Sachgebrauch der religionsgemeinschaftlichen öffentlichen Sachen dieser beiden Kategorien stets öffentlich-rechtlich zu qualifizieren sein.[130] Demgegenüber soll sich die Einordnung des Sachgebrauchs von öffentlichen Sachen im *Anstaltsgebrauch* nach der Rechtsnatur des jeweiligen Benutzungsverhältnisses richten. Zu dieser Kategorie zählen öffentliche Sachen, die einer Benutzung durch Außenstehende (nur) im Rahmen eines gesonderten Benutzungsverhältnisses offen stehen, wie dies etwa bei religionsgemeinschaftlichen Kindergärten, Krankenhäusern und Friedhöfen der Fall ist. Wie im staatlichen Recht kann hier der Umstand maßgeblich sein, ob die Benutzung auf der Grundlage einer Satzung oder Allgemeiner Geschäftsbedingungen erfolgt.

311 Dieser auch aus dem staatlichen Recht vertrauten – zweiten – Differenzierung nach dem Gebrauchsmodus ist grundsätzlich zuzustimmen. Dies gilt auch für das Abstellen auf die Rechtsnatur des jeweiligen Benutzungsverhältnisses für die Einordnung des Sachgebrauchs von öffentlichen Sachen im Anstaltsgebrauch. Fraglich ist jedoch, ob im Hinblick auf die Sachen im Gemein- und Verwaltungsgebrauch mit der jüngeren Rspr. des BVerwG eine **dritte Differenzierung** vorzunehmen ist, so dass auch hier eine Unterscheidung zwischen zivil- und öffentlich-rechtlicher Handlungsform vorge-

---

125 BVerwGE 68, 62 (65).
126 So etwa *Lorenz*, NJW 1996, 1855 ff.
127 So zu Recht auch BVerwG, NJW 1994, 956.
128 Ebenso *v. Campenhausen/de Wall*, § 30, Rn. 32.
129 Zum Folgenden siehe insbesondere *Mainusch*: Die öffentlichen Sachen, S. 154 ff.
130 *Mainusch*: Die öffentlichen Sachen, S. 307 f.; *v. Campenhausen/de Wall*, § 30, Rn. 32, jeweils m.w.N.

nommen werden müsste. Das maßgebliche Abgrenzungskriterium soll der jeweilige Widmungszweck liefern. Das BVerwG hat dazu in seiner Entscheidung zum nicht-sakralen Glockenschlagen für ausschlaggebend gehalten, „ob die öffentliche Sache im Rahmen ihrer öffentlich-rechtlichen Zweckbindung genutzt wird, oder ob es sich um die Wahrnehmung von Eigentümerbefugnissen außerhalb des Widmungszwecks handelt". Bezogen auf den zu entscheidenden Fall hat das Gericht ausgeführt, dass das nicht-sakrale Glockenschlagen „unter heutigen Bedingungen nicht mehr dem Bereich kirchlicher Tätigkeit zugeordnet werden kann", so dass die Klage eines Nachbarn auf den Zivilrechtsweg zu verweisen sei.[131] Gegen die sich in dieser Rechtsprechung manifestierende Auffassung könnte bereits eingewandt werden, dass die Differenzierung zwischen liturgischem und nicht-sakralem Glockenläuten dem Selbstverständnis der Kirchen zuwiderläuft und eine Spaltung des Rechtswegs daher nicht zu rechtfertigen vermag.[132] Ihr kann ferner entgegengehalten werden, dass eine trennscharfe Abgrenzung zwischen widmungsgemäßer und jenseits des Widmungszwecks liegender (Be-)Nutzung jedenfalls in vielen Fällen nicht zu leisten ist. Insgesamt bleibt es bei einer doppelten Differenzierung, die zur Lösung der Zuordnungsprobleme heranzuziehen ist. Sie ermöglicht nicht nur eindeutige Ergebnisse, sondern darüber hinaus eine weitgehende Parallelisierung der religionsverfassungsrechtlichen Zuordnungsdogmatik mit den entsprechenden Regeln im Bereich des weltlichen Rechts.

6. Das Parochialrecht

Mit dem Körperschaftsstatus einer Religionsgemeinschaft geht das Recht einher, die automatische Zugehörigkeit eines Mitglieds zu der Gemeinde bzw. „Pfarrei" (griechisch: Parochie) zu bestimmen, in der es seinen Wohnsitz nimmt.[133] Aufgrund dieses Territorialprinzips braucht bei einem Umzug also weder der Austritt aus der Ausgangs- noch der Beitritt zu der Zielparochie erklärt zu werden (s.o. Rn. 186 f.). Entsprechende religionsgemeinschaftliche Regelungen sind auch im staatlichen Bereich verbindlich. Für die christlichen Kirchen bedeutet dies, dass das zuziehende Kirchenglied auch von den staatlichen Stellen als Mitglied der Kirchengemeinde des Zuzugsortes angesehen und ggf. zur Kirchensteuer herangezogen wird. Diese Wirkung kann von dem betroffenen Mitglied nur durch Austritt aus der korporierten Religionsgemeinschaft vermieden werden.

7. Das „Privilegienbündel"

Mit dem Körperschaftsstatus ist schließlich eine Reihe von Rechten verbunden, die zumeist unter der Bezeichnung „Privilegienbündel" zusammengefasst werden.[134] Diese Bezeichnung ist **begrifflich unscharf**, denn die einschlägigen Rechtspositionen begründen keine besonderen Vorrechte der korporierten Religionsgemeinschaften, sondern stehen in ganz überwiegender Anzahl allen Körperschaften des öffentlichen Rechts zu.[135] Im Übrigen handelt es sich nicht um Rechtspositionen, die zwingend aus dem

---

131 BVerwG, NJW 1994, 956.
132 So etwa *Mainusch*: Die öffentlichen Sachen, S. 308.
133 Zum Folgenden statt vieler *Magen*, HSKR, Bd. 1, Rn. 42 f., und *Jeand'Heur/Korioth*, Rn. 251. Gegen die Zuordnung des Parochialrechts zu den Körperschaftsrechten *Janssen*, S. 249 ff.
134 Zum Folgenden statt vieler *Mager*, HSKR, Bd. 3, Rn. 13 ff.; *Bohl*, S. 58 ff.; *Heinig*: Öffentlich-rechtliche Religionsgesellschaften, S. 299 ff.
135 Ebenso *Stern*: Staatsrecht, Bd. IV/2, S. 1293. Kritisch gegenüber dem Begriff des „Privilegienbündels" auch *Heinig*: Art. 137 Abs. 5 Satz 2 WRV, 213 (216); und *Hense*, HdBKathKR, 1830 (1857).

Körperschaftsstatus abgeleitet werden könnten. Vielmehr sind sie ausschließlich **einfachgesetzlich begründet** und stehen zur freien Disposition des Gesetzgebers, der sie einerseits ganz abschaffen oder ihren Anwendungsbereich auf privatrechtlich organisierte Religionsgemeinschaften erweitern könnte. De lege lata liegt jedoch noch kein Verstoß gegen das Paritätsprinzip vor, da der Körperschaftsstatus grundsätzlich allen Religionsgemeinschaften verliehen werden kann, die die Voraussetzungen des Art. 140 GG i.V.m. Art. 137 Abs. 5 WRV erfüllen.[136]

314 Inhaltlich lassen sich die einschlägigen Rechtspositionen in mehreren Gruppen systematisch zusammenfassen.[137] Insoweit können Schutz-, Rücksichtnahme-, Exemtions- und Mitwirkungsbestimmungen sowie steuer-, gebühren- und kostenrechtliche Befreiungen bzw. Vergünstigungen unterschieden werden. Zu den **Schutzbestimmungen** zählen insbesondere § 132a Abs. 3 StGB, § 61 Abs. 1 Nr. 3 KO sowie die Sondervorschriften in den Sammlungsgesetzen und im Versammlungsgesetz (§ 17 VersG); einen besonderen Vollstreckungsschutz gewähren § 882a Abs. 3 ZPO und § 17 VVG. Eine gesonderte **Rücksichtnahme** auf die Belange der korporierten Religionsgemeinschaften erfordern etwa § 1 Abs. 6 Nr. 6 BauGB und §§ 5, Abs. 1 und 2 sowie 79 Abs. 1 S. 2 SGB XII. Eine **Exemtion** von staatlicher Aufsicht gewähren § 55 HGrG und die Denkmalschutzgesetze (s.o. Rn. 244ff.). Vorschriften über die **Mitwirkung** von Vertretern der korporierten Religionsgemeinschaften finden sich u.a in § 71 i.V.m. § 75 Abs. 3 SGB VIII und in den Rundfunkstaatsverträgen und -gesetzen. Besonders bedeutsam sind die Befreiungstatbestände im **Steuer-, Gebühren- und Kostenrecht**. Steuerbefreiungen für Religionsgemeinschaften sind gem. § 54 AO an den Körperschaftsstatus gebunden. So werden die korporierten Religionsgemeinschaften – wie andere gemeinnützige Verbände auch – von der Körperschafts- (§ 1 Abs. 1 KStG), der Umsatz- (§ 4a Abs. 1 UStG), der Grund- (§ 3 Abs. 1 Nr. 4 GrStG) und der Erbschaftsteuer (§ 13 Abs. 1 Nr. 16 ErbStG) befreit.[138] Wenn und soweit korporierte Religionsgemeinschaften (diakonische bzw. karitative) Einrichtungen – etwa Krankenhäuser, Alten- und Pflegeheime – in der Form eines Gewerbebetriebes betreiben, sind sie gem. § 3 Nr. 20 lit. a GewStG von der Gewerbesteuer befreit. Ferner erfolgt auf der Grundlage des geltenden Kostenrechts eine Befreiung der korporierten Religionsgemeinschaften von Verwaltungsgebühren (vgl. § 144 Abs. 1 Nr. 3 KostO für Notariatsgebühren) sowie von Gerichts- und Verwaltungskosten. Zudem besteht **Unfallversicherungsschutz** für ehrenamtlich Tätige nach § 2 Abs. 1 Nr. 10b SGB VII.

315 Zu den in der Praxis immer wieder angefochtenen Befugnissen, die aus dem Körperschaftsstatus folgen, gehört schließlich das Recht, **amtliche Beglaubigungen** vorzunehmen und **öffentliche Urkunden** i.S.d. staatlichen Rechts auszustellen.[139] So gelten die von korporierten Religionsgemeinschaften vorgenommenen Beglaubigungen als den amtlichen Beglaubigungen (§ 65 BeurkG) gleichgestellt. Ebenso gelten von korporierten Religionsgemeinschaften hergestellte Urkunden als öffentliche Urkunden i.S.d. § 415 Abs. 1 ZPO. Beide Gleichstellungswirkungen treten allerdings nur dann ein, wenn die jeweiligen Formerfordernisse aus dem staatlichen Recht eingehalten werden.

---

136 Vgl. *Morlok*, in: H. Dreier (Hrsg.), Art. 140 GG/Art. 137 WRV, Rn. 96; dazu auch *Janssen*, S. 130 ff.
137 Überblick bei *Janssen*, S. 112 ff.
138 Dazu u.a. *Mager*, HSKR, Bd. 3, Rn. 15. Insbesondere zu den Auswirkungen des § 2b UStG, der 2015 eingefügt wurde, auf die Religionsgemeinschaften siehe *Droege*, ZevKR 63 (2018), 57 ff.
139 Dazu *v. Campenhausen/Christoph*, DVBl. 1987, 984 ff., und *Munsonius*, ZevKR 59 (2014), 381 ff.

8. Das Besteuerungsrecht

a) Die Bedeutung des Besteuerungsrechts

Das Besteuerungsrecht der korporierten Religionsgesellschaften ist aufgrund seiner besonderen Bedeutung für die korporierten Religionsgemeinschaften das einzige Körperschaftsrecht, das ausdrücklich im Grundgesetz verankert ist. Art. 140 GG i.V.m. Art. 137 Abs. 6 WRV lautet: „Die Religionsgesellschaften, welche Körperschaften des öffentlichen Rechts sind, sind berechtigt, aufgrund der bürgerlichen Steuerlisten nach Maßgabe der landesrechtlichen Bestimmungen Steuern zu erheben." Die **praktische Bedeutung** dieser Norm ist für die betreffenden Religionsgesellschaften - auch angesichts zunehmender innerkirchlicher Debatten[140] - unbestreitbar enorm, denn für die beiden großen christlichen Kirchen stellt die darauf gegründete Kirchensteuer zumeist die quantitativ bedeutendste Finanzierungsquelle dar: Der Anteil der Kirchensteuer an den kirchlichen Haushalten beträgt bis zu 90 %.[141] Insbesondere im Kontext von vermehrten Kirchenaustritten, die auch oder z.T. primär mit der Kirchensteuerpflicht der Kirchenmitglieder in Verbindung gebracht werden[142], wird eine Reihe von Reformvorschlägen für die Kirchensteuer bzw. allgemein für die Finanzierung von Religionsgemeinschaften diskutiert. Im Einzelnen und i.W. sowie ohne Anspruch auf Vollständigkeit werden die Befreiung von der Kirchensteuerpflicht für Berufseinsteiger[143], die Aussetzung der Kirchensteuerpflicht in besonderen (berufs-)biografischen Situationen[144] und das Steuerwidmungs- bzw. Steuerzuschlagwahlsystem nach italienischem Vorbild[145] diskutiert. Eine Präferenz für das „Ob" und das „Wie" einer grundlegenden Reform des Kirchensteuersystems zeichnet sich derzeit noch nicht ab; und noch gibt es gewichtige Stimmen, für die „die Kirchensteuer ein geeignetes und bewahrenswertes Instrument zur Finanzierung kirchlicher Arbeit bildet."[146]

Der **verfassungsrechtliche Status** des Art. 140 GG i.V.m. Art. 137 Abs. 6 WRV ist umstritten. Z.T. wird die Vorschrift als „verfassungswidriges Verfassungsrecht" bezeichnet, weil sie dem Trennungsgebot des Art. 140 GG i.V.m. Art. 137 Abs. 1 WRV, dem Selbstbestimmungsrecht der Religionsgemeinschaften aus Art. 140 GG i.V.m. Art. 137 Abs. 3 WRV und dem Paritätsprinzip widerspreche.[147] Dagegen ist in formaler Hinsicht – neben den Zweifeln an der Legitimität der Rechtsfigur des „verfassungswidrigen Verfassungsrechts" überhaupt und damit an der Vorstellung einer internen Hierarchie von Verfassungsnormen – zunächst einzuwenden, dass Art. 137 Abs. 6 WRV ebenso wie die anderen Absätze des Art. 137 WRV nach dem Willen des Verfassunggebers einen Baustein des religionsverfassungsrechtlichen Gebäudes des Grundgesetzes bildet.[148] Im Übrigen lässt sich gerade am Beispiel des Besteuerungsrechts der korporierten Religionsgemeinschaften das spezifisch grundgesetzliche System des Religions-

316

---

140 Zur innerkirchlichen Kritik am Kirchensteuersystem u.a. *Grethlein*: Kirchentheorie, S. 231 ff.; differenziert *Munsonius*, ZevKR 68 (2023) 52 (60 f.). Zu alternativen Finanzierungsmodellen der Kirchen (hier: der EKD) siehe *S. Thieme*, passim, und *F. Hammer*, HSKR, Bd. 3, Rn. 70 ff.
141 Zur praktischen bzw. finanziellen Bedeutung des Besteuerungsrechts *F. Hammer*, HSKR, Bd. 3, Rn. 9 f.; *ders.*: Rechtsfragen der Kirchensteuer, S. 78 ff., und *Blaschke*, ZevKR 47 (2002), 395 ff.
142 Skeptisch gegenüber der Validität dieses Konnexes *Ihli*, KuR 2011, 175 ff., und *F. Hammer* HSKR, Bd. 3, Rn. 72. Für diesen Konnex als Ausgangspunkt der Reformvorschläge *S. Thieme*, S. 1 ff.
143 Dazu *S. Thieme*, S. 75 ff.
144 Dazu *S. Thieme*, S. 144 ff.
145 Dazu *S. Thieme*, S. 151 ff.
146 *F. Hammer*, HSKR, Bd. 3 Rn. 74; *v. Campenhausen/de Wall*, § 29, Rn. 52 ff.
147 So etwa *Kleine*, S. 214 ff. m.w.N.
148 Ebenso VGH Kassel, NVwZ 1985, 815.

verfassungsrechts illustrieren.[149] Denn hier zeigt sich zum einen, dass sich der religiös-weltanschaulich neutrale Staat von der Erfüllung originär religionsgemeinschaftlicher Aufgaben zurückzieht, indem er die Finanzierung der korporierten Religionsgemeinschaften in ihre eigenen Hände legt. Zum anderen wird mit der Einräumung des Besteuerungsrechts und damit der Inanspruchnahme staatlicher Instrumente offenbar, dass das Religionsverfassungsrecht des Grundgesetzes nicht von einer radikalen Trennung von Staat und Religion bzw. Religionsgemeinschaften ausgeht, sondern – insbesondere zum Zwecke der Förderung der Religionsfreiheit – Verbindungen zwischen beiden Sphären zulässt.[150] Schließlich ist daran zu erinnern, dass das Besteuerungsrecht Teil der Körperschaftsrechte i.S.d. Art. 140 GG i.V.m. Art. 137 Abs. 5 WRV und damit ebenfalls als Ausdruck der Schutzpflichtendimension des Art. 4 Abs. 1 und 2 GG anzusehen ist (s.o. Rn. 280).[151] Die aktuelle verfassungsrechtliche Ausgestaltung des Besteuerungsrechts in Art. 140 GG i.V.m. Art. 137 Abs. 6 WRV wird allerdings nur vor dem Hintergrund seiner historischen Entwicklung verständlich.

b) Historische Grundlagen

317 Historisch wird der Entwicklungsstrom, der zu der aktuellen grundgesetzlichen Regelung geführt hat, aus zwei Quellen gespeist.[152] Bis zum Beginn des 19. Jahrhunderts konnte der Finanzbedarf der – seinerzeit noch weitgehend unangefochtenen – christlichen Kirchen im Fall der katholischen Kirche aus ihren umfangreichen Besitztümern, für die evangelischen Landeskirchen aus den öffentlichen Haushalten des landesherrlichen Kirchenregiments bestritten werden. Diese Situation änderte sich grundlegend mit dem Reichsdeputationshauptschluss von 1803 und dem Verlust der konfessionellen Geschlossenheit in den deutschen Territorien und den Kommunen im Zuge der Neuordnung des Reichsgebietes (s.o. Rn. 31 f.): Die Besitztümer der katholischen Kirche gingen in großem Umfang verloren und die zunehmende Lockerung des Staatskirchentums führte in den evangelischen Landeskirchen zur Reduktion der Einnahmen. Hinzu kam, dass diese Entwicklung parallel zur Entstehung der Industriellen Revolution verlief, die nicht nur das staatliche, sondern auch das gesellschaftliche Gesicht der vorangegangenen Epoche veränderte. Im Ergebnis entstand bei den Kirchen ein erhöhter Finanzbedarf, den auch die weltlichen Institutionen nicht nachhaltig befriedigen konnten. So ging die Initiative zur Einräumung des Besteuerungsrechts vom Staat selbst aus, der den Kirchen eine eigene Möglichkeit zur Deckung ihres Finanzbedarfs eröffnen bzw. seine finanzielle Verpflichtung gegenüber den Kirchen auf die Kirchenglieder „abwälzen" wollte.[153] Ausgehend von Lippe (1827) über Preußen (1905/06) bis zu den späten Regelungen zu Beginn des 20. Jahrhunderts wurde das Besteuerungsrecht der Kirchen bzw. der korporierten Religionsgemeinschaften flächendeckend eingeführt. Nach anfänglichem Zögern wurde dieser neue Finanzierungsmo-

---

149 Dies gilt unabhängig davon, dass das Modell eines Besteuerungsrechts der (korporierten) Religionsgemeinschaften im deutschen Religionsverfassungsrecht kein Unikat darstellt, sondern auch in anderen Ländern praktiziert wird; rechtsvergleichend *Marré*, in: Seer/Kämper (Hrsg.), S. 43 ff.
150 Vgl. *v. Campenhausen/de Wall*, § 29, Rn. 1; allgemein zu rechtspolitischen Fragen des Besteuerungsrechts aus Art. 140 GG i.V.m. Art. 137 Abs. 6 WRV ebd., § 29, Rn. 30 ff.
151 Der Zusammenhang mit Art. 4 Abs. 1 und 2 GG („Form grundrechtlicher Religionsförderung") wird auch von *Ehlers*, in: Sachs (Hrsg.), Art. 140 GG/Art. 137 WRV, Rn. 29, betont. Gegen den Konnex mit Art. 137 Abs. 5 WRV *Janssen*, S. 241 ff.
152 Zu den historischen Grundlagen siehe u.a. *Kühne*, FS Rüping, S. 173 ff.; *Link*: Kirchliche Rechtsgeschichte, § 24, S. 162 ff., und ausführlich *v. Campenhausen/de Wall*, § 29, Rn. 1 ff. m.w.N.
153 Dazu u.a. *Unruh*, in: Huber/Voßkuhle (Hrsg.), Art. 140 GG/Art. 137 WRV, Rn. 239 ff.

dus auch von den Kirchen akzeptiert, so dass sie in den Verfassungsberatungen im Jahre 1918/19 selbst darauf drängten, das Besteuerungsrecht verfassungsrechtlich zu verankern. Diesem kirchlichen Interesse wurde schließlich auch bei der Entstehung des Grundgesetzes Rechnung getragen. Insgesamt ist Art. 140 GG i.V.m. Art. 137 Abs. 6 WRV das „Ergebnis eines allmählichen Auseinandertretens staatlicher und kirchlicher Aufgabenerfüllung und der partnerschaftlichen gegenseitigen Freiheitsgewährung seit 1918".[154] Dieses Ergebnis ist mit dem Einigungsvertrag und dem darauf beruhenden Kirchensteuergesetz anlässlich der Wiedervereinigung Deutschlands auch für die neuen Bundesländer gültig.[155] Darüber hinaus wird das Besteuerungsrecht auch in einigen Landesverfassungen und religionsverfassungsrechtlichen Verträgen abgesichert.[156]

c) Der Status des Besteuerungsrechts

Die Steuern, die nach Maßgabe des Art. 140 GG i.V.m. Art. 137 Abs. 6 WRV erhoben werden können, sind **echte Steuern** i.S.d. staatlichen Steuerrechts (§ 3 Abs. 1 AO), d. h. nicht von einer Gegenleistung abhängige und ggf. im Wege des staatlichen Verwaltungszwangs beizutreibende Abgaben.[157] Das Besteuerungsrecht der korporierten Religionsgemeinschaften ist daher von dem Recht zur Beitragserhebung abzugrenzen. Bereits aus dem in Art. 140 GG i.V.m. Art. 137 Abs. 3 WRV verankerten Selbstbestimmungsrecht folgt, dass die Religionsgemeinschaften von ihren Mitgliedern Beiträge zur Finanzierung ihrer Aufgabenwahrnehmung erheben können. Den Status einer Steuer i.S.d. staatlichen Steuerrechts erlangt dieser Beitrag erst dadurch, dass die korporierten Religionsgemeinschaften die spezifischen Formen und Instrumente des staatlichen Steuerrechts und der staatlichen Steuerverwaltung in Anspruch nehmen. Mit Art. 140 GG i.V.m. Art. 137 Abs. 6 WRV wird den korporierten Religionsgemeinschaften also nicht das Recht der Beitragserhebung, sondern das Recht verliehen, die festgesetzten Beiträge notfalls durch staatliche Organe im Wege des Verwaltungszwangs – d. h. ohne Umweg über das Erstreiten eines gerichtlichen Titels – beizutreiben.[158]

318

Aufgrund dieses notwendigen Zusammenwirkens gehört das Besteuerungsrecht zu den **Kooperationsformen** von Staat und Religionsgemeinschaften.[159] Der Staat stellt die Formen und Instrumente seines Steuerrechts zur Verfügung, die von den korporierten Religionsgemeinschaften durch eigene Rechtsetzung mit Inhalten gefüllt bzw. genutzt werden. Die Entscheidung darüber, ob und inwieweit die staatlichen Formen und Instrumente tatsächlich in Anspruch genommen werden, ist eine eigene Angelegenheit der korporierten Religionsgemeinschaften und fällt in den Schutzbereich des Selbstbestimmungsrechts aus Art. 140 GG i.V.m. Art. 137 Abs. 3 WRV. Wenn und soweit eine solche Inanspruchnahme erfolgt, nehmen die Religionsgemeinschaften bei der Steuer-

319

---

154 *Korioth*, in: Dürig/Herzog/Scholz (Hrsg.), Art. 140 GG/Art. 137 WRV, Rn. 95; *Kästner*, in: Dolzer u.a. (Hrsg.), Art. 140 Rn. 200.
155 Dazu u.a. *Fuchs*, S. 152 ff.
156 Vgl. Art. 14, 15 StKiV-SH; Art. 13, 14 StKiV-HH; weitere Nachweise bei *F. Hammer*: Rechtsfragen der Kirchensteuer, S. 71, 235 ff.
157 *V. Campenhausen/de Wall*, § 29, Rn. 10; *Korioth*, in: Dürig/Herzog/Scholz (Hrsg.), Art. 140 GG/Art. 137 WRV, Rn. 97; BVerfG (Kammer), NVwZ 2002, 1496 (1497). Überblick über die Judikatur des BVerfG zur Kirchensteuer bei *Rausch*, KuR 2016, 61 ff.
158 BVerfGE 19, 206 (217); 73, 388 (399). *Morlok*, in: H. Dreier (Hrsg.), Art. 140 GG/Art. 137 WRV, Rn. 103 bezeichnet das Besteuerungsrecht als „modifiziertes Beitragsverfahren", weil nur Mitglieder der jeweiligen Religionsgemeinschaft „steuerpflichtig" sind.
159 BVerfGE 19, 206 (217). Ausführlich dazu *Jurina*, in: Seer/Kämper (Hrsg.), S. 27 ff.

erhebung hoheitliche Befugnisse wahr, so dass sie diesbezüglich auch an Grundrechte gebunden sind.[160]

d) Steuergläubiger und Steuerschuldner

320 Als **Steuergläubiger** kommen gem. Art. 140 GG i.V.m Art. 137 Abs. 6 WRV nur Religionsgemeinschaften in Betracht, „welche Körperschaften des öffentlichen Rechts sind". Faktisch wird das Besteuerungsrecht nur für die größeren Religionsgemeinschaften, insbesondere die beiden großen christlichen Kirchen relevant. Die kleineren öffentlich-rechtlich organisierten Religionsgemeinschaften nehmen die Möglichkeit, Steuern zu erheben, kaum wahr. Die Gründe sind vielfältiger Art und können etwa in dem gesteigerten Wunsch nach Staatsferne oder auch in der Höhe der Verwaltungskosten liegen.[161] Die konkrete Zuweisung des Steuergläubigerstatus ist eine eigene Angelegenheit der betreffenden Religionsgemeinschaft. Zur Auswahl stehen zumeist die Zuweisung an die örtlichen Untergliederungen (z.B. die Kirchengemeinden) und die Zuweisung an die Gesamtebene, z.B. an die landeskirchliche bzw. die Diözesanebene.[162] In der römisch-katholischen Kirche erfolgt diese Zuweisung regelmäßig an die Diözesen und auch in den evangelischen Landeskirchen lässt sich eine Tendenz zur Ansiedelung des Steuergläubigerstatus auf der landeskirchlichen Ebene beobachten. Allerdings sind hier auch andere Zuweisungen zu verzeichnen, etwa die Ortskirchensteuer (der Kirchengemeinden) und – singulär in der Nordelbischen Evangelisch-Lutherischen Kirche und ihrer Rechtsnachfolgerin, der Evangelisch-Lutherischen Kirche in Norddeutschland[163] – der Steuergläubigerstatus der Kirchenkreise als Mittelebene zwischen Kirchengemeinden und Landeskirche.

321 **Steuerschuldner** sind die Mitglieder der steuerberechtigten und steuererhebenden Religionsgemeinschaft.[164] Maßgeblich ist das einschlägige Mitgliedschaftsrecht (s.o. Rn. 178). Erfasst werden also nur die Personen, die Mitglied der betreffenden Religionsgemeinschaft geworden und nicht nach Maßgabe der staatlichen Austrittsgesetze ausgetreten sind; die Heranziehung zur Steuer ist aber aus verwaltungspraktischen Gründen bis zum Ablauf des auf den Monat der Austrittserklärung folgenden Monats zulässig.[165] Nichtmitglieder und juristische Personen dürfen nicht herangezogen werden.[166] Vor diesem Hintergrund ergeben sich besondere Probleme bei der Besteuerung von Verheirateten in glaubens- und konfessionsverschiedenen Ehen.[167] In sog. **glaubensverschiedenen Ehen** gehört nur einer der Ehegatten einer steuerberechtigten und steuererhebenden Religionsgemeinschaft an. Hier kann die Steuerpflicht nur an das jeweilige Mitglied, d. h. nur an die in seiner Person gegebene Steuerbemessungsgrundlage anknüpfen (Prinzip der uneingeschränkten Individualbesteuerung).[168] Möglich ist ferner die Erhebung eines besonderen Kirchgeldes, wenn nur der nicht

---

160 BVerfGE 30, 415 (422); BVerfG (Kammer), NVwZ 2002, 1496 (1497).
161 Dazu *Unruh*, in: Huber/Voßkuhle (Hrsg.), Art. 140 GG/Art. 137 WRV, Rn. 255 m.w.N.
162 Vgl. *Mückl*, HdbkathKR, S. 1532 (1537).
163 Art. 122 Abs. 2 S. 2 VerfNoKi.
164 Vgl. *F. Hammer*, HSKR, Bd. 3, Rn. 43 f.; *Kästner*, in: Dolzer u.a. (Hrsg.), Art. 140 Rn. 530 ff., und *Rausch*, KuR 2016, 61 (78 ff.).
165 BVerfGE 44, 59 (66 ff.).
166 BVerfGE 19, 206 (216 ff.), std. Rspr.
167 Vgl. *F. Hammer*, Rechtsfragen der Kirchensteuer, S. 322 ff.; zur Einebnung dieser Unterscheidung de lege ferenda *F. Hammer*, in: Seer/Kämper (Hrsg.), S. 77 (94 f.).
168 BVerfGE 19, 268 (273); BFHE 183, 107 ff.; *F. Hammer*, HSKR, Bd. 3, Rn. 48 f.; *Rausch*, KuR 2016, 61 (80 ff.); kritisch *Muckel*, in: Friauf/Höfling (Hrsg.), Art. 140/Art. 137 WRV, Rn. 112.

steuerpflichtige Ehegatte Einkünfte erzielt. Maßstab ist der zivilrechtliche Unterhaltsanspruch des nicht verdienenden und einer steuerberechtigten und steuererhebenden Religionsgemeinschaft angehörenden Ehegatten.[169] In sog. **konfessionsverschiedenen Ehen** gehören die Ehegatten jeweils unterschiedlichen steuerberechtigten und steuererhebenden Religionsgemeinschaften an. Auch hier gilt der religionsverfassungsrechtlich gebotene Grundsatz, dass für die steuerliche Finanzierung einer Religionsgemeinschaft nur die jeweiligen Mitglieder herangezogen werden dürfen. Allerdings ist es in dieser Konstellation zulässig, die Steuerpflicht jedes Ehegatten nach der Hälfte der gesamten Steuerbemessungsgrundlage festzusetzen (Halbteilungsgrundsatz).[170] Ferner gilt der Haftungsgrundsatz, wonach jeder Ehegatte auch für die Steuerschuld des anderen Ehegatten einzustehen hat.

e) Die Ausgestaltung des Besteuerungsrechts

Als gemeinsame Angelegenheit wird das Besteuerungsrecht im Zusammenwirken von staatlicher und religionsgemeinschaftlicher Rechtsetzung ausgestaltet. Den weltlichen Rahmen bilden die **staatlichen (Kirchen-) Steuergesetze**.[171] Die Verbandskompetenz zum Erlass dieser Gesetze liegt bei den Ländern, da Art. 140 GG i.V.m. Art. 137 Abs. 6 und 8 WRV gegenüber Art. 105 Abs. 2 und Abs. 2a GG als lex specialis anzusehen ist.[172] Der Landesgesetzgeber kann das Besteuerungsrecht selbst näher ausgestalten oder den korporierten Religionsgemeinschaften die Möglichkeit einer weitgehend eigenständigen Regelung des formellen und materiellen Steuerrechts mit staatlichen Genehmigungsvorbehalten eröffnen. In jedem Fall wird die konkrete Höhe der Steuerlast durch die Religionsgemeinschaften selbst festgelegt. Die Länder haben ganz überwiegend Rahmengesetze erlassen, die von den steuerberechtigten und steuererhebenden Religionsgemeinschaften mit religionsgemeinschaftlichen bzw. **Kirchensteuerordnungen und Hebesatzbeschlüssen** ausgefüllt werden.[173] Diese religionsgemeinschaftlichen Rechtsakte bedürfen einer staatlichen Genehmigung oder Anerkennung, um auch im weltlichen Bereich wirksam werden zu können.

322

Als **Bemessungsgrundlage** für die Höhe der Steuer kommen nach den einschlägigen Landesgesetzen die Einkommen- bzw. Lohn- und die Grundsteuer in Betracht; möglich ist auch die Erhebung eines allgemeinen Kirchgeldes. Ganz überwiegend wird die Einkommen- bzw. Lohnsteuer als Bemessungsgrundlage herangezogen. Grundsätzlich kann heute von einem weitgehend einheitlichen Besteuerungsrecht ausgegangen werden. Danach wird die Steuer der korporierten Religionsgemeinschaften als prozentual bemessene **Zuschlagsteuer zur Einkommen- bzw. Lohnsteuer** erhoben. Der Prozentsatz beträgt aktuell 8 oder 9 % der Einkommen- oder Lohnsteuerschuld. In diesem Zusammenhang ist umstritten, ob für Mitglieder einer steuerberechtigten und steuererhebenden Religionsgemeinschaft, deren Gebiet sich über das Gebiet mehrerer Bundesländer erstreckt, ein einheitlicher Hebesatz zu veranschlagen ist. Das BVerfG hat dies unter Berufung auf Art. 3 Abs. 1 GG, der aufgrund der Grundrechtsbindung der Religions-

323

---

169 *Ehlers*, in: Sachs (Hrsg.), Art. 140 GG/Art. 137 WRV, Rn. 32 m.w.N.
170 BVerfGE 20, 40 (42 ff.); BFHE 177, 303; dazu *F. Hammer*, HSKR, Bd. 3, Rn. 51.
171 Zu den Rechtsgrundlagen der Kirchensteuer siehe *F. Hammer*, HSKR, Bd. 3, Rn. 11 ff.
172 Wie hier u.a. *Kästner*, in: Dolzer u.a. (Hrsg.), Art. 140 Rn. 520; *Ehlers*, in: Sachs (Hrsg.), Art. 140 GG/Art. 137 WRV, Rn. 29, und *Korioth*, in: Dürig/Herzog/Scholz (Hrsg.), Art. 140 GG/Art. 137 WRV, Rn. 98 m.w.N.
173 Vgl. *F. Hammer*, HSKR, Bd. 3, Rn. 18 f. Es handelt sich um autonomes Satzungsrecht, das nicht dem Anwendungsbereich von Art. 100 Abs. 1 GG unterfällt; BVerfG (Kammer), NVwZ 2002, 1496 (1497).

gemeinschaften bei der Erhebung von Steuern hier maßgeblich sei, angenommen.[174] Dagegen ist zu Recht eingewandt worden, dass der allgemeine Gleichheitssatz den jeweiligen Träger der Hoheitsgewalt nur in seinem eigenen Zuständigkeitsbereich bindet und das Besteuerungsrecht der Religionsgemeinschaften in seiner konkreten Gestalt letztlich auf landesrechtlicher Verleihung beruht.[175] Damit die Belastung mit der religionsgemeinschaftlichen bzw. Kirchensteuer im Einzelfall nicht zu hoch wird, haben die steuerberechtigten und steuererhebenden Religionsgemeinschaften nahezu flächendeckend sog. **Kappungsgrenzen** festgelegt. Die Kappung muss auf einer (kirchen-) gesetzlichen Grundlage erfolgen.[176] Sie bewirkt, dass die Höchstgrenze der an die jeweilige Religionsgemeinschaft zu entrichtenden Steuer 3 bzw. 4 % des steuerpflichtigen Einkommens nicht überschreitet. Weitere Korrekturen an der Bemessungsgrundlage können im Kontext der Berücksichtigung von Kindern oder dem Teileinkünfteverfahren bei Kapitalerträgen vorgenommen werden.[177]

324 Die Anknüpfung an die Einkommen- bzw. Lohnsteuer zur Bestimmung der konkreten Höhe der Steuer i.S.d. Art. 140 GG i.V.m. Art. 137 Abs. 6 WRV ist – insbesondere aus der Perspektive der Religionsgemeinschaften – **(religions-) rechtspolitisch ambivalent**.[178] Sie birgt zunächst den Vorteil, dass die Besteuerung nach der Leistungsfähigkeit des jeweiligen Mitglieds auf einfache Weise und kontinuierlich erfolgen kann. Ein unübersehbarer Nachteil liegt darin, dass die Höhe der Steuern der korporierten Religionsgemeinschaften in erheblichem Maß von der Steuerpolitik des Staates abhängt. So können Steuerreformen und -befreiungen im staatlichen Bereich erhebliche negative Auswirkungen auf die Finanzierung der Religionsgemeinschaften haben. Im Übrigen werden die steuerpolitischen Erwägungen des Staates, die zu einer Reduzierung der Steuerlast führen, nicht (immer) von den Religionsgemeinschaften geteilt. Schließlich führt die Anlehnung an die Einkommen- bzw. Lohnsteuer zu dem Ergebnis, dass ein angesichts der demografischen und der Mitgliederentwicklung erheblicher Teil der Mitglieder der Religionsgemeinschaften keiner Steuerpflicht unterliegt. So kann es nicht verwundern, dass verstärkt über **alternative Bemessungsgrundlagen** reflektiert wird (s.o. Rn. 316).[179] Eine Modifikation könnte etwa durch eine Verbreiterung der Bemessungsgrundlagen („kleine Lösung") oder durch eine Anknüpfung an das Bruttoeinkommen („große Lösung") erfolgen; eine Anhebung der Hebesätze erscheint hingegen nicht wahrscheinlich.

f) Die Steuerverwaltung

325 Die Verwaltung der Steuern i.S.d. Art. 140 GG i.V.m. Art. 137 Abs. 6 WRV obliegt als eigene Angelegenheit grundsätzlich den Religionsgemeinschaften. In den einschlägigen Landesgesetzen wird ihnen jedoch die Möglichkeit eingeräumt, sich zur Abwicklung der Steuerverwaltung der staatlichen Finanzbehörden zu bedienen. Für dieses „Staatsinkasso" wird seitens der Länder eine Gebühr von 2 bis 4 % der von den

---

174 BVerfG (Kammer), NVwZ 2002, 1496 (1497); zuvor schon BVerwG, NVwZ 2001, 926f.; zustimmend *Axer*, in: FS Rüfner, S. 13 (24 f.).
175 So etwa *Ehlers*, ZevKR 48 (2003), 492 ff., und *de Wall*, in: FS Rüfner, S. 945 ff. Kritisch zur Entscheidung des BVerfG auch *Muckel*, in: Friauf/Höfling (Hrsg.), Art. 140/137 WRV, Rn. 117, und *Kästner*, in: Dolzer u.a. (Hrsg.), Art. 140 Rn. 506.
176 BVerwGE 118, 201 ff.
177 Vgl. *F. Hammer*, HSKR, Bd. 3, Rn. 54 ff.
178 Zum Folgenden *Korioth*, in: Dürig/Herzog/Scholz (Hrsg.), Art. 140 GG/Art. 137 WRV, Rn. 98 m.w.N.
179 Vgl. *Giloy*, in: Seer/Kämper (Hrsg.), S. 165 ff.; *Kühne*, FS Rüping, S. 173 ff.

§ 9 Religionsgemeinschaften als Körperschaften des öffentlichen Rechts § 9

Religionsgemeinschaften eingenommenen Steuer erhoben.[180] Von dieser Möglichkeit haben trotz mancher Bedenken die meisten steuerberechtigten und steuererhebenden Religionsgemeinschaften Gebrauch gemacht, denn sie erweist sich im Vergleich zu einer Eigenverwaltung zumeist als günstiger.[181] Umstritten ist, ob die staatliche Übernahme der Steuerverwaltung für kleine korporierte Religionsgemeinschaften wie in Bayern (Art. 15 KiStG-Bay) oder in Nordrhein-Westfalen (§ 15 Abs. 2 Nr. 1 KiStG-NRW) verweigert werden kann. Dagegen spricht der Grundsatz der Parität (auch) der korporierten Religionsgemeinschaften.[182] In diesem Zusammenhang ist aber daran zu erinnern, dass auch der Grundsatz der Parität keine schematische Gleichbehandlung der Religionsgemeinschaften fordert. Eine sachlich begründete Ungleichbehandlung bleibt möglich, und der sachliche Grund für die in den angeführten Vorschriften vorgenommene Differenzierung kann in dem unverhältnismäßigen Verwaltungskostenaufwand der staatlichen Finanzämter erblickt werden.[183]

Die staatliche Finanzverwaltung hat ihrerseits die Erhebung der Steuer gem. Art. 140 GG i.V.m. Art. 137 Abs. 5 WRV auf die Arbeitgeber übertragen. Im sog. **Lohnabzugsverfahren** werden diese Steuern bereits vom Lohn abgezogen, d.h. der Arbeitgeber zahlt dem Arbeitnehmer unmittelbar den Nettolohn aus und führt die Steuern an das zuständige Finanzamt ab.[184] Mit diesem Verfahren sind zwei religionsverfassungsrechtliche Probleme verbunden. Zum einen könnte in der gesetzlich vorgesehenen und damit obligatorischen Mitwirkung der Arbeitgeber bei der Einziehung der den korporierten Religionsgemeinschaften zustehenden Steuern ein Verstoß gegen die **Religionsfreiheit der betroffenen Arbeitgeber** vorliegen, die einer jeweils anderen oder keiner Religionsgemeinschaft angehören. Die Arbeitgeber werden aber im Rahmen des Lohnabzugsverfahrens nicht für die Religionsgemeinschaft(en), sondern ausschließlich für den Staat tätig. Sie mutieren nicht zu Organen der Religionsgemeinschaften, sondern agieren als „Hilfsorgan der staatlichen Finanzverwaltung".[185] Im Übrigen ist daran zu erinnern, dass auch die Übernahme der religionsgemeinschaftlichen Steuerverwaltung durch den Staat im Rahmen des Art. 140 GG i.V.m. Art. 137 Abs. 6 WRV eine Form der Kooperation zwischen Staat und Religionsgemeinschaften, nicht aber eine Identifizierung des Staates mit einer Religion oder Religionsgemeinschaft bedeutet. Zum anderen könnte die im Rahmen des Lohnabzugsverfahrens unverzichtbare **Eintragung der Religionszugehörigkeit des Arbeitnehmers auf der Lohnsteuerkarte** religionsverfassungsrechtlich problematisch sein, da grundsätzlich niemand seine Religionszugehörigkeit gegenüber dem Staat offenbaren muss. Entsprechende Bedenken können aber zumindest mit einem Hinweis auf Art. 140 GG i.V.m. Art. 136 Abs. 3 S. 2 WRV ausgeräumt werden, denn danach dürfen die staatlichen Behörden nach der Religions- bzw. Konfessionszugehörigkeit fragen, wenn davon – wie hier in Gestalt des Besteuerungsrechts – Rechte und Pflichten abhängen.[186] Entsprechendes dürfte für die

326

---

180 Dazu *F. Hammer*, HSKR, Bd. 3, Rn. 25.
181 Die Bedenken speisen sich aus dem Umstand, dass die Mitglieder der Religionsgemeinschaft in Steuerangelegenheiten mit dem Staatsapparat und nicht mit religionsgemeinschaftlichen Organen konfrontiert werden.
182 So etwa *Korioth*, in: Dürig/Herzog/Scholz (Hrsg.), Art. 140 GG/Art. 137 WRV, Rn. 101 m.w.N.
183 So auch *v. Campenhausen/de Wall*, § 29, Rn. 23.
184 Zum Folgenden *v. Campenhausen/de Wall*, § 29, Rn. 25., insbesondere zur Lohnsteuerpauschalierung gem. §§ 40 ff. EStG ebd., § 29, Rn. 28 m.w.N.
185 BVerfGE 19, 226 (240).
186 BVerfGE 49, 375 ff. Das Gericht verweist darüber hinaus unmittelbar auf das in Art. 140 GG i.V.m. Art. 137 Abs. 6 WRV enthaltene Besteuerungsrecht als immanente verfassungsrechtliche Rechtfertigung.

§ 9 C. Organisationsformen der Religionsgemeinschaften

Offenlegung der Religionszugehörigkeit gegenüber der jeweiligen Bank zur Erhebung der Abgeltungssteuer gelten.

g) Der Rechtsweg

327 Religionsgemeinschaftliche bzw. Kirchensteuerbescheide ergehen in Ausübung hoheitlicher Gewalt und unterliegen gem. **Art. 19 Abs. 4 GG** der Kontrolle durch die staatliche Gerichtsbarkeit.[187] Prozessual handelt es sich um öffentlich-rechtliche Streitigkeiten nichtverfassungsrechtlicher Art i.S.d. § 40 Abs. 1 S. 1 VwGO, so dass der Rechtsweg zur Verwaltungsgerichtsbarkeit, nach landesrechtlicher Zuweisung ggf. zur Finanzgerichtsbarkeit eröffnet ist.[188] Die betreffende Religionsgemeinschaft ist am Verfahren zu beteiligen; ein Vorverfahren vor religionsgemeinschaftlichen Stellen kann vorgesehen werden.

▶ **Zu Fall 13:** Die Verfassungsbeschwerde der Z ist zulässig. Die Beschwerdebefugnis folgt schon aus der Schutzpflichtendimension des Art. 4 Abs. 1 und 2 GG. Ob darüber hinaus unmittelbar auf Art. 140 GG i.V.m. Art. 137 Abs. 2 und Abs. 5 S. 2 WRV zurückgegriffen werden kann, ist umstritten, liegt aber in der Konsequenz der hier vertretenen Auffassung. Die Verfassungsbeschwerde ist auch begründet. Als Maßstab kann jedenfalls Art. 140 GG i.V.m. Art. 137 Abs. 5 S. 2 WRV herangezogen werden, da das BVerfG eine zulässige Verfassungsbeschwerde unter jedem in Betracht kommenden Gesichtspunkt verfassungsrechtlich überprüfen kann. Die Erfüllung des Kriteriums der „Gewähr der Dauer" kann nicht mit dem Hinweis auf die eschatologische Grundausrichtung der Z bezweifelt werden. Denn dem religiös-weltanschaulich neutralen Staat ist es verwehrt, den nach dem Glauben der Z bevorstehenden Weltuntergang tatsächlich zu unterstellen. (Bezogen auf die Zeugen Jehovas hat das BverfGE 102, 370 (386) zudem festgestellt: „Ihr Mitgliederbestand ist unbeeinträchtigt, obwohl mehrmals ein von ihr konkret bezeichneter Weltuntergang nicht stattgefunden hat.") Auch der Aufruf an die Mitglieder, nicht an staatlichen Wahlen teilzunehmen, stellt keine Nichtbeachtung einer besonderen „Loyalität" zum Staat dar, die die Verleihung des Körperschaftsstatus ausschließen könnte. Als ungeschriebene Voraussetzung kommt zwar die Rechtstreue der antragstellenden Religionsgemeinschaft, nicht aber eine besondere und darüber hinaus gehende „Loyalität" in Betracht. So muss eine Religionsgemeinschaft, die den Status einer Körperschaft des öffentlichen Rechts erwerben will, „die Gewähr dafür bieten, dass ihr künftiges Verhalten die in Art. 79 Abs. 3 GG umschriebenen fundamentalen Verfassungsprinzipien, die dem staatlichen Schutz anvertrauten Grundrechte Dritter sowie die Grundprinzipien des freiheitlichen Religions- und Staatskirchenrechts des Grundgesetzes nicht gefährdet" (BVerfGE 102, 370 (392)). Vor diesem Hintergrund rechtfertigt das von Z ausgesprochene, religiös motivierte Verbot, an staatlichen Wahlen teilzunehmen, eine Versagung des Körperschaftsstatus (noch) nicht, denn das Demokratieprinzip des Grundgesetzes wird dadurch nicht gefährdet. Zum einen ist nicht erkennbar, dass Z auf die Ersetzung der demokratischen Staatsform durch eine andere – etwa theokratische – Staatsform hinwirkt. Zum anderen ist nicht ersichtlich, dass und ggf. in welchem Ausmaß Z auch Nichtmitglieder zur Nichtteilnahme an staatlichen Wahlen zu bewegen vermag. Das Vorliegen der weiteren Voraussetzungen des Art. 140 GG i.V.m. Art. 137 Abs. 5 S. 2 WRV unterliegt keinem Zweifel. Da die Verfassungsbeschwerde daher zulässig und begründet ist, wird sie Erfolg haben. ◀

---

187 BVerfGE 19, 206 (217f.); *F. Hammer*, HSKR, Bd. 3, Rn. 67f.; *ders.*: Rechtsfragen der Kirchensteuer, S. 497ff.; *Korioth*, in: Dürig/Herzog/Scholz (Hrsg.), Art. 140 GG/Art. 137 WRV, Rn. 102 m.w.N.
188 Überblick bei *v. Campenhausen/de Wall*, § 29, Rn. 24 Anm. 55.

Wiederholungs- und Vertiefungsfragen

> Warum wird der Status der korporierten Religionsgemeinschaften nach Art. 140 GG i.V.m. Art. 137 Abs. 5 WRV als „Körperschaftsstatus sui generis" bezeichnet? (Rn. 276)

> Welchem Zweck dient der Körperschaftsstatus nach Art. 140 GG i.V.m. Art. 137 Abs. 5 WRV? (Rn. 278 ff.)

> Welches sind die Voraussetzungen der Verleihung des Körperschaftsstatus nach Art. 140 GG i.V.m. Art. 137 Abs. 5 S. 2 WRV? (Rn. 285 ff.)

> Kann der Körperschaftsstatus nach Art. 140 GG i.V.m. Art. 137 Abs. 5 WRV verloren gehen oder entzogen werden? (Rn. 295 f.)

> Welche Rechte folgen aus dem Körperschaftsstatus nach Art. 140 GG i.V.m. Art. 137 Abs. 5 WRV (Aufzählung)? (Rn. 297 ff.)

> Insbesondere: Welche Rechtsnatur hat der Gebrauch religionsgemeinschaftlicher öffentlicher Sachen? (Rn. 308 ff.)

> Insbesondere: Welchen Inhalt hat das sog. „Privilegienbündel"? (Rn. 313 ff.)

> Auf welchen einfachgesetzlichen Rechtsgrundlagen beruht das religionsgemeinschaftliche Besteuerungsrecht? (Rn. 322 ff.)

D. Das Zusammenwirken von Staat und Religionsgemeinschaften

§ 10 Religionsverfassungsrechtliche Verträge

▶ **Fall 14:** Im Süden der Bundesrepublik existierten bis vor kurzem die als Körperschaften des öffentlichen Rechts organisierten, der gleichen Konfession angehörenden Landesverbände A, B und C. Die territoriale Ausdehnung von A erstreckte sich auf das gesamte Gebiet der Bundesländer X und Y, während sich B und C auf dem Gebiet des Bundeslandes Z befanden. A hatte mit X und Y, B und C hatten mit Z bereits vor Jahrzehnten religionsverfassungsrechtliche Verträge abgeschlossen, die u.a. die Zahlung von Staatsleistungen zum Gegenstand haben. Nach reiflicher Überlegung fusionieren die drei Landesverbände zum Landesverband Süd (S) und bestimmen ihn zu ihrem Rechtsnachfolger. Diesen Vorgang nimmt das Bundesland Z zum Anlass, die Zahlung der seinerzeit im Vertrag mit B und C vereinbarten Staatsleistung an S zu verweigern. Zur Begründung führt Z an, dass es ohnehin eines Bundeslandes unwürdig und zudem verfassungsrechtlich unzulässig sei, mit Religionsgemeinschaften auf Augenhöhe zu „paktieren". Selbst wenn dies aber zulässig sein sollte, bestünde keine Verpflichtung zur Zahlung, denn der Vertrag sei schließlich mit B und C abgeschlossen worden; mit S habe man dagegen nichts zu schaffen. S will die Verweigerung der Zahlung nicht hinnehmen und reicht Klage bei der „staatlichen Gerichtsbarkeit" ein. Mit Erfolg? ◀

I. Der Begriff des religionsverfassungsrechtlichen Vertrages

328 Religionsverfassungsrechtliche Verträge sind Teil der Rechtsquellen des Religionsverfassungsrechts (s.o. Rn. 58 ff.). Herkömmlich und (noch) vorherrschend werden sie als „**Staatskirchenverträge**" und der einschlägige Teilbereich des Religionsverfassungsrechts als „Staatskirchenvertragsrecht", „Vertragsstaatskirchenrecht" bzw. „Vertragskirchenrecht" bezeichnet.[1] Der Begriff des „Staatskirchenvertrags" dient als Oberbegriff für die Konkordate und die sonstigen Kirchenverträge.[2] **Konkordate** sind vertragliche Vereinbarungen zwischen dem Staat und dem Heiligen Stuhl, sofern sie die dauerhafte und umfassende Regelung der Beziehungen der Vertragspartner zum Gegenstand haben.[3] Als **Kirchenverträge** werden hingegen entsprechende Vereinbarungen zwischen dem Staat und den evangelischen Kirchen sowie den weiteren Religionsgemeinschaften bezeichnet.[4] Zur Abgrenzung der Verträge von bloßen Abkommen und sonstigen Vereinbarungen wird zutreffend das Erfordernis einer parlamentarischen (bzw. in den evangelischen Kirchen einer synodalen) Zustimmung als konstitutives Begriffselement des „Staatskirchenvertrages" aufgenommen.

329 Die Bezeichnung der Verträge zwischen dem Staat und den Religionsgemeinschaften unter dem Grundgesetz als „Staatskirchenverträge" ist inadäquat geworden und durch den Begriff des **religionsverfassungsrechtlichen Vertrages** zu ersetzen.[5] Dafür sprechen

---

1 Zur herkömmlichen Terminologie *Hollerbach*: Verträge zwischen Staat und Kirche, S. 68 ff.
2 Vgl. *Mückl*, HSKR, Bd. 1, Rn. 2.
3 Vgl. *Haering*, HdbkathKR, S. 1803 ff.
4 Zu dieser Differenzierung u.a. *Unruh*, in: Huber/Voßkuhle (Hrsg.), Art. 140 Rn. 49 f.
5 Ebenso u.a. *Walter*: Religionsverfassungsrecht, S. 601.

zunächst die allgemeinen Überlegungen, die zu einem Wechsel der Bezeichnung des gesamten einschlägigen Teilbereichs des öffentlichen Rechts vom Staatskirchenrecht zum Religionsverfassungsrecht geführt haben (s.o. Rn. 4 ff.). Im Besonderen spricht für diese Bezeichnung der Umstand, dass entsprechende Verträge bereits seit langem nicht nur zwischen dem Staat und den christlichen Kirchen abgeschlossen werden. Vielmehr existieren bereits zahlreiche Verträge mit anderen Religionsgemeinschaften. Im Übrigen ist der Zugang zum Vertragsinstrument im säkularen und religiös-weltanschaulich neutralen Verfassungsstaat auch zukünftig für alle Religionsgemeinschaften zumindest im Grundsatz offen zu halten. Schließlich kann mit dem Begriff des religionsverfassungsrechtlichen Vertrages die spezifische Rechtsnatur der Verträge zwischen dem Staat und den Religionsgemeinschaften (s.u. Rn. 355 ff.) in Abgrenzung von anderen Vertragsformen unverwechselbar und sachlich zutreffend hervorgehoben werden.

II. Die historische Entwicklung der religionsverfassungsrechtlichen Verträge

1. Vorläufer

Die Geschichte der vertraglichen Beziehungen zwischen den weltlichen Mächten und den Religionsgemeinschaften reicht zumindest bis in das **Mittelalter** zurück.[6] Ein prominentes Beispiel liefert das Wormser Konkordat von 1122, mit dem der Investiturstreit beendet wurde (s.o. Rn. 18). Mit diesem und vergleichbaren Konkordaten wurden die Befugnisse und gegenseitigen Einwirkungsmöglichkeiten der weltlichen Territorialherren und der Kirche im Rahmen des einheitlichen Corpus Christianum und in Gestalt des Kondominiums von imperium und sacerdotium geregelt.[7] Nach der Glaubensspaltung erlebte das Konkordat im **19. Jahrhundert** eine Renaissance. Religionsverfassungsrechtliche Verträge mit dem Heiligen Stuhl wurden zu einem festen Bestandteil des Systems einer vertragsgesicherten, gleichwohl staatsgebundenen Kirche. Insgesamt ist das 19. Jahrhundert auch als „Epoche der Landeskonkordate" bezeichnet worden.[8] Zu Verträgen mit den evangelischen Landeskirchen ist es aufgrund ihrer Verwicklung in das landesherrliche Kirchenregiment nicht gekommen.

330

Da der Abschluss religionsverfassungsrechtlicher Verträge im aktuell maßgeblichen Wortsinn die Selbstständigkeit auch des religionsgemeinschaftlichen Partners voraussetzt, konnte es zu derartigen Vereinbarungen erst nach dem Ende des landesherrlichen Kirchenregiments bzw. nach der mit und unter der Weimarer Reichsverfassung erfolgten Trennung von Staat und Kirche kommen. Ausgehend von dieser Anfangszäsur können drei historische Phasen bzw. drei Generationen religionsverfassungsrechtlicher Verträge unterschieden werden.[9]

331

2. Religionsverfassungsrechtliche Verträge von 1919 bis 1933

Nach dem grundlegenden verfassungsrechtlichen Paradigmenwechsel von 1918/19, der auch das Verhältnis des Staates zu den Kirchen und sonstigen Religionsgemeinschaften

332

---

6 Historischer Überblick auch bei *Mückl*, HSKR, Bd. 1, Rn. 1 ff.
7 Dazu u.a. *Anke*, EvStL, Sp.2599 (2600).
8 *di Fabio*: Kirche und Staat, S. 105, weist darauf hin, dass diese moderne Tradition der Verträge zwischen Kirche und Staat „mit dem säkularisierenden Wind der napoleonischen Eroberungen nach Deutschland" gekommen ist.
9 *Mückl*: Europäisierung des Staatskirchenrechts, S. 223 („drei historische Phasen"); *Germann*, in: Mückl (Hrsg.), Das Recht der Staatskirchenverträge, S. 91 (93 ff.: „drei Generationen"). Zur Ausgangszäsur auch *Classen*: Religionsrecht, Rn. 60.

betraf, entstand auf beiden Seiten das Bedürfnis, sich der jeweils eigenen Rolle und der gegenseitigen Erwartungen zu vergewissern. Dieses Bedürfnis führte in einigen bedeutenden Ländern zum Abschluss von umfassenden Konkordaten und Kirchenverträgen. Den Auftakt und damit den „Anfang einer neuen Ära des Religionsverfassungsrechts in Deutschland" markiert das **Bayerische Konkordat vom 29.3.1924**. Die (katholische) Kirche steht hier erstmals als rechtlich selbstständige Institution dem Staat gegenüber und beide vereinbaren sich umfassend über Angelegenheiten von beiderseitigem Interesse. Aufgrund des Wegfalls des landesherrlichen Kirchenregiments und der Trennung von Staat und Kirche(n) waren mit der Weimarer Reichsverfassung von 1919 nunmehr auch die evangelischen Landeskirchen rechtlich eigenständige Institutionen geworden. Aus Gründen der Parität wurden daher auch mit ihnen religionsverfassungsrechtliche Verträge abgeschlossen, u.zw. beginnend mit den **Bayerischen Kirchenverträgen vom 15.11.1924**. Diese religionsverfassungsrechtlichen Verträge sind in modifizierter Form z.T. noch heute rechtswirksam.[10]

333 Den religionsverfassungsrechtlichen Verträgen in Bayern folgten zunächst entsprechende Vereinbarungen in **Preußen** in Gestalt des Preußischen Konkordats vom 14.6.1929 und dem Preußischen Kirchenvertrag vom 11.5.1931. Beide Verträge sind aufgrund der nachfolgenden Entwicklung nur noch begrenzt gültig.[11] Es folgten schließlich noch die religionsverfassungsrechtlichen Verträge in **Baden**, die sich im Wesentlichen an den preußischen Vorbildern orientierten. Im Einzelnen handelte es sich um das Badische Konkordat vom 12.11.1932 und den unmittelbar danach abgeschlossenen Badischen Kirchenvertrag vom 14.11.1932.[12]

334 Am 20.7.1933, also schon unter der nationalsozialistischen Herrschaft, wurde das **Reichskonkordat** zwischen dem Deutschen Reich und dem Heiligen Stuhl abgeschlossen. Es wird verbreitet und zutreffend als „januskörfig" bezeichnet, denn es entsprach einerseits weitgehend den religionsverfassungsrechtlichen Verträgen auf der Länderebene und enthielt andererseits Regelungen, die dem Vertragspartner, d.h. dem autoritären nationalsozialistischen Regime geschuldet waren.[13] Zum Abschluss eines Reichskirchenvertrages ist es dann angesichts des schon früh sich abzeichnenden Kirchenkampfes nicht mehr gekommen.[14] Die Fortgeltung des Reichskonkordats war nach 1945 lange umstritten und wurde erst durch das Konkordats-Urteil des BVerfG vom 26.3.1957 bestätigt.[15] Wie schon zur Zeit des Abschlusses kommt ihm eine dreifache religionsverfassungsrechtliche „Klammerfunktion" zu: Es gilt – erstens – für die Materien der ausschließlichen Bundeskompetenz sowie – zweitens – für diejenigen Bundesländer, die (noch) kein eigenes Konkordat abgeschlossen haben. Schließlich entfaltet es – drittens – auch in den Bundesländern, in denen ein Konkordat besteht, ggf. eine subsidiäre Rechtswirkung.[16]

---

10 Dazu *Unruh*, in: Huber/Voßkuhle (Hrsg.), Art. 140 GG, Rn. 52.
11 Ausführlich dazu *Unruh*, in: Huber/Voßkuhle (Hrsg.), Art. 140 GG, Rn. 53 f.
12 Dazu u.a. *Germann*, in: Mückl (Hrsg.), Das Recht der Staatskirchenverträge, S. 93 f. m.w.N.
13 *Jeand'Heur/Korioth*, Rn. 275. Die Bezeichnung des Reichskonkordats als „januskörfig" aufgreifend *Germann*, in: Mückl (Hrsg.), Das Recht der Staatskirchenverträge, S. 95.
14 *Scholder*, Bd. 1, S. 360.
15 BVerfGE 6, 309 ff. (s.o. § 3 vor Rn. 1 und nach Rn. 14).
16 *Unruh*, in: Huber/Voßkuhle (Hrsg.), Art. 140 GG, Rn. 55 m.w.N.

3. Religionsverfassungsrechtliche Verträge von 1945 bis 1990

Erst nach 1945 und daher unter wiederum veränderten Bedingungen konnte eine „zweite Generation" von religionsverfassungsrechtlichen Verträgen heranwachsen.[17] Die äußeren Umstände waren zunächst gesellschaftspolitisch von dem Bewusstsein bestimmt, dass die Kirchen als einzige relevante Institutionen ihre Integrität auch unter dem nationalsozialistischen Regime bewahrt hatten, und – jedenfalls ursprünglich – getragen von der religionsverfassungsrechtlichen Koordinationslehre, derzufolge sich Staat und Religionsgemeinschaften als eigenständige und gleich geordnete Institutionen gleichsam auf rechtlicher Augenhöhe begegnen (s.o. Rn. 44).[18] Im Gegensatz zur Weimarer Zeit und nicht zuletzt aufgrund der anfänglichen Unsicherheit über die Fortgeltung des Reichskonkordats gingen in dieser zweiten Generation die Kirchenverträge den Konkordaten zeitlich voraus.

335

Den Auftakt und das Vorbild zukünftiger Kirchenverträge bildete der **Loccumer Vertrag** vom 19.3.1955 zwischen dem Land Niedersachsen und den auf seinem Gebiet ansässigen fünf evangelischen Landeskirchen. In diesem Vertrag wurde im Bewusstsein der Eigenständigkeit kirchlichen Wirkens und kirchlichen Rechts die Freiheit der Kirchen anerkannt und festgeschrieben.[19] Dem Loccumer Vertrag folgten nahezu inhalts- und z. T. wortgleich der Kirchenvertrag des Landes Schleswig-Holstein mit den dort ansässigen evangelischen Landeskirchen vom 23.4.1957 sowie die entsprechenden Kirchenverträge des Landes Hessen vom 18.2.1960 und des Landes Rheinland-Pfalz vom 3.11.1962.[20] Im Saarland bestehen hingegen nur Kirchenverträge für Einzelbereiche (etwa für den Theologischen Lehrstuhl an der Universität Saarbrücken), und die Lage in Nordrhein-Westfalen ist insofern kompliziert, als dort z. T. der Preußische Kirchenvertrag neben anderen Teilvereinbarungen weiterhin zur Anwendung kommt.

336

Der Abschluss von Konkordaten erfolgte angesichts des Streits um die Fortgeltung des Reichskonkordats und der Fortgeltung der Konkordate aus der Weimarer Zeit nur zögerlich. Hervorzuheben ist das umfassende **Niedersächsische Konkordat** vom 26.2.1965.[21] Andere Bundesländer – wie etwa Bayern – kamen zu Ergänzungen und Modifikationen der Konkordate aus der Weimarer Zeit oder regelten in z.T. mehreren Konkordaten jeweils Einzelfragen des Verhältnisses zwischen Staat und Heiligem Stuhl, so etwa Hessen in vermögensrechtlichen Angelegenheiten (Vertrag vom 9.3.1963), Nordrhein-Westfalen mit dem Vertrag vom 19.9.1956 über die Errichtung des Bistums Essen oder Rheinland-Pfalz mit den Verträgen vom 29.4.1969 und vom 15.5.1973 über die Aus-, Fort- und Weiterbildung von Lehrkräften.

337

Die Zeit zwischen 1945 und der Wiedervereinigung Deutschlands hat aber nicht nur auf der Landesebene und auch nicht nur für die religionsverfassungsrechtlichen Verträge mit den Großkirchen eine neue Ära eingeläutet. So kam es auf gesamtstaatlicher Ebene mit dem **Militärseelsorgevertrag** vom 22.2.1957 erstmals zu einer vertraglichen Übereinkunft mit der Evangelischen Kirche in Deutschland (s.u. Rn. 395 ff.).[22] Dieser

338

---

17 Überblick auch bei *Mückl*, HSKR, Bd. 1, Rn. 8 ff.
18 Zur Geburt der zweiten Generation „im Licht der Koordinationslehre" auch *Germann*, in: Mückl (Hrsg.), Das Recht der Staatskirchenverträge, S. 95, der zugleich darauf hinweist, dass die religionsverfassungsrechtlichen Verträge der zweiten Generation die „Überwindung der Koordinationslehre überlebt haben".
19 Zum Loccumer Vertrag W. *Thieme*, DVBl. 1955, 273 ff.; *Smend*, JZ 1956, 50 ff.; *Scheuner*, ZevKR 6 (1957/58), 1 ff.
20 Dazu *v. Campenhausen/de Wall*, § 11, Rn. 16 f.
21 Dazu *Radtke*, NdsVBl. 1997, 49 ff.
22 Dazu ausführlich *Mückl*, HSKR, Bd. 1, Rn. 11 ff.

Vertrag gilt gem. Art. 2 des Zustimmungsgesetzes für katholische Militärseelsorger entsprechend. Er wurde 1965 um Verträge mit beiden Großkirchen über die Seelsorge im Bundesgrenzschutz (seit dem 1.6.2005: Bundespolizei) ergänzt. Schließlich sind in dieser zweiten historischen Phase religionsverfassungsrechtlicher Verträge zahlreiche Vereinbarungen mit kleineren Religionsgemeinschaften abgeschlossen worden.[23] Besonders erfreulich ist der Umstand, dass zu den Vertragspartnern neben einigen kleineren christlichen Religionsgemeinschaften – wie etwa die Freireligiöse Landesgemeinschaft in Niedersachsen, die Altkatholische und die Evangelisch-Methodistische Kirche – zunehmend auch jüdische Gemeinden zu zählen sind.

4. Religionsverfassungsrechtliche Verträge nach 1990

339   Die dritte Generation religionsverfassungsrechtlicher Verträge wurde schließlich nach der Wiedervereinigung Deutschlands geboren, so dass die Entwicklung des Vertrages als religionsverfassungsrechtliches Regelungsinstrument – entgegen mancher anders lautender Prognosen – als „Erfolgsgeschichte" gewertet werden kann.[24] Sie wurde und wird in den **neuen Bundesländern** u.a durch die ausdrückliche Erwähnung des Vertragsinstruments in drei der fünf Landesverfassungen angestoßen[25] und hebt an mit dem Abschluss von umfassenden **Kirchenverträgen**. Insofern gingen hier die Vereinbarungen mit den evangelischen Landeskirchen dem Abschluss von umfassenden Konkordaten zeitlich voraus, denn die katholische Kirche war zunächst an der Neuordnung bzw. -errichtung der Diözesen interessiert und wollte darüber hinaus die Fortgeltung des Reichskonkordats nicht vorschnell durch den Abschluss neuerer Konkordate in Frage stellen.[26] Thematisch orientieren sich die religionsverfassungsrechtlichen Verträge dieser Generation im Wesentlichen an den Vorläufern aus der zweiten Generation, wenngleich die Abkehr von der Koordinations- und die Hinwendung zur Kooperationslehre hier deutlicher zum Ausdruck kommen. Nicht selten werden in den religionsverfassungsrechtlichen Verträgen in und mit den neuen Bundesländern die gegenseitige Unabhängigkeit und eine Distanzierung von Staat und Kirche besonders betont. Paradigmatisch ist die **Präambel des Güstrower Vertrages** (Mecklenburg-Vorpommern) von 1994, in der es u. a. heißt, „dass die Trennung von Staat und Kirche gleichermaßen Distanz und Kooperation gebietet", und der Vertrag geschlossen wird „in Würdigung der Bedeutung, die christlicher Glaube, kirchliches Leben und diakonischer Dienst im religiös neutralen Staat für das Gemeinwohl und den Gemeinsinn der Bürger haben".[27] Insgesamt handelt es sich (auch) bei diesen Vereinbarungen um freiheitsbasierte und kooperative Verträge.

340   Den Auftakt und das Leitbild für die nachfolgenden Kirchenverträge in den **neuen Bundesländern** liefert der **Wittenberger Vertrag** zwischen dem Land **Sachsen-Anhalt** und den evangelischen Landeskirchen auf dem Gebiet dieses Bundeslandes vom

---

23 Dazu u.a. v. *Campenhausen/de Wall*, § 11, Rn. 25 f. Überblick bei *Unruh*, in: Huber/Voßkuhle (Hrsg.), Art. 140 GG, Rn. 62 Anm. 91.
24 Das Etikett der „Erfolgsgeschichte" wurde u.a. von *Germann*, in: Mückl (Hrsg.), Das Recht der Staatskirchenverträge, S. 101, verliehen, der zugleich darauf hinweist, dass diese Einschätzung nicht nur auf die deutsche, sondern auch auf die Entwicklung in anderen europäischen, insbesondere in osteuropäischen Ländern zutrifft, ebd. S. 101 mit Anm. 39.
25 Es handelt sich um die Landesverfassungen von Mecklenburg-Vorpommern, Sachsen und Sachsen-Anhalt.
26 Vgl. *Ehlers*, ZevKR 46 (2001), 286 (291).
27 Dazu v. *Campenhausen/de Wall*, § 11, Rn. 22.

15.9.1993.[28] Es folgten in relativ schneller Abfolge, d.h. nahezu binnen Jahresfrist der bereits erwähnte Güstrower Vertrag zwischen dem Land **Mecklenburg-Vorpommern** und den dort ansässigen evangelischen Landeskirchen vom 20.1.1994 sowie die entsprechenden Verträge des Landes **Thüringen** vom 15.3.1994, des Freistaates **Sachsen** vom 24.3.1994 und des Landes **Brandenburg** vom 8.11.1994. Bemerkenswert ist, dass es nunmehr auch in den **alten Bundesländern** Vertreter der dritten Generation von Kirchenverträgen gibt. So kam es zunächst am 31.10.2001 zur Unterzeichnung des Kirchenvertrages der Freien und Hansestadt **Bremen**. Es folgten der Vertrag zwischen der Freien und Hansestadt **Hamburg** mit der Nordelbischen Evangelisch-Lutherischen Kirche vom 29.11.2005[29] und der Vertrag des Landes **Berlin** mit der Evangelischen Kirche Berlin-Brandenburg-schlesische Oberlausitz vom 20.2.2006.[30] Mit dem Vertrag des Landes **Baden-Württemberg** mit den Evangelischen Landeskirchen in Baden und Württemberg vom 17.10.2007, der am 10.4.2008 in Kraft getreten ist[31], besteht erstmals in der Bundesrepublik Deutschland ein flächendeckendes System von Kirchenverträgen.[32]

Zum Abschluss von umfassenden **Konkordaten** ist es in den **neuen Bundesländern** zunächst nicht gekommen (s.o. Rn. 339). Den Auftakt der Entwicklung bildeten vielmehr Bistumserrichtungs- und damit partielle religionsverfassungsrechtliche Verträge.[33] Im Einzelnen kam es durch den Vertrag des Heiligen Stuhls mit den Ländern Sachsen-Anhalt, Brandenburg und dem Freistaat Sachsen vom 13.4.1994 zur Errichtung des **Bistums Magdeburg**, durch Vertrag mit dem Land Brandenburg sowie dem Freistaat Sachsen vom 4.5.1994 zur Errichtung des **Bistums Görlitz**, durch Vertrag mit dem Freistaat Thüringen vom 14.6.1994 zur Errichtung des **Bistums Erfurt** und durch Vertrag mit der Freien und Hansestadt Hamburg sowie den Ländern Mecklenburg-Vorpommern und Schleswig-Holstein vom 22.9.1994 zur Errichtung des **Bistums Hamburg**. Erst mit einem zeitlichen Abstand von mehr als zwei Jahren erfolgten dann die Abschlüsse umfassender Konkordate.[34] Den Auftakt bildete der Vertrag zwischen dem Heiligen Stuhl und dem Freistaat **Sachsen** vom 2.7.1996. Es folgten die Verträge des Heiligen Stuhls mit dem Freistaat **Thüringen** vom 11.6.1997, mit Land **Mecklenburg-Vorpommern** vom 15.9.1997, mit dem Land **Sachsen-Anhalt** vom 15.1.1998 sowie abschließend mit dem Land **Brandenburg** (erst) vom 12.11.2003. Auch in den **alten Bundesländern** wurde diese Entwicklung zum Anlass genommen, Konkordate der dritten Generation abzuschließen.[35] So wurde am 21.11.2003 ein religionsverfassungsrechtlicher Vertrag zwischen dem Heiligen Stuhl und der Freien und Hansestadt **Bremen** unterzeichnet. Schließlich kam es am 25.11.2005 (auch) zu einem Konkordat mit der Freien und Hansestadt **Hamburg**[36] und am 12.1.2009 zu einem Konkordat mit dem Land **Schleswig-Holstein**.[37]

341

---

28 Dazu u.a. *H. Weber*, NVwZ 1994, 759 ff. Überblick über die nachfolgende Entwicklung u.a. bei *Anke*: Staatskirchenverträge, S. 19, und *Germann*, in: Mückl (Hrsg.), Das Recht der Staatskirchenverträge, S. 99 ff., jeweils m.w.N. Zu den inhaltlichen Besonderheiten der religionsverfassungsrechtlichen Verträge in den neuen Bundesländern instruktiv *v. Campenhausen*, NVwZ 1995, 757 ff.
29 Dazu *David*, JöR N.F. 56 (2008), 159 ff.
30 Dazu *Richter/Ziekow*, ZevKR 53 (2008), 1 ff.
31 Dazu *Frisch/Jacobs*, ZevKR 54 (2009), 290 ff.
32 Dazu *Frisch*, NVwZ 2008, 629 ff.
33 Zum Folgenden siehe insbesondere *Anke*: Staatskirchenverträge, S. 19 ff.
34 Überblick bei *v. Campenhausen/de Wall*, § 11, Rn. 22 ff. m.w.N.
35 Überblick bei *v. Campenhausen/de Wall*, S. 49 m.w.N. in Anm. 63.
36 Dazu *Chowaniec*, ZevKR 54 (2009), 445 ff.; *David*, JöR N.F. 56 (2008), 159 ff.
37 Dazu *Hermes*, S. 151 ff.

§ 10   D. Das Zusammenwirken von Staat und Religionsgemeinschaften

342 Auch in dieser dritten historischen Phase ist der Abschluss religionsverfassungsrechtlicher Verträge kein Privileg der beiden christlichen Großkirchen.[38] Vielmehr kam es auch nach 1990, u.zw. nicht nur auf dem Gebiet der neuen Bundesländer zu einer Vielzahl einschlägiger Verträge mit kleineren Religionsgemeinschaften. Hervorzuheben sind die religionsverfassungsrechtlichen Verträge mit den **jüdischen Religionsgemeinschaften**. In den **neuen Bundesländern** haben etwa der Freistaat **Thüringen** am 1.11.1993, das Land **Sachsen-Anhalt** am 23.3.1994, der Freistaat **Sachsen** am 7.6.1994, das Land **Mecklenburg-Vorpommern** am 14.6.1996 sowie – wiederum als Nachzügler – das Land **Brandenburg** am 11.1.2005 einschlägige Verträge mit den jeweiligen jüdischen Gemeinschaften bzw. Landesverbänden abgeschlossen.[39] Entsprechende religionsverfassungsrechtliche Verträge mit den jeweiligen Vertretungen der jüdischen Gemeinden haben in den **alten Bundesländern** das Land **Nordrhein-Westfalen** am 1.12.2001, der Freistaat **Bayern** am 14.8.1997, das Land **Schleswig-Holstein** am 29.1.1998, das Land **Rheinland-Pfalz** am 3.12.1999, die Freie und Hansestadt **Bremen** am 11.10.2001 sowie das **Saarland** am 14.11.2001 abgeschlossen.[40] In diesem Zusammenhang ist auch der auf der **Bundesebene** abgeschlossene religionsverfassungsrechtliche Vertrag der Bundesrepublik Deutschland mit dem als Körperschaft des öffentlichen Rechts organisierten **Zentralrat der Juden in Deutschland** vom 27.1.2003 zu erwähnen, der im Wesentlichen Fragen der Zusammenarbeit und eine finanzielle Unterstützung des Zentralrats durch die staatliche Seite zum Gegenstand hat.[41] Insgesamt ist nunmehr von einem nahezu lückenlosen System religionsverfassungsrechtlicher Verträge mit den christlichen Kirchen und einer stetigen Tendenz zum Abschluss entsprechender Verträge mit anderen Religionsgemeinschaften auszugehen.

III. Funktionen der religionsverfassungsrechtlichen Verträge

343 Der Überblick über die historische Entwicklung der religionsverfassungsrechtlichen Verträge hat gezeigt, dass sich dieses Regelungsinstrument in der Praxis bewährt hat und sich einer ungebrochenen Beliebtheit erfreut. Ungeklärt blieb bisher die Frage, warum der Abschluss religionsverfassungsrechtlicher Verträge für den Staat und die Religionsgemeinschaften in gleichem Maße attraktiv ist. Bei der Antwort auf diese Frage sind allgemeine und besondere Aspekte zu unterscheiden, die zugleich Motive für den Abschluss derartiger Verträge liefern.[42] Zu den **allgemeinen Aspekten**[43] zählt zunächst der Umstand, dass zwischen dem Staat und den Religionsgemeinschaften ein **hoher Koordinierungsbedarf** besteht, da beide schon und auch von Verfassungs wegen in unterschiedlichen Bereichen (etwa der Schulen und Hochschulen, der Anstaltsseelsorge) auf eine Zusammenarbeit angewiesen sind. Ferner lassen sich die **Zuordnung** und der Ausgleich der beiderseitigen (religionsverfassungs-) rechtlich geschützten Interessen am effektivsten und nachhaltig auf dem Vertragswege bewerkstelligen; dies betrifft auch und insbesondere finanzielle bzw. vermögensrechtliche Fragen. Schließlich lässt sich über die vertraglich vermittelte Koordination die Gefahr minimieren, dass der Staat im Falle einseitiger und hoheitlicher Regelungen in unzulässiger Weise in das

---

38 Überblick bei *Kästner*, in: Dolzer u.a. (Hrsg.), Art. 140 Rn. 83 ff.
39 Überblick und weitere Nachweise bei *Anke*: Staatskirchenverträge, S. 20 f.
40 Überblick und weitere Nachweise bei *Germann*, in: Mückl (Hrsg.), Das Recht der Staatskirchenverträge, S. 101, Anm. 38.
41 Dazu *Hense*, in: Boschki/Gerhards (Hrsg.), S. 255 ff.
42 Überblick auch bei *Mückl*, HSKR, Bd. 1, Rn. 35 ff.
43 Zum Folgenden siehe statt vieler *Ehlers*, ZevKR 46 (2001), 286 (310 f.).

religionsverfassungsrechtlich geschützte Selbstbestimmungsrecht der Religionsgemeinschaften eingreift oder andere Grundentscheidungen des Religionsverfassungsrechts tangiert. Diese Freiheit sichernde Funktion der religionsverfassungsrechtlichen Verträge folgt nicht nur aus den religionsverfassungsrechtlichen Grundentscheidungen des Grundgesetzes, sondern trifft sich auch mit den Motiven der beteiligten Akteure.[44] So kommt es den Religionsgemeinschaften regelmäßig (auch) auf eine Garantie der religionsverfassungsrechtlich abgesicherten Freiräume sowie auf eine staatliche Unterstützung an, um ihren religiösen Auftrag in der Welt erfüllen zu können. Auf staatlicher Seite wird demgegenüber stets betont, dass eine Garantie und Förderung des religionsgemeinschaftlichen Wirkens keine selbstlose Förderung darstelle, sondern im staatlichen Interesse liege, da dieses Wirken zur Förderung des Gemeinwohls und damit zum Fortbestand des Gemeinwesens diene.[45]

Im Hinblick auf die **besonderen Aspekte** lassen sich **vier Funktionen** religionsverfassungsrechtlicher Verträge unterscheiden, die zugleich Motive für ihren Abschluss darstellen.[46] Die Verträge erfüllen – erstens – eine **Absicherungs- bzw. Perpetuierungsfunktion**, d.h. sie sind von dem gemeinsamen Willen der Vertragsparteien getragen, mit und durch die Vereinbarungen zu einer dauerhaften und (rechtlich) zuverlässigen Ordnung aller wesentlichen Rechtsfragen im Verhältnis des Staates zu den Religionsgemeinschaften zu gelangen. Im Wesentlichen geht es hier um eine Perpetuierung und eine rechtliche Verstärkung (religionsverfassungs-)rechtlicher Gewährleistungen religionsgemeinschaftlicher Freiheit. Die vertragliche Absicherung dieser Rechte und Befugnisse vermittelt insbesondere den Religionsgemeinschaften ein höheres Schutzniveau gegenüber der einseitigen staatlichen Rechtsetzung und -änderung. Zweitens erfüllen religionsverfassungsrechtliche Verträge eine **Kooperations- bzw. Klarstellungsfunktion**. Im Allgemeinen geht es hier um die Festlegung und konkrete Ausgestaltung der Zusammenarbeit zwischen dem Staat und den Religionsgemeinschaften. Die Kooperations- bzw. Klarstellungsfunktion religionsverfassungsrechtlicher Verträge ermöglicht eine im Vergleich zu jeweils einseitigen Regelungen effizientere und verlässlichere Ausgestaltung des Zusammenwirkens. Im Besonderen dienen religionsverfassungsrechtliche Verträge zunächst der konsensualen Klarstellung von Art, Ausmaß und konkreter Bedeutung der einschlägigen und damit zu beachtenden übergeordneten Rechtsgrundlagen. Ferner können bestehende normative Freiräume qua vertraglicher Vereinbarung mit konkreten Inhalten ausgefüllt werden; und schließlich kann im Vertragswege die verfahrensrechtliche Organisation der Kooperation – etwa durch die Vereinbarung regelmäßiger Konsultationen – geregelt werden. Mit der **Förderfunktion** religionsverfassungsrechtlicher Verträge wird – drittens – dem Staat die Möglichkeit eröffnet, die jeweils beteiligte Religionsgemeinschaft gezielt, allerdings unter Wahrung des Paritätsgrundsatzes (s.o. Rn. 106), in der Wahrnehmung ihres religiösen Auftrags – etwa durch finanzielle Leistungen – zu unterstützen. Mit der **Verpflichtungsfunktion** wird schließlich – viertens – dem Staat die Möglichkeit eröffnet, stärker als durch einseitige Regelungen das innerweltliche Wirken der Religionsgemeinschaften auf das Gemeinwohl auszurichten. Mit religionsverfassungsrechtlichen Verträgen gehen auch die Religionsgemeinschaften Verpflichtungen ein, die etwa die Gestalt von Informati-

---

44 Vgl. *Anke*: Staatskirchenverträge, S. 39 ff.
45 Zur Förderungsfunktion der Religion aus rechtsphilosophischer Sicht *Habermas*, in: Reder/Schmidt (Hrsg.), S. 26 (30 f.), und dazu die Analyse von *Brieskorn*, in: Reder/Schmidt (Hrsg.), S. 37 (43 ff.).
46 Zum Folgenden vor allem *Anke*: Staatskirchenverträge, S. 68 ff., 218 ff., 316 ff., 353 ff; *ders.*, EvStL, Sp.2599 (2601 ff.). Abweichend *Morlok*, in: H. Dreier (Hrsg.), Art. 140 GG, Rn. 49, der nur drei Funktionen ausmacht.

ons- und Abstimmungspflichten sowie von staatlichen Mitwirkungsrechten – etwa bei Organisationsakten – annehmen können. In diesem Zusammenhang ist darauf hinzuweisen, dass das (religions-) verfassungsrechtlich in Art. 140 GG i.V.m. Art. 137 Abs. 3 WRV verankerte Selbstbestimmungsrecht der Religionsgemeinschaften (s.o. § 6) zugleich Grund und Grenze der vertraglichen (Selbst-) Verpflichtung der betreffenden Religionsgemeinschaften darstellt. Sie ist einerseits als selbstbestimmtes Ordnen und Verwalten eigener Angelegenheit zulässig; andererseits muss aber sichergestellt sein, dass mit den Vertragsbindungen der Religionsgemeinschaften „nicht der säkulare Kompetenzrahmen überschritten und nicht die nach Art. 140 GG i.V.m. Art. 137 Abs. 1 WRV gebotene strikte organische Scheidung zwischen Staat und Kirchen durchbrochen wird".[47]

IV. Typische Regelungsgehalte religionsverfassungsrechtlicher Verträge

345 Ausgehend von den Funktionen religionsverfassungsrechtlicher Verträge und den damit zusammenhängenden Motiven für einen Vertragsabschluss lässt sich analytisch eine Reihe von typischen Regelungsgehalten ausmachen.[48] Der Analyse vorausgeschaltet ist die Differenzierung zwischen Spezialverträgen einerseits und kodifikatorischen bzw. Statusverträgen andererseits.[49] **Spezialverträge** regeln nur einzelne Themenbereiche in einem separaten Vertragswerk, etwa die Errichtung von Bistümern oder die Mitwirkung einer Religionsgemeinschaft am Religionsunterricht in staatlichen Schulen. **Kodifikatorische bzw. Statusverträge** hingegen erheben den Anspruch, das Verhältnis zwischen den Vertragsparteien umfassend und abschließend zu regeln.[50]

346 Die typischen Regelungsgehalte der kodifikatorischen bzw. Statusverträge können zu insgesamt **vier Gruppen** zusammengefasst werden.[51] Die erste Gruppe besteht aus vertraglich fixierten Wiederholungen von (**religions-)verfassungsrechtlichen Gewährleistungen**; der Zusammenhang mit der Absicherungs- bzw. Perpetuierungsfunktion ist offensichtlich. Im Einzelnen handelt es sich u.a. um die Garantie der (kollektiven) Religionsfreiheit unter Einschluss des karitativen bzw. diakonischen Wirkens,[52] des religionsgemeinschaftlichen Selbstbestimmungsrechts einschließlich der Freiheit der Ämterbesetzung[53] sowie die Gewährleistung des religionsgemeinschaftlichen Eigentums.[54] Eine zweite Gruppe von Vertragsinhalten regelt das **Zusammenwirken von Staat und Religionsgemeinschaften**. Betroffen sind etwa die Modalitäten der Mitwirkung der Religionsgemeinschaften am Religionsunterricht an staatlichen Schulen,[55] der Bestand und die Pflege der theologischen Fakultäten an staatlichen Hochschulen[56] sowie die Anstaltsseelsorge.[57] Drittens enthalten religionsverfassungsrechtliche Verträge regelmä-

---

47 *Anke*: Staatskirchenverträge, S. 357.
48 Aus canonischer Sicht *Haering*, HdbkathKR, S. 1803 (1805 ff.).
49 Zu dieser Differenzierung u.a. *Stern*: Staatsrecht, Bd. IV/2, S. 1367 ff.; *Ehlers*, ZevKR 46 (2001), 286 (312) m. w.N. in Anm. 132.
50 Vgl. *Mückl*, HSKR, Bd. 1, Rn. 2.
51 Aufzählung u.a. auch bei *Morlok*, in: H. Dreier (Hrsg.), Art. 140 GG, Rn. 50.
52 Beispielhaft Art. 1 StKiV-SH: „Das Land Schleswig-Holstein gewährt der Freiheit, den evangelischen Glauben zu bekennen und auszuüben, den gesetzlichen Schutz."
53 Beispielhaft Art. 2 Abs. 1 StKiV-SH: „Die Kirchen ordnen und verwalten ihre Angelegenheiten selbstständig innerhalb der Schranken des für alle geltenden Gesetzes."
54 Etwa Art. 23 StKiV-SH.
55 Vgl. Art. 6 StKiV-SH.
56 Beispielhaft Art. 4 Abs. 1 StKiV-SH: „Die evangelische Theologische Fakultät an der Universität Kiel bleibt für die wissenschaftliche Vorbildung der Geistlichen bestehen."
57 Vgl. Art. 8 StKiV-SH.

ßig staatliche Leistungsversprechen. Sie können die Form finanzieller Zusagen etwa in Gestalt von Staatsleistungen annehmen.[58] Darüber hinaus sind auch die jüngeren Regelungsgehalte bzgl. des Zugangs der Religionsgemeinschaften zu staatlichen (Rundfunk-) Medien und Gremien dieser Gruppe zuzuordnen. In der vierten Gruppe befinden sich schließlich **allgemeine Verfahrensabsprachen** über den gegenseitigen Umgang und die gegenseitigen Einwirkungsmöglichkeiten. Dazu zählen zunächst die sog. **Freundschaftsklauseln**, die – hier in der typischen Formulierung des Art. 28 des StKiV-SH – beide Vertragspartner darauf verpflichten, „eine etwa in Zukunft zwischen ihnen entstehende Meinungsverschiedenheit über die Auslegung dieses Vertrages auf freundschaftliche Weise zu beseitigen". Ferner gehören zu dieser Gruppe Regelungen zur Institutionalisierung regelmäßiger Kommunikation etwa in Gestalt von periodischen Konsultationen der jeweils leitenden Gremien.[59] Schließlich finden sich Regelungen, mit denen sich insbesondere die Religionsgemeinschaften als Vertragspartner verpflichten, eventuelle Gebiets- und Organisationsveränderungen anzuzeigen.[60]

Die **Grenzen möglicher Vertragsinhalte** werden zunächst durch das **Grundgesetz** selbst gezogen.[61] Zwei Grenzverläufe sind zu unterscheiden. Einerseits darf der Staat im Vertragswege keine Verpflichtungen eingehen, die er von Verfassungs wegen nicht eingehen darf. So verbietet etwa der Paritätsgrundsatz eine unzulässige Differenzierung zwischen den Religionsgemeinschaften (s.o. Rn. 106). Eine religionsverfassungsrechtlich unzulässige Privilegierung einer Religionsgemeinschaft kann folglich auch nicht qua Vertrag gerechtfertigt bzw. legitimiert werden. Andererseits darf der Staat seinem Vertragspartner keine Zugeständnisse abhandeln, die ihm Einfluss auf die Organisation und die Handlungen der betreffenden Religionsgemeinschaft verschaffen. Das Trennungsgebot und das Selbstbestimmungsrecht der Religionsgemeinschaften können und dürfen auch im Vertragswege und mit Zustimmung des religionsgemeinschaftlichen Vertragspartners nicht ausgehöhlt werden. Wenn und soweit religionsverfassungsrechtliche Verträge, insbesondere Konkordate, als völkerrechtliche Verträge qualifiziert werden können (s.u. Rn. 356), so können weitere Grenzen möglicher Vertragsinhalte auch dem **Völkerrecht** entnommen werden. Für beide genannten Grenzen gilt, dass eine Grenzüberschreitung zur (Teil-) **Nichtigkeit** des Vertrages führt.[62]

V. Die Zulässigkeit religionsverfassungsrechtlicher Verträge

Mit dem Hinweis auf die historische Entwicklung, die Funktionen und die typischen Inhalte religionsverfassungsrechtlicher Verträge ist noch keine Antwort auf die Frage gefunden, ob der Vertrag als Instrument zur Regelung der Beziehungen zwischen dem Staat und den Religionsgemeinschaften verfassungsrechtlich zulässig ist. Zwar wird die These von der absoluten Unzulässigkeit religionsverfassungsrechtlicher Verträge – soweit ersichtlich – nicht (mehr) vertreten.[63] Gleichwohl lässt sich zuweilen der Einwand vernehmen, dass derartige Verträge aus demokratischer Perspektive „zumindest

---

[58] Vgl. Art. 18 StKiV-SH.
[59] Beispielhaft Art. 3 Abs. 1 S. 1 StKiV-SH: „Die Kirchenleitungen und die Landesregierung werden zur Pflege ihrer Beziehungen regelmäßige Begegnungen anstreben."
[60] Beispielhaft Art. 13 StKiV-SH: „Die Kirchen werden Beschlüsse über die Bildung von Veränderungen von Propsteien, Kirchengemeinden und aus ihnen gebildeten Verbänden einen Monat vor Ausfertigung der Organisationsurkunde dem Land mitteilen."
[61] Dazu BVerfGE 6, 306 (365); *Jeand'Heur/Korioth*, Rn. 282.
[62] Dazu *Ehlers*, ZevKR 46 (2001), 286 (314).
[63] Vgl. *Classen*: Religionsrecht, Rn. 62. Kritisch *Renck*; ThürVBl 1995, 31 (32 ff.); aber auch *Czermak*: Religions- und Weltanschauungsrecht, S. 170, konstatiert: „Niemand bestreitet ihre grundsätzliche Zulässigkeit."

suspekt" seien, weil sie „das brisante Verhältnis von Staat und Kirche der politischen Willensbildung im Parlament weitgehend (entziehen und) in den Arkanbereich gegenseitiger Absprachen von kirchlicher und staatlicher Bürokratie" verweisen.[64] Auch wenn dieser Einwand schon mit dem Hinweis auf die notwendige Mitwirkung des jeweiligen Parlaments bei der Transformation religionsverfassungsrechtlicher Verträge in staatliches Recht, die eine hinreichende demokratische Legitimation vermittelt, zurückgewiesen werden kann,[65] besteht genügend Anlass, die Zulässigkeit dieser Handlungsform verfassungsrechtlich zu untermauern.

349 Die Zulässigkeit religionsverfassungsrechtlicher Verträge als Handlungsform auch des Staates lässt sich aus dem Grundgesetz und zusätzlich aus zumindest einigen Landesverfassungen ableiten.[66] Dem **Grundgesetz** ist zwar keine ausdrückliche Ermächtigung des Staates zum Abschluss von Verträgen mit den Religionsgemeinschaften zu entnehmen; ein explizites Verbot, sich dieses Regelungsinstruments zu bedienen, kann aber ebenso wenig aus dem Grundgesetz extrahiert werden.[67] Vielmehr lassen sich vier verfassungsrechtliche Argumente anführen, die für die Zulässigkeit religionsverfassungsrechtlicher Verträge sprechen. Das **Transformations-Argument** besagt, dass sich die Übernahme des Religionsverfassungsrechts der Weimarer Reichsverfassung in das Grundgesetz durch Art. 140 GG auch auf das vorkonstitutionell bereits bekannte und bewährte Vertragsinstrument erstreckt.[68] Das zweite Argument nimmt Bezug auf **Art. 123 Abs. 2 GG**, der die Fortgeltung der „vom Deutschen Reich abgeschlossenen Staatsverträge" regelt. Das Argument besagt, dass diese Vorschrift die Zulässigkeit religionsverfassungsrechtlicher Verträge notwendig voraussetzt. Zur Begründung wird angeführt, dass Art. 123 Abs. 2 GG entstehungsgeschichtlich insbesondere das Reichskonkordat von 1933 (s.o. Rn. 334) sowie die Möglichkeit weiterer Verträge zwischen dem Staat und den Religionsgemeinschaften im Blick gehabt hätte.[69] Das dritte Argument ist ebenfalls ein Implikations-Argument und besagt, dass auch **Art. 140 GG i.V.m. Art. 138 Abs. 1 WRV** die Zulässigkeit religionsverfassungsrechtlicher Verträge notwendig voraussetzt.[70] Diese Vorschrift normiert eine Ablösungspflicht für Staatsleistungen, die „auf Gesetz, Vertrag oder besonderen Rechtstiteln" beruhen. Bis zur Ablösung durch Landesgesetz bleiben also auch die vertraglichen Verpflichtungen bestehen, so dass (auch) religionsverfassungsrechtliche Verträge als zulässige Grundlage von Staatsleistungen angesehen werden. Die Vorschrift wendet sich damit nicht gegen die Vertragsform als solche, sondern nur gegen den Fortbestand der Staatsleistungen. Schließlich kann – viertens – der allgemein anerkannte **Grundsatz** angeführt werden, dass der Staat mit den seiner Hoheitsgewalt unterworfenen Rechtssubjekten Verträge schließen kann.[71] In §§ 54 ff. VwVfG ist diese Handlungsform für verwaltungsrechtliche Verträge ausdrücklich geregelt und es ist unter diesem Aspekt kein Grund ersichtlich, warum nicht auch religionsverfassungsrechtliche Verträge zulässig sein sollten. Vor diesem Hintergrund ist fraglich, ob es zur Begründung der Zulässigkeit religions-

---

[64] *H. Weber*: Grundprobleme des Staatskirchenrechts, S. 50.
[65] Ebenso *Jeand'Heur/Korioth*, Rn. 273.
[66] Wie hier *Stern*: Staatsrecht, Bd. IV/2, S. 1372 ff.
[67] Vgl. *Jeand'Heur/Korioth*, Rn. 271.
[68] Vgl. *Anke*: Staatskirchenverträge, S. 24 m.w.N.
[69] Statt vieler *Jeand'Heur/Korioth*, Rn. 271; bestätigt durch BVerfGE 6, 309 (330 ff. – Konkordatsurteil); a.A. *Renck*, DÖV 1997, 929 (937).
[70] Dazu vor allem *Ehlers*, ZevKR 46 (2001), 286 (289).
[71] Vgl. *Jeand'Heur/Korioth*, Rn. 271 m. w.N.

verfassungsrechtlicher Verträge eines Rückgriffs auf die verfassungstheoretisch umstrittene Kategorie des **Verfassungsgewohnheitsrechts** bedarf.[72]

Die dem Grundgesetz zu entnehmende Zulässigkeit religionsverfassungsrechtlicher Verträge wird durch einen Blick in das **Landesverfassungsrecht** ergänzt und verstärkt.[73] Immerhin die Hälfte aller Bundesländer nimmt in der jeweiligen Landesverfassung Bezug auf vertragliche Vereinbarungen zwischen dem Staat und den Religionsgemeinschaften. So erkennen **Bayern** (Art. 182 Verf-Bay) und das **Saarland** (Art. 35 Abs. 2 Verf-Saarl) bereits abgeschlossene Verträge an. In **Hessen** (Art. 50 Verf-Hess), in **Mecklenburg-Vorpommern** (Art. 9 Abs. 2 Verf-MV), in **Sachsen** (Art. 109 Abs. 2 Verf-Sa) und in **Sachsen-Anhalt** (Art. 32 Abs. 4 Verf-SAnh) werden religionsverfassungsrechtliche Verträge darüber hinaus für die Zukunft als zulässiges und taugliches Regelungsinstrument angesehen. In **Nordrhein-Westfalen** (Art. 23 Abs. 2 Verf-NRW) werden die vom Freistaat Preußen abgeschlossenen Verträge ausdrücklich anerkannt und zukünftige Verträge ausdrücklich zugelassen. Schließlich sollen in **Baden-Württemberg** (Art. 8 Verf-BaWü) die Rechte und Pflichten, die sich aus Verträgen mit den Religionsgemeinschaften ergeben, von der Verfassung unberührt bleiben. Da das Grundgesetz kein ausdrückliches Verbot religionsverfassungsrechtlicher Verträge kennt, sondern von der Zulässigkeit dieser Handlungsform ausgeht, werfen die einschlägigen Regelungen des Landesverfassungsrechts keine Probleme im Hinblick auf die Kollisionsregel des Art. 31 GG auf.[74]

350

VI. Verpflichtung zum Abschluss religionsverfassungsrechtlicher Verträge?

Nachdem die Zulässigkeit religionsverfassungsrechtlicher Verträge als Handlungsform begründet werden konnte, stellen sich die weiter gehenden Fragen, ob und ggf. unter welchen Bedingungen ein **Vorrang** der vertraglichen Einigung vor der einseitigen staatlichen Regelung angenommen oder sogar eine **Verpflichtung** zum Abschluss religionsverfassungsrechtlicher Verträge bestehen kann. Die These vom Vorrang des Vertrages als Instrument zur Regelung der Beziehungen zwischen dem Staat und den Religionsgemeinschaften findet auch lange nach der Überwindung der Koordinationslehre noch Anhänger.[75] Zur Begründung wird u.a. angeführt, dass das Vertragsinstrument als „das notwendige Korrelat" zum Trennungsgrundsatz aus Art. 140 GG i.V.m. Art. 137 Abs. 1 WRV (s.o. § 5) anzusehen sei.[76] Ein weiterer Begründungsstrang folgert unmittelbar aus der vom Religionsverfassungsrecht erwünschten und gebotenen Kooperation von Staat und Religionsgemeinschaften (s.o. Rn. 45) den Primat vertraglichen Handelns. Auf die Koordinationslehre selbst wird zwar nur noch selten ausdrücklich Bezug genommen.[77] Allerdings finden sich vielfach und an prominenter Stelle zumindest in die gleiche Richtung weisende Formulierungen, die den religionsverfassungsrechtlichen

351

---

72 So aber *Heinig*: Öffentlich-rechtliche Religionsgemeinschaften, S. 251 ff.; *Walter*: Religionsverfassungsrecht, S. 601 f. Zur Kritik an der Rechtsfigur des Verfassungsgewohnheitsrechts *Unruh*: Der Verfassungsbegriff des Grundgesetzes, S. 430 ff.
73 Zum Folgenden etwa *Ehlers*, ZevKR 46 (2001), 286 (289); *Puza*, NVwZ 1995, 460 (461). Speziell zu den Regelungen in den neuen Bundesländern *Anke*: Staatskirchenverträge, S. 24 f.; *Johnsen*, ZevKR 43 (1998), 182 ff.
74 Ebenso ausdrücklich *Jeand'Heur/Korioth*, Rn. 272.
75 Überblick bei *Anke*: Staatskirchenverträge, S. 28 ff.
76 So etwa *Heitmann*, ZevKR 39 (1994), 402 (403).
77 So etwa von *Listl*, GesSchr, S. 355 (384), der „eine im deutschen Verfassungsrecht begründete Notwendigkeit" zu erkennen meint, „dass sich die Vertragspartner zu einer koordinationsrechtlichen Ordnung zusammenfinden".

Vertrag als „adäquates Mittel" der Rechtsgestaltung bezeichnen.[78] Ganz im Gegensatz zur These vom Vorrang der Vertrages bzw. einer Verpflichtung zum Abschluss religionsverfassungsrechtlicher Verträge hat das BVerfG in einer frühen Entscheidung festgestellt, dass es „völlig im Belieben des Staates (stehe), ob und mit welchen Kirchen er Verträge abschließen will".[79] In der Lit. hat diese Ansicht überwiegend und zurecht Anerkennung gefunden. Abweichendes kann sich hinsichtlich der gebotenen Anpassung von religionsverfassungsrechtlichen Verträgen ergeben.[80]

352 Eine positiv-rechtliche Entscheidung zwischen den beiden Extrempositionen scheint zumindest für den Freistaat Sachsen in **Art. 109 Abs. 2 S. 3 Verf-Sa** getroffen worden zu sein. Die Vorschrift lautet: „Die Beziehungen des Landes zu den Kirchen und Religionsgemeinschaften wird im Übrigen durch Vertrag geregelt." Ob damit – wie es offensichtlich der Intention des Verfassunggebers entsprach[81] – ein Verfassungsgebot zum Abschluss von religionsverfassungsrechtlichen Verträgen normiert wurde, ist allerdings unter zwei Aspekten zweifelhaft.[82] Zum einen können durch diese Vorschrift nur der Staat selbst und nicht auch die Religionsgemeinschaften verpflichtet werden, so dass die Einhaltung eines vermeintlichen Verfassungsgebots zum Abschluss religionsverfassungsrechtlicher Verträge nicht allein von staatlichem Verhalten abhinge. Zum anderen dürfte es kaum der Intention des Verfassunggebers entsprochen haben, eine undifferenzierte Verpflichtung zu vertraglichen Beziehungen mit allen Religionsgemeinschaften vorzuschreiben, unabhängig vom jeweiligen Organisationsgrad, der jeweiligen Größe und Bedeutung. Eine Vorentscheidung der Ausgangsfrage nach dem Vorrang religionsverfassungsrechtlicher Verträge dürfte demnach auch im Freistaat Sachsen noch nicht endgültig gefallen sein.

353 Zwischen den konfligierenden Thesen vom Kontrahierungszwang einerseits und der völligen Beliebigkeit des Abschlusses religionsverfassungsrechtlicher Verträge andererseits bietet sich eine **vermittelnde Position** an.[83] Danach ist zunächst eine Verpflichtung zum Abschluss religionsverfassungsrechtlicher Verträge oder ein Vorrang dieser Handlungsform vor einseitiger staatlicher Regelung abzulehnen.[84] Denn weder die vermeintliche Verpflichtung noch der vermeintliche Vorrang lassen sich ausdrücklich aus dem Grundgesetz ableiten. Es fehlen gerade konkrete verfassungsrechtliche Anhaltspunkte, die die Annahme eines Kontrahierungszwangs stützen könnten. Nach der Abkehr von der Koordinationslehre lässt sich diese Annahme zudem noch weniger begründen. Im Ergebnis steht es demnach grundsätzlich im **Ermessen des Staates**, die Beziehungen zu den Religionsgemeinschaften durch Vertrag oder auf andere – rechtlich zulässige – Weise zu regeln. Damit steht der Abschluss religionsverfassungsrechtlicher Verträge jedoch nicht – mit den Worten des BVerfG – „völlig im Belieben des Staates" (s.o. Rn. 351). Vielmehr kann sich aus dem **Paritätsprinzip** (s.o. Rn. 106) eine Ermessensreduzierung auf Null, d.h. ein Anspruch einzelner Religionsgemeinschaften auf Gleichbehandlung ergeben. Dieser Anspruch beschränkt sich nicht auf eine materielle Gleichbehandlung dergestalt, dass die Inhalte eines religionsverfassungsrechtlichen

---

78 So etwa *v. Campenhausen/de Wall*, § 19, Rn. 2.
79 BVerfGE 19, 1 (12); zustimmend etwa *Mückl*, HSKR, Bd. 1, Rn. 52.
80 Statt vieler *Mückl*, HSKR, Bd. 1, Rn. 52 ff.
81 Dazu *Anke*: Staatskirchenverträge, S. 30 f. Für ein Verfassungsgebot u.a. *Fuchs*, S. 82.
82 Vgl. *Ehlers*, ZevKR 46 (2001), 286 (309); ebenso *Anke*: Staatskirchenverträge, S. 33 f., der zusätzlich auf den systematischen Zusammenhang der Vorschrift hinweist.
83 I.E. ebenso *H. Weber*: Grundprobleme des Staatskirchenrechts, S. 49; *Anke*: Staatskirchenverträge, S. 31 ff.; *Walter*: Religionsverfassungsecht, S. 605; *Hense*, in. Mückl (Hrsg.), S. 115 (162).
84 Dazu *Anke*: Staatskirchenverträge, S. 31 ff.; ebenso *Stern*: Staatsrecht, Bd. IV/2, S. 1375.

Vertrages auch für nicht mit dem Staat vertraglich verbundene Religionsgemeinschaften gelten.[85] Wenn und soweit das Gleichbehandlungsgebot greift, wird auch die Vertragsform selbst umfasst, denn neben den Inhalten sind auch die spezifischen Funktionen religionsverfassungsrechtlicher Verträge – vor allem die Absicherungs- und Perpetuierungsfunktion (s.o. Rn. 344) – von Bedeutung. Ein Anspruch auf den Abschluss religionsverfassungsrechtlicher Verträge entsteht aber nur, wenn die Voraussetzungen der Gleichbehandlungspflicht tatsächlich vorliegen. In diesem Zusammenhang ist daran zu erinnern, dass auch der Paritätsgrundsatz keine absolute Gleichheit aller Religionsgemeinschaften fordert, sondern **Differenzierungen** ermöglicht. Kriterien für eine zulässige Differenzierung sind etwa die Größe, die aktuelle Bedeutung sowie der Organisationsgrad und der rechtliche Status einer Religionsgemeinschaft (s.o. Rn. 106). Eine bisher nicht mit dem Staat vertraglich verbundene Religionsgemeinschaft hat also nur dann einen Anspruch auf den Abschluss eines religionsverfassungsrechtlichen Vertrages, wenn der Staat mit einer anderen, in Größe, Bedeutung, Organisationsgrad und rechtlichem Status vergleichbaren Religionsgemeinschaft bereits einen solchen Vertrag abgeschlossen hat.[86]

Vor diesem Hintergrund kann nunmehr auch der Frage nachgegangen werden, ob **religionsverfassungsrechtliche Verträge mit islamischen Religionsgemeinschaften** möglich oder sogar verpflichtend sind.[87] Diese Frage gewinnt zunehmend an praktischer Bedeutung. So wurde vom VG Berlin die Klage der „Islamischen Religionsgemeinschaft Berlin" auf Abschluss eines religionsverfassungsrechtlichen Vertrages mit dem Lande Berlin abgewiesen.[88] Die Möglichkeit religionsverfassungsrechtlicher Verträge mit islamischen Gruppierungen, die zugleich eine Grundbedingung für eine potenzielle Verpflichtung des Staates darstellt, ist derzeit (noch) umstritten.[89] So ist aufgrund des religionsspezifischen Fehlens eines verobjektivierten Mitgliedschaftsrechts und einer einheitlichen Organisationsstruktur lange zweifelhaft gewesen, ob der Staat unter den Anhängern des Islam einen organisatorisch verfestigten und repräsentativen Vertragspartner identifizieren kann. Insofern könnte die auf den Abschluss religionsverfassungsrechtlicher Verträge fokussierte Anerkennung von Dachverbänden islamischer Teilorganisationen als Religionsgemeinschaften eine Lösung bieten (s.o. Rn. 253, 292). Dieser Weg ist von der Freien Hansestadt Bremen am 15.1.2013 mit dem Abschluss des Vertrages mit den dortigen islamischen Religionsgemeinschaften und von der Freien und Hansestadt Hamburg am 13.11.2013 mit dem Abschluss religionsverfassungsrechtlicher (Status-) Verträge mit den islamischen Verbänden DITIB-Landesverband Hamburg, Schura (Rat der Islamischen Gemeinschaften Hamburg) und VIKZ (Verband der Islamischen Kulturzentren) sowie mit der Alevitischen Gemeinschaft Deutschland beschritten worden.[90] Es steht zu erwarten, dass weitere Bundesländer diesem Beispiel folgen werden. Dies gilt insbesondere vor dem Hintergrund, dass

354

---

85 So aber *Jeand'Heur/Korioth*, Rn. 274; danach soll es ausreichen, wenn der Staat anderen Religionsgemeinschaften „in sachgemäßer Würdigung gleichwertige Rechte durch staatliche Rechtsnormen einräumt".
86 Ähnlich etwa *Ehlers*, ZevKR 46 (2001), 286 (309 f.).
87 Dazu grundlegend und umfassend unter Einschluss rechtsvergleichender Betrachtungen *Hense*, in: Mückl (Hrsg.), S. 115 ff.
88 VG Berlin, Gerichtsbescheid vom 9.8.2006 – VG 27 A 55.06, unveröffentlicht; dazu *Hense*, in: Mückl (Hrsg.), S. 115 (136 ff., 163 mit Anm. 263 f.).
89 Dazu *Stern*: Staatsrecht, Bd. IV/2, S. 1367.
90 Bürgerschaft der Freien und Hansestadt Hamburg, Drcks. 20/5830; dazu *Demel*, KUR 2013, 93 ff. Allgemein zur Möglichkeit religionsverfassungsrechtlicher Verträge mit muslimischen Vereinigungen *Lutz-Bachmann*, S. 442 ff. m.w.N.

VII. Die Rechtsnatur religionsverfassungsrechtlicher Verträge

1. Allgemeines

355 Unstreitig gelten religionsverfassungsrechtliche Verträge als „echte, beide Parteien bindende Vereinbarungen".[91] Die Bestimmung ihrer konkreten Rechtsnatur ist hingegen seit den Anfängen der vertraglichen Beziehungen zwischen dem Staat und den Religionsgemeinschaften von großer Bedeutung und nach wie vor umstritten.[92] So wurde bis in das 19. Jahrhundert von der Kurie die sog. **Privilegientheorie** vertreten, derzufolge Konkordate als Zugeständnisse der Kirche an die weltlichen Mächte galten, obwohl das mittelalterliche Bild des einen Corpus Christianum längst zerbrochen war. Umgekehrt folgerte die auf der staatlichen Souveränität basierende **Legaltheorie**, dass religionsverfassungsrechtliche Verträge zwischen dem Staat und den ihm untergeordneten Verbänden nur als abgesprochene Staatsgesetze gelten könnten und der Zustimmung der Religionsgemeinschaften keine konstitutive Bedeutung zukomme. Erst die Trennung von Staat und Religionsgemeinschaften konnte die heute ganz überwiegende An- und Einsicht freisetzen, dass es sich bei den einschlägigen Vereinbarungen um echte Verträge zwischen zwei Rechtssubjekten handelt (**Vertragstheorie**).[93] Über die konkrete Einordnung der religionsverfassungsrechtlichen Verträge in das System der von der Rechtsordnung angebotenen Vertragsformen konnte jedoch noch kein Konsens erzielt werden. In diesem Zusammenhang ist es sinnvoll, zwischen Konkordaten und Kirchenverträgen zu unterscheiden.

2. Konkordate als völkerrechtliche Verträge

356 Die ganz überwiegende Auffassung in Rechtsprechung und Literatur sowie in der Praxis betrachtet **Konkordate** als **völkerrechtliche Verträge**. Zur Begründung wird im Wesentlichen angeführt, dass der Heilige Stuhl – neben dem Staat „Vatikanstadt" – ein Völkerrechtssubjekt ist. Er kann daher völkerrechtliche Verträge abschließen und bringt dies im Fall von Konkordaten auch zum Ausdruck.[94] Gegen diese Auffassung werden zumindest vier Argumente vorgebracht. So sei die Annahme einer vermeintlichen Völkerrechtssubjektivität des Heiligen Stuhls allenfalls historisch zu erklären; im Grunde handele es sich aber um eine „Anomalie", die keinen Einfluss auf die rechtliche Einordnung religionsverfassungsrechtlicher Verträge haben dürfe.[95] Zweitens wird darauf hingewiesen, dass anderen Religionsgemeinschaften der Status eines Völkerrechtssubjekts fehle und eine Privilegierung des Heiligen Stuhls aus religi-

---

91 *Mückl*, HSKR, Bd. 1, Rn. 39.
92 Zum Folgenden *v. Campenhausen/de Wall*, § 19, Rn. 13 f.; *Mückl*, HSKR, Bd. 1, Rn. 38 ff.; *Ehlers*, ZevKR 46 (2001), 286 (292); *Unruh*, in: Huber/Voßkuhle (Hrsg.), Art. 140 Rn. 74 ff.
93 Vgl. *Stern*: Staatsrecht, Bd. IV/2, S. 1371: „Ausdruck der koordinationsrechtlichen Ordnung im Staatskirchenrecht".
94 In diesem Sinn u.a. *Mückl*, HSKR, Bd. 1, Rn. 40.; *Stern*: Staatsrecht, Bd. IV/2, S. 1378; *Wengenroth*, S. 49 ff., 120 f.; *Jeand'Heur/Korioth*, Rn. 280; *Classen*: Religionsrecht, Rn. 64; *Walter*: Religionsverfassungsrecht, S. 597 f.; auch BVerfGE 6, 309 (320 ff. – Konkordatsurteil). Zur Qualität des Heiligen Stuhls als Völkerrechtssubjekt *Waldhoff*, EssGspr. 42 (2008), 55 (83 ff.).
95 So vor allem *Czermak*, Der Staat 39 (2000), 69 (74).

onsverfassungsrechtlichen Gründen der Parität nicht in Betracht komme.[96] Das dritte Argument besagt, dass der Heilige Stuhl beim Abschluss von Konkordaten nicht als Völkerrechtssubjekt auftrete und handele, sondern als Vertreter der Gemeinschaft der Katholiken auf dem deutschen Staatsgebiet.[97] Schließlich wird – viertens – darauf hingewiesen, dass Konkordate inhaltlich gerade keine typischen völkerrechtlichen Materien regeln, sondern das jeweils innerstaatliche Verhältnis zwischen dem Staat und den als Vertragspartner auftretenden Religionsgemeinschaften; sie könnten daher allenfalls als „quasi-völkerrechtliche Verträge" qualifiziert werden.[98] Mit Ausnahme des ersten Argumentes erscheinen diese Einwände prima facie plausibel. Gleichwohl lassen sich zumindest zwei durchschlagende Gegenargumente formulieren: Wenn und soweit Völkerrechtssubjekte wie der Heilige Stuhl und die Staaten ihre Beziehungen mittels völkerrechtlicher Verträge regeln dürfen, dann ist jeweils zu ermitteln, welcher Handlungsform sie sich im Einzelfall bedient haben. Lässt sich mit hinreichender Bestimmtheit – wie etwa im Fall der Konkordate – feststellen, dass ein Vertrag völkerrechtliche Qualität erhalten soll, dann ist das Völkerrecht einschlägig. Im Übrigen ist – zweitens – kein völkerrechtlicher Grundsatz ersichtlich, der es Völkerrechtssubjekten untersagt, innerstaatliche Angelegenheiten zum Gegenstand völkerrechtlicher Verträge zu machen. Im Ergebnis steht und fällt der völkerrechtliche Charakter von Konkordaten demnach mit dem kaum zu bezweifelnden Status des Heiligen Stuhls als Völkerrechtssubjekt.[99]

3. Kirchenverträge als staatsrechtliche Verträge

Die rechtliche Qualifizierung der Kirchenverträge ist nicht minder umstritten. Insgesamt vier Auffassungen lassen sich unterscheiden. Ausgehend von der Einordnung der Konkordate als völkerrechtliche Verträge werden die Kirchenverträge als **quasi-völkerrechtliche Verträge** angesehen. Zwar seien die evangelischen Kirchen keine Völkerrechtssubjekte, aber die statusrechtliche Privilegierung der religionsverfassungsrechtlichen Verträge mit der katholischen Kirche sei nicht zu rechtfertigen und nur über eine formale Gleichstellung der Kirchenverträge zu vermeiden. Dagegen spricht bereits der Umstand, dass die Annahme einer quasi-völkerrechtlichen Rechtsordnung problematisch ist und zahlreiche dogmatische Folgeprobleme aufwirft.[100] Ferner lässt sich der fehlende Status eines Völkerrechtssubjekts letztlich nicht über eine analoge Anwendung des Völkerrechts kompensieren, denn die Voraussetzungen einer Analogie liegen hier mangels Vergleichbarkeit in der Rechtssubjektsqualität gerade nicht vor. Schließlich greift auch das Paritätsargument nicht, weil es sich bei der unterschiedlichen Einordnung von Konkordaten und Kirchenverträgen nicht um eine Ungleichbehandlung im innerstaatlichen Bereich handelt, sondern um eine zulässige Differenzierung, die letztlich auf das Völkerrecht zurückzuführen und darüber innerstaatlich als sachlich begründet und verhältnismäßig zu legitimieren ist.[101] Die These vom quasi-völkerrechtlichen Status der Kirchenverträge ist daher im Ergebnis abzulehnen.

357

---

96 In diesem Sinn etwa *Morlok*, in: H. Dreier (Hrsg.), Art. 140 GG, Rn. 52.
97 So etwa *Renck*, DÖV 1997, 929 (931).
98 Vgl. *v. Campenhausen*, in: v. Mangoldt/Klein/Starck (Hrsg.), 5. Aufl., Art. 140 Rn. 52 m.w.N., der auf diese Weise zu einer einheitlichen Einordnung aller religionsverfassungsrechtlichen Verträge gelangt, da auch die Kirchenverträge als „quasi-völkerrechtliche Verträge" aufgefasst werden.
99 I.E. ebenso *Ehlers*, ZevKR 46 (2001), 286 (293 f.).
100 Noch deutlicher *Ehlers*, ZevKR 46 (2001), 286 (295): „Die Existenz einer quasi völkerrechtlichen Ordnung lässt sich nicht nachweisen."
101 So etwa *Walter*: Religionsverfassungsrecht, S. 598 m.w.N.

358 Eine zweite Auffassung betrachtet Konkordate und Kirchenverträge gleichermaßen als Teil und Ausdruck eines **Sonderrechtsregimes**, das für das Verhältnis zwischen dem Staat und den Religionsgemeinschaften gilt. Konkordate und Kirchenverträge würden in gleicher Weise „auf der Grundlage der rechtlichen Gleichordnung von Staat und Kirche abgeschlossen" und seien daher „Ausdruck der Koordination zweier unabhängiger, gleichstehender Rechtskreise, des staatlichen wie des kirchlichen Bereichs".[102] Vor diesem Hintergrund sei nicht die staatliche Rechtsordnung, sondern ein öffentliches Recht eigener Art einschlägig. Für die rechtlichen, auch die vertragsrechtlichen Beziehungen zwischen dem Staat und den Religionsgemeinschaften werde ein eigener Rechtsraum eröffnet.[103] Gegen diese Auffassung lassen sich vor allem drei Argumente vorbringen. Zunächst ist nachdrücklich daran zu erinnern, dass die Koordinationslehre als argumentatives Fundament der These vom Sonderrechtsregime mit guten Gründen aus dem Religionsverfassungsrecht des Grundgesetzes verabschiedet worden bzw. zu verabschieden ist (s.o. Rn. 44 f.). Darauf aufbauend ist – zweitens – darauf hinzuweisen, dass das Religionsverfassungsrecht als staatliches öffentliches Recht gilt und damit nicht nur verfassungstheoretisch, sondern auch verfassungsdogmatisch keinen Raum für eine separate Rechtsordnung für die Beziehungen zwischen dem Staat und den Religionsgemeinschaften zwischen staatlichem Recht und Völkerrecht lässt.[104] Schließlich würde die Annahme eines Sonderrechtsregimes eine Fülle weiterer dogmatischer Folgeprobleme aufwerfen; dazu zählt etwa die Frage nach den Möglichkeiten eines adäquaten Rechtsschutzes.[105] Insgesamt vermag daher auch die These vom Sonderrechtsregime nicht zu überzeugen.

359 Die Vertreter der dritten Auffassung gehen davon aus, dass es sich bei den religionsverfassungsrechtlichen Verträgen um innerstaatliche öffentlich-rechtliche Verträge und damit in der Sache um **verwaltungsrechtliche Verträge** i.S.d. §§ 54 ff. VwVfG handelt.[106] Gegen diese Annahme lassen sich zumindest vier Argumente anführen.[107] So ist zunächst darauf hinzuweisen, dass religionsverfassungsrechtliche Verträge nicht nur verwaltungsrechtliche Inhalte regeln (s.o. Rn. 345 ff.). Vor diesem Hintergrund geht auch die verwaltungsrechtliche Literatur zutreffend davon aus, dass religionsverfassungsrechtliche Verträge nicht vom Anwendungsbereich der §§ 54 ff. VwVfG umfasst sind.[108] Darüber hinaus enthalten religionsverfassungsrechtliche Verträge regelmäßig Regelungen, die Rechte Dritter betreffen, z. B. die Verwaltungsvollstreckung bei der Einziehung von Friedhofsgebühren.[109] Entsprechende Regelungen sind in verwaltungsrechtlichen Verträgen gem. § 58 Abs. 1 VwVfG nur mit der Zustimmung der Betroffenen möglich. Drittens durchliefen religionsverfassungsrechtliche und verwaltungsrechtliche Verträge ein unterschiedliches Verfahren: Religionsverfassungsrechtliche Verträge werden von der jeweiligen Staats- oder Regierungsspitze, und nicht vom jeweiligen Behördenleiter unterzeichnet und erhalten erst durch einen Akt der parlamentarischen

---

102 V. *Campenhausen*, in: v. Mangoldt/Klein/Starck (Hrsg.), 5. Aufl., Art. 140 Rn. 52 m.w.N.
103 So etwa *Smend*, JZ 1956, 265 (266); *Scheuner*: Kirchenverträge, S. 318; *Listl*: Die Konkordate und Kirchenverträge, Bd. 1, S. 8.
104 Ebenso *Wengenroth*, S. 143; *Walter*: Religionsverfassungsrecht, S. 599.
105 Vgl. *Ehlers*, ZevKR 46 (2001), 286 (296).
106 So mit im Einzelnen unterschiedlicher Begründung *Quaritsch*, in: FS Schack, S. 125 ff.; *Renck*, DÖV 1997, 929 (934); *Czermak*, Der Staat 39 (2000), 69 (74). Dazu *Schier*, S. 52 ff.
107 Zum Folgenden u.a. *Ehlers*, ZevKR 46 (2001), 286 (297); *Heinig*: Öffentlich-rechtliche Religionsgemeinschaften, S. 250; *Walter*: Religionsverfassungsrecht, S. 600; *Classen*: Religionsrecht, Rn. 64.
108 Statt vieler *Fehling*, in: ders./Kastner (Hrsg.), § 54 VwVfG, Rn. 44.
109 Vgl. § 22 Abs. 3 StKiV-SH.

Mitwirkung eine externe Rechtswirkung. Schließlich ist – viertens – anzumerken, dass bei einem exklusiven Rekurs auf §§ 54 ff. VwVfG die einschlägigen landesverfassungsrechtlichen Regelungen zur Handlungsform des religionsverfassungsrechtlichen Vertrages (s.o. Rn. 350) überflüssig wären. Insgesamt ist auch die Qualifizierung der religionsverfassungsrechtlichen Verträge als verwaltungsrechtliche Verträge abzulehnen.

Vor dem Hintergrund der bisher erörterten Positionen und Argumentationen erscheint es sinnvoll, die religionsverfassungsrechtlichen Verträge hinsichtlich ihrer Rechtsnatur als **staatsrechtliche Verträge** zu qualifizieren.[110] Diese Bezeichnung verdeutlicht zunächst die Einordnung der religionsverfassungsrechtlichen Verträge zwischen den verwaltungsrechtlichen und den völkerrechtlichen Verträgen als Verträge auf der staatlichen Ebene. Sie ermöglicht ferner die Abgrenzung zu den Staatsverträgen, die ausschließlich von und zwischen Staaten, jedenfalls von und zwischen originären Trägern öffentlicher Gewalt (etwa Bund und Ländern) abgeschlossen werden können. Die gilt trotz der terminologischen Nähe zu den Staatsverträgen, die den an der Rechtsnatur religionsverfassungsrechtlicher Verträge Interessierten eine – zumutbare – Abstraktionsleistung abfordert.[111] Schließlich bringt diese Bezeichnung hinreichend zum Ausdruck, dass es sich bei den religionsverfassungsrechtlichen Verträgen um besondere Verträge auf dem Gebiet des staatlichen Religionsverfassungsrechts handelt, ohne zugleich den zumeist aus dogmatischer Verzweiflung herangezogenen Zusatz „sui generis" bemühen zu müssen.[112]

360

VIII. Der Rang religionsverfassungsrechtlicher Verträge in der Rechtsordnung

Religionsverfassungsrechtliche Verträge bedürfen zur Erlangung des Status geltenden staatlichen Rechts eines Mitwirkungsaktes des zuständigen parlamentarischen Gesetzgebers in Gestalt eines **Zustimmungsgesetzes** (s.o. Rn. 328). Ob formal betrachtet mit dem Zustimmungsgesetz der Inhalt des Vertrages in staatliches Recht transformiert (Transformationslehre) oder durch Anwendungsbefehl im staatlichen Bereich anwendbar gemacht wird (Vollzugslehre), ist praktisch ohne Bedeutung. Jedenfalls erlangt der Vertrag auf diesem Weg innerstaatlich den **Rang eines einfachen (Landes-) Gesetzes**.[113]

361

Zweifel an der Allgemeingültigkeit dieser Rangbestimmung ergeben sich allerdings aus einigen Landesverfassungen. So lautet **Art. 8 Verf-BaWü**: „Rechte und Pflichten, die sich aus Verträgen mit der evangelischen und katholischen Kirche ergeben, bleiben von der Verfassung unberührt". Aus dieser Vorschrift ist gefolgert worden, dass jedenfalls in Baden-Württemberg dem einschlägigen Vertragsrecht ein „überkonstitutioneller Rang" eingeräumt werde. Diese Rangbestimmung führe dazu, dass im Zweifels- und Konfliktfall von Verfassungs wegen Vertrag vor Verfassung geht.[114] Auch unabhängig von der Frage, ob die offenkundige Privilegierung von Staatskirchenver-

362

---

110 Im Anschluss an die Terminologie bei *Ehlers*, ZevKR 46 (2001), 286 (298). Ebenso auch *Kästner*, in: Dolzer u.a. (Hrsg.), Art. 140 Rn. 92; *Stern*: Staatsrecht, Bd. IV/2, S. 1380, und *Classen*: Religionsrecht, Rn. 68; ders.: ZevKR 53 (2008); 421 (426), der zugleich für eine analoge Heranziehung des Völkerrechts eintritt. Ablehnend *Schier*, S. 52.
111 Diese terminologische Nähe zum Begriff des Staatsvertrages veranlasst *Walter*: Religionsverfassungsrecht, S. 600 f., zur Ablehnung des Begriffs „staatsrechtlicher Vertrag".
112 Die Sonderstellung betonend auch *Classen*: Religionsrecht, Rn. 63. Für eine Zuordnung zur Kategorie der Verträge sui generis aber *Schier*, S. 60 ff., und *Muckel*, in: Friauf/Höfling(Hrsg.), Art. 140/Art. 137 WRV, Rn. 60.
113 Ganz h.M.; vgl. *Mückl*, HSKR, Bd. 1, Rn. 42; *Stern*: Staatsrecht, Bd. IV/2, S. 1381; *Jeand'Heur/Korioth*, Rn. 282; *Walter*: Religionsverfassungsrecht, S. 602; *Classen*: Religionsrecht, Rn. 76.
114 Dazu *v. Campenhausen/de Wall*, § 19, Rn. 20 m.w.N.

trägen gegenüber sonstigen religionsverfassungsrechtlichen Verträgen mit dem Religionsverfassungsrecht des Grundgesetzes kompatibel ist, erheben sich gegen Art. 8 Verf-BaWü und die geschilderte Auslegung gravierende Bedenken. Sie speisen sich zunächst aus dem unbedingten Vorrang der Verfassung. Religionsverfassungsrechtliche Verträge müssen den religionsverfassungsrechtlichen Vorgaben entsprechen, bzw. sie dürfen den religionsverfassungsrechtlich gesteckten Rahmen nicht überschreiten. Sie stehen damit normenhierarchisch unter, nicht neben oder gar über dem Grundgesetz bzw. der (Landes-) Verfassung.[115] Ferner schreibt die Homogenitätsklausel des Art. 28 Abs. 2 S. 1 GG auch den Bundesländern eine demokratische Organisationsstruktur vor. Das Demokratieprinzip wird aber verletzt, wenn der Landesverfassungsgeber mit einfacher Mehrheit transformierte bzw. vollzogene Verträge in den Rang von Verfassungsrecht oder sogar darüber hinaus hebt. Insofern kann Art. 8 Verf-BaWü nur als Bestandsschutzklausel für bestehende religionsverfassungsrechtliche Verträge aufgefasst werden, ohne dass damit den einschlägigen Zustimmungsgesetzen zugleich ein Verfassungsrang zuerkannt würde.[116]

363 Ähnlich verhält es sich mit den einschlägigen Regelungen aus den Verfassungen Hessens und Nordrhein-Westfalens, aus denen z.T. gefolgert wird, dass hier „das Vertragsrecht ausdrücklich Vorrang vor dem einfachen Gesetzesrecht" genieße.[117] So besagt Art. 67 Verf-Hess, dass kein Gesetz gültig ist, das mit Regeln des Völkerrechts oder einem Staatsvertrag in Widerspruch steht. Sofern aber davon ausgegangen werden kann, dass mit den Regeln des Völkerrechts nur solche i.S.d. Art. 25 GG gemeint sein können, zu denen die Konkordate nicht zählen, und wenn die Differenzierung zwischen Staatsverträgen und staatsrechtlichen Verträgen (s.o. Rn. 360) akzeptiert wird, ist diese Vorschrift auf religionsverfassungsrechtliche Verträge nicht anwendbar. Anderenfalls läge auch hier ein Verstoß gegen den Vorrang der Verfassung und Art. 28 Abs. 2 S. 1 GG vor.[118] Gleiches gilt für Art. 23 Abs. 2 Verf-NRW, demzufolge für eine Änderung religionsverfassungsrechtlicher Verträge die Zustimmung der Vertragspartner und ein Landesgesetz erforderlich ist. Im Übrigen wird mit dieser Vorschrift nur ausgesagt, dass die Änderung der einschlägigen Verträge eines Konsenses zwischen den Vertragspartnern bedarf.[119] Im Ergebnis greifen damit die landesverfassungsrechtlich fundierten Bedenken gegen die Rangbestimmung der religionsverfassungsrechtlichen Verträge als einfaches (Landes-) Recht nicht durch.

IX. Die Bindungswirkung religionsverfassungsrechtlicher Verträge

364 Die Frage nach der Bindungswirkung religionsverfassungsrechtlicher Verträge wird – wie schon die Bestimmung ihrer Rechtsnatur – besonders kontrovers diskutiert. Gelegentlich und mit resignativem Pathos wird sie den „wohl nie endgültig zu lösenden Ewigkeitsprobleme(n)" des Religionsverfassungsrechts zugeordnet.[120] Die Kontroverse bezieht sich allerdings nur auf einen Teilaspekt der Fragestellung. Denn als unproblematisch gilt zunächst die Möglichkeit einer rechtswirksamen Bindung der Religionsge-

---

115 Ebenso *Jeand'Heur/Korioth*, Rn. 282 mwN.
116 Ebenso *Stern*: Staatsrecht, Bd. IV/2, S. 1381; *Ehlers*, ZevKR 46 (2001), 286 (299); *Walter*: Religionsverfassungsrecht, S. 603.
117 Dazu v. *Campenhausen/de Wall*, § 19, Rn. 20 m.w.N.
118 Ebenso *Morlok*, in: H. Dreier (Hrsg.), Art. 140 GG, Rn. 51.
119 Vgl. *Ehlers*, ZevKR 46 (2001), 286 (299).
120 *H. Weber*: Grundprobleme des Staatskirchenrechts, S. 53. Überblick auch bei *Mückl*, HSKR, Bd. 1, Rn. 42 ff.

§ 10 Religionsverfassungsrechtliche Verträge

meinschaften.[121] Über das jeweilige Zustimmungsgesetz sind ferner die staatliche Exekutive und Judikative an die Vertragsinhalte gebunden.[122] Den Kern der Kontroverse bildet dagegen die Frage, ob auch der **staatliche Gesetzgeber** an den Inhalt religionsverfassungsrechtlicher Verträge gebunden ist, oder ob die Geltung der Vertragsinhalte im staatlichen Bereich durch eine abweichende nachfolgende Gesetzgebung einseitig verändert bzw. beseitigt werden kann. Zu dieser Frage werden vier unterschiedliche Antworten angeboten.

Ein Teil der Literatur vermag **keine Bindung** des staatlichen Gesetzgebers zu erkennen.[123] Zur Begründung wird auf das nicht zuletzt über Art. 79 Abs. 3 GG geschützte Demokratieprinzip verwiesen, aus dem die Souveränität des parlamentarischen Gesetzgebers innerhalb des Rahmens der Verfassung folge. Da religionsverfassungsrechtliche Verträge bzw. die einschlägigen Zustimmungsgesetze keinen Verfassungsrang haben und damit in der Normenhierarchie nicht über dem einfachen Gesetz stehen, gelte die lex-posterior-derogat-legi-priori-Regel, so dass frühere Gesetze von nachfolgenden und inhaltlich abweichenden Gesetzen verdrängt werden. Im Ergebnis könne sich der parlamentarische Gesetzgeber daher jederzeit durch einen entsprechenden Gesetzgebungsakt von den vereinbarten Inhalten religionsverfassungsrechtlicher Verträge lossagen. Ein solches Verhalten könne allerdings eine finanzielle Ausgleichspflicht auslösen. In einem diametralen Gegensatz dazu wird auch die Auffassung vertreten, dass der parlamentarische Gesetzgeber einer **vollen Bindung** an die vereinbarten Vertragsinhalte unterliege.[124] Wenn sich die staatliche Seite jederzeit von diesen Inhalten lossagen könne, sei das gesamte rechtliche Konstrukt religionsverfassungsrechtlicher Verträge sinnlos. Daher müsse davon ausgegangen werden, dass nachfolgende staatliche Gesetze, die den Inhalten religionsverfassungsrechtlicher Verträge widersprechen, ungültig seien. Gegen beide Extrempositionen lassen sich gewichtig **Einwände** vorbringen.[125] So ist zunächst anzuerkennen, dass das Fehlen jeglicher Bindungskraft das Handlungsinstrument des religionsverfassungsrechtlichen Vertrages ad absurdum führen würde. Dieser praktische Einwand gegen die These von der fehlenden Bindungswirkung lässt sich mit einem Blick auf die Rechtsnatur der Verträge dogmatisch untermauern. So ist unbestritten, dass völkerrechtliche Verträge und Staats- bzw. staatsrechtliche Verträge im Allgemeinen innerstaatliche Bindungswirkung auch gegenüber dem Gesetzgeber entfalten. Im Hinblick auf Konkordate und Kirchenverträge wird diese Bindungswirkung u.a. über Art. 123 GG ausdrücklich verfassungsrechtlich anerkannt. Mit einem argumentum e fortiori kann zudem darauf hingewiesen werden, dass auch verwaltungsrechtliche Verträge eine Bindungswirkung gegenüber dem parlamentarischen Gesetzgeber entfalten, wenn und soweit zugunsten des Vertragspartners der verfassungsrechtlich fundierte Vertrauensschutz greift. Gegen die These von der vollen Bindung des staatlichen Gesetzgebers an die Zustimmungsgesetze zu religionsverfassungsrechtlichen Verträgen spricht andererseits ihre Unvereinbarkeit mit dem Demokratieprinzip. Eine

365

---

121 Zur kirchenrechtlichen Bindungswirkung von Kirchenverträgen *Anke*, in: Mückl (Hrsg.), Das Recht der Staatskirchenverträge, S. 59 (60 ff.).
122 Zur Bindung der Religionsgemeinschaften und der staatlichen Exekutive und Judikative siehe *Ehlers*, ZevKR 46 (2001), 286 (300 ff.).
123 So etwa *Quaritsch*, in: FS Schack, S. 125 (129 f.); *Renck*, DÖV 1997, 929 (936); weitere Nachweise bei *Jeand'Heur/Korioth*, Rn. 283.
124 So die frühe Ansicht von *Hollerbach*: Verträge zwischen Staat und Kirche, S. 159 f.; ähnlich *Obermayer*, DÖV 1967, 9 (15).
125 Vgl. *v. Campenhausen/de Wall*, § 19, Rn. 21; *Ehlers*, ZevKR 46 (2001), 286 (303 f.); *Walter*: Religionsverfassungsrecht, S. 603 f.

quasi perpetuierte und uneingeschränkte Bindung des parlamentarischen Gesetzgebers an sein Zustimmungsgesetz ist – auch angesichts der vorgeschalteten Möglichkeit einer Kündigung religionsverfassungsrechtlicher Verträge – mit Art. 20 Abs. 3 GG nicht kompatibel. Sie ginge zudem über die Bindungswirkung anderer Verträge hinaus. Im Ergebnis ist die Antwort auf die Frage nach der Bindung des staatlichen Gesetzgebers an die Inhalte religionsverfassungsrechtlicher Verträge jenseits dieser beiden Extrempositionen zu suchen.

366 Ein gewichtiger Teil der Literatur und die einschlägige Rechtsprechung suchen die Antwort in der **Unterscheidung zwischen rechtlichem Können und Dürfen**, die zu einer „dualistischen Spaltung zwischen Vertragsgeltung und Gesetzesgeltung" führt.[126] Zwar *dürfe* der parlamentarische Gesetzgeber keine Regelungen treffen, die von den gesetzlich bestätigten Inhalten religionsverfassungsrechtlicher Verträge abweichen, denn anderenfalls läge ein Vertragsbruch vor. Gleichzeitig gelte aber die lex-posterior-Regel uneingeschränkt, so dass abweichende Regelungen jedenfalls rechtswirksam getroffen werden *können*. In diesem Fall könnten finanzielle Ausgleichspflichten entstehen. Die zumeist unausgesprochene Prämisse dieser Auffassung liegt in der These, dass sich die Vertragsbindung nicht aus der staatlichen Rechtsordnung ergebe, sondern aus dem für die Beziehungen zwischen dem Staat und den Religionsgemeinschaften einschlägigen Sonderrechtsregime. Auch gegen diese Auffassung lassen sich grundlegende **Einwände** erheben. Zumindest vier Gegenargumente sind zu unterscheiden.[127] Zunächst ist daran zu erinnern, dass die These vom Sonderrechtsregime und damit bereits die Prämisse der Unterscheidung zwischen rechtlichem Können und Dürfen zurückzuweisen ist (ausführlich s.o. Rn. 358). Vielmehr hat die rechtliche Bewertung einer Kollision von religionsverfassungsrechtlichen Verträgen und nachfolgenden staatlichen Gesetzen einheitlich, u.zw. auf der Grundlage der staatlichen Rechtsordnung zu erfolgen.[128] Zweitens ist nicht einzusehen, warum die betroffenen Religionsgemeinschaften im Falle des Vertragsbruchs des staatlichen Vertragspartners nicht die Möglichkeit haben sollten, das „Nichtdürfen" des Staates gerichtlich durchzusetzen und damit den wirksamen Erlass vertragswidriger Gesetze nachhaltig zu verhindern. Mit dieser Möglichkeit schwindet zugleich das rechtliche Können des staatlichen Vertragspartners. Auch ohne ein entsprechendes Vorgehen der betroffenen Religionsgemeinschaften stellt sich – drittens – zumindest die Frage, ob das „Nichtdürfen" des parlamentarischen Gesetzgebers nach den allgemeinen Regeln für die Gültigkeit von Rechtsakten die Nichtigkeit vertragswidriger Gesetze nach sich zieht. Schließlich dürfte – viertens – die Hinnahme entsprechender Verstöße auch deshalb nicht akzeptabel sein, „weil es im Rechtsstaat nicht auf die pure Machtentfaltung ankommt".[129] Insgesamt muss daher die Antwort auf die Frage nach der Bindungswirkung religionsverfassungsrechtlicher Verträge auch jenseits der Unterscheidung zwischen rechtlichem Können und Dürfen des parlamentarischen Gesetzgebers gesucht und gefunden werden.

367 In Übereinstimmung mit einer jüngeren Auffassung in der Literatur, die allerdings in ihrem Argumentationsgang noch heterogen ist, ist eine **Abwägungslösung** vorzugs-

---

126 V. *Campenhausen/de Wall*, § 19, Rn. 21; *Classen*: Religionsrecht, Rn. 76; weitere Nw. bei *Mückl*, HSKR, Bd. 1, Rn. 44 f., und *Anke*: Staatskirchenverträge, S. 184, Anm. 591. Aus der Rspr. BVerfGE 6, 309 (363); 41, 88 (120 f.).
127 Grundlegend *Ehlers*, ZevKR 46 (2001), 286 (304); *Anke*: Staatskirchenverträge, S. 184 ff.
128 Ebenso *Anke*: Staatskirchenverträge, S. 187 f.; *Muckel*, in: Friauf/Höfling(Hrsg.), Art. 140/Art. 137 WRV, Rn. 61.
129 *Ehlers*, ZevKR 46 (2001), 286 (304).

würdig. Danach kann von einer grundsätzlichen Bindungswirkung der Inhalte religionsverfassungsrechtlicher Verträge ausgegangen werden, die nur beim Vorliegen überwiegender Gemeinwohlbelange zurücktreten muss.[130] Ausgangspunkt der Überlegungen ist die Annahme, dass allein das (Religions-) Verfassungsrecht den Maßstab für die rechtliche Bewertung von staatlichen Gesetzen liefert. Danach sind auch vertragswidrige Gesetze rechtsgültig, wenn und soweit sie dem Grundgesetz nicht widersprechen. Die grundsätzliche Bindungswirkung religionsverfassungsrechtlicher Verträge bzw. der einschlägigen Zustimmungsgesetze ergibt sich vor diesem Hintergrund aus der verfassungsrechtlichen Akzeptanz der Bindungswirkung völkerrechtlicher und staatsrechtlicher Verträge im Allgemeinen sowie Konkordaten und Kirchenverträgen im Besonderen (s.o. Rn. 365). Wenn der staatliche Vertragspartner eine Abweichung von den vereinbarten Vertragsinhalten erwägt, so ist in Anwendung der üblichen Freundschaftsklauseln (s.o. Rn. 346) zunächst auf eine einvernehmliche Abänderung hinzuwirken. In einer gleichwohl nachfolgenden abweichenden Gesetzgebung liegt aufgrund der gebotenen einheitlichen Betrachtungsweise zugleich eine – ggf. konkludente – **Kündigung** des einschlägigen religionsverfassungsrechtlichen Vertrages. Damit verschiebt sich die Frage nach der Gültigkeit abweichender Gesetzgebung zu der Frage nach einer zulässigen Kündigung religionsverfassungsrechtlicher Verträge. Verfassungsrechtlich betrachtet, stehen sich in diesem Konflikt zwei verfassungsrechtlich fundierte Rechtsgüter gegenüber: auf der einen Seite der Bestand der Vertragsinhalte als Bestandteil der staatlichen Rechtsordnung und auf der anderen Seite das Gemeinwohl bzw. staatliche Erfordernisse, die eine Loslösung von den Vertragsinhalten nahe legen oder sogar gebieten. Die Auflösung dieser Konfliktlage kann nur durch eine Güterabwägung erfolgen. Danach ist eine – auch partielle – Kündigung eines religionsverfassungsrechtlichen Vertrages (religions-) verfassungsrechtlich zulässig, wenn die einschlägigen Gemeinwohlbelange bzw. die staatlichen Erfordernisse das Bedürfnis nach dem Bestand der Vertragsinhalte überwiegen. Die Begründung dieses Kriteriums kann auf drei dogmatischen Wegen erfolgen. Der erste Weg nimmt seinen Ausgang von der Dogmatik zum verfassungsrechtlich fundierten Vertrauensschutz.[131] Das schutzwürdige Vertrauen der betroffenen Religionsgemeinschaft ist nur zu überwinden, wenn die im Einzelfall maßgeblichen Gemeinwohlbelange den Vertrauensschutz überwiegen.[132] Zudem wird auf die Möglichkeit beider Vertragspartner verwiesen, sich vom jeweiligen Vertrag unter Berufung auf den Wegfall der Geschäftsgrundlage (clausula rebus sic stantibus) zu berufen, wenn und soweit ein Festhalten an den Vertragsinhalten unzumutbar erscheint (s.u. Rn. 372).[133] Schließlich kann eine Anleihe bei der Dogmatik zum Schrankenvorbehalt in Art. 140 GG i.V.m. Art. 137 Abs. 3 S. 1 WRV erfolgen. Nach der insofern maßgeblichen Wechselwirkungs- bzw. Abwägungslehre ist der Ausgleich zwischen dem staatlichen Regelungsinteresse zugunsten des Gemeinwohls und den Rechtspositionen der Religionsgemeinschaften im Wege einer Güterabwägung zu bewerkstelligen (s.o. Rn. 173). Der für die Dogmatik zum Selbstbestimmungsrecht der Religionsgemeinschaften entwickelte, paradigmatische Grundgedanke des Ausgleichs durch Güterabwägung kann verallgemeinert und damit auf das Recht der religionsver-

---

130 Vgl. *Ehlers*, ZevKR 46 (2001), 286 (304 ff.); *Anke*: Staatskirchenverträge, S. 184 ff.; *Walter*: Religionsverfassungsrecht, S. 602 ff.
131 Ausführlich zur Dogmatik des Vertrauensschutzes *Schwarz*: Vertrauensschutz als Verfassungsprinzip, passim.
132 So etwa *Ehlers*, ZevKR 46 (2001), 286 (305 f.).
133 So etwa *Heinig*: Öffentlich-rechtliche Religionsgemeinschaften, S. 253; *Walter*: Religionsverfassungsrecht, S. 603.

fassungsrechtlichen Verträge übertragen werden. Denn auch bei der Kollision zwischen dem Bestandsschutzinteresse der betroffenen Religionsgemeinschaft und dem staatlichen Interesse an einer Lösung von Vertragsinhalten geht es um einen Ausgleich der divergierenden Positionen.[134] Es gilt festzuhalten, dass sich alle drei Begründungsstränge zu folgendem Ergebnis zusammenbinden lassen: Auch der staatliche Gesetzgeber ist grundsätzlich an die Inhalte religionsverfassungsrechtlicher Verträge gebunden; eine Kündigung im Wege einer abweichenden Gesetzgebung bleibt jedoch möglich und zulässig, wenn und soweit überwiegende Gemeinwohlbelange dies erfordern. Da den betroffenen Religionsgemeinschaften in einem solchen Fall rechtmäßig erworbene Rechtspositionen entzogen werden, kann ggf. auf staatlicher Seite eine finanzielle Ausgleichspflicht entstehen. Zumindest in dieser Folge einer einseitigen staatlichen Lösung von religionsverfassungsrechtlichen Verträgen besteht zwischen den geschilderten Auffassungen Einigkeit.

X. Rechtsschutz

368   An die Erörterung der Bindungswirkung religionsverfassungsrechtlicher Verträge und ihrer Reichweite schließt sich die Frage nach der Durchsetzbarkeit der Vertragsinhalte unmittelbar an. Insoweit ist in mehrfacher Hinsicht zu differenzieren. Zunächst ist darauf hinzuweisen, dass spezifische **Schieds- und Gerichtsschutzklauseln** das Rechtsschutzverfahren im Einzelfall und ggf. für besonders aufgeführte Materien bestimmen können.[135] Eine vermeintliche Sonderstellung nehmen sodann die Konkordate in ihrer Eigenschaft als völkerrechtliche Verträge ein (s.o. Rn. 356). Zumeist wird diesbezüglich die Auffassung vertreten, dass für Rechtsstreitigkeiten aus Konkordaten das **Völkerrecht** maßgeblich ist, der Heilige Stuhl sich aber kraft eigener Entscheidung nicht der Rechtsprechung des IGH unterworfen habe.[136] Allerdings dürfte sich dieses Ergebnis schon aus dem Anwendungsbereich des Art. 34 IGH-Statut ableiten lassen; danach sind ausschließlich Staaten vor dem IGH parteifähig.[137] Damit ist für Streitigkeiten über die Einhaltung religionsverfassungsrechtlicher Verträge ganz überwiegend und grundsätzlich der **Rechtsweg zu den Verwaltungsgerichten** eröffnet. Nur wenn und soweit unmittelbar Grundrechte tangiert sind, kommt auch eine Verfassungsbeschwerde vor der **Verfassungsgerichtsbarkeit** in Betracht. Der Weg vor das jeweilige Verfassungsgericht kann im Wege einer konkreten Normenkontrolle auch dann gegeben sein, wenn der Widerspruch eines nachfolgenden Gesetzes zu Inhalten eines religionsverfassungsrechtlichen Vertrages behauptet wird. Demgegenüber geht die gelegentlich in der Literatur vertretene Auffassung, dass für Rechtsstreitigkeiten aus religionsverfassungsrechtlichen Verträgen stets die Verfassungsgerichtsbarkeit zuständig sei, da jeder Verstoß gegen einen religionsverfassungsrechtlichen Vertrag zugleich einen Verstoß gegen Art. 4 Abs. 1 und 2 GG darstelle, zu weit.[138] Umstritten ist, ob sich aus spezifischem **Landesverfassungsrecht** eine grundsätzliche Zuständigkeit der Verfassungsgerichtsbarkeit ergibt. Dies wird z.T. angenommen für Art. 140 Verf-Br,

---

134 Vgl. *Anke*: Staatskirchenverträge, S. 205: „Bei widerstreitenden Positionen staatlicher und kirchlicher Aufgabenwahrnehmung erfolgt die Zuordnung nach Art. 140 GG/Art. 137 Abs. 3 S. 1 WRV im Wege eines schonenden Ausgleichs zwischen Schrankenzweck und ‚Kirchenfreiheit'", hier in der vertragsgebundenen Konkretisierung, unter Berücksichtigung ihrer Wechselwirkung.
135 Dazu schon *Hollerbach*: Verträge zwischen Staat und Kirche, S. 255 ff.
136 So etwa *H. Weber*, HdBStKiR Bd. II., 1047 (1079 f.); zustimmend *Ehlers*, ZevKR 46 (2001), 286 (306).
137 Ebenso *Walter*: Religionsverfassungsrecht, S. 604.
138 So aber *Anke*: Staatskirchenverträge, S. 201; dagegen überzeugend *Brüning*, NVwZ 2001, 900.

der für öffentlich-rechtliche Körperschaften in Zweifelsfragen über die Auslegung der Verfassung und andere staatsrechtliche Fragen den Weg zum Staatsgerichtshof eröffnet. Gleiches gilt für Art. 130 Abs. 1 Verf-RhPf, der jeder Körperschaft des öffentlichen Rechts die Befugnis einräumt, dem Verfassungsgerichtshof die Frage vorzulegen, ob ein bestimmtes Gesetz verfassungswidrig ist. Gegen diese Auslegung der Bremer Verfassung lässt sich einwenden, dass jedenfalls die großen christlichen Kirchen zwar Körperschaften des öffentlichen Rechts, aber nicht Körperschaften des Landes Bremen sind.[139] Gegen die Heranziehung der genannten Vorschrift aus der Verfassung des Landes Rheinland-Pfalz kann hingegen nicht schon die Unterscheidung zwischen der Verfassungs- und der Vertragswidrigkeit eines Gesetzes geltend gemacht werden, denn die Bindungswirkung religionsverfassungsrechtlicher Verträge als staatsrechtlicher Verträge konnte aus dem Grundgesetz selbst abgeleitet werden. Insofern dürfte in diesem Bundesland bereits die abstrakte Normenkontrolle gegen Gesetze, die von den Inhalten religionsverfassungsrechtlicher Verträge abweichen, eröffnet sein.[140]

XI. Zuständigkeit und Verfahren

1. Die Zuständigkeit für den Abschluss religionsverfassungsrechtlicher Verträge

Im Hinblick auf die Zuständigkeit für den Abschluss religionsverfassungsrechtlicher Verträge ist zwischen der Verbands- und der Organzuständigkeit zu unterscheiden. Die **Verbandszuständigkeit** auf **staatlicher** Seite richtet sich nach den Regelungen des Grundgesetzes über die Gesetzgebungskompetenz, denn die Mitwirkung des jeweiligen parlamentarischen Gesetzgebers ist konstitutiv für den Abschluss und die Geltung der Vertragsinhalte (s.o. Rn. 328). Einschlägig sind demnach die Art. 30, 70 ff. GG.[141] Vor diesem Hintergrund ist zumeist eine Abschlusskompetenz der Bundesländer gegeben; nur ausnahmsweise – etwa in Angelegenheiten der Militärseelsorge (s.o. Rn. 338) – kommt dem Bund die Verbandszuständigkeit zu. Dies gilt nach der überwiegenden Ansicht in Literatur und Rechtsprechung auch für den Abschluss von Konkordaten, denn Art. 32 GG, der die Kompetenz zur Pflege der auswärtigen Beziehungen regelt, findet auf die Beziehungen zum Heiligen Stuhl keine Anwendung. Zur Begründung kann zunächst auf die Entstehungsgeschichte verwiesen werden. Ferner ist der Heilige Stuhl nicht als „auswärtiger Staat" i.S.d. Art. 32 GG anzusehen.[142] Daraus folgt, dass die Länder auch Konkordate abschließen können, ohne dass der Bund gem. Art. 32 Abs. 3 GG seine Zustimmung erklären müsste. Die Verbandszuständigkeit der **Religionsgemeinschaften** richtet sich nach ihrem jeweiligen Organisationsrecht. So ist für den Bereich der evangelischen Kirchen regelmäßig die jeweilige Landeskirche und für jüdische Religionsgemeinschaften der jeweilige Landesverband zuständig.

369

Die **Organzuständigkeit** kommt auf Seiten des **Staates** der Ministerpräsidentin bzw. dem Ministerpräsidenten des jeweiligen Bundeslandes zu. Für religionsverfassungsrechtliche Verträge in der Verbandskompetenz des Bundes ist nicht der Bundespräsident, sondern die Bundesregierung zuständig. Dies gilt auch für den Abschluss von Konkordaten, da Art. 59 Abs. 1 GG – im Gegensatz zu Art. 59 Abs. 2 S. 1 GG, der allgemein für den Abschluss religionsverfassungsrechtlicher Verträge durch den Bund

370

---

139 *Ehlers*, ZevKR 46 (2001), 286 (307).
140 A.A. *Ehlers*, ZevKR 46 (2001), 286 (307).
141 Statt vieler *Mückl*, HSKR, Bd. 1, Rn. 48 ff., und *Jeand'Heur/Korioth*, Rn. 285.
142 Ebenso BVerfGE 6, 309 (362); *Jarass*, in: Jarass/Pieroth, Art. 32 Rn. 3; *Streinz*, in: Sachs (Hrsg.), Art. 32 Rn. 16 m.w.N. auch zur Gegenansicht.

gilt – hier nicht einschlägig ist. Zur Begründung wird auch hier angeführt, dass der Heilige Stuhl kein „auswärtiger Staat" i.S.d. Vorschrift ist.[143] Für die **Religionsgemeinschaften** handelt das nach dem einschlägigen Organisationsrecht leitende Organ. Für die evangelischen Kirchen handeln zumeist die jeweilige Kirchenleitung und die jeweilige Synode durch Zustimmung. Für den Heiligen Stuhl handelt der Papst.

2. Verfahren

371 Das Verfahren zum Abschluss religionsverfassungsrechtlicher Verträge lässt sich in **vier Phasen** unterteilen.[144] In der ersten Phase finden Verhandlungen zwischen Vertretern der (Landes-) Regierung und der Kirchenleitung statt und das Ergebnis wird dem zuständigen Parlament bzw. dem jeweiligen Pendant auf der Seite der Religionsgemeinschaft zugeleitet. In der zweiten Phase erteilen der parlamentarische Gesetzgeber und das jeweilige Pendant der Religionsgemeinschaft ihre Zustimmung zum Vertragswerk. Sodann wird der Vertrag von den zuständigen Organen ratifiziert und die Ratifikationsurkunden werden ausgetauscht. In der abschließenden vierten Phase erfolgt die Verkündung in den Gesetz- und Verordnungsblättern, die für das Inkrafttreten maßgeblich ist.

XII. Auslegung und Beendigung religionsverfassungsrechtlicher Verträge

1. Die Auslegung religionsverfassungsrechtlicher Verträge

372 Für die Auslegung religionsverfassungsrechtlicher Verträge kann auf die allgemeinen Grundsätze der Vertragsauslegung zurückgegriffen werden. Danach kommt es primär auf die **Ermittlung des wahren Willens der Vertragsparteien** an.[145] Ferner ist davon auszugehen, dass der Staat mit dem Abschluss religionsverfassungsrechtlicher Verträge keine grundgesetz- bzw. landesverfassungswidrigen Verpflichtungen eingehen will, so dass das Vertragswerk in Zweifelsfällen **verfassungskonform** auszulegen ist. Umgekehrt muss ebenso unterstellt werden, dass sich der Staat vertragstreu verhalten will, so dass im Fall der Mehrdeutigkeit des staatlichen Rechts der **Grundsatz der vertragskonformen Auslegung** zum Tragen kommt.[146] Schließlich ist für die Auslegung religionsverfassungsrechtlicher Verträge auch die regelmäßig vereinbarte **Freundschaftsklausel** (s.o. Rn. 346) von Bedeutung. Danach sind Meinungsverschiedenheiten unter den Vertragspartnern über die Bedeutung der bzw. einzelner Vertragsinhalte auf freundschaftliche Weise und im Konsens beizulegen.

2. Die Beendigung religionsverfassungsrechtlicher Verträge

373 Auch für religionsverfassungsrechtliche Verträge gilt der allgemeine Rechtsgrundsatz: pacta sunt servanda.[147] Hinsichtlich der Beendigung religionsverfassungsrechtlicher Verträge gilt es, drei Optionen zu unterscheiden.[148] Zunächst kann eine Lösung des Vertragsverhältnisses jederzeit in gegenseitigem **Einvernehmen** erfolgen. Zweitens kann eine Vertragsbeendigung ggf. durch den Ablauf einer vereinbarten Befristung

---

143 BVerfGE 6, 309 (362); *Mückl*, HSKR, Bd. 1, Rn. 48.
144 Dazu ausführlich *Jeand'Heur/Korioth*, Rn. 287.
145 Ebenso u.a. *Jeand'Heur/Korioth*, Rn. 288, und *Ehlers*, ZevKR 46 (2001), 286 (313).
146 Zu diesen Grundsätzen der Auslegung siehe BVerfGE 4, 157 (168); 36, 1 (14).
147 Vgl. *Mückl*, HSKR, Bd. 1, Rn. 61.
148 Zum Folgenden u.a. *Ehlers*, ZevKR 46 (2001), 286 (316 f.); *Morlok*, in: H. Dreier (Hrsg.), Art. 140 GG, Rn. 52; *Classen*: Religionsrecht, Rn. 75.

oder durch die Aktivierung eines im Vertrag fixierten Kündigungsrechts herbeigeführt werden. Voraussetzung dafür ist die ausdrückliche **vertragliche Fixierung der Beendigungsoption**. Religionsverfassungsrechtliche Verträge zeichnen sich i.d.r. aber durch das Fehlen von Beendigungstatbeständen aus. Eine einseitige Loslösung vom Vertrag kommt dann nur für den Fall des Wegfalls der Geschäftsgrundlage in Betracht. Diese **clausula rebus sic stantibus** ist mehrfach im geltenden Recht – etwa in Art. 62 WVK und § 60 VwVfG – verankert und gilt im Übrigen zumindest gewohnheitsrechtlich.[149] Danach besteht die Möglichkeit einer einseitigen Loslösung von (religionsverfassungsrechtlichen) Verträgen, wenn sich die dem Vertragsschluss zugrunde liegenden Umstände in unvorhersehbarer Weise so gravierend verändert haben, dass zumindest einem Vertragspartner das Festhalten am Vertrag nicht mehr zumutbar ist.[150] In sachlicher Harmonisierung mit den Ausführungen zur Bindungswirkung religionsverfassungsrechtlicher Verträge gegenüber dem staatlichen Gesetzgeber ist auch hier eine Abwägung vorzunehmen. Die einseitige Beendigung eines Vertrages ist nur zulässig, wenn das mit veränderten Umständen begründete Interesse des Vertragspartners an der Beendigung des Vertrages das Beibehaltungsinteresse des anderen Vertragspartners überwiegt. Die Berufung auf die clausula ist darüber hinaus nur als ultima ratio, also erst nach Ausschöpfung aller vorhandenen Möglichkeiten einer Vertragsanpassung statthaft, und die damit verbundene Kündigung muss in angemessener Frist erfolgen.[151] Schließlich verbleibt stets die Möglichkeit einer **außerordentlichen Kündigung** wegen Vertragsbruchs.[152]

XIII. Rechtsnachfolge in religionsverfassungsrechtliche Verträge

Die Möglichkeit von Strukturveränderungen auf staatlicher Seite, insbesondere aber auch auf Seiten der organisierten Religionsgemeinschaften führt zu der Frage, ob und ggf. in welchem Umfang religionsverfassungsrechtliche Verträge fortgelten, wenn sich im Zuge von territorialen Umstrukturierungsprozessen die **Veränderung eines Vertragssubjekts** eines religionsverfassungsrechtlichen Vertrages ergibt.[153] Diese Frage hat in der jüngsten Vergangenheit und auf absehbare Zeit an Bedeutung gewonnen, weil sich insbesondere in der evangelischen Kirche eine Tendenz zum Zusammenschluss von Landeskirchen abzeichnet. Sie stellt sich aber – zumindest formal – in gleicher Weise auch für andere Religionsgemeinschaften und für den Staat bzw. die Bundesländer; gleichwohl und insoweit paradigmatisch ist im Folgenden nur von den (evangelischen) Landeskirchen die Rede. Die religionsverfassungsrechtlichen Verträge halten für die Ausgangsfrage regelmäßig keine Antwort in Gestalt einer ausdrücklichen Regelung vor. Im Zusammenhang mit der Fortgeltung einschlägiger religionsverfassungsrechtlicher Verträge ist zwischen dem Beitritt einer Landeskirche zu einer anderen und dem Zusammenschluss bzw. der Fusion von zwei oder mehreren Landeskirchen zu einer neuen Landeskirche zu unterscheiden. Im Fall des **Beitritts** bleibt die aufnehmende Landeskirche in ihrer Rechtspersönlichkeit unverändert; sie erweitert nur ihre territoriale Ausdehnung und verändert ggf. ihre innere Struktur. Hinsichtlich der beitreten-

374

---

149 Zu dieser Klausel, wenn auch noch auf der Grundlage der Koordinationslehre *Ule*, in: FS für Theodor Maunz, S. 415 ff. Aktueller *Schier*, S. 79 ff., 99 ff.
150 Vgl. *Mückl*, HSKR, Bd. 1, Rn. 66.
151 Ebenso *Mückl*, HSKR, Bd. 1, Rn. 66 mit Hinweis auf BVerfGE 34, 216 (231), 42, 345 (358).
152 Dazu *Schier*, S. 79.
153 Zum Folgenden grundlegend *Hollerbach*: Verträge zwischen Staat und Kirche, S. 289 f.; und *Germann/Hunger*, DVBl. 2007, 1532 ff., sowie *Classen*, ZevKR 53 (2008); 421 ff.

den Kirche ist die rechtliche Bewertung identisch mit derjenigen einer **Fusion** von Landeskirchen. In beiden Fällen kommt es darauf an, ob die Kontinuität der einschlägigen religionsverfassungsrechtlichen Verträge durch eine **Rechtsnachfolge** erreicht werden kann.[154] Davon ist im Ergebnis auszugehen, denn zum einen sind die bisher vereinbarten Vertragsinhalte ausnahmslos nachfolgefähig, da sie durch sachliche und nicht durch (höchst-) persönliche Merkmale geprägt sind. Zum anderen lässt sich auch der erforderliche Nachfolgetatbestand nachweisen. Über seine dogmatische Verortung besteht allerdings Streit. Während z.␣T. im Wege der Analogie die Rechtsnachfolgetatbestände des Völkerrechts herangezogen werden, ist nach anderer und zutreffender Auffassung auf die aus ihrem Selbstbestimmungsrecht folgende Organisationsgewalt der Religionsgemeinschaften gem. Art. 140 GG i.V.m. Art. 137 Abs. 3 S. 1 WRV abzustellen.[155] Im Ergebnis gehen jedoch beide Auffassungen von einer Kontinuität religionsverfassungsrechtlicher Verträge qua Rechtsnachfolge aus.

375 Dies gilt jedoch nicht für die Frage, ob die Veränderung eines Vertragssubjekts zugleich einen **Anwendungsfall der clausula rebus sic stantibus** darstellt (s.o. Rn. 373).[156] Eine bejahende Antwort hätte zur Folge, dass einschlägige religionsverfassungsrechtliche Verträge zwar fortgelten, aber vom „unveränderten" Vertragspartner unter Berufung auf den Wegfall der Geschäftsgrundlage beendet werden könnten. Die tatsächliche Antwort hängt von einer näheren Bestimmung der Geschäftsgrundlage religionsverfassungsrechtlicher Verträge ab. Religionsverfassungsrechtliche Verträge sollen das Verhältnis des Staates zu der jeweiligen Religionsgemeinschaft auf dem gesamten Territorium des Staates (überwiegend der Bundesländer, s.o. Rn. 369) regeln. Dies ergibt sich zumeist schon ausdrücklich aus den Präambeln der Verträge. Insoweit gehört die jeweils konkrete institutionelle Gestalt der Religionsgemeinschaft bzw. ihre eigene territoriale Ausdehnung nicht zu den für die staatliche Seite wesentlichen Umständen des Vertragsschlusses. Im Ergebnis kann daher festgehalten werden, dass die Rechtsnachfolge in religionsverfassungsrechtliche Verträge grundsätzlich nicht die jeweilige Vertragsgrundlage tangiert und folglich nicht der clausula rebus sic stantibus unterfällt.[157] Im Einzelfall und hinsichtlich einzelner Materien (etwa den Bestand mehrerer theologischer Fakultäten auf dem Gebiet eines Bundeslandes) kann es gleichwohl und ohne religionsverfassungsrechtliches Präjudiz ratsam erscheinen, in Verhandlungen über eine Vertragsanpassung einzutreten.[158]

▶ **Zu Fall 14:**[159] Für die Klage des S ist gem. § 40 Abs. 1 S. 1 VwGO der Rechtsweg zum örtlich zuständigen Verwaltungsgericht eröffnet, denn Grundlage des möglichen Anspruchs ist staatliches Recht in Gestalt des qua Zustimmungsgesetz überführten religionsverfassungsrechtlichen Vertrages. Statthaft ist die allgemeine Leistungsklage. S ist insofern auch klagebefugt. Insbesondere ist die Möglichkeit des Bestehens des behaupteten Anspruchs nicht von vornherein ausgeschlossen. Die gegenteilige Annahme könnte aus dem Vorbringen von Z folgen, dass religionsverfassungsrechtliche Verträge, d.h. Verträge zwischen dem Staat

---

154 So geschehen bei den jüngeren Fusionen zur Evangelischen Kirche Berlin-Brandenburg-schlesische Oberlausitz 2004, zur Evangelische Kirche in Mitteldeutschland 2008 und zur Evangelisch-Lutherischen Kirche in Norddeutschland 2012.
155 Erstgenannte Ansicht bei *Classen*, ZevKR 53 (2008); 421 (426 ff.); letztere Ansicht bei *Germann/Hunger*, DVBl. 2007, S. 1532 (1536).
156 Zum Folgenden *Ule*, in: FS Maunz, S. 415 (432 ff. – für die Rechtsnachfolge der Nordelbischen Evangelisch-Lutherischen Kirche in den StKiV-SH von 1957); *Germann/Hunger*, DVBl. 2007, S. 1532 (1538 f.) m.w.N.
157 Ebenso u.a. *Mückl*, HSKR, Bd. 1, Rn. 67.
158 Ebenso *Classen*, ZevKR 53 (2008), 421 (433 ff.).
159 Ähnliche Klausurfallgestaltung mit ausführlicher Lösung bei *Droege*, in: Heinig (Hrsg.), S. 231 ff.

§ 10 Religionsverfassungsrechtliche Verträge   § 10

und den Religionsgemeinschaften zur Regelung ihrer Beziehungen, verfassungsrechtlich unzulässig seien. Indes ergibt sich die verfassungsrechtliche Zulässigkeit religionsverfassungsrechtlicher Verträge nicht zuletzt aus Art. 123 Abs. 2 GG, Art. 140 GG i. V. m. Art. 138 Abs. 1 WRV und dem Grundsatz, dass der Staat auch mit den seiner Hoheitsgewalt unterworfenen Rechtssubjekten Verträge schließen kann. Die weiteren Sachurteilsvoraussetzungen sind unproblematisch, so dass die Klage zulässig ist. Die Klage ist auch begründet, denn der Anspruch auf Staatsleistungen aus dem Vertrag ist im Wege der Rechtsnachfolge auf S übergegangen. Die Inhalte religionsverfassungsrechtlicher Verträge sind – einschließlich der Regelungen zu den Staatsleistungen – nachfolgefähig, und der Rechtsnachfolgetatbestand ist ausdrücklich Gegenstand des religionsgemeinschaftlichen Organisationsaktes der Fusion bzw. folgt nach anderer Ansicht aus der analogen Anwendung des Völkerrechts. Die Fortgeltung des Vertrages kann auch nicht von Z unter Berufung auf die clausula rebus sic stantibus beseitigt werden. Denn es gibt keine Hinweise für die Annahme, dass die Geschäftsgrundlage für den Abschluss des religionsverfassungsrechtlichen Vertrages mit B und C nicht – wie üblich – in der Regelung der Beziehungen des Landes Z zu der Religionsgemeinschaft, der auch B und C angehörten und die nunmehr auf dem Gebiet von Z durch S repräsentiert wird, zu finden ist. Da die Klage des S zulässig und begründet ist, hat sie Aussicht auf Erfolg. ◀

Wiederholungs- und Vertiefungsfragen

> Wie kann der Begriff des religionsverfassungsrechtlichen Vertrages erläutert und entfaltet werden? (Rn. 328 f.)
> Welches waren die Etappen der historischen Entwicklung religionsverfassungsrechtlicher Verträge in Deutschland? (Rn. 330 f.)
> Welche Funktionen erfüllen religionsverfassungsrechtliche Verträge? (Rn. 343 f.)
> Welche typischen Inhalte weisen religionsverfassungsrechtliche Verträge auf? (Rn. 345 ff.)
> Woraus folgt die Zulässigkeit religionsverfassungsrechtlicher Verträge? (Rn. 348 ff.)
> Gibt es eine Verpflichtung zum Abschluss religionsverfassungsrechtlicher Verträge? (Rn. 351 ff.)
> Welche Rechtsnatur und welchen Rang innerhalb der staatlichen Rechtsordnung haben religionsverfassungsrechtliche Verträge? (Rn. 355 ff.)
> Binden religionsverfassungsrechtliche Verträge auch die staatliche Legislative? (Rn. 364 ff.)
> Wie können die Vertragsinhalte gerichtlich durchgesetzt werden? (Rn. 368)
> Wer ist auf staatlicher Seite zuständig für den Abschluss religionsverfassungsrechtlicher Verträge? (Rn. 369 f.)
> Wie können religionsverfassungsrechtliche Verträge beendet werden? (Rn. 373)
> Gibt es eine Rechtsnachfolge in religionsverfassungsrechtliche Verträge? (Rn. 374 f.)

§ 11 Anstaltseelsorge

▶ **Fall 15 (nach BVerwGE 73, 247 ff.):** A ist katholischer Konfession und Soldat der Bundeswehr im Militärmusikdienst. Er weigert sich, an einer für sein Musikkorps vom katholischen Standortpfarrer anberaumten einwöchigen Veranstaltung der Seelsorge in der Bundeswehr teilzunehmen. Daraufhin wird ihm vom zuständigen Gruppenkommando die Teilnahme an einer zweiwöchigen, mit Klausuren und Abschlussprüfung verbundenen ABC-Selbstschutzausbildung befohlen. A ist der Auffassung, dass dieser Befehl nicht mit Art. 4 Abs. 1 und 2 GG sowie Art. 140 GG i.V.m. Art. 141 WRV zu vereinbaren ist und begehrt die Feststellung der Rechtswidrigkeit des Befehls zur Teilnahme an der „Ersatzveranstaltung". Zu Recht? ◀

I. Grundlagen

1. Begriff und Rechtsgrundlagen

376 Der **Begriff der Anstaltsseelsorge** bezeichnet das bereichsspezifische religiöse Wirken der Religionsgemeinschaften in staatlichen Einrichtungen.[1] Die religionsverfassungsrechtliche Grundnorm der Anstaltsseelsorge ist in Art. 140 GG i.V.m. **Art. 141 WRV** enthalten: „Soweit das Bedürfnis nach Gottesdienst und Seelsorge im Heer, in Krankenhäusern, Strafanstalten oder sonstigen öffentlichen Anstalten besteht, sind die Religionsgesellschaften zur Vornahme religiöser Handlungen zuzulassen, wobei jeder Zwang fernzuhalten ist." Weitere Rechtsgrundlagen[2] finden sich etwa im **Kriegsvölkerrecht**, speziell in den vier Genfer Rotkreuz-Konventionen vom 12.8.1949 und den zwei Zusatzprotokollen vom 8.6.1977, in denen Militärgeistliche einem umfassenden völkerrechtlichen Schutz unterstellt werden.[3] Ferner weisen einige **Landesverfassungen** ausdrückliche Regelungen zur Anstaltsseelsorge auf.[4] Schließlich ist die Anstaltsseelsorge Thema zahlreicher **religionsverfassungsrechtlicher Verträge**; ein prominentes Beispiel liefert die Seelsorge in der Bundeswehr (s.u. Rn. 395 ff.). Ein rechtsvergleichender Blick über die Grenzen des bundesdeutschen Religionsverfassungsrechts hinaus zeigt, dass die Anstaltsseelsorge zumindest als „europäisches Religionsgemeinrecht" bezeichnet werden kann und auch in Ländern mit einer weiter gehenden Trennung von Staat und Religion anerkannt ist; dies gilt etwa für Frankreich und auch – über Europa hinaus weisend – für die USA. Eine dem Grundgesetz entsprechende Verankerung der Anstaltsseelsorge im Verfassungsrecht ist jedoch – soweit ersichtlich – einzigartig.

377 Der Fokus der nachfolgenden religionsverfassungsrechtlichen Erläuterungen zur Anstaltsseelsorge wird auf der Vorschrift des Art. 140 GG i.V.m. Art. 141 WRV sowie auf der flankierenden Betrachtung einschlägiger religionsverfassungsrechtlicher Verträge liegen. Für ein adäquates Verständnis der aktuellen Regelungen ist jedoch – auch hier – ein Blick auf die **Entstehungsgeschichte** der Anstaltsseelsorge und ihrer rechtlichen Einhegung unerlässlich. Die Anstaltsseelsorge hat jedenfalls im abendländisch-christlichen Kulturraum eine lange Tradition. Die Motive waren und sind jedoch auf Seiten der

---

1 *Schilberg*, HSKR, Bd. 2, Rn. 10 ff.; grundlegend aus römisch-katholischer Perspektive *Meckel*, HdbkathKR, S. 778 ff.
2 Überblick u.a. bei *Ennuschat*, HevKR, S. 654 (657 ff.); *ders.*, EvStL, Sp. 62 f.
3 Dazu *Ennuschat*: Militärseelsorge, S. 344 ff.
4 Dazu *Schilberg*, HSKR, Bd. 2, Rn. 15.

Religionsgemeinschaften und des Staates unterschiedlich.⁵ Für die christlichen Kirchen leitet sich der Wunsch, Seelsorge in besonderen Lebenssituationen ihrer Angehörigen zu betreiben, zum einen aus dem Bedürfnis der Angehörigen und zum anderen aus der Bibel selbst her; dort heißt es (**Mt. 25, 26**): „Ich bin nackt gewesen und ihr habt mich gekleidet. Ich bin krank gewesen, und ihr habt mich besucht. Ich bin im Gefängnis gewesen, und ihr seid zu mir gekommen." Die weltlichen Mächte hingegen bekundeten ihrerseits schon früh, d. h. beginnend mit dem römischen Heer, ein überwiegend instrumentelles Interesse an seelsorglicher Betreuung der Streitkräfte und später auch an der Gefängnisseelsorge zur Besserung der Gefangenen.⁶ Aufgrund dieses staatlichen Interesses und der Verbindung von Staat und Religion im landesherrlichen Kirchenregiment (s.o. Rn. 26 ff.) blieb die Anstaltseelsorge bis 1918 eine staatliche Angelegenheit bzgl. der Organisation und der Finanzierung – mit verbeamteten Militär- und staatlich besoldeten Anstaltsgeistlichen.⁷ Erst vor diesem Hintergrund sind die religionsverfassungsrechtliche und die rechtspolitische Bedeutung des Art. 141 WRV im Jahre **1919** vollständig zu erfassen: Die Anstaltseelsorge sollte nicht länger eine Angelegenheit bzw. eine Pflichtaufgabe des Staates sein, sondern in die Hände der (aller!) Religionsgemeinschaften gelegt werden. Ob darüber hinaus ein weiter gehendes Engagement des Staates zulässig ist, war damals und ist bis heute umstritten (s.u. Rn. 392).⁸ Im Entwurf von Herrenchiemsee und im **Parlamentarischen Rat** wurde die Anstaltseelsorge nicht thematisiert. Vielmehr kam es diesbezüglich zu einer unproblematischen Übernahme des Art. 141 WRV als Teil des in das Grundgesetz transformierten Blocks religionsverfassungsrechtlicher Vorschriften der Weimarer Reichsverfassung. Bis heute hat das Thema der Anstaltseelsorge zwar eine Fülle einschlägiger Literatur, allerdings nur wenig einschlägige Rechtsprechung hervorgebracht.

2. Dogmatische Grundlegung und Status

a) Anstaltseelsorge und Schutzpflichtendimension der Religionsfreiheit

Die Bestimmung des dogmatischen Status des Art. 140 GG i.V.m. Art. 141 WRV basiert auf zwei Thesen. Die erste These besagt, dass in der Literatur zur Anstaltseelsorge **weder Klarheit noch Einigkeit** über den dogmatischen Regelungsgehalt dieser Vorschrift herrscht. Die Anstaltseelsorge wird einerseits als „institutionelle Garantie" und andererseits als „subjektives Recht mit Verfassungsrang" beschrieben,⁹ das entweder unter Heranziehung von Art. 4 Abs. 1 und 2 GG oder „unmittelbar" über diese Norm mit der Verfassungsbeschwerde geltend gemacht werden könne.¹⁰ Einigkeit besteht allein in der Auffassung, dass die Anstaltseelsorge sachlich einen Bezug zu Art. 4 Abs. 1 und 2 GG aufweise, denn sie diene im Hinblick auf die Religionsfreiheit der **Grundrechtssicherung und Grundrechtseffektivierung** unter Bedingungen einer in den betreffenden Anstalten staatlich verantworteten und institutionell verfestigten Beeinträchtigung der Grundrechtsausübung. Der Grundgedanke des Art. 140 GG i.V.m.

378

---

5 Dazu *Morlok*, in: H. Dreier (Hrsg.), Art. 140 GG/Art. 141 WRV, Rn. 1 (allgemein); *Pirson*, EssGspr. 23 (1989), 4 (21 ff. – Seelsorge in der Bundeswehr; *Gareis*, EssGspr. 23 (1989), 58 (60 ff., 74 ff. – Seelsorge in Strafvollzugsanstalten).
6 Zum Motiv einer Instrumentalisierung der Militärseelsorge *Ennuschat*, HSKR, Bd. 2, Rn. 1.
7 Ausführlich *Korioth*, in: Dürig/Herzog/Scholz (Hrsg.), Art. 140 GG/Art. 141 WRV, Rn. 4.
8 Seinerzeit bejahend *Ebers*, S. 281; *Anschütz*, S. 657.
9 Nw. bei *Unruh*, in: Huber/Voßkuhle (Hrsg.), Art. 140 GG/Art. 141 WRV, Rn. 3.
10 *Morlok*, in: H. Dreier (Hrsg.), Art. 140 GG/Art. 141 WRV, Rn. 6 (mittelbare Anwendbarkeit des Art. 4 Abs. 1 und 2 GG); *Ehlers*, in: Sachs (Hrsg.), Art. 140 GG/Art. 141 WRV, Rn. 1 i.V.m. Art. 140 GG, Rn. 3 (unmittelbare Anwendbarkeit des Art. 4 Abs. 1 und 2 GG).

Art. 141 WRV liege in einer Verpflichtung des Staates, die Ausübung des Grundrechts der Religionsfreiheit auch innerhalb öffentlicher Anstalten zu ermöglichen.[11] Diese Auffassung ist im Kern zutreffend, bedarf aber einer genaueren (grundrechts-) dogmatischen Verortung.

379 Die zweite These besagt, dass Art. 140 GG i.V.m. Art. 141 WRV und die weiteren, darauf aufbauenden Ausgestaltungen der Anstaltsseelsorge den dogmatischen Status einer **bereichsspezifischen Konkretisierung der Schutzpflichtendimension des Art. 4 Abs. 1 und 2 GG** haben.[12] Die Begründung dieser These kann in zwei Schritten erfolgen. Zunächst ist darauf hinzuweisen, dass die Religionsausübung in den in Art. 140 GG i.V.m. Art. 141 WRV ausdrücklich genannten Bereichen entweder aus rechtlichen und tatsächlichen Gründen (Heer, Strafanstalten) oder nur faktisch (Krankenhäuser) eingeschränkt ist. Aber auch in diesen und vergleichbaren „öffentlichen Anstalten" ist das Grundrecht auf Religionsfreiheit nicht außer Kraft gesetzt; insbesondere befindet sich Art. 4 GG nicht unter den in Art. 17a GG aufgezählten Grundrechten, die für die Angehörigen der Streitkräfte und des Ersatzdienstes eingeschränkt sind. Zweitens sind diese Beschränkungen vom Staat zu verantworten. In diesem Zusammenhang wird die Anstaltsseelsorge zumeist als „Kompensation" für die staatlich geschaffene Erschwerung der Grundrechtsausübung charakterisiert.[13] Grundrechtsdogmatisch genauer kann hingegen die Verpflichtung des Staates zur Zulassung der Anstaltsseelsorge als bereichsspezifische Konkretisierung der Schutzpflichtendimension des Art. 4 Abs. 1 und 2 GG bezeichnet werden. Diese Betrachtungsweise ist einerseits kompatibel mit dem allgemeinen Verständnis der in das Grundgesetz inkorporierten Weimarer Kirchenartikel als der Grundrechtsförderung dienender Vorschriften (s.o. Rn. 52). Sie ist andererseits getragen von der dogmatischen Anerkennung der Schutzpflichtendimension der Religionsfreiheit insgesamt, aus der sich die Verpflichtung des Staates auf Schaffung und Erhalt der Bedingungen der Möglichkeit der Grundrechtsausübung ableiten lässt (s.o. Rn. 104f.). Der Staat muss daher auch unter den von ihm selbst geschaffenen restriktiven Bedingungen in den „öffentlichen Anstalten" die Religionsausübung der Bürgerinnen und Bürger gewährleisten, die zudem unter diesen Bedingungen in besonderer Weise der Seelsorge bedürftig sind.[14] Insgesamt ist ein unmittelbarer Bezug zu Art. 4 Abs. 1 und 2 GG gegeben, der einen aus der einschlägigen Schutzpflicht fließenden grundrechtlichen Anspruch auf Zulassung der Anstaltsseelsorge entstehen lässt. Dieser Anspruch kann seinerseits verfassungsprozessual auch unmittelbar über Art. 4 Abs. 1 und 2 GG i.V.m. Art. 93 Abs. 1 Nr. 4a GG, §§ 13 Nr. 8a, 90ff. BVerfGG durchgesetzt werden.[15]

380 Den unmittelbaren **Bezugspunkt** der Anstaltsseelsorge bildet (nicht nur) aufgrund dieser dogmatischen Einordnung die **individuelle und kollektive Religionsfreiheit** (s.o. Rn. 69) der einzelnen Anstaltsangehörigen. In diesem Sinne normiert etwa § 53 Abs. 1 S. 1 StrVollzG für den Teilbereich der Seelsorge in Strafvollzugsanstalten ausdrück-

---

11 Statt vieler *Stern*: Staatsrecht, Bd. IV/2, S. 1350; *Schilberg*, HSKR, Bd. 2, Rn. 11; *Morlok*, in: H. Dreier (Hrsg.), Art. 140 GG/Art. 141 WRV, Rn. 5 m.w.N. Zustimmung auch *Meckel*, HdbkathKR, S. 778 (783).
12 Zustimmung *Stern*: Staatsrecht, Bd. IV/2, S. 1351.
13 So schon *Ebers*, S. 280; aus jüngerer Zeit etwa *Muckel*, in: Friauf/Höfling (Hrsg.), Art. 140/Art. 141 WRV, Rn. 3; *Korioth*, in: Dürig/Herzog/Scholz (Hrsg.), Art. 140 GG/Art. 141 WRV, Rn. 1.
14 Auf diesen letzten Aspekt weist insbesondere *Classen*: Religionsrecht, Rn. 557, hin.
15 I.E. ebenso *Ehlers*, in: Sachs (Hrsg.), Art. 140 GG/Art. 141 WRV, Rn. 1 i.V.m. Art. 140 GG, Rn. 3. Zu der vergleichbaren verfassungsprozessualen Konsequenz für das Selbstbestimmungsrecht der Religionsgemeinschaften aus Art. 140 GG i.V.m. Art. 137 Abs. 3 WRV s.o. Rn. 152.

lich einen individualrechtlichen Anspruch auf Seelsorge.[16] Die Bestimmung dieses Bezugspunktes wird auch durch die unmittelbare Berechtigung der „Religionsgesellschaften" bzw. der Religionsgemeinschaften in Art. 140 GG i.V.m. Art. 141 WRV nicht beeinträchtigt. Denn die auf die „öffentlichen Anstalten" bezogene, bereichsspezifische Konkretisierung der Schutzpflichtendimension der Religionsfreiheit wird lediglich **regelungstechnisch** durch die Verleihung eines (zusätzlichen) Anspruchs auf Zulassung zur Anstaltsseelsorge an die Religionsgemeinschaften erfüllt.[17] Historisch lässt sich diese Inbezugnahme der Religionsgemeinschaften mit dem Umstand erklären, dass jedenfalls 1919 – und weit darüber hinaus – die uneingeschränkte Geltung der Grundrechte auch in sog. besonderen Gewaltverhältnissen noch nicht anerkannt war.[18] Die Bedingungen der Möglichkeit der Grundrechtsausübung von Anstaltsangehörigen ließen sich demnach nur über einen Anspruch der jeweiligen Religionsgemeinschaft gewährleisten. Unter dem Grundgesetz folgt der Anspruch auf Zulassung zur Anstaltsseelsorge bereits unmittelbar aus der Schutzpflichtendimension des Art. 4 Abs. 1 und 2 GG. Dieses Ergebnis steht in Widerspruch zu der verbreiteten These, dass gerade in der Verleihung eines solchen Anspruchs an die Religionsgemeinschaften der eigenständige Regelungsgehalt des Art. 140 GG i.V.m. Art. 141 WRV gegenüber Art. 4 Abs. 1 und 2 GG liege, der seinerseits nur die Anstaltsangehörigen selbst schütze.[19] Denn es ist i.E. schwer vorstellbar, dass ohne die Inkorporation des Art. 141 WRV kein auf Art. 4 Abs. 1 und 2 GG gestützter Anspruch auch der Religionsgemeinschaften auf Zulassung in öffentlichen Anstalten zwecks Seelsorge bestünde. Der Rekurs auf einen vermeintlich eigenständigen Regelungsgehalt des Art. 140 GG i.V.m. Art. 141 WRV ist vor dem Hintergrund der soeben entfalteten Schutzpflichtendimension des Grundrechts der Religionsfreiheit jedenfalls überflüssig, da es sich bei dieser Vorschrift um die Konkretisierung, und nicht um die Konstituierung eines (Grund-) Rechts handelt.

b) Anstaltsseelsorge als „gemeinsame Angelegenheit"

Die Anstaltsseelsorge auf der Grundlage des Art. 140 GG i.V.m. Art. 141 WRV wird ganz überwiegend als „gemeinsame Angelegenheit" von Staat und Religionsgemeinschaften bezeichnet. Unter den **Begriff der gemeinsamen Angelegenheit** werden herkömmlich alle Angelegenheiten gefasst, die „in einer primären Zweckbeziehung" sowohl zum Staat als auch zu den Religionsgemeinschaften stehen.[20] Dies treffe immer dann zu, wenn der Staat eigene Einrichtungen betreibt, in denen die Religionsgemeinschaften ihrem religiösen Auftrag nachkommen können, weil dem religiös-weltanschaulich neutralen Staat eine eigenverantwortete Religionspflege verwehrt ist. Als **Anwendungsfälle** werden zumeist der Religionsunterricht in öffentlichen Schulen, die theologischen Fakultäten an staatlichen Hochschulen und auch die Anstaltsseelsorge genannt.[21] Systematisch sollen diese Materien zwischen den staatlichen und den eigenen Angelegenheiten der Religionsgemeinschaften angesiedelt sein. Dogmatisch han-

---

16 § 53 Abs. 1 S. 1 StrVollzG (des Bundes) lautet: „Dem Gefangenen darf religiöse Betreuung durch einen Seelsorger nicht versagt werden." Dazu auch *Schilberg*, HSKR, Bd. 2, Rn. 24.
17 Statt vieler *Morlok*, in: H. Dreier (Hrsg.), Art. 140 GG/Art. 141 WRV, Rn. 6.
18 Vgl. *Korioth*, in: Dürig/Herzog/Scholz (Hrsg.), Art. 140 GG/Art. 141 WRV, Rn. 2. Zur Rechtsfigur des besonderen Gewaltverhältnisses und seiner Verabschiedung durch BVerfGE 33, 1 ff., siehe *Sachs*: Verfassungsrecht II. Grundrechte, A 9, Rn. 46 ff.
19 So etwa *Pirson*, EssGspr. 23 (1989), 4 (11); *Jeand'Heur/Korioth*, Rn. 292.
20 *Meckel*, HdbkathKR, S. 778 (781).
21 *V. Campenhausen/de Wall*, § 26, Rn. 5: „Zu den gemeinsamen Angelegenheiten kann man die Anstaltsseelsorge deshalb zählen, weil die Kommandogewalt, Leitung und Verantwortung in den Anstalten dem Staat

delt es sich bei allen Anwendungsfällen des Begriffs der gemeinsamen Angelegenheiten um jeweils eine bereichsspezifische Konkretisierung der Schutzpflichtendimension des Grundrechts auf Religionsfreiheit, so dass insgesamt ein unmittelbarer Bezug zu Art. 4 Abs. 1 und 2 GG gegeben ist. Der Staat und die Religionsgemeinschaften müssen in den genannten Bereichen zusammenwirken, um die Bedingungen der Möglichkeit der Religionsausübung zu gewährleisten.[22] Insoweit kann es sich beim Begriff der gemeinsamen Angelegenheit nur um einen heuristischen „Hilfsbegriff" ohne religionsverfassungsrechtlichen Mehrwert handeln.[23]

3. Anspruchsvoraussetzungen

a) Die Anstalten i.S.d. Art. 140 GG i.V.m. Art. 141 WRV

382 Die Voraussetzungen des Anspruchs auf Zulassung zur Anstaltsseelsorge sind in Art. 140 GG i.V.m. Art. 141 WRV benannt: Es muss ein „Bedürfnis nach Gottesdienst und Seelsorge im Heer, in Krankenhäusern, Strafanstalten und sonstigen öffentlichen Anstalten" vorliegen. Der Anspruch kann sich zunächst also nur auf Anstalten i.S. dieser Vorschrift beziehen. Der **Begriff der Anstalt** wird hier nicht im verwaltungsorganisationsrechtlichen Sinne verwendet; er ist weit auszulegen.[24] Die Begriffsbestimmung hat sich an der Zwecksetzung der Norm zu orientieren. Danach sind Anstalten i.S.d. Art. 140 GG i.V.m. 141 WRV alle öffentlichen, d.h. staatlich getragenen Einrichtungen, in denen die Eingliederung ihrer Angehörigen aus rechtlichen oder tatsächlichen Gründen zu einer Beeinträchtigung der selbstbestimmten Religions(ausübungs)freiheit führt.[25] Einige Anstalten sind im Verfassungstext ausdrücklich benannt. Der Begriff „**Heer**" umfasst alle Teilstreitkräfte der Bundeswehr, also Heer, Marine und Luftwaffe.[26] Von den **Krankenhäusern** werden nur diejenigen erfasst, die in der Trägerschaft der öffentlichen Hand stehen. Dies ergibt sich aus dem Zusatz in Art. 140 GG i.V.m. Art. 141 WRV, dass neben den explizit aufgeführten auch „sonstige öffentliche Anstalten" von der Vorschrift umfasst sind. Die konkrete Rechtsform, in der eine in öffentlicher Trägerschaft stehende Einrichtung betrieben wird, ist hingegen ohne Belang. Bei einer gemischt öffentlich-privaten Trägerschaft ist der öffentliche Mitträger verpflichtet, auf die Ermöglichung der Anstaltsseelsorge in der Einrichtung hinzuwirken. Unter den Begriff der **Strafanstalten** fallen alle Justizvollzugsanstalten und damit auch die Vollzugseinrichtungen für Jugendliche.

383 Vom weit auszulegenden Begriff der „**sonstigen öffentlichen Anstalten**" sind alle Einrichtungen in öffentlicher Trägerschaft umfasst, in denen die Eingliederung ihrer Ange-

---

bzw. dem öffentlichen Anstaltsträger zustehen, die Seelsorge und die Abhaltung von Gottesdiensten aber auch in den Anstalten eine kirchliche Angelegenheit bleiben."

22 Auffällig ist die Nähe dieser Konstruktion zu den „Komplementären Kompetenzen" im Unionsrecht; vgl. *Opermann/Classen/Nettesheim*, S. 168.

23 Auch *v. Campenhausen/de Wall*, § 25, Rn. 1, bezeichnen den Begriff der gemeinsamen Angelegenheiten als „Hilfsbegriff". Zur fehlenden „rechtliche(n) Instruktivität" dieses Begriffs *Morlok*, in: H. Dreier (Hrsg.), Art. 140 GG/Art. 141 WRV, Rn. 6; skeptisch auch *Korioth*, in: Dürig/Herzog/Scholz (Hrsg.), Art. 140 GG/Art. 141 WRV, Rn. 3. Der Aspekt des Zusammenwirkens bzw. der Kooperation in den genannten Bereichen wird hervorgehoben bei *Jeand'Heur/Korioth*, Rn. 289 f.

24 Ebenso u.a. *Schilberg*, HSKR, Bd. 2, Rn. 32.

25 Ebenso *Classen*: Religionsrecht, Rn. 559; *Korioth*, in: Dürig/Herzog/Scholz (Hrsg.), Art. 140 GG/Art. 141 WRV, Rn. 5. Vereinzelt ist in diesem Zusammenhang auch von „totale(n) Institution(en)" gesprochen worden, vgl. *Morlok*, in: H. Dreier (Hrsg.), Art. 140 GG/Art. 141 WRV, Rn. 5.

26 Zum umfassenden Begriff des Heers bereits *Anschütz*, S. 657 („Wehrmacht"); zur aktuellen Rechtslage statt vieler *Korioth*, in: Dürig/Herzog/Scholz (Hrsg.), Art. 140 GG/Art. 141 WRV, Rn. 5.

§ 11 Anstaltseelsorge

hörigen zu einer vergleichbaren Beeinträchtigung der selbstbestimmten Religions(ausübungs)freiheit führt.[27] Dies ist etwa der Fall bei der **Bundespolizei** (s.u. Rn. 408) und den kasernierten Einheiten der **(Landes-) Polizei**.[28] Wenn und soweit ein Benutzungszwang vorliegt, werden ferner die **kommunalen Friedhöfe** erfasst, so dass auch hier religiöse Handlungen der Religionsgemeinschaften im Zusammenhang mit Beerdigungen zuzulassen sind, sofern die weiteren Anspruchsvoraussetzungen erfüllt sind.[29] **Nicht umfasst** ist hingegen der **öffentlich-rechtliche Rundfunk**, so dass insofern aus Art. 140 GG i.V.m. Art. 141 WRV kein Teilhabeanspruch folgt.[30] Auch **private Träger** sind nicht vom Begriff der sonstigen öffentlichen Anstalt umfasst. Wie bei den gemischt öffentlich-privaten Trägerschaften (s.o. Rn. 382) ist der Staat aufgrund der zugrunde liegenden Schutzpflichtendimension des Art. 4 Abs. 1 und 2 GG gehalten, auf eine Zulassung der Anstaltseelsorge auch in diesen Einrichtungen hinzuwirken.[31]

b) Das Bedürfnis nach Seelsorge und Gottesdienst

Der Anspruch auf Zulassung zur Anstaltseelsorge ist ferner nur gegeben, wenn in der betreffenden Anstalt ein „Bedürfnis nach Seelsorge und Gottesdienst" besteht. Der ursprüngliche Sinn der Bedürfnis-Klausel bestand im gebotenen Ausgleich zwischen der – seinerzeit und immer noch aktuellen – faktisch überwiegenden Nutzung der Anstaltsseelsorge durch die großen christlichen Kirchen und den religionsverfassungsrechtlichen Prinzipien der religiös-weltanschaulichen Neutralität und Parität.[32] Die Erörterung dieser Klausel kann sich an vier Fragen orientieren: Wonach muss ein Bedürfnis bestehen? Wessen Bedürfnis ist maßgeblich? Wann liegt ein Bedürfnis nach Seelsorge und Gottesdienst vor? Wer stellt das Vorliegen des Bedürfnisses fest?

384

Bezugsgegenstände des Bedürfnisses sind „Seelsorge" und „Gottesdienst". Der **Begriff des Gottesdienstes** ist in spezifischer Weise religionsgemeinschaftlich geprägt. Durch die Verwendung im Verfassungstext wird er jedoch zu einem säkularen Rahmenbegriff, dessen nähere Bestimmung im Wesentlichen den Religionsgemeinschaften überlassen bleibt (s.o. Rn. 9 f.). Nur speziell im Hinblick auf die christlich-liturgischen Inhalte des Gottesdienstbegriffs kann von einer auch empirisch gesättigten Erfahrung ausgegangen werden, die es ermöglicht, den kirchlichen Begriff auch der Auslegung des weltlichen Verfassungstextes zugrunde zu legen.[33] Der **Begriff der Seelsorge** ist weit auszulegen und ebenfalls von seinen ursprünglich christlich geprägten Konnotationen zu lösen.[34] Umfasst sind alle Handlungen, die der Ausübung der Religionsfreiheit in der jeweiligen Anstalt dienen. Diese weite Auslegung ist aus systematischen Gründen geboten, denn der Anspruch auf Zulassung zur Anstaltseelsorge ist auf die „Vornahme religiöser Handlungen" gerichtet, so dass Seelsorge und Gottesdienst das religiöse Bedürfnis nach religiöser Betreuung erschöpfend abdecken (müssen).[35]

385

---

27 Statt vieler *Ehlers*, in: Sachs (Hrsg.), Art. 140 GG/Art. 141 WRV, Rn. 4.
28 Dazu ausführlich *Heintzen*, HSKR, Bd. 2, Rn. 1 ff.
29 Wie hier *Kästner*, in: Dolzer u.a. (Hrsg.), Art. 140 Rn. 707.
30 Vgl. BVerwG, NVwZ 1986, 379 f.; *Mager*, in: v. Münch/Kunig (Hrsg.), Art. 140, Rn. 187.
31 Ebenso *Ehlers*, in: Sachs (Hrsg.), Art. 140 GG/Art. 141 WRV, Rn. 4.
32 Vgl. *Pirson*, EssGspr. 23 (1989), 4 (8).
33 Vgl. *Unruh*, in: Huber/Voßkuhle (Hrsg.), Art. 140 GG /Art. 141 WRV, Rn. 9 m.w.N.
34 *Schilberg*, HSKR, Bd. 2, Rn. 1 f. Beispielhaft ist die Umschreibung in § 2 Seelsorgeheimnisgesetz der EKD vom 28.10.2009.
35 Ebenso *Ehlers*, in: Sachs (Hrsg.), Art. 140 GG/Art. 141 WRV, Rn. 3.

§ 11 D. Das Zusammenwirken von Staat und Religionsgemeinschaften

386 Die Frage danach, wessen Bedürfnis maßgeblich sei, wird unterschiedlich beantwortet. Übereinstimmung besteht insoweit, dass auf das jeweilige **Bedürfnis der bzw. des Anstaltsangehörigen** abzustellen ist. Ein Teil der Literatur geht darüber hinaus und postuliert unter Rückgriff auf die korporative Dimension der Religionsfreiheit, dass „nicht allein auf das Bedürfnis der einzelnen Gläubigen abzustellen ist, sondern auch auf das Bedürfnis der Kirchen, weil auch die Möglichkeit der Kirchen, ihren Angehörigen geistliche Betreuung zukommen zu lassen, grundrechtlich geschützt ist."[36] In der Konsequenz dieser Auffassung liegt es, dass eine Zulassung der Religionsgemeinschaften zur Anstaltseelsorge auch bei „bekundete(m) Desinteresse", d.h. gegen den ausdrücklichen Willen der betroffenen Anstaltsangehörigen möglich wäre.[37] Diese Auffassung ist unter Hinweis auf die dogmatische Einordnung der Anstaltseelsorge zurückzuweisen. Art. 140 GG i.V.m. Art. 141 WRV entpuppte sich als bereichsspezifische Konkretisierung der Schutzpflichtendimension des Art. 4 Abs. 1 und 2 GG, deren Bezugspunkt die individuelle und kollektive Religionsfreiheit der Anstaltsangehörigen ist und die (nur) regelungstechnisch die Religionsgemeinschaften in Bezug nimmt (s.o. Rn. 378 ff.). Das Bedürfnis nach Seelsorge und Gottesdienst kann zwar ohne die Mitwirkung der Religionsgemeinschaften nicht erfüllt werden, maßgeblich ist und bleibt aber ausschließlich das Bedürfnis der bzw. des Anstaltsangehörigen.[38]

387 Dieses Bedürfnis liegt jedenfalls vor, wenn es seitens der bzw. des Anstaltsangehörigen **ausdrücklich bekundet** wird. Die bzw. der Anstaltsangehörige muss nicht selbst Mitglied der betreffenden Religionsgemeinschaft sein. Im Übrigen wird das Vorliegen des Bedürfnisses immer dann **widerleglich vermutet**, wenn sich eine Angehörige bzw. ein Angehöriger einer Religionsgemeinschaft in einer Anstalt i.S.d. Art. 140 GG i.V.m. Art. 141 WRV befindet.[39] Ein Bedürfnis und damit ein Zulassungsanspruch sind demnach nur dann zu verneinen, wenn die bzw. der Angehörige einer Religionsgemeinschaft die Anstaltseelsorge ausdrücklich ablehnt.

388 Die Feststellung des Vorliegens eines Bedürfnisses nach Seelsorge und Gottesdienst trifft der jeweilige **Anstaltsträger**, dem es zugleich obliegt, die betreffende Religionsgemeinschaft zu unterrichten. Folgerichtig ist die Frage nach der Religionszugehörigkeit bei der Aufnahme in eine Anstalt i.S.d. Art. 140 GG i.V.m. Art. 141 WRV zulässig, wenn sie zur Ermöglichung der Anstaltseelsorge erforderlich und die Beantwortung freigestellt ist.[40] Im Hinblick auf das Vorliegen des Bedürfnisses (s.o. Rn. 386) kommt dem Anstaltsträger kein Ermessensspielraum zu. Auch ist ihm die Vornahme einer inhaltlichen Bewertung des Bedürfnisses verwehrt.

c) Die Anspruchsberechtigten

389 Nach dem Wortlaut des Art. 140 GG i.V.m. Art. 141 WRV liegt die Anspruchsberechtigung bei den „Religionsgesellschaften" bzw. den **Religionsgemeinschaften**.[41] Ausge-

---

36 *Pirson*, EssGspr. 23 (1989), 4 (12).
37 Diese Konsequenz wird gezogen bei *Pirson*, EssGspr. 23 (1989), 4 (12).
38 I.E. ebenso *Jarass*, in: ders./Pieroth, Art. 140 GG/Art. 141 WRV, Rn. 1; *Korioth*, in: Dürig/Herzog/Scholz (Hrsg.), Art. 140 GG/Art. 141 WRV, Rn. 7, Anm. 3; *Classen*: Religionsrecht, Rn. 560.
39 Ganz überwiegende Auffassung, vgl. v. *Campenhausen/de Wall*, § 26, Rn. 9; *Jeand'Heur/Korioth*, Rn. 291; *Morlok*, in: H. Dreier (Hrsg.), Art. 140 GG/Art. 141 WRV, Rn. 10; *Ehlers*, in: Sachs (Hrsg.), Art. 140 GG/Art. 141 WRV, Rn. 2; *Kästner*, in: Dolzer u.a. (Hrsg.), Art. 140 Rn. 695.
40 BVerfGE 46, 266 (zur Aufnahme in ein staatliches Krankenhaus); zustimmend etwa *Ehlers*, in: Sachs (Hrsg.), Art. 140 GG/Art. 141 WRV, Rn. 7.
41 Zum Begriff der „Religionsgesellschaft" und der Vorzugswürdigkeit des Begriffs der „Religionsgemeinschaft" s.o. § 6 Rn. 1, Anm. 1. Zur rechtlichen Gleichbedeutung beider Begriffe *Heinig*, EvStL, S. 2012.

§ 11 Anstaltseelsorge

übt wird die Anstaltsseelsorge durch Repräsentanten der Religionsgemeinschaften, etwa Pastorinnen bzw. Pastoren. Eine Privilegierung bestimmter, etwa christlicher Religionsgemeinschaften ist aus Neutralitäts- bzw. Paritätsgründen unzulässig. An die Bestimmung der Anspruchsberechtigung sind im Übrigen zwei Folgefragen geknüpft. Fraglich ist zunächst, ob die Zulassung zur Anstaltsseelsorge eine bestimmte **rechtliche Qualität der Religionsgemeinschaft** voraussetzt. Einigkeit besteht darüber, dass ein formaler Körperschaftsstatus i.S.d. Art. 140 GG i.V.m. Art. 137 Abs. 5 WRV nicht erforderlich ist. Gleichwohl können und müssen – insbesondere im Zusammenhang mit der Seelsorge in der Bundeswehr – als Bedingungen der Möglichkeit eines gedeihlichen Zusammenwirkens von Staat und Religionsgemeinschaft in der Anstaltsseelsorge eine gewisse institutionelle Verfestigung der Religionsgemeinschaft sowie ihre grundsätzliche Übereinstimmung mit dem Zweck der jeweiligen öffentlichen Anstalt verlangt werden.[42] Da Art. 140 GG i.V.m. Art. 141 WRV für alle Religionsgemeinschaften gilt, wird vom (personellen) Schutzbereich dieser Vorschrift auch die **Anstaltsseelsorge an Muslimen** umfasst. Sie begegnet derzeit aber (noch) religionsverfassungsrechtlichen Bedenken.[43] So ist trotz der öffnenden Rspr. des BVerwG zu den muslimischen Dachverbänden[44] und den zunehmend erfolgreichen Anstrengungen der muslimischen Verbände, den in dieser Rspr. formulierten Anforderungen nachzukommen, in organisatorischer Hinsicht umstritten, ob muslimische Verbände als taugliche (Vertrags-) Partner des Staates für eine Anstaltsseelsorge in Betracht kommen können.[45] Zudem ist – inhaltlich – nicht hinreichend klar, ob ein adäquater Begriff einer muslimischen „Seelsorge" entwickelt werden kann; bisher gilt jede Muslima und jeder Muslim als potenzielle(r) Seelsorgerin bzw. Seelsorger und die Seelsorge für „Anstaltsangehörige" als religiös begründete familiäre und soziale Pflicht.[46] Bis zu einer Klärung dieser Fragen bzw. auch unabhängig davon sind vereinzelt Lösungen jenseits des Art. 140 GG i.V.m. Art. 141 WRV auf der Grundlage religionsverfassungsrechtlicher Verträge möglich.[47] So hat die Freie und Hansestadt Hamburg in den Verträgen mit der Alevitischen Gemeinde in Deutschland e. V., der DITIP, dem Rat der islamischen Gemeinschaften in Hamburg (SCHURA) und dem Verband der Islamischen Kulturzentren diesen Verbänden jeweils ein „Recht zur religiösen Betreuung" ihre Angehörigen eingeräumt, das der Anstaltsseelsorge i.S.d. Art. 140 GG i.V.m. Art. 141 WRV entspricht.[48] Die Gewährleistung dieser „religiösen Betreuung" kann dogmatisch und aus der Perspektive der Anstaltsangehörigen als unmittelbare Auswirkung der Schutzpflichtendimension des Art. 4 Abs. 1 und 2 GG gedeutet werden (s.o. Rn. 4). Sie bewirkt ohne „Umweg" über Art. 140 GG i.V.m. Art. 141 WRV und die Perspektive der Religionsgemeinschaften, dass die Anstaltsangehörigen ihre Religion ausüben können. Wenn und sobald die organisatorischen und inhaltlichen Voraussetzungen gegeben sind, wird natürlich auch eine muslimische Anstaltsseelsorge im religionsverfassungsrechtlichen Sinn möglich. Zweitens kann gefragt werden, ob die **Weltanschauungsgemeinschaften** im Hinblick auf die Anstaltsseelsorge

---

42 Zu den Kriterien für die Zulassung zur Seelsorge in der Bundeswehr siehe *Ennuschat*, RGG, Bd.5, Sp.1230 f.; *ders.*, EvStL, S. 1533 (1536.).
43 Zu den Rechtsfragen im Zusammenhang mit der Anstaltsseelsorge an Muslimen siehe u.a. *Schulten*, KuR 2014, 50 ff.; *Tabbara*, ZAR 2009, 254 ff., und *Lemmen*, S. 11, (48 ff.).
44 BVerwGE 123, 49 ff.
45 Dazu u.a. *Schulten*, KuR, 2014, S. 50, 55 ff.
46 Vgl. *Fröhmcke*, S. 216 ff.
47 Dazu *Schulten*, KuR 2014, 50, 62 ff. Aufgeschlossen auch *v. Campenhausen/de Wall*, § 26, Rn. 13.
48 Dazu *Demel*, KuR 2013, 93 ff. Zu weiteren vergleichbaren Verträgen andere Bundesländer siehe *Schulten*, KuR 2014, 52, 64 f.

den Religionsgemeinschaften gleichzustellen sind. Religionsverfassungsrechtlich lässt sich ein Gleichstellungsgebot aus Art. 140 GG i.V.m. Art. 137 Abs. 7 WRV sowie aus Art. 3 Abs. 1 und 3 GG ableiten. Tatsächlich ist es hingegen schwer vorstellbar, dass und wie Weltanschauungsgemeinschaften Seelsorge und Gottesdienst bzw. religiöse Handlungen i.S.d. Art. 140 GG i.V.m. Art. 141 WRV bewerkstelligen sollten.[49]

4. Anspruchsinhalt

390 Liegen die Anspruchsvoraussetzungen des Art. 140 GG i.V.m. Art. 141 WRV vor, so sind die Religionsgemeinschaften „zur Vornahme religiöser Handlungen zuzulassen". Der Anspruchsinhalt lässt sich demnach analytisch aufspalten in ein Recht auf Zulassung zur Anstaltsseelsorge und ein Recht zur Vornahme religiöser Handlungen. Mit der Zulassung ist das **Recht des Zutritts** zu der jeweiligen öffentlichen Anstalt bezeichnet.[50] Sofern ein Bedürfnis nach Seelsorge und Gottesdienst vorliegt (s.o. Rn. 387), ist das Zutrittsrecht unabhängig davon, ob sich ein Anhänger der betreffenden Religionsgemeinschaft in der Anstalt befindet. Unter diesen Voraussetzungen kann sich das Angebot der Religionsgemeinschaft auf alle Angehörigen der Anstalt erstrecken.[51] Die Modalitäten dieses Zutrittsrechts sind jeweils in Abhängigkeit von den sachlichen Beschaffenheiten der jeweiligen Anstalt ausgestaltungsbedürftig. Diese Ausgestaltung kann u.a. durch Gesetz und religionsverfassungsrechtliche Verträge erfolgen (s.o. Rn. 376).

391 Vom **Recht zur Vornahme religiöser Handlungen** sind alle Handlungen umfasst, die der bzw. dem Anstaltsangehörigen die Religionsausübung unter Beteiligung von Vertretern ihrer bzw. seiner Religionsgemeinschaft ermöglicht. Insofern geht es nicht um die Ermöglichung einer „korporativen" oder „kooperativen" Grundrechtsausübung, sondern der Fokus liegt auf der Religionsfreiheit der bzw. des Anstaltsangehörigen (s.o. Rn. 379 ff.).[52] Die Bestimmung von **Inhalt und Form** der religiösen Handlungen obliegt ausschließlich den Religionsgemeinschaften.[53] Dies folgt sowohl aus der weiten Auslegung des sachlichen Schutzbereiches der Religionsfreiheit als auch der Bestimmung des Umfangs des Selbstbestimmungsrechts der Religionsgemeinschaften aus Art. 140 GG i.V.m. Art. 137 Abs. 3 WRV. Insofern sind die unter den Anspruchsvoraussetzungen aufgeführten Begriffe des Gottesdienstes und der Seelsorge – auch und insbesondere hinsichtlich ihrer christlichen Konnotation – nicht abschließend. Vielmehr sind auch neue Formen und Inhalte religiöser Betreuung von Anstaltsangehörigen umfasst. Die Grenze der Qualifizierung einer Handlung als „religiös" wird in Anlehnung an die Rspr. des BVerfG zum säkularen Rahmenbegriff der Religion erst dann überschritten, wenn sie sich nicht „tatsächlich, nach geistigem Gehalt und äußerem Erscheinungsbild" als religiöse Handlung darstellt.[54]

---

49 Zum religionsverfassungsrechtlichen Aspekt u.a. *Morlok*, in: H. Dreier (Hrsg.), Art. 140 GG/Art. 141 WRV, Rn. 8; zur Skepsis *Korioth*, in: Dürig/Herzog/Scholz (Hrsg.), Art. 140 GG/Art. 141 WRV, Rn. 6.
50 Vgl. *Morlok*, in: H. Dreier (Hrsg.), Art. 140 GG/Art. 141 WRV, Rn. 12; *Muckel*, in: Friauf/Höfling (Hrsg.), Art. 140/Art. 141 WRV, Rn. 12.
51 Zur Zulässigkeit der Mission im Rahmen der Anstaltsseelsorge *Unruh*, in: Huber/Voßkuhle (Hrsg.), Art. 140 GG/Art. 141 WRV, Rn. 16 m.w.N.
52 Unklar insofern *Pirson*, EssGspr. 23 (1989), 4 (12 – „korporative Grundrechtsausübung"), und *Ehlers*, in: Sachs (Hrsg.), Art. 140 GG/Art. 141 WRV, Rn. 5 („kooperative Grundrechtsausübung"); wie hier *Morlok*, in: H. Dreier (Hrsg.), Art. 140 GG/Art. 141 WRV, Rn. 14.
53 *Schilberg*, HSKR, Bd. 2, Rn. 30.
54 BVerfGE 83, 341 (353); ähnlich *v. Campenhausen/de Wall*, § 26, Rn. 8.

Über die beiden Teilaspekte der Zulassung zur Vornahme religiöser Handlungen hinaus enthält Art. 140 GG i.V.m. Art. 141 WRV jedenfalls **keine weitere Verpflichtung des Staates**. Die Vorschrift begründet keine öffentliche Aufgabe, so dass die Anstaltsseelsorge auch in staatlichen Einrichtungen insgesamt eine Angelegenheit der Religionsgemeinschaften bleibt. Hierin liegt der wesentliche **Unterschied zum Religionsunterricht gem. Art. 7 Abs. 3 GG**, denn dieser Unterricht ist – anders als die Anstaltsseelsorge – qua Verfassung ausdrücklich als staatliche (!) Veranstaltung, die inhaltlich von den Religionsgemeinschaften verantwortet wird, im Grundgesetz verankert (s.u. § 12).[55] Ob der Staat in Angelegenheiten der Anstaltsseelsorge zu einem über die Zulassungspflicht hinaus gehenden Engagement berechtigt oder sie sogar „selbst in die Hand zu nehmen" befugt ist, war und ist umstritten.[56] Dieser Frage wird zugleich grundlegend und exemplarisch im Zusammenhang mit der organisatorischen bzw. dienstrechtlichen Verflechtung von Staat und Religionsgemeinschaften bei der Seelsorge in der Bundeswehr nachgegangen (s.u. Rn. 401 ff.). An dieser Stelle sei jedoch bereits darauf hingewiesen, dass sowohl der **Wortlaut des Art. 140 GG i.V.m. Art. 141 WRV** als auch seine **systematische Stellung** im unmittelbaren Sachzusammenhang mit Art. 4 Abs. 1 und 2 GG sowie Art. 140 GG i.V.m. Art. 137 Abs. 1 und 3 WRV der Annahme einer staatlichen Befugnis zur eigenständigen Organisation der Anstaltsseelsorge entgegen stehen.[57] Dies gilt indes nicht für eine am Grundsatz der Parität orientierte **Finanzierung** der religionsgemeinschaftlich verantworteten und organisierten Anstaltsseelsorge. Dieser These von der Zulässigkeit einer finanziellen Förderung der Anstaltsseelsorge kann nicht entgegen gehalten werden, dass damit vom Staat in unzulässiger Weise für „rein kirchliche Aufgaben Gelder zur Verfügung gestellt" würden.[58] Gegen diesen Einwand spricht der Umstand, dass eine finanzielle Förderung der Religion auch im religiös-weltanschaulich neutralen Staat nicht ausgeschlossen ist, sondern unter Schutzpflichtaspekten und unter Wahrung von Neutralität und Parität sogar geboten sein kann. Dies gilt vor allem dann, wenn die Grundrechtsgefährdung – wie in den öffentlichen Anstalten i.S.d. Art. 140 GG i.V.m. Art. 141 WRV – in besonderer Weise vom Staat zu verantworten ist.[59]

392

5. Schranken

Der Wortlaut des Art. 140 GG i.V.m. Art. 141 WRV weist für den Anspruch auf Zulassung zur Anstaltsseelsorge keinen Gesetzesvorbehalt aus. Auch die Formulierung, dass insofern „**jeder Zwang fernzuhalten ist**", erweist sich bei näherem Hinsehen nicht als effektive Beschränkung. Gemeint ist, dass „jeder nur tatsächliche oder mittelbare Druck auf die Anstaltsangehörigen" unzulässig ist.[60] Anstaltsangehörige dürfen demnach weder direkt noch indirekt gegen ihren Willen religiösen Handlungen der (auch ihrer!) Religionsgemeinschaften im Rahmen der Anstaltsseelsorge unterworfen werden.

393

---

55 Ausführlich zu diesen Unterschieden u.a. *Morlok*, in: H. Dreier (Hrsg.), Art. 140 GG/Art. 141 WRV, Rn. 16; *Classen*: Religionsrecht, Rn. 568.
56 Dafür schon *Anschütz*, S. 657 (dort das Zitat), und *Ebers*, S. 281; aus jüngerer Zeit ausführlich *Ennuschat*, ZevKR 41 (1996), 419 (422 f.) m.w.N.
57 I.E. ebenso u.a. *Korioth*, in: Dürig/Herzog/Scholz (Hrsg.), Art. 140 GG/Art. 141 WRV, Rn. 3, *Jarass*, in: Jarass/Pieroth, Art. 140 GG /Art. 141 WRV, Rn. 1, und *Morlok*, in: H. Dreier (Hrsg.), Art. 140 GG/Art. 141 WRV, Rn. 10.
58 So aber *Czermak*: Religions- und Weltanschauungsrecht, Rn. 415.
59 I.E. ebenso u.a. *Ehlers*, in: Sachs (Hrsg.), Art. 140 GG/Art. 141 WRV, Rn. 6; *Classen*: Religionsrecht, Rn. 567.
60 Definition schon bei *Anschütz*, S. 656 f.; aus jüngerer Zeit BVerwGE 73, 247 (249); *Jarass*, in: ders./Pieroth, Art. 140 GG /Art. 141 WRV, Rn. 1.

§ 11 D. Das Zusammenwirken von Staat und Religionsgemeinschaften

Ein eigenständiger normativer Wert kommt dieser Formel jedoch nicht zu. Diese These kann mit zwei Argumenten belegt werden: Das **Redundanzargument** besagt, dass ihr Regelungsgehalt bereits aus Art. 4 Abs. 1 und 2 GG folgt, dessen Schutzbereich auch die Freiheit von ungewollter religiöser Beeinflussung i.S.d. negativen Religionsfreiheit umfasst (s.o. Rn. 88 f.). Mit einem **argumentum-ad-absurdum** ist daran zu erinnern, dass Art. 140 GG i.V.m. Art. 141 WRV dogmatisch als bereichsspezifische Konkretisierung der Schutzpflichtendimension der Religionsfreiheit einzuordnen ist (s.o. Rn. 379 ff.). Die regelungstechnische Inbezugnahme der Religionsgemeinschaften darf nicht ihrerseits eine Einschränkung des zugrunde liegenden Grundrechts der Religionsfreiheit bewirken; andernfalls würde die Konkretisierung der Schutzpflicht ad absurdum geführt.

394 Der fehlende Gesetzesvorbehalt und die mangelnde Effektivität der Zwangsklausel in Art. 140 GG i.V.m. Art. 141 WRV führten jedoch nicht zu dem Ergebnis, dass der Anspruch auf Zulassung zur Anstaltsseelsorge unbeschränkt wäre. Nach den überwiegend akzeptierten und zutreffenden Maßstäben der allgemeinen Grundrechtsdogmatik werden vorbehaltlos gewährleistete Grundrechte auch in ihrer Schutzpflichtendimension durch **verfassungsimmanente Schranken**, d.h. durch Grundrechte Dritter oder sonstige Rechtsgüter mit Verfassungsrang begrenzt (s.o. Rn. 131), und dies gilt auch für den Anspruch auf Anstaltsseelsorge.[61] Als Schranke kann hier insbesondere die **Funktionsfähigkeit der jeweiligen öffentlichen Anstalt** herangezogen werden, wenn und soweit sie selbst – ggf. über Art. 140 GG i.V.m. Art. 141 WRV – verfassungsrechtlich verankert ist. Gedeckt ist etwa die personenbezogene Kontrolle beim Betreten und Verlassen der Einrichtung. In Justizvollzugsanstalten kann der Aspekt der Funktionsfähigkeit ggf. auch eine vollständige Kontaktsperre gem. §§ 31 ff. EGGVG rechtfertigen.[62] Im Übrigen ist der Anspruch auf Zulassung zur Anstaltsseelsorge in Anlehnung an die Dogmatik zur Verleihung des Körperschaftsstatus nach Art. 140 GG i.V.m. Art. 137 Abs. 5 WRV daran gebunden, dass die betreffende Religionsgemeinschaft zumindest die in **Art. 79 Abs. 3 GG** umschriebenen fundamentalen Verfassungsprinzipien achtet und die Grundrechte Dritter sowie die Grundprinzipien des Religionsverfassungsrechts des Grundgesetzes nicht gefährdet (s.o. Rn. 290).[63] Hier besteht zumindest ein mittelbarer Zusammenhang mit der Funktionsfähigkeit der jeweiligen öffentlichen Anstalt: Sie wäre gefährdet, wenn auch solchen Religionsgemeinschaften der Zutritt zu öffentlichen Anstalten gewährt würde, die sich offen gegen das Religionsverfassungsrecht des Grundgesetzes und/oder den jeweiligen Anstaltszweck (Landesverteidigung, Strafvollzug...) wenden. Als Schranken-Schranke ist der **Grundsatz der Verhältnismäßigkeit** heranzuziehen. Im Rahmen der Erforderlichkeit ist stets zu prüfen, ob die Anspruchsbegrenzung vor dem Hintergrund der gebotenen Effektivität der Anstaltsseelsorge in Art und Ausmaß unumgänglich ist. Insbesondere darf die Effektivität der Anstaltsseelsorge nicht durch die Festlegung der zeitlichen und örtlichen Modalitäten über Gebühr beeinträchtigt werden. Eine Einflussnahme des Staates auf die Inhalte der Anstaltsseelsorge bleibt hingegen in jedem Fall ausgeschlossen.[64]

---

61 Vgl. *Morlok*, in: H. Dreier (Hrsg.), Art. 140 GG/Art. 141 WRV, Rn. 12 m. w.N.
62 Ebenso *Korioth*, in: Dürig/Herzog/Scholz. (Hrsg.), Art. 140 GG/Art. 141 WRV, Rn. 9.
63 Ebenso *Ehlers*, in: Sachs (Hrsg.), Art. 140 GG/Art. 141 WRV, Rn. 8.
64 Vgl. *Korioth*, in: Dürig/Herzog/Scholz (Hrsg.), Art. 140 GG/Art. 141 WRV, Rn. 9.

§ 11 Anstaltseelsorge

II. Die Seelsorge in der Bundeswehr

1. Rechtsgrundlagen

Den religionsverfassungsrechtlichen Ausgangspunkt für die Seelsorge in der Bundeswehr liefert Art. 140 GG i.V.m. Art. 141 WRV (s.o. Rn. 382). Die fehlende Inkorporation des **Art. 140 WRV** in das GG bedeutet insofern keine Verkürzung. Die Übernahme seines Wortlauts („Den Angehörigen der Wehrmacht ist die nötige freie Zeit zur Erfüllung ihrer religiösen Pflichten zu gewähren.") ist unterblieben, weil in der historischen Situation des Jahres 1948/49, in denen das Grundgesetz entstand, eine Wiederaufrüstung der Bundesrepublik Deutschland (noch) unvorstellbar war. Eine Übernahme der Vorschrift hätte auch nur deklaratorische Bedeutung, denn sein Regelungsgehalt ist als Teil des Grundrechts der Religionsfreiheit bereits in Art. 4 Abs. 1 und 2 GG enthalten.[65] Im Übrigen findet er sich auf einfachgesetzlicher Ebene in **§ 36 SoldG** wieder: „Der Soldat hat einen Anspruch auf Seelsorge und ungestörte Religionsausübung. Die Teilnahme am Gottesdienst ist freiwillig." Zu ergänzen bleibt insofern nur, dass dieser Anspruch auf Seelsorge naturgemäß auch den Soldatinnen in der Bundeswehr zusteht.

395

Die weitere Ausgestaltung der Seelsorge in der Bundeswehr ist durch **religionsverfassungsrechtliche Verträge** erfolgt.[66] Für die katholische Seelsorge ist noch immer **Art. 27 des Reichskonkordats** vom 20.7.1933 maßgeblich.[67] Für die evangelische Seelsorge ist der **Vertrag der Evangelischen Kirche in Deutschland mit der Bundesrepublik Deutschland zur Regelung der evangelischen Militärseelsorge** vom 22.2.1957 (MSV) maßgeblich.[68] Gem. Art. 2 des staatlichen Zustimmungsgesetzes zum MSV gelten die dort enthaltenen dienstrechtlichen Bestimmungen für die katholischen Militärgeistlichen entsprechend. Gem. Art. 2 MSV soll die Seelsorge in der Bundeswehr „als Teil der kirchlichen Arbeit… im Auftrag und unter Aufsicht der Kirche ausgeübt" werden, während der Staat „für den organisatorischen Aufbau" und die Finanzierung sorge. Gem. Art. 3 Abs. 1 S. 2 MSV ist für je eintausendfünfhundert evangelische Soldaten ein Militärgeistlicher zu berufen. Weitere staatliche Ausgestaltungen zur Seelsorge in der Bundeswehr finden sich in **Zentralen Dienstvorschriften (ZDv)**, die vom Bundesminister der Verteidigung erlassen wurden; einschlägig sind ZDv 66/1 vom 28.8.1956 („Militärseelsorge") und ZDv 10/4 vom 27.6.2011 („Lebenskundlicher Unterricht. Selbstverantwortlich leben – Verantwortung für andere übernehmen können"; sie tritt an die Stelle der älteren ZDv 66/2 vom 5.11.1959 und der ZDv 10/4 vom Januar 2009). Die Seelsorge an Soldatinnen und Soldaten anderer Konfessionen und Bekenntnisse ist derzeit nicht geregelt.

396

---

65 Ebenso v. *Campenhausen/de Wall*, § 26, Rn. 14; zur damals fehlenden Perspektive einer Wiederaufrüstung *Classen*: Religionsrecht, Rn. 569.
66 Überblick über die einschlägigen Rechtsgrundlagen bei *Ennuschat*, HSKR, Bd. 2, Rn. 13 ff., und ders., EvStL, Sp.1534 (1535).
67 Abgedruckt in EssGspr. 23 (1989), S. 191, und bei *Listl*: Die Konkordate und Kirchenverträge, Bd. 1, S. 49 ff.; weitere einschlägige Texte zur katholischen Seelsorge in der Bundeswehr ebd., S. 66 ff. Zur Militärseelsorge aus canonischer Sicht siehe *Hierold*, HdbkathKR, S. 778 ff.
68 Nebst flankierenden Bestimmungen abgedruckt u.a. in EssGspr. 23 (1989), S. 169 ff. Dazu *Ennuschat*, HevKR, S. 654 (663 ff.). Zu den Transformationsakten in Staat und Kirche(n) auch *Seiler*, HdBStKiR Bd. II, 961 (962 ff.). Mit dem von der EKD erlassenen „Kirchengesetz zur Regelung der evangelischen Seelsorge in der Bundeswehr in der Fassung vom 7.11.2002" (Abl. EKD, S. 387) wurde in der evangelischen Kirche der Begriff der „Militärseelsorge" durch den Begriff der „Seelsorge in der Bundeswehr" ersetzt.

397 Nach 1990 gestaltete sich die Erstreckung der Regelungen zur Seelsorge in der Bundeswehr auf das **Gebiet der neuen Bundesländer** als partiell problematisch.[69] Die **römisch-katholische Kirche** hat dieser Erstreckung zugestimmt. Die betroffenen **evangelischen Landeskirchen**, die seinerzeit bereits Bedenken gegen den Abschluss des MSV angemeldet hatten, verweigerten diese Zustimmung. Insbesondere die dienstrechtlichen Bestimmungen, die für die Militärgeistlichen die Übernahme in staatliche Beamtenverhältnisse vorsehen und so zu einer weitgehenden Verflechtung von Staat und Kirche(n) führen (s.u. Rn. 398 ff.), weckten historisch noch in der Zeit der DDR begründete Befürchtungen vor einer zu großen „Staatsnähe" der Seelsorger und damit der Seelsorge in der Bundeswehr. Vor diesem Hintergrund hat die einschlägige Rechtsentwicklung in den neuen Bundesländern zwei Phasen durchlaufen. Zunächst wurde zwischen der Bundesrepublik Deutschland und der EKD ein „**Rahmenvertrag über die Seelsorge in der Bundeswehr im Bereich der neuen Bundesländer**" vom 12.6.1996 geschlossen, dessen Geltung bis zum Ablauf des 31.12.2003 befristet war.[70] Hauptpunkt der Vereinbarung war die (nur) den evangelischen Landeskirchen auf dem Gebiet der neuen Bundesländer zugestandene Möglichkeit, die Dienstverhältnisse abweichend von den Bestimmungen des MSV zu regeln und die Seelsorge in der Bundeswehr durch Militärgeistliche im Status von Kirchenbeamten der EKD durchführen zu lassen. Auch nach Ablauf der Geltungsfrist des Rahmenvertrags wurde der MSV – entgegen der staatlichen Erwartung – nicht auf das Gebiet der neuen Bundesländer erstreckt. Maßgeblich für die andauernde zweite Phase der einschlägigen Rechtsentwicklung ist nunmehr die zwischen dem Bundesministerium der Verteidigung und der EKD ausgehandelte „**Protokollnotiz zur Auslegung des Militärseelsorgevertrages**" vom 13.6.2002.[71] Danach gilt der MSV nunmehr grundsätzlich bundesweit; es wird aber die Möglichkeit eröffnet, die Militärgeistlichen im öffentlich-rechtlichen Dienstverhältnis zu ihrer jeweiligen Landeskirche zu belassen oder (nur) im Angestelltenverhältnis zu beschäftigen.

397a Art. 140 GG i.V.m Art. 141 WRV ist offen für die Seelsorge in der Bundeswehr für alle Religionsgemeinschaften. Die Bundesrepublik Deutschland und der Zentralrat der Juden in Deutschland - Körperschaft des öffentlichen Rechts haben am 20.12.2019 den **Vertrag zur Regelung der jüdischen Militärseelsorge (JüdMilSeelsV)** unterzeichnet; er ist vom Bundestag durch das Gesetz über die jüdische Militärseelsorge vom 10.07.2020 ratifiziert worden. Die Regelungen orientieren sich i.W. am Vorbild der evangelischen und römisch-katholischen Seelsorge in der Bundeswehr.[72] So wird gem. Art. 2 Abs. 1 und 2 JüdMilSeelsV die jüdische Seelsorge in der Bundeswehr im Auftrag und unter Aufsicht des Zentralrats der Juden in Deutschland ausgeübt, während der Staat für den organisatorischen Aufbau sorgt und die Kosten trägt. Der Abschluss eines Militärseelsorgevertrage mit **muslimischen Religionsgemeinschaften** ist bisher an formalen Voraussetzungen auf Seiten der muslimischen Partner gescheitert.[73] Die Bundeswehr hat jedoch beim Zentrum Innere Führung im Jahr 2015 eine Zentrale Ansprechstelle errichtet, die Soldatinnen und Soldaten anderer Glaubensrichtungen für Bedarfe der Seelsorge offensteht. Seit April 2020 wurde diese Stelle in die **Zentrale Ansprechstelle für den Umgang mit Vielfalt** überführt. Die Stelle dient zur Erhebung des Bedarfs an Seelsorge, der nicht von römisch-katholischer, evangelischer oder jüdi-

---

69 Dazu *Muckel*, in: Friauf/Höfling (Hrsg.), Art. 140/Art. 141 WRV, Rn. 21 m.w.N.
70 Dazu *Haedrich*, LKV 1997, 85; *Ennuschat*, HSKR, Bd. 2, Rn. 12, und *ders.*, ZevKR 41 (1996), 419 (419 f.).
71 Abgedruckt in LKV 2004, S. 22 ff., und epd-Dokumentation 26/2002.
72 Zum Folgenden *Ennuschat*, HSKR, Bd. 2, Rn. 55 ff.
73 Dazu *Ennuschat*, HSKR, Bd. 2, Rn. 62 ff.

§ 11 Anstaltseelsorge

scher Seite geleistet werden kann und als Grundlage für die Entscheidung ob in der Folge Seelsorgerinnen bzw. Seelsorger auch anderer Religionsgemeinschaften einzustellen sind.[74]

2. Die organisationsrechtliche Ausgestaltung

a) Der organisatorische Aufbau

Die Seelsorge in der Bundeswehr wird gem. Art. 2 Abs. 1 MSV im Auftrag und unter Aufsicht der Kirche(n) ausgeübt. Gem. Art. 2 Abs. 2 MSV hat der Staat für den organisatorischen Aufbau zu sorgen und er trägt die einschlägigen Kosten.[75] Aus diesen Vorgaben resultiert eine enge Kooperation zwischen Staat und Kirche(n) auch in der Organisation der Seelsorge in der Bundeswehr.[76] Der organisatorische Aufbau des katholischen und des evangelischen Zweigs der Seelsorge in der Bundeswehr entsprechen einander. Der dienstrechtliche Status der die Seelsorge durchführenden Personen ist über Art. 2 des staatlichen Zustimmungsgesetzes zum MSV identisch (s.o. Rn. 396). Er kann allgemein als „Mischform eines staatlich gebundenen Kirchenamts und eines kirchlich gebundenen Staatsamts" charakterisiert werden.[77] Die im MSV aufgefächerte Ämterhierarchie weist drei Ebenen auf.[78] An ihrer Spitze stehen die **Militärbischöfe** (Art. 10–13 MSV). Ihre Ernennung und Abberufung erfolgt durch die Kirchen, im Fall der evangelischen Kirche(n) durch die EKD. Vor der Ernennung ist jedoch gem. Art. 11 Abs. 1 S. 2 MSV der Kontakt mit der Bundesregierung zu suchen, „um sich zu versichern, dass vom staatlichen Standpunkt aus gegen den für das Amt des Militärbischofs vorgesehenen Geistlichen keine schwer wiegenden Einwendungen erhoben werden". Der Aufgabenbereich der Militärbischöfe umfasst die kirchliche, d.h. geistlich-inhaltliche Leitung der Seelsorge in der Bundeswehr. Ihnen kommt die umfassende Entscheidungskompetenz in allen kirchlichen Angelegenheiten dieses Teilbereichs der Anstaltsseelsorge zu. Das Amt des Militärbischofs der EKD wird seit März 2014 hauptamtlich ausgeübt.[79]

Auf der zweiten Ebene sind der evangelische **Militärgeneraldekan** und der katholische **Militärgeneralvikar** angesiedelt. Sie leiten das **Evangelische Kirchenamt für die Bundeswehr** bzw. das **Katholische Militärbischofsamt** (Art. 14 f. MSV). In beiden Fällen handelt es sich um „janusköpfige Einrichtungen",[80] denn sie sind zugleich kirchliche Stellen und Bundesoberbehörden, die als solche unmittelbar dem Bundesministerium für Verteidigung nachgeordnet sind.[81] Militärgeneraldekan und Militärgeneralvikar sind Bundesbeamte auf Lebenszeit und werden auf Vorschlag des jeweils zuständigen Militärbischofs ernannt. In kirchlichen Angelegenheiten der Seelsorge sind sie dem jeweiligen Militärbischof, in staatlichen Angelegenheiten der Weisungsbefugnis des Bundesministeriums der Verteidigung unterstellt.

Die Seelsorge vor Ort wird durch die **Militärgeistlichen** (Art. 16–25 MSV) durchgeführt. Nach einer Erprobungszeit von drei Monaten im Angestelltenverhältnis werden

---

74 *Ennuschat*, HSKR, Bd. 2, Rn. 67 f.
75 Zur Beteiligung der Kirche an den Kosten *Ennuschat*, HSKR, Bd. 2, Rn. 38.
76 Vgl. *Ennuschat*, HSKR, Bd. 2, Rn. 22.
77 *Jeand'Heur/Korioth*, Rn. 296.
78 Dazu grundlegend *Ennuschat*: Militärseelsorge, S. 57 ff.
79 Dazu u.a. *Ennuschat*, HSKR, Bd. 2, Rn. 25 m.w.N.
80 So die Bezeichnung bei *Korioth*, in: Dürig/Herzog/Scholz (Hrsg.), Art. 140 GG/Art. 141 WRV, Rn. 11.
81 Vgl. *Ennuschat*, HSKR, Bd. 2, Rn. 28.

sie grundsätzlich in ein staatliches Beamtenverhältnis auf Zeit berufen.[82] Die Berufung ist zunächst auf sechs bis acht Jahre befristet und kann einmalig um höchstens vier Jahre verlängert werden. Die Einstellung erfolgt auf Vorschlag des jeweils zuständigen Militärbischofs; der evangelische Militärbischof hat zuvor das Einverständnis der zuständigen Gliedkirche der EKD einzuholen. Auch die Beförderung ist an das Einverständnis des jeweils zuständigen Militärbischofs gebunden. Der Entzug der kirchlichen Befugnis zur Durchführung der Seelsorge in der Bundeswehr ist jederzeit möglich, unbeschadet der Rechte der oder des Betroffenen aus dem staatlichen Beamtenverhältnis. Die dienstrechtliche Position der Militärgeistlichen, die sich aus diesem Beamtenverhältnis ergibt, kann ebenfalls als „janusköpfig" bezeichnet werden (s.o. Rn. 399): In kirchlichen Angelegenheiten sind sie dem Militärbischof sowie der Dienstaufsicht des Militärgeneraldekans bzw. des Militärgeneralvikars unterstellt. Diese Dienstaufsicht kann auf die Wehrbereichsdekane delegiert werden. In staatlichen Angelegenheiten ist das Bundesministerium der Verteidigung die oberste Dienstbehörde; unmittelbarer Dienstvorgesetzter ist der Militärgeneraldekan bzw. der Militärgeneralvikar. Abschließend ist darauf hinzuweisen, dass die Militärgeistlichen in der Bundeswehr einen zivilen Status haben: sie bekleiden keinen militärischen Rang und tragen keine Uniform.[83]

400a Die organisatorischen Regelungen für die jüdische Seelsorge in der Bundeswehr sind weitgehend dem MSV nachgebildet.[84] Die Strukturen befinden sich naturgemäß noch im Aufbau. Auf jüdischer Seite hat gem. Art. 8 JüdMilSeelsV der Militärbundesrabbiner die religiöse Leitung inne. Für die Mittelebene wurde als Bundesbehörde ein Militärrabbinat mit Sitz in Berlin errichtet, das unmittelbar dem Bundesministerium der Verteidigung untersteht. I.Ü. haben Militärrabbinerinnen und -rabbiner die Aufgabe, den Dienst der jüdischen Seelsorge vor Ort und damit die Religionsfreiheit auch der jüdischen Soldatinnen und Soldaten in der Bundeswehr zu gewährleisten.

b) Religionsverfassungsrechtliche Bedenken

aa) Verstoß gegen Art. 140 GG i.V.m. Art. 137 Abs. 1 WRV

401 Die aktuelle, auf dem MSV fußende organisationsrechtliche Ausgestaltung der Seelsorge in der Bundeswehr ist gravierenden religionsverfassungsrechtlichen Bedenken ausgesetzt. Zumindest zwei Aspekte des organisatorischen Aufbaus sind betroffen. Dies gilt zunächst für die **dienstrechtliche Ausgestaltung** durch die Begründung staatlicher Beamtenverhältnisse, die die Anwendbarkeit des staatlichen Dienst- und Disziplinarrechts auf die Militärgeistlichen zur Folge haben.[85] In der Sache handelt es sich um **konfessionsgebundene Staatsämter**, so dass die entscheidende Frage lautet, ob die Begründung konfessionsgebundener Staatsämter vor dem Gebot der religiös-weltanschaulichen Neutralität und speziell vor Art. 140 GG i.V.m. Art. 137 Abs. 1 WRV Bestand hat. Im Grundsatz gilt, dass die Begründung eines konfessionsgebundenen Staatsamtes jedenfalls das religionsverfassungsrechtliche Trennungsgebot durchbricht. Zulässig ist eine solche Durchbrechung nur, wenn sie im Grundgesetz selbst angelegt und dadurch religionsverfassungsrechtlich gerechtfertigt ist (s.o. Rn. 146 ff.). Die allgemeine Frage nach der Zulässigkeit des konfessionsgebundenen Staatsamts der Mi-

---

82 Vgl. *Ennuschat*, HSKR, Bd. 2, Rn. 32.
83 Zu Recht hervorgehoben von *v. Campenhausen/de Wall*, § 26, Rn. 17 m.w.N.
84 Dazu u.a. *Ennuschat*, HSKR, Bd. 2, Rn. 58 ff.
85 Zur Anwendbarkeit der einschlägigen staatlichen Vorschriften des Beamten- und Disziplinarrechts siehe *Ennuschat*, RGG, Bd. 5, Sp. 1230 (1231).

§ 11 Anstaltsseelsorge

litärgeistlichen verdichtet sich daher zu der Frage, ob Art. 140 GG i.V.m. Art. 141 WRV eine solche rechtfertigende Ausnahme zum Trennungsgrundsatz aus Art. 140 GG i.V.m. Art. 137 Abs. 1 WRV regelt. Die Antwort auf diese Frage ist im Übrigen über die Seelsorge in der Bundeswehr hinaus für alle Teilbereiche der Anstaltsseelsorge relevant, in denen in ähnlicher Weise konfessionsgebundene Staatsämter begründet werden.

Ein gewichtiger Teil der Literatur geht tatsächlich davon aus, dass Art. 140 GG i.V.m. Art. 141 WRV eine **Ausnahme vom Trennungsgebot** darstelle. Im Wesentlichen lassen sich zwei Begründungsstränge unterscheiden. Der erste Begründungsstrang besteht in der Annahme, das Trennungsgebot verbiete nicht konfessionsgebundene Staatsämter, sondern lediglich religiös begründete Hoheitsakte, die im Rahmen der Seelsorge in der Bundeswehr nicht vorkämen.[86] Dagegen ist daran zu erinnern, dass der Regelungsgehalt des Trennungsgebots gerade in dem Verbot institutioneller bzw. organisatorischer Verbindungen zwischen Staat und Religionsgemeinschaften liegt; den paradigmatischen Anwendungsfall dieses Verbots liefert das konfessionsgebundene Staatsamt (s.o. Rn. 146 ff.). Gewichtiger ist demgegenüber der zweite Begründungsstrang. Er ist aus der These geknüpft, Art. 140 GG i.V.m. Art. 141 WRV setze bezüglich der organisationsrechtlichen Ausgestaltung der Anstaltsseelsorge lediglich einen **Mindeststandard** und keine Obergrenze des zulässigen staatlichen Engagements, so dass auch eine Durchführung der Anstaltsseelsorge im Rahmen staatlicher Beamtenverhältnisse zulässig sei.[87] Diese These soll – soweit ersichtlich – mit vier Argumenten gestützt werden. Das **Wortlaut-Argument** besagt, dass der Formulierung des Art. 140 GG i.V.m. Art. 141 WRV kein ausdrückliches Verbot eines aktiven Engagements des Staates in der Anstaltsseelsorge zu entnehmen sei. Vielmehr setze insbesondere die Zwangsklausel am Ende der Vorschrift eine einschlägige Aktivität voraus. Mit dem **historischen Argument** wird ausgeführt, dass schon mit der Erarbeitung des Art. 141 WRV in der Weimarer Nationalversammlung die überkommene staatliche Organisation der Anstalt-, speziell der Militärseelsorge – einschließlich der Verbeamtung der Militärgeistlichen – nicht abgeschafft werden sollte.[88] Mit der frag- und klaglosen Übernahme dieser Vorschrift in den Entwurf des Grundgesetzes durch den Parlamentarischen Rat sei die Möglichkeit der Perpetuierung dieser organisationsrechtlichen Ausgestaltung der Anstaltsseelsorge in das aktuelle Religionsverfassungsrecht transportiert worden. Anderenfalls hätte sich der Verfassunggeber ausdrücklich von dieser Organisationsform abwenden müssen. Das **systematische Argument** rekurriert auf den Umstand, dass das Religionsverfassungsrecht des Grundgesetzes keine strikte, sondern eine freundliche Trennung von Staat und Kirche beschreibe, die eine im Hinblick auf das staatliche Engagement in der Anstaltsseelsorge offene Interpretation des Art. 140 GG i.V.m. Art. 141 WRV zulasse. Schließlich besagt das **teleologische Argument**, dass die Verbindung der Anstaltsseelsorge, speziell der Seelsorge in der Bundeswehr mit konfessionsgebundenen Staatsämtern nicht nur religionsverfassungsrechtlich möglich, sondern darüber hinaus für die Durchführung der Seelsorge erforderlich sei. Denn nur diese Konstruktion könne „die im Interesse des militärischen Betriebs unverzichtbare dienstrechtliche Einflussnahme auf das Verhalten der Geistlichen außerhalb der Amtsausübung gewährleiste(n), was

---

86 So etwa v. Campenhausen/de Wall, § 26, Rn. 19.
87 So etwa Ennuschat: Militärseelsorge, S. 121 ff; ders., ZevKR 41 (1996), 419 (422 f.); jeweils m.w.N.
88 In diese Richtung gehen auch die – allerdings schon damals umstrittenen – Ausführungen von Anschütz, S. 657.

wiederum Voraussetzung für die ständige unmittelbare Präsenz des Geistlichen bei der Truppe sei".[89]

403 Gegen diesen zweiten Begründungsstrang zugunsten der Zulässigkeit konfessionsgebundener Staatsämter im Rahmen der Anstaltseelsorge lässt sich eine Reihe von Einwänden erheben, die zu der Erkenntnis führen, dass die im MSV umschriebene organisationsrechtliche Ausgestaltung der Anstaltseelsorge zumindest einen **Verstoß gegen das Trennungsgebot aus Art. 140 GG i.V.m. Art. 137 Abs. 1 GG** darstellt.[90] In Anlehnung an die Gegenauffassung lassen sich diese Einwände zu vier Haupt- und einem Zusatzargument zusammenfassen, die sich z.T. ausdrücklich gegen die Komplementärargumente der Gegenauffassung wenden, z.T. aber auch einen darüber hinaus gehenden argumentativen Gehalt aufweisen. Das **Wortlaut-Argument** besagt, dass die Öffnung der Anstaltseelsorge für konfessionsgebundene Staatsämter mit der Formulierung in Art. 140 GG i.V.m. Art. 141 WRV, die Religionsgemeinschaften seien zur Anstaltseelsorge lediglich „zuzulassen", nicht zu vereinbaren ist. Die Vorschrift enthält keine eigene Regelung über die organisationsrechtliche Ausgestaltung der Anstaltseelsorge und damit auch keine ausdrückliche Ausnahme vom religionsverfassungsrechtlichen Trennungsgebot. In Entgegnung auf das von der Gegenauffassung vorgebrachte **historische Argument** kann zunächst darauf hingewiesen werden, dass die These von der Übernahme der vorrepublikanischen Verflechtung von Staat und Kirche(n) in der Anstaltseelsorge bereits unter der Weimarer Reichsverfassung nicht unumstritten war. Ferner wurde ihre Kompatibilität mit Art. 137 Abs. 1 WRV nicht hinreichend reflektiert.[91] Im Übrigen vermag eine derartige historische Deutung den Wortlaut der Norm als Grenze jeder Interpretation nicht zu überspielen. Schließlich ist darauf hinzuweisen, dass Art. 141 WRV vom Parlamentarischen Rat aus den bereits genannten Gründen (s.o. Rn. 395) jedenfalls nicht in dem Bewusstsein in seinen Grundgesetz-Entwurf übernommen wurde, damit in historischer Kontinuität eine staatlich verantwortete Seelsorge in der Bundeswehr zu installieren. Das von der Gegenauffassung vorgebrachte **systematische Argument** läuft insofern leer, als die Bezeichnung der Religionsverfassungsrechts des Grundgesetzes das Ergebnis einer Zusammenschau der einschlägigen Normen ist (s.o. Rn. 38) und nicht ihrerseits zum Auslegungstopos taugt. In systematischer Hinsicht ist vielmehr auf Art. 4 Abs. 1 und 2 GG sowie Art. 140 GG i.V.m. Art. 137 Abs. 1 WRV hinzuweisen, die als Voraussetzung für eine Ausnahme vom Neutralitäts- und Trennungsgebot eine explizit verfassungsrechtliche Verankerung verlangen. Wie schon aus dem Wortlaut-Argument folgt, kann Art. 140 GG i.V.m. Art. 141 WRV diese Verankerung für eine organisationsrechtliche Verflechtung von Staat und Religionsgemeinschaften in der Anstaltseelsorge nicht liefern. Dem **teleologischen Argument** von der Erforderlichkeit der Verbindung der Anstalts-, speziell der Seelsorge in der Bundeswehr mit konfessionsgebundenen Staatsämtern lässt sich zunächst entgegenhalten, dass die Anstaltseelsorge rechtlich und tatsächlich auch von Bediensteten der Religionsgemeinschaften, insbesondere von Kirchenbeamten durchgeführt werden kann. Dies zeigen nicht zuletzt die Rahmenvereinbarung und die Protokollnotiz zum MSV

---

89 *Pirson*, EssGspr. 23 (1989), 4 (21). Teleologische Argumentation auch bei *Stern*: Staatsrecht, Bd. IV/2, S. 1354f.
90 I.E. ebenso u.a. *Jarass*, in: ders./Pieroth, Art. 140 GG/Art. 141 WRV, Rn. 1; *Preuß*, in: AK-GG, Art. 140 Rn. 71; *Ehlers*, in: Sachs (Hrsg.), Art. 140 GG/Art. 141 WRV, Rn. 7; *Korioth*, in: Dürig/Herzog/Scholz (Hrsg.), Art. 140 GG/Art. 141 WRV, Rn. 13; *Morlok*, in: H. Dreier (Hrsg.), Art. 140 GG/Art. 141 WRV, Rn. 16f.; *Classen*: Religionsrecht, Rn. 567; *Czermak*: Religions- und Weltanschauungsrecht, Rn. 415; *Fischer*: Volkskirche ade!, S. 141 ff. Aus dem Bereich der evangelischen Kirche ebenso *W. Huber*: Kirche und Öffentlichkeit, S. 264 ff.
91 Auch bei *Anschütz*, S. 656 f., wird das Verhältnis des Art. 141 WRV zu Art. 137 Abs. 1 WRV nicht thematisiert.

(s.o. Rn. 397) und die darauf gegründete Praxis der Seelsorge in der Bundeswehr im Bereich der neuen Bundesländer.[92] Im Übrigen spricht das Telos der Anstaltseelsorge in doppelter Hinsicht gegen ihre Durchführung im staatlichen Dienstverhältnis.[93] So könnte zum einen aus der Sicht der Seelsorgebedürftigen die Unabhängigkeit der Anstaltseelsorge trotz der inhaltlichen Verantwortung der Religionsgemeinschaften gefährdet sein, wenn ihnen – zumindest dienstrechtlich betrachtet – in Gestalt der die Seelsorge durchführenden Person ein Repräsentant der Anstalt gegenübertritt. Zum anderen könnten in der die Seelsorge durchführenden Person Loyalitätskonflikte zwischen der Erfüllung der Aufgabe „Seelsorge" und der Treuepflicht gegenüber dem Dienstherrn entstehen. Mit dem Zusatzargument kann schließlich nochmals auf den grundlegenden **Unterschied zwischen Religionsunterricht und Anstaltseelsorge** in konstruktiver Hinsicht erinnert werden (s.o. Rn. 392). Im Rahmen der Erfüllung der staatlichen Aufgabe aus Art. 7 Abs. 1 und 3 GG sind konfessionsgebundene Staatsämter notwendig und zulässig. Da die Anstaltseelsorge gerade keine staatliche, sondern eine originär religionsgemeinschaftliche Aufgabe ist, deren Erfüllung der Staat aufgrund Art. 140 GG i.V.m. Art. 141 WRV in seinen Einrichtungen zu gestatten hat, kann auch und gerade in Abgrenzung vom Religionsunterricht gefolgert werden, dass hier keine Notwendigkeit für die Begründung konfessionsgebundener Staatsämter vorliegt. Zusammenfassend kann somit festgestellt werden, dass die Durchführung der Anstalt- und damit auch der Seelsorge in der Bundeswehr durch staatlich verbeamtete Seelsorgerinnen und Seelsorger zumindest gegen das Trennungsgebot aus Art. 140 GG i.V.m. Art. 137 Abs. 1 WRV verstößt. Zuzugeben ist indes, dass die Gegenauffassung (nur!) faktisch gestärkt wird durch den Umstand, dass am 20. Dezember 2019 der Vertrag zur Regelung der jüdischen Seelsorge in der Bundeswehr abgeschlossen wurde und Bestrebungen zur Etablierung auch einer islamischen Seelsorge in der Bundeswehr zu beobachten sind.[94]

bb) Verstoß gegen Art. 140 GG i.V.m. Art. 137 Abs. 3 S. 2 WRV

Der zweite organisationsrechtliche Aspekt der Seelsorge in der Bundeswehr, der verfassungsrechtlichen Bedenken unterliegt, betrifft die Ernennung der Militärbischöfe. Konkret geht es um die Bestimmung des Art. 11 Abs. 1 S. 2 MSV, derzufolge diese Ernennungen von der Versicherung der Bundesregierung abhängen, dass aus staatlicher Sicht gegen die kirchliche Personalauswahl keine schwer wiegenden Einwände erhoben werden (s.o. Rn. 398). Wenn und soweit diese **politische Klausel** ein konstitutives Mitwirkungsrecht des Staates bei der Besetzung kirchlicher Ämter begründet, liegt eine Verletzung des **Selbstbestimmungsrechts der Religionsgemeinschaften aus Art. 137 Abs. 3 S. 2 WRV** vor (s.o. Rn. 162). In diesem Zusammenhang wird die Auffassung vertreten, Art. 11 Abs. 1 S. 2 MSV enthalte **kein Vetorecht** des Staates, sondern verleihe nur „das folgenlose Recht, auf Bedenken hinzuweisen". Der Wortlaut der Vorschrift lasse eine solche Interpretation jedenfalls zu.[95] Dieser Auslegung ist im Ergebnis zuzustimmen. Zwar lässt sich der Entstehungsgeschichte des Vertrages entnehmen, dass jedenfalls der staatliche Vertragspartner davon ausging, dass mit Art. 11 Abs. 1 S. 2 MSV ein

---

92 Auch *Ennuschat*: Militärseelsorge, S. 344 ff., geht davon aus, dass für die Überführung der Militärgeistlichen in ein staatliches Beamtenverhältnis keine zwingende Notwendigkeit besteht.
93 Speziell zu diesem Aspekt siehe *Morlok*, in: H. Dreier (Hrsg.), Art. 140 GG/Art. 141 WRV, Rn. 17.
94 *Ennuschat*, HSKR, Bd. 2, Rn. 46 ff.
95 *Pirson*, EssGspr. 23 (1989), 4 (21 f.), ebenso *v. Campenhausen/de Wall*, § 20, Rn. 19.

Vetorecht konstituiert werde.⁹⁶ Der Wortlaut dieser Vertragsnorm enthält jedoch keine Folgenregelung, so dass eine **religionsverfassungskonforme Auslegung** des Vertrages die Erkenntnis nahe legt, dass im Hinblick auf die Auswahl der Militärbischöfe zwar ein Beteiligungs-, aber kein Vetorecht des Staates vereinbart wurde.

405 Die weiter gehende Annahme, auch ein auf Art. 11 Abs. 1 S. 2 MSV gegründetes **Vetorecht des Staates** im Rahmen der Personalauswahl für die Militärbischöfe sei zulässig, ist hingegen abzulehnen. Ein konstitutives Mitwirkungsrecht des Staates bei der Besetzung kirchlicher Ämter verstößt gegen **Art. 140 GG i.V.m. Art. 137 Abs. 3 S. 2 WRV**, und das dieser Norm zugrunde liegende Selbstbestimmungsrecht der Religionsgemeinschaften steht auch nicht zur Disposition vertraglicher Vereinbarungen zwischen Staat und Religionsgemeinschaften (s.o. Rn. 347). Zur Begründung der Gegenauffassung wird angeführt, dass im Bereich der Anstalt-, speziell der Seelsorge in der Bundeswehr „eine in der Natur der Sache wurzelnde Ausnahme" anzunehmen sei, da aufgrund der gegenseitigen Rücksichtnahmepflichten dem Staat nicht zugemutet werden könne, schlechthin jede als Militärbischöfin bzw. Militärbischof im sensiblen Bereich der Bundeswehr wirkende Person zu akzeptieren.⁹⁷ Dagegen ist jedoch neben der – jedenfalls außerhalb der grundgesetzlichen Kompetenzordnung – generellen Fragwürdigkeit des juristischen Argumentationstopos der „Natur der Sache" einzuwenden, dass Art. 140 GG i.V.m. Art. 141 WRV eine solche Begrenzung des Selbstbestimmungsrechts der Religionsgemeinschaften nicht zu rechtfertigen vermag. Den dogmatisch korrekten Ausgangspunkt der Prüfung liefert die Wechselwirkungs- bzw. Abwägungslehre zum Inhalt des Schrankenvorbehalts des Art. 140 GG i.V.m. Art. 137 Abs. 3 S. 1 WRV (s.o. Rn. 173). Die gebotene Abwägung zwischen der im einfachen (staatlichen) Gesetzesrang stehenden Bestimmung des MSV und dem Selbstbestimmungsrecht der Religionsgemeinschaften führt zu dem Ergebnis, dass ein Vetorecht des Staates bei der Besetzung der Militärbischöfe unzulässig ist. Dafür spricht nicht zuletzt der Umstand, dass die Anstaltseelsorge eine originär kirchliche Aufgabe und als solche jedenfalls auch ohne staatliche Mitwirkung möglich ist.⁹⁸

3. Der „Lebenskundliche Unterricht"

406 In einem mittelbaren, personellen Zusammenhang mit der Seelsorge in der Bundeswehr steht der Lebenskundliche Unterricht, der in allen Truppenteilen auf der Grundlage der **ZDv 10/4 vom 27.6.2011** erteilt wird (s.o. Rn. 397).⁹⁹ Zielsetzung und Organisation dieses Unterrichts haben im Vergleich zu der bis 2009 gültigen ZDv 66/2 vom 5.11.1959 grundlegende Veränderungen erfahren.¹⁰⁰ Der Lebenskundliche Unterricht soll gem. Nr. 7 ZDv 10/4 dazu beitragen, „dass sich die Soldatinnen und Soldaten angesichts der Erfahrung kultureller und religiöser Vielfalt in der Bundeswehr der gemeinsamen Werte der freiheitlichen demokratischen Gesellschaft vergewissern." Er ist „kein Religionsunterricht und auch keine Form der Religionsausübung" i. S.d.

---

[96] Vgl. die Begründung der Bundesregierung zum MSV in BT-Drs. 2/3500, S. 12: „Vetorecht". Auch *Ennuschat*, ZevKR 41 (1996), 419 (425 f.) geht aufgrund einer genetischen Interpretation des MSV vom Vorliegen eines Vetorechts aus.
[97] *Ennuschat*, ZevKR 41 (1996), 419 (426) unter Berufung auf *Hollerbach*: Verträge zwischen Staat und Kirche, S. 135.
[98] I.E. ebenso *Korioth*, in: Dürig/Herzog/Scholz (Hrsg.), Art. 140 GG/Art. 141 WRV, Rn. 14.
[99] Dazu u.a. *Ennuschat*, HSKR, Bd. 2, Rn. 36.
[100] Abgedruckt u.a. in EssGspr. 23 (1989), S. 206 ff. Überblick über die alte Rechtslage u.a. bei *Ennuschat*: Militärseelsorge, S. 89 ff., 202 ff.

§ 11 Anstaltseelsorge

§ 36 SoldG, sondern „eine berufsethische Qualifizierungsmaßnahme und damit verpflichtend" (Nr. 104). Daher wendet er sich „an alle Soldatinnen und Soldaten, unabhängig davon, ob sie einer bestimmten Glaubensgemeinschaft angehören oder nicht" (Nr. 105). Er wird „in der Regel von Militärseelsorgerinnen und Militärseelsorgern und im Bedarfsfall auch von anderen berufsethisch besonders qualifizierten Lehrkräften erteilt" (Nr. 104). Der Unterricht erfolgt während der Dienstzeit und nicht mehr nach Konfessionen, wohl aber nach Dienstgradgruppen getrennt (Nr. 105 bzw. 202).

Gegen die inhaltliche Ausrichtung und die organisatorische Ausgestaltung des Lebenskundlichen Unterrichts auf der Grundlage der alten DZV 66/2 vom 5.11.1959 konnte noch eingewandt werden, dass der Staat eigenständig religiöse Werte vermittelte und damit gegen das Neutralitätsgebot verstieß. In der damaligen Verpflichtung jedenfalls zur einmaligen Teilnahme an diesem Unterricht lag zugleich ein Verstoß gegen das Trennungsgebot aus Art. 140 GG i.V.m. Art. 137 Abs. 1 WRV und gegen die Religionsfreiheit der Soldatinnen und Soldaten. Gegen die veränderte Ausgestaltung des Lebenskundlichen Unterrichts in der geltenden ZDv 10/4 bestehen diese religionsverfassungsrechtlichen Bedenken nicht mehr.[101]

407

4. Exkurs: Die Seelsorge in der Bundespolizei

Die Seelsorge in der Bundespolizei (bis zum Ablauf des 31.6.2005: Bundesgrenzschutz) beruht im Wesentlichen auf **religionsverfassungsrechtlichen Verträgen** zwischen dem Staat und den beiden großen christlichen Kirchen aus dem Jahre 1965.[102] Auf evangelischer Seite waren zunächst nur sechs Landeskirchen beteiligt; seit 1999 ist die EKD Vertragspartnerin. Die **organisationsrechtliche Ausgestaltung** ähnelt dem organisatorischen Aufbau der Seelsorge in der Bundeswehr einschließlich der dienstrechtlichen Beschäftigungsverhältnisse, so dass auch die religionsverfassungsrechtliche Problematik jeweils vergleichbar ist. Die drei Ebenen der Ämterhierarchie werden gebildet von der bzw. dem Beauftragten für die Seelsorge in der Bundespolizei, den Bundespolizeidekanen und den Bundespolizeiseelsorgern. Besonders problematisch ist hier der „**Berufsethische Unterricht**", der Bestandteil der Laufbahnausbildung ist.[103] Er basiert inhaltlich auf den Grundsätzen christlicher Lebensführung, wird aber nicht getrennt nach Konfessionen und ohne Befreiungsmöglichkeit erteilt. Die religionsverfassungsrechtlichen Bedenken gegen den Lebenskundlichen Unterricht im Rahmen der Seelsorge in der Bundeswehr, die gegen seine Ausgestaltung in der inzwischen aufgehobenen DZv 66/2 vom 5.11.1959 erhoben worden sind, gelten hier in verstärktem Ausmaß (s.o. Rn. 407).

408

III. Die Seelsorge in Strafvollzugsanstalten

1. Rechtsgrundlagen

Einfachgesetzliche Konkretisierungen der in Art. 140 GG i.V.m. Art. 141 WRV religionsverfassungsrechtlich verankerten Seelsorge in Strafvollzugsanstalten enthält das StrVollzG.[104] Dies gilt vor allem für **§§ 53 ff., 157 StrVollzG**. Neben der Bekräftigung

409

---

101 *Muckel*, in: Friauf/Höfling (Hrsg.), Art. 140/Art. 141 WRV, Rn. 25.
102 Zum Folgenden siehe insbesondere *Ennuschat*, EvStL, Sp.62 (64).
103 Vgl. *Heintzen*, HSKR, Bd. 2, Rn. 15.
104 Weitere Rechtsgrundlagen abgedruckt in EssGspr. 23 (1989), S. 210 ff. Zum Folgenden siehe insbesondere *Schilberg*, HSKR, Bd. 2, Rn. 41 ff.; *Ennuschat*, HevKR, S. 654 (674 ff.); *Pirson*, EssGspr. 23 (1989), 4 (22 ff.); *Gareis*, EssGspr. 23 (1989), 58 ff.

des Anspruchs der Gefangenen auf Seelsorge (s.o. Rn. 380) werden ihnen u.a. das Recht zum Besitz religiöser Schriften und religiöser Gegenstände sowie das Recht auf Teilnahme an religiösen Veranstaltungen zuerkannt. Die Grenzen der Seelsorge werden zum einen durch den Anstaltszweck gezogen, der es erlaubt, die Durchführung der Seelsorge auf bestimmte Zeiten und Orte festzulegen. Zum anderen können einzelne Gefangene gem. § 54 Abs. 3 StrVollzG „aus überwiegenden Gründen der Sicherheit oder Ordnung" von der Seelsorge ausgeschlossen werden.

2. Organisationsrechtliche Ausgestaltung

410 Gem. § 154 Abs. 1 StrVollzG arbeiten alle im Vollzug Tätigen zusammen und wirken daran mit, den Anstaltszweck zu erfüllen. Abweichend vom Normenbestand zur Seelsorge in der Bundeswehr und der Bundespolizei ist allerdings die organisationsrechtliche Ausgestaltung der Seelsorge in Strafvollzugsanstalten nicht festgelegt. Dies gilt auch für die Rechtsform der Beschäftigungsverhältnisse. Daher sind in den Bundesländern unterschiedliche Modelle zu beobachten: Beamtenverhältnisse, vertragliche Dienstverhältnisse und Gestellungsverträge. Allerdings bestimmt § 157 Abs. 1 StrVollzG, dass die „Seelsorger... im Einvernehmen mit der jeweiligen Religionsgemeinschaft im Hauptamt bestellt oder vertraglich verpflichtet" und damit staatliche Dienstverhältnisse begründet werden. Insoweit gelten die im Zusammenhang mit der Seelsorge in der Bundeswehr erhobenen religionsverfassungsrechtlichen Bedenken entsprechend (s.o. Rn. 403).

IV. Die Seelsorge in Krankenhäusern

1. Rechtsgrundlagen

411 Neben Art. 140 GG i.V.m. Art. 141 WRV ist die Seelsorge in öffentlichen Krankenhäusern[105] zumeist durch **religionsverfassungsrechtliche Verträge** abgesichert.[106] Hervorzuheben ist zum einen die Pflicht des Trägers der Einrichtung, die für die Durchführung der Seelsorge betrauten Personen über die Aufnahme von Angehörigen ihrer Religionsgemeinschaft zu informieren. Zum anderen ist daran zu erinnern, dass bei der Aufnahme in die Einrichtung nach der Religions- bzw. Konfessionszugehörigkeit gefragt werden darf, wenn dies zur Durchführung der Seelsorge erforderlich und die Beantwortung freigestellt wird (s.o. Rn. 388).

2. Organisationsrechtliche Ausgestaltung

412 Der öffentliche Träger der Einrichtung schafft die äußeren Voraussetzungen für die Erfüllung der religionsgemeinschaftlichen Aufgabe der Seelsorge, etwa durch die Bereitstellung von adäquaten Räumen. Die mit der Durchführung der Seelsorge betrauten Personen stehen ausnahmslos **im Dienst der jeweiligen Religionsgemeinschaft**, der haupt- oder nebenamtlich wahrgenommen wird. Die aus der anderweitigen Anstaltsseelsorge bekannten religionsverfassungsrechtlichen Probleme der dienstrechtlichen Ausgestaltung stellen sich hier also nicht.

---

[105] Zum Folgenden siehe insbesondere *Schilberg*, HSKR, Bd. 2, Rn. 36 ff.; *Ennuschat*, HevKR, S. 654 (677 f.); *ders.*: EvStL, Sp. 62 (64).
[106] Z.B. Art. 8 Abs. 1 StKiV-SH.

▶ **Zu Fall 15:** Der an A gerichtete Befehl zur Teilnahme an der „Ersatzveranstaltung" nebst Klausuren und Abschlussprüfung war rechtswidrig, denn er verletzt den A in seinem Grundrecht auf (negative) Religionsfreiheit. Denn schon aus Art. 4 Abs. 1 und 2 GG – und nicht erst aus Art. 140 GG i.V.m. Art. 141 WRV – folgt, dass im Rahmen der Anstaltsseelsorge „jeder Zwang fernzuhalten ist".[107] Daher darf auf die Soldatinnen und Soldaten kein Druck zur Teilnahme an Veranstaltungen der Seelsorge in der Bundeswehr ausgeübt werden. Eine militärische Maßnahme ist als Druck in diesem Sinne anzusehen, wenn sie objektiv geeignet ist, die Entscheidung der Adressaten für oder gegen die Teilnahme zu beeinflussen. Dies ist nach der insoweit zutreffenden Rspr. des BVerwG jedenfalls dann der Fall, „wenn für die Nichtteilnehmer ohne wichtigen Grund ein ungewöhnlicher Dienst festgesetzt wird, der auch aus der Sicht eines nicht überempfindlichen Soldaten gegenüber normalem Dienst besonders lästig ist".[108] Der Umstand, dass ein zweiwöchiger ABC-Selbstschutzlehrgang für A als Mitglied eines Musikkorps „ungewöhnlich" und angesichts der verlangten Prüfungsleistung auch „besonders lästig" ist, bedarf keiner näheren Erläuterung. Daher lag in dem Befehl eine unzulässige Beeinflussung zur Teilnahme an einer Veranstaltung der Seelsorge in der Bundeswehr. A begehrt also zu Recht die Feststellung der Rechts- bzw. Verfassungswidrigkeit dieses Befehls. ◀

Wiederholungs- und Vertiefungsfragen

> Welche Bedeutung hat der Begriff „Anstaltsseelsorge"? (Rn. 376)
> In welchem Verhältnis steht Art. 140 GG i.V.m. Art. 141 WRV zu Art. 4 Abs. 1 und 2 GG? (Rn. 378 ff.)
> Wann liegt ein Bedürfnis nach Gottesdienst und Seelsorge i. S.d. Art. 140 GG i.V.m. Art. 141 WRV vor? (Rn. 384 ff.)
> Welchen Schranken unterliegt die Anstaltsseelsorge? (Rn. 393 f.)
> Auf welchen Rechtsgrundlagen beruht die Seelsorge in der Bundeswehr? (Rn. 395 ff.)
> Welche religionsverfassungsrechtlichen Bedenken bestehen gegen die organisatorische, insbesondere die dienstrechtliche Ausgestaltung der Seelsorge in der Bundeswehr (und vergleichbarer Organisationsformen der Anstaltsseelsorge)? (Rn. 401 ff.)
> Was ist „Lebenskundlicher Unterricht" und wie ist er religionsverfassungsrechtlich zu bewerten? (Rn. 406 ff.)

---

107 Das BVerwGE 73, 247 (248), geht offensichtlich kumulativ von einem „Grundrecht des Antragstellers aus Art. 4 Abs. 1 und 2 GG i.V.m. Art. 140 GG, Art. 136 Abs. 4, Art. 141... WRV" aus.
108 BVerwGE 73, 247 (250).

§ 12 Religionsunterricht

▶ **Fall 16:**[1] Das Schulrecht des Bundeslandes B bestimmt, dass der Religionsunterricht an öffentlichen Schulen nur in Übereinstimmung mit den Grundsätzen solcher Religionsgemeinschaften erteilt werden darf, die als Körperschaft des öffentlichen Rechts organisiert sind. Zudem ist der Religionsunterricht in deutscher Sprache abzuhalten. Die „Religionsgemeinschaft D e.V." (D) ist ein Dachverband örtlich organisierter Vereine, in denen sich Angehörige derselben Konfession zur umfassenden Ausübung ihres Glaubens zusammenfinden. D möchte B dazu bewegen, in den öffentlichen Schulen einen Religionsunterricht für die Angehörigen ihrer Konfession einzurichten, der – insoweit angepasst an die grundlegende Bekenntnisschrift – in der Sprache eines zentralafrikanischen Stammes abgehalten werden soll. Die zuständige Behörde von B lehnt dieses Ansinnen ab und verweist auf die im Landesschulrecht normierten Voraussetzungen. Ferner wird angeführt, dass D aufgrund seiner Eigenschaft als Dachverband keine Religionsgemeinschaft sei, auch wenn das religiöse Leben auf allen Ebenen des Verbandes arbeitsteilig stattfinde. Im Übrigen ließen die vorgelegten Entwürfe für die Lehrinhalte darauf schließen, dass D dafür eintritt, seine Konfession, die auch die Rechtlosstellung der Frauen im öffentlichen Leben propagiert, zur Grundlage des Staatswesens zu machen. Letzteres wird durch mehrere sachverständige Gutachten belegt. D möchte diese Abweisung nicht hinnehmen und fragt nach, ob nach erfolgloser Erschöpfung des Rechtswegs eine Verfassungsbeschwerde begründet wäre. ◀

I. Allgemeines

1. Rechtsgrundlagen

413 Die Rechtsgrundlagen für den Religionsunterricht sind vielfältig.[2] Zentral sind die verfassungsrechtlichen Bestimmungen. Bereits **Art. 149 WRV** enthielt Bestimmungen zum Religionsunterricht in staatlichen Schulen. Diese Vorschrift wurde zwar nicht in das Grundgesetz inkorporiert. Ihr Regelungsgehalt wurde jedoch in **Art. 7 Abs. 2 und 3 GG** übernommen.[3] Der Religionsunterricht ist demnach eingebettet in derjenigen Grundgesetz-Vorschrift, die grundlegende Vorgaben für das „Schulwesen" enthält.[3] Die interne Systematik des Art. 7 Abs. 2 und 3 GG ist nicht stringent: Inhaltlich betrachtet müsste Art. 7 Abs. 3 GG vorgeschaltet sein. Danach ist der Religionsunterricht „in den öffentlichen Schulen ordentliches Lehrfach" und wird unbeschadet des staatlichen Aufsichtsrechts „in Übereinstimmung mit den Grundsätzen der Religionsgemeinschaften erteilt". Neben diesen sachbezogenen finden sich auch personenbezogene Aussagen. So darf kein Lehrer „gegen seinen Willen verpflichtet werden, Religionsunterricht zu erteilen" (Art. 7 Abs. 3 S. 3 GG; dies gilt naturgemäß auch für Lehrerinnen) und die „Erziehungsberechtigten haben das Recht, über die Teilnahme des Kindes am Religionsunterricht zu entscheiden" (Art. 7 Abs. 2 GG). Auf der Verfassungsebene ist ferner **Art. 141 GG** zu beachten, demzufolge Art. 7 Abs. 3 S. 1 GG keine Anwendung findet „in einem Lande, in dem am 1.1.1949 eine andere landesrechtliche Regelung bestand". Der mit Art. 7 Abs. 2 und 3 GG sowie Art. 141 GG abgesteckte religionsverfassungsrechtliche Rahmen für den Religionsunterricht wird aufgrund der

---

1 Ähnlicher und thematisch erweiterter Fall bei *Hense*, in: Heinig (Hrsg.), S. 169 ff.
2 Überblick, bei *Ogorek*, HSKR, Bd. 2, Rn. 7 ff.
3 Text und Erläuterungen des Art. 149 WRV bei *Anschütz*, S. 688 ff.; zur Entstehungsgeschichte des Art. 7 Abs. 2 und 3 GG siehe *Frisch*, ZevKR 49 (2004), 589 (589 ff.), und *Stern*: Staatsrecht, Bd. IV/2, S. 489 ff.; rechtsvergleichend *Starck*, in: de Wall/Germann (Hrsg.), S. 483 ff.

föderalen Kompetenzordnung in Art. 70 ff. GG durch Landesverfassungsrecht sowie die Landesschulgesetze und nicht zuletzt durch religionsverfassungsrechtliche Verträge ausgefüllt.[4]

2. Dogmatische Grundlegung

Die religionsverfassungsrechtliche Absicherung des Religionsunterrichts wird gelegentlich als systemfremde Ausnahme von Neutralitätspflicht und Trennungsgebot oder sogar als verfassungswidriges Verfassungsrecht bezeichnet.[5] Nicht zuletzt diese Fundamentalkritik lenkt das Augenmerk auf die Frage nach der dogmatischen Einordnung des Religionsunterrichts gem. Art. 7 Abs. 2 und 3 GG in einer religionsverfassungsrechtlichen Gesamtperspektive. Gegen die **These von der System- bzw. Verfassungswidrigkeit** dieser Regelung werden herkömmlich drei Argumente vorgebracht. Zunächst wird darauf hingewiesen, dass das Religionsverfassungsrecht des Grundgesetzes kein laizistisches System nach französischem Vorbild etabliert habe.[6] Diese Aussage trifft zwar zu, ist aber gerade das Ergebnis einer Zusammenschau der einschlägigen Vorschriften des Grundgesetzes und lässt sich insofern nur begrenzt zur Legitimation einzelner Regelungen heranziehen. Zweitens wird angeführt, dass der Religionsunterricht – wie etwa die Anstaltsseelsorge – zu den gemeinsamen Angelegenheiten von Staat und Religionsgemeinschaften zähle und daher gewisse Verbindungen unerlässlich seien.[7] Der in diesem Argument implizierte Hinweis auf das Erfordernis einer Kooperation von Staat und Religionsgemeinschaften bzgl. der Organisation und der Durchführung des Religionsunterrichts ist ebenfalls zutreffend. Allerdings ergibt sich aus der Bezeichnung des Religionsunterrichts als „gemeinsame Angelegenheit" kein dogmatischer Mehrwert, der sich gegen die Ausgangsthese anführen ließe (s.o. Rn. 381).[8] Das dritte Argument besagt, dass der Religionsunterricht ein notwendiger Bestandteil des staatlichen Erziehungsauftrags aus Art. 7 Abs. 1 GG sei. Der Staat dürfe die für den Menschen wichtige religiöse Dimension nicht aus dem staatlichen Bildungssystem ausklammern. Unterstützend wird Art. 4 Abs. 1 und 2 GG in der Gestalt des Neutralitätsgebots aufgeboten, denn eine Vernachlässigung des Religionsunterrichts müsse als bewusste staatliche Abkehr von der Religion aufgefasst werden.[9] Das Thema Religion kann jedoch auch in anderen, d.h. von Art. 7 Abs. 2 und 3 GG abweichenden Formen im staatlichen Unterricht thematisiert werden.

414

Eine adäquate dogmatische Einordnung des grundgesetzlich skizzierten Religionsunterrichts, die zugleich eine treffende Entgegnung auf die These von der System- bzw. Verfassungswidrigkeit des Art. 7 Abs. 2 und 3 GG darstellt, kann weitgehend auf die Erkenntnisse zurückgreifen, die bereits im Zusammenhang mit der Anstaltsseelsorge gewonnen wurden (s.o. Rn. 379). Danach ist auch der Religionsunterricht i. S.d. Art. 7 Abs. 2 und 3 GG als **bereichsspezifische Konkretisierung der Schutzpflichtendimension des Art. 4 Abs. 1 und 2 GG** aufzufassen. Der Staat hat über Art. 7 Abs. 1 GG das Schulwesen und damit die Bildung und Ausbildung seiner (jungen) Bürgerinnen und

415

---

4 Dazu *Ogorek*, HSKR, Bd. 2, Rn. 7 ff. Bsp. für religionsverfassungsrechtliche Vertragsregelungen in Art. 5 und 5 StKiV-SH.
5 Vgl. *Fischer*, S. 119; *Renck*, NVwZ 1994, 544 ff.; moderat *Oebbecke*, DVBl. 1996, (336) 341 f. Zu dieser Diskussion auch *Ogorek*, HSKR, Bd. 2, Rn. 31 f.
6 *Frisch*, ZevGE 49 (2004), 589 (610).
7 Vgl. BVerfGE 74, 244 (251); *v. Campenhausen/de Wall*, § 27, Rn. 1; *Heimann*, EvStL, Sp.2031 (2033 f.).
8 Ebenso *Hildebrandt*, S. 78 f.
9 *Robbers*, in: Huber/Voßkuhle (Hrsg.) (Hrsg.), Art. 7 Rn. 115.

Bürger nebst allgemeiner Schulpflicht weitgehend an sich gezogen. Aber auch in den staatlichen Schulen entstehen über Art. 4 Abs. 1 und 2 GG „Ansprüche auf staatliche Förderung zur Verwirklichung der Grundrechte", hier des Grundrechts auf Religionsfreiheit unter dem Teilaspekt der Bildung und Stärkung des eigenen Glaubens.[10]

3. Der dogmatische Status des Religionsunterrichts i.S.d. Art. 7 Abs. 2 und 3 GG

416 Nach der lange und wohl noch h.M. enthält Art. 7 Abs. 2 und 3 GG eine **institutionelle Garantie**.[11] Danach ist der Staat objektiv-rechtlich verpflichtet, Religionsunterricht an seinen öffentlichen Schulen vorzuhalten. Subjektiv-rechtliche Ansprüche sollen sich aus dieser Vorschrift – wenn überhaupt – nur in eng begrenztem Ausmaß herleiten lassen.[12] Diese Ansicht gerät jedoch zunehmend und zu Recht unter Druck, denn Art. 7 Abs. 2 und 3 GG normieren ein **Grundrecht auf Ermöglichung des Religionsunterrichts**.[13] Ob dies bereits aus der systematischen Stellung des Art. 7 GG im Grundrechtsabschnitt des Grundgesetzes folgt, mag aufgrund der Inhomogenität dieses Abschnitts zweifelhaft sein.[14] Neben der generellen dogmatischen Fragwürdigkeit der Rechtsfigur der Einrichtungs- und damit auch der institutionellen Garantie (s.u. Rn. 551) spricht aber schon die historische Betrachtungsweise für die Annahme des Grundrechtsstatus des Religionsunterrichts. Denn bereits unter der Weimarer Reichsverfassung war der Charakter des Art. 149 WRV als begünstigende Verfassungsnorm unumstritten.[15] Vor allem folgt der eigenständige Grundrechtsstatus des Art. 7 Abs. 2 und 3 GG aus seiner dogmatischen Einordnung als Konkretisierung der Schutzpflichtendimension der Religionsfreiheit im Bereich der staatlichen Schule.

417 Gegen diese Ansicht sind – bisher und soweit ersichtlich – vier **Einwände** vorgebracht worden, die jedoch entkräftet werden können.[16] Mit dem *ersten* Einwand wird behauptet, dass aus einem Abwehrrecht kein „Leistungsrecht" extrahiert werden könne. Dagegen ist zu erinnern, dass schon der Wortlaut des Art. 7 Abs. 3 GG den Staat zu einem positiven Tun verpflichtet, nämlich zur Schaffung der Bedingungen der Möglichkeit eines Religionsunterrichts. Der *zweite* Einwand weist darauf hin, dass jedenfalls ohne die Mitwirkung der betreffenden Religionsgemeinschaft ein Religionsunterricht i.S.d. Art. 7 Abs. 2 und 3 GG, der inhaltlich „in Übereinstimmung mit den Grundsätzen der Religionsgemeinschaften" erteilt werden muss, nicht durchgeführt werden kann. Grundrechte richteten sich jedoch gegen den Staat und ein bedingtes, d.h. von der Mitwirkung eines Dritten abhängiges Grundrecht sei unmöglich. Diesem Einwand kann zum einen entgegengehalten werden, dass eine vergleichbare Konstellation auch bei anderen Grundrechten begegnet, ohne dass der Grundrechtsstatus hier in Frage gestellt würde. Ein auch systematisch nahe liegendes Beispiel liefert Art. 7

---

10 In der Tendenz ebenso *M. Heckel*: Religionskunde im Lichte der Religionsfreiheit, S. 485 (488 ff.); *Maurer*: Die verfassungsrechtliche Grundlage des Religionsunterrichts, S. 234 (239); *Robbers*, in: in: Huber/Voßkuhle (Hrsg.), Art. 7 Rn. 118; *Gröschner*, in: H. Dreier (Hrsg.), Art. 7 Rn. 92, 94.
11 So u.a. *Ogorek*, HSKR, Bd. 2, Rn. 23 f.
12 Vgl. *Stern*: Staatsrecht, Bd. IV/2, S. 415 ff., 498 ff.; *Jeand'Heur/Korioth*, Rn. 307 ff.
13 Ebenso u.a. *Kästner*, EssGspr. 32 (1998), 61 (67 f.); *de Wall*, NVwZ 1997, 465 ff.; *Maurer*: Die verfassungsrechtliche Grundlage des Religionsunterrichts, S. 234 (242 ff.); grundlegend *Hildebrandt*, S. 123 ff. m.w.N.; a.A. *Czermak*: Religions- und Weltanschauungsrecht, Rn. 294.
14 Skeptisch *Hildebrandt*, S. 173.
15 Zur berechtigten Kritik an der Rechtsfigur der Einrichtungsgarantien *Unruh*: Der Verfassungsbegriff des Grundgesetzes, S. 554 ff.; zum historischen Argument *Hildebrandt*, S. 205.
16 Einwände u.a. bei *Korioth*, NVwZ 1997, 1041 (1046 ff.); *Renck*, DÖV 1994, 27 (31): Dagegen grundlegend *Hildebrandt*, S. 123 ff. m.w.N.; daneben *Bock*, in: ders. (Hrsg.), S. 3 (9 ff.); *Maurer*: Die verfassungsrechtliche Grundlage des Religionsunterrichts, S. 234 (242 ff.).

Abs. 4 und 5 GG. Danach hängt die Realisierung zumindest eines Teilaspekts des Grundrechts auf Einrichtung einer Privatschule von einem entsprechenden Antrag der Erziehungsberechtigten ab. Auch im Übrigen ist eine Vielzahl von öffentlichen und privaten Ansprüchen von der Mitwirkung Dritter abhängig. Zum anderen ist daran zu erinnern, dass das Grundrecht aus Art. 7 Abs. 2 und 3 GG auf die Schaffung und Erhaltung der Bedingungen der Möglichkeit von Religionsunterricht zielt. Der Grundrechtsadressat ist daher ausschließlich der Staat in Gestalt der Bundesländer, der zur Erfüllung dieser Schutzpflicht nicht auf das Einverständnis anderer – etwa der Religionsgemeinschaften oder der Schülerinnen und Schüler – angewiesen ist. Der *dritte* Einwand baut auf dem Umstand auf, dass Art. 7 Abs. 2 und 3 GG gem. Art. 141 GG nicht in jedem Bundesland gilt. Die Rechtsfigur eines regional begrenzten Grundrechts sei dem Grundgesetz aber fremd. Dieser Einwand lässt sich jedoch mit einem Blick auf Art. 142 GG entkräften. Er zeigt, dass das Grundgesetz föderal unterschiedliche Standards der Grundrechtsgeltung grundsätzlich akzeptiert. Mit dem *vierten* Einwand soll schließlich auf ein vermeintliches Paradoxon aufmerksam gemacht werden. Sollte dem Art. 7 Abs. 2 und 3 GG der Grundrechtsstatus zugesprochen werden, so entstünde ein grundrechtlicher Anspruch auf eine Pflicht, nämlich die Pflicht zur Teilnahme am ordentlichen Lehrfach „Religionsunterricht". Die Annahme eines Grundrechts darauf, dass eine Pflicht entsteht, sei aber paradox und wenig überzeugend. Diesem Einwand kann zum einen mit dem Hinweis begegnet werden, dass mit der Einführung des Religionsunterrichts rechtlich und tatsächlich eine Verpflichtung (nur!) der betreffenden Schülerinnen und Schüler entsteht, dieser Verpflichtung aber die Abmeldemöglichkeit aus Art. 7 Abs. 2 GG gegenübersteht. Zum anderen dürfte die Einrichtung des Religionsunterrichts von allen Grundrechtsträgern nicht als Belastung, sondern als Begünstigung empfunden werden.

II. Der Anspruchsinhalt

1. Der Verfassungsbegriff des Religionsunterrichts

Das Grundrecht auf Religionsunterricht ist auf eine bestimmte Tätigkeit des Staates – hier der Bundesländer – gerichtet. Der Staat muss aber nur tätig werden, wenn die in Art. 7 Abs. 2 und 3 GG sowie Art. 141 GG aufgeführten Voraussetzungen erfüllt sind. Zu diesen Voraussetzungen gehört auch, dass der begehrte Unterricht ein Religionsunterricht i.S.d. Art. 7 Abs. 2 und 3 GG ist. Für die nähere Bestimmung des Begriffs des Religionsunterrichts ist der Wortlaut der Grundrechtsnorm unergiebig. Eine Präzisierung wird jedoch ermöglicht im Lichte der Übereinstimmungsklausel aus Art. 7 Abs. 3 S. 2 GG. Ausgehend von der schon für Art. 149 WRV geprägten Formel, dass der Religionsunterricht „in konfessioneller Positivität und Gebundenheit" zu erteilen ist, hat das BVerfG die Ausrichtung dieses Unterrichts an den Glaubenssätzen der jeweiligen Religionsgemeinschaft zum konstitutiven Merkmal erhoben: „Er ist keine überkonfessionelle vergleichende Betrachtung religiöser Lehren, nicht bloße Morallehre, Sittenunterricht, historisierende und relativierende Religionskunde, Religions- oder Bibelgeschichte. Sein Gegenstand ist vielmehr der Bekenntnisinhalt, nämlich die Glaubenssätze der jeweiligen Religionsgemeinschaft. Diese als bestehende Wahrheiten zu vermitteln ist seine Aufgabe."[17] Der Religionsunterricht ist aber nicht (mehr) in

418

---

17 BVerfGE 74, 244 (252). Zitat zur Auslegung des Art. 149 WRV bei *Anschütz*, S. 691. Zur Bekenntnisbindung als „unverrückbare(m) Fixpunkt der verfassungsrechtlichen Gewährleistung des Religionsunterrichts auch *Mückl*, FS Steiner, S. 542 (546 ff.), und *Korioth*, EssGspr. 49 (2016, 7 (16 ff.).

dem Sinne ein dogmatischer Unterricht, dass er ausschließlich der Einübung religiöser Dogmen diene und „zur volksmissionarischen Erbauungsstunde oder zur unverbindlichen Plauderstunde über Gott und die Welt" reduziert würde.[18] Er ist vielmehr – mit den Worten des BVerfG – auch „ein auf Wissensvermittlung gerichtetes, an den höheren Schulen sogar wissenschaftliches Fach..., das in die Lehre eines Bekenntnisses einführt, vergleichenden Hinweisen offen bleibt und zugleich Gelegenheit bietet, mit dem Schüler grundsätzliche Lebensfragen zu erörtern".[19] Die „Zentralität des Bekenntnisses" bildet jedoch die Grenze des Verfassungsbegriffs des Religionsunterrichts.[20] Von Schulbehörden und örtlichen Schulleitungen beförderte Bestrebungen, verschiedene Bekenntnisse zu einem übergeordneten „Religionsunterricht" zusammenzufassen mögen den schulorganisatorischen Problemen, die aus der religiösen Pluralisierung resultieren (s.o. Rn. 48), geschuldet sein; mit Art. 7 Abs. 3 GG sind sie jedenfalls dann nicht vereinbar, wenn sie nicht zugleich auf den konfessionellen „Grundsätzen" der beteiligten Religionsgemeinschaften beruhen (s.u. Rn. 440). Dies gilt auch für gleichlaufende Tendenzen aus der Religionspädagogik, die auf eine Entkonfessionalisierung des Religionsunterrichts hinwirken.[21]

419 Für die Konfessionsgebundenheit des Religionsunterrichts, die zugleich als Abgrenzungskriterium zur bloßen Religionskunde und auch zum interkonfessionellen Unterricht dient, können zumindest sechs Argumente angeführt werden.[22] Das **historische Argument** besagt, dass die Konfessionsgebundenheit des Religionsunterrichts schon für die Vorläufernorm des Art. 149 WRV anerkannt war.[23] Das **Verweisungsargument** besagt, dass mit der Übereinstimmungsklausel des Art. 7 Abs. 3 S. 2 GG auf das Selbstbestimmungsrecht der Religionsgemeinschaften gem. Art. 140 GG i.V.m. Art. 137 Abs. 3 WRV und damit auch auf das jeweilige Bekenntnis verwiesen wird. Mit dem **ersten systematischen Argument** wird darauf hingewiesen, dass weder die Abmeldemöglichkeit gem. Art. 7 Abs. 2 GG noch das Weigerungsrecht der Lehrkräfte aus Art. 7 Abs. 3 S. 3 GG erforderlich und erklärbar wären, wenn der Religionsunterricht nicht bekenntnisgebunden und damit bei den genannten Personenkreisen Art. 4 Abs. 1 und 2 GG betroffen wäre. Das **zweite systematische Argument** zielt in eine ähnliche Richtung. Es besagt, dass vor dem Hintergrund des Neutralitätsgebotes (s.o. Rn. 90) nur ein bekenntnisgebundener Religionsunterricht einer besonderen religionsverfassungsrechtlichen Fundierung bedarf. Denn einen bekenntnisneutralen Unterricht – etwa in Gestalt einer Religionskunde – darf der Staat grundsätzlich schon aufgrund des umfassenden staatlichen Bildungsauftrages aus Art. 7 Abs. 1 GG einrichten. Das **dritte systematische Argument** bezieht sich nicht auf Art. 4 Abs. 1 und 2 GG, sondern auf Art. 141 GG. Diese Vorschrift wäre überflüssig, wenn der Religionsunterricht i.S.d. Art. 7 Abs. 3 S. 1 GG nicht bekenntnisgebunden wäre. Dies ergibt sich aus der Entstehungsgeschichte der Norm, die den überkonfessionellen Unterricht in Bremen absichern sollte (s.u. Rn. 441 ff.). Schließlich ist mit dem **Schutzpflichtenargument** daran zu erinnern, dass der grundgesetzliche Religionsunterricht der Verwirklichung des

---

18 *Maurer*: Die verfassungsrechtliche Grundlage des Religionsunterrichts, S. 234 (236).
19 BVerfGE 74, 244 (253).
20 BVerfGE 74, 244 (253); *Poscher*, in: Der Staat 39 (2000), 49 (64).
21 Zu beiden Tendenzen und ihrer Unvereinbarkeit mit dem Verfassungsbegriff des Religionsunterrichts siehe *Mückl*, in: FS Steiner, S. 542 (550 ff.).
22 Zum Folgenden u.a. *Hildebrandt*, S. 60 ff.
23 Neben *Anschütz*, S. 691, auch *Landé*, S. 200 f.

Grundrechts auf Religionsfreiheit auch im Schulbereich dient. Damit ist eine unmittelbare Verbindung zur Konfessionalität dieses Unterrichts hergestellt.

2. Öffentliche Schulen

Gem. Art. 7 Abs. 3 S. 2 GG besteht ein grundrechtlicher Anspruch auf Einführung des Religionsunterrichts nur hinsichtlich der öffentlichen Schulen mit Ausnahme der bekenntnisfreien Schulen. Unter den **Begriff der öffentlichen Schule** fallen alle Schulen, die in staatlicher bzw. kommunaler Trägerschaft stehen, insbesondere also in der Trägerschaft der Gemeinden, der Landkreise und der Bundesländer. Entscheidend ist insofern nicht die Rechtsform, in der die jeweilige Schule betrieben wird, sondern der Umstand, dass ein staatlicher bzw. kommunaler Träger mit der Schule den staatlichen Bildungsauftrag erfüllt.[24] Zu den öffentlichen Schulen i.S.d. Art. 7 Abs. 3 S. 2 GG zählen unstreitig alle allgemeinbildenden Schulen (Grund-, Haupt- und Realschulen sowie Gymnasien bzw. die entsprechenden Nachfolgestrukturen wie Gesamt-, Regional- und Gemeinschaftsschulen) und die berufsbildenden Schulen. Nicht umfasst sind hingegen Universitäten, Fachhochschulen und Fachschulen.

420

Diese öffentlichen Schulen sind gem. Art. 7 Abs. 3 S. 2 GG abzugrenzen von den **bekenntnisfreien Schulen**, bei denen es sich um rein weltliche Schulen handelt. Sie stehen insgesamt religiösen Fragen fern bzw. sind einer nicht-religiösen Weltanschauung zuzuordnen.[25] Für bekenntnisfreie Schulen gilt Art. 7 Abs. 2 und 3 GG nicht. Gleichwohl kann auch hier ein Religionsunterricht eingeführt werden. In umgekehrter Richtung wird diskutiert, ob der zuständige Landesgesetzgeber die bekenntnisfreie Schule ohne Religionsunterricht zur Regelschule erklären könne, und zwar mit dem Ergebnis, dass das Grundrecht auf Religionsunterricht in dem betreffenden Bundesland praktisch leer liefe.[26] Dagegen sprechen indes schon Wortlaut und Telos des Art. 7 Abs. 3 GG. Danach werden die bekenntnisfreien Schulen als Ausnahme und die öffentlichen Schulen mit der Verpflichtung zur Einrichtung von Religionsunterricht als Regelfall dargestellt. In systematischer Hinsicht ist zusätzlich darauf hinzuweisen, dass Art. 141 GG überflüssig wäre, wenn Art. 7 Abs. 3 GG durch die landesrechtliche Erhebung der bekenntnisfreien Schule zur Regelschule abbedungen werden könnte. Insgesamt darf das grundgesetzliche Grundrecht auf Religionsunterricht nicht durch die Einführung der bekenntnisfreien Schule als Regelschule ausgehöhlt werden.[27]

421

Art. 7 Abs. 2 und 3 GG gilt ferner nicht für und in **Privatschulen**, d.h. in Schulen, die ausschließlich in privater (hier auch religionsgemeinschaftlicher) Trägerschaft stehen. In Art. 136 Abs. 2 Verf-Bay, Art. 57 Verf-Hess und Art. 14 Abs. 1 Verf-NRW werden jedoch auch die Privatschulen des jeweiligen Landes der Pflicht zur Einführung von Religionsunterricht unterworfen.[28] Darin liegt allerdings ein doppelter Verstoß gegen das Grundgesetz. Zum einen wird mit diesen landesverfassungsrechtlichen Regelungen das in Art. 7 Abs. 4 und 5 GG gewährleistete Recht zur Errichtung von Privatschulen beeinträchtigt, denn zu diesem Recht zählt auch die Befugnis, eine bekenntnisfreie bzw. eine Weltanschauungsschule zu errichten und zu betreiben. Zum anderen ist auch

422

---

24 Statt vieler *Ogorek*, HSKR, Bd. 2, Rn. 34 ff.; *Robbers*, in: in: Huber/Voßkuhle (Hrsg.), Art. 7 Rn. 128. Umfassend zur Begrifflichkeit der verschiedenen Schulformen BVerwGE 89, 368 (372 ff.).
25 *Stern*: Staatsrecht, Bd. IV/2, S. 513: „religionslose Schulen".
26 Dazu u.a. *Hildebrandt*, S. 52 f. m.w.N.
27 Ebenso u.a. *Schlink*, NJW 1992, 1008 (1009 f.).
28 Dazu *Classen*: Religionsrecht, Rn. 476.

§ 12   D. Das Zusammenwirken von Staat und Religionsgemeinschaften

hier die Religionsfreiheit aus Art. 4 Abs. 1 und 2 GG tangiert. Der skizzierte Konflikt zwischen dem Landesverfassungsrecht und dem Grundgesetz dürfte nur über Art. 31 GG zu lösen sein.

423 Abschließend ist darauf hinzuweisen, dass die öffentlichen Schulen i.S.d. Art. 7 Abs. 3 S. 1 GG auch von den **Bekenntnisschulen** abzugrenzen sind. Hier handelt es sich um Schulen, die einem bestimmten Bekenntnis verbunden sind. So basiert der Unterricht in christlichen Gemeinschaftsschulen auf den gemeinsamen Grundlagen des christlichen Glaubens als prägendem Kulturfaktor.[29]

3. Ordentliches Lehrfach

a) Überblick

424 Das Grundrecht aus Art. 7 Abs. 3 S. 1 GG ist auf die Ermöglichung eines Religionsunterrichts als ordentliches Lehrfach gerichtet. Mit den Worten des BVerfG: „Die Erklärung des Religionsunterrichts zum ordentlichen Lehrfach in Art. 7 Abs. 3 S. 1 GG stellt klar, dass seine Erteilung staatliche Aufgabe und Angelegenheit ist; er ist staatlichem Schulrecht und staatlicher Schulaufsicht unterworfen. Seine Einrichtung als Pflichtfach ist für den Schulträger obligatorisch; der Staat muss gewährleisten, dass er ein Unterrichtsfach mit derselben Stellung und Behandlung wie andere ordentliche Lehrfächer ist. Sein Pflichtfachcharakter entfällt nicht dadurch, dass Art. 7 Abs. 2 GG ein Recht zur Abmeldung einräumt. Diese Befreiungsmöglichkeit hebt ihn zwar aus den übrigen Pflichtfächern heraus, macht ihn aber nicht zu einem Wahlfach im Sinne der allgemeinen schulrechtlichen Terminologie."[30] Dieser gedrängte Überblick bündelt wie in einem Brennglas die verschiedenen Elemente des Begriffs „ordentliches Lehrfach" i.S.d. Art. 7 Abs. 3 S. 1 GG. Dieses Bündel ist nunmehr aufzuschnüren und auf seine konkreten Bedeutungsgehalte zu untersuchen.

b) Der Religionsunterricht als „staatliche Aufgabe und Angelegenheit"

425 Aus seiner Kennzeichnung als ordentliches Lehrfach folgt zunächst, dass der Religionsunterricht ein **Teil des staatlichen Bildungsauftrags** ist.[31] Der Staat ist der „Unternehmer" des Religionsunterrichts und trägt die organisatorische Verantwortung für seine Durchführung. Aufgrund der Verantwortung der Religionsgemeinschaften für den Inhalt des Religionsunterrichts ist der Staat insofern auf die Wahrnehmung von „Intendanturfunktionen" beschränkt.[32] Wesentliche Folge dieser Zuordnung ist der Umstand, dass der Staat die **Kosten** für die personellen und sachlichen Voraussetzungen des Religionsunterrichts zu tragen hat.[33] So ist dieser Unterricht regelmäßig durch staatliche Lehrkräfte durchzuführen; nur ausnahmsweise – etwa in Diasporasituationen, in denen keine geeigneten staatlichen Lehrkräfte vorhanden sind – kann auf Lehrkräfte der Religionsgemeinschaften zurückgegriffen werden. Zur Sicherstellung einer den anderen Unterrichtsfächern entsprechenden pädagogischen Qualität des Reli-

---

29 Vgl. *Hildebrandt*, S. 51 m.w.N.
30 BVerfGE 74, 244 (251 f.). Überblick auch bei *Heimann*, EvStL, Sp. 2031 (2032 f.).
31 Ebenso *Robbers*, in: in: Huber/Voßkuhle (Hrsg.), Art. 7 Rn. 130; *Ogorek*, HSKR, Bd. 2, Rn. 55; *Hildebrandt*, S. 47.
32 *M. Heckel*: Der Rechtsstatus des Religionsunterrichts im pluralistischen Verfassungssystem, S. 40.
33 Vgl. *Ogorek*, HSKR, Bd. 2, Rn. 55.

gionsunterrichts ist der Staat verpflichtet, adäquate Einrichtungen zur Ausbildung von Religionslehrerinnen und -lehrern vorzuhalten.[34]

In diesen Zusammenhang gehört auch das **Verweigerungsrecht der Lehrkräfte aus Art. 7 Abs. 3 S. 3 GG**.[35] Das Grundrecht, als staatliche Lehrkraft nicht zur Durchführung des Religionsunterrichts verpflichtet werden zu können, durchbricht den allgemeinen Grundsatz des öffentlichen Dienstrechts, dass der Dienstherr den Umfang der Dienstpflichten bestimmt. Diese Durchbrechung ist von Art. 4 Abs. 1 und 2 GG sowie von Art. 3 Abs. 3 GG und Art. 33 Abs. 3 GG gefordert, denn letztlich handelt es sich um eine Konkretisierung der Religionsfreiheit. Keine Lehrkraft kann gegen ihre eigene religiöse Überzeugung von Staats wegen verpflichtet werden, bekenntnisgebundenen Religionsunterricht zu erteilen, d.h. den Schülerinnen und Schülern – mit Wahrheitsanspruch! – die Glaubenssätze einer ihr fremden Religion zu vermitteln. Die Weigerung ist schon vor dem Hintergrund des Art. 140 GG i.V.m. Art. 136 Abs. 3 S. 1 WRV nicht begründungsbedürftig. Sie darf bei der betreffenden Lehrkraft nicht zu dienstlichen Nachteilen, etwa zur Entlassung, Versetzung oder zur Minderung von Beförderungsaussichten führen. Ganz überwiegend wird angenommen, dass eine Lehrkraft bei einer Weigerung „zur Unzeit", d.h. im laufenden Schuljahr, zur Weiterführung des Religionsunterrichts verpflichtet werden kann, bis die anderweitige Fortführung des Unterrichts gewährleistet ist. Zur Begründung werden zumeist schulorganisatorische Erwägungen angeführt.[36] Eine Parallelwertung zu den Wirkungen des Kirchenaustritts (s.o. Rn. 185) führt zu dem Ergebnis, dass diese Erwägungen eine Einschränkung des Art. 7 Abs. 3 S. 3 GG begründen können. Allerdings ist schwer vorstellbar, wie eine Lehrkraft, die sich von den Glaubensinhalten der betreffenden Religionsgemeinschaft ersichtlich entfernt hat, die Erteilung eines konfessionsgebundenen Religionsunterrichts soll bewerkstelligen können; mehr als die bloße Fortführung des Unterrichts kann nicht verlangt werden.

426

Aus der Kennzeichnung des Religionsunterrichts als staatliche Aufgabe und Angelegenheit folgt schließlich, dass dieser Unterricht der **staatlichen Schulaufsicht** unterliegt.[37] Die besondere Erwähnung dieses Umstands in Art. 7 Abs. 3 S. 1 GG („Unbeschadet des staatlichen Aufsichtsrechtes...") trägt nur deklaratorischen Charakter. Die staatliche Schulaufsicht über den Religionsunterricht ist eine notwendige Konsequenz aus seiner Einordnung als ordentliches Lehrfach und folgt systematisch bereits aus Art. 7 Abs. 1 GG, denn danach steht das gesamte Schulwesen unter der Aufsicht des Staates. Unter den Sammelbegriff der staatlichen Aufsicht fallen in formaler Hinsicht die Dienst-, Fach- und Rechtsaufsicht einschließlich der Gewährleistung eines geregelten Unterrichtsablaufs. Inhaltlich sind die Festlegung der Lern- und Erziehungsziele und des Unterrichtsinhalts in Gestalt von Rahmenrichtlinien und Lehrplänen sowie die Zulassung von Lehrmaterialien und Unterrichtsbüchern umfasst.

427

c) Das Gleichbehandlungsgebot

Der Religionsunterricht ist mit den zutreffenden Worten des BVerfG ein „Unterrichtsfach mit derselben Stellung und Behandlung wie andere ordentliche Lehrfächer" (s.o. Rn. 424). Daraus folgt ein Gebot der Gleichbehandlung des Religionsunterrichts mit

428

---

34 Vgl. *Ogorek*, HSKR, Bd. 2, Rn. 56.
35 Dazu u.a. *Robbers*, in: in: Huber/Voßkuhle (Hrsg.), Art. 7 Rn. 162 f. m.w.N.
36 Vgl. *Robbers*, in: Huber/Voßkuhle (Hrsg.), Art. 7 Rn. 163.
37 Dazu *Hildebrandt*, S. 56 ff. mit Hinweisen auf die Tradition des Begriffs der staatlichen Schulaufsicht.

anderen ordentlichen Lehrfächern bzw. – negativ gewendet – ein **Diskriminierungsverbot**.[38] Das Gleichbehandlungsgebot bzw. das Diskriminierungsverbot fordert allgemein, dass der Religionsunterricht gegenüber den anderen ordentlichen Lehrfächern an der betreffenden Schule nicht durch schulorganisatorische Maßnahmen benachteiligt oder gar faktisch verdrängt werden darf. Konkret ist dem Religionsunterricht zunächst eine angemessene Anzahl an Wochenstunden zuzuweisen, die nach Jahrgängen und Schularten differieren kann. Ferner darf er im Stundenplan nicht nur in Eckstunden und im Nachmittagsunterricht verortet sein. Schließlich müssen die Lehrkräfte für das Fach Religion Sitz und Stimme im Lehrerkollegium haben.

d) Der Religionsunterricht als Pflichtfach mit Abmeldemöglichkeit

429 Aus seiner Bezeichnung als ordentliches Lehrfach in Art. 7 Abs. 3 S. 1 GG folgt, dass der Religionsunterricht ein Pflichtfach und kein Wahlfach ist.[39] Für die jeweiligen konfessionsangehörigen Schülerinnen und Schüler ist er Gegenstand der allgemeinen Schulpflicht. Da insofern grundsätzlich (siehe aber Rn. 459) eine Teilnahmepflicht besteht, bedarf es keiner gesonderten Anmeldung zum Religionsunterricht; umgekehrt wäre die Konstituierung einer Anmeldepflicht unzulässig, da sie den Religionsunterricht zum Wahlfach mutieren ließe.[40] Da gem. **Art. 7 Abs. 2 GG** zugleich das Recht zur Abmeldung vom Religionsunterricht gewährleistet ist, wird der Religionsunterricht zutreffend auch als „**relatives Pflichtfach**" bezeichnet.[41] Das **Abmelderecht** steht den Erziehungsberechtigten und unter der Voraussetzung der Religionsmündigkeit grundsätzlich auch den Schülerinnen und Schülern zu (s.u. Rn. 446 ff.). Es ist Ausdruck und unmittelbare Folge aus dem Elternrecht gem. Art. 6 Abs. 2 GG sowie der Religionsfreiheit aus Art. 4 Abs. 1 und 2 GG. Die Abmeldung kann an die Schriftform gebunden werden; sie ist jedoch – wie die Verweigerungserklärung einer Lehrkraft (s.o. Rn. 426) – nicht begründungsbedürftig. Die Abmeldung kann schließlich jederzeit erfolgen und wird sofort wirksam. Eine Beschränkung auf den Beginn des Schuljahres ist unzulässig.

e) Die Ausgestaltung durch den Landesgesetzgeber

430 Im Rahmen der religionsverfassungsrechtlichen Vorgaben, die aus der Bezeichnung des Religionsunterrichts als ordentliches Lehrfach i.S.d. Art. 7 Abs. 3 S. 1 GG folgen, steht dem Landesgesetzgeber ein Spielraum bzgl. der konkreten Ausgestaltung zu. So kann der Religionsunterricht als **Haupt- oder Nebenfach** eingerichtet werden. Gesetzgeberisches Ermessen besteht auch hinsichtlich der Fragen, ob der Religionsunterricht zu benoten und die Note versetzungserheblich ist. Für **Benotung und Versetzungserheblichkeit** spricht der (auch) wissenschaftliche Anspruch des Religionsunterrichts, der jedenfalls eine Gleichstellung mit anderen wissenschaftlich ausgerichteten ordentlichen Lehrfächern verlangt.[42] Schließlich kann aus schulorganisatorischen Gründen die Erteilung des Religionsunterrichts vom Erreichen einer festzulegenden und ange-

---

38 *M. Heckel*: Religionskunde im Lichte der Religionsfreiheit, S. 485 (525); *Frisch*, ZevKR 49 (2004), 589 (601); *Classen*: Religionsrecht, Rn. 489.
39 So u.a. *Pieroth*, in: Jarass/Pieroth, Art. 7 Rn. 11; *Hildebrandt*, S. 49 ff.; a. A. *Czermak*: Religions- und Weltanschauungsrecht, Rn. 292 f.
40 Ebenso *Frisch*, ZevKR 49 (2004), 589 (606) m.w.N.; aA *Erwin*, S. 127.
41 Zum Abmelderecht siehe u.a. *Ogorek*, HSKR, Bd. 2, Rn. 79 ff., und *Robbers*, in: Huber/Voßkuhle (Hrsg.), Art. 7 Rn. 105 ff.
42 Zum gesetzgeberischen Ermessen BVerfGE 42, 346 (349).

messenen **Mindestschülerzahl** abhängig gemacht werden.⁴³ In der Praxis finden sich in Abhängigkeit von den örtlichen Gegebenheiten entsprechende Festlegungen in der Größenordnung von fünf bis zwölf Schülerinnen bzw. Schülern, die zur Teilnahme verpflichtet sind und sich nicht abgemeldet haben. Bevor jedoch auf die Einrichtung des Religionsunterrichts mit dem Hinweis auf das Unterschreiten der Mindestteilnehmerzahl verzichtet wird, ist stets zu prüfen, ob der Unterricht nicht durch die Zusammenführung von Schülerinnen und Schülern aus verschiedenen Jahrgangsstufen oder sogar aus verschiedenen Schulen ermöglicht werden kann.⁴⁴

f) Exkurs: Religions- und Ethikunterricht

Religionssoziologische Veränderungen, die sich u.a. in der steigenden Zahl von Abmeldungen vom Religionsunterricht niederschlagen, haben sowohl in der Bundesrepublik Deutschland vor 1990 als auch in den neuen Bundesländern dazu geführt, dass neben dem Religionsunterricht ein (religionsneutraler) Ethikunterricht eingeführt wurde.⁴⁵ Selbst signifikante religionssoziologische Umwälzungen vermögen jedoch den normativen Gehalt des Art. 7 Abs. 2 und 3 GG nicht zu reduzieren, so dass das Verhältnis des Religionsunterrichts zum Ethikunterricht an diesem Maßstab zu messen ist. Das BVerwG hat mit Urteil vom 16.4.2014 entschieden, dass ein Anspruch (von Eltern) auf Einrichtung von Ethikunterricht nach Maßgabe des Art. 7 Abs. 3 GG nicht besteht.⁴⁶ Als Maßstäbe für die staatliche Initiative zur Einrichtung von Ethikunterricht kommen vor allem die Kriterien des Pflichtfachcharakters des Religionsunterrichts und das Gleichbehandlungsgebot bzw. das Diskriminierungsverbot in Betracht. In diesem Zusammenhang sind drei unterschiedliche Konstellationen zu unterscheiden.

431

In der ersten Konstellation, die auch historisch den anderen Konstellationen voranging, wird der Ethikunterricht als **Ersatzfach** eingerichtet für Schülerinnen und Schüler, die sich vom Pflichtfach „Religion" abgemeldet haben. Die religionsverfassungsrechtliche Zulässigkeit dieser Konstellation ist insbesondere mit zwei Argumenten in Zweifel gezogen worden.⁴⁷ Mit dem ersten Argument wird bestritten, dass ein werte- und religionsneutraler Ethikunterricht überhaupt möglich sei. Der staatliche Bildungsauftrag umfasse hingegen nur die Aufgabe der Information und Wissens-, nicht aber der verbindlichen Wertevermittlung: Der Staat könne nicht „Sinngeber" sein ohne das **Neutralitätsgebot** zu verletzen. Das zweite Argument nimmt Bezug auf die **Religionsfreiheit** derjenigen Schülerinnen und Schüler, die sich vom Religionsunterricht abmelden. Ihnen dürfe nicht zugemutet werden, von ihrer Religionsfreiheit nur unter Übernahme einer Ersatzverpflichtung Gebrauch machen zu können: Ein „Ersatzdienst in Ethik" sei unzulässig. Dem ersten Argument kann zunächst mit der Differenzierung zwischen einem wert*freien* und einem wert*neutralen* Unterricht begegnet werden. Vor diesem Hintergrund kann die Unmöglichkeit einer Wertfreiheit zugestanden werden, ohne dass das Postulat der Wertneutralität aufgegeben werden

432

---

43 Vgl. *Ogorek*, HSKR, Bd. 2, Rn. 52.
44 Ebenso *Robbers*, in: Huber/Voßkuhle (Hrsg.), Art. 7 Rn. 144 f.
45 Die Bezeichnung dieses Unterrichts differiert in den Bundesländern; gebräuchlich ist u.a. die Bezeichnung „Werte und Normen", „Allgemeine Ethik" oder „Philosophie"; Überblick bei *Frisch*, ZevKR 49 (2004), 589 (613, Anm. 148); *Korioth*, EssGspr. 49 (2016, 7 (20 ff.).
46 BVerwG, NVwZ 2014, 1163 ff.; dazu *Traub/Staufenbiel*, NVwZ 2014, 1142 ff.
47 Vgl. *Renck*, BayVBl. 1992, 519 (521); *Czermak*, NVwZ 1996, 450 (452), und *ders.*: Religions- und Weltanschauungsrecht, Rn. 301 f.; *Bader*, NVwZ 1998, 256 ff.; *Jeand'Heur/Korioth*, Rn. 314 ff.; dagegen u.a. *Ogorek*, HSKR, Bd. 2, Rn. 85 f.

muss. Denn eine religionsverfassungsrechtlich nicht zu beanstandende Aufklärung über Werte und Religion(en) ist auch auf dem Boden der Werte des Grundgesetzes möglich. Religions- und Ethikunterricht können dann im Hinblick auf den staatlichen Bildungsauftrag als gleich*wertige*, wenn auch aufgrund der Konfessionsgebundenheit des Religionsunterrichts nicht gleich*artige* Fächer bezeichnet werden.[48] In diesem Sinn hat auch das BVerwG festgestellt: „Das Gebot der Neutralität bleibt... gewahrt, wenn der Gesetzgeber für nicht am Religionsunterricht teilnehmende Schüler gleichwertige Unterrichtsfächer im Sinne einer gleichwertigen Auswahlmöglichkeit vorsieht."[49] Gegen das „Ersatzdienst"-Argument aus der Religionsfreiheit lässt sich einwenden, dass die Pflicht zur ersatzweisen Teilnahme am Ethikunterricht nur formal an die Abmeldung vom Religionsunterricht geknüpft ist. Ferner ist daran zu erinnern, dass beide Unterrichtsfächer im Hinblick auf die (Teil-) Erfüllung des staatlichen Bildungsauftrags gleichwertig sind. Schließlich ist darauf hinzuweisen, dass (erst) mit der Einrichtung eines Ethikunterrichts als Ersatzfach eine Pflichtengleichheit hergestellt wird zwischen den Schülerinnen und Schülern, die am Religionsunterricht teilnehmen und denjenigen, die sich vom Religionsunterricht nach Maßgabe des Art. 7 Abs. 2 GG abgemeldet haben.[50]

433 In der zweiten Konstellation, die in drei neuen Bundesländern gilt, werden der Religions- und der Ethikunterricht als **Alternativfächer** ausgestaltet. Hier besteht eine echte Wahlmöglichkeit, an dem einen oder anderen Fach teilzunehmen mit der Folge, dass jeweils eine gesonderte Anmeldung erfolgen muss.[51] Diese Konstellation ist **mit Art. 7 Abs. 2 und 3 GG nicht zu vereinbaren**, denn konfessionsangehörige Schülerinnen und Schüler sind verpflichtet, an dem als ordentliches Lehrfach angebotenen Religionsunterricht ihrer Konfession teilzunehmen, sofern keine Abmeldung erfolgt ist. Gegenüber der Ausgestaltung des Religionsunterrichts als Wahlpflichtfach mit Anmeldeerfordernis ist daher der Vorrang des grundgesetzlich skizzierten Religionsunterrichts vor abweichenden Landesregelungen geltend zu machen, ggf. über Art. 31 GG. Gegen die hier vertretene Ansicht ist zunächst eingewandt worden, dass die gleichrangige Wahlmöglichkeit vor dem Hintergrund der besonderen **religionssoziologischen Gegebenheiten** in den neuen Bundesländern und den daraus resultierenden schulorganisatorischen Anforderungen „verfassungsrechtlich noch zu rechtfertigen" sei.[52] Diesem religionssoziologischen Einwand ist jedoch die ungeschmälerte normative Geltung des Art. 7 Abs. 2 und 3 GG entgegenzuhalten (s.o. Rn. 431), die überall dort Wirkung entfaltet, wo sie nicht durch Art. 141 GG ausgeschlossen ist. Mit einem zweiten Einwand wird versucht, die vom BVerfG vorgeschlagene und von den Streitparteien akzeptierte **Vergleichslösung im Streit um den LER-Unterricht** in Brandenburg für die Zulässigkeit des Wahlpflichtmodells fruchtbar zu machen. Danach bleibt die ursprünglich vorgesehene Verpflichtung der Teilnahme am LER-Unterricht zwar bestehen; das nach dem

---

[48] BVerwGE 107, 75 (91). Ebenso schon *de Wall*, Theologische Literaturzeitschrift 119 (1994), Sp. 291 (301); *Kuhn-Zuber*, S. 195, 375; *Unruh*, DÖV 2007, 625 (633), zur Gleich*wertigkeit* von Religions- und Ethikunterricht bei fehlender Gleich*artigkeit* ebd., 625 (631), und *Frisch*, ZevKR 49 (2004), 589 (615). A.A. *Heimann*, EvStL, Sp.2031 (2036); *ders.*, DÖV 2003, 17 (25); *Kuhn-Zuber*, S. 204, 209, 360.
[49] BVerwGE 107, 74 (87).
[50] Statt vieler *Frisch*, ZevKR 49 (2004), 589 (616 f. mit umfangreichen Nachweisen in Anm. 172); ebenso BVerwGE 107, 75 (87 f.).
[51] Vgl. Art. 105 Abs. 1 Verf-Sa: „Ethikunterricht und Religionsunterricht sind an den Schulen mit Ausnahme der bekenntnisgebundenen und bekenntnisfreien Schulen ordentliche Lehrfächer. Bis zum Eintritt der Religionsmündigkeit entscheiden die Erziehungsberechtigten, in welchem dieser Fächer ihr Kind unterrichtet wird." Ähnlich Art. 27 Abs. 3 Verf-SAnh und Art. 25 Verf-Thür.
[52] So etwa *Robbers*, in: Huber/Voßkuhle (Hrsg.), Art. 7 Rn. 138.

Vergleich geänderte Schulgesetz sieht jedoch nunmehr eine Befreiungsmöglichkeit für diejenigen Schülerinnen und Schüler vor, die am (kircheneigenen!) Religionsunterricht teilnehmen möchten.[53] Dieser LER-Einwand verliert jedoch an Plausibilität, wenn berücksichtigt wird, dass das BVerfG die Geltung des Art. 141 GG für das Land Brandenburg und damit die Anwendbarkeit des Art. 7 Abs. 2 und 3 GG offen gelassen hat. Daraus folgt, dass der Vergleichsinhalt für Bundesländer, in denen unzweifelhaft ein Religionsunterricht i.S.d. Art. 7 Abs. 2 und 3 GG vorzuhalten ist, weder Aussagekraft noch Vorbildfunktion genießt. Eine vermeintlich pragmatische Abweichung von den grundgesetzlichen Vorgaben für den Religionsunterricht ist daher verfassungsrechtlich nicht gedeckt.[54]

Die dritte Konstellation lässt sich mit einem obiter dictum des BVerwG umschreiben: „Der Landesgesetzgeber wäre nicht gehindert, **Ethikunterricht für alle** Schülerinnen und Schüler vorzusehen und in Kauf zu nehmen, dass die am Religionsunterricht teilnehmenden Schüler im Verhältnis zu anderen Schülern zusätzliche Schulstunden haben."[55] So hat sich der Gesetzgeber des Landes Berlin nicht hindern lassen und mit Wirkung ab dem Schuljahr 2006/2007 einen dem ursprünglichen Brandenburger Modell entsprechenden Ethikunterricht für alle Schülerinnen und Schüler der Jahrgangsstufen 7 bis 10 ohne Abmeldemöglichkeit zum (kircheneigenen!) Religionsunterricht eingeführt.[56] Das BVerfG hat dieses Modell zwar für religionsverfassungsrechtlich zulässig erachtet, allerdings nur unter der Prämisse, dass Art. 141 GG auf das Land Berlin anwendbar und damit Art. 7 Abs. 2 und 3 GG nicht anwendbar sei.[57] Ein Ethikunterricht für alle nach dem Berliner Modell verstößt jedoch in doppelter Hinsicht gegen die aus der Schutzpflichtendimension des Art. 7 Abs. 3 GG zu entnehmende Verpflichtung des Staates, sich schützend und fördernd vor das Grundrecht auf Religionsunterricht zustellen, insbesondere gegen das Diskriminierungsverbot aus Art. 7 Abs. 3 S. 1 GG. Zum einen führt die Pflicht zur Teilnahme am Ethikunterricht ohne Abmeldemöglichkeit zu einer tatsächlichen Aushöhlung und damit zu einer nachhaltigen **faktischen Beeinträchtigung** des Grundrechts auf Religionsunterricht. Dies lässt sich beispielhaft für das Berliner Modell statistisch belegen, denn dort ist die Teilnahme am Evangelischen Religionsunterricht seit der Einführung des Ethikunterrichts für alle um ein Drittel gesunken. Zum anderen führt der Ethikunterricht für alle insofern zu einer Verdrängung des Religionsunterrichts, als damit ein bzgl. der Lehrinhalte vergleichbares Lehrfach etabliert wird, das den nur „freiwilligen" bzw. mit Abmelderecht versehenen Religionsunterricht offensichtlich in seinem Bestand gefährdet. Die Kumulation gleichwertiger, wenn auch nicht gleichartiger wertebezogener Lehrfächer (s.o. Rn. 432) dergestalt, dass der Ethikunterricht für alle Schülerinnen und Schüler obligatorisch und ohne Abwahlmöglichkeit zugunsten des Religionsunterrichts eingeführt wird, ist ein Verstoß gegen Art. 7 Abs. 3 S. 1 GG, weil damit eine deutliche **formale Benachteiligung** des Religionsunterrichts verbunden ist. Verfassungsrechtlich unbedenklich bleibt allein das Ersatzfach-Modell (s.o. Rn. 432), in dem alle Schülerin-

434

---

53 BVerfGE 104, 305; 105, 235; 106, 210. Zum Inhalt des Vergleichs u.a. *M. Heckel*: Anhang II., S. 574 ff. Zur Zulässigkeit des Vergleichs vor dem BVerfG *Th. I. Schmidt*, NVwZ 2002, 980 ff.
54 Wie hier *Frisch*, ZevKR 49 (2004), 589 (616).
55 BVerwGE 107, 75 (84); Hervorhebungen vom Verf. Zustimmend u.a. *Robbers*, in: Huber/Voßkuhle (Hrsg.), Art. 7 Rn. 139; dazu auch *Ogorek*, HSKR, Bd. 2, Rn. 83 f.
56 Dazu und zum Folgenden ausführlich *Frisch*, ZevKR 49 (2004), 589 (617 ff.), und *Unruh*, DÖV 2007, 625 ff.
57 BVerfG, DÖV 2007, 653 ff.

nen und Schüler, die nicht am Religionsunterricht ihrer Konfession teilnehmen, zur Teilnahme am Ethikunterricht verpflichtet sind.[58]

4. Die Übereinstimmungsklausel
a) Der Inhalt des Bestimmungsrechts der Religionsgemeinschaften

435 Gem. Art. 7 Abs. 3 S. 2 GG wird der Religionsunterricht unbeschadet des staatlichen Aufsichtsrechts „in Übereinstimmung mit den Grundsätzen der Religionsgemeinschaften erteilt." Diese Übereinstimmungsklausel gewährleistet die notwendige Konfessionsgebundenheit des Religionsunterrichts und gebietet, dass für seine Ausgestaltung „die Vorstellungen der Kirchen über Inhalt und Ziel der Lehrveranstaltung maßgeblich" sind.[59] Die Festlegung der inhaltlichen Grundsätze ist eine eigene Angelegenheit der Religionsgemeinschaften i.S.d. Art. 140 GG i.V.m. Art. 137 Abs. 3 WRV. Den Bezugspunkt der „Grundsätze" i.S.d. Art. 7 Abs. 3 S. 2 GG liefern die zentralen Glaubenslehren der jeweiligen Religionsgemeinschaft. Die Festlegung eines bestimmten Kanons von Lehraussagen ist hingegen nicht erforderlich, und auch eine Fortentwicklung der Grundsätze ist möglich. Entscheidend ist, dass die Grundsätze eine klare Abgrenzung zu anderen Religionsgemeinschaften erlauben.[60]

436 Aus diesem Bestimmungsrecht der Religionsgemeinschaften über Inhalt und Ziele des Religionsunterrichts folgt zunächst die Befugnis zur Mitentscheidung über die **Auswahl des Lehrpersonals**.[61] So bedürfen auch staatliche Lehrkräfte für die Durchführung des Religionsunterrichts einer religionsgemeinschaftlichen Bevollmächtigung. So ist für die Erteilung des katholischen Religionsunterrichts die „missio canonica" und für den evangelischen Religionsunterricht die „vocatio" erforderlich; bei beiden handelt es sich um innerkirchliche Rechtsakte gem. Art. 140 GG i.V.m. Art. 137 Abs. 3 WRV, die der kirchlichen Gerichtsbarkeit unterliegen. Ferner wird der konkrete **Lehrinhalt** des Religionsunterrichts von den Religionsgemeinschaften festgelegt und den zuständigen staatlichen Stellen zugeleitet. Aus der Übereinstimmungsklausel folgt auch ein Mitentscheidungsrecht der Religionsgemeinschaften über die Ausgestaltung der **Lehrpläne** sowie die Auswahl der zu verwendenden **Schulbücher** und der sonstigen **Unterrichtsmaterialien**. Darüber hinaus muss den Religionsgemeinschaften das Recht zur **Einsicht in die praktische Durchführung des betreffenden Religionsunterrichts** gewährt werden, damit die Einhaltung der Übereinstimmungsklausel überprüft werden kann. Schließlich gehört auch die **Zulassung konfessionsfremder Schülerinnen und Schüler** „zu der inneren Gestaltung des Religionsunterrichts, die den Grundsätzen der jeweiligen Religionsgemeinschaft folgt".[62] Nicht nur die Konfessionsangehörigkeit der Lehrkräfte, sondern auch die konfessionelle Zusammensetzung des Teilnehmerkreises hat Rückwirkungen auf die Unterrichtsgestaltung. Daher obliegt die Entscheidung über die Zulassung konfessionsfremder Schülerinnen und Schüler ausschließlich der den Religionsunterricht inhaltlich verantwortenden Religionsgemeinschaft. Ihr „darf kein Angehöriger einer anderen Konfession gegen ihren Willen aufgedrängt werden".[63]

---

58 A.A. *Stern*: Staatsrecht, Bd. IV/2, S. 517 m. w.N.
59 BVerfGE 74, 244 (252); diese normative Aussage gilt naturgemäß für alle Religionsgemeinschaften.
60 Vgl. *Robbers*, in: Huber/Voßkuhle (Hrsg.), Art. 7 Rn. 155.
61 Dazu u.a. *Ogorek*, HSKR, Bd. 2, Rn. 68 ff., und *Frisch*, ZevKR 49 (2004), 589 (603 ff.).
62 BVerfGE 74, 244 (253).
63 BVerfGE 74, 244 (254); ebenso *Mückl*, FS Steiner, S. 542 (548 f.); differenziert *v. Campenhausen/de Wall*, § 27, Rn. 12 f.

b) Die Grenzen des Bestimmungsrechts der Religionsgemeinschaften

Die Grenze des Bestimmungsrechts der Religionsgemeinschaften über Inhalt und Ziele des Religionsunterrichts wird mit dem **Verfassungsbegriff des Religionsunterrichts** gezogen (s.o. Rn. 418 f.). Auch wenn dieser Begriff „in die Zeit hinein offen bleiben muss, um die Lösung von zeitbezogenen und damit wandelbaren Problemen zu gewährleisten", so bildet doch seine Ausrichtung an den Glaubenssätzen der jeweiligen Konfession den unveränderlichen Rahmen des Religionsunterrichts.[64] Die **Konfessionsbindung** des Religionsunterrichts steht damit weder zur Disposition des Staates noch zur Disposition der Religionsgemeinschaften.[65] Die Beurteilung, ob diese Grenze des säkularen Rahmenbegriffs des Religionsunterrichts eingehalten ist, obliegt dem Staat. Den Maßstab bildet eine **Plausibilitätskontrolle**, die auch die Auslegung des säkularen Rahmenbegriffs der Religion leitet (s.o. Rn. 32 ff.). Vor diesem dogmatischen Hintergrund bedarf die Frage nach der Zulässigkeit anderweitiger und neuer Formen der schulischen Vermittlung religiöser Lehrinhalte einer differenzierten Betrachtung.

437

Unstreitig kann eine auch von den Religionsgemeinschaften angebotene reine **Religionskunde** nicht als Religionsunterricht i.S.d. Art. 7 Abs. 2 und 3 GG qualifiziert werden. Gleichwohl kann der Religionsunterricht Elemente einer neutralen Religionskunde über andere Glaubensrichtungen enthalten.[66] Auch ein „interreligiöser Religionsunterricht" auf der Grundlage und über die Gemeinsamkeiten der Weltreligionen wird vom Verfassungsbegriff des Religionsunterrichts offensichtlich nicht umfasst. Denn eine kumulative Begründung und Geltung divergierender Bekenntnisse ist nicht möglich und daher auch nicht schulisch vermittelbar.[67]

438

Umstritten ist hingegen die religionsverfassungsrechtliche Zulässigkeit eines ökumenischen bzw. **interkonfessionellen Religionsunterrichts**, für den sich die beteiligten Religionsgemeinschaften auf gemeinsame Grundsätze i.S.d. Art. 7 Abs. 3 S. 2 GG einigen. Von aktueller Bedeutung ist insbesondere die Frage nach der Zulässigkeit eines gemeinsamen katholischen und evangelischen Religionsunterrichts, etwa in Gestalt des konfessionell-kooperativen Unterrichts in Baden-Württemberg.[68] Soweit ersichtlich, lassen sich diesbezüglich drei Auffassungen unterscheiden. Die erste Ansicht betont das **Bestimmungsrecht der Religionsgemeinschaften** über Inhalt und Ziele des Religionsunterrichts. Wenn und soweit etwa die christlichen Kirchen sich auf gemeinsame Grundsätze für den Religionsunterricht auf der allgemeinen Grundlage der christlichen Religion verständigen, so habe der säkulare Staat dies zu akzeptieren.[69] Die Gegenansicht sieht hingegen die Grenze des **Verfassungsbegriffs „Religionsunterricht"** mangels konfessioneller Homogenität bereits überschritten.[70] Die dritte und vorzugswürdige Ansicht schließlich versucht mittels der **Differenzierung zwischen religionsgemeinschaftstrennenden und religionsunterrichtstrennenden Lehrunterschieden** zu einem adäquaten Ausgleich zwischen den beiden gegenläufigen Aspekten zu gelan-

439

---

64 BVerfGE 74, 244 (252 f.) unter Bezugnahme auf *v. Campenhausen*, DVBl. 1976, 609 (611).
65 Ebenso *Hildebrandt*, S. 234.
66 *M. Heckel*, in: Grote/Härtel/Hain u.a. (Hrsg.), S. 1091 (1108).
67 Ebenso *Stern*: Staatsrecht, Bd. IV/2, S. 501; *Frisch*, ZevKR 49 (2004), 589 (627 ff.).
68 Zu diesem 2005 auf der Grundlage einer Vereinbarung der zuständigen evangelischen Landeskirchen und römisch-katholischen Erzdiözesen eingeführten Modell siehe *Mückl*, in: FS Steiner, S. 542 (554 ff.).
69 So etwa *Erwin*, S. 157; *Hildebrandt*, S. 234 f.; *Gröschner*, in: H. Dreier (Hrsg.), Art. 7 Rn. 91, Anm. 308; *Robbers*, in: Huber/Voßkuhle (Hrsg.), Art. 7 Rn. 127.
70 So etwa *Kästner*, EssGspr. 32 (1998), 61 (79 ff.).

gen.⁷¹ So begegnet ein gemeinsam verantworteter Religionsunterricht keinen verfassungsrechtlichen Bedenken, wenn und soweit die betreffenden Religionsgemeinschaften sich so weit ökumenisch angenähert haben, dass sie ihre Lehrunterschiede nicht mehr als grundsätzlich trennend begreifen. Liegen hingegen dergestalt trennende Unterschiede vor und können sich die betreffenden Religionsgemeinschaften gleichwohl (nur!) auf gemeinsame „Religionsunterrichtsgrundsätze" verständigen, so ist die vom Verfassungsbegriff des Religionsunterrichts gezogene Grenze überschritten, weil die konfessionelle Homogenität der Lehrinhalte nicht mehr gewährleistet werden kann. Die Anwendung dieser Differenzierung auf den „bikonfessionell fusionierten" Religionsunterricht der beiden großen christlichen Kirchen führt i.d.R. zu dem Ergebnis, dass dieser Unterricht nicht in den Anwendungsbereich des Art. 7 Abs. 2 und 3 GG fällt. Denn trotz unverkennbarer Fortschritte in der Ökumene bestehen nach wie vor und erkennbar kirchentrennende Unterschiede, etwa im Verständnis des Papst- und Bischofsamtes, der Rechtfertigungslehre, der Sakramente und dem allgemeinen Priestertum aller getauften Glaubenden.⁷² Sofern aber – wie in Nds. vorgesehen - in einem von den beiden großen christlichen Kirchen gemeinsam verantworteten christlichen Religionsunterricht eine koordinierte Verantwortung für die Inhalte des Unterrichts gewährleistet wird, kann sich ein solcher Unterricht im Rahmen des Art. 7 Abs. 3 GG bewegen. Voraussetzung ist jedenfalls eine entsprechende Organisation des Unterrichts sowie die Gewähr dafür, dass „die beteiligten Kirchen die Verantwortung für die geteilten Glaubensinhalte übernehmen und die Vertreter der jeweiligen Konfession die für die konfessionsspezifischen."⁷³

440 Schließlich wird auch die religionsverfassungsrechtliche Zulässigkeit des „**Religionsunterrichts für alle**" nach dem Hamburger Modell nicht einheitlich beurteilt. Dieser Unterricht wird in überkonfessioneller Öffnung interessierten Schülerinnen und Schülern aller Religionen und Weltanschauungen zur freiwilligen Teilnahme angeboten. Die Lehrinhalte werden gemeinsam von Vertretern christlicher, jüdischer, islamischer, alevitischer und buddhistischer Religionsgemeinschaften festgelegt. Die inhaltliche Verantwortung gegenüber der Freien und Hansestadt Hamburg übernimmt hingegen (noch) allein die Evangelisch-Lutherische Kirche in Norddeutschland. Gelegentlich wird dieser „Religionsunterricht für alle" vor dem Hintergrund der besonderen Situation in Hamburg gerechtfertigt.⁷⁴ Wird er jedoch am Maßstab des Verfassungsbegriffs des Religionsunterrichts gemessen, entstehen vor dem Hintergrund der aktuellen Rspr. des BVerfG jedenfalls Zweifel. Denn als bloße Religionskunde oder als interreligiöser Unterricht fällt er von vornherein nicht unter Art. 7 Abs. 2 und 3 GG. Darüber hinaus ist erläuterungsbedürftig, wie ein inhaltlich von verschiedenen Konfessionen gemeinsam festgelegter Unterricht zugleich und ausschließlich „in evangelischer Verantwortung", d.h. konfessionsgebunden soll stattfinden können.⁷⁵ Dies gilt umso mehr, wenn dieser Unterricht – wie derzeit in einem Modellversuch erprobt – von der „evangelischen Verantwortung" abgelöst und von den beteiligten Religionsgemeinschaften gleichberechtigt verantwortet werden soll. Eine Verfassungsmäßigkeit dieser Form des Religionsun-

---

71 So insbesondere *Frisch*, ZevKR 49 (2004), 589 (625 ff.) m.w.N.; anklingend auch bei *Classen*: Religionsrecht, Rn. 468.
72 Ausführlich *M. Heckel*, in: Grote/Härtel/Hain u.a. (Hrsg.), S. 1091 (1118 ff.).
73 *Poscher*, ZevKR 67 (2022), 217 (253); skeptisch dagegen *Munsonius*, ZevKR 67 (2022), 254 ff.
74 So *Link*, ZevKR 46 (2001), 257 ff.
75 Ausführlich zu den Zweifeln *M. Heckel*, in: Grote/Härtel/Hain u.a. (Hrsg.), S. 1091 (1115 ff.); ebenfalls skeptisch, die Frage nach der religionsverfassungsrechtlichen Zulässigkeit dieses Models jedoch offen lassend *Mückl*, in: FS Steiner, S. 542 (553 f.).

terrichts lässt sich nur durch eine Fortentwicklung bzw. Modifikation der bisherigen Dogmatik zu Art. 7 Abs. 3 GG annehmen, die bisher die Konfessionsgebundenheit dieses Unterrichts (nur) auf jeweils eine Religionsgemeinschaft bezogen hat.[76] Diese Fortentwicklung müsste von den beteiligten Religionsgemeinschaften aus der Perspektive der jeweiligen Konfession – quasi theologisch – gerechtfertigt werden können; und sie könnte zudem darauf hinweisen, dass anderenfalls die Gewährleistung eines von den Religionsgemeinschaften inhaltlich verantworteten Religionsunterrichts aufgrund der faktischen Gegebenheiten (jedenfalls in Hamburg) nicht mehr möglich wäre. Mit der Beibehaltung der aktuellen Dogmatik könnte daher die Inanspruchnahme des Grundrechts aus Art. 7 Abs. 3 GG (jedenfalls unter den in Hamburg gegebenen religionssoziologischen Bedingungen) verunmöglicht werden. Eine Grundrechtsinterpretation aber, die eine Inanspruchnahme des Grundrechts verunmöglicht, führt dieses Grundrecht ad absurdum. Insofern sprechen gute Gründe für eine maßvolle Fortentwicklung der Dogmatik zu Art. 7 Abs. 3 GG.[77]

5. Die Ausnahmeklausel des Art. 141 GG

a) Status und Regelungsgehalt

Gem. Art. 141 GG findet Art. 7 Abs. 3 S. 1 GG „keine Anwendung in einem Lande, in dem am 1.1.1949 eine andere landesrechtliche Regelung bestand". Den unmittelbaren Anlass für die Aufnahme dieser Vorschrift in das Grundgesetz lieferte Bremen, das seine besondere Form der schulischen Vermittlung religiöser Lehrinhalte gewahrt sehen wollte (s.u. Rn. 443). Daher wird Art. 141 auch zutreffend als „**Bremer Klausel**" bezeichnet.[78] Sein Anwendungsbereich ist gleichwohl nicht auf Bremen beschränkt. Art. 141 GG ist rechtstechnisch als eng auszulegende **Ausnahmevorschrift zu Art. 7 Abs. 3 S. 1 GG** anzusehen: Wie Art. 7 Abs. 3 S. 2 GG die bekenntnisfreie Schulen *sachlich* aus dem Anwendungsbereich des Art. 7 Abs. 2 und 3 GG ausnimmt, so bestimmt Art. 141 GG eine *raumbezogene* Ausnahme vom Geltungsbereich des Grundrechts auf Religionsunterricht. In systematischer Hinsicht ist Art. 141 GG so zu lesen, als wäre er unmittelbar in Art. 7 Abs. 3 S. 1 GG integriert.

441

Der **Regelungsgehalt** des Art. 141 GG besagt, dass das Grundrecht aus Art. 7 Abs. 3 S. 1 GG, d.h. das Recht auf Schaffung und Erhaltung der Bedingungen der Möglichkeit von Religionsunterricht, dort nicht gilt, wo am 1.1.1949 kraft Landesrecht eine andere Regelung galt.[79] Als „andere landesrechtliche Regelung" kommen nur Landesverfassungen, Landesgesetze und Landesrechtsverordnungen in Betracht, nicht hingegen Verwaltungsvorschriften. Allerdings ist es dem Landesgesetzgeber auch im Anwendungsbereich des Art. 141 GG unbenommen, Religionsunterricht i.S.d. Art. 7 Abs. 2 und 3 GG einzuführen. Andererseits ist denjenigen Ländern, in denen am 1.1.1949 Religionsunterricht i. S. d. Art. 7 Abs. 2 und 3 GG durchgeführt wurde, die Abschaffung dieses Unterrichts verwehrt.

442

---

76 Dazu vor allem *Wißmann*: Religionsunterricht für alle?, 61 ff., und *Bauer*, ZevKR 59 (2014), 227 ff. mit (religions-)pädagogischer Unterfütterung.
77 I.E. ebenso und ausführlich *Wißmann*: Religionsunterricht für alle?, S. 79 ff.
78 Vgl. *Ogorek*, HSKR, Bd. 2, Rn. 92. Zu Entstehungsgeschichte, Status und Regelungsgehalt der Norm siehe u.a. *Gröschner*, in: H. Dreier (Hrsg.), Art. 141 Rn. 4 ff.
79 Dazu statt vieler *Unruh*, in: Huber/Voßkuhle (Hrsg.), Art. 141 Rn. 4.

b) Anwendungsbereich

443 Aktuell wird in 13 Bundesländern Religionsunterricht an den öffentlichen Schulen als ordentliches Lehrfach angeboten. Ausnahmen bilden neben Bremen noch Berlin und Brandenburg. Der bisher unveränderte **Art. 32 Abs. 1 Verf-Br** vom 21.10.1947 lautet: „Die allgemeinbildenden öffentlichen Schulen sind Gemeinschaftsschulen mit bekenntnismäßig nicht gebundenem Unterricht in Biblischer Geschichte auf allgemein christlicher Grundlage." Dieser Unterricht, mit dem in Bremen das lutherische und das reformierte Bekenntnis zusammengeführt werden sollten, war und ist mangels Konfessionsgebundenheit kein Religionsunterricht i.S.d. Art. 7 Abs. 2 und 3 GG und fällt unstreitig unter die „Bremer Klausel" des Art. 141 GG.[80]

444 Umstritten ist hingegen die Anwendbarkeit des Art. 141 GG auf die **neuen Bundesländer**. Dies gilt insbesondere für das Land Brandenburg, das auf der Grundlage des Vergleichsvorschlags des BVerfG als eigenes Lehrfach den LER-Unterricht eingeführt hat mit einer Abmeldemöglichkeit zum Religionsunterricht. Der Religionsunterricht wird hier zwar staatlich unterstützt, jedoch als religionsgemeinschaftliche bzw. kircheneigene und nicht als staatliche Schulveranstaltung durchgeführt (s.o. Rn. 433). Die Frage, ob die neuen Bundesländer insgesamt in den Anwendungsbereich des Art. 141 GG fallen, hat in der religionsverfassungsrechtlichen Literatur eine umfangreiche Kontroverse ausgelöst.[81] Das BVerfG hat sie in seinem Vergleichsvorschlag offen gelassen. Im Ergebnis ist sie zu verneinen. Zwar sahen die in den Jahren 1946/47, also vor dem 1.1.1949 unter dem Einfluss der sowjetischen Besatzung zustande gekommenen Verfassungen der damaligen Länder unstreitig keinen Religionsunterricht i.S.d. Art. 7 Abs. 2 und 3 GG vor. Für die **Nicht-Anwendbarkeit des Art. 141 GG** sind jedoch neben dem Umstand, dass diese Norm als Ausnahmevorschrift eng auszulegen ist (s.o. Rn. 441), zumindest zwei Argumente maßgeblich. Das **Wortlaut-Argument** besagt, dass die Bedeutung des Begriffs „Land" i.S.d. Art. 141 GG nicht umgangssprachlich als „geografisches Gebiet", sondern aus seinem verfassungsrechtlichen Kontext heraus als „staatsrechtliches Subjekt" bestimmt werden muss. Das bedeutet, dass ein Bundesland als staatsrechtliches Subjekt vom Inkrafttreten der Norm (1949) bis zum Inkrafttreten des Grundgesetzes in seinem Territorium (1990) ununterbrochen existiert haben muss. Diese Voraussetzung erfüllen die neuen Bundesländer offensichtlich nicht, denn sie sind durch das Ländereinführungsgesetz vom 22.7.1990 neu gegründet worden.[82] Mit dem **teleologischen Argument** wird darauf hingewiesen, dass Art. 141 GG als „Bremer Klausel" den Schutz einer in die jeweilige Ländergeschichte zurückreichenden föderativen Tradition bezweckt. Der Verfassungsgeber des Grundgesetzes wollte mit der Einfügung von Art. 141 GG erkennbar der besonderen Situation in Bremen und allenfalls in einigen anderen westlichen Bundesländern, nicht hingegen der Verfassungslage in den Ländern der Sowjetischen Besatzungszone gerecht werden. Im Übrigen stellte

---

80 Zum Bremer Unterricht siehe BVerfGE 30, 112 (120); *Link*, ZevKR 24 (1979), 59 ff.
81 *Für die Geltung des Art. 141 GG in den neuen Ländern u.a. Pieroth*, in: Jarass/Pieroth, Art. 141 Rn. 1; *Schlink*, NJW 1992, 1008 ff.; *Renck*, LKV 1993, 88 f.; *Schlink/Poscher*, passim. *Dagegen u.a. Ogorek*, HSKR, Bd. 2, Rn. 93; *Stern*: Staatsrecht, Bd. IV/2, S. 516; *Gröschner*, in: H. Dreier (Hrsg.), Art. 141 Rn. 13 ff./ *Jeand'Heur/ Korioth*, Rn. 317 ff.; *Mückl*, AöR 122 (1997), 513 ff.; *Uhle*, DÖV 1997, 409 ff.; *de Wall*, ZevKR 42 (1997), 353 ff.; *Starck*, in: Isensee/Rees/Rüfner (Hrsg.), 391 ff.; *Germann*, ZevKR 45 (2000), 631 ff.; *Link*, ZevKR 47 (2002), 449 ff.; *Tangermann*, ZevKR 50 (2005), 184 ff. *Czermak*: Religions- und Weltanschauungsrecht, Rn. 288, hält die Frage für „nach wie vor ungeklärt.".
82 GBl. DDR 1990 I, S. 955.

die Verfassungslage in diesen Ländern gerade einen bewussten Bruch mit vorhergehenden Traditionen dar.

Problematisch ist schließlich, ob Art. 141 GG auch im und für das aktuelle Bundesland **Berlin** gilt. Bis 1990 bestand ein Konsens über die Geltung dieser Vorschrift in Berlin (West). Denn in Gesamt-Berlin galt am 1.1.1949 das Schulgesetz von Groß-Berlin vom 26.4.1948, das in §§ 13 ff. eine von Art. 7 Abs. 2 und 3 GG abweichende Regelung über den Religionsunterricht enthielt. Ob hingegen auch das aktuelle Bundesland Berlin vom Geltungsbereich des Art. 141 GG umfasst wird, ist umstritten. Das BVerwG hat diese Frage unter weitgehender Zustimmung der Literatur bejaht.[83] Zur Begründung hat das Gericht im Wesentlichen drei Argumente angeführt. Mit dem **Beitrittsargument** wird behauptet, dass der Westteil der Stadt als Bundesland der Bundesrepublik Deutschland im 1990 „wiedervereinigten Land Berlin" fortlebe und (nur!) der Ostteil der Stadt in diesem „wiedervereinigten Land" aufgegangen sei. Das **teleologische Argument** besagt, dass der für die Wiedervereinigung Deutschlands maßgebliche Gedanke der Einheit auch im Sinne einer „Rechtseinheit" zu deuten sei. Im Hinblick auf den Religionsunterricht in Berlin folge daraus, dass eine einheitliche Lösung für das gesamte Stadtgebiet angezeigt sei, die sich zudem an dem alten Rechtszustand vor dem 1.1.1949 zu orientieren habe. Mit dem **Wortlaut-Argument** wird schließlich der gebietsbezogenen Auslegung des Art. 141 GG der Vorzug gegeben. Keines dieser drei Argumente des BVerwG vermag zu überzeugen. So ist dem Beitrittsargument mit dem Hinweis entgegenzutreten, dass der Ostteil Berlins gerade nicht qua Beitritt in dem (vermeintlich) fortlebenden Bundesland Berlin (West?) aufgegangen ist. Vielmehr erfolgte auf der Grundlage von Art. 1 Abs. 2 EinigungsV eine Neugründung (!) des aktuellen Bundeslandes Berlin durch Zusammenführung aller 23 Stadtbezirke und besonderer Rechtsvereinheitlichungsgesetze.[84] Ferner lässt sich das teleologische Argument aus dem Einheitsgedanken auch ganz entgegengesetzt deuten. Denn die geforderte Rechtseinheit kann natürlich auch durch die in Berlin flächendeckende Geltung des Art. 7 Abs. 2 und 3 GG erreicht werden; und diese Lösung liegt nicht nur grundrechtsdogmatisch, sondern auch aufgrund des Ausnahmestatus des Art. 141 GG (s.o. Rn. 441) nahe. Schließlich ist gegen das Wortlaut-Argument einzuwenden, dass Art. 141 GG nicht gebietsbezogen, sondern rechtssubjektsbezogen auszulegen ist (s.o. Rn. 444). Insgesamt ist davon auszugehen, dass Art. 141 GG in und für das aktuelle Bundesland Berlin nicht gilt, so dass auch hier das Grundrecht auf einen Religionsunterricht i.S.d. Art. 7 Abs. 2 und 3 GG geltend gemacht werden kann.

III. Die Anspruchsberechtigten

1. Die Erziehungsberechtigten

Gelegentlich wird bezweifelt, dass das Grundrecht auf Religionsunterricht i. S.d. Art. 7 Abs. 2 und 3 GG auch den Erziehungsberechtigten zusteht.[85] Bezogen auf **Art. 7 Abs. 2 GG** kann dagegen eingewandt werden, dass diese Vorschrift als lex specialis zu Art. 6

---

83 BVerwGE 110, 326 (335 f.); zustimmend etwa *Ogorek*, HSKR, Bd. 2, Rn. 94; *Pieroth*, in: Jarass/Pieroth, Art. 141 Rn. 1; *Classen*: Religionsrecht, Rn. 478; *Renck*, NJ 2008, 495. Gegenauffassung bei *Fritz*, BayVBl. 2002, 135 (136 ff.); *Unruh*, DÖV 2007, 625 (629 f.); *Kremser*, DVBl. 2008, 607 ff.; kritisch auch *Frisch*, ZevKR 49 (2004), 589 (609; Anm. 123 m.w.N.).
84 Bemerkenswert ist, dass auch das BVerwGE 110, 326 (335), vom „neu gegründeten Land Berlin" spricht.
85 So etwa *Ogorek*, HSKR, Bd. 2, Rn. 77; *Jeand'Heur/Korioth*, Rn. 311 ff.; *Korioth*, in: Bock (Hrsg.), S. 33 (45 f.). Dagegen u.a. *Hildebrandt*, S. 177 ff

Abs. 2 GG eine Verlängerung des elterlichen Erziehungsrechts in den Bereich der Schule darstellt und insofern einen unmittelbaren grundrechtlichen Status aufweist. Art. 7 Abs. 2 GG legitimiert daher als Grundrecht der Erziehungsberechtigten eine Durchbrechung der allgemeinen Schulpflicht. Auch **Art. 7 Abs. 3 GG** kann als Ausprägung des Elternrechts auf eine konfessionelle Erziehung der Kinder und darüber hinaus als Ausprägung der Schutzpflichtendimension des elterlichen Grundrechts aus Art. 4 Abs. 1 und 2 GG auf religiöse Erziehung ihrer Kinder auch im Bereich der öffentlichen Schule angesehen werden. Unter den **Begriff der Erziehungsberechtigten** fallen – insofern parallel zur Auslegung des identischen Begriffs in Art. 6 Abs. 3 GG – zunächst die Eltern, aber auch die nach den Vorschriften des bürgerlichen Rechts Sorgeberechtigten.[86] Der grundrechtliche Anspruch richtet sich gegen den Staat (ein Bundesland), nicht gegen die Religionsgemeinschaft. Der Staat ist verpflichtet, auf die Religionsgemeinschaft in Richtung der erforderlichen Kooperation einzuwirken.[87]

2. Die Schülerinnen und Schüler

447 Auch die grundrechtlich fundierte Anspruchsberechtigung der Schülerinnen und Schüler auf Religionsunterricht i.S.d. Art. 7 Abs. 2 und 3 GG wird vereinzelt in Zweifel gezogen.[88] Demgegenüber ist an die dogmatische Einordnung des Art. 7 Abs. 2 und 3 GG als bereichsspezifische Konkretisierung der Schutzpflichtendimension der Religionsfreiheit und den daraus folgenden grundrechtlichen Status des Anspruchs auf Religionsunterricht zu erinnern (s.o. Rn. 415 ff.). Dieser Unterricht stellt sich aus der Perspektive der Schülerinnen und Schüler als Bedingung der Möglichkeit ihrer Religionsausübungsfreiheit in der öffentlichen Schule dar.[89] Insoweit kommt Art. 7 Abs. 2 und 3 GG auch für diesen Personenkreis ein **Grundrechtsstatus** zu.

448 Die Möglichkeit der eigenständigen Geltendmachung des grundrechtlich fundierten Anspruchs auf Religionsunterricht ist an den Eintritt der **Religionsmündigkeit** geknüpft. Insoweit ist § 5 RelKEG einschlägig (s.o. Rn. 74). Dies gilt grundsätzlich auch für das **Abmelderecht aus Art. 7 Abs. 2 GG**. Dieser Zusammenhang ist gelegentlich mit dem Argument bestritten worden, dass das Abmelderecht aus Art. 7 Abs. 2 GG gegenüber dem im RelKEG geregelten Bekenntniswechsel ein aliud, die Altersgrenze für die eigenständige Wahrnehmung dieses Rechts demnach dort nicht geregelt sei.[90] Dagegen ist neben dem Wortlaut auch das Telos des § 5 RelKEG zu bedenken. Denn mit dieser Vorschrift sollen nicht nur die Konfessionszugehörigkeit, sondern alle mit der religiösen Selbstbestimmung zusammenhängenden Entscheidungen in die Eigenverantwortung des jungen Menschen überstellt werden.[91] Insoweit ist der religiöse Status des Kindes in seiner Gesamtheit von § 5 RelKEG umfasst. Dazu zählt auch die Entscheidung über die Abmeldung vom Religionsunterricht. In diesem Zusammenhang kann als Zusatzargument angeführt werden, dass anderenfalls nur durch Kirchenaustritt ein Dispens vom Religionsunterricht herbeigeführt werden könnte. Im Ergebnis kann die Abmeldung vom Religionsunterricht grundsätzlich durch die konfessionsan-

---

[86] Statt vieler *v. Campenhausen/de Wall*, § 27, Rn. 40.
[87] *Stern*: Staatsrecht, Bd. IV/2, S. 507.
[88] Zum Streitstand *Stern*: Staatsrecht, Bd. IV/2, S. 422 ff.
[89] Ebenso u.a. *Classen*: Religionsrecht, Rn. 475; *Hildebrandt*, S. 190 ff., und *M. Heckel*, JZ 1999, 741 (746 ff.). A.A. wiederum *Jeand'Heur/Korioth*, Rn. 311 ff.; *Korioth*, in: Bock (Hrsg.), S. 33 (45 f.).
[90] So etwa *Feuchte*, DÖV 1965, 665 ff. Dagegen überzeugend etwa *Frisch*, ZevKR 49 (2004), 589 (607).
[91] Zum Bestimmungsrecht der Eltern *Jestaedt*, HSKR, Bd. 2, Rn. 75 ff.

§ 12 Religionsunterricht

gehörigen Schülerinnen und Schüler selbst erfolgen, sobald sie mit der Vollendung des 14. Lebensjahres die allgemeine Religionsmündigkeit erreicht haben.

Dieser Grundsatz wird durch vorkonstitutionelles Landesverfassungsrecht in **Bayern** gem. Art. 137 Abs. 1 Verf-Bay und im **Saarland** gem. Art. 29 Abs. 2 S. 3 Verf-Saarl durchbrochen. In beiden Vorschriften wird die Altersgrenze (nur) für die Abmeldung vom Religionsunterricht auf 18 Jahre festgesetzt (s.o. Rn. 74). Diese Durchbrechung ist über Art. 125 Nr. 2 i.V.m. Art. 74 Nr. 1 GG verfassungsrechtlich gedeckt, denn beide Vorschriften wurden nach dem 8.5.1945 erlassen und widersprechen zwar nicht im Wortlaut, wohl aber inhaltlich § 5 RelKEG. Sie gelten demnach als partielles Bundesrecht weiter.[92] Umstritten ist, ob damit in den genannten Bundesländern nur die Wahrnehmung des Abmelderechts aus Art. 7 Abs. 2 GG betroffen oder darüber hinaus die Altersgrenze für das Erreichen der Religionsmündigkeit insgesamt auf 18 Jahre festgesetzt ist.[93] Für eine Ausweitung des Anwendungsbereichs der beiden landesverfassungsrechtlichen Vorschriften mag das Desiderat einer einheitlichen Regelung der Religionsmündigkeit sprechen. Ihr eindeutiger Wortlaut nimmt hingegen ausdrücklich nur das Recht zur Abmeldung vom Religionsunterricht vom Regelungsgehalt des § 5 RelKEG aus. Als Ausnahmevorschriften sind sie daher – wie in anderem Zusammenhang Art. 141 GG (s.o. Rn. 441) – eng auszulegen und damit ihr Anwendungsbereich auf das Abmelderecht aus Art. 7 Abs. 2 GG zu begrenzen. Die daraus in den betroffenen Bundesländern resultierende Gespaltenheit der Religionsmündigkeit ist in der Sache unbefriedigend, aus dogmatischen Gründen jedoch hinzunehmen und ggf. durch entsprechende Verfassungsänderungen zu beseitigen.

3. Die Religionsgemeinschaften

Während vielfach die Anspruchsberechtigung aus Art. 7 Abs. 2 und 3 GG auf die Religionsgemeinschaften reduziert wird (s.o. Rn. 446 f.), wird umgekehrt jedenfalls die umfassende **Anspruchsberechtigung** der Religionsgemeinschaften bestritten. Als Argument wird angeführt, dass der Religionsunterricht „der Schüler und nicht der Kirchen wegen geleistet" werde. Der Anspruch der Religionsgemeinschaften sei auf die Einhaltung der Übereinstimmungsklausel begrenzt.[94] Dagegen ist zunächst darauf hinzuweisen, dass der Zusammenhang des Religionsunterrichts mit der Schutzpflichtendimension der Religionsfreiheit auch für die Religionsgemeinschaften gilt: Den Religionsgemeinschaften soll die Wahrnehmung ihres religiösen Auftrags unter dem Teilaspekt des Auftrags zur religiösen Erziehung auch in der Sphäre der öffentlichen Schule ermöglicht werden.[95] Im Übrigen kann eine Parallele zur Anstaltsseelsorge gezogen werden, denn auch dort erfolgt – wenn auch ausdrücklich – die Sicherung des Individualgrundrechts der Religionsfreiheit durch eine (Zugangs-)Berechtigung der Religionsgemeinschaften.

Der grundrechtlich fundierte Anspruch auf Einrichtung von Religionsunterricht ist kein Privileg der christlichen Großkirchen, sondern steht grundsätzlich allen Religionsgemeinschaften zu. Insbesondere das Aufkommen neuer Religionen und Religionsgemeinschaften führt jedoch direkt zu der Frage, ob eine Religionsgemeinschaft, die die Einrichtung eines Religionsunterrichts ihrer Konfession verlangen kann, eine bestimm-

---

[92] *Frisch*, ZevKR 49 (2004), 589 (608 f.); *Robbers*, in: Huber/Voßkuhle (Hrsg.), Art. 7 Rn. 109.
[93] Für eine Ausweitung auf die Religionsmündigkeit u.a. *Frisch*, ZevKR 49 (2004), 589 (608 f.) m.w.N.
[94] *Maurer*: Die verfassungsrechtliche Grundlage des Religionsunterrichts, S. 234 (243 f.).
[95] Vgl. *Hildebrandt*, S. 196 ff.; i.E. ebenso *Classen*: Religionsrecht, Rn. 475.

te formale Qualität aufweisen muss. So ist in diesem Zusammenhang die These aufgestellt worden, dass die Anspruchsberechtigung der Religionsgemeinschaften ihren Status als Körperschaft des öffentlichen Rechts voraussetze.[96] Historisch wird diese These mit dem Hinweis begründet, dass die Verfassunggeber der Weimarer Reichsverfassung und des Grundgesetzes bei der Formulierung des Anspruchs auf Religionsunterricht ausschließlich die als Körperschaften organisierten Kirchen im Bewusstsein gehabt hätten. In teleologischer Hinsicht wird darauf abgestellt, dass mit dem Religionsunterricht i.s.d. Art. 7 Abs. 2 und 3 GG als Teil des staatlichen Erziehungsauftrags eine besonders sensible Verbindung zwischen dem Staat und den Religionsgemeinschaften geknüpft werde. Diese Verbindung erfordere eine unbedingte Grundgesetzkonformität der betreffenden Religionsgemeinschaft, die ihrerseits (nur?) durch die Voraussetzung des Körperschaftsstatus gewährleistet werden könne. Die überwiegende Auffassung in der religionsverfassungsrechtlichen Literatur[97] hält dieser These zunächst den eindeutigen Wortlaut des Art. 7 Abs. 2 und 3 GG entgegen, der den Körperschaftsstatus als einschränkende Anspruchsvoraussetzung nicht erwähnt. Im Übrigen wird der zur Grundrechtsförderung eröffnete Körperschaftsstatus i.S.d. Art. 140 GG i.V.m. Art. 137 Abs. 5 WRV in sein Gegenteil verkehrt, wenn er im Rahmen des Art. 7 Abs. 2 und 3 GG zur Voraussetzung erklärt und damit zur Einschränkung des grundrechtlichen Anspruchs auf Religionsunterricht herangezogen wird. In teleologischer Hinsicht kann schließlich darauf hingewiesen werden, dass die zur Einrichtung und Durchführung des Religionsunterrichts erforderliche Kooperationsfähigkeit der betreffenden Religionsgemeinschaften zwar den Rekurs auf die materiellen Voraussetzungen für die Verleihung des Körperschaftsstatus als sinnvoll erscheinen lässt, diesen Status selbst jedoch nicht voraussetzt. Insgesamt ist daher der **Körperschaftsstatus keine Voraussetzung** für die Wahrnehmung des grundrechtlichen Anspruchs aus Art. 7 Abs. 2 und 3 GG.

452 Gleichwohl stellt der Verfassungsbegriff des Religionsunterrichts **organisatorische Anforderungen** an eine Religionsgemeinschaft, die den grundrechtlichen Anspruch aus Art. 7 Abs. 2 und 3 GG geltend machen möchte. Denn die Einhaltung der Übereinstimmungsklausel und die damit verbundene Kooperation von Staat und Religionsgemeinschaften erfordern, dass dem Staat ein kooperationsbereiter und -fähiger Partner gegenübersteht.[98] Die Kriterien sind – neben dem Erfordernis der Erfüllung der Begriffsmerkmale der Religionsgemeinschaft (s.o. Rn. 153) – im Wesentlichen den materiellen Anforderungen für die Erteilung des Körperschaftsstatus i.S.d. Art. 140 GG i.V.m. Art. 137 Abs. 5 WRV angeglichen.[99] Dazu zählt etwa die Gewähr der Dauer durch ein Mindestmaß an organisatorischer Festigkeit und eine Mindestschülerzahl. Ferner muss eine als solche klar erkennbare Instanz vorhanden sein, die in der Lage ist, die für den Religionsunterricht maßgeblichen „Grundsätze" der betreffenden Religionsgemeinschaft zu formulieren. Die erforderliche Feststellung der Anzahl derjenigen Schülerinnen und Schüler, die zur Teilnahme an dem jeweiligen Religionsunterricht qua Konfessionszugehörigkeit verpflichtet sind, setzt darüber hinaus eine klare Mit-

---

96 So vor allem *Korioth*, NVwZ 1997, 1041 (1046 f.); *ders.*, in: Bock (Hrsg.), S. 33 (48 ff.); *Hillgruber*, JZ 1999, 538 (546).
97 *Ogorek*, HSKR, Bd. 2, Rn. 43 ff.; *Frisch*, ZevKR 49 (2004), 589 (633); *Classen*: Religionsrecht, Rn. 483; *Robbers*, in: Huber/Voßkuhle (Hrsg.), Art. 7 Rn. 151.
98 Ebenso statt vieler *Grzeszick*, ZevKR 62 (2017), 362 (368) m.w.N.
99 Dazu u.a. BVerwGE 123, 49 (70); *Hildebrandt*, S. 225 ff.; *Gartner*, S. 251 ff.; auch *Magen*, in: Umbach/Clemens (Hrsg.), Art. 140 Rn. 60.

§ 12 Religionsunterricht

gliedschaftsregelung der betreffenden Religionsgemeinschaft voraus. Schließlich ist auch ohne Körperschaftsstatus und ohne Präjudiz für eine sonstige Rechtsform die allgemeine Rechtsfähigkeit der Religionsgemeinschaft eine Voraussetzung für die Geltendmachung des Anspruchs auf Religionsunterricht.

Gem. Art. 140 GG i.V.m. Art. 137 Abs. 7 WRV können auch die **Weltanschauungsgemeinschaften** einen dem Art. 7 Abs. 2 und 3 GG entsprechenden Anspruch auf die Schaffung und Erhaltung der Bedingungen der Möglichkeit eines Weltanschauungsunterrichts geltend machen.[100] Auf dieser Grundlage, d.h. die Nicht-Geltung des Art. 141 GG im Bundesland Berlin vorausgesetzt (s.o. Rn. 445), bietet etwa der Landesverband Berlin des Humanistischen Verbands Deutschlands (HVD) einen Unterricht im Fach „Lebenskunde" an.[101] Eine Entscheidung des VG Düsseldorf kommt hingegen zu einem abweichenden Ergebnis. Danach habe der Verfassunggeber die Weltanschauungsgemeinschaften in Art. 7 Abs. 3 GG bewusst nicht erwähnt und den Unterricht nach Maßgabe dieser Vorschrift den Religionsgemeinschaften vorbehalten.[102]

453

IV. Schranken

Als Grundlage für die Versagung des grundrechtlich fundierten Anspruchs auf Religionsunterricht kommen mangels ausdrücklichen Gesetzesvorbehalts nur **verfassungsimmanente Schranken** in Betracht. Grundrechtsdogmatisch bilden die verfassungsimmanenten Schranken ein aliud gegenüber dem staatlichen Aufsichtsrecht i.S.d. Art. 7 Abs. 3 S. 2 GG, das unmittelbar aus dem Status des Religionsunterrichts als staatlicher Veranstaltung folgt. Da der Staat bzgl. des Religionsunterrichts in eine ähnlich enge Beziehung mit den Religionsgemeinschaften tritt wie mit der Verleihung des Status einer Körperschaft des öffentlichen Rechts, ist es sinnvoll, die Schranken parallel zu formulieren (s.o. Rn. 290). So hat das BVerwG zutreffend und mit Zustimmung der religionsverfassungsrechtlichen Literatur festgestellt: „Genauso wie eine Religionsgemeinschaft, die den Status einer Körperschaft des öffentlichen Rechts anstrebt, muss eine Religionsgemeinschaft, die die Einführung von Religionsunterricht begehrt, die Gewähr dafür bieten, dass ihr künftiges Verhalten die in **Art. 79 Abs. 3 GG** umschriebenen fundamentalen Verfassungsprinzipien, die dem staatlichen Schutz anvertrauten **Grundrechte Dritter** sowie die **Grundprinzipien des freiheitlichen Religions- und Staatskirchenrechts des Grundgesetzes** nicht gefährdet."[103] Hinzu kommt die Gewähr der Beachtung der (landes-) verfassungsrechtlich bzw. gesetzlich konkretisierten Erziehungsziele. In dieser Schranke liegt insgesamt kein Verstoß gegen das Neutralitätsgebot bzw. das Verbot einer religionsverfassungsrechtlich relevanten Benachteiligung bestimmter Religionsgemeinschaften. Denn der Staat bestimmt nicht die Glaubensinhalte der Religionsgemeinschaften. Er kann und muss aber überprüfen, ob die ihm vorgelegten Grundsätze für den Inhalt des Religionsunterrichts mit seinem (Religions-) Verfassungsrecht und seinen schulischen Erziehungszielen kompatibel sind.[104] Im Übrigen dürften gerade die beschriebenen Grenzen integrationsfördernd wirken, da mit

454

---

100 *Ogorek*, HSKR, Bd. 2, Rn. 47 f.; *v. Campenhausen/de Wall*, § 37, Rn. 23; *Oebbecke*, DVBl. 1996, 336 (339). Zur Regelung in Brandenburg LVerfG Bbg, NVwZ 2006, 1052; kritisch *Janz*, ZevKR 53 (2008), 40 ff.
101 Dazu *Czermak*: Religions- und Weltanschauungsrecht, Rn. 296.
102 VG Düsseldorf, Urt. v. 19.1.2011 – 18 K 5288/07, KirchE 57 (2011), S. 67 ff.; dazu *Ogorek*, HSKR, Bd. 2, Rn. 49.
103 BVerwGE 123, 49 (73); zustimmend etwa *Gröschner*, in: H. Dreier (Hrsg.), Art. 7 Rn. 93; *Bock*, in: ders. (Hrsg.), S. 3 (17).
104 Ebenso *Hildebrandt*, S. 237.

dem Religionsunterricht das offene und neutrale Religionsverfassungsrecht des Grundgesetzes nicht in Frage gestellt werden darf.[105]

455 Die Anwendung und die konkreten Folgen dieser verfassungsimmanenten Schranke für den Anspruch auf Religionsunterricht sind z.T. umstritten. Bzgl. der **Anwendung** wird gelegentlich die Auffassung vertreten, dass eine Vermutung für das verfassungsgemäße Verhalten der Religionsgemeinschaft(en) bestehe, so dass nur eine repressive Kontrolle gerechtfertigt sei. Insofern müsse der Staat die Einrichtung des Religionsunterrichts der betreffenden Konfession betreiben und könne allenfalls einen Beobachtungszeitraum festsetzen.[106] Dagegen ist jedoch einzuwenden, dass ein nur nachträgliches bzw. repressives Einschreiten angesichts der möglichen Gefährdungen für die in der verfassungsimmanenten Schranke aufgeführten Kriterien und die Erziehungsziele des Staates nicht hinreichend effektiv wäre: „Der Schutz der Schulkinder vor der Beeinflussung durch Religionsgemeinschaften, die in Bezug auf die Einhaltung tragender Verfassungsprinzipien Bedenken begegnen, ist ein so hohes Gut, dass dem Staat die Zusammenarbeit gar nicht erst angesonnen werden kann."[107] Daraus folgt, dass die Einrichtung eines Religionsunterrichts zu versagen ist, wenn dieser Unterricht inhaltlich von einer Religionsgemeinschaft verantwortet werden soll, deren Verfassungstreue plausibel in Zweifel steht. Die verfassungsimmanente Schranke des Art. 7 Abs. 2 und 3 GG löst also im Ergebnis eine **Präventivkontrolle** auf der Grundlage einer Prognoseentscheidung aus.[108]

456 Im Hinblick auf die konkreten **Folgen** des Eingreifens der verfassungsimmanenten Schranke ist streitig, ob eine vollständige Versagung des Anspruchs auf Religionsunterricht oder eine inhaltliche Reduktion der Lehrinhalte um die verfassungsrechtlich bedenklichen Elemente angezeigt ist. Für die Reduktionsthese werden – soweit ersichtlich – zwei Argumente angeführt.[109] Zum einen wird die hohe verfassungsrechtliche Bedeutung der grundrechtlichen Gewährleistung aus Art. 7 Abs. 2 und 3 GG betont. Diesem Argument kann jedoch die zumindest gleichgewichtige Bedeutung der in der verfassungsimmanenten Schranke aufgeführten Verfassungsgüter entgegengestellt werden. Zum anderen wird implizit auf die Dogmatik der Grundrechtsschranken, und hier auf das Kriterium der Erforderlichkeit des Grundrechtseingriffs hingewiesen. Vor diesem Hintergrund sei die Reduktion der Lehrinhalte das mildere Mittel gegenüber einem vollständigen Ausschluss vom Religionsunterricht und daher vorzugswürdig. Zweifel ergeben sich hier aber schon auf der Stufe der Geeignetheit. Denn es ist schwer vorstellbar, dass eine Religionsgemeinschaft, die aus theologischen Gründen etwa eine theokratische Herrschaft mit der rechtlichen Ungleichbehandlung der Geschlechter anstrebt, plausible Lehrinhalte entwickeln kann, die von diesen immanenten Konsequenzen des eigenen Glaubens abstrahieren. Ein grundlegend inhaltlich kupierter Unterricht dürfte im Rahmen der staatlichen Plausibilitätskontrolle nicht mehr als Religionsunterricht i.S.d. Art. 7 Abs. 2 und 3 GG zu qualifizieren sein. Insofern sprechen gute Gründe dafür, beim Eingreifen der verfassungsimmanenten Schranke eine **vollständige Untersagung** des Religionsunterrichts auszusprechen.

---

105 Ebenso *Hense*, in: Heinig (Hrsg.), S. 169 (187); *Heimann*, NVwZ 2002, 935 (942).
106 So etwa *Gartner*, S. 258 f. m.w.N.
107 BVerwGE 123, 49 (74).
108 BVerwGE 123, 49 (73 f.); ebenso *Bock*, in: ders. (Hrsg.), S. 3 (18 f.) m.w.N.
109 Vgl. *Classen*: Religionsrecht, Rn. 484, 487.

V. Insbesondere: Islamischer Religionsunterricht

1. Allgemeines

Der Islam hat sich gemessen an der Zahl der Gläubigen als drittgrößte Religionsgemeinschaft in Deutschland etabliert. In einigen Bundesländern ist es schon zu Modellversuchen zur Einführung islamischen Religionsunterrichts gekommen.[110] Im Übrigen werden in einigen Bundesländern unterschiedliche **Alternativmodelle** angeboten. Cum grano salis sind zwei Modelle zu unterscheiden.[111] Im ersten Modell übernimmt der Staat nicht nur die organisatorische, sondern auch die inhaltliche Verantwortung für den Unterricht in islamischer Religion. In diesem **Staatsmodell** wird der Unterrichtsinhalt in Abstimmung mit islamischen Gruppen, Experten und/oder dem türkischen Erziehungsministerium festgelegt. Demgegenüber wird im **Konsulatsmodell** der Unterricht im Fach Islam inhaltlich von den jeweiligen Herkunftsländern verantwortet und durch die jeweiligen diplomatischen oder konsularischen Vertretungen durchgeführt. Beide Modelle unterliegen starken religionsverfassungsrechtlichen Bedenken. Sie können zunächst nicht als Religionsunterricht i.S.d. Art. 7 Abs. 2 und 3 GG angesehen werden, weil sie inhaltlich nicht von einer Religionsgemeinschaft verantwortet werden. Weder ein deutsches Bundesland noch ein auswärtiger Staat können als Religionsgemeinschaft angesehen werden.[112] Darüber hinaus sprechen das Neutralitäts- und das Trennungsgebot aus Art. 4 Abs. 1 und 2 GG bzw. Art. 140 GG i.V.m. Art. 137 Abs. 1 WRV sowie das Selbstbestimmungsrecht der Religionsgemeinschaften aus Art. 140 GG i.V.m. Art. 137 Abs. 3 WRV gegen die Zulässigkeit der beiden Modelle.[113] Gleichwohl wird die These vertreten, dass die Abweichungen von den religionsverfassungsrechtlichen Voraussetzungen für einen Religionsunterricht zumindest **übergangsweise** als „Grundrechtshilfe" hinzunehmen seien, da sie der grundgesetzlichen Regelung immerhin näher stünden als die Nichteinführung oder Beseitigung jeglicher religiöser Unterweisung.[114] Diese pragmatischen Erwägungen vermögen jedoch die grundlegenden religionsverfassungsrechtlichen Bedenken nicht zu zerstreuen. Unterhalb der Schwelle einer Einführung islamischen Religionsunterrichts i.S.d. Art. 7 Abs. 2 und 3 GG bleibt dem Staat daher nur die Möglichkeit, einen neutralen Unterricht in islamischer Religionskunde anzubieten.

457

Die Möglichkeit einer Einführung eines islamischen Religionsunterrichts i. S.d. Art. 7 Abs. 2 und 3 GG ist nicht nur im Hinblick auf die Integration weiter Bevölkerungsteile bedeutsam, sondern formt zugleich einen „**Prüfstein**" für die Anpassungs- und Funktionsfähigkeit des geltenden Religionsverfassungsrechts.[115] So hat sich u.a. auch die Deutsche Islam Konferenz mit diesem Thema intensiv beschäftigt.[116] Auf dem Weg

458

---

110 Überblick bei *Oebbecke*, EssGspr. 49 (2016), 153 (156 ff.).
111 Überblick bei *v. Campenhausen/de Wall*, § 37, Rn. 16 ff.; *Beaucamp/Wißmann*, DVBl. 2017, 1517 ff.; *M. Heckel*, JZ 1999, 741 (743); auch *Kloepfer*, DÖV 2006, 45 (51 f.). Zur Entwicklung des islamischen Religionsunterrichts, den Stellungnahmen der Religionsgemeinschaften und aktuellen Problemen auch aus pädagogischer Perspektive siehe auch *Grethlein*, ZThK 108 (2011), 355 ff.
112 BVerfG, NJW 2017, 1166; *Grzeszick*, ZevKR 62 (2017), 362 (382).
113 Ebenso u.a. *M. Heckel*, JZ 1999, 741 (753 f.).
114 So etwa *Langenfeld*, S. 512 f.; *M. Heckel*, JZ 1999, 741 (754). Gegenauffassung u.a. bei *Classen*: Religionsrecht, Rn. 500; *Heimann*, DÖV 2003, 238, (244).
115 *Korioth*, in: Bock (Hrsg.), S. 33 (35); auch *Kloepfer*, DÖV 2006, 45 (53 f.). Zur Rspr. *Bock*, NVwZ 2007, 1250 (1253).
116 Vgl. die Dokumentation der Tagung der Deutschen Islam Konferenz vom 13./14.2.2011 zum Thema „Islamischer Religionsunterricht in Deutschland. Perspektiven und Herausforderungen", zu beziehen über das Bundesamt für Migration und Flüchtlinge oder www.deutsche-islam-konferenz.de.

zu einem islamischen Religionsunterricht sind einige Probleme zu überwinden[117], die systematisch in zwei Gruppen unterteilt werden können. Die erste Gruppe enthält Probleme des Anspruchsinhalts, die in der Frage münden, ob die organisatorischen und sonstigen formalen Voraussetzungen des grundrechtsfundierten Anspruchs auf islamischen Religionsunterricht erfüllt sind. Die zweite Gruppe bezieht sich auf mögliche Inhalte dieses Unterrichts, die in Konflikt mit der verfassungsimmanenten Schranke des Art. 7 Abs. 2 und 3 GG geraten könnten.

2. Probleme des Anspruchsinhalts

a) Der Begriff der Religionsgemeinschaft

459 Im Hinblick auf die Voraussetzungen des Anspruchs auf islamischen Religionsunterricht sind zwei Probleme besonders virulent, die nachhaltig zu lösen sind, und für die im Folgenden mögliche Lösungen skizziert werden. Zunächst stellt sich die Frage, ob die aktuellen islamischen Vereinigungen, die als Träger der inhaltlichen Verantwortung eines derartigen Unterrichts in Frage kommen, unter den Begriff der Religionsgemeinschaft fallen. In diesem Zusammenhang sind zumindest sechs Teilfragen bzw. Teilaspekte zu behandeln. So ist zunächst zu klären, ob eine Religionsgemeinschaft **alle Angehörigen einer Religion** umfassen muss. Diese Frage resultiert aus dem Umstand, dass der Islam als Religion nicht nur organisatorisch vage[118], sondern auch theologisch heterogen ist.[119] Sie ist mit dem Hinweis darauf zu verneinen, dass die Religionsfreiheit den Gläubigen – im Rahmen der Plausibilität – die Definitionshoheit über ihr Bekenntnis zuschreibt, so dass sich zu einer Religionsgemeinschaft auch Angehörige verwandter Konfessionen zusammenfinden können, wenn und soweit keine Fundamentalunterschiede vorliegen.[120] Ferner wird darauf zu achten sein, dass eine Vereinigung nur dann als Religionsgemeinschaft angesehen werden kann, wenn die Pflege der gemeinsamen Religion der Angehörigen den Mittelpunkt ihrer Aktivitäten darstellt. Das Kriterium der **Zentralität des Bekenntnisses** (s.o. Rn. 418) schließt ein sonstiges wirtschaftliches, politisches oder kulturelles Engagement nicht aus; beim politischen Islam ist es jedoch nicht erfüllt.[121] Probleme bereitet – drittens – das zur Abgrenzung von den religiösen Vereinen maßgebliche Kriterium der **umfassenden Pflege der Religion**. Vor diesem Hintergrund wird ganz überwiegend und zutreffend angenommen, dass islamische Vereine, die sich ausschließlich zu dem Zweck gebildet haben, islamischen Religionsunterricht anzubieten („Religionsunterrichtsgemeinschaften"), nicht als Religionsgemeinschaften i.S.d. Art. 7 Abs. 2 und 3 GG qualifiziert werden können.[122] Besonders umstritten ist die Frage, ob auch **Dachverbände** islamischer (Moschee-) Vereinigungen als Religionsgemeinschaft angesehen werden können (s.o. Rn. 253, 292).[123] Das **BVerwG** hatte dazu in seiner Grundsatzentscheidung aus 2005 entsprechende

---

117 Überblick bei *Oebbecke*, EssGspr. 49 (2016), 153 ff.
118 Dazu *Grzeszick*, ZevKR 62 (2017), 362 (371 f.).
119 Zu den unterschiedlichen Richtungen und Rechtsschulen im Islam u.a. *Zacharias*, in: Muckel (Hrsg.), S. 43 ff.
120 Ebenso BVerwGE 123, 49 (56); *M. Heckel*, RdJB 2004, 39 (51).
121 Ebenso *Coumont*, in: Muckel (Hrsg.), S. 440 (558 f.).
122 Wie hier u.a. *Muckel/Tillmanns*, in: Muckel (Hrsg.), S. 234 (267); *Poscher*, in: Der Staat 39 (2000), 49 (59); a.A. *Heimann*, DÖV 2003, 238 (242): „Religionsunterrichtsgemeinschaft" genügt.
123 Dazu die Grundsatzentscheidung BVerwGE 123, 49. Zu den Erscheinungsformen islamischer Dachorganisationen *Hennig*, S. 27 ff.; *Lemmen*, in: Bock (Hrsg.), S. 151 ff. Überblick zum Streitstand zur Dachverbandsthematik u.a. bei *Hense*, in: Heinig (Hrsg.), S. 169 (179 f.) m.w.N.

Voraussetzungen formuliert.[124] Das OVG Münster hält diese Voraussetzungen beim Zentralrat der Muslime e.V. und dem Islamrat für die Bundesrepublik Deutschland e.V. für (noch) nicht erfüllt.[125] Ob dieses (fragwürdige) Urteil angesichts der erkennbaren Anstrengungen der Dachverbände, den Anforderungen aus dem BVerwG-Urteil nachzukommen, Bestand haben wird, bleibt abzuwarten. Gemeinsamer Ausgangspunkt ist die Prämisse, dass eine Religionsgemeinschaft nur dann vorliegt, wenn die betreffende Vereinigung ein gewisses persönliches Substrat und nicht nur juristische Personen als Mitglieder aufweist. Diese Voraussetzung ist jedenfalls dann erfüllt, wenn sich die Angehörigen der jeweiligen Konfession auf der örtlichen Ebene zu Vereinigungen zusammengeschlossen haben, die ihrerseits einen landes- und/oder bundesweiten Verband bilden und die Erfüllung der durch das gemeinsame Bekenntnis gestellten Aufgaben arbeitsteilig auf den verschiedenen Ebenen des Verbandes erfolgt. Denn in diesem Fall können die Konfessionsangehörigen auf der örtlichen Ebene, d.h. konkret die Mitglieder der betreffenden islamischen Moscheevereine, als das persönliche Substrat der Vereinigung identifiziert werden, deren verschiedene Ebenen durch ein organisatorisches Band zusammengehalten werden. Auch eine Satzungsregelung, mit der die Mitglieder der Moscheevereine zugleich zu Mitgliedern des jeweiligen Dachverbandes erklärt werden, könnte das persönliche Substrat des Dachverbandes sichern. Beides gilt allerdings nach verbreiteter Ansicht nur dann, wenn der Dachverband tatsächlich in die umfassende Pflege der Religion eingebunden und nicht auf die Koordination von Tätigkeiten der Mitgliedsvereine beschränkt ist.[126] Gegen diese Ansicht sprechen aber die religiöse Vereinigungsfreiheit aus Art. 140 GG i.V.m. Art. 137 Abs. 2 und das Selbstbestimmungsrecht der Religionsgemeinschaften aus Art. 140 GG i.V.m. Art. 137 Abs. 5 WRV.[127] Der fünfte problematische Teilaspekt betrifft die Übereinstimmungsklausel i.S.d. Art. 7 Abs. 3 S. 2 GG. Damit der islamische Religionsunterricht „in Übereinstimmung mit den Grundsätzen" einer islamischen Religionsgemeinschaft erteilt werden kann, muss auf Seiten des staatlichen Gegenüber eine **Instanz** vorhanden sein, die befugt und in der Lage ist, diese Grundsätze und damit die Inhalte des Religionsunterrichts verbindlich festzulegen. Diese Funktionen könnten in der Zukunft die Vorstände der als Religionsgemeinschaften anzusehenden Dachverbände wahrnehmen.[128] Schließlich muss – sechstens – für die zuständigen staatlichen Stellen erkennbar sein, welche Schüler im Rahmen der Schulpflicht zur Teilnahme am Religionsunterricht – vorbehaltlich der Abmeldemöglichkeit – verpflichtet sind. Voraussetzung dafür ist eine **klare Mitgliedschaftsregelung** in der und für die Religionsgemeinschaft. Da der Islam kein eigenes Mitgliedschaftsrecht kennt, können und sollten insofern vor allem die Mitgliedschaftsverzeichnisse der örtlichen Moscheevereine herangezogen werden. Im Übrigen sollte die Mitgliedschaft der Eltern als Indikator für die Teilnahmepflicht der Kinder am islamischen Religionsunterricht dienen[129] oder auf eine Anmeldemodell ausgewichen werden.[130]

---

124 BVerwGE 123, 49.
125 OVG Münster, KuR 2017, 245; dazu *Niestegge*, KuR 2018, 140 ff. Skeptisch auch *Grzeszick*, ZevKR 62 (2017), 362 (387).
126 Ebenso BVerwGE 123, 49 (57, 59, 62); *Gartner*, S. 252; *Bock*, in: ders. (Hrsg.), S. 3 (25); *M. Heckel*, JZ 1999, 741 (752); *Robbers*, in: Huber/Voßkuhle (Hrsg.), Art. 7 Rn. 154; a. A. *Muckel/Tillmanns*, in: Muckel (Hrsg.), S. 234 (268 f.); *Kloepfer*, DÖV 2006, 45 (51).
127 Vgl. *de Wall*, in: Walter/Oebbecke/von Ungern-Sternberg/Indenbruck (Hrsg.), S. 15 (30).
128 Ebenso *Gartner*, S. 254; *Bock*, in: ders. (Hrsg.), S. 3 (15 f.).
129 Ebenso *Gartner*, S. 255; *Bock*, in: ders. (Hrsg.), S. 3 (17); a. A. *M. Heckel*, JZ 1999, 741 (753).
130 *Ogorek*, HSKR, Bd. 2, Rn. 105 m.w.N., hält das Problem durch die „Gründung repräsentativer Vereine und Verbände" für lösbar.

b) Das Beiratsmodell

460 Zur Abhilfe des (vermeintlichen) Mangels an Ansprechpartnern in Gestalt islamischer Religionsgemeinschaften ist ausgehend von Überlegungen des Wissenschaftsrates und der DIK zu Islamischen Studien an deutschen Universitäten[131] auch für die Einführung von islamischem Religionsunterricht an öffentlichen Schulen ein Beiratsmodell entwickelt worden.[132] Danach kann und soll als Gegenüber zum Staat ein Beirat gebildet werden, der die den Religionsgemeinschaften vorbehaltenen Mitwirkungsrechte bei der Ein- und Durchführung des islamischen Religionsunterrichts wahrnimmt. Die Bildung des Beirats soll nach einer Variante des Beiratsmodells durch das zuständige staatliche Ministerium, nach einer anderen Variante durch die Religionsgemeinschaften selbst erfolgen. Hinsichtlich der **Zusammensetzung des Beirats** wird übereinstimmend zwischen zwei Gruppen unterschieden. Die Hälfte der Mitglieder (zumeist vier) soll sich aus theologisch, religionspädagogisch oder islamwissenschaftlich qualifizierten Vertreterinnen und Vertretern der organisierten Muslime zusammensetzen, die von den im jeweiligen Bundesland bestehenden bzw. ausdrücklich benannten islamischen Organisationen oder Dachverbänden bestimmt werden. Die andere Hälfte soll sich aus vergleichbar qualifizierten muslimischen Persönlichkeiten des öffentlichen Lebens und Religionsgelehrten rekrutieren, die vom jeweiligen staatlichen Ministerium im Einvernehmen mit den islamischen Organisationen oder Dachverbänden bestimmt werden. Mit dieser zweiten Gruppe soll eine lückenlose Repräsentation aller muslimischen Schülerinnen und Schüler erreicht werden, also auch derjenigen, die nicht in einer der in Bezug genommenen islamischen Organisationen bzw. Dachverbänden organisiert sind. Daraus wird die Legitimation hergeleitet, einen für alle muslimischen Schülerinnen und Schüler verpflichtenden islamischen Religionsunterricht ein- und durchführen zu können, der alle Strömungen innerhalb des Islam abdecken und dem noch immer geringen Organisationsgrad islamischer Religionsgemeinschaften Rechnung tragen soll.

461 Dieses – hier nur grob skizzierte – Beiratsmodell begegnet **religionsverfassungsrechtlichen Bedenken**. So ist bereits die erste Variante der Bildung des Beirats problematisch, d.h. die Vorgabe, dass der Beirat unmittelbar durch eine staatliche Instanz in Gestalt des zuständigen Ministeriums gebildet werden soll. Religionsverfassungsrechtlich ist die Organisation des Gegenübers zum Staat im Bereich des Selbstbestimmungsrechts der Religionsgemeinschaften zu verorten.[133] Es liegt daher nahe, auf eine Vereinbarung zwischen den betroffenen bzw. in Aussicht genommenen Dach- bzw. Spitzenverbänden hinzuwirken und im Schulgesetz (nur) eine Ermächtigungsnorm zu verankern, die es erlaubt, mit einem durch die islamischen Organisationen bzw. Dach-/Spitzenverbände gebildeten Beirat zwecks Einführung islamischen Religionsunterrichts zu kooperieren. Ferner wirft auch die **Zusammensetzung des Beirats** Probleme auf. So ist eingewandt worden, dass eine staatlich-selektive Auswahl der religionsgemeinschaftlichen Kooperationspartner gegen die Verpflichtung des Staates zu religiös-weltanschaulicher Neutralität verstieße und im Ergebnis auf die Etablierung eines unzulässigen „Staatsislam"

---

131 Vgl. *Wissenschaftsrat*: Empfehlungen zur Weiterentwicklung von Theologien und religionsbezogenen Wissenschaften an deutschen Hochschulen, 2010, S. 78 ff.; *de Wall*, in: DIK, S. 90 ff.; *Walter*, DVBl. 2010, 993 (998 f.).
132 Siehe dazu das 6. Schulrechtsänderungsgesetz in NRW vom 21.12.2011 mit Inkrafttreten zum 1.8.2012 gemäß Drs. 15/3545; s.o. Rn. 456.
133 *De Wall*, in: DIK, S. 90 (98).

hinauslaufen könnte.[134] Diesem Einwand kann nur durch eine gesetzliche Regelung begegnet werden, die eine staatliche Selektion verhindert und den Staat verpflichtet, alle bekenntnismäßig einschlägigen Religionsgemeinschaften zur Kooperation einzuladen. Religionsverfassungsrechtlich schwerer wiegende Fragen wirft hingegen die Mitgliedschaft nicht-organisierter Muslime auf, in der sich die Idee der allgemeinen Repräsentation in besonderer Weise niederschlägt. Denn hier besteht keine organisatorische Rückbindung an die beteiligten Religionsgemeinschaften in Gestalt der Dach- bzw. Spitzenverbände oder der durch sie vertretenen Moscheevereine. Letztlich nehmen die nicht-organisierten Muslime in den Beiräten Rechte wahr, die nicht ihnen, sondern den muslimischen Religionsgemeinschaften zustehen.[135] Die Wahrnehmung von Mitwirkungsrechten im Zusammenhang mit der Ein- und Durchführung des staatlichen Religionsunterrichts kommt aber religionsverfassungsrechtlich nur den jeweiligen Religionsgemeinschaften zu. Die Verleihung von entsprechenden Mitwirkungsrechten an Nicht-Mitglieder kollidiert insofern mit dem Selbstbestimmungsrecht der Religionsgemeinschaften aus Art. 140 GG i.V.m. Art. 137 Abs. 3 WRV. Auch das Erfordernis eines Einvernehmens mit den islamischen Organisationen bzw. Dachverbänden vermag diesen Mangel nicht zu beheben, denn es bliebe dabei, dass deren Vertreterinnen und Vertreter mit Mitgliedern kooperieren müssen, die nicht den jeweiligen Religionsgemeinschaften angehören. Als Surrogat könnte über eine Reduktion der Rechte von nicht-organisierten Muslimen in den Beiräten auf die **Teilnahme am Beirat mit beratender Stimme** nachgedacht werden. Ob damit der Idee einer möglichst umfassenden Repräsentation der Muslime Rechnung getragen werden kann mit der Folge, dass ein allumfassender islamischer Religionsunterricht jenseits der beteiligten Organisationen bzw. Dachverbände etabliert werden könnte, erscheint gleichwohl fraglich. Daher bleiben die Repräsentanz der nicht-organisierten Muslime im Beirat und damit die Zukunft des Beiratsmodells insgesamt – d.h. auch als „Brückenlösung" - problematisch.[136]

c) Die Durchführung des Religionsunterrichts

Der zweite Problembereich betrifft die Durchführung des Religionsunterrichts, u.zw. in doppelter Weise. Zunächst muss auch ein islamischer Religionsunterricht als ordentliches Lehrfach den **pädagogischen Standards** vergleichbarer Fächer entsprechen. Zweifel bzgl. der Erreichbarkeit dieser Standards ergeben sich insbesondere aus dem aktuellen Mangel an hinreichend qualifiziertem Lehrpersonal. Daraus ist jedoch nicht die dauerhafte rechtliche Unmöglichkeit eines islamischen Religionsunterrichts zu folgern. Vielmehr ist daran zu erinnern, dass der Staat als Unternehmer des schulischen Religionsunterrichts gehalten ist, geeignete Ausbildungsstätten für Lehrkräfte im Fach (islamischer) Religion vorzuhalten.[137] Schließlich erfordert der Status des Religionsunterrichts als ordentliches Lehrfach, dessen Durchführung der staatlichen Schulaufsicht unterliegt, dass die **Unterrichtssprache Deutsch** sein muss. Zwar können einzelne Textpassagen des Korans auf Arabisch (re)zitiert werden. Damit die Effektivität der

---

134 So Heinig, ZevKR 56 (2011), 238 (257).
135 Vgl. Heinig, ZevKR 56 (2011), 238 (258).
136 Weniger Bedenken bei v. Campenhausen/de Wall, § 37, Rn. 31. Die Bezeichnung als „Brückenlösung" findet sich – bezogen auf islamische Fakultäten an staatlichen Hochschulen – bei Waldhoff, HSKR, Bd. 2, Rn. 69.
137 Vgl. Coumont, in: Muckel (Hrsg.), 440 (565).

Schulaufsicht gewährleistet werden kann, muss der Unterricht im Übrigen aber in deutscher Sprache abgehalten werden.[138]

3. Schranken

463 Die Anerkennung der grundlegenden, in Art. 79 Abs. 3 GG geschützten Verfassungsprinzipien sowie der Grundrechte Dritter und der Grundprinzipien des grundgesetzlichen Religionsverfassungsrechts muss auch von islamischen Religionsgemeinschaften gefordert werden, die einen Religionsunterricht inhaltlich verantworten wollen und sollen. Insofern ist in doppelter Hinsicht zu differenzieren. Zum einen ist es Religionsgemeinschaften aufgrund ihres Selbstbestimmungsrechts aus Art. 140 GG i.V.m. Art. 137 Abs. 3 WRV gestattet, in ihrer **Binnenstruktur** etwa von demokratischen Grundprinzipien und dem Gebot der Gleichbehandlung der Geschlechter abzuweichen, deren Einhaltung für die Organisation der Staatsgewalt unerlässlich ist. Religiös fundierte Forderungen, entsprechende Abweichungen auch auf die **Staatsorganisation** zu übertragen – etwa die Forderung nach einer theokratischen Herrschaft mit einer weitgehenden Entrechtung von Frauen und der Einführung staatlicher Strafen auf der Grundlage der Scharia – widersprechen hingegen dem Inhalt der verfassungsimmanenten Schranke des Art. 7 Abs. 2 und 3 GG.[139] Die begründete Prognose, dass eine Religionsgemeinschaft entsprechende Thesen zum Lehrinhalt erklären wird, legitimiert daher die Versagung des grundrechtlich fundierten Anspruchs auf Einrichtung von Religionsunterricht. Die zweite Differenzierung betrifft die islamischen Religionsgemeinschaften selbst. Hier wird im Einzelfall zu prüfen sein, ob und ggf. in welchem Ausmaß zu befürchten steht, dass die den zuständigen staatlichen Stellen vorgelegten Lehrinhalte an der verfassungsimmanenten Schranke scheitern und die Einrichtung von Religionsunterricht versagt werden muss. Abschließend sei nochmals betont, dass die Formulierung der verfassungsimmanenten Schranke keine integrationsfeindliche Perpetuierung vermeintlicher Privilegien der christlichen (Groß-) Kirchen bedeutet, sondern umgekehrt den religionsverfassungsrechtlichen Rahmen definiert, in dem sich die bzw. alle (!) Religionsgemeinschaften bewegen können – gerade darin liegt die integrative Kraft des grundgesetzlichen Religionsverfassungsrechts.[140]

▶ **Zu Fall 16:** Art. 7 Abs. 2 und 3 GG vermittelt auch Religionsgemeinschaften einen grundrechtlich fundierten Anspruch auf Einrichtung von Religionsunterricht. Die Verfassungsbeschwerde des D ist begründet, wenn ein Religionsunterricht i.S.d. Art. 7 Abs. 2 und 3 GG begehrt wird und die Versagung nicht verfassungsrechtlich gerechtfertigt ist. Fraglich ist zunächst die Eigenschaft des D als Religionsgemeinschaft. Der Status einer Körperschaft des öffentlichen Rechts ist allerdings u.a. aufgrund des eindeutigen Wortlauts der Norm keine Voraussetzung. Im Übrigen können nach (umstrittener) Auffassung des BVerwG auch Dachverbände als Religionsgemeinschaften qualifiziert werden. Das insoweit erforderliche „persönliche Substrat" liefern die Mitglieder der örtlichen Vereine. Für die umfassende Pflege der Religion ist die arbeitsteilige Organisation des religiösen Lebens ausreichend. Der Verfassungsbegriff des Religionsunterrichts setzt allerdings voraus, dass der Unterricht in deutscher Sprache stattfindet, damit u.a. die staatliche Schulaufsicht effektiv wahrgenom-

---

138 Ebenso *Mückl*, AöR 122 (1997), 513 (550); *M. Heckel*, JZ 1999, 741 (755); *Muckel*, JZ 2001, 58 (60); *Frisch*, ZevKR 49 (2004), 589 (636); *Hense*, in: Heinig (Hrsg.), S. 169 (186).
139 I.E. ebenso BVerwGE 123, 49 (74); Grzeszick, ZevKR 62 (2017), 362 (380); M. Heckel, JZ 1999, 741 (749); Stern: Staatsrecht, Bd. IV/2, S. 505.
140 Dazu nochmals *Hense*, in: Heinig (Hrsg.), S. 169 (187).

men werden kann. Ein Anspruch auf Religionsunterricht in der Sprache eines zentralafrikanischen Stammes ist daher nicht von Art. 7 Abs. 2 und 3 GG umfasst. Eine Versagung wäre schließlich auch verfassungsrechtlich gerechtfertigt, da hier die verfassungsimmanente Schranke des Art. 79 Abs. 3 GG, der Grundrechte Dritter sowie der Grundprinzipien des Religionsverfassungsrechts eingreift. So liegt in der (Realisierung der) Forderung, die für D maßgebliche Bekenntnisschrift zur Grundlage des Staatswesens zu machen, ein Verstoß gegen das Neutralitätsgebot. In der Forderung nach einer Rechtlosstellung der Frauen im öffentlichen Leben liegen Verstöße gegen Grundrechte Dritter und zumindest auch gegen das Demokratieprinzip. Insgesamt wäre eine Verfassungsbeschwerde des D nicht begründet. ◂

Wiederholungs- und Vertiefungsfragen

> - Welchen dogmatischen Status genießt Art. 7 Abs. 2 und 3 GG? (Rn. 416 f.)
> - Wie kann der Verfassungsbegriff des Religionsunterrichts präzisiert werden? (Rn. 418 f.)
> - Welche Elemente enthält die Bezeichnung des Religionsunterrichts als ordentliches Lehrfach? (Rn. 424 ff.)
> - Wie sind die unterschiedlichen Kombinationsmöglichkeiten von Religions- und Ethikunterricht religionsverfassungsrechtlich zu bewerten? (Rn. 431 ff.)
> - Wo liegen die Grenzen des Bestimmungsrechts der Religionsgemeinschaften über den Inhalt des Religionsunterrichts? (Rn. 437 ff.)
> - Wo ist die Ausnahmeklausel des Art. 141 GG anwendbar? (Rn. 443 ff.)
> - Welche organisatorischen Anforderungen stellt der Begriff der Religionsgemeinschaft in Art. 7 Abs. 2 und 3 GG? (Rn. 450 ff.)
> - Wo liegen die aktuellen Probleme für die Einführung eines islamischen Religionsunterrichts? (Rn. 457 f.)

§ 13 Theologische Fakultäten

▶ **Fall 17 (nach BVerfGE 122, 89):** P ist Professor an der Universität U und gehört ihrer evangelischen theologischen Fakultät an. Bei seiner Berufung hatte sich die zuständige Landeskirche L in ihrer gutachtlichen Stellungnahme positiv zu Bekenntnis und Lehre von P geäußert. Nachdem P sich jedoch in einer Publikation vom Christentum losgesagt hatte, verlangte L den Ausschluss von P aus der theologischen Fakultät. U teilte P daraufhin mit, dass er zwar in der theologischen Fakultät verbleiben könne, allerdings nur mit einem Sonderstatus. Ihm wurde unter Beibehaltung seines Lehrstuhls sowie seiner Besoldung und Versorgung die Vertretung des Fachs „Geschichte des Christentums" zugewiesen mit der Besonderheit, dass die Lehrveranstaltungen ausdrücklich nicht zur Ausbildung des theologischen Nachwuchses ausgewiesen werden. P wendet sich unter Berufung auf die Wissenschaftsfreiheit an die Verwaltungsgerichtsbarkeit. Ist seine Klage begründet? ◀

I. Allgemeines

1. Rechtsgrundlagen

a) Grundgesetz

464 Theologische Fakultäten gehören seit der Entstehung der Universitäten im Hochmittelalter zum festen Kanon der akademischen Einrichtungen. Gegenwärtig sind an zahlreichen staatlichen Hochschulen in Deutschland katholische und/oder evangelische theologische Fakultäten angesiedelt. Theologische Fakultäten anderer Glaubensrichtungen bilden bisher die Ausnahme.[1] Die wechselvolle Geschichte dieser Fakultäten gipfelte religionsverfassungsrechtlich zunächst in **Art. 149 Abs. 3 WRV** mit dem schlichten Wortlaut: „Die theologischen Fakultäten an den Hochschulen bleiben erhalten." Diese Bestandsgarantie wurde nicht in das Grundgesetz übernommen. Der Grund für die fehlende Inkorporation des Art. 149 Abs. 3 WRV liegt jedoch nicht in der Absicht, den theologischen Fakultäten die religionsverfassungsrechtliche Grundlage zu entziehen, sondern in der Rücksichtnahme auf die bundesstaatliche Kompetenzordnung, die den Ländern die Kulturhoheit zuweist.[2] Damit fehlt – abweichend vom Religionsunterricht (Art. 7 Abs. 2 und 3 GG), der ebenfalls in den Bereich der Kulturverantwortung der Länder fällt – eine ausdrückliche Verankerung der theologischen Fakultäten im Grundgesetz.

465 Die ganz überwiegende Auffassung im Schrifttum und die einschlägige Rechtsprechung gehen allerdings zutreffend von einer **impliziten religionsverfassungsrechtlichen Verankerung** der theologischen Fakultäten im Grundgesetz aus.[3] Das Angebot an Anknüpfungspunkten ist vielfältig. An systematisch erster Stelle steht der Hinweis auf **Art. 4 Abs. 1 und 2 GG** mit der Begründung, dass die wissenschaftliche Aufbereitung von Glaubensinhalten der Verkündigung des Glaubens dient und damit von der Religionsfreiheit umfasst ist. Auch **Art. 5 Abs. 3 S. 1 GG** wird herangezogen mit dem Argument, die Theologie als Glaubenswissenschaft sei über das Grundrecht auf Wissenschaftsfreiheit geschützt. Ferner wird darauf hingewiesen, dass das Grundrecht auf Religionsun-

---

[1] Zur Geschichte der theologischen Fakultäten und zum aktuellen Bestand *Christoph*, Kirchen- und staatskirchenrechtliche Probleme, S. 9 ff.; *ders.*, EvStL, Sp. 2456 f.; *ders.*, ZevKR 50 (2005), 46 (51 ff.) m.w.N. Übersicht auch bei *Waldhoff*, HSKR, Bd. 2, Rn. 8.
[2] *Waldhoff*, HSKR, Bd. 2, Rn. 20; *Solte*, ZevKR 49 (2004), 351 (356).
[3] *Waldhoff*, HSKR, Bd. 2, Rn. 22 ff.; *M. Heckel*: Grundfragen der theologischen Fakultäten seit der Wende, S. 401 (417); *Indenhuck*, S. 80; BVerfGE 122, 89 (110 – zu Art. 5 Abs. 3 GG); BVerwGE 101, 309 (313); 124, 310 (315).

§ 13 Theologische Fakultäten § 13

terricht aus **Art. 7 Abs. 2 und 3 GG** zugleich die Existenz theologischer Fakultäten voraussetze. Denn der Staat ist aus diesem Grundrecht verpflichtet, Ausbildungsstätten für Lehrkräfte im Fach Religion vorzuhalten (s.o. Rn. 425), und zumindest für den Unterricht an den höheren Schulen kommen insofern nur theologische Fakultäten in Betracht. Darüber hinaus wird aus **Art. 123 Abs. 2 GG** eine Bestandsgarantie zumindest der katholischen theologischen Fakultäten abgeleitet, denn diese Vorschrift bekräftige die Fortgeltung des Reichskonkordats vom 20.7.1933 (s.o. Rn. 334), das seinerseits in Art. 19 S. 1 die Existenz dieser Fakultäten fest- und fortschreibe. Schließlich wird auf **Art. 140 GG i.V.m. Art. 137 Abs. 3 WRV** Bezug genommen. Zur Begründung wird angeführt, dass die wissenschaftliche Theologie und die damit verbundene Ausbildung der zukünftigen Geistlichen eine eigene Angelegenheit der Religionsgemeinschaften und daher Teil ihres Selbstbestimmungsrechts sei.

Nur gelegentlich wird bereits die religionsverfassungsrechtliche Zulässigkeit der Errichtung theologischer Fakultäten an staatlichen Hochschulen mit dem Hinweis auf das *Neutralitätsgebot* (s.o. Rn. 90) bestritten.[4] Damit verbunden ist der Einwand, die Theologie sei aufgrund ihres geistlich-religiösen Fundaments nicht als Wissenschaft i.S.d. Grundgesetzes anzusehen.[5] Demgegenüber ist für die Qualifizierung der **Theologie als Wissenschaft** vom Wissenschaftsbegriff des Grundgesetzes in der Lesart des BVerfG auszugehen. Danach umfasst wissenschaftliche Tätigkeit „alles, was nach Inhalt und Form als ernsthafter planmäßiger Versuch zur Ermittlung der Wahrheit anzusehen ist".[6] Unter diesen Begriff lässt sich auch die notwendig bekenntnisgebundene Theologie subsumieren, denn sie kann als planmäßiger, systematischer und methodisch reflektierter Versuch gelten, die Wahrheit über die (und ggf. der) Glaubenssätze der jeweiligen Religion zu ermitteln und aufzubereiten. Die Theologie kann daher auch als Wissenschaft vom Glauben bezeichnet werden, die zudem an den Hochschulen in einen wissenschaftlichen Diskurs mit anderen Fachrichtungen tritt.[7]

466

b) Landesrecht

Hinweise auf theologische Fakultäten lassen sich nicht nur im Grundgesetz, sondern auf mehreren Ebenen der Rechtsordnung finden. So enthalten einige **Landesverfassungen** ausdrückliche Bestandsgarantien.[8] Z.T. wird die Existenz theologischer Fakultäten auch indirekt durch landesverfassungsrechtliche Vertragsklauseln oder über Regeln für die Besetzung entsprechender Lehrstühle abgesichert. Im einfachen Landesrecht sind insbesondere die Vertragsklauseln in den **Hochschul- und Universitätsgesetzen** relevant, die den Regelungen in religionsverfassungsrechtlichen Verträgen einen Geltungsvorrang vor dem (Landes-) Gesetzesrecht einräumen.

467

---

4 *Bäcker*, Der Staat 48 (2009), 327 (331 ff.). Dagegen u.a. *Heinig*, Der Staat 48 (2009), 615 ff., und *Stern*: Staatsrecht, Bd. IV/2, S. 1225.
5 *Fischer*, S. 131 ff.; *Bäcker*, Der Staat 49 (2010), 477 ff.; *Czermak*: Religions- und Weltanschauungsrecht, Rn. 397. Dagegen *M. Heckel*: Grundfragen der theologischen Fakultäten seit der Wende, S. 401 (420 ff.); *Classen*: Religionsrecht, Rn. 530.
6 BVerfGE 35, 79 (112). I.E. ebenso *Indenhuck*, S. 85 ff. m.w.N.
7 Zur Abgrenzung der wissenschaftlichen Theologie von der Religionswissenschaft über das Kriterium der Bekenntnisgebundenheit *Waldhoff*, HSKR, Bd. 2, Rn. 2.
8 Überblick bei *Waldhoff*, HSKR, Bd. 2, Rn. 21.

c) Religionsverfassungsrechtliche Verträge und Kirchenrecht

468 Die vorstehenden Hinweise auf Vertragsklauseln im einschlägigen Landesrecht bestätigen, dass die theologischen Fakultäten zu den typischen Regelungsgehalten **religionsverfassungsrechtlicher Verträge** gehören (s.o. Rn. 336). So enthalten auch die Verträge in und mit den neuen Bundesländern sowie die jüngsten Verträge in und mit der Freien und Hansestadt Hamburg, Berlin und Baden-Württemberg entsprechende z. T. weit reichende Bestandsgarantien für theologische Fakultäten und Mitwirkungsrechte für die Religionsgemeinschaften.[9]

469 Die interne religionsgemeinschaftliche Ausgestaltung des Rechts ist zwar kein Teil des Religionsverfassungsrechts, sondern des Rechts der Religionsgemeinschaften. Sie ist aber aufgrund des notwendigen Zusammenspiels von staatlicher und religionsgemeinschaftlicher Normierung bedeutsam. Rechtliche Regelungen der theologischen Fakultäten sind bisher auf die beiden großen christlichen Kirchen beschränkt und auch hier disparat ausgefallen. Während die **evangelischen Kirchen** – als Spätfolge des Wegfalls des landesherrlichen Kirchenregiments (s.o. Rn. 26 ff.) – nahezu ausnahmslos (noch) kein eigenes Hochschulrecht entwickelt haben, enthalten die cc. 815–821 CIC/1983 sowie die Apostolische Konstitution Sapientia Christiana vom 15.4.1979 ein relativ ausführliches **römisch-katholisches Hochschulrecht**.[10]

2. Dogmatische Grundlegung

470 Die religionsverfassungsrechtliche Verankerung der theologischen Fakultäten wird – insoweit analog zum Religionsunterricht (s.o. Rn. 414) – vereinzelt als systemfremde Ausnahme vom Neutralitäts- und Trennungsgebot im säkularen Verfassungsstaat des Grundgesetzes aufgefasst (s.o. Rn. 464).[11] Diese Fundamentalkritik sowie die Vielfalt unterschiedlicher Angebote für eine religionsverfassungsrechtliche Verankerung werfen die Frage nach der konkreten Rechtsgrundlage nebst dogmatischer Einordnung der theologischen Fakultäten auf. Den archimedischen Punkt dieser Vielfalt bildet wiederum die Schutzpflichtendimension der Religionsfreiheit. Die Pflicht zur Errichtung und Erhaltung von theologischen Fakultäten an staatlichen Hochschulen kann als **unmittelbare bereichsspezifische Ausprägung der Schutzpflichtendimension des Art. 4 Abs. 1 und 2 GG** aufgefasst werden, denn auch die Existenz dieser Fakultäten gehört zu den Bedingungen der Möglichkeit von Religionsfreiheit unter dem Grundgesetz. In eine ähnliche dogmatische Richtung weisen literarische Äußerungen, die die Errichtung theologischer Fakultäten als „institutionelle Hilfe zur Grundrechtsverwirklichung der Religionsfreiheit der Bürger" oder als „Teil der positiven Religionspflege des Staates" beschreiben.[12] Der notwendige Zusammenhang zwischen Theologie und Religionsfreiheit erschließt sich zunächst über ein **funktionales Argument**. Es besagt, dass die wissenschaftliche Aufbereitung und Darstellung der jeweiligen Glaubensinhalte letztlich ihrer Verkündigung und damit der Religionsfreiheit der Bürgerinnen und Bürger dient. Dieser Effekt wird vermittelt über die akademische Ausbildung

---

9 Art. 5 Abs. 1 StKiV-HH; Art. 3 StKiV-Bln; Art. 3 StKiV-BaWü (mustergültig!). Zu den neuen Bundesländern *Frisch*, DÖV 1995, 636 ff.
10 Zum ev. Kirchenrecht *Christoph*: Kirchen- und staatskirchenrechtliche Probleme der Evangelisch-theologischen Fakultäten, S. 31 ff., *ders.*, ZevKR 50 (2005), 46 (57 ff.); *ders.*, in: Holzner/Ludyga (Hrsg.), S. 343 ff.; und *M. Heckel*: Die theologischen Fakultäten, S. 127 ff.; zum römisch-katholischen Kirchenrecht *Rohde*, HdbkathKR, S. 1049 ff., *Hallermann*, in: Holzner/Ludyga (Hrsg.), S. 303 ff.
11 *Renck*, NVwZ 1996, 333 ff.; *Czermak*: Religions- und Weltanschauungsrecht, Rn. 394 ff.
12 *M. Heckel*: Grundfragen der theologischen Fakultäten seit der Wende, S. 401 (414).

der Geistlichen, die in den Dienst der jeweiligen Religionsgemeinschaft treten, sowie der Religionslehrkräfte, die an den öffentlichen Schulen den konfessionsgebundenen Religionsunterricht i.S.d. Art. 7 Abs. 2 und 3 GG erteilen. Beide Personengruppen, die für die Verkündigung bzw. die Kommunikation des/ihres Glaubens von besonderer Bedeutung sind, erhalten ihre geistlich-wissenschaftliche Ausbildung in weitem Umfang an den staatlichen theologischen Fakultäten – vorbehaltlich eines Studiums an den religionsgemeinschaftlichen Hochschulen, die jedoch nicht alle Religionsgemeinschaften vorhalten (können).[13] Ohne die akademische Ausbildung und die darauf aufbauende Tätigkeit dieser beiden Personengruppen wäre nicht nur das Wirken der Religionsgemeinschaften, sondern auch die individuelle Religionsfreiheit eingeschränkt. Hinzu tritt ein **systematisches Argument**, mit dem der Bezug zu den anderen Materien des notwendigen Zusammenwirkens von Staat und Religionsgemeinschaften hergestellt wird. Zwar wird im Grundgesetz nicht – etwa analog zu Art. 7 Abs. 2 und 3 GG – die explizite Pflicht des Staates zur Ausbildung an staatlichen Institutionen normiert, aber die wissenschaftliche Ausbildung der Geistlichen und Religionslehrkräfte findet faktisch ganz überwiegend an den staatlichen Hochschulen statt. Zudem hat der Staat selbst ein eigenes Interesse an der Eingliederung der Theologie in seine Hochschulen, um sie in den wissenschaftlichen Diskurs einzubinden. De facto und de iure handelt es sich also bei der Errichtung und dem Betrieb der theologischen Fakultäten um die Ermöglichung der Betätigung der Religionsfreiheit in staatlichen Einrichtungen. Die dogmatische Grundlegung kann daher für die Anstaltsseelsorge (s.o. Rn. 378 ff.), den Religionsunterricht (s.o. Rn. 414 f.) und die theologischen Fakultäten nur einheitlich erfolgen.

Eine **mittelbare** Verankerung in der Schutzpflichtendimension der Religionsfreiheit kann über Art. 7 Abs. 2 und 3 GG erfolgen, der seinerseits eine bereichsspezifische Ausprägung dieser Schutzpflichtendimension ist. Erst die theologischen Fakultäten schaffen mit der wissenschaftlichen Ausbildung von Religionslehrkräften die Bedingungen der Möglichkeit von Religionsunterricht und damit von Religionsfreiheit auch in den öffentlichen Schulen.[14]

471

Die **nähere rechtliche Ausgestaltung** dieser unmittelbar in Art. 4 Abs. 1 und 2 GG sowie mittelbar zumindest in Art. 5 Abs. 3 GG und Art. 7 Abs. 2 und 3 GG verankerten Schutzpflicht zur Errichtung theologischer Fakultäten[15] findet sich auf den weiteren Ebenen der Rechtsordnung, d.h. im Landesverfassungsrecht und dem einfachen Landesrecht sowie in den religionsverfassungsrechtlichen Verträgen, die jeweils primär als konkrete Anspruchsgrundlage heranzuziehen sind. Nicht zuletzt verfassungsprozessual bleibt jedoch die dogmatische Grundlegung der theologischen Fakultäten in der Religionsfreiheit von Bedeutung.

472

3. Dogmatischer Status

Die verbreitete Bezeichnung der theologischen Fakultäten als „gemeinsame Angelegenheit" (res mixta) ist dogmatisch unergiebig (s.o. Rn. 381).[16] Von größerer Relevanz ist die wohl (noch) überwiegende Annahme, die theologischen Fakultäten seien Gegen-

473

---

13 Zu den kirchlichen Hochschulen *Heinig/Vogel*, HevKR, S. 748 (761 ff.).
14 Ebenso *Classen*: Religionsrecht, Rn. 530.
15 Vgl. *Indenhuck*, S. 80 ff.
16 Vgl. *Morlok/Müller*, JZ 1997, 549 (552); *H. Weber*, NVwZ 2000, 848 (851 f.). Die Bezeichnung wird u.a. gewählt von *Waldhoff*, I ISKR, Bd. 2, Rn. 32 f.

stand einer **institutionellen Garantie**, z.T. sogar einer institutionellen Bestandsgarantie, an die Mitwirkungsbefugnisse der Religionsgemeinschaften bzgl. der inhaltlichen Ausgestaltung der wissenschaftlichen Theologie geknüpft sind. Sie wird zumeist nicht explizit benannt und begründet. Sie erschließt sich aber über die verbreitete These, dass die Auflösung der theologischen Fakultäten als unzulässige Diskriminierung der wissenschaftlichen Theologie zu werten wäre.[17] Gegen diese Annahme kann zunächst auf die generelle dogmatische Fragwürdigkeit der Rechtsfigur der Einrichtungsgarantie hingewiesen werden (s.u. Rn. 551). Ferner sind auch hier die Konsequenzen aus der dogmatischen Grundlegung der theologischen Fakultäten in der Schutzpflichtendimension der Religionsfreiheit zu ziehen. Vor diesem Hintergrund können die beiden in der Ausgangsannahme enthaltenen Elemente – Bestand der theologischen Fakultäten und Mitwirkungsbefugnisse der Religionsgemeinschaften – auf einer einheitlichen dogmatischen Grundlage zusammengeführt werden. Auf dieser Grundlage erwächst ein **grundrechtlich fundierter Anspruch** auf die Errichtung theologischer Fakultäten an staatlichen Hochschulen, an denen bekenntnisgebundene Theologie betrieben wird.[18]

II. Anspruchsinhalt

1. Theologische Fakultäten als staatliche Institutionen

474 Der Anspruch ist inhaltlich zunächst gerichtet auf die Errichtung theologischer Fakultäten als staatliche Institutionen, die nicht zugleich religionsgemeinschaftliche Institutionen sind.[19] Wie der Religionsunterricht, so ist auch die Errichtung dieser Fakultäten eine **staatliche Aufgabe und Angelegenheit** (s.o. Rn. 425)[20]: Der Staat ist der „Unternehmer" der theologischen Fakultäten und für ihre Organisation verantwortlich. Ihre Errichtung erfolgt daher auf der Grundlage eines staatlichen Organisationsakts und ihre innere Ordnung basiert auf staatlichen Gesetzen und Hochschulsatzungen, ggf. mit Vertragsvorbehalten. Sie sind zumeist als Fakultäten organisiert und als solche teilrechtsfähige Gliedkörperschaften der jeweiligen Hochschule als Körperschaft des öffentlichen Rechts. Der Staat trägt die Verantwortung für die finanzielle, personelle und räumliche Ausstattung der Fakultäten sowie für das wissenschaftliche Niveau und das Prüfungswesen. Die Dozentinnen und Dozenten sind grundsätzlich Beamtinnen und Beamte oder Angestellte im Landesdienst. Über ihre wissenschaftliche Qualifikation entscheidet ausschließlich der Staat, der auch die Aufsicht einschließlich der Disziplinargewalt ausübt. Der Staat hat schließlich für die Funktionsfähigkeit der theologischen Fakultäten einzustehen, d.h. es ist ein Mindestbestand an einschlägigen Fächern und hauptamtlich zu besetzenden Lehrstühlen vorzuhalten.[21] Dieser Mindestbestand ist in Art und Ausmaß abhängig von den Erfordernissen einer wissenschaftlichen Ausbildung der jeweiligen Geistlichen und Religionslehrkräfte. Welche Fächer und Lehrstühle im Einzelnen für die Funktionsfähigkeit der Theologie einer Religionsgemeinschaft erforderlich sind, kann hingegen nicht der Staat, sondern nur

---

17 So etwa *M. Heckel*: Grundfragen der theologischen Fakultäten seit der Wende, S. 401 (483).
18 Ähnlich wohl *M. Heckel*: Grundfragen der theologischen Fakultäten seit der Wende, S. 401 (417); *Heinig*, in: Alkier/Heimbrock, S. 93 (102 ff.). A.A. wohl BVerfGE 122, 89 (110); *Indenhuck*, S. 122 ff.; *de Wall*, in: Walter/Oebbecke/von Ungern-Sternberg/Indenhuck (Hrsg.), S. 15 (32), allerdings ohne Rekurs auf die Schutzpflichtendimension der Religionsfreiheit.
19 Zum Folgenden insbesondere BVerfG, JZ 2009, 511 (513); *Classen*: Religionsrecht, Rn. 538 ff.; *v. Campenhausen*, ZevKR47 (2002), 425 (426 f.).
20 Vgl. *Waldhoff*, HSKR, Bd. 2, Rn. 43.
21 Dazu *Solte*, ZevKR 49 (2004), 351 (358 f.).

die Religionsgemeinschaft selbst entscheiden. Denn insofern sind der Inhalt und die Komplexität des jeweiligen Bekenntnisses maßgeblich, deren Beurteilung nicht in der Kompetenz des säkularen Staates liegt.

2. Bestimmungsrecht der Religionsgemeinschaften

a) Grundlegung

Vergleichbar mit den Auswirkungen der für den Religionsunterricht geltenden Übereinstimmungsklausel in Art. 7 Abs. 3 S. 2 GG (s.o. Rn. 435 ff.) kommen den Religionsgemeinschaften im Zusammenhang mit den theologischen Fakultäten (Mit-) Bestimmungsrechte zu. Den dogmatischen Anknüpfungspunkt liefert auch hier der Aspekt der Konfessionsgebundenheit. Wie der Religionsunterricht ein konfessionsgebundener Unterricht ist, so ist die Theologie eine **konfessionsgebundene Wissenschaft**.[22] Daraus folgt zum einen, dass die Kompetenz des Staates auf die weltlich-organisatorischen Bereiche der theologischen Fakultäten beschränkt ist. Die konfessionellen, d.h. die inhaltlichen Aspekte der Theologie werden hingegen ausschließlich von den Religionsgemeinschaften bestimmt, weil der säkulare Staat – vorbehaltlich einer Plausibilitätskontrolle – weder über den Inhalt des Bekenntnisses noch über Art und Ausmaß der Konfessionalität einer Glaubenswissenschaft befinden kann. Diese religionsverfassungsrechtlich gebotene Differenzierung zwischen staatlichen und religionsgemeinschaftlichen Kompetenzen hat Folgen für die Organisation und die inhaltliche Ausrichtung der theologischen Fakultäten. So kann – wie beschrieben (s.o. Rn. 474) – nur die jeweilige Religionsgemeinschaft den Mindestbestand an Fächern und Lehrstühlen definieren (z.B. Altes und Neues Testament, Dogmatik, Praktische Theologie etc.). Dem Staat ist sowohl die Reduktion als auch die Erweiterung des Fächerkanons (z.B. um Feministische oder Befreiungstheologie) ohne Einverständnis der Religionsgemeinschaft untersagt. Dies gilt i. Ü. auch für die an der Humboldt-Universität zu Berlin geplante Einrichtung einer multireligiösen, d.h. jüdische, evangelische, katholische und muslimische Theologinnen und Theologen umfassende „**Fakultät der Theologien**", in der die bestehende Berliner (evangelische) theologische Fakultät aufgehen soll. Ohne eine Änderung des einschlägigen religionsverfassungsrechtlichen Vertrages zwischen dem Land Berlin und der Evangelischen Kirche Berlin-Brandenburg/Schlesische Oberlausitz und ohne die ausdrückliche sowie (theologisch) plausible Zustimmung der betreffenden Religionsgemeinschaften steht dieses Projekt vor unüberwindlichen religionsverfassungsrechtlichen Hürden.[23] Im Folgenden werden fünf weitere und besonders relevante Aspekte des inhaltlichen Bestimmungsrechts der Religionsgemeinschaften erörtert. Die Abfolge unterliegt insofern einer systematischen Ordnung als zunächst zwei unstrittige, sodann zwei umstrittene und abschließend ein (relativ) neuer Aspekt erörtert werden.

b) Studium und Prüfungswesen

Unstreitig umfasst das inhaltlich-konfessionelle Bestimmungsrecht der Religionsgemeinschaften eine Mitwirkungsbefugnis beim Erlass der einschlägigen **Studien- und Prüfungsordnungen** an theologischen Fakultäten unter Einschluss der Promotions- und

---

22 Vgl. *Waldhoff*, HSKR, Bd. 2, Rn. 2; *M. Heckel*: Grundfragen der theologischen Fakultäten seit der Wende, S. 401 (436 ff.). Für eine Begründung der Mitwirkungsbefugnisse der Religionsgemeinschaften aus Art. 140 GG i.V.m. Art 137 Abs. 3 S. 1 WRV siehe *Indenhuck*, S. 91 ff.
23 Vgl. *M. Heckel*, ZThK 114 (2017), 330 (334 ff.) m.w.N.; skeptisch auch *Waldhoff*, HSKR, Bd. 2, Rn. 44.

Habilitationsordnungen.[24] Ohne Zustimmung der jeweiligen Religionsgemeinschaft können diese Ordnungen nicht rechtswirksam erlassen werden. Inbegriffen ist auch die notwendige Mitwirkung in den einschlägigen **Prüfungsausschüssen**, ohne die die Konfessionalität des Studiums und des Studienabschlusses nicht überprüft werden kann.[25]

c) Wissenschaftliches Personal

477 Die Konfessionsgebundenheit der Theologie erfordert Einflussmöglichkeiten der Religionsgemeinschaften auf das wissenschaftliche Personal.[26] Sie werden zumeist in religionsverfassungsrechtlichen Verträgen geregelt. Denn nur die Religionsgemeinschaft selbst entscheidet über den Inhalt des für sie verbindlichen Bekenntnisses, und eine konfessionsgebundene wissenschaftliche Tätigkeit setzt die Übereinstimmung mit diesem Bekenntnis voraus. Insofern ist das staatliche Amt der Dozentinnen und Dozenten der Theologie ein konfessionsgebundenes Staatsamt (zur Zulässigkeit Rn. 146 ff.). Zu dem betroffenen Personenkreis zählt das gesamte Lehrpersonal, also die Professorinnen und Professoren einschließlich der Gastprofessorinnen und -professoren, die Privatdozentinnen und Privatdozenten sowie die Lehrbeauftragten.[27]

478 Normativ fixierte Einflussmöglichkeiten existieren derzeit ausschließlich für die katholische und die evangelische Theologie an staatlichen Hochschulen. Aufgrund der unterschiedlichen normativen Ausgangslage ist eine getrennte Darstellung geboten. Die Regelungen für die **römisch-katholische Theologie**, die in den Konkordaten enthalten und paradigmatisch in Art. 19 des Reichskonkordats vom 20.7.1933 (s.o. Rn. 334) formuliert sind, lassen sich mit dem Oberbegriff des **Nihil obstat** umschreiben.[28] Davon umfasst ist zunächst das sog. **Erinnerungsrecht**, das *vor* der Berufung einer Kandidatin bzw. eines Kandidaten ausgeübt werden kann. Mit der Ausübung dieses Rechtes können die zuständigen kirchlichen Organe die Aufnahme einer Kandidatin bzw. eines Kandidaten in den Lehrkörper einer katholischen theologischen Fakultät verhindern. Für die Zeit *nach* der Berufung steht das **Beanstandungsrecht** zur Verfügung, dessen Ausübung zum Widerruf des vor der Berufung ausgesprochenen Nihil obstat führen kann. Insgesamt lassen sich zwei konkrete Folgen aus der Beanstandung ableiten. Zunächst wird die bzw. der Lehrende aus der theologischen Fakultät ausgeschlossen, weil sie bzw. er sich nicht mehr innerhalb des konfessionellen Konsenses der katholischen Kirche bewegt und die – aus ihrer Sicht – Verfälschung ihres Bekenntnisses durch eine staatliche akademische Lehrkraft religionsverfassungsrechtlich unzulässig ist. Die betroffene Lehrkraft scheidet zwar aus der theologischen Fakultät, nicht aber aus der Hochschule oder sogar aus dem Landesdienst aus. Vielmehr bleibt die akademische und beamtenrechtliche Stellung außerhalb der theologischen Fakultät unberührt. Davon umfasst sind ggf. das Professorenamt, die Lehrmöglichkeit und eine angemessene Ausstattung sowie Besoldung und Versorgung. Zweitens trifft den Staat jedenfalls grundsätzlich die Pflicht, eine Ersatzstelle für die aus der theologischen Fakultät ausgeschiedene Lehrkraft zu schaffen, damit die Lücke im Lehrkörper geschlossen und

---

24 *Classen*, JZ 2014, 111 (115 f., 119 f.); *Waldhoff*, HSKR, Bd. 2, Rn. 45 f.
25 Ausführlich *M. Heckel*: Die theologischen Fakultäten, S. 220 ff.; *Waldhoff*, HSKR, Bd. 2, Rn. 37 ff.
26 BVerfGE 122, 89 (122 ff.).
27 Vgl. *Waldhoff*, HSKR, Bd. 2, Rn. 39.
28 Dazu u.a. *Solte*: Theologie an der Universität, S. 197 ff.; *M. Heckel*: Die theologischen Fakultäten, S. 47 ff.; *v. Campenhausen*, ZevKR 47 (2002), 425 (427); *Hallermann*, in: Holzner/Ludyga (Hrsg.), S. 303 (339 f.); *Waldhoff*, HSKR, Bd. 2, Rn. 38 f.

der Lehrbetrieb in dem gebotenen Umfang fortgesetzt werden kann.²⁹ Als **Kriterien** für die Versagung und den Widerruf des Nihil obstat kommen ausschließlich die beiden geistlichen Aspekte der wissenschaftlichen Tätigkeit und des Lebenswandels in Betracht. Wie jede Religionsgemeinschaft, so muss auch die katholische Kirche nicht hinnehmen, dass an staatlichen Fakultäten Forschung und Lehre unter dem Etikett der katholischen Theologie betrieben werden, die inhaltlich nicht mit ihrem Bekenntnis vereinbar sind. Gleiches gilt für einen Lebenswandel der Lehrkräfte, die die Glaubwürdigkeit ihrer konfessionsgebundenen wissenschaftlichen Tätigkeit in Frage stellen. Abschließend sei nochmals betont, dass die weltliche Seite der wissenschaftlichen Qualifikation einschließlich der Lehrbefähigung ausschließlich der Bewertung durch die zuständigen staatlichen bzw. universitären Stellen unterliegt.

Die Einflussmöglichkeiten auf das wissenschaftliche Personal der **evangelischen theologischen Fakultäten** sind ebenfalls in religionsverfassungsrechtlichen Verträgen geregelt.³⁰ Als Kriterien dienen zwar auch hier die Übereinstimmung der wissenschaftlichen Tätigkeit mit dem Bekenntnis und der entsprechende Lebenswandel. Im Unterschied zu den einschlägigen Vereinbarungen in den Konkordaten wird den evangelischen Kirchen aber zumeist nur ein unverbindliches vorgängiges Gutachtenrecht eingeräumt. Den Vertragstexten kann daher unmittelbar weder die rechtliche Verbindlichkeit der kirchlichen Stellungnahme für die zuständigen staatlichen Stellen noch ein nachträgliches Beanstandungsrecht entnommen werden.³¹ Beides kann jedoch im Wege einer **verfassungskonformen Auslegung** gewonnen werden, die sich ihrerseits zumindest auf zwei Argumente stützen lässt. Zum einen steht es ausschließlich den Religionsgemeinschaften zu, über den konfessionellen Konsens zwischen ihrem Bekenntnis und der wissenschaftlichen Tätigkeit der Lehrkräfte an einer theologischen Fakultät zu entscheiden. Diese Entscheidung ist für den religiös-weltanschaulich neutralen Staat mangels eigener Beurteilungskompetenz verbindlich. Zum anderen sind gravierende Unterschiede in den Einflussmöglichkeiten auf die katholischen und die evangelischen theologischen Fakultäten schon aus Gründen der Parität (s.o. Rn. 106) religionsverfassungsrechtlich unzulässig. Im Ergebnis sind daher auch die Verträge mit den evangelischen Kirchen so auszulegen, dass ihnen bzgl. des wissenschaftlichen Personals an den theologischen Fakultäten ihrer Konfession das ungeschmälerte Recht des Nihil obstat in seinen beiden Varianten zusteht. Das Gutachtenrecht trägt daher den Charakter eines votum decisivum, ist also für den Staat verbindlich.³² Dieses Ergebnis hat bereits Auswirkungen auf jüngere religionsverfassungsrechtliche Verträge gezeigt. In diesem Zusammenhang ist insbesondere hinzuweisen auf Art. 4 Abs. 2 StKiV-MV, der die Verbindlichkeit des Erinnerungsrechts ausdrücklich festschreibt, sowie auf Art. 3 Abs. 2 und 3 StKiV-BaWü, der darüber hinaus ein verbindliches Beanstandungsrecht einräumt.

d) Die Errichtung einer theologischen Fakultät

Während bzgl. der Einflussmöglichkeiten der Religionsgemeinschaften auf die Studien- und Prüfungsordnungen sowie auf das wissenschaftliche Personal weitgehend Einigkeit

---

29 Skeptisch in diesem Punkt *Classen*: Religionsrecht, Rn. 551.
30 Dazu *Solte*: Theologie an der Universität, S. 197 ff.; *M. Heckel*: Die theologischen Fakultäten, S. 94 ff.; *Mainusch*, DÖV 1999, 677 (679 ff.).
31 Bsp.: Art. 4 Abs. 2 StKiV-SH; dazu *Blaschke*, in: Hoyer u.a. (Hrsg.), S. 101 (109 f.).
32 Ebenso *Christoph*: Kirchen- und staatskirchenrechtliche Probleme der Evangelisch-theologischen Fakultäten, S. 58 ff.

besteht, ist die Frage, ob die Errichtung einer theologischen Fakultät auch ohne bzw. gegen den Willen der jeweiligen Religionsgemeinschaft erfolgen kann, umstritten. Im Wesentlichen stehen sich zwei Auffassungen gegenüber. Ein Teil des einschlägigen Schrifttums betrachtet die Errichtung einer theologischen Fakultät ausschließlich als **staatliche Angelegenheit**, die nicht von der Zustimmung der Religionsgemeinschaften abhängig sei. Zur Begründung wird angeführt, dass die Bedarfsfrage aufgrund der staatlichen Verantwortung für die Hochschulen ausschließlich im Verantwortungsbereich des Staates angesiedelt und die Mitwirkungsrechte der Religionsgemeinschaften auf die inhaltliche bzw. konfessionelle Ausgestaltung der Fakultät(en) beschränkt seien.[33]

481 Die Gegenauffassung betont demgegenüber, dass die Errichtung einer theologischen Fakultät aufgrund ihrer Funktion für die Religionsgemeinschaften eine „**gemeinsame Angelegenheit**" und insofern zustimmungsbedürftig sei.[34] Anderenfalls würden die Religionsgemeinschaften in ihrem Recht beeinträchtigt, eigene Hochschulen – ggf. in Konkurrenz zu den staatlichen theologischen Fakultäten – zu betreiben. Ferner könnten sie einseitig vom Staat unter Zugzwang gesetzt werden bzgl. der inhaltlichen Ausgestaltung einer theologischen Fakultät, deren Errichtung abgelehnt wird. Schließlich überwiege in der insofern erforderlichen Abwägung das einschlägige Selbstbestimmungsrecht der Religionsgemeinschaften das staatliche Interesse an der Errichtung einer theologischen Fakultät.

482 Im Ergebnis ist derjenigen Auffassung zuzustimmen, die die Errichtung einer theologischen Fakultät vom **Einvernehmen mit der jeweiligen Religionsgemeinschaft** abhängig macht.[35] Allerdings ist zumindest eine Erweiterung der angebotenen Begründung erforderlich. Zu dieser Erweiterung zählt zunächst der Hinweis, dass eine theologische Fakultät aufgrund der unbestrittenen Mitwirkungsbefugnisse bei der Besetzung der Dozentinnen- bzw. Dozentenstellen und der Erarbeitung der Studien- und Prüfungsordnungen weder rechtlich noch faktisch gegen den Willen der jeweiligen Religionsgemeinschaft betrieben werden kann.[36] Dieser Hinweis begegnet jedoch dem Einwand, dass die Verweigerung der Mitwirkung nicht rechtsmissbräuchlich erfolgen darf; und die Frage des Rechtsmissbrauchs stellt sich u.a. dann, wenn das Nihil obstat abweichend von den dafür geltenden Kriterien (s.o. Rn. 478) versagt oder verweigert wird, um die Errichtung einer theologischen Fakultät zu hintertreiben. Gewichtiger ist daher der Hinweis auf die dogmatische Grundlegung der theologischen Fakultäten in der Schutzpflichtendimension des Art. 4 Abs. 1 und 2 GG (s.o. Rn. 470): Die spezifisch grundrechtliche Fundierung in der Religionsfreiheit würde ad absurdum geführt, wenn und soweit die Errichtung einer theologischen Fakultät auch ohne Einvernehmen mit der betreffenden Religionsgemeinschaft möglich wäre, weil dann der Anspruchsinhalt auch gegen die Anspruchsberechtigte gewendet werden könnte.

---

33 So etwa *Classen*: Religionsrecht, Rn. 532, und *M. Heckel*: Grundfragen der theologischen Fakultäten seit der Wende, S. 401 (446).
34 So etwa BVerwGE 101, 309 (317 ff. – Errichtung einer katholischen theologischen Fakultät an der Universität Frankfurt/M. in unmittelbarer Nachbarschaft zu einer katholischen Hochschule); *Waldhoff*, HSKR, Bd. 2, Rn. 43; *Jeand'Heur/Korioth*, Rn. 327.
35 Ebenso u.a. *Heinig/Vogel*, HevKR,, S. 748 (754).
36 Vgl. *Morlok/Müller*, JZ 1997, 549 (552, 554 f.).

§ 13 Theologische Fakultäten

e) Die Zulassung Konfessionsfremder

Umstritten ist ferner die Frage, ob die Zulassung von Personen, die nicht der für die theologische Fakultät maßgeblichen Konfession angehören, ohne **Zustimmung der jeweiligen Religionsgemeinschaft** zulässig ist. Potenziell betroffen sind konfessionsfremde Studierende, Promovierende und sich Habilitierende. Z.T. wird die Auffassung vertreten, dass diese Zulassung auf der Grundlage eines staatlichen bzw. universitären Aktes ohne Zustimmung der Religionsgemeinschaft erfolgen könne.[37] Zur Begründung wird zunächst der Charakter der Theologie als wissenschaftliche Disziplin angeführt, der dieses Studienfach als aliud zum Religionsunterricht i.S.d. Art. 7 Abs. 2 und 3 GG erscheinen lasse. Zum anderen wird auf den mit der Zulassungsversagung verbundenen Eingriff in die Grundrechte der Bewerberinnen und Bewerber hingewiesen. Demgegenüber ist daran zu erinnern, dass die Theologie eine konfessionsgebundene Disziplin ist, so dass auch hier die konfessionelle Zusammensetzung des betreffenden Personenkreises Rückwirkungen auf die Ausgestaltung des akademischen (Lehr-) Betriebs hat. Insofern ist die Theologie dem Religionsunterricht vergleichbar, der zumindest in den höheren Klassen ebenfalls einen wissenschaftlichen Charakter annehmen kann und sollte (s.o. Rn. 418). Im Ergebnis ist daher auch die Zulassung konfessionsfremder Personen zu den (Lehr-) Angeboten der theologischen Fakultäten an die Zustimmung der jeweiligen Religionsgemeinschaft gebunden. Die „Konfessionsklauseln" in den Prüfungsordnungen der theologischen Fakultäten, die bewirken, dass nur diejenigen Bewerberinnen und Bewerber, die den jeweiligen oder einen kompatiblen Bekenntnisstand teilen, zu einer akademischen theologischen Prüfung zugelassen werden, sind religionsverfassungsrechtlich zulässig bzw. geboten.[38]

483

f) Die „Europäisierung" des Studiums

Zu den bisher nicht, jedenfalls nicht kontrovers diskutierten Problemen zählt die Frage nach den Auswirkungen der Studienreformen im Zuge des sog. Bologna-Prozesses auf die theologischen Fakultäten.[39] In diesem Zusammenhang sind zwei Problemkreise zu unterscheiden, die auch in dem einschlägigen und mit den Kirchen abgestimmten Beschluss der Kultusministerkonferenz vom 13.12.2007 zu „Eckpunkte(n) für die Studienstruktur in Studiengängen mit Katholischer und Evangelischer Theologie/Religion" behandelt werden.[40] Zunächst gilt es die Einführung eines gestuften Studiengangs mit **Bachelor- und Masterabschlüssen** sowie einer **Modularisierung** des Studiums zu betrachten. Die Übertragung dieses Modells auch auf die theologischen Fakultäten hat notwendig Auswirkungen auf die inhaltliche Ausgestaltung der Studiengänge und die Personalentscheidungen der Religionsgemeinschaften. Daraus folgt, dass die Einführung von Bachelor- und Masterstudiengängen an theologischen Fakultäten der Zustimmung seitens der jeweiligen Religionsgemeinschaft bedarf. Darüber hinaus sind die

484

---

37 *Classen*: Religionsrecht, Rn. 543 ff.; *Korioth*, in: Dürig/Herzog/Scholz (Hrsg.), Art. 140 GG/Art. 136 WRV, Rn. 97.
38 Ebenso *Christoph*: Kirchen- und staatskirchenrechtliche Probleme der Evangelisch-theologischen Fakultäten, S. 74 ff.; *M. Heckel*: Die theologischen Fakultäten, S. 270 ff.; *H. Weber*, NVwZ 2000, 848 (853); VGH Mannheim, JZ 1985, 943; für eine „begrenzte Lockerung" *Waldhoff*, HSKR, Bd. 2, Rn. 54 f.
39 Dazu ausführlich *Christoph*: Kirchen- und staatskirchenrechtliche Probleme der Evangelisch-theologischen Fakultäten, S. 100 ff., *ders.*, ZevKR 49 (2004), S. 253 ff.; *ders.*, ZevKR 50 (2005), 46 ff.; *ders.*, ZevKR 52 (2007), 129 ff.; *Waldhoff*, HSKR, Bd. 2, Rn. 56 ff.
40 Abgedruckt bei *Christoph*: Kirchen- und staatskirchenrechtliche Probleme der Evangelisch-theologischen Fakultäten, S. 170 ff.

Prüfungsordnungen der Bachelor- und Masterstudiengänge mit Konfessionsklauseln zu versehen. Ferner muss die religionsgemeinschaftliche Mitwirkung bei der Bewertung der Schlussmodule sichergestellt werden. Schließlich liegt es in der Kompetenz der Religionsgemeinschaften, etwa den Bachelorabschluss als nicht hinreichende Qualifikation für das Amt eines Geistlichen zu bewerten.

485 Der zweite Problemkreis betrifft die Einführung der Notwendigkeit einer **Akkreditierung** auch der theologischen Studiengänge. In Anlehnung an die Mitwirkungsrechte bei der Auswahl des wissenschaftlichen Personals an theologischen Fakultäten kommt den Religionsgemeinschaften hier ein für den Staat verbindliches Nihil-obstat-Recht bei der Berufung von Gutachterinnen und Gutachtern zu. Angesichts der Bedeutung dieser Berufung(en) für die Akkreditierung theologischer Studiengänge liegt eine Analogie zum Erinnerungs- und Beanstandungsrecht bzgl. des wissenschaftlichen Personals nahe.

III. Anspruchsberechtigte

486 Als Anspruchsberechtigte kommen die **Religionsgemeinschaften und ihre Angehörigen** in Betracht. Dies folgt unabhängig von der konkreten Ausgestaltung im Landesrecht oder religionsverfassungsrechtlichen Verträgen bereits aus der dogmatischen Grundlegung der theologischen Fakultäten in der Schutzpflichtendimension des Art. 4 Abs. 1 und 2 GG (s.o. Rn. 470). Der Anspruch auf Errichtung theologischer Fakultäten ist kein Privileg der großen christlichen Kirchen. Gleichwohl muss – auch insofern vergleichbar dem Religionsunterricht i.S.d. Art. 7 Abs. 2 und 3 GG (s.o. Rn. 452) – die Anspruch stellende Religionsgemeinschaft formalen Anforderungen genügen, die die Errichtung und den dauerhaften Betrieb einer theologischen Fakultät aus der Perspektive des Staates als „Unternehmer" der Fakultät möglich erscheinen lassen.[41] Zu diesen Anforderungen gehört zunächst der Umstand, dass die betreffende Religionsgemeinschaft eine Theologie mit wissenschaftlichem Charakter aufweisen kann, die sich in den Kanon der akademischen Disziplinen einfügen lässt. Im Übrigen müssen die Voraussetzungen der Kooperationsfähigkeit mit den zuständigen staatlichen Stellen gegeben sein. Dazu gehören die Gewähr der Dauer, eine Instanz, die befugt und in der Lage ist, verbindlich die maßgeblichen (Lehr-) Inhalte festzulegen und über das Nihil obstat zu befinden, klare Mitgliedschaftsregelungen und die allgemeine Rechtsfähigkeit. Sollten diese Voraussetzungen erfüllt sein, so ist zukünftig nicht nur ein islamischer Religionsunterricht, sondern auch die Errichtung **islamischer theologischer Fakultäten** möglich und zu erwarten.[42] Die in diesem Zusammenhang diskutierte Frage nach der Zulässigkeit der sog. Beiratslösung ist entsprechend den Ausführungen zur Einführung islamischen Religionsunterrichts zu beantworten (s.o. Rn. 462 f.).[43]

---

41 Dazu u.a. *M. Heckel*: Grundfragen der theologischen Fakultäten seit der Wende, S. 401 (480). Gegen eine Parallelität der Anforderungen für den islamischen Religionsunterricht und für islamische Theologie an Hochschulen siehe *Indenhuck*, S. 121 ff.
42 Dazu u.a. *Lange*: Islamische Theologie an staatlichen Hochschulen, passim; *Indenhuck*, passim, und *Waldhoff*, HSKR, Bd. 2, Rn. 66 ff.
43 Daneben speziell zum Beiratsmodell für die islamische Theologie *Waldhoff*, HSKR, Bd. 2, Rn. 67 ff.; *Heinig*, ZevKR 54 (2011), 238 (243 ff.); *Oebbecke*, ZevKR 56 (2011), 262 (269 ff.), sowie die Beiträge in *Walter/Oebbecke/von Ungern-Sternberg/Indenhuck* (Hrsg.), Die Einrichtung von Beiräten für Islamische Studien, passim.

IV. Schranken

Aus der hier vorgeschlagenen, grundrechtszentrierten dogmatischen Grundlegung der theologischen Fakultäten folgt, dass als Schranke des Anspruchs nicht etwa die für alle geltenden Gesetze i.S.d. Art. 140 GG i.V.m. Art. 137 Abs. 3 S. 1 WRV, sondern ausschließlich **verfassungsimmanente Schranken** in Betracht kommen. Kollisionen mit Grundrechten Dritter oder sonstigen Rechtsgütern mit Verfassungsrang sind in unterschiedlichen Konstellationen denkbar. Zwei dieser Konstellationen, die z.T. den Anspruchsinhalt und z.T. die Anspruchsberechtigung betreffen, sind von besonderer praktischer Relevanz.

487

So wird etwa dem Erfordernis einer religionsgemeinschaftlichen Zustimmung bei der Errichtung theologischer Fakultäten das **staatliche Interesse** an der Einbeziehung dieser Fakultäten in die staatlichen Hochschulen entgegen gehalten. Beide Aspekte seien in eine Abwägung einzustellen, die nicht in jedem Einzelfall zum Überwiegen eines der beiden Aspekte führen müsse.[44] An diesem Ansatz ist bereits fraglich, ob und ggf. wo dieses staatliche Interesse an der Integration der theologischen Fakultäten verfassungsrechtlich (!) verankert ist. Wird eine verfassungsrechtliche Verankerung des staatlichen Interesses vorausgesetzt, so dürfte im Übrigen die dann erforderliche Abwägung aufgrund der Bedeutung des in Art. 4 Abs. 1 und 2 GG wurzelnden Zustimmungsrechts der Religionsgemeinschaften stets zulasten des Staates ausfallen.[45]

488

Das Nihil-obstat-Recht der Religionsgemeinschaften bei der Auswahl des wissenschaftlichen Personals an theologischen Fakultäten kollidiert mit dem Recht auf **Wissenschaftsfreiheit (Art. 5 Abs. 3 S. 1 GG)** der betroffenen Dozentinnen und Dozenten. Dies gilt insbesondere für die Ausübung des Beanstandungsrechts, d.h. für den Widerruf des Nihil obstat. Die gebotene Abwägung mit dem ebenfalls grundrechtlich fundierten Anspruch auf konfessionsgebundene theologische Fakultäten führt allerdings zu dem Ergebnis, dass dieses Beanstandungsrecht (religions-) verfassungsrechtlich zulässig ist.[46] Es handelt sich um ein für die Sicherstellung der Konfessionsgebundenheit geeignetes Mittel, das zudem als mildestes Mittel zur Zweckerreichung auch erforderlich ist, denn der betroffenen Person verbleibt auch nach dem Ausschluss aus der theologischen Fakultät ihr akademischer und beamtenrechtlicher Status als Hochschullehrerin bzw. Hochschullehrer (s.o. Rn. 478). Im Rahmen der Prüfung der Verhältnismäßigkeit i.e.S. ist schließlich zu berücksichtigen, dass es keinen Anspruch auf die Zugehörigkeit zu einer bestimmten Fakultät gibt. Dies gilt e fortiori für den Fall, dass Eignungsvoraussetzungen fehlen.

489

▶ **Zu Fall 17:** Die Klage des P ist begründet, wenn L keinen Anspruch auf seinen Ausschluss aus der theologischen Fakultät oder zumindest auf den Ausschluss seiner Lehrveranstaltungen aus dem Kanon der für die Ausbildung des theologischen Nachwuchses relevanten Fächer hat. In der Maßnahme der U liegt zwar ein Eingriff in das Grundrecht des P aus Art. 5 Abs. 3 S. 1 GG. Dieser Eingriff ist jedoch (religions-) verfassungsrechtlich gerechtfertigt. Denn als verfassungsimmanente Schranke kann die Schutzpflichtendimension der Religionsfreiheit in Gestalt des Selbstbestimmungsrechts der Religionsgemeinschaften aus Art. 140 GG i.V.m. Art. 137 Abs. 3 WRV herangezogen werden. Die akademisch betriebene

---

44 Vgl. BVerwGE 101, 309 ff. (s.o. Rn. 18).
45 Ebenso *Morlok/Müller*, JZ 1997, 549.
46 Vgl. BVerfGE 122, 89; zuvor schon BVerwGE 124, 310 ff. Im Übrigen *Jeand'Heur/Korioth*, Rn. 334 ff.; M. *Heckel*: Grundfragen der theologischen Fakultäten seit der Wende, S. 401 (474); *Christoph*: Kirchen- und staatskirchenrechtliche Probleme der Evangelisch-theologischen Fakultäten, S. 71 ff.

§ 13 D. Das Zusammenwirken von Staat und Religionsgemeinschaften

Theologie ist eine konfessionsgebundene Wissenschaft, und die „subjektive Bekenntnistreue" der Dozentinnen und Dozenten ist ein Eignungsmerkmal. Diese Eignung ist nicht mehr gegeben, wenn sich ein Hochschullehrer – zumal öffentlich – von dem jeweiligen Bekenntnis lossagt. Die jeweilige Religionsgemeinschaft, die selbst bestimmt, welche Lehrinhalte (noch) konfessionskonform sind, kann daher den Ausschluss der oder des Betreffenden aus der Ausbildung des theologischen Nachwuchses nach Widerruf des Nihil obstat verlangen. Gleiches gilt vor dem Hintergrund der in Art. 5 Abs. 3 GG verankerten Wissenschaftsfreiheit für das Recht der theologischen Fakultät, ihre konfessionelle Identität zu wahren. Der Eingriff in die Wissenschaftsfreiheit des P ist hier auch verhältnismäßig, insbesondere erforderlich, da er nicht vollständig aus der theologischen Fakultät entfernt wird und seine akademische und beamtenrechtliche Stellung beibehält. Seine Klage ist im Ergebnis unbegründet.[47] ◄

Wiederholungs- und Vertiefungsfragen

> Auf welchen Rechtsgrundlagen und auf welchem dogmatischen Fundament beruhen die theologischen Fakultäten? (Rn. 470 ff.)

> Was ist und welche Elemente hat das Nihil obstat-Recht der Religionsgemeinschaften? (Rn. 478)

> Warum gilt das Nihil obstat-Recht uneingeschränkt auch für die evangelischen theologischen Fakultäten? (Rn. 479)

> Warum ist für die Errichtung einer theologischen Fakultät das Einvernehmen mit der jeweiligen Religionsgemeinschaft erforderlich? (Rn. 482)

> Welche Auswirkungen hat der sog. Bologna-Prozess auf die theologischen Fakultäten? (Rn. 484 f.)

> Welchen Schranken unterliegt der Anspruch auf die Errichtung theologischer Fakultäten? (Rn. 487 ff.)

---

47 Zu dem in BVerfGE 122, 89 entschiedenen „Fall Lüdemann" siehe auch *Christoph*, ZThK 107 (2010), 505 ff., und *Gärditz*, JZ 2009, 515 ff.

§ 14

E. Der flankierende Schutz der Religionsfreiheit

§ 14 Der Schutz des Religionsguts

▶ **Fall 18 (nach BVerfGE 99, 100):**[1] Im Jahre 1828 verfügte König Ludwig I. von Bayern „die gebrauchsweise Überlassung der hiesigen St. Salvator-Kirche für den griechischen Kultus unter Vorbehalt des Staatseigentums…, solange Wir nichts anderes verfügen". Ferner solle die Kirchengemeinde der griechisch-orthodoxen Autokephalen Kirche Griechenlands unterstehen. Im ersten Viertel des 20. Jh.'s kam es zu einer Spaltung dieser Kirche über die Frage, ob der neue gregorianische (so die Autokephale Kirche) oder der alte julianische Kalender (so die Altkalendarische Kirche) gelten solle. Die Autokephale Kirche untersteht seit der Mitte des 20. Jh.'s der Metropolie in Deutschland. Aufgrund von innerkirchlichen Streitigkeiten wurden dem Pfarrer der Kirchengemeinde von der Metropolie das Abhalten von Gottesdiensten und die Vornahme von Amtshandlungen untersagt. Die Gemeinde berief daraufhin einen altkalendarischen Pfarrer. In der Folge beendete der Freistaat Bayern die unentgeltliche Überlassung der Kirche und forderte die Herausgabe des Gebäudes. Zur Begründung wurde angeführt, dass der von König Ludwig I. bestimmte Zweck nicht mehr erreicht werden könne, da die zuständige Metropolie der Kirchengemeinde das Abhalten von Gottesdiensten und die Vornahme von Amtshandlungen untersagt habe. Der Herausgabeanspruch wurde in allen verwaltungsgerichtlichen Instanzen bestätigt. Hätte eine Verfassungsbeschwerde der Kirchengemeinde, die inzwischen als e. V. organisiert ist, Aussicht auf Erfolg? ◀

I. Allgemeines

1. Rechtsgrundlagen

Der Schutz des Religionsguts bzw. des religionsgemeinschaftlichen Vermögens in Art. 140 GG i.V.m. Art. 138 Abs. 2 WRV stand lange nur an der Peripherie des religionsverfassungsrechtlichen Interesses und wurde schon früh als „Stiefkind der Theorie des Staatskirchenrechts" bezeichnet.[2] Dieser inzwischen überholte Befund ist jedenfalls z.T. durch den Umstand zu erklären, dass der Gehalt dieser Schutzdimension der Religionsfreiheit auf eine lange Tradition zurückblicken kann und in der Sache unumstritten war.[3] So enthält schon § 19 des Augsburger Religionsfriedens von 1555 (s.o. Rn. 22f.) eine entsprechende Schutznorm. Prägend wurde schließlich § 63 des Reichsdeputationshauptschlusses von 1803 (s.o. Rn. 31 f.), der bestimmte, dass „jeder Religion der Besitz und ungestörte Genuss ihres eigentümlichen Kirchenguts … ungestört verbleiben …" solle. Die Weimarer Reichsverfassung konnte an diese Tradition anknüpfen und auch die Inkorporation des einschlägigen Art. 138 Abs. 2 WRV in das Grundgesetz erfolgte ohne kontroverse Diskussion.[4]

490

Neben der Verankerung im Grundgesetz und im **einfachen Bundesrecht** (etwa in § 90 Abs. 2 Nr. 2 BauGB) finden sich weitere Normen zum Schutz des Religionsguts im

491

---

[1] Vergleichbarer Fall bei *Waldhoff*, in: Heinig (Hrsg.), S. 217 ff.
[2] *J. Heckel*: Kirchengut und Staatsgewalt, S. 328; ähnlich *Pirson*: Kirchengut-Religionsfreiheit-Selbstbestimmung, S. 1048.
[3] Zur Geschichte siehe *J. Heckel*: Kirchengut und Staatsgewalt, S. 328 ff., und *Wehdeking*, S. 39 ff.
[4] Vgl. *Morlok*, in: H. Dreier (Hrsg.), Art. 140 GG/Art. 138 WRV, Rn. 5; *Muckel*, in: Friauf/Höfling (Hrsg.), Art. 140/Art. 138 WRV, Rn. 33 f.

Landesverfassungsrecht von vier Bundesländern. Im Einzelnen handelt es sich um Art. 146 Verf. Bay, Art. 37 Abs. 1 Verf-Bbg, Art. 44 Verf-RhPf und Art. 38 Verf-Saarl. Ferner enthalten auch die neueren **religionsverfassungsrechtlichen Verträge** entsprechende Schutzklauseln, die zumeist auf die grundgesetzliche Regelung verweisen, so etwa Art. 8 Abs. 1 StKiV-HH von 2005 und Art. 13 Abs. 1 Konkordat-SH von 2009.[5]

492 Schließlich ist das **Verhältnis des Art. 140 GG i.V.m. Art. 138 Abs. 2 WRV zum Eigentumsschutz in Art. 14 GG** klärungsbedürftig. Die Staatsrechtslehre unter der Weimarer Reichsverfassung ging überwiegend von der Schutzbereichsidentität des allgemeinen Eigentumsschutzes und des Art. 138 Abs. 2 WRV aus. Da Art. 153 Abs. 2 S. 2 WRV auch eine entschädigungslose Enteignung ermöglichte, wurde als spezifischer Gehalt des Art. 138 Abs. 2 WRV das Verbot der entschädigungslosen Enteignung religionsgemeinschaftlichen Vermögens identifiziert.[6] Auch in jüngerer Zeit ist der Schutz des Religionsguts als „Bestandteil der Eigentumsfreiheit" qualifiziert worden.[7] Ganz überwiegend und zutreffend wird jedoch ein Ergänzungsverhältnis bzw. ein Nebeneinander von Art. 140 GG i.V.m. Art. 138 Abs. 2 WRV und Art. 14 GG angenommen.[8] Denn einerseits ist der Schutzbereich des Art. 140 GG i.V.m. Art. 138 Abs. 2 WRV – wie zu zeigen sein wird – im Hinblick auf die umfassten Rechtspositionen weiter als der Schutzbereich des allgemeinen Eigentumsschutzes; andererseits ist er enger, denn geschützt wird nur die spezifisch religionsbezogene Verwendung des Vermögens. Die Schutzrichtung des Art. 140 GG i.V.m. Art. 138 Abs. 2 WRV liegt daher in einem **Säkularisationsverbot**, d.h. in der Abwehr von Säkularisationen (s.u. Rn. 509) und säkularisationsgleichen Akten.[9] Im spezifischen Schutz der religiösen Funktion des religionsgemeinschaftlichen Vermögens liegt seine eigenständige Bedeutung gegenüber dem allgemeinen Eigentumsschutz aus Art. 14 GG.[10] Insofern wirkt die alte Formel des Schutzes von „Besitz und ungestörtem Genuss" bis heute fort.

2. Dogmatische Grundlegung und dogmatischer Status

493 Die dogmatische Grundlegung des Religionsgutschutzes erschließt sich im Wesentlichen aus seiner Funktion. Den Ausgangspunkt der Überlegungen bildet der Umstand, dass die Verwirklichung der (kollektiven) Religionsfreiheit (auch) von den adäquaten materiellen Rahmenbedingungen abhängt. Vor diesem Hintergrund schützt Art. 140 GG i.V.m. Art. 138 Abs. 2 WRV die Religionsfreiheit „in ihrem materiellen Substrat" und hat die „Aufgabe, den durch Art. 4 Abs. 1 und 2 GG und Art. 137 WRV zugesagten Schutz der Stellung und der Freiheit der Kirchen (bzw. Religionsgemeinschaften) in ihren sachlichen Grundlagen zu gewährleisten".[11] Aus dieser Beschreibung des BVerfG, die von einem breiten Konsens in der religionsverfassungsrechtlichen Literatur getragen wird, lässt sich eine **zweistufige Verankerung des Religionsgutschutzes** in der

---

5 Aus älterer Zeit siehe etwa Art. 18 des Loccumer Vertrages (Nds.) und Art. 23 StKiV-SH; umfassende Aufzählung bei *v. Campenhausen/de Wall*, § 31, Rn. 1, Anm. 6.
6 So etwa *Anschütz*, S. 654; *Ebers*, S. 214 ff.
7 *Lücke*, JZ 1998, 534 ff.
8 Statt vieler *Morlok*, in: H. Dreier (Hrsg.), Art. 140 GG/Art. 138 WRV, Rn. 39; *Kästner*, HSKR, Bd. 3, Rn. 7.
9 *Mager*, in: v. Münch/Kunig (Hrsg.), Art. 140, Rn. 88, und *Muckel*, in: Friauf/Höfling (Hrsg.), Art. 140/Art. 138 WRV, Rn. 35 m.w.N.
10 Ebenso u.a. *Korioth*, in: Dürig/Herzog/Scholz (Hrsg.), Art. 140 GG/Art. 138 WRV, Rn. 13; *Droege*, ZevKR 55 (2010), 339 (342 ff.).
11 BVerfGE 123, 148 (178); 99, 100 (120); ebenso u.a. *Czermak*: Religions- und Weltanschauungsrecht, Rn. 352; *Stern*: Staatsrecht, Bd. IV/2, S. 1318; *Kästner*, JuS 1995, 784 (785); *Bergmann*, in: Hömig/Wolff (Hrsg.), Art. 140 Rn. 23.

Schutzpflichtendimension der Religionsfreiheit destillieren. Unmittelbar dient dieser Schutz der Entfaltung des in Art. 140 GG i.V.m. Art. 137 Abs. 3 WRV gewährleisteten Selbstbestimmungsrechts der Religionsgemeinschaften, denn ein eigenständiges Ordnen und Verwalten der eigenen Angelegenheiten wäre ohne die materiellen Ressourcen aus dem religionsbezogenen Vermögen nicht möglich. Damit ist zugleich der enge Bezug des Religionsgutschutzes zur Schutzpflichtendimension des **Art. 4 Abs. 1 und 2 GG** hergestellt, denn das auf religionsbezogenes Vermögen angewiesene Selbstbestimmungsrecht der Religionsgemeinschaften ist eine Bedingung der Möglichkeit von (kollektiver) Religionsfreiheit.

Aus dieser dogmatischen Grundlegung in der Schutzpflichtendimension der Religionsfreiheit lässt sich auch der **dogmatische Status** des Art. 140 GG i.V.m. Art. 138 Abs. 2 WRV entwickeln. Die Vorschrift vermittelt eine **grundrechtliche Gewährleistung des Religionsgutes**. Daraus folgt die Gestalt des einschlägigen Prüfungsaufbaus, die sich an der allgemeinen (abwehrrechtlichen) Grundrechtsdogmatik orientiert.

494

II. Der Schutzbereich

1. Der personelle Schutzbereich

Der personelle Schutzbereich des Art. 140 GG i.V.m. Art. 138 Abs. 2 WRV umfasst nach seinem Wortlaut Religionsgesellschaften und religiöse Vereine. Damit können sich zunächst **alle Religionsgemeinschaften**, einschließlich ihrer unselbstständigen und selbstständigen Untergliederungen (etwa Körperschaften, Anstalten und Stiftungen) auf diese Vorschrift berufen.[12] Dies gilt jedoch schon im Hinblick auf Art. 19 Abs. 3 GG (s.o. Rn. 75) nicht für ausländische Religionsgemeinschaften.[13] Der personelle Schutzbereich ist hingegen nicht auf Religionsgemeinschaften mit dem Status einer Körperschaft des öffentlichen Rechts beschränkt. Gegen eine solche Beschränkung lassen sich zumindest drei Argumente anführen.[14] Zunächst legt bereits der Wortlaut des Art. 138 Abs. 2 WRV eine weite Interpretation nahe, denn danach sollen auch religiöse Vereine, denen naturgemäß der Körperschaftsstatus fehlt, vom Schutzbereich umfasst sein. Zweitens widerspricht der Ausschluss von Religionsgemeinschaften ohne Körperschaftsstatus der zweistufigen dogmatischen Grundlegung des Art. 140 GG i.V.m. Art. 138 Abs. 2 WRV im Selbstbestimmungsrecht aller Religionsgemeinschaften (s.o. Rn. 153) und in der Schutzpflichtendimension der Religionsfreiheit, die ebenfalls universal für alle Religionsgemeinschafen gilt. Schließlich ist – drittens – auf die aus Art. 4 Abs. 1 und 2 GG folgenden Grundsätze der Neutralität (s.o. Rn. 90) und Parität (s.o. Rn. 106) zu verweisen, die einer Differenzierung des Religionsgutschutzes nach der Organisationsform der Religionsgemeinschaften entgegenstehen. Diese Argumente lassen sich im Übrigen auch gegen die früher vertretene These anführen, der Schutz des Art. 140 GG i.V.m. Art. 138 Abs. 2 WRV sei auf die christlichen Kirchen beschränkt.[15]

495

---

12 Vgl. *Kästner*, HSKR, Bd. 3, Rn. 14. Zur Äquivalenz der Begriffe „Religionsgesellschaft" und „Religionsgemeinschaft" siehe nochmals *Heinig*, EvStL, Sp.2012.
13 BVerfG, NVwZ 2008, 670 f.; *Muckel*, in: Friauf/Höfling (Hrsg.), Art. 140/Art. 138 WRV, Rn. 36.
14 Dazu u.a. BVerfGE 99, 100 (120); *Kästner*, in: Dolzer u.a. (Hrsg.), Art. 140 Rn. 625; *Unruh*, in: Huber/Voßkuhle (Hrsg.), Art. 140 GG/138 WRV, Rn. 25.; *Filmer/Görisch*, ZevKR, 45 (2000), 453 (455).
15 Thesen bei *Wehdeking*, S. 61 ff., und in der Tendenz auch bei *J. Heckel*: Kirchengut und Staatsgewalt, S. 359; dagegen u.a. *Lücke*, JZ 1998, 534 (539).

§ 14   E. Der flankierende Schutz der Religionsfreiheit

496   Neben den Religionsgemeinschaften werden auch die **religiösen Vereine** (s.o. Rn. 254 f.) umfasst.[16] Gleiches gilt für die **Weltanschauungsgemeinschaften**, die gem. Art. 140 GG i.V.m. Art. 137 Abs. 7 WRV den Religionsgemeinschaften gleichgestellt sind.

2. Der sachliche Schutzbereich
a) Allgemeines

497   Nach dem Wortlaut des Art. 140 GG i.V.m. Art. 138 Abs. 2 WRV sind das „Eigentum und andere Rechte" an „für Kultus-, Unterrichts- und Wohltätigkeitszwecke bestimmten Anstalten, Stiftungen und sonstigen Vermögen" geschützt. Aus dieser Formulierung lassen sich zwei Voraussetzungen ableiten, die kumulativ erfüllt sein müssen, damit der sachliche Schutzbereich eröffnet ist: Es müssen (1.) das Eigentum oder andere Rechte betroffen sein, die (2.) einer religiösen Zweckbestimmung unterliegen. Im Übrigen erstreckt sich der Religionsgutschutz nur auf den Bestand vorhandener Rechtspositionen: Art. 140 GG i.V.m. Art. 138 Abs. 2 WRV schützt das Vermögen „nur in dem Umfang, wie es nach Maßgabe des einschlägigen zivilen oder öffentlichen Rechts begründet ist". Die Vorschrift gewährleistet die betroffenen Vermögensrechte daher „in ihrem Bestand und nach Maßgabe ihrer vorhandenen rechtlichen Qualitäten, erweitert sie aber nicht".[17]

b) „Eigentum und andere Rechte"

498   Der **Begriff des Eigentums** in Art. 140 GG i.V.m. Art. 138 Abs. 2 WRV ist identisch mit dem Begriff des Eigentums in Art. 14 GG.[18] Insofern kann auf die Dogmatik zum allgemeinen Eigentumsschutz verwiesen werden.[19]

499   Der **Begriff der anderen Rechte** ist weit auszulegen und umfasst **alle sonstigen vermögenswerten Rechte** der Religionsgemeinschaften und religiösen Vereine.[20] Die Aufzählung einzelner Schutzgüter im Wortlaut des Art. 140 i.V.m. Art. 138 Abs. 2 WRV ist nur beispielhaft. Dafür sprechen zum einen die Verwendung des Auffangbegriffs des „sonstigen Vermögen(s)" und zum anderen die dogmatische Grundlegung des Religionsgutschutzes (auch) im Selbstbestimmungsrecht der Religionsgemeinschaften, dessen Umfang über die in Art. 138 Abs. 2 WRV genannten Bereiche hinausgeht.[21] In den Schutzbereich fallen demnach auch Nutzungsrechte an Grundstücken und Gebäuden sowie Rechte auf Dienste und Leistungen des Staates einschließlich der Staatsleistungen.[22] Insbesondere sind die historisch überkommenen Kirchenbaulasten erfasst.[23] Nach Auffassung des BVerwG bestehen **kommunale Kirchenbaulasten**, die vor Gründung der DDR vertraglich vereinbart wurden, nicht fort, da sie im Zuge der Wiedervereinigung nicht auf die neu gegründeten Gemeinden übergangen seien.[24]

---

16 Wie hier *Mager*, in: v. Münch/Kunig (Hrsg.), Art. 140, Rn. 91.
17 BVerfGE 99, 100 (121). Zustimmend *Stern*: Staatsrecht, Bd. IV/2, S. 1324 m.w.N.
18 Statt vieler *Borowski*, S. 315.
19 Statt vieler *Michael/Morlok*, Rn. 377 ff.
20 Ebenso u.a. *Kästner*, HSKR, Bd. 3, Rn. 16 f.; *Mager*, in: v. Münch/Kunig (Hrsg.), Art. 140, Rn. 90.
21 Wie hier u.a. *Lücke*, JZ 1998, 534 (539).
22 A.A. *Morlok*, in: H. Dreier (Hrsg.), Art. 140 GG/Art. 138 WRV, Rn. 29; wie hier *Ehlers*, in: Sachs (Hrsg.), Art. 140 GG/Art. 138 WRV, Rn. 7.
23 Dazu *v. Campenhausen/de Wall*, § 31, Rn. 5 ff.
24 BVerwGE 132, 358 (365) zu kommunalen Kirchenbaulasten in Thüringen. Anders BVerwG, NVwZ-RR 2009, 590 ff. zu kommunalen Kirchbaulasten in Baden-Württemberg.

§ 14 Der Schutz des Religionsguts § 14

In der Literatur wird diese Folgerung aus der Diskontinuität der Gemeinden auf dem Gebiet der neuen Bundesländer überwiegend und zutreffend zurückgewiesen, denn sie beruht auf einem zweifelhaften Verständnis des Einigungsvertrages bzw. des Begriffs der Funktionsnachfolge.[25] Vom Begriff der anderen Rechte umfasst sind auch – insofern über Art. 14 GG hinausgehend – vermögenswerte Rechte, die nicht auf einer Eigenleistung beruhen.[26] Aufgrund des Ableitungsverhältnisses des Religionsgutschutzes (auch) aus dem Selbstbestimmungsrecht der Religionsgemeinschaften sind schließlich das Finanz- und das Verwaltungsvermögen zu den geschützten Rechtspositionen zu zählen.[27]

c) Religiöse Zweckbestimmung

In den sachlichen Schutzbereich des Art. 140 GG i.V.m. Art. 138 Abs. 2 WRV fällt (nur) das zu religiösen Zwecken bestimmte Vermögen. Insofern kann der Religionsgutschutz auch als **Funktionsschutz** bezeichnet werden.[28] In der Voraussetzung einer religiösen Zweckbestimmung liegt einerseits eine Schutzbereichsverengung im Vergleich zum allgemeinen Eigentumsschutz in Art. 14 GG. Andererseits kann auch hier die Aufzählung einzelner Schutzgüter in Art. 138 Abs. 2 WRV nur als beispielhaft gelten: Der Religionsgutschutz ist „auf das gesamte zu religiösen Zwecken bestimmte Vermögen" der Religionsgemeinschaften gerichtet.[29] Die **Definitionshoheit** über das Vorliegen einer religiösen Zweckbestimmung liegt bei den Religionsgemeinschaften selbst, denn dem zu religiös-weltanschaulicher Neutralität verpflichteten Staat fehlt die Kompetenz zu einer eigenständigen Beurteilung.[30] Gleichwohl genügt auch hier nicht jeder Hinweis auf das jeweilige religiöse Selbstverständnis. Vielmehr trifft die Religionsgemeinschaften eine entsprechende Darlegungslast und das Vorbringen kann und muss am Maßstab der Plausibilität (s.o. Rn. 93) gemessen werden.[31]

500

d) Schutzbereichsbegrenzung?

Eine über die religiöse Zweckbestimmung hinausgehende Begrenzung des sachlichen Schutzbereichs folgt aus der in der religionsverfassungsrechtlichen Literatur verbreiteten **These vom abgestuften Schutzbereich** des durch Art. 140 GG i.V.m. Art. 138 Abs. 2 WRV geschützten Religionsguts. Als Kriterium der Abstufung gilt die Intensität des Religionsbezuges. Je schwächer der Religionsbezug des betroffenen Vermögensbestandteils, desto geringer sei der Schutz des Religionsguts.[32] Einen absoluten Schutz genießen nach dieser Ansicht (nur) die **res sacrae** (s.o. Rn. 304).[33] Geschützt sei auch das **unmittelbar religionsbezogene Vermögen** der Religionsgemeinschaften und religiösen Vereine, auch in Gestalt von Geld- und Naturalleistungen. Uneinigkeit besteht

501

---

25 Vgl. *Droege*, ZevKR 54 (2009), 488 (494 ff.); *ders.*, ZevKR 55 (2010), 339 (340 ff.); *Traulsen*, NVwZ 2009, 1019 (1021); *Muckel*, in: Friauf/Höfling (Hrsg.), Art. 140/Art. 138 WRV, Rn. 28.
26 BVerwGE 87, 115 (133); *Filmer/Görisch*, ZevKR, 45 (2000), 453 (458).
27 Ebenso schon *Grundmann*, Säkularisation, S. 404 (409); *Lücke*, JZ 1998, 534 (540). A.A. wohl *Morlok*, in: H. Dreier (Hrsg.), Art. 140 GG/Art. 138 WRV, Rn. 31.
28 Ebenso *Stern*: Staatsrecht, Bd. IV/2, S. 1321 m.w.N.
29 BVerfGE 99, 100 (120); *Kästner*, HSKR, Bd. 3, Rn. 19; *Morlok*, in: H. Dreier (Hrsg.), Art. 140 GG/Art. 138 WRV, Rn. 30.
30 Ebenso u.a *Kästner*, HSKR, Bd. 3, Rn. 19.
31 BVerfGE 83, 341 (353).
32 Paradigmatisch *Kästner*, HSKR, Bd. 3, Rn. 20 ff.; ähnlich u.a. *Ehlers*, in: Sachs (Hrsg.), Art. 140 GG/Art. 138 WRV, Rn. 8.
33 So insbesondere *Axer*, in: FS Listl, S. 553 (565 ff.), s.a. *Kästner*, HSKR, Bd. 3, Rn. 21.

unter den Vertretern der Abstufungs-These darüber, ob und ggf. in welchem Ausmaß das nur **mittelbare religionsbezogene Vermögen** in Gestalt des Verwaltungs- und des reinen Finanzvermögens in den Schutzbereich der Religionsgutschutzes fällt. Zum Verwaltungsvermögen gehören etwa die religionsgemeinschaftlichen Verwaltungsgebäude. Soweit ersichtlich, lassen sich in diesem Zusammenhang **drei Auffassungen** unterscheiden. Z.T. wird das Verwaltungs- und Finanzvermögen vollständig aus dem Schutzbereich des Art. 140 GG i.V.m. Art. 138 Abs. 2 WRV verbannt.[34] Vereinzelt wird nur das Finanzvermögen ausgenommen und dem Verwaltungsvermögen ein geringer Religionsgutschutz zugesprochen.[35] Schließlich wird – drittens – die Auffassung vertreten, dass das (vermeintlich) mittelbar religionsbezogene Vermögen insgesamt, allerdings in vermindertem Ausmaß dem Religionsgutschutz unterfällt.[36] Gemeinsam ist allen Auffassungen, dass der allgemeine Eigentumsschutz aus Art. 14 GG greift, wenn und soweit der Schutzbereich des Art. 140 GG i.V.m. Art. 138 Abs. 2 WRV nicht eröffnet ist.

502 **Gegen die Schutzbereichsbegrenzung auf der Grundlage der Abstufungs-These** lassen sich zumindest **vier Argumente** anführen.[37] Zunächst ist darauf hinzuweisen, dass der Rekurs auf den Begriff der res sacrae als Schutzbereichskategorie nicht trägt. Dieser Begriff entstammt dem öffentlichen Sachenrecht, so dass die Widmung eines Gegenstands zu einer res sacra nur denjenigen Religionsgemeinschaften möglich ist, die den Status einer Körperschaft des öffentlichen Rechts besitzen. Der **personelle Schutzbereich** umfasst jedoch auch privatrechtlich organisierte Religionsgemeinschaften und schließt im Verein mit dem Neutralitäts- und dem Paritätsgebot eine schutzbereichsrelevante Privilegierung der korporierten Religionsgemeinschaften aus. Das **Wortlaut-Argument** besagt, dass das Vermögen etwa für die im Normtext dieser Vorschrift genannten „Unterrichts- und Wohltätigkeitszwecke" – so z. B. die Ausstattung einer religionsgemeinschaftlichen Schule – oftmals einen nur mittelbaren Religionsbezug aufweist, jedoch unzweifelhaft in den Schutzbereich des Art. 140 GG i.V.m. Art. 138 Abs. 2 WRV fällt. Aus dem Wortlaut-Argument ergibt sich implizit, dass die Abstufungs-These im Normtext keinen Rückhalt findet. Mit dem **Praktikabilitätsargument** wird darauf hingewiesen, dass eine trennscharfe und rückstandslose Unterscheidung zwischen mittelbarem und unmittelbarem Religionsbezug von Vermögensbestandteilen nicht möglich ist. Das vierte, **grundrechtsdogmatische Argument** besagt schließlich, dass eine Abstufung des Schutzgehalts des Art. 140 GG i.V.m. Art. 138 Abs. 2 WRV nicht auf der Schutzbereichs-, sondern auf der Schrankenebene erfolgen kann und sollte.[38] Insofern ist auch hier der weiten Schutzbereichstheorie der Vorzug zu geben (s.o. Rn. 87). Aus den vier Argumenten gegen die Abstufungs-These folgt, dass **alle plausibel religionsbezogenen vermögenswerten Rechte** in den Schutzbereich des Art. 140 GG i.V.m. Art. 138 Abs. 2 WRV fallen.

III. Der Eingriff in den Schutzbereich

503 Ein Eingriff in den Schutz des Religionsguts liegt vor bei staatlichen Beeinträchtigungen von „Besitz und Genuss" des religionsbezogenen Vermögens der Religionsgemein-

---

34 So etwa *Korioth*, in: Dürig/Herzog/Scholz (Hrsg.), Art. 140 GG/Art. 138 WRV, Rn. 16; *Ehlers*, in: Sachs (Hrsg.), Art. 140 GG/Art. 138 WRV, Rn. 8 m.w.N.
35 So etwa *Classen*: Religionsrecht, Rn. 287.
36 So etwa *Kästner*, JuS 1995, 784 (785).
37 Zum Folgenden u.a. *Lücke*, JZ 1998, 534 (538 ff.); *Filmer/Görisch*, ZevKR, 45 (2000), 453 (456 f.); *Morlok*, in: H. Dreier (Hrsg.), Art. 140 GG/Art. 138 WRV, Rn. 31 f.
38 Ebenso u.a. *Borowski*, S. 316.

schaften. Das Spektrum einschlägiger Maßnahmen reicht von der Vereitelung des bestimmungsgemäßen Gebrauchs über Nutzungsbeschränkungen bis zum vollständigen Entzug. In diesem Zusammenhang ist jedoch daran zu erinnern, dass Art. 140 GG i.V.m. Art. 138 Abs. 2 WRV religionsgemeinschaftliche Vermögensrechte nur in ihrem jeweiligen Bestand schützt (s.o. Rn. 497). Daraus folgt, dass der Gewährleistungsgehalt des Religionsgutschutzes nicht berührt ist, „wenn ein Recht untergeht, weil sich eine ihm **immanente Beschränkung** aktualisiert hat, wie es beispielsweise bei dem Eintritt einer auflösenden Bedingung der Fall sein kann".[39]

Die weiter gehende, im thematischen Umfeld der St. Salvator-Entscheidung des BVerfG wurzelnde Frage, ob auch die **Aktivierung eines Widerrufsvorbehalts** als Aktualisierung einer immanenten Beschränkung des betroffenen Rechts und damit nicht als Eingriff zu qualifizieren sei, wird unterschiedlich beantwortet.[40] Insgesamt **drei Auffassungen** lassen sich unterscheiden. An dem einen Ende der Skala von Extrempositionen ist die Ansicht des VGH München angesiedelt. Danach liegt **generell kein Eingriff** vor, wenn das betroffene vermögenswerte Recht einem Widerrufsvorbehalt unterliegt. Dagegen lässt sich einwenden, dass diese Position der Schutzrichtung des Art. 140 GG i.V.m. Art. 138 Abs. 2 WRV in ihrem historischen Verständnis zuwiderläuft. Denn im Zeitpunkt des Inkrafttretens der Weimarer Reichsverfassung standen nennenswerte Teile des Religionsguts unter einem allgemeinen Widerrufsvorbehalt und sollten gleichwohl den Schutz des Art. 138 Abs. 2 WRV genießen.[41] Am anderen Ende der besagten Skala steht die Auffassung, dass **jeder Widerruf** eines religionsbezogenen vermögenswerten Rechts einen Eingriff in den Religionsgutschutz darstellt, weil der Wegfall des Rechts hier auf einem besonderen Entschluss der bzw. des Widerrufsberechtigten beruht und Art. 140 GG i.V.m. Art. 138 Abs. 2 WRV gerade vor derartigen „Eingriffsakten" schützen soll.[42] Hier wird jedoch die Bedeutung der ursprünglichen einfach-rechtlichen Beschränkung des betroffenen Rechts über Gebühr vernachlässigt bzw. verkannt. Nach der Auffassung des BVerfG ist vielmehr auf den **Grund des Widerrufs** abzustellen: „Unterliegt das Recht einer ursprünglichen Beschränkung, weil es an bestimmte Voraussetzungen gebunden ist, und zielt der Widerruf darauf, die mit dem Wegfall der Voraussetzungen akut gewordene Beschränkung formal umzusetzen, greift er nicht in den Schutzbereich ein."[43] Dies ist insbesondere der Fall, wenn der ursprüngliche Zweck der Verleihung des betroffenen Rechts nicht (mehr) erreicht werden kann und daraufhin der Widerrufsvorbehalt aktiviert wird.

IV. Die verfassungsrechtliche Rechtfertigung von Eingriffen

Art. 140 GG i.V.m. Art. 138 Abs. 2 WRV enthält **keine eigenständige Schrankenregelung**. Vor diesem Hintergrund ist vereinzelt die These vertreten worden, dass diese Vorschrift den **vorbehaltlos gewährleisteten Grundrechten** zuzuordnen sei. Daraus folge, dass Eingriffe in den Schutz des Religionsguts – ebenso wie Eingriffe in den Schutzbereich der Religionsfreiheit (s.o. Rn. 131 f.) – nur durch verfassungsimmanente Schranken gerechtfertigt werden können.[44]

---

39 BVerfGE 99, 100 (122 – Hervorhebung vom Verf.).
40 Zum Folgenden BVerfGE 99, 100 (123 ff.).
41 Vgl. *Waldhoff*, in: Heinig (Hrsg.), S. 217 (227).
42 BVerwGE 87, 115 (124).
43 BVerfGE 99, 100 (124); zustimmend etwa *Schmahl*, in: Sodan (Hrsg.), Art. 140/138 WRV, Rn. 3.
44 So etwa *Pirson*: Kirchengut-Religionsfreiheit-Selbstbestimmung, S. 1048 (1058 f.).

E. Der flankierende Schutz der Religionsfreiheit

506 Demgegenüber nehmen die ganz überwiegende Auffassung in der religionsverfassungsrechtlichen Literatur und das BVerwG an, dass der Religionsgutschutz den „**Schranken des für alle geltenden Gesetzes**" i.S.d. Art. 140 GG i.V.m. Art. 137 Abs. 3 S. 1 WRV unterliegt.[45] Für diese Auffassung, zu der das BVerfG noch keine Stellung bezogen hat, lassen sich zumindest **zwei Argumente** anführen. Zunächst ist an die zweistufige **dogmatische Grundlegung** des Religionsgutschutzes in der (kollektiven) Religionsfreiheit und im Selbstbestimmungsrecht der Religionsgemeinschaften zu erinnern. Dieser dogmatische Ableitungszusammenhang legt die Übertragung der in Art. 140 GG i.V.m. Art. 137 Abs. 3 WRV verankerten Schranke des für alle geltenden Gesetzes nahe. Insofern liegt auch keine ggf. unzulässige Schrankenübertragung vor. Denn aufgrund der dogmatischen Verwobenheit des Religionsgutschutzes mit dem Selbstbestimmungsrecht der Religionsgemeinschaften sind hier nicht substantiell unterschiedliche grundrechtsgleiche Rechte betroffen. Mit dem **Systematik-Argument** wird – zweitens – darauf hingewiesen, dass ohne die Anwendung der Schranke aus Art. 140 GG i.V.m. Art. 137 Abs. 3 S. 1 WRV der Funktionsschutz des religionsgemeinschaftlichen Vermögens geringeren Beschränkungen unterläge als die anderen Bereiche des Selbstbestimmungsrechts der Religionsgemeinschaften.

507 Aus der Anwendbarkeit der Schranke aus Art. 140 GG i.V.m. Art. 137 Abs. 3 S. 1 WRV auf den Religionsgutschutz folgt, dass Beschränkungen dieses Schutzes durch für alle geltenden Gesetze gerechtfertigt werden können. Voraussetzung ist, dass eine auf den Einzelfall bezogene **Abwägung** der Schutzwürdigkeit des religionsbezogenen Vermögens und der das beschränkende Gesetz tragenden Gründe zu dem Ergebnis führt, dass letztere überwiegen (s.o. Rn. 173). Insbesondere das Polizei- und Ordnungsrecht, das Bau- und Denkmalschutzrecht sowie das Immissionsschutzrecht sind demnach auf den „Besitz und ungestörten Genuss" des religionsgemeinschaftlichen Vermögens anwendbar. Nutzungsbeschränkungen für res sacrae dürften jedoch nur in Ausnahmefällen – etwa bei der Baufälligkeit eines Kirchengebäudes – zulässig sein.

▶ **Zu Fall 18:** Die Verfassungsbeschwerde ist zulässig. Die erforderliche Antragsbefugnis ergibt sich aus Art. 4 Abs. 1 und 2 GG. Die Verfassungsbeschwerde ist jedoch unbegründet. Insbesondere liegt kein Verstoß gegen Art. 140 i.V.m. Art. 138 Abs. 2 WRV vor. Zwar ist der personelle Schutzbereich dieser Vorschrift eröffnet, denn auf den Schutz des Religionsguts können sich alle Religionsgemeinschaften unabhängig von ihrer Rechtsform berufen. Dies gilt auch für die als e.V. organisierte Kirchengemeinde der St.-Salvator-Kirche. Auch der sachliche Schutzbereich ist eröffnet. Unter die Begriffe des „Eigentums" und „andere Rechte" fallen auch Nutzungsrechte an Immobilien, die hier von der ursprünglichen Inhaberin auf die Kirchengemeinde übergegangen sind. An der religiösen Zweckbestimmung des Kirchengebäudes bestehen keine Zweifel, so dass es auf die vermeintliche Differenzierung zwischen unmittelbarem und mittelbarem Religionsbezug hier nicht ankommt. Es liegt jedoch kein Eingriff in den Schutzbereich vor. Insofern ist zunächst bedeutsam, dass das Nutzungsrecht seit seiner Begründung durch König Ludwig I. unter einem Widerrufsvorbehalt steht. Die Aktivierung eines solchen Vorbehalts stellt keinen Eingriff in den Schutz des Religionsguts dar, wenn sich darin eine immanente Beschränkung des betroffenen Rechts aktualisiert. So liegt es hier, denn der ursprüngliche Förderungszweck in Gestalt der Förderung der Auslandsgemeinden der griechisch-orthodoxen Kirche in Bayern kann nach

---

[45] BVerwGE 87, 115 (125); *Morlok*, in: H. Dreier (Hrsg.), Art. 140 GG/Art. 138 WRV, Rn. 36; *Mager*, in: v. Münch/Kunig (Hrsg.), Art. 140, Rn. 92; *Ehlers*, in: Sachs (Hrsg.), Art. 140 GG/Art. 138 WRV, Rn. 10; *Korioth*, in: Dürig/Herzog/Scholz (Hrsg.), Art. 140 GG/Art. 138 WRV, Rn. 18.

§ 14 Der Schutz des Religionsguts

der Kirchenspaltung nicht mehr erreicht werden. Da weder ein Verstoß gegen Art. 140 GG i.V.m. Art. 138 Abs. 1 WRV noch unmittelbar gegen Art. 4 Abs. 1 und 2 GG – etwa in Gestalt des Neutralitätsgrundsatzes- ersichtlich ist, hat die Verfassungsbeschwerde keine Aussicht auf Erfolg. ◄

Wiederholungs- und Vertiefungsfragen

> Auf welchen Rechtsgrundlagen und auf welchem dogmatischen Fundament beruht der Schutz des Religionsguts? (Rn. 490 ff.)
> Wer ist vom personellen Schutzbereich des Art. 140 GG i.V.m. Art. 138 Abs. 2 WRV umfasst? (Rn. 495)
> Was ist und welche Argumente sprechen gegen die These vom abgestuften Schutzbereich des Art. 140 GG i.V.m. Art. 138 Abs. 2 WRV? (Rn. 501 f.)
> Wann stellt die Aktivierung eines Widerrufsvorbehalts einen Eingriff in den Schutz des Religionsguts dar? (Rn. 504)
> An welchem Maßstab orientiert sich die verfassungsrechtliche Rechtfertigung von Eingriffen in den Schutz des Religionsguts? (Rn. 505 ff.)

§ 15 Staatsleistungen

▶ **Fall 19 (nach BVerfGE 19, 1):** Die als Körperschaft des öffentlichen Rechts organisierte Religionsgemeinschaft R erwirkt vor dem Amtsgericht A bzgl. eines Grundstücks die Eintragung als Eigentümerin im Grundbuch. A fordert von R als Kosten den Betrag von 100,- EUR. R ist damit nicht einverstanden und beruft sich auf den Gebührenbefreiungstatbestand in § 8 Abs. 1 Nr. 4 des einschlägigen Preußischen Gerichtskostengesetzes vom 28.10.1922 (PrGKG), das insoweit aus dem 19. Jahrhundert stammende Regelungen fortschreibt. Danach sind u.a. bestimmte Religionsgemeinschaften von den Gerichtsgebühren befreit, zu denen R allerdings nicht gehört. R klagt auf Befreiung von den Gebühren unter Berufung auf den allgemeinen Gleichheitssatz. Die Fachgerichtsbarkeit wertet die Gebührenbefreiung hingegen als Staatsleistung, die gem. Art. 140 GG i.V.m. Art. 138 WRV aufrechterhalten worden sei. Der Gleichheitssatz spiele daher keine Rolle. R erhebt gegen das letztinstanzliche Urteil Verfassungsbeschwerde. Mit Erfolg? ◀

I. Grundlagen

1. Staatsleistungen und Ablösungsgebot

a) Staatsleistungen und Säkularisation

508 **Art. 140 GG i.V.m. Art. 138 Abs. 1 WRV** schreibt vor, dass die Staatsleistungen an die Religionsgesellschaften bzw. Religionsgemeinschaften durch die Landesgesetzgebung auf der Grundlage einer Grundsatzregelung des Bundes abzulösen sind. Dieses Novum in der deutschen (Religions-) Verfassungsgeschichte enthält **zwei Komponenten**: die Staatsleistungen und das Ablösungsgebot. Die religionsverfassungsrechtliche Bedeutung beider Komponenten ist nur vor dem Hintergrund ihrer historischen Entwicklung zu verstehen. In diesem Zusammenhang spielen zwei Aspekte eine herausragende Rolle: die Säkularisation(en) im 16.-19. Jahrhundert und die Trennung von Staat und Religionsgemeinschaften im 20. Jahrhundert.

509 Staatsleistungen i.S.d. Art. 140 GG i.V.m. Art. 138 Abs. 1 WRV sind im Wesentlichen, aber nicht ausschließlich Ausgleich bzw. **Ersatzleistungen für Säkularisationen**. Anlass und Rechtsgrund der Leistungen liegen allerdings immer in der Vergangenheit und weisen juristisch eine Nähe zum staatlichen Ersatzleistungsrecht auf.[1] Mit dem Begriff der Säkularisation wird die Einziehung von religionsgemeinschaftlichen Rechten und Vermögenspositionen durch den Staat bezeichnet.[2] Neuzeitliche und religionsverfassungsrechtlich immer noch aktuelle Säkularisationen fanden vor allem im Zusammenhang mit der Reformation, dem Westfälischen Frieden, den Reformen *Kaiser Josephs II.* und dem Reichsdeputationshauptschluss von 1803 (Rn. 31 f.) statt. Gemeinsam ist allen Phänomenen der Säkularisation, dass sich die weltliche Gewalt seinerzeit kirchliches Vermögen angeeignet und die Gewähr für die finanzielle Ausstattung der Kirchen übernommen hat. Ein prominentes Beispiel liefert § 35 des Reichsdeputationshauptschlusses, der die Rechtsgrundlage für die Einziehung (katholischer) kirchlicher Güter lieferte „unter dem bestimmten Vorbehalt der festen und bleibenden Ausstattung der Domkirchen, welche werden beibehalten werden, und der Pensionen für die aufgehobene Geistlichkeit".

---

1 *Droege*: Staatsleistungen, S. 156; kritisch *Czermak*: Religions- und Weltanschauungsrecht, Rn. 358.
2 Zu Begriff und Geschichte der Säkularisation(en) *F. Hammer*, EvStL, Sp. 2069 ff.

§ 15 Staatsleistungen

b) Das Ablösungsgebot

Nach dem Umbruch von 1918 entfalteten mehrere Länder Initiativen zur ersatzlosen Streichung der historisch überkommenen Staatsleistungen auf ihrem Gebiet. Diese Bestrebungen riefen eine Reaktion der kirchenfreundlichen Kräfte in der Weimarer Nationalversammlung hervor, die ihrerseits zu einer Kontroverse um den Fortbestand der Staatsleistungen führte. Das Ergebnis dieser Kontroverse war der in Art. 138 Abs. 1 WRV enthaltene Kompromiss der Verpflichtung zur Ablösung durch die Landesgesetzgebung auf der Grundlage einer einheitlichen und neutralen Grundsatzgesetzgebung der gesamtstaatlichen Ebene. Damit wurde und wird die vermögensrechtliche Entflechtung als Teil der Trennung von Staat und Religionsgemeinschaften anerkannt, aber auf die Entscheidung der Gesetzgeber vertagt. Da insofern der gordische Knoten der Verflechtung durch Staatsleistungen weder in revolutionärer Manier durchgehauen noch geduldig entwirrt, sondern seine Lösung auf die Gesetzgeber übertragen und damit faktisch ad calendas graecas vertragt wurde, konnte *Carl Schmitt* den Art. 138 Abs. 1 WRV als Beispiel für dilatorische Formelkompromisse in der Weimarer Reichsverfassung anführen.[3]

510

2. Rechtsgrundlagen

Das Ablösungsgebot für Staatsleistungen ist grundlegend in **Art. 140 GG i.V.m. Art. 138 Abs. 1 WRV** geregelt.[4] Im **Landesverfassungsrecht** wird diese Materie unterschiedlich behandelt.[5] Neben dem kompletten Regelungsverzicht vor allem in den norddeutschen Bundesländern finden sich die Inkorporation des Art. 138 Abs. 1 WRV oder der grundlegende Verweis auf Art. 140 GG. Wenn und soweit jedoch wie etwa in Art. 145 Abs. 1 Verf-Bay die Staatsleistungen entgegen dem grundgesetzlichen Ablösungsgebot auf Dauer garantiert werden oder die Ablösung wie etwa in Art. 21 Verf-NRW an eine Vereinbarung zwischen dem Staat und den Religionsgemeinschaften geknüpft wird, entfalten die landesverfassungsrechtlichen Regelungen keine Rechtswirkungen. Entsprechende Erweiterungen bzw. Modifikationen des Regelungsgehalts von Art. 140 GG i.V.m. Art. 138 Abs. 1 WRV bilden einen Anwendungsfall von Art. 31 GG.

511

3. Dogmatische Grundlegung und Status

a) Ablösung von Staatsleistungen und Religionsfreiheit

Das in Art. 140 GG i.V.m. Art. 138 Abs. 1 WRV verankerte Gebot der Ablösung von Staatsleistungen ist auf die vermögensrechtliche Entflechtung von Staat und Religionsgemeinschaften gerichtet.[6] Es besteht daher ein unmittelbarer Zusammenhang zum allgemeinen Trennungsgebot aus Art. 140 GG i.V.m. Art. 137 Abs. 1 WRV, das seinerseits dogmatisch auf die Religionsfreiheit gem. Art. 4 Abs. 1 und 2 GG zurückgeführt werden kann (s.o. Rn. 139 f.). In umgekehrter, systematisch aber korrekter Reihenfolge lässt sich die folgende dogmatische Begründungskette des Gebots der Ablösung von Staatsleistungen knüpfen: Auf der religionsverfassungsrechtlich grundlegenden

512

---

3 *C. Schmitt*: Verfassungslehre, S. 32 ff. Zur Genese des Art. 138 Abs. 1 WRV auch *Korioth*, in: Dürig/Herzog/Scholz (Hrsg.), Art. 140 GG/Art. 138 WRV, Rn. 2.
4 Überblick bei *Heun*, HSKR, Bd. 3, Rn. 20 ff.
5 Vgl. *Morlok*, in: H. Dreier (Hrsg.), Art. 140 GG/Art. 138 WRV, Rn. 10; *Wehdeking*, S. 137 ff., 204 ff.
6 Statt vieler *Bergmann*, in Hömig/Wolff (Hrsg.), Art. 140 Rn. 22.

Vorschrift des Art. 4 Abs. 1 und 2 GG basiert das allgemeine Trennungsgebot aus Art. 140 GG i.V.m. Art. 137 Abs. 1 WRV, das seinerseits durch das Gebot der (auch) finanziellen Entflechtung in Art. 140 GG i.V.m. Art. 138 Abs. 1 WRV konkretisiert wird.

b) Dogmatischer Status

513 Art. 140 GG i.V.m. Art. 138 Abs. 1 WRV enthält einen verbindlichen **Verfassungsauftrag** an die Gesetzgeber des Bundes und der Länder, die Staatsleistungen an die Religionsgemeinschaften abzulösen. Obwohl es auch nach über 100 Jahren keine Ablösungsgesetzgebung gegeben hat (s.o. Rn. 510 f.), ist dieser Verfassungsauftrag **nicht obsolet**. Eine Derogation durch Gewohnheitsrecht liegt nicht vor, denn das Ablösungsgebot ist immer noch von der allgemeinen Rechtsauffassung (opinio iuris ac necessitatis) getragen. Art. 140 GG i.V.m. Art. 138 Abs. 1 WRV ist auch nach der zutreffenden Auffassung des BVerfG vollgültiges Verfassungsrecht.[7] Nach (noch) überwiegender Auffassung vermittelt das Ablösungsgebot als solches keine subjektiven öffentlichen Rechte; vielmehr handele es sich um objektives Verfassungsrecht, das prozessual nicht durchgesetzt werden kann. Aufgrund seiner Verankerung im Grundrecht der Religionsfreiheit und seiner Schutzpflichtendimension in Gestalt der auch finanziellen Selbstbestimmung der Religionsgemeinschaften begründet Art. 140 GG i.V.m. Art. 138 Abs. 1 WRV (auch) ein **subjektives öffentliches Recht** bzw. Grundrecht der betroffenen Religionsgemeinschaften auf Ablösung der Staatsleistungen.[8] Im Übrigen ist Art. 140 GG i.V.m. Art. 138 Abs. 1 GG **gegenüber** Art. 140 GG i.V.m. Art. 138 Abs. 2 WRV die **speziellere Vorschrift**, da zwar ebenfalls Religionsgut in Gestalt der Staatsleistungen betroffen ist, das aber abweichend vom Schutz des allgemeinen Religionsguts dem Ablösungsgebot unterworfen wird.[9]

II. Die Staatsleistungen

1. Begriff

514 Der Begriff der Staatsleistungen i.S.d. Art. 140 GG i.V.m. Art. 138 Abs. 1 GG erschließt sich aus dem historischen Kontext und dem systematischen Zusammenhang mit dem Ablösungsgebot.[10] Dieser Begriff weist insgesamt drei Komponenten auf. So kann es sich – erstens – bei Staatsleistungen nur um **vermögenswerte Rechtspositionen** handeln, denn nur auf solche kann sich das Ablösungsgebot beziehen. Staatsleistungen sind – zweitens – sukzessive, d.h. auf Dauer angelegte, **wiederkehrende Leistungsverhältnisse**; anderenfalls wäre nicht eine Ablösung, sondern nur eine Erfüllung möglich. Schließlich muss – drittens – ein **historischer Bezug** des Leistungsverhältnisses auf die vorkonstitutionellen, d.h. vor 1919 begründeten, zumeist säkularisationsbedingten Beziehungen zwischen Staat und Religionsgemeinschaften erkennbar sein.[11] Aus der Zusammenschau dieser drei Komponenten ergibt sich, dass Staatsleistungen alle

---

7 BVerfGE 125, 39 (79 f.).
8 Im Anschluss an *Muckel*, in: Friauf/Höfling (Hrsg.), Art. 140/Art. 138 WRV, Rn. 22; a.A. *Rozek*, in: Holzner/Ludyga (Hrsg.), S. 421 (429).
9 *Morlok*, in: H. Dreier (Hrsg.), Art. 140 GG/Art. 138 WRV, Rn. 12; v. *Campenhausen/de Wall*, § 32, Rn. 1.
10 Zum Folgenden u.a. *zu Hohenlohe*, ZevKR 62 (2017), 178 (180 ff.); *Muckel*, in: Friauf/Höfling (Hrsg.), Art. 140/Art. 138 WRV, Rn. 4 ff.; *Morlok*, in: H. Dreier (Hrsg.), Art. 140 GG/Art. 138 WRV, Rn. 15.
11 Zur historischen Begründung von Staatsleistungen an die evangelischen Kirchen jenseits von Enteignungen – etwa durch Regelungen über Zuschüsse zur Pfarrbesoldung aus dem 19. Jahrhundert – siehe *Knöppel*, ZevKR 58 (2013), 188 (191): „(historisch begründete) Ersatzleistungen im weiteren Sinn".

auf Dauer angelegten vermögenswerten Rechtspositionen der Religionsgemeinschaften sind, die auf den in Art. 138 Abs. 1 WRV aufgeführten vorkonstitutionellen Rechtsgrundlagen beruhen und als Säkularisationsfolgen gelten können.

Auf der Grundlage dieser Begriffsbestimmung kann und muss eine **Abgrenzung der Staatsleistung von staatlichen Subventionen** erfolgen.[12] Die Religionsgemeinschaften erhalten vom Staat in nennenswertem Umfang finanzielle Unterstützung zur Förderung ihrer Arbeit etwa im Bildungs- oder im karitativen bzw. diakonischen Bereich. Insofern nimmt der Staat seine Aufgabe als Sozial- und Kulturstaat wahr.[13] Zwischen diesen Subventionen und den Staatsleistungen i.S.d. Art. 140 GG i.V.m. Art. 138 Abs. 1 WRV besteht ein kategorialer Unterschied. Staatsleistungen sind eine retrospektiv begründete Kompensation für in der Vergangenheit erlittene Vermögensverluste der Religionsgemeinschaften. Es handelt sich also um die Tilgung von historischen Altlasten in der Form einer Entschädigung. Die Leistungen sind daher **kausal bedingt**. Demgegenüber sind Subventionen perspektivisch begründet aus dem zukünftig zu erfüllenden öffentlichen Interesse. Es handelt sich um eine Förderung zur Erfüllung aktueller staatlicher Aufgaben durch die Religionsgemeinschaften bzw. um Leistungen zur allgemeinen Religionsförderung. Die Leistungen sind daher **final motiviert**. Aus dieser kategorialen Unterscheidung folgt, dass Staatsleistungen und Subventionen religionsverfassungsrechtlich nicht vergleichbar und damit auch keine Äquivalente sind.[14] Dieser aliud-Status der Subventionen kommt im Übrigen in der verbreiten Bezeichnung als „Staatsleistungen i.e.S." nicht hinreichend zum Ausdruck. Die damit verbundene Gefahr einer Begriffsverwirrung kann mit der klaren terminologischen Unterscheidung zwischen „Staatsleistungen" einerseits und „Subventionen" andererseits gebannt werden. Sie erleichtert zudem das Verständnis dafür, dass Subventionen nicht unter Art. 140 GG i.V.m. Art. 138 Abs. 1 WRV fallen und damit auch nicht „abgelöst" werden müssen; sie unterliegen jedoch dem Paritätsgebot.[15]

2. Arten von Staatsleistungen

a) Zwecke, Bezugspunkte und Modi

Ein Blick auf die einschlägigen Leistungsbeziehungen offenbart ein buntes Bild vielfältiger historisch begründeter Staatsleistungen. Eine systematische Struktur erhält dieses Bild zunächst durch die Differenzierung der Staatsleistungen nach Zwecken, Bezugspunkten und Modi.[16] Der **Differenzierung nach Zwecken** liegt die allgemeine Intention zugrunde, den betroffenen Religionsgemeinschaften die Bestreitung ihrer Personal- und Sachkosten zu ermöglichen. So werden Leistungen erbracht für den entsprechenden Bedarf der allgemeinen religionsgemeinschaftlichen Verwaltung. Davon zu unterscheiden sind Leistungen für die (Vor-) Bildung sowie die Entlohnung bzw. die Besoldung und Versorgung der Geistlichen und Mitarbeitenden sowie der Beamtinnen und Beamten. Schließlich werden Staatsleistungen erbracht für den Bau, die Unterhaltung und ggf. die Wiederherstellung von religionsgemeinschaftlichen, insbesondere kirchlichen Gebäuden.

---

12 Dazu u.a. *v. Campenhausen/de Wall*, S. 282 f.; *Korioth*, in: Dürig /Herzog/Scholz (Hrsg.), Art. 140 GG/Art. 138 WRV, Rn. 6; *Knöppel*, ZevKR 58 (2013), 188 (189 f.).
13 Umfassend *Droege*: Staatsleistungen, S. 258 ff.
14 Vgl. *Heun*, HSKR, Bd. 3, Rn. 1.
15 Zur Abgrenzung der Staatsleistungen von Subventionen u.a. *Droege*: Staatsleistungen, S. 258 ff.; den Gegensatz relativierend *Heun*, HSKR, Bd. 3, Rn. 32 f.
16 Dazu statt vieler *Droege*, EvStL, Sp.2321 (2322 f.), und *zu Hohenlohe*, ZevKR 62 (2017), 178 (181 ff.).

517 Die Staatsleistungen können nicht nur nach ihren Zwecken, sondern auch nach ihren **Bezugspunkten** unterschieden werden. Bei den Betragsleistungen liegt die Leistungsverpflichtung nach Gegenstand, Umfang und Fälligkeit objektiv fest. Demgegenüber richtet sich bei den Bedarfsleistungen die Bemessung der Leistungspflicht nach dem jeweiligen Bedarf des Destinatärs. Ein prominentes Beispiel liefert die Kirchenbaulast, die zur Errichtung, Unterhaltung und ggf. Wiederherstellung kirchlicher Gebäude verpflichtet.

518 Im Hinblick auf die **Modi** der Staatsleistungen sind Natural- und Geldleistungen zu unterscheiden. Im Gegensatz zu den Geldleistungen sind die Naturalleistungen auf Sach- oder Dienstleistungen gerichtet. Bei den für Art. 140 GG i.V.m. Art. 138 Abs. 1 WRV relevanten Staatsleistungen handelt es sich ganz überwiegend um Geldleistungen.

b) Insbesondere: Positive und negative Staatsleistungen

519 Unzweifelhaft nehmen Staatsleistungen die Gestalt der Zuwendung von öffentlichen Mitteln an (positive Staatsleistungen). Fraglich ist, ob neben diesen direkten (Finanz-) Transfers auch staatliche Steuer- und Abgabenbefreiungen in den Begriff der Staatsleistungen einbezogen werden können bzw. müssen.[17] Die Rechtsprechung und die religionsverfassungsrechtliche Literatur gehen davon aus, dass derartige Befreiungen als **negative Staatsleistungen** i. S.d. Art. 140 GG i.V.m. Art. 138 Abs. 1 WRV anerkannt werden müssen, wenn sie „einen wesentlichen Teil derjenigen Unterstützung bildete(n), die der Staat der Kirche (bzw. den Religionsgemeinschaften) zur Bestreitung ihrer Bedürfnisse gewährte, und dass er, wenn sie nicht bestanden hätte, statt ihrer entsprechende Leistungen an die Kirche hätte machen müssen".[18] Die Anerkennung als negative Staatsleistung erfolgt daher nur, wenn auch im Übrigen die Kriterien des Begriffs der Staatsleistung erfüllt sind (s.o. Rn. 514). Es muss sich also insbesondere um eine wiederkehrende und historisch begründete Befreiung handeln. Daher ist die Befreiung von Gerichtsgebühren auch dann keine negative Staatsleistung, wenn sie rechtlich vor 1919 begründet worden sein sollte. Denn ihr fehlt der Säkularisationsbezug, und sie ist auch keine wiederkehrende Leistung, da sie von einer Rechtshandlung der Betroffenen abhängt.[19] Gleiches gilt für steuerrechtliche Spendenvergünstigungen.

3. Rechtstitel

a) Gesetz, Vertrag und besondere Rechtstitel

520 Von Art. 140 GG i.V.m. Art. 138 Abs. 1 WRV werden nur die „auf Gesetz, Vertrag oder besonderen Rechtstiteln beruhenden Staatsleistungen" erfasst. Die begriffliche Abgrenzung der einzelnen Rechtstitel ist praktisch irrelevant, weil ihre religionsverfassungsrechtliche Behandlung identisch ist. Allerdings folgt aus der Aufzählung, dass die Säkularisation als solche kein tauglicher Rechtstitel ist.

---

17 Vgl. *Heun*, HSKR, Bd. 3, Rn. 8.
18 RGZ 111, 134 (144); BVerfGE 19, 1 (16); BVerfG, NVwZ 2001, 318; BVerwG, NVwZ 1996, 786; *Korioth*, in: Dürig/Herzog/Scholz (Hrsg.), Art. 140 GG/Art. 138 WRV, Rn. 5; kritisch *Czermak*: Religions- und Weltanschauungsrecht, Rn. 361.
19 BVerfGE 19, 1 (16); ebenso u.a. *Droege*: Staatsleistungen, S. 197; *Bergmann*, in Hömig (Hrsg.), Art. 140 Rn. 22; *Schmahl*, in: Sodan (Hrsg.), Art. 140 GG/Art. 138 WRV, Rn. 1; a.A. *v. Campenhausen/de Wall*, § 32, Rn. 15.

Gesetz i.S.d. Art. 140 GG i.V.m. Art. 138 Abs. 1 WRV ist jede materielle, allgemeinverbindliche Rechtsnorm.[20] Dazu zählen Parlamentsgesetze, Rechtsverordnungen und Gewohnheitsrecht sowie andere vorkonstitutionelle Rechtsakte. Als Prototyp einschlägiger Gesetze können die einzelstaatlichen Pfarrerbesoldungs- und -versorgungsgesetze angeführt werden, so z. B. das preußische Gesetz „über das Diensteinkommen der evangelischen und katholischen Pfarrer" vom 2.7.1898. Nicht umfasst sind hingegen Haushaltsgesetze, die als nur formelle Gesetze gelten und zudem aufgrund des Prinzips der Jährlichkeit des Haushalts keine Dauerbeziehungen zwischen dem Staat und den Religionsgemeinschaften etablieren können.

Unter die **besonderen Rechtstitel** fällt der gesamte Formenreichtum außergesetzlicher Rechtstitel für die Begründung von Staatsleistungen.[21] Erfasst werden u.a. landesherrliche Privilegien, Erlasse, Dekrete, Anerkenntnisse, Stiftungen etc. Ob für die Qualifizierung als Rechtstitel der Grundsatz „in dubio pro ecclesia" gilt, ist hingegen zweifelhaft. Das tatsächliche Herkommen genügt jedenfalls nicht, sofern es sich nicht zum Gewohnheitsrecht verdichtet hat und damit dem Begriff des Gesetzes i.S.d. Art. 140 GG i.V.m. Art. 138 Abs. 1 WRV zuzuordnen ist. Der in der Norm als weiterer möglicher Rechtstitel genannte **Vertrag** ist der praktisch wichtigste Unterfall der besonderen Rechtstitel und taugt insofern nicht zu einer eigenständigen Kategorie neben den besonderen Rechtstiteln.[22]

b) Insbesondere: Religionsverfassungsrechtliche Verträge

Staatsleistungen sind regelmäßig Bestandteil religionsverfassungsrechtlicher Verträge, so auch der paradigmatischen Regelung des Art. 16 des Loccumer Vertrages zwischen den evangelischen Landeskirchen in Niedersachsen mit dem Lande Niedersachsen aus dem Jahr 1955 (s.o. Rn. 336).[23] **Inhalt** entsprechender Regelungen ist die Festlegung pauschalierter jährlicher Beträge mit einer Dynamisierungsklausel, die die Progression der Zahlung an die Entwicklung der (Landes-) Beamtenbesoldung koppelt. In **dogmatischer** Hinsicht handelt es sich weder um eine Neubegründung noch um eine Ablösung von Staatsleistungen, sondern um eine bereinigte Zusammenfassung bestehender und vor 1919 begründeter staatlicher Verpflichtungen aus den Folgen der Säkularisation(en). Die vertragliche Vereinfachung bewirkt demnach keinen Wechsel der Legitimationsgrundlage, sondern allein einen Gewinn an Rechtsklarheit durch Pauschalisierung.[24]

4. Leistungsempfänger und Leistungsverpflichtete

Als **Leistungsempfänger** werden in Art. 140 GG i.V.m. Art. 138 Abs. 1 WRV die „Religionsgesellschaften" bzw. **Religionsgemeinschaften** benannt. Inbegriffen sind deren

---

20 Zum Folgenden auch *Droege*: Staatsleistungen, S. 202 ff.; *Heun*, HSKR, Bd. 3, Rn. 42.
21 *Stern*: Staatsrecht, Bd. IV/2, S. 1330.
22 Vgl. *Heun*, HSKR, Bd. 3, Rn. 43.
23 Art. 16 des Loccumer Vertrages lautet: „(1) Das Land zahlt an die Kirchen vom 1.4.1955 ab als Dotation für kirchenregimentliche Zwecke und als Zuschüsse für Zwecke der Pfarrbesoldung und -versorgung jährlich 7.700.000,- DM (Staatsleistung an die evangelischen Kirchen). Der Betrag ist in seiner Höhe laufend den Veränderungen der Besoldung der Landesbeamten anzupassen. Ein Verwendungsnachweis ... wird nicht gefordert ... (2) Für eine Ablösung gemäß Artikel 140 des Grundgesetzes für die Bundesrepublik Deutschland in Verbindung mit Artikel 138 Abs. 1 der deutschen Verfassung vom 11.8.1919 bleibt die bisherige Rechtslage maßgeblich."
24 Ebenso u.a. *Droege*: Staatsleistungen, S. 170 ff.; *Reisgies*, ZevKR 58 (2013), 280 (291 f.).

Gliedkörperschaften, Untergliederungen und sonstigen Institutionen. Faktisch sind überwiegend die beiden christlichen Großkirchen betroffen. Aber auch kleinere Religionsgemeinschaften erhalten Staatsleistungen, wie etwa die Altkatholische und die Altlutherische Kirche, Freigemeinden u.a.[25]

525 **Leistungsverpflichteter** ist der Staat als Hoheitsträger. Fiskalisches Handeln ist ausgenommen, so dass die Patronate nicht zu den Staatsleistungen zu zählen sind.[26] Die Leistungsverpflichtung trifft primär die **Länder**; folgerichtig ergeht der Ablösungsauftrag an die Landesgesetzgebung. Originäre Leistungsverpflichtungen des Reiches, die unter dem Grundgesetz auf den **Bund** übergeleitet wurden, fallen nicht in den Anwendungsbereich des Art. 140 GG i.V.m. Art. 138 Abs. 1 WRV.[27] Der Bund kann nur dann als Leistungsverpflichteter angesehen werden, wenn er durch nachträgliche Kompetenzverschiebung Träger einer Staatsleistung geworden ist, die ursprünglich einem Land oblag.[28] Umstritten ist, ob auch die **Kommunen** zu den Leistungsverpflichteten zu zählen sind. Unter der Weimarer Reichsverfassung herrschte die Ansicht vor, dass die Leistungen der Kommunen an die Religionsgemeinschaften nicht in den Anwendungsbereich des Art. 138 Abs. 1 WRV einzubeziehen seien.[29] Darauf aufbauend werden in der aktuellen religionsverfassungsrechtlichen Literatur im Wesentlichen drei Argumente gegen die Einbeziehung der kommunalen Leistungen vorgebracht.[30] Zunächst wird auf das Postulat einer Kontinuität mit der Rechtslage unter der Weimarer Reichsverfassung hingewiesen. Zweitens sei Art. 140 GG i.V.m. Art. 138 Abs. 1 WRV eine auf die Landesgesetzgebung und damit auf die Länder beschränkte, sektorale Regelung, die als solche erweiterungsfeindlich sei. Drittens sei diese Norm nicht primär als Bestandsschutzklausel für Staatsleistungen jeder Art, sondern als Ablösungsgebot zu verstehen. Die überwiegende Meinung votiert jedoch zu Recht für eine Einbeziehung der kommunalen Staatsleistungen in den Anwendungsbereich des Art. 140 GG i.V.m. Art. 138 Abs. 1 WRV.[31] Zur Begründung werden im Wesentlichen zwei durchschlagende Argumente angeführt. Das teleologische Argument besagt, dass die Intention der vermögensrechtlichen Trennung von Staat und Religionsgemeinschaften auch gegenüber den Kommunen gültig sei. Gewichtiger noch ist das systematische Argument. Es beruht auf der Erkenntnis, dass die Kommunen im zweigliedrigen Bundesstaat des Grundgesetzes staatsorganisationsrechtlich als Teil der Länder einzustufen und jedenfalls der mittelbaren Staatsverwaltung zuzuordnen sind.[32] Die „Landesgesetzgebung" kann daher auch die Kommunen erreichen. Dieses gegenüber der Rechtlage unter der Weimarer Reichsverfassung gewandelte Verständnis unter dem Grundgesetz schlägt auf das Verständnis des Art. 140 GG i.V.m. Art. 138 Abs. 1 WRV durch mit dem Ergebnis, dass auch die Kommunen zu den potenziell Leistungsverpflichteten zu zählen sind.

---

25 Abschließende Aufzählung bei *Heun*, HSKR, Bd. 3, Rn. 51.
26 *Droege*: Staatsleistungen, S. 181.
27 BVerfG, NVwZ 2001, 318.
28 *Korioth*, in: Dürig/Herzog/Scholz (Hrsg.), Art. 140 GG/Art. 138 WRV, Rn. 7.
29 Vgl. *Anschütz*, S. 653.
30 Vgl. *Droege*: Staatsleistungen, S. 185 ff.; *Ehlers*, in: Sachs (Hrsg.), Art. 140 GG/Art. 138 WRV, Rn. 3; *Magen*, in: Umbach/Clemens (Hrsg.), Art. 140 Rn. 126; *Heun*, HSKR, Bd. 3, Rn. 49 f. Offen gelassen in BVerwG, NVwZ 1996, 787.
31 So etwa *zu Hohenlohe*, ZevKR 62 (2017), 178 (186); *Korioth*, in: Dürig/Herzog/Scholz (Hrsg.), Art. 140 GG/Art. 138 WRV, Rn. 7.
32 Vgl. *H. Dreier*, in: ders. (Hrsg.), Art. 28 Rn. 95; *Stern*: Staatsrecht, Bd. IV/2, S. 1329 f.

§ 15 Staatsleistungen

III. Das Ablösungsgebot

1. Begriff und Bedeutung

Art. 140 GG i.V.m. Art. 138 Abs. 1 WRV enthält die schlichte Vorgabe, dass die Staatsleistungen an die Religionsgemeinschaften abgelöst werden. Mit dem **Begriff der Ablösung** ist die einseitige Aufhebung des Leistungsgrundes gegen Entschädigung gemeint.[33] Er umfasst daher zwei Vorgänge, nämlich (1.) die Aufhebung des bestehenden Leistungsverhältnisses und (2.) die Begründung einer Ausgleichs- bzw. Entschädigungspflicht. In den nahezu einhundert Jahren, die seit dem Erlass des Art. 138 Abs. 1 WRV vergangen sind, ist diese Ablösung nicht erfolgt. Die beiden in den 1920'er Jahren unternommenen zaghaften Versuche sind jeweils nicht über das Anfangsstadium hinaus gekommen.

526

Der nunmehr seit deutlich mehr als einhundert Jahren bestehenden Ablösungsverpflichtung sind ihre Adressaten, d.h. die staatlichen Gesetzgeber, noch nicht nachgekommen. In der Weimarer Zeit hatte es zwei zaghafte Versuche einer Ablösung gegeben, die allerdings im Stadium von Vorarbeiten stecken geblieben waren.[34] In der Bundesrepublik waren und sind die Staatsleistungen sowie das Ablösegebot in unregelmäßigen Abständen und wiederkehrenden Wellen Gegenstand von rechtspolitischen Debatten, die aber nur selten in konkrete Gesetzesvorhaben gemündet sind. So lag dem Bundestag im Jahr 2012 der Entwurf für ein „Staatsleistungsablösegesetz" vor, den die Fraktion Die Linke eingebracht hatte. Dieser Vorstoß hatte insbesondere aufgrund von verfassungsrechtlichen Bedenken keinen Erfolg.[35] Im Jahr 2020 hatten die Bundestagsfraktionen der FDP, von Die Linke und Bündnis 90/Die Grünen einen weiteren Gesetzentwurf für ein „Grundsätzegesetz zur Ablösung der Staatsleistungen" vorgelegt, der – im Gegensatz zu einem hastigen Gegenentwurf der AfD-Fraktion[36] – eine „seriöse Grundlage für die rechtssichere Ablösung" von Staatsleistungen hätte abgeben können.[37] Der Entwurf enthält neben dem Entwurf für einen Gesetzestext die für Gesetzentwürfe übliche Problem- nebst Lösungsbeschreibung sowie eine Begründung.[38] Ob weitere Initiativen Erfolg haben werden, bleibt abzuwarten.[39] Bei andauernder Aussichtslosigkeit für die Erfüllung des Verfassungsauftrags aus Art. 140 GG i.V.m. Art. 138 Abs. 1 WRV sollte er ggf. - unter Beibehaltung der verfassungs-

---

33 So schon *Anschütz*, S. 651; aus neuerer Zeit u.a. BVerfG, NVwZ 2001, 318; *Heun*, HSKR, Bd. 3, Rn. 56; *Mager*, in: v. Münch/Kunig (Hrsg.), Art. 140, Rn. 84; *Germann*, in: Epping/Hillgruber (Hrsg.), Art. 140 Rn. 122; *Stern*: Staatsrecht, Bd. IV/2, S. 1328; *Wehdeking*, S. 120.; *Classen*: Religionsrecht, Rn. 607.
34 Dazu *Hense* Herder Korrespondenz 2010, 562 (564); *Kästner*, in: Dolzer u.a. (Hrsg.), Art. 140 Rn. 574.
35 Gesetzentwurf der Fraktion Die Linke, BT-Drs. 17/8791 v. 29.2.2012; überzeugend krit. dazu *Reisgies* ZevKR 58 (2013), 280 ff. Zu einem Vorstoß auf Länderebene s. den Antrag der FDP-Fraktion nebst Änderungsanträgen anderer Fraktionen im Landtag von Schleswig-Holstein, LT-Drs. 18/1258, 18/1441 und 18/2174.
36 Der Entwurf der AfD-Fraktion für ein „Staatsleistungsablösungsgesetz" sieht u.a. eine entschädigungslose Einstellung aller Staatsleistungen mit dem Ende des Jahres 2026 vor. Zur Begründung wird angeführt, dass mit den bisherigen Zahlungen alle Leistungsverpflichtungen im Kontext des Art. 138 Abs. 1 WRV abgegolten seien. Die offensichtliche Verfassungswidrigkeit dieses Entwurfes bedarf an sich keiner Erläuterung; sie wird sich aber (auch) aus den nachfolgenden Erörterungen ergeben. Zum prekären Verhältnis der AfD zum Religionsverfassungsrecht des Grundgesetzes auch *Heinig*: Juristischer Offenbarungseid, S. 61 ff.
37 So *Heinig*, Arbeitsauftrag aus Weimar, Die ZEIT, Christ und Welt Nr. 14/2020, abrufbar bei zeit-online unter https://www.zeit.de/14/kirche-staatsleistungen-coronakrise-bundestag-saekularisation?wt_zmc=sm.ext.z inaudev.mail.ref.zeit.de.
38 BT-Drs. 19/19273. Zu diesem Entwurf ausführlich *Unruh* DÖV 2020, 953 ff.
39 Vgl. den Koalitionsvertrag 2021-2025 „Mehr Fortschritt wagen" der Parteien SPD, Bündnis 90/Die Grünen und FDP, S. 111 (Zeilen 3712 f.): „Wir schaffen in einem Grundsätzegesetz im Dialog mit den Ländern und den Kirchen einen fairen Rahmen für die Ablösung der Staatsleistungen". Zu diesem Vorhaben *Greve*, ZG 2023, S. 121 ff.

rechtlichen Verpflichtung zur Fortzahlung der Staatsleistungen - aus dem Grundgesetz gestrichen werden. Aktuell ist der das Ablösungsgebot betreffende Regelungsgehalt der Norm nicht obsolet (s.o. Rn. 513). Vielmehr können drei Bedeutungsdimensionen unterschieden werden. Zentral ist die Verpflichtung zur Ablösung der Staatsleistungen. Aus dieser Verpflichtung lassen sich dann der bis zur Ablösung währende Bestandsschutz für bestehende Staatsleistungen einerseits und das Verbot der Neubegründung von Staatsleistungen andererseits ableiten.

2. Die Verpflichtung zur Ablösung

a) Art und Umfang der Ablösung

527 Aus der (Teil-) Definition der Staatsleistungen als auf Dauer angelegtes Leistungsverhältnis (Rn. 514) folgt unmittelbar, dass die gelegentlich vertretene Auffassung, mit der Zahlung seit 1919 sei bereits eine Ablösung erfolgt, zurückzuweisen ist.[40] Der **Umfang der Ablösung** ist umstritten. Die überwiegende Auffassung in der religionsverfassungsrechtlichen Literatur geht von der Geltung des **Äquivalenzprinzips** aus.[41] Danach muss die Ablösung dem ökonomischen Wert der Staatsleistung im Zeitpunkt ihrer Aufhebung entsprechen. Die Ablösung wird insofern als Leistung an Erfüllungs statt angesehen. Drei Argumente sollen diese Auffassung stützen. Das genetische Argument besagt, dass bei der Erarbeitung des Art. 138 Abs. 1 WRV in der Weimarer Nationalversammlung Einigkeit darüber bestanden habe, dass den betroffenen Religionsgemeinschaften bzw. Kirchen durch die Ablösung der Staatsleistung kein (wirtschaftlicher) Schaden entstehen solle. In ähnlicher Weise wird unter Bezugnahme auf das Telos der Norm angeführt, dass durch die Ablösung keine Schmälerung der wirtschaftlichen Grundlagen der Religionsgemeinschaften erfolgen solle, sondern deren Erneuerung. Schließlich wird vorgebracht, dass aus den üblichen Gesichtspunkten der Sozialbindung bzw. des Gemeinwohls keine Legitimation für einen Abschlag vom vollen Wertersatz hergeleitet werden könne.[42] Die Gegenauffassung kommt hingegen zutreffend zu dem Ergebnis, dass eine **angemessene Entschädigung** zu leisten ist, die hinter dem vollen Wertersatz zurückbleiben kann.[43] Die Höhe des Ablösungsbetrages ist auf der Grundlage einer Abwägung zwischen den Interessen der Allgemeinheit und der betroffenen Religionsgemeinschaften zu ermitteln.[44] Diese Abwägung ist ergebnisoffen zu gestalten, so dass grundsätzlich ein voller Wertersatz, im Einzelfall aber auch eine Abweichung nach unten möglich ist. Für diese Auffassung sprechen im Wesentlichen drei Argumente. Ein *negativ-genetisches* Argument besagt, dass sich aus der Entstehungsgeschichte des Art. 138 Abs. 1 WRV gerade nicht ableiten lässt, dass den von der Ablösung betroffenen Religionsgemeinschaften kein „Schaden" entstehen solle. Konsens bestand allein darüber, dass sie in ihrer (finanziellen) Lebensfähigkeit nicht beeinträchtigt werden sollten. Aus den Debatten in der Weimarer Nationalversammlung lässt sich daher kein Argument für das Äquivalenzprinzip gewinnen.[45] Mit dem *positiv-genetischen* Argu-

---

40 Diese Auffassung wird vertreten von *Czermak*, DÖV 2004, 110 (112); dagegen überzeugend *Knöppel*, ZevKR 58 (2013), 188 (199).
41 So etwa *Stern*: Staatsrecht, Bd. IV/2, S. 1328; *v. Campenhausen/de Wall*, § 32, Rn. 25.
42 *Germann*, in: Epping/Hillgruber (Hrsg.), Art. 140 Rn. 123; *Reisgies*, ZevKR 58 (2013), 280 (297 ff.).
43 So etwa *Droege*: Staatsleistungen, S. 210 ff.; *Heun*, HSKR, Bd. 3, Rn. 58 ff.; *Jarass*, in: ders./Pieroth, Art. 140 GG/Art. 138 WRV, Rn. 1; *Ehlers*, in: Sachs (Hrsg.), Art. 140 GG/Art. 138 WRV, Rn. 4; *Czermak*: Religions- und Weltanschauungsrecht, Rn. 362.
44 Vorschläge zur Berechnung der Ablösungshöhe bei *Muckel*, in: Friauf/Höfling (Hrsg.), Art. 140/Art. 138 WRV, Rn. 16.
45 Überzeugend *Heun*, HSKR, Bd. 3, Rn. 59.

ment wird darauf hingewiesen, dass die der Ablösung vergleichbaren Entschädigungsvorgänge im Zuge der Entfeudalisierung und der Entwicklung des Gewerberechts im 19. Jahrhundert dem Verfassunggeber von 1919 noch deutlich vor Augen standen und als Vorbild dienten.[46] Auch diese Entschädigungen waren nicht notwendig auf einen vollen Wertersatz, sondern auf eine angemessene finanzielle Kompensation gerichtet. Das *systematische* Argument besagt schließlich, dass in Art. 15 GG – und damit im Grundgesetz selbst! – mit der Sozialisierung von Eigentum eine vergleichbare Konstellation geregelt ist, die aufgrund des Verweises auf Art. 14 Abs. 3 GG mit einer angemessenen Entschädigung verknüpft werden muss. Die Ablösung erfolgt im Wege der **Kapitalisierung der jährlich zu zahlenden Staatsleistungen**. Der Gesetzentwurf aus 2020 (s.o. Rn. 526) wies einen Kapitalisierungsfaktor von 18 aus. In der einschlägigen Literatur werden Kapitalisierungsfaktoren zwischen 18 und 40 bezogen auf die jeweilige Jahresleistung genannt.[47] Aktuelle Berechnungen zeigen, dass diese Werte selbst für einen angemessene Entschädigung völlig unzureichend sind. Perspektivisch ist jedenfalls ein „Kapitalstock" anzustreben, „der eine ausreichende Finanzierungsgrundlage bildet, um den Aufwand der Kirche entsprechend den laufenden Zahlungen dauerhaft finanzieren zu können."[48] Die mögliche Differenz zwischen den Resultaten des Äquivalenz- und des Angemessenheitsprinzips dürften sich nach Maßgabe dieser zwingenden Vorgabe deutlich reduzieren.

Neben dem Umfang ist auch die **Art der Ablösung** umstritten. Allgemein gilt, dass die zuständigen Gesetzgeber in der Wahl des Ablösungsmodus frei sind.[49] Den Maßstab der Beurteilung liefern der Begriff der Ablösung sowie die dogmatische Grundlegung des Ablösungsgebotes in Art. 4 Abs. 1 und 2 GG und dessen Konkretisierung in Art. 140 GG i.V.m. Art. 137 Abs. 1 WRV. Neben dem Wortlaut der Norm ist damit der Leitgedanke der vermögensrechtlichen Entflechtung von Staat und Religionsgemeinschaften im Hinblick auf die vor 1919 begründeten und säkularisationsbedingten Leistungsverpflichtungen maßgeblich. Gleichwohl wird in gewichtigen Teilen der religionsverfassungsrechtlichen Literatur die Auffassung vertreten, dass die Ablösung von Staatsleistungen durch die Festsetzung einer **dauernden Rente** auf der Grundlage einer zu berechnenden Ablösungssumme von Art. 140 GG i.V.m. Art. 138 Abs. 1 WRV gedeckt sei.[50] Für diese These wird jedoch lediglich ein pragmatischer Grund angeführt: Die Abfindung uno actu sei aufgrund der (zu) großen Summen und der Schwierigkeiten einer adäquaten Berechnung nicht möglich bzw. nicht realistisch.[51] Das Beharren auf einer einmaligen und vollständigen Ablösung müsse als „normativer Rigorismus" betrachtet werden, gegen den der Gesichtspunkt der Praktikabilität spreche. Gegen die Zulässigkeit der Festsetzung einer dauernden Rente sprechen die beiden genannten Beurteilungskriterien.[52] Zum einen ist der Begriff der Ablösung in der historischen Perspektive des Jahres 1919 eindeutig im Sinne einer einmaligen Ablösung verstanden worden. Zum anderen widerspricht die dauerhafte, unbefristete Fortsetzung der vermögensrechtlichen Verbindung von Staat und Religionsgemeinschaften dem Trennungsgebot, das auch dem Art. 140 GG i.V.m. Art. 138 Abs. 1 WRV zugrunde liegt.

---

46 Zu diesem Argument ausführlich *Droege*: Staatsleistungen, S. 210 ff.
47 *Knöppel*, ZevKR 58 (2013), 188 (198).
48 *Heun*, HSKR, Bd. 3, Rn. 27.
49 *Heun*, HSKR, Bd. 3, Rn. 61 f.
50 So etwa v. *Campenhausen/de Wall*, § 32, Rn. 31.
51 Zu den einschlägigen Problemen u.a. *Morlok*, in: H. Dreier (Hrsg.), Art. 140 GG/Art. 138 WRV, Rn. 23.
52 Ebenso *Jeand'Heur/Korioth*, Rn. 350; *Classen*: Religionsrecht, Rn. 607; *Droege*: Staatsleistungen, S. 222 ff.; *Morlok*, in: H. Dreier (Hrsg.), Art. 140 GG/Art. 138 WRV, Rn. 24.

E. Der flankierende Schutz der Religionsfreiheit

Die Ersetzung der Staatsleistungen durch eine dauernde Rente käme insofern einem Etikettenschwindel gleich. Als Alternative zu einer Ablösung uno actu bietet sich allenfalls die Berechnung einer fixen Ablösungssumme mit nachfolgender **Festsetzung von Raten** auf der Grundlage eines Tilgungsplanes an.[53]

b) Zuständigkeit und Verfahren

529 Gem. Art. 140 GG i.V.m. Art. 138 Abs. 1 WRV werden die Staatsleistungen „durch die Landesgesetzgebung abgelöst". Die Grundsätze für die Landesgesetzgebung hat das Reich bzw. nunmehr der Bund aufzustellen. Die Qualität des Auftrags an die **Landesgesetzgebung** ist klar: Die Ablösung der Staatsleistungen steht unter einem allgemeinen Gesetzesvorbehalt. Die dogmatische Einordnung des Verfassungsauftrages an den Bund ist hingegen erläuterungsbedürftig.

530 Eine **Grundsatzgesetzgebung des Bundes** war und ist im Grundgesetz auch an anderer Stelle geregelt (Art. 75 Abs. 1 Nr. 1 a; 91 a Abs. 2 a.F.; 109 Abs. 3; 106 Abs. 4 S. 3 GG). Es besteht jedoch Einigkeit darüber, dass dem Grundgesetz kein einheitlicher Begriff der Grundsatzgesetzgebung zu entnehmen ist, sondern eine auf die jeweilige Einzelnorm bezogene Interpretation vorzunehmen ist.[54] Die Einordnung der Grundsatzgesetzgebung des Bundes gem. Art. 140 GG i.V.m. Art. 138 Abs. 1 S. 2 WRV in das Schema der vom Grundgesetz geordneten Gesetzgebungsarten ist im Zuge der Verfassungsänderungen anlässlich der Föderalismusreform I (2006) zumindest vereinfacht worden. Denn der Streit, ob es sich insofern um eine Kompetenz des Bundes zur Rahmengesetzgebung handelt, hat sich nach dem Wegfall des früheren Art. 75 GG erledigt.[55] Nach wie vor umstritten ist hingegen, ob die Ablösungsgesetzgebung des Bundes als konkurrierende oder als **ausschließliche Gesetzgebungskompetenz** (sui generis) aufzufassen ist. Für Letzteres spricht zunächst der Wortlaut der Norm, der für die Erforderlichkeit einer Beteiligung an oder für eventuelle Eigenkompetenzen der Länder für die Grundsatzgesetzgebung keine Anhaltspunkte liefert. Ferner widerspricht die Gegenauffassung dem entstehungsgeschichtlichen Verständnis der Vorschrift. Denn das Reich wurde 1919 bewusst und gewollt als neutraler Dritter zur Grundsatzgesetzgebung eingesetzt, damit sich die ablösungswilligen Länder nicht ausschließlich nach eigenen Maßstäben von den ihnen obliegenden Staatsleistungen befreien konnten und können. Damit korreliert schließlich das Telos der Zuweisung der Grundsatzgesetzgebung an das Reich bzw. den Bund. Denn nur die gesamtstaatliche Ebene kann durch die Vorgabe von Grundsätzen die Einheitlichkeit und Neutralität des Rahmens für die Ablösungsgesetzgebung der Länder gewährleisten.[56]

531 Die Bundeskompetenz, „Grundsätze" aufzustellen, bedeutet, dass der Landesgesetzgebung **Spielräume** verbleiben müssen, die durch die jeweiligen Ablösungsgesetze ausgefüllt werden können.[57] In einzelnen Bereichen ist es dem Bund gleichwohl unbenommen, auch Details zu regeln. Zu beachten ist schließlich die Bindung an **Art. 18 Abs. 1 des Reichskonkordates**: Vor dem Erlass einer Bundesregelung ist das freundschaftliche

---

53 So *Droege*: Staatsleistungen, S. 224; zu Hohenlohe, ZevKR 62 (2017), 178 (190).
54 *Heun*, in: H. Dreier (Hrsg.), Art. 109 Rn. 32 m.w.N.
55 Zuvor für eine Qualifizierung als Rahmengesetzgebung u.a. *Korioth*, in: Dürig/Herzog/Scholz (Hrsg.), Art. 140 GG/Art. 138 WRV, Rn. 9.
56 I.E. ebenso u.a. *Stern*: Staatsrecht, Bd. IV/2, S. 1332 f.; *Kästner*, in: Dolzer u.a. (Hrsg.), Art. 140 Rn. 598 m.w.N.; a.A. *Droege*: Staatsleistungen, S. 235; *Rozek*, in: Holzner/Ludyga (Hrsg.), S. 421 (427).
57 *Reisgies*, ZevKR 58 (2013), 280 (288).

§ 15 Staatsleistungen § 15

Einvernehmen mit der katholischen Kirche herzustellen. Aus Gründen der Parität gilt dieses Verfahrenserfordernis entsprechend auch für andere Religionsgemeinschaften.[58]

c) Insbesondere: Keine Ablösung ohne Grundsatzgesetz

Die Ablösung der Staatsleistungen steht unter dem Vorbehalt einer Grundsatzgesetzgebung des Bundes. [59]Die bisher fehlende Grundsatzgesetzgebung des Bundes entfaltet eine **umfassende Sperrwirkung** gegenüber einer Ablösung der Staatsleistungen durch die Länder.[60] Diese Sperrwirkung wird durch zwei Gegenthesen in Frage gestellt. Die erste These lautet, dass die Länder auch **ohne Grundsatzgesetzgebung** eigene Ablösungsgesetze erlassen könnten.[61] Zur Begründung wird angeführt, dass diese Sperrwirkung „in einem Staat, der keine spezifische cura religionis betreiben darf", nicht einleuchte.[62] Dieser These nebst Begründung liegt zunächst eine Verkennung der retrospektiv in den Säkularisationen und nicht in der cura religionis begründeten Staatsleistungen zugrunde. Sie widerspricht – zweitens – dem entstehungsgeschichtlichen Verständnis und dem Telos des Art. 140 GG i.V.m. Art. 138 Abs. 1 WRV, denn die Grundsatzgesetzgebung des Bundes ist als einheitlicher und neutraler Rahmen für die potenziell an Eigeninteressen orientierte Landesgesetzgebung vorgeschrieben und unverzichtbar. Schließlich ist sie – drittens – mit der immanenten Verfahrenslogik der Vorschrift nicht in Einklang zu bringen. Denn die Grundsatzgesetzgebung muss einer Landesgesetzgebung, die sich an den dort niedergelegten Grundsätzen zu orientieren hat, notwendig vorausgehen. Da ablösungswillige Länder auf die Grundsatzgesetzgebung des Bundes angewiesen sind, können sie unter Berufung auf den Grundsatz der Bundestreue im Wege eines Bund-Länder-Streitverfahrens (Art. 92 Abs. 1 Nr. 3 GG; §§ 13 Nr. 7, 68 ff. BVerfGG) den Erlass eines solchen Gesetzes vor dem BVerfG geltend machen.[63] Der Weg zu dieser Verfahrensart wird auch nicht durch den Hinweis verbaut, dass Art. 138 Abs. 1 WRV einen (bloß) objektiven Verfassungsauftrag beschreibe, der nicht justiziabel sei. Eine Subjektivierung kann bereits dem Telos der Vorschrift entnommen werden, der auf eine Ablösung auf dem vorgezeichneten Weg, nicht auf eine dauerhafte Blockade der Ablösung durch eine fehlende Bundes(grundsätze)gesetzgebung gerichtet ist. Ferner kann eine Subjektivierung über den zweifellos vor dem BVerfG geltend zu machenden Grundsatz der Bundestreue erfolgen.

532

Die zweite, von weiten Teilen der religionsverfassungsrechtlichen Literatur vorgebrachte These gegen die Annahme einer umfassenden Sperrwirkung der fehlenden Grundsatzgesetzgebung lautet, dass eine zwischen den Ländern und den betroffenen Religionsgemeinschaften **einvernehmliche Ablösung der Staatsleistungen** möglich sei. Als Mittel biete sich eine vertragliche Vereinbarung über die Ablösung an.[64] Diese Auffassung kann sich auf die Entstehungsgeschichte der Norm stützen, denn eine Ablösung im Wege der Vereinbarung wurde im Verfassungsausschuss zur Erarbeitung

533

---

58 Ebenso *Heun*, HSKR, Bd. 3, Rn. 67; *Jeand'Heur/Korioth*, Rn. 350; *Reisgies*, ZevKR 58 (2013), 280 (290) m.w.N.
59 Vgl. *Heun*, HSKR, Bd. 3, Rn. 53, der den „Ablösungsbefehl" an die Länder für „aufschiebend bedingt durch den Erlass des Bundesgrundsätzegesetzes" hält. S.a. ebd., Rn. 65 ff.
60 Ebenso u.a. *Droege*: Staatsleistungen, S. 238 ff.
61 So etwa *Mager*, in: v. Münch/Kunig (Hrsg.), Art. 140, Rn. 85.
62 *Czermak*: Religions- und Weltanschauungsrecht, Rn. 362.
63 *Rozek*, in: Holzner/Ludyga (Hrsg.), S. 421 (430 f.); dagegen u.a. *Heun*, HSKR, Bd. 3, Rn. 86.
64 So etwa *Jeand'Heur/Korioth*, Rn. 350; *zu Hohenlohe*, ZevKR 62 (2017), 178 (192 ff.); *Reisgies*, ZevKR 58 (2013), 280 (284 f.); *Ehlers*, in: Sachs (Hrsg.), Art. 140 GG/Art. 138 WRV, Rn. 4; *v. Campenhausen/de Wall*, § 32, Rn. 19.

327

der WRV und später im Reichstag anerkannt.[65] In neueren Begründungen wird angeführt, Art. 140 GG i.V.m. Art. 138 Abs. 1 WRV enthalte nur ein Verbot der einseitigen Aufhebung des Staatsleistungen ohne Ausgleich, stehe aber einer zwischen Staat und Religionsgemeinschaften einvernehmlichen Ablösung nicht im Wege. Insofern sei insbesondere die Verfahrensvorschrift des Art. 138 Abs. 1 S. 2 WRV als disponible Schutznorm zugunsten der Religionsgemeinschaften zu bewerten. Das Verhältnis einer vereinbarten Ablösung zu einer Grundsatzgesetzgebung des Bundes wird unterschiedlich beurteilt. Z.T. wird angenommen, dass mit der einvernehmlichen Ablösung keine Vorwegnahme einer eventuellen Bundesregelung erfolgen dürfe. Daneben wird auch die Auffassung vertreten, dass der Bundesgesetzgeber an die inhaltliche Substanz der einvernehmlichen Ablösung gebunden sei.[66] Es kann aber nicht angenommen bzw. verfassungsrechtlich begründet werden, dass und in welchem Umfang der Bundesgesetzgeber beim Erlass eines Grundsätzegesetzes i.s.d. Art. 140 GG i.V.m. Art. 138 Abs. 1 WRV an Vereinbarungen zwischen Ländern und Kirchen gebunden sein soll. Neben der verfassungsrechtlich gerade nicht gewollten Zersplitterung der Ablösungsgrundsätze im Bundesgebiet bliebe das Problem der Bestimmung des Verhältnisses von Bundesgrundsätzegesetz und vereinbarter Ablösung auf Landesebene. Es wäre zugunsten der normenhierarchischen Höherrangigkeit des Bundesgesetzes zu lösen und damit wäre die Vereinbarungslösung zugleich entwertet. Insgesamt wirft die Vereinbarungsthese mehr Probleme auf als sie zu lösen imstande ist. Gegenüber dieser These ist unter Bekräftigung der bereits vorgebrachten Argumente darauf zu beharren, dass die notwendig jeder landesgesetzlichen Ablösung vorhergehende Grundsatzgesetzgebung nicht disponibel ist.[67] Sie ist vielmehr aus teleologischen und logischen Gründen sowie aufgrund ihrer verfassungsnotwendigen Konkretisierungs- und Koordinierungsfunktion unverzichtbar. Durch Vertrag zwischen einem Land und einer Religionsgemeinschaft ohne vorhergehende Grundsatzgesetzgebung des Bundes kann allenfalls eine Pauschalierung der zu erbringenden Staatsleistungen erfolgen (s.o. Rn. 523), nicht aber deren Ablösung.[68] Verträge auf der Grundlage und im Rahmen einer Grundsatzgesetzgebung des Bundes unter Verzicht auf eine Landesgesetzgebung sind hingegen dann (!) zulässig.[69]

3. Bestandsschutz

a) Art. 173 WRV

534 Die Sperrwirkung der fehlenden Grundsatzgesetzgebung des Bundes bewirkt einen **umfassenden Bestandsschutz** für bestehende Staatsleistungen bis zum Zeitpunkt ihrer Ablösung.[70] Damit wird gerade durch die Kautelen des Ablösungsgebotes der status quo auf Dauer gestellt. Gegen diese religionsverfassungsrechtliche Erkenntnis werden im Wesentlichen drei Einwände vorgebracht. Der erste Einwand besagt, dass durch die fehlende Inkorporation des **Art. 173 WRV** in das Grundgesetz der in dieser Vorschrift

---

65 *Ebers*, S. 250.
66 *Korioth*, in: Dürig/Herzog/Scholz (Hrsg.), Art. 140 GG/Art. 138 WRV, Rn. 12.
67 Ebenso *Droege*: Staatsleistungen, S. 243; *Wehdeking*, S. 133; *Rozek*, in: Holzner/Ludyga (Hrsg.), S. 421 (429).
68 Ebenso *Heun*, HSKR, Bd. 3, Rn. 68.
69 So auch *Droege*: Staatsleistungen, S. 243.
70 Vgl. *Heun*, HSKR, Bd. 3, Rn. 69 ff.

§ 15 Staatsleistungen § 15

geregelte Bestandsschutz für die Staatsleistungen nicht übernommen worden sei.[71] Gegen diesen Einwand spricht aus historischer Perspektive zunächst der Umstand, dass der Regelungsgehalt des Art. 173 WRV schon in der Weimarer Staatsrechtslehre als deklaratorisch angesehen wurde.[72] Diese zutreffende Ansicht ist auch bei der Genese des Grundgesetzes geteilt worden, so dass diese Vorschrift nicht in das Grundgesetz übernommen wurde. Ihr kommt auch aus aktueller dogmatischer Sicht keine konstitutive Bedeutung zu, so dass sich der Bestandsschutz für die Staatsleistungen bereits unmittelbar aus Art. 140 GG i.V.m. Art. 138 Abs. 1 WRV ableiten lässt.[73]

b) Verfassungswidriges Verfassungsrecht?

Der zweite Einwand gegen die These vom Bestandsschutz lautet, dass die bis zur Ablösung fortwährende Verpflichtung zu Staatsleistungen gegen religionsverfassungsrechtliche Grundlagen des Grundgesetzes verstoße. Da diese Leistungen primär den großen christlichen Kirchen zukämen, läge insofern ein Verstoß gegen das **Neutralitäts- und das Paritätsprinzip** vor (s.o. Rn. 90, 106).[74] Dieser Einwand läuft auf die These hinaus, dass Art. 140 GG i.V.m. Art. 138 Abs. 1 WRV in seiner Wirkung als Absicherung des status quo der Staatsleistungen als verfassungswidriges Verfassungsrecht anzusehen sei. Ihr kann zum einen die dogmatische Fragwürdigkeit der Kategorie des verfassungswidrigen Verfassungsrechts entgegengehalten werden. Zum anderen ist mit Blick auf die Unterscheidung zwischen Staatsleistungen und Subventionen (s.o. Rn. 515) darauf hinzuweisen, dass auch sachlich kein Verstoß gegen die genannten religionsverfassungsrechtlichen Prinzipien vorliegt. Denn die Staatsleistungen knüpfen (retrospektiv!) an Beeinträchtigungen von Rechtspositionen der Religionsgemeinschaften an. Das Paritätsgebot ist gewahrt, da alle vor 1919 entstandenen Ersatzansprüche fortgelten und insofern nicht zwischen den betroffenen Religionsgemeinschaften differenziert wird. Das Neutralitätsgebot ist nicht verletzt, da die Kompensation für erlittene Rechtsverluste nicht als – neutralitäts- und paritätsgebundene – staatliche Förderung gelten kann. Auf das gelegentlich anzutreffende Argument, Art. 140 GG i.V.m. Art. 138 Abs. 1 WRV enthalte eine authentische Feststellung, dass hinsichtlich der Staatsleistungen vom Neutralitäts- und Paritätsgebot abgewichen werden dürfe, kommt es daher nicht an.

535

c) Wegfall der Geschäftsgrundlage?

Schließlich wird gegen den Fortbestand der Staatsleistungen auch ohne Ablösungsgesetzgebung der Einwand erhoben, dass die **Geschäftsgrundlage** für derartige Leistungen inzwischen weggefallen sei.[75] Der allgemeine Wandel in den Beziehungen zwischen dem Staat und den Religionsgemeinschaften, der Verlust der konfessionellen Homogenität der Bevölkerung und die allgemeine Säkularisierung der Gesellschaft ließen die Fortzahlung von Staatsleistungen – zumal vor dem Hintergrund schrumpfender

536

---

[71] Art. 173 WRV lautete: „Bis zum Erlass eines Reichsgesetzes gemäß Art. 138 bleiben die bisherigen auf Gesetz, Vertrag oder besonderen Rechtstiteln beruhenden Staatsleistungen an die Religionsgesellschaften bestehen." Der genannte Einwand wird erhoben u.a. von *Brauns*, S. 128.
[72] Vgl. *Anschütz*, S. 755: „Dieser Art. ist überflüssig."
[73] Ebenso u.a. *Droege*: Staatsleistungen, S. 228 f.; *Reisgies*, ZevKR 58 (2013), 280 (283 f.); *Korioth*, in: Dürig/Herzog/Scholz (Hrsg.), Art. 140 GG/Art. 138 WRV, Rn. 9.
[74] Zum Folgenden u.a. *Unruh*, in: Huber/Voßkuhle (Hrsg.), Art. 140 GG/138 WRV, Rn. 17.
[75] So etwa *Czermak*: Religions- und Weltanschauungsrecht, Rn. 356, 360; ähnlich wohl *Heun*, HSKR, Bd. 3, Rn. 59.

öffentlicher Haushalte – als nicht mehr gerechtfertigt erscheinen. Dieser Einwand sieht sich zunächst dem Verdacht ausgesetzt, dass er auf einer laizistischen Annahme basiert, die im Religionsverfassungsrecht des Grundgesetzes keine Grundlage findet. Gravierender ist jedoch der Umstand, dass auch dieser Einwand der Differenzierung zwischen Staatsleistungen und staatlichen Subventionen (s.o. Rn. 515) nicht gerecht wird. Subventionen, d.h. säkular und final motivierte Förderungen könnten aus den im Einwand formulierten oder auch aus anderen Gründen zurückgefahren werden. Bei Staatsleistungen hingegen handelt es sich um Ersatzverpflichtungen aus historischen Tatbeständen und nicht um tätiges Wohlwollen gegenüber den betroffenen Religionsgemeinschaften. Daher ist auch ein eventueller gesellschaftlicher Wandel für den Fortbestand der Staatsleistungen unerheblich. Diese Erkenntnis ist bereits an anderer Stelle (zu)treffend formuliert worden: „Niemand kann sich in einem Rechtsstaat seiner Schulden dadurch entledigen, dass er sie für inzwischen zu alt erklärt."[76]

4. Das Verbot der Neubegründung von Staatsleistungen

537 Die Frage, ob sich aus Art. 140 GG i.V.m. Art. 138 Abs. 1 WRV ein Verbot der Neubegründung von Staatsleistungen ableiten lässt, ist umstritten. Sie ist nicht nur akademischer Natur, denn sie stellt sich insbesondere im Zusammenhang mit den vertraglichen Verpflichtungen des Bundes und der Länder gegenüber **jüdischen Religionsgemeinschaften**.[77] In diesen Verträgen wird regelmäßig die Zahlung eines als „Staatsleistung" bezeichneten und mit einer Dynamisierungsklausel versehenen Gesamtzuschusses vereinbart. Der Umstand, dass bisher nur der Zentralrat der Juden bzw. der jeweilige Landesverband als Vertragspartner und Empfänger der Zahlungen fungierte und die Verteilung der Mittel auf die ihm angehörenden jüdischen Gemeinden übernahm, ist vom BVerfG als Verstoß gegen Art. 4 Abs. 1 und 2 GG gewertet worden. Zur Begründung wurde angeführt, dass nicht dem Zentralrat der Juden bzw. einem seiner Landesverbände angehörende jüdische Gemeinden oder Verbände benachteiligt würden.[78] Auf die Ausgangsfrage nach der generellen Zulässigkeit der Neubegründung von Staatsleistungen lassen sich im Übrigen drei Antworten unterscheiden.

538 Die überwiegende Ansicht in der religionsverfassungsrechtlichen Literatur begreift Art. 140 GG i.V.m. Art. 138 Abs. 1 WRV als **retrospektive Übergangsvorschrift**, die ausschließlich die Abwicklung der vor 1919 begründeten Staat/Kirche-Beziehungen betreffe.[79] Ein Neubegründungsgebot hätte ausdrücklich im Grundgesetz verankert werden müssen. Der Anwendungsbereich des Begriffs der Staatsleistung ist daher eng begrenzt und umfasst nicht nach 1919 begründete und auf Dauer gestellte staatliche Leistungen. Dies gilt sowohl für die säkular und final motivierte Förderung der Religionsgemeinschaften als auch für die Grundrechtsförderung, sofern das Paritätsgebot beachtet wird. Die Vereinbarung von Gesamtzuschüssen an jüdische oder andere Religionsgemeinschaften ist danach religionsverfassungsrechtlich nicht zu beanstanden. Insoweit handelt es sich aber nicht um Staatsleistungen i.S.d. Art. 140 GG i.V.m. Art. 138 Abs. 1 WRV, sondern um Subventionen.

---

76 *V. Campenhausen/de Wall*, § 32, Rn. 27.
77 Zu den Hintergründen und der Zeitabfolge der Verträge *H. Weber*, FS Selmer, S. 259 ff., und *v. Campenhausen*, FS Rüfner, S. 67 ff. Instruktive Fallbearbeitung bei *Droege*, in: Heinig (Hrsg.), S. 231 ff.
78 BVerfGE 123, 148 (180, 183); dazu *Robbert*, NVwZ 2009, 1211 ff.
79 *Ehlers*, in: Sachs (Hrsg.), Art. 140 GG/Art. 138 WRV, Rn. 5.

Z.T. wird die vermeintlich weiter gehende Auffassung vertreten, dass Art. 140 GG i.V.m. Art. 138 Abs. 1 WRV als **Institutsliquidation** im Sinne einer vollständigen Abschaffung der Staatsleistungen zu verstehen sei.[80] Gegenüber dem engen Verständnis dieser Norm als retrospektive Übergangsvorschrift wird das Telos einer dauerhaften vermögensrechtlichen Entflechtung von Staat und Religionsgemeinschaften hervorgehoben. Danach ist die Neubegründung von Staatsleistungen unzulässig; wiederkehrende staatliche Leistungen zur (paritätischen) Religionsförderung oder als Gegenleistung für die Erfüllung staatlicher Aufgaben durch die Religionsgemeinschaften bleiben hingegen möglich. Da sich insbesondere die vereinbarten staatlichen Leistungen an die jüdischen Religionsgemeinschaften als Religions- bzw. Kulturförderung und damit als säkular und final motiviert begreifen lassen, steht Art. 140 GG i.V.m. Art. 138 Abs. 1 WRV nicht entgegen.[81] Im Ergebnis werden diese Leistungen also ebenfalls als Subventionen qualifiziert, so dass insoweit keine Divergenz zur überwiegenden Ansicht (s.o. Rn. 538) besteht.[82]

539

Eine dritte Ansicht geht hingegen davon aus, dass Art. 140 GG i.V.m. Art. 138 Abs. 1 WRV nur ein **grundsätzliches Verbot der Neubegründung von Staatsleistungen** enthält. **Ausnahmen** seien zulässig, wenn und soweit sie in einer nach 1919 entstandenen Säkularisation gründen und das Paritätsgebot beachtet wird. Dies treffe für die massiven Rechtsverluste der jüdischen Gemeinschaft unter dem nationalsozialistischen Regime zweifellos zu, so dass entsprechende Staatsleistungen eine „verfassungsrechtlich zulässige (wenn nicht sogar gebotene) Ausnahme" darstellten.[83] Der Rückgriff auf dieses Ausnahme-Modell ist jedoch nur dann erforderlich, wenn sich die Finanztransfers an die jüdischen Religionsgemeinschaften ausschließlich als säkularisationsbedingt und damit unter keinen Umständen als säkular motivierte Förderung verstehen lassen. Dies ist entgegen der vertraglichen Bezeichnung dieser Transfers als „Staatsleistung" indes nicht der Fall: Als Zweck der Leistungen wird stets (auch) die Erleichterung des Wiederaufbaus des jüdischen Gemeindelebens in Deutschland bezeichnet. Im Übrigen leuchtet die Subsumtion dieser Leistungen unter Art. 140 GG i.V.m. Art. 138 Abs. 1 WRV auch vor dem Hintergrund des faktischen Bestandsschutzes nicht ein, die Neubegründung einer veritablen Staatsleistung für zulässig zu erachten, die mit ihrer Entstehung bereits unter das Gebot ihrer Ablösung gestellt ist. Im Ergebnis bleibt es daher dabei, dass die Neubegründung von Staatsleistungen i.S.d. Art. 140 GG i.V.m. Art. 138 Abs. 1 WRV religionsverfassungsrechtlich ausgeschlossen, die Vereinbarung finanzieller Dauerverpflichtungen im Übrigen aber zulässig ist, wenn und soweit diese Subventionen säkular und final motiviert sind und nicht gegen das Paritätsgebot verstoßen.

540

▶ **Zu Fall 19:** Die Verfassungsbeschwerde ist zulässig. Insbesondere steht der Körperschaftsstatus der R nicht entgegen: Religionsgemeinschaften können sich unzweifelhaft auf Grundrechte berufen. Die Verfassungsbeschwerde ist auch begründet. Es liegt ein Verstoß gegen den allgemeinen Gleichheitssatz vor. Der Befreiungstatbestand des PrGKG differenziert zwischen befreiten und nicht befreiten Religionsgemeinschaften. Ein sachlicher und verhältnismäßiger Grund für diese Ungleichbehandlung wäre allerdings dann gegeben, wenn der Befreiungstatbestand als Staatsleistung i.S.d. Art. 140 GG i.V.m. Art. 138

---

80 So u.a. *Brauns*, S. 82 ff.; *Heun*, HSKR, Bd. 3, Rn. 76; *Jarass*, in: ders./Pieroth, Art. 140 GG/Art. 138 WRV, Rn. 2; *Morlok*, in: H. Dreier (Hrsg.), Art. 140 GG/Art. 138 WRV, Rn. 22; i.E. ebenso *Droege*, EvStL, Sp. 2321 (2327).
81 So ausdrücklich *Droege*, in: Heinig (Hrsg.), S. 231 (243).
82 Ebenso *Heun*, HSKR, Bd. 3, Rn. 76.
83 *H. Weber*, FS Selmer, S. 259 (275 ff.; Zitat S. 279).

Abs. 1 WRV zu bewerten ist. Staatsleistungen sind alle auf Dauer angelegten vermögenswerten Rechtspositionen der Religionsgemeinschaften, die auf den in Art. 138 Abs. 1 WRV aufgeführten vorkonstitutionellen Rechtsgrundlagen beruhen und als Säkularisationsfolgen gelten können. Als negative Staatsleistungen gelten jedenfalls Befreiungen von Steuern und Abgaben, sofern sie im Übrigen die begrifflichen Anforderungen für das Vorliegen von Staatsleistungen erfüllen. Die Befreiung von Gerichtsgebühren kann jedoch diesen negativen Staatsleistungen nicht gleichgestellt werden. Sie sind zum einen nie mit dem Unterhalt von Pfarrern oder sonstigen säkularisationsbedingten Zwecken von Staatsleistungen in Verbindung gebracht worden. Zum anderen betreffen Steuern und Abgaben alle diejenigen, die den jeweiligen Tatbestand erfüllen, sofern sie nicht ausdrücklich davon ausgenommen sind, während die Befreiung von Gerichtsgebühren von einer freiwilligen Rechtshandlung der bzw. des Betroffenen abhängt. Mangels Eigenschaft als Staatsleistung kann die Gebührenbefreiung aus § 8 Abs. 1 Nr. 4 PrGKG daher keinen sachlichen Grund für die Ungleichbehandlung liefern. Die Verfassungsbeschwerde wird daher Erfolg haben. ◄

Wiederholungs- und Vertiefungsfragen

> Auf welchem historischen Fundament beruhen die Staatsleistungen? (Rn. 509)
> Wie können Staatsleistungen und Subventionen voneinander abgegrenzt werden? (Rn. 524)
> Was sind „negative" Staatsleistungen? (Rn. 519)
> Was ist „Ablösung" i.S.d. Art. 140 GG i.V.m. Art. 138 Abs. 1 WRV? (Rn. 526)
> Welche Komponenten enthält das Ablösungsgebot? (Rn. 527 ff.)
> Ist die Neubegründung von Staatsleistungen zulässig? (Rn. 537 ff.)

§ 16 Sonn- und Feiertagsschutz

▶ **Fall 20 (nach OVG Schleswig, NordÖR 2005, 531 f.):** In § 3 LÖffZG des Bundeslandes L wird geregelt, dass Verkaufsstellen für den geschäftlichen Verkehr mit Kunden an Sonn- und Feiertagen geschlossen sein müssen. § 5 LÖffZG-L enthält die Aussage, dass abweichend von § 3 Verkaufsstellen aus besonderem Anlass und auf der Grundlage einer von der zuständigen Behörde erlassenen RVO an jährlich höchstens vier Sonn- und Feiertagen geöffnet werden dürfen. Ausgenommen sind der Karfreitag, der Ostersonntag und einige weitere Feiertage sowie die Sonntage im Dezember. Die zuständige Behörde der Stadt S erlässt für das kommende Jahr eine RVO, in der auf dem Gebiet der S vier Sonntage bezeichnet werden, an denen die Verkaufsstellen geöffnet werden dürfen und benennt jeweils den besonderen Anlass. Einer dieser Sonntage liegt am Ende des Monats November, ist in dem betreffenden Jahr aber zugleich der 1. Adventssonntag. Der als Körperschaft des öffentlichen Rechts organisierte Kirchenkreis K, in dessen Kirchengebiet auch die Stadt S liegt, reicht bei dem zuständigen OVG einen Normenkontrollantrag ein mit der Begründung, die angegriffene RVO sei im Hinblick auf die Erlaubnis zur Ladenöffnung am 1. Adventssonntag rechtswidrig bzw. verfassungswidrig. Sofern die auf diesen Sonntag bezogene Ladenöffnung überhaupt vom LÖffZG gedeckt sei, läge jedenfalls ein Verstoß gegen das Verfassungsgebot des Sonn- und Feiertagsschutzes vor. Hat der Normenkontrollantrag Aussicht auf Erfolg? ◀

I. Grundlagen

1. Entwicklung des Sonn- und Feiertagsschutzes

Feiertage und normativer Feiertagsschutz bilden eine **sozio-historische Konstante** aller Kulturen und Epochen der Menschheit.[1] Der besondere Charakter des Sonntags ist hingegen eng mit dem Christentum verbunden und wird hier als dies domini, d.h. als Tag der Auferstehung des Herrn begangen, der ferner einen Bezug zum Dekalog aufweist.[2] Eine erste rechtliche Regelung der Sonntagsruhe erfolgte mit einem Edikt *Kaiser Konstantins des Großen* aus dem Jahre 321. Schon hier finden sich allerdings Ausnahmen u.a. für die Arbeit in der Landwirtschaft. Die Wurzeln der Rechtsetzung zu den Feiertagen liegen hingegen im 5. Jahrhundert. Im Mittelalter und mit der zunehmenden Heiligenverehrung wuchs die Zahl der Feiertage zwar regional unterschiedlich, insgesamt aber sprunghaft an und führte zu nachhaltigen Beeinträchtigungen der Wirtschaft. Eine erste Reduktion nebst einer Vereinheitlichung in den betroffenen Territorien fand im Zuge der Reformation statt. Dieser Trend verstärkte sich im Zeitalter der Aufklärung und insbesondere in der Industriellen Revolution, so dass schließlich in der Mitte des 19. Jahrhunderts die Zahl der Feiertage signifikant geschrumpft und der Sonntag zumindest für die Mehrheit der Bevölkerung ein regulärer Arbeitstag war. In dieser Situation konvergierten die i. Ü. damals konträren Interessen der Arbeiterbewegung und der Kirchen in der gemeinsamen Forderung nach einem ausreichenden Sonn- und Feiertagsschutz, die im späten 19. Jahrhundert u.a. in der GewO von 1891 erste Erfolge zeitigte.

541

---

[1] Zum Folgenden u.a. *Morlok*, in: H. Dreier (Hrsg.), Art. 140 GG/Art. 139 WRV, Rn. 1; *Heinig*, EvStL, Sp.2167; *v. Campenhausen/de Wall*, § 37, Rn. 1 ff.
[2] Dazu *Bergholz*, TRE, Bd. XXXI, S. 449 ff.

E. Der flankierende Schutz der Religionsfreiheit

542 Im Entwurf für die Weimarer Reichsverfassung war der **Sonn- und Feiertagsschutz auf Verfassungsebene** zunächst nicht vorgesehen. Erst eine entsprechende Initiative des Deutschen Evangelischen Kirchenausschusses sowie die Interessenkonvergenz progressiver und konservativer politischer Kräfte führten ohne nennenswerte Debatte in der Weimarer Nationalversammlung zur Aufnahme des Art. 139 WRV in die Verfassung. Auch die Transformation dieser Vorschrift in das Grundgesetz erfolgte ohne Kontroverse in den beteiligten Gremien.[3]

543 Im Zuge der Säkularisierung, der religiösen Pluralisierung, der Kommerzialisierung des Sonntags und der Feiertage und des veränderten Freizeitverhaltens weiter Teile der Gesellschaft ist der Sonn- und Feiertagsschutz seit den letzten beiden Dekaden des 20. Jahrhunderts zunehmend unter (wirtschafts-)politischen Druck geraten, der auf eine **Relativierung** dieser Tage als Zeit der Besinnung gerichtet ist. Entsprechende Tendenzen schlagen auch auf die Rechtsetzung und die Rechtsanwendung durch, so dass insgesamt eine „Krise des Sonntags" bzw. eine „Sinnkrise des Sonn- und Feiertagsschutzes" zu diagnostizieren ist.[4] Vor diesem Hintergrund hat der religionsverfassungsrechtliche Schutz der Sonn- und Feiertage eine anhaltende Aktualität erlangt, die ihren vorläufigen Höhepunkt im zweiten Ladenschluss-Urteil des Bundesverfassungsgerichts vom 1.12.2009 erreicht hat.[5]

2. Rechtsgrundlagen

a) Grundgesetz

544 Das Grundgesetz hat über **Art. 140 GG** auch **Art. 139 WRV** inkorporiert: „Der Sonntag und die staatlich anerkannten Feiertage bleiben als Tage der Arbeitsruhe und der seelischen Erhebung gesetzlich geschützt." Die Verankerung des Sonn- und Feiertagsschutzes auf Verfassungsebene ist ein Novum in der deutschen Verfassungsgeschichte, und in den Mitgliedstaaten der EU wird ein entsprechender Schutz allenfalls auf der Ebene des einfachen Gesetzesrechts gewährleistet.[6]

545 Das **Telos** dieser Vorschrift weist zumindest drei Komponenten auf.[7] Es steht zunächst in einem engen Zusammenhang mit der Garantie der Menschenwürde in Art. 1 Abs. 1 GG, weil der Sonn- und Feiertagsschutz „dem ökonomischen Nutzdenken eine Grenze zieht und dem Menschen um seiner selbst willen dient".[8] Ferner ist der Sonn- und Feiertagsschutz als **Ausprägung des Sozialstaatsprinzips** aufzufassen.[9] Die mit diesen Tagen verbundene Arbeitsruhe ermöglicht nicht nur die persönliche Erholung, sondern auch die Pflege von familiären, freundschaftlichen und sonstigen gemeinschaftlichen Kontakten und Aktivitäten. Schließlich besteht – drittens – schon aus historischen

---

[3] Vgl. *Unruh*, in: Huber/Voßkuhle (Hrsg.), Art. 140 GG/Art. 139 WRV, Rn. 2 f.
[4] *Stollmann*: Der Sonn- und Feiertagsschutz, S. 66, bzw. *Pahlke*, EssGspr 24 (1990), 53 (53); dazu auch *Unruh*, ZevKR 52 (2007), 1 ff.
[5] BVerfGE 125, 39 ff.; dazu die Dokumentation bei *v. Campenhausen* (Hrsg.), passim. Zustimmend u.a. *Egidy*, VR 2010, 140 f.; *Kühn*, NJW 2010, 2094 ff.; *Mosbacher*, NVwZ 2010, 537 ff.; *Seifert*, LKV 2010, 67 ff. Skeptisch hingegen *Classen*, JZ 2010, 144 ff.; *Wißmann/Heuer*, Jura 2010, 214 ff. Instruktiver Überblick über die Reaktionen aus dem Schrifttum bei *v. Campenhausen*, ZevKR 56 (2011), 225 (225 ff.); beachtlich die Urteilsanalyse bei *Fuerst*, JuS 2010, 876 ff.
[6] Zur Rechtsvergleichung *Morlok*, in: H. Dreier (Hrsg.), Art. 140 GG/Art. 139 WRV, Rn. 6.
[7] Zum Folgenden u.a. *Kästner*, HSKR, Bd. 2, Rn. 4 ff.; *Korioth*, in: Dürig/Herzog/Scholz (Hrsg.), Art. 140 GG/Art. 139 WRV, Rn. 1. Zum Streit um die Motive in der Weimarer Nationalversammlung siehe *Stern*: Staatsrecht, Bd. IV/2, S. 1334 f.
[8] BVerfGE 125, 39 (82).
[9] BVerfGE 125, 39 (82).

§ 16 Sonn- und Feiertagsschutz

Gründen eine sehr enge Verbindung mit dem Grundrecht der **Religionsfreiheit**.[10] Mit der Zweckbestimmung der Sonn- und Feiertage zur seelischen Erhebung wird in säkularisierter Formulierung zum Ausdruck gebracht, dass diese Tage auch der Pflege der jeweils eigenen Religiosität zugedacht sind. Ob die darüber hinaus konstruierten und zutreffenden Verbindungen mit der Menschenwürde und der Kulturstaatlichkeit einen dogmatischen Mehrwert aufweisen, ist hingegen zweifelhaft.[11] Jedenfalls steht im Folgenden die religiöse Dimension und damit der Zusammenhang mit der Religionsfreiheit im Vordergrund.

Im Zuge der veränderten (wirtschafts-) politischen Sichtweise auf den Sonn- und Feiertagsschutz (Rn. 543) werden zumindest drei Anfragen an die religionsverfassungsrechtliche **(Fort-) Geltung des Art. 140 GG i.V.m. Art. 139 WRV** gestellt. Ein Verstoß gegen europarechtliche Warenverkehrs-, Dienstleistungs- und sonstige Freiheiten lässt sich nicht feststellen.[12] Umgekehrt hat die EU auch keine eigene Kompetenz zum Sonn- und Feiertagsschutz.[13] Der eindeutig christlich fundierte Sonntagsschutz und der jedenfalls (noch) ganz überwiegend christlich fundierte Feiertagsschutz lassen – zweitens – die Frage entstehen, ob die Inkorporation des Art. 139 WRV in das Grundgesetz wegen eines Verstoßes gegen das Neutralitäts- und das Paritätsprinzip als verfassungswidriges Verfassungsrecht zu qualifizieren sei. Eine genauere Betrachtung zeigt jedoch, dass insofern kein Verstoß gegen diese Prinzipien, sondern eine verfassungsunmittelbar legitimierte Abweichung vorliegt.[14] „Denn die Verfassung selbst unterstellt den Sonntag und die Feiertage, soweit sie staatlich anerkannt sind, einem besonderen staatlichen Schutzauftrag und nimmt damit eine Wertung vor, die auch in der christlich-abendländischen Tradition wurzelt und kalendarisch an diese anknüpft."[15] Mit dem grundgesetzlichen Sonn- und Feiertagsschutz *erhalten* bzw. *behalten* die christlichen Bezüge jedenfalls der Sonntage und der überwiegenden Anzahl der Feiertage eine privilegierte Stellung, die ihnen nur im Wege der Verfassungsänderung zu nehmen ist.[16] In diesem Zusammenhang ist darauf hinzuweisen, dass Art. 140 GG i.V.m. Art. 139 WRV trotz seiner (vermeintlich besonderen) Nähe zur Menschenwürdegarantie und zum Sozialstaatsprinzip nicht in den Anwendungsbereich der sog. „Ewigkeitsklausel" aus Art. 79 Abs. 3 GG fällt. Drittens ist die Auffassung vertreten worden, dass der Sonn- und Feiertagsschutz des Grundgesetzes einem grundlegenden Verfassungswandel unterläge, der letztlich zu seiner gewohnheitsrechtlichen Derogation geführt habe. Dagegen sind allerdings der Vorrang und die Normativität der Verfassung anzuführen, die sich gegen rechtliche und tatsächliche Tendenzen zu einer Aufweichung des verfassungsrechtlich verbürgten Sonn- und Feiertagsschutzes in Stellung bringen lassen und durchsetzen müssen.[17]

546

---

10 BVerfGE 125, 39 (80 ff.); ebenso schon *Starck*, FS Steiner, S. 808 (810 ff.); kritisch *Classen*, JZ 2010, 144 ff.
11 Zur Kulturstaatlichkeit insbesondere *Häberle*: Feiertagsgarantien, passim, und ders.; Der Sonntag als Verfassungsprinzip, passim.
12 Vgl. *Mager*, in: v. Münch/Kunig (Hrsg.), Art. 140, Rn. 94.
13 So ausdrücklich EUGHE 1996, I-5793 ff., zur Nichtigkeit von Art. 5 der Arbeitszeitrichtlinie, der einen Sonntagsschutz vorsah. Zu europarechtlichen Aspekten *Morlok*, in: H. Dreier (Hrsg.), Art. 140 GG/Art. 139 WRV, Rn. 5 m.w.N.
14 *Waldhoff*, in: Honecker (Hrsg.), 17 (18): „Die Verfassung darf sich ‚Neutralitätsverstöße' erlauben, da es keinen ihr vorgelagerten verfassungs*rechtlich* relevanten Neutralitätsbegriff geben kann." (s.o. Rn. 90).
15 BVerfGE 125, 39 (84).
16 I.E. ebenso *Kästner*, HSKR, Bd. 2, Rn. 7.
17 Für eine Derogation *Kunig*, S. 26 ff.; wie hier u.a. *Kästner*, HSKR, Bd. 2, Rn. 3.

b) Landesverfassungsrecht

547 Im Hinblick auf die Verankerung des Sonn- und Feiertagsschutzes auf der Ebene des Landesverfassungsrechts lassen sich insgesamt **vier Gruppen** unterscheiden.[18] In der Freien und Hansestadt Hamburg sowie in Niedersachsen und Schleswig-Holstein existieren keine landesverfassungsrechtlichen Regelungen. Eine unmittelbare Bezugnahme auf Art. 140 GG i.V.m. Art. 139 WRV erfolgt in den Verfassungen von Mecklenburg-Vorpommern, Sachsen, Sachsen-Anhalt und Thüringen. Eigene, zwar an Art. 140 GG i.V.m. Art. 139 WRV orientierte, z.T. aber detaillierter ausgestaltete Garantien enthalten die Verfassungen von Baden-Württemberg, Bayern, Hessen, dem Saarland, Nordrhein-Westfalen und Rheinland-Pfalz. Eine Beschränkung der Zweckbestimmung der Sonn- und Feiertage auf die Arbeitsruhe findet sich schließlich in den Verfassungen von Berlin, Brandenburg und Bremen. Diesbezüglich wird die Auffassung vertreten, dass der im Vergleich zur Grundgesetz-Regelung verkürzte landesverfassungsrechtliche Schutz im Wege einer bundesverfassungskonformen Auslegung um das Element der seelischen Erhebung zu erweitern sei. Darin liegt jedoch eine Überdehnung des klaren Wortlauts des einschlägigen Landesverfassungsrechts. Mit der ganz überwiegenden Auffassung ist daher davon auszugehen, dass dieses Landesverfassungsrecht gem. Art. 31 GG nichtig ist.[19] Damit gilt in Berlin, Brandenburg und Bremen ebenso wie in den nördlichen Bundesländern der ersten Gruppe ausschließlich Art. 140 GG i.V.m. Art. 139 WRV.

c) Religionsverfassungsrechtliche Verträge

548 Der Sonn- und Feiertagsschutz ist Gegenstand zahlreicher, wenn auch nicht aller religionsverfassungsrechtlicher Verträge. Eine Verankerung fehlt z.B. im StKiV-SH, während etwa Art. 19 S. 2 StKiV-HH ausdrücklich und mit einer paradigmatischen Formel bestimmt: „Der gesetzliche Schutz der Sonntage, der staatlich anerkannten Feiertage und der kirchlichen Feiertage wird gewährleistet."[20]

d) Einfaches Gesetzesrecht

549 Die für den Sonn- und Feiertagsschutz relevante einfache Gesetzgebung ist nach den Kompetenzvorschriften des Grundgesetzes zwischen dem Bund und den Ländern aufgeteilt.[21] Die **Länder** haben von der ihnen zustehenden Gesetzgebungskompetenz für das Feiertagsrecht Gebrauch gemacht und umfassende **Sonn- und Feiertagsgesetze** erlassen.[22] Sie enthalten für dieses Tage generalklauselartige Verbote öffentlich bemerkbarer Handlungen. Im Zuge der Föderalismusreform I. (2006) ist mit der Änderung des Art. 74 Abs. 1 Nr. 11 GG auch die Gesetzgebungskompetenz für das Recht des Ladenschlusses vom Bund auf die Länder übergegangen. Die Länder haben inzwischen einschlägige „**Ladenöffnungsgesetze**" erlassen, in denen auch Art und Ausmaß der Ladenöffnung an Sonn- und Feiertagen geregelt sind.[23]

---

18 Nw. bei *Unruh*, in: Huber/Voßkuhle (Hrsg.), Art. 140 GG/Art. 139 WRV, Rn. 8, Anm. 30.
19 Statt vieler *Kästner*, HSKR, Bd. 2, Rn. 31. Gegenauffassung bei *Korioth*, in: u.a. Dürig/Herzog/Scholz (Hrsg.), Art. 140 GG/Art. 139 WRV, Rn. 16.
20 Überblick bei *Korioth*, in: Dürig/Herzog/Scholz (Hrsg.), Art. 140 GG/Art. 139 WRV, Rn. 18 m.w.N.
21 Zum Folgenden *Kästner*, HSKR, Bd. 2, Rn. 44 ff. m.w.N.
22 Überblick bei *Unruh*, in: Huber/Voßkuhle (Hrsg.), Art. 140 GG/Art. 139 WRV, Rn. 10, Anm. 39.
23 Dazu u.a. *Mosbacher*: Sonntagsschutz und Ladenschluss, S. 231 ff.

Der **Bund** ist bzgl. der Festlegung von Feiertagen auf eine Kompetenz **kraft Sachzusammenhangs** bzw. **kraft Natur der Sache** beschränkt. Einen Anwendungsfall liefert die Festlegung des 3. Oktober (Tag der Deutschen Einheit) als gesetzlicher Feiertag in Art. 2 Abs. 2 EinigungsV. Im Übrigen ergeben sich Kompetenzen aus den einschlägigen Titeln in **Art. 73 f. GG**.[24] Auf dieser Grundlage finden sich schützende Regelungen etwa im Gewerberecht (z.B. in § 55e GewO), im Arbeitsschutzrecht, im Straßenverkehrsrecht (z.B. in § 30 Abs. 3 StVO) und im Verfahrensrecht (z.B. in § 222 ZPO, § 43 Abs. 2 StPO).

3. Dogmatischer Status

a) Institutionelle Garantie?

Art. 139 WRV wurde z.T. schon in der Weimarer Staatsrechtslehre und wird auch in der aktuellen Rechtsprechung und Literatur als **institutionelle Garantie** ohne subjektiv-rechtliche Implikationen aufgefasst.[25] Die Rechtsfigur der institutionellen Garantie unterfällt dem Oberbegriff der **Einrichtungsgarantie**, der in der Weimarer Staatsrechtslehre entwickelt worden ist und bestimmte Rechtseinrichtungen umfasst, die einem umfassenden Zugriff des Gesetzgebers entzogen sein sollen.[26] Thematisch werden Institutsgarantien, d.h. privatrechtliche Einrichtungen wie die Ehe und das Eigentum, und institutionelle Garantien, d.h. öffentlich-rechtliche Einrichtungen wie das Berufsbeamtentum und die kommunale Selbstverwaltung, unterschieden. Die Qualifizierung des Art. 140 GG i.V.m. Art. 139 WRV als institutionelle Garantie bedeute dogmatisch, dass der Sonn- und Feiertagsschutz in seinem „Kernbereich" unangetastet bleiben müsse, während Einschränkungen des „Randbereichs" zulässig seien, wenn und soweit sie verfassungsrechtlich legitimiert werden können.[27] Gegen die dogmatische Existenzberechtigung der Rechtsfigur der Einrichtungsgarantien und damit auch gegen die von der (bisher) überwiegenden Auffassung vorgetragene Beschreibung des Sonn- und Feiertagsschutzes als institutionelle Garantie können gravierende **Einwände** vorgebracht werden, die sich aus drei Argumenten speisen.[28] Das **genetische Argument** besagt, dass das Motiv zur Einführung und Verteidigung dieser Rechtsfigur in der Weimarer Staatsrechtslehre unter dem Grundgesetz entfallen ist. Den damaligen Autoren ging es vor allem darum, qua Interpretation die systematischen Defizite im Grundrechtsteil der Weimarer Reichsverfassung zu beseitigen und die Verfassungs- bzw. Grundrechtsbindung des Gesetzgebers sicherzustellen. Beide Desiderata sind mit dem Erlass des Grundgesetzes erfüllt und damit gegenstandslos geworden. Insbesondere mit Art. 1

---

24 Vgl. *Mattner*, S. 91 ff.; *Korioth*, in: Dürig/Herzog/Scholz (Hrsg.), Art. 140 GG/Art. 139 WRV, Rn. 58 ff.
25 Aus der Weimarer Staatsrechtslehre *C. Schmitt*: Verfassungslehre, S. 171. Im Übrigen BVerfGE 111, 10 (50); BVerfG, NJW 1995, 3378 (3379); BVerwGE 79, 118 (122); 79, 236 (238); *Kästner*, HSKR, Bd. 2, Rn. 4 ff.; *v. Campenhausen/de Wall*, § 37, Rn. 6; *Rüfner*, FS M. Heckel, S. 448; *Walter*: Religionsverfassungsrecht, S. 314 ff.; *Mosbacher*: Sonntagsschutz und Ladenschluss, S. 88 ff.; *Stollmann*: Der Sonn- und Feiertagsschutz, S. 35 ff.; *Häberle*: Der Sonntag als Verfassungsprinzip, S. 49; *Kunig*, S. 21; *Mattner*, S. 75; *Pahlke*, EssGspr 24 (1990), 53 (57); *de Wall*, NVwZ 2000, 857 (859); *Jarass*, in: ders./Pieroth, Art. 139 WRV, Rn. 1; *Ehlers*, in: Sachs (Hrsg.), Art. 140 GG/Art. 139 WRV, Rn. 1; differenziert *Borowski*, S. 318; *Mager*, S. 309 ff., *Kühn*, SächsVBl. 2009, 25 ff.; *Muckel*, in: Friauf/Höfling (Hrsg.), Art. 140/Art. 139 WRV, Rn. 2 ff., und *Korioth*, in: Dürig/Herzog/Scholz (Hrsg.), Art. 140 GG/Art. 139 WRV, Rn. 20 f. A.A. *Morlok/Heinig*, NVwZ 2001, 846 ff.; *Unruh*, ZevKR 52 (2007), 1 (8 ff.); *Winter*, S. 257 ff.
26 Vgl. *Anschütz*, S. 520; *C. Schmitt*: Freiheitsrecht und institutionelle Garantien, S. 120 f.
27 *Bergmann*, in: Hömig/Wolff (Hrsg.), Art. 140 Rn. 24; *Schmahl*: in: Sodan (Hrsg.), Art. 140 GG/Art. 139 WRV; *Pahlke*, EssGspr 24 (1990), 53 (69); *Rüfner*, FS M. Heckel, S. 448 ff.
28 Zum Folgenden grundlegend *Waechter*, Die Verwaltung 29 (1996), S. 47 ff.; *Unruh*, ZevKR 52 (2007), 1 (12); *ders.*: Der Verfassungsbegriff, S. 555. Kritisch auch *Alexy*, S. 444.

Abs. 3 und Art. 20 Abs. 3 GG ist eine Bindung (auch) des Gesetzgebers an die Verfassung und die Grundrechte erfolgt, und Art. 19 Abs. 2 GG verhindert eine gesetzgeberische Aushöhlung der Grundrechte. Das spezifisch **grundrechtliche Argument** besagt, dass mit der Rechtsfigur der Einrichtungsgarantie – entgegen seiner ursprünglichen Intention – die Gefahr einer Reduktion der Grundrechtsgeltung verbunden ist. Denn der Rekurs auf Einrichtungsgarantien eröffnet die Möglichkeit, die im Tatsächlichen vorgeprägten Strukturen einzelner Lebensbereiche (etwa der Ehe, der Familie etc.) gegen individualrechtliche Grundrechtspositionen in Stellung zu bringen. Mit dem **dogmatischen Argument** wird schließlich darauf hingewiesen, dass die praktischen Schwierigkeiten bei der Abgrenzung zwischen Kern- und Randbereich nicht zu bewältigen sind.

552 Selbst wenn die dogmatische Existenzberechtigung von Einrichtungsgarantien und die Qualifizierung des Art. 140 GG i.V.m. Art. 139 WRV als institutionelle Garantie unterstellt wird, ist damit noch nicht die zusätzliche These vom fehlenden **subjektiv-rechtlichen Charakter** des Sonn- und Feiertagsschutzes erwiesen.[29] Denn unter dem Aspekt der **Grundrechtsnähe** können jedenfalls aus denjenigen institutionellen Garantien subjektive Rechte abgeleitet werden, die im Grundrechtsteil des Grundgesetzes angesiedelt oder in grundrechtsgleichen Rechten untergebracht sind. Entsprechendes gilt für das **Gebot der Effektivierung** der institutionellen Garantien, das sich zu einem allgemeinen Grundsatz der subjektiven Schutzberechtigung umformulieren lässt. Zur Begründung kann angeführt werden, dass den Einrichtungsgarantien ohne Subjektivierung die Marginalisierung droht. Da der Sonn- und Feiertagsschutz sowohl eine besondere, in Art. 4 Abs. 1 und 2 GG wurzelnde Grundrechtsnähe aufweist als auch dem Gebot der Effektivierung unterfällt, dürften auch aus dieser (vermeintlichen) institutionellen Garantie subjektiv-öffentliche Rechte abzuleiten sein.[30] Im Übrigen ist darauf hinzuweisen, dass sich ein subjektives öffentliches Recht auf Einhaltung des Sonn- und Feiertagsschutzes auch auf dem Boden der Lehre von den Einrichtungsgarantien aus entsprechenden Regelungen in **religionsverfassungsrechtlichen Verträgen** ergeben.[31]

b) Schutzpflichtendimension der Religionsfreiheit

553 Da die Rechtsfigur der Einrichtungsgarantie zu verabschieden ist (s.o. Rn. 551), verbleibt für die dogmatische Grundlegung der religiösen Dimension des Sonn- und Feiertagsschutzes die Verortung in der **Schutzpflichtendimension des Art. 4 Abs. 1 und 2 GG**.[32] Die den Arbeitnehmerinnen und Arbeitnehmern eröffnete Möglichkeit, die Sonntage und zumindest die religiös geprägten Feiertage als Tage der Arbeitsruhe und auch der religiösen Besinnung in Übereinstimmung mit ihrem Glauben begehen zu können, steht offensichtlich in einem engen Zusammenhang mit der Religionsfreiheit. Das Grundrecht aus Art. 4 Abs. 1 und 2 ist seinerseits nicht auf die Funktion eines Abwehrrechts beschränkt, „sondern gebietet auch im positiven Sinn, Raum für die aktive Betätigung der Glaubensüberzeugung und die Verwirklichung der autono-

---

[29] Dazu *Stern*: Staatsrecht, Bd. III/1, S. 874 f.; *Unruh*, ZevKR 52 (2007), 1 (13 ff.) m.w.N.
[30] Skeptisch *Dietlein*, FS Morlok, S. 125 ff.
[31] Vgl. OVG Greifswald, NVwZ 1999, 948 ff.; *de Wall*, NVwZ 2000, 857 ff.; *ders.*, ZevKR 45 (2000), 626 (629). Überblick bei *Unruh*, ZevKR 52 (2007), 1 (17 ff.).
[32] Ebenso *Couzinet/Weiss*, S. 34 (46 ff., 56), die allerdings aus der Schutzpflichtendimension der Religionsfreiheit eine „institutionelle Garantie" des Sonn- und Feiertagsschutzes ableiten. Kritisch hingegen *Stollmann*: Der Sonn- und Feiertagsschutz, S. 33 ff.; *ders.*, VerwArch 2005, S. 348 (354 ff.); *Heinemann*, S. 146 ff.; *de Wall*, NVwZ 2000, 857 (860); *Maurer*, FS Starck, S. 335 (349 f.).

men Persönlichkeit auf weltanschaulich-religiösem Gebiet zu sichern".[33] Art. 140 GG i.V.m. Art. 139 WRV ist daher als konstitutive „Konkretisierung der grundrechtlichen Schutzpflicht des Gesetzgebers" aus Art. 4 Abs. 1 und 2 anzusehen.[34] Daraus folgt, dass auf der Grundlage eines gesetzgeberischen Schutzkonzepts nicht nur ein innerer, sondern auch ein zeitlicher Freiraum für die Religionsausübung zu gewährleisten ist. Diese Verpflichtung wird zugleich in die Form eines spezifisch grundrechtlich fundierten Abwehrrechts gegossen. Der primär abwehrrechtliche Charakter des Sonn- und Feiertagsschutzes ergibt sich aus der Formulierung des Art. 140 GG i.V.m. Art. 139 WRV. Denn danach „bleiben" diese Tage geschützt, so dass religionsverfassungsrechtlich unzulässige Veränderungen des aktuellen Schutzniveaus ohne Grundlegung in einem hinreichenden legislatorischen Schutzkonzept abgewehrt werden können. Das BVerfG und **Teile der Literatur** beschreiten offensichtlich (noch) einen Mittelweg zwischen den Lehren von der Institutsgarantie und der Schutzpflichtendimension der Grundrechte. Favorisiert wird insofern eine Kombination. Die Schutzpflichtendimension auch des Art. 4 Abs. 1 und 2 wird zwar anerkannt, ohne dass aber zugleich die Beschreibung des Art. 140 GG i.V.m. Art. 139 WRV als institutionelle Garantie aufgegeben würde.[35] Vielmehr diene „die institutionelle Garantie des Sonn- und Feiertagsschutzes der Verwirklichung" der Religionsfreiheit.[36] Der „objektivrechtliche Schutzauftrag" der Sonn- und Feiertagsschutzgarantie sei „auf die Stärkung des Schutzes derjenigen Grundrechte angelegt, die in besonderem Maße auf Tage der Arbeitsruhe und der seelischen Erhebung angewiesen sind".[37] Nicht zuletzt aus Gründen der dogmatischen Klarheit ist hingegen eine monistische Grundlegung des grundgesetzlich verankerten Sonn- und Feiertagsschutzes in der Schutzpflichtendimension des Art. 4 Abs. 1 und 2 vorzugswürdig.

II. Schutzbereich

1. Personeller Schutzbereich

Aus der dogmatischen Grundlegung des grundgesetzlich gewährleisteten Sonn- und Feiertagsschutzes folgt notwendig die **Subjektivierung** dieses Schutzes. Die Ableitung eines subjektiv-öffentlichen Abwehrrechts aus Art. 140 GG i.V.m. Art. 139 WRV wird jedoch nicht nur auf dem Boden der Lehre von den Einrichtungsgarantien (s.o. Rn. 551), sondern auch mit der **These vom Fehlen hinreichend konkretisierbarer (Grund-)Rechtsträger** bestritten. Diese These basiert auf der Annahme, dass „gerade durch das Nebeneinander von sozialpolitischen und religiösen Motiven als Schutzzwecken der Sonntagsruhe die spezifische Verbindung zu individualisierbaren Trägern eines subjektiven Rechtes aufgelöst" sei. Sie mündet in der Behauptung, dass der Sonntagsschutz „nicht nur im Interesse der Gläubigen, der Kirchen, oder anderseits der Arbeitnehmer oder der Konkurrenten in ihrer je spezifischen Stellung eingeräumt (sei), sondern zum Wohle der Allgemeinheit".[38] Diese These begegnet drei grundlegenden **Einwänden**. Ihr kann zunächst die dogmatische Grundlegung des Sonn- und

554

---
33 BVerfGE 125, 39 (78).
34 BVerfGE 125, 39 (79).
35 So auch *Wißmann/Heuer*, Jura 2011, 214 ff.
36 *Starck*, FS Steiner, S. 808 (813).
37 BVerfGE 125, 39 (84).
38 *De Wall*, NVwZ 2000, 857 (860); zustimmend *Korioth*, in: Dürig/Herzog/Scholz (Hrsg.), Art. 140 GG/Art. 139 WRV, Rn. 42, und *Stollmann*: Der Sonn- und Feiertagsschutz, S. 45; dagegen *Unruh*, ZevKR 52 (2007), 1 (15 f.).

Feiertagsschutzes in der Schutzpflichtendimension der Religionsfreiheit entgegen gehalten werden, die eine Subjektivierung impliziert. Selbst wenn aber – zweitens – der ausschließliche (!) Bezug der Vorschrift auf die „Allgemeinheit" nachweisbar wäre, stellte sich die Frage nach der dogmatischen Substanz dieses Begriffs. Unter dem individualistisch ausgerichteten Grundgesetz mit der Menschenwürde als verfassungstheoretischem Basiswert kann die „Allgemeinheit" nicht mehr als Gegenüber zu den Freien und Gleichen, sondern muss als Gesamtheit der Freien und Gleichen gedacht werden.[39] Schließlich lassen sich rechtlich und tatsächlich nicht nur die „Allgemeinheit", sondern konkrete (Grund-) Rechtsträger identifizieren, die sich auf den Sonn- und Feiertagsschutz berufen können.

555 In den personellen Schutzbereich fallen zunächst alle **natürlichen Personen**.[40] Im Hinblick auf die religiöse Dimension des Sonn- und Feiertagsschutzes kommen auch die **Religionsgemeinschaften** in Betracht. Die Voraussetzungen des Art. 19 Abs. 3 GG sind regelmäßig erfüllt.[41]

2. Sachlicher Schutzbereich

a) Allgemeines

556 Gem. Art. 140 GG i.V.m. Art. 139 WRV werden der Sonntag und die staatlich anerkannten Feiertage als Tage der Arbeitsruhe und der seelischen Erhebung geschützt. Bei der Beschreibung des Schutzbereiches gilt es daher zu differenzieren zwischen der **formalen** Komponente der Sonn- und Feiertage einerseits und der **materiellen** Seite der Arbeitsruhe und der seelischen Erhebung andererseits.

b) Der Sonntag

557 Schon in der Antike genoss der Sonntag als dies solis einen besonderen Status. Im Christentum wird der Sonntag als Tag der Auferstehung des Herrn und aufgrund seiner Bezüge zum Dekalog nicht nur als (primärer) Tag des Gottesdienstes, sondern der allgemeinen, auch religiösen Besinnung gefeiert.[42] Über Art. 140 GG i.V.m. Art. 139 WRV ist die **Siebentagewoche** mit dem Sonntag als arbeitsfreiem Tag geschützt. Die Einführung etwa einer Zehntagewoche nach dem Vorbild des Kalenders der Französischen Revolution von 1793–1806 bedürfte einer Verfassungsänderung.[43] Eine besondere Anerkennung des Sonntags im Allgemeinen oder bestimmter Sonntage als von dieser Vorschrift umfasster Tage ist nicht erforderlich. Im Übrigen ist der Schutz des Sonntags auch in seiner religiösen Dimension nicht auf die Zeiten der Hauptgottesdienste beschränkt. Vielmehr haben die Sonn- und Feiertage jeweils „in ihrer **Ganzheit** als Tage der Ruhe und der seelischen Erhebung religiöse Bedeutung".[44] Der Sonntag fällt daher insgesamt, und nicht nur zeitlich beschränkt in den sachlichen Schutzbereich des Art. 140 GG i.V.m. Art. 139 WRV. Der Aspekt der Gottesdienstzeiten kann

---

39 Siehe dazu *Unruh*: Der Verfassungsbegriff des Grundgesetzes, S. 340 ff.
40 *Stern*: Staatsrecht, Bd. IV/2, S. 1348, der zutreffend „jedermann als berechtigt" ansieht.
41 Ebenso *Morlok*, in: H. Dreier (Hrsg.), Art. 140 GG/Art. 139 WRV, Rn. 21.
42 Zur Geschichte und Theologie des Sonntags nochmals *Bergholz*, TRE, Bd. XXXI, S. 449 ff., und *Meyer-Blanck*, EvStL, Sp. 2170 ff.
43 Ebenso *Morlok*, in: H. Dreier (Hrsg.), Art. 140 GG/Art. 139 WRV, Rn. 12; *Heinig*, EvStL, Sp. 2167 (2168); *Kästner*, HSKR, Bd. 2, Rn. 7; *Pahlke*, EssGspr 24 (1990), 53 (57). A.A. *Korioth*, in: Dürig/Herzog/Scholz (Hrsg.), Art. 140 GG/Art. 139 WRV, Rn. 39.
44 BVerfGE 125, 39 (75 – Hervorhebungen vom Verf.). Ebenso schon *Starck*, FS Steiner, S. 808 (812, 815); kritisch *Classen*, JZ 2010, 144 (145).

jedoch im Rahmen der verfassungsrechtlichen Rechtfertigung von Eingriffen eine Rolle spielen.

c) Die Feiertage

Der Feiertagsbegriff des Art. 140 GG i.V.m. Art. 139 WRV umfasst nur die **gesetzlich anerkannten Feiertage**.[45] Die Anerkennung erfolgt durch förmliches Gesetz. Die Gesetzgebungskompetenz ist den Art. 30, 70 ff. GG zu entnehmen. Sie liegt mangels ausdrücklicher Zuweisung an den Bund grundsätzlich bei den **Ländern**. Eine Bundeskompetenz kraft Natur der Sache und kraft Sachzusammenhangs mit Art. 74 Abs. 1 Nr. 11 und 12 GG ergibt sich jedoch bzgl. der Festlegung des 3. Oktober als Tag der Deutschen Einheit in Art. 2 Abs. 2 EinigungsV. Die staatliche Anerkennung setzt die religionsgemeinschaftliche Festsetzung eines Tages als Feiertag voraus, da der Staat nur anerkennen kann, was zuvor als Feiertag festgesetzt worden ist.[46] Gleichwohl handelt es sich beim Sonn- und Feiertagsschutz nicht um eine „gemeinsame Angelegenheit".[47]

558

In **allen Bundesländern** sind als religiöse Feiertage anerkannt der Karfreitag, der Ostermontag, Christi Himmelfahrt, der Pfingstmontag sowie der erste und zweite Weihnachtstag.[48] Als weltliche Feiertage gelten neben dem 3. Oktober und dem Neujahrstag auch der 1. Mai. In **einigen Bundesländern** genießen darüber hinaus Fronleichnam, Allerheiligen, Epiphanias (6. Januar), der Buß- und Bettag, das Reformationsfest (31. Oktober) und Mariä Himmelfahrt (15. August) den Status gesetzlicher Feiertage. Der 8. August wird ausschließlich in Augsburg als Friedensfest begangen. Die Anerkennung weiterer, insbesondere **nicht-christlicher Feiertage** ist möglich und grundsätzlich in das Ermessen des Gesetzgebers gestellt. Insbesondere ist es zulässig, auch Feiertage zu schützen, „die nicht von allen als solche begangen werden."[49] Insofern ist die religiöse Repräsentativität zu beachten.[50] Als Beispielsfall einer gelungen Ergänzung der christlich geprägten Feiertage kann der Schutz jüdischer Feiertage in Art. 6 SFTG-Bay und § 9 SFTG-NRW gelten.

559

d) Arbeitsruhe

Die Sonn- und Feiertage werden als Tage der Arbeitsruhe geschützt. Der Begriff der Arbeitsruhe impliziert, dass sich diese Tage in ihrem Charakter grundlegend von den Werktagen abheben müssen. Art. 140 GG i.V.m. Art. 139 WRV statuiert insofern ein **Regel-Ausnahme-Verhältnis**.[51] Danach hat an Sonn- und Feiertagen grundsätzlich jegliche werktägliche Betätigung zu ruhen.[52] Nach der zutreffenden Auffassung und mit den Worten des BVerfG soll an den Sonn- und Feiertagen „grundsätzlich die Geschäftstätigkeit in Form der Erwerbsarbeit, insbesondere der Verrichtung abhängiger Arbeit ruhen, damit der Einzelne diese Tage allein oder in Gemeinschaft mit

560

---

45 Dazu u.a. *Muckel*, in: Friauf/Höfling (Hrsg.), Art. 140/Art. 139 WRV, Rn. 10 ff.
46 BVerfGE 143, 161, Rn. 66, 72; *Kästner*, HSKR, Bd. 2, Rn. 17.
47 *Korioth*, in: Dürig/Herzog/Scholz (Hrsg.), Art. 140 GG/Art. 139 WRV, Rn. 41. Zum Begriff der gemeinsamen Angelegenheit s.o. Rn. 380.
48 Ausführlicher Überblick bei *Unruh*, in: Huber/Voßkuhle (Hrsg.), Art. 140 GG/Art. 139 WRV, Rn. 22 ff.
49 BVerfGE 143, 161, Rn. 73.
50 Ebenso *Morlok*, in: H. Dreier (Hrsg.), Art. 140 GG/Art. 139 WRV, Rn. 15; *Preuß*, in: Wassermann (Hrsg.), Art. 140 Rn. 69; *Kästner*, HSKR, Bd. 2, Rn. 22. A.A. *Korioth*, in: Dürig/Herzog/Scholz (Hrsg.), Art. 140 GG/Art. 139 WRV, Rn. 51.
51 BVerfGE 125, 39 (85); zuvor schon BVerfGE 87, 363, 393; 111, 10, 53, und *Starck*, FS Steiner, S. 808 (814 m.w.N.).
52 *Ehlers*, in: Sachs, GG, Art. 140 GG/Art. 139 WRV, Rn. 8.

andern ungehindert von werktäglichen Verpflichtungen und Beanspruchungen nutzen kann. Geschützt ist damit der allgemein wahrnehmbare Charakter des Tages, dass es sich grundsätzlich um einen für alle verbindlichen Tag handelt."[53] Die erforderlichen gesetzlichen Schutzkonzepte für die Gewährleistung der Sonn- und Feiertagsruhe müssen daher „erkennbar diese Tage als solche der Arbeitsruhe zur Regel erheben".[54] Insoweit konsequent enthalten die Sonn- und Feiertagsgesetze der Länder – so etwa § 3 Abs. 1 SFTG-SH – ein Verbot öffentlich bemerkbarer Handlungen, die dem besonderen Charakter der Sonn- und Feiertage widersprechen. Flankierende Schutznormen finden sich im Arbeitsschutz- und Gewerberecht, so etwa im §§ 9-13 ArbZG.[55] Bei der Gewährung von Ausnahmen nach §§ 9 Abs. 1, 13 Abs. 5, 15 Abs. 2 ArbZG für Sinn- und Feiertagsarbeit haben Religionsgemeinschaften einen auf Art. 140 GG i.V.m Art. 139 WRV beruhenden Anspruch auf Hinzuziehung zu den Bewilligungsverfahren gem. § 13 Abs. 2 S. 2 VwVfG.[56]

e) Seelische Erhebung

561 Der ursprünglich religiös fundierte, nunmehr aber neutral gefasste Begriff der seelischen Erhebung umfasst alles, was der bzw. dem Einzelnen zur Erholung von der beruflichen Tätigkeit im Sinne eines physischen und psychischen Ausgleichs, d.h. einer **gesamtheitlichen personellen Regeneration** dient.[57] In diesem Zusammenhang ist darauf hinzuweisen, dass auch im christlichen Sinn jeweils der gesamte Sonn- bzw. Feiertag als Tag der seelischen Erhebung bzw. der religiösen Besinnung aufzufassen ist. Eine Beschränkung des Schutzes auf die Zeiten der (Haupt-) Gottesdienste bedeutet – ungeachtet des besonderen Schutzes dieser Zeiten ebenso wie der sogenannten stillen Sonn- und Feiertage (Karfreitag, Totensonntag, Volkstrauertag)[58] – eine unzulässige Verengung des Schutzbereichs. Vom Schutzbereich des Art. 140 GG i.V.m. Art. 139 WRV ist jedoch nur die *Möglichkeit* zur seelischen Erhebung umfasst. Der religiös und weltanschaulich neutrale Staat kann und muss insoweit nur ein **Angebot** unterbreiten. Art und Ausmaß der seelischen Erhebung können und dürfen nicht vorgeschrieben werden.[59] Insbesondere kann es auch vor dem Hintergrund des Sonn- und Feiertagsschutzes keine staatliche Verpflichtung zu religiösem Verhalten geben.[60]

III. Eingriffe

562 Auf der Grundlage des modernen bzw. grundrechtlichen Eingriffsbegriffs (s.o. Rn. 109) liegt ein Eingriff in den Schutzbereich des Art. 140 GG i.V.m. Art. 139 WRV vor, wenn und soweit die Möglichkeit beeinträchtigt wird, den Sonntag bzw. die gesetzlich anerkannten Feiertage als Tage der Arbeitsruhe und der seelischen Erhebung zu begehen. Eine solche Beeinträchtigung liegt insbesondere in der **Zulassung einer werktäglichen Betätigung**.[61]

---

53 BVerfGE 125, 39 (85 f.).
54 BVerfGE 125, 39 (87).
55 Dazu ausf. *Korioth*, in: Dürig/Herzog/Scholz (Hrsg.), Art. 140 GG/Art. 139 WRV, Rn. 58 ff.
56 BVerwG BVerwGE 168, 103 ff.; dazu *Unruh* ZevKR 66 (2021), 89 ff.
57 Statt vieler *Kästner*, HSKR, Bd. 2, Rn. 13.
58 Zu den stillen Sonn- und Feiertagen *Korioth*, in: Dürig/Herzog/Scholz (Hrsg.), Art. 140 GG/Art. 139 WRV, Rn. 47.
59 BVerfGE 143, 161, Rn. 71 f.
60 Vgl. *Germann*, in: Epping/Hillgruber (Hrsg.), Art. 140 Rn. 133.
61 Ebenso *Ehlers*, in: Sachs (Hrsg.), Art. 140 GG/Art. 139 WRV, Rn. 8.

§ 16 Sonn- und Feiertagsschutz

Der Sonn- und Feiertagsschutz wird gegenwärtig vor allem durch die Möglichkeit der **Ladenöffnung an Sonn- und Feiertagen** beeinträchtigt.[62] Zwar enthalten alle einschlägigen Ladenöffnungsgesetze der Länder den Grundsatz, dass Verkaufsstellen an Sonn- und Feiertagen geschlossen zu halten sind (z. B. § 3 Abs. 2 Nr. 1 LÖffZG-SH). Von diesem Grundsatz wird jedoch eine Vielzahl von Ausnahmen zugelassen. Diese Ausnahmen betreffen zunächst bestimmte Waren und Branchen, wie etwa Apotheken und Tankstellen (z. B. §§ 4, 6–8 LÖffZG-SH). Ferner werden die zuständigen Behörden ermächtigt, aus besonderem Anlass eine Ladenöffnung für eine bestimmte Anzahl von Sonn- und Feiertagen zuzulassen. Die konkrete Anzahl möglicher verkaufsoffener Sonn- und Feiertage variiert in den Bundesländern. Gleiches gilt für das absolute Verbot der Ladenöffnung zugunsten bestimmter Sonn- und Feiertage, wie etwa den Karfreitag oder die Adventssonntage (z. B. § 5 LÖffZG-SH). Noch weiter gehend kann auf der Grundlage der einschlägigen Landesgesetze durch sogenannte „Bäderregelungen" die Ladenöffnung an Sonn- und Feiertagen in Kur-, Erholungs- und Tourismusorten für nahezu das gesamte Jahr erlaubt werden.[63] Alle in den Ladenöffnungsgesetzen der Länder normierten Ausnahmen greifen in den durch Art. 140 GG i.V.m. Art. 139 WRV gewährleisteten Sonn- und Feiertagsschutz – z.T. empfindlich – ein.

563

Umstritten ist die Frage, ob die in § 3 b EStG normierte **Steuerfreiheit für Sonn- und Feiertagsarbeit** ebenfalls als Eingriff zu werten ist. Zu Recht werden darin eine indirekte Subventionierung und damit zugleich eine Förderung der Sonn- und Feiertagsarbeit gesehen, die im Widerspruch zu dem vom Schutzbereich umfassten Gebot der Arbeitsruhe steht.[64] Dem Gegenargument, die Vergünstigungen bezögen sich ohnehin nur auf Tätigkeiten, die nicht dem Gebot der Arbeitsruhe unterfallen,[65] liegt eine unausgesprochene und zudem nicht gerechtfertigte Schutzbereichsbegrenzung zugrunde. Ob und inwieweit bestimmte werktägliche Betätigungen auch an Sonn- und Feiertagen zugelassen werden können oder müssen, ist keine Frage des Eingriffs in den Schutzbereich, sondern der Schranken bzw. der verfassungsrechtlichen Rechtfertigung von Eingriffen.

564

Ein spezifischer Eingriff in den Feiertagsschutz liegt in der Abschaffung von zuvor gesetzlich geschützten Feiertagen durch gesetzlichen **Entzug der Anerkennung**. Einen Beispielsfall liefert die 1994 erfolgte Abschaffung des Buß- und Bettages als gesetzlicher Feiertag in den meisten Bundesländern zur Finanzierung der sozialen Pflegeversicherung.[66] Das BVerfG hat hingegen die Auffassung vertreten, dass Art. 140 GG i.V.m. Art. 139 WRV keine Bestandsgarantie für einen konkreten Feiertag enthalte und damit das Fehlen eines Eingriffs in den Schutzbereich suggeriert.[67] Dagegen ist einzuwenden, dass auch die Frage, ob rechtlich eine Bestandsgarantie für einen einzelnen Feiertag vorliegt, noch nicht auf der Eingriffs-, sondern erst auf der Schrankenebene beantwortet werden kann.

565

---

62 BVerfGE 125, 39 (90 f.).
63 Vgl. etwa (noch) § 9 LÖffZG-SH. Zu den Grenzen der Zulässigkeit von „Bäderregelungen" im Lichte des zweiten Ladenschluss-Urteils des BVerfG OVG Greifswald, NordÖR 2010, 321 ff., und *Unruh*, FS Peine, 603 (614 ff.).
64 So etwa *Wernsmann*, ZRP 2010, 124 (126); *Rüfner*, FS M. Heckel, S. 448 (461).
65 So *Korioth*, in: Dürig/Herzog/Scholz (Hrsg.), Art. 140 GG/Art. 139 WRV, Rn. 22.
66 Dazu *Kästner*, HSKR, Bd. 2, Rn. 22.
67 BVerfG, NJW 1995, 3378 (3379).

IV. Verfassungsrechtliche Rechtfertigung

1. Verfassungsimmanente Schranken

566 Aufgrund der dogmatischen Grundlegung des Sonn- und Feiertagsschutzes in der Schutzpflichtendimension der Religionsfreiheit und mangels einer speziellen Schrankenregelung ist auf die **Schrankendogmatik zu Art. 4 Abs. 1 und 2 GG** zurückzugreifen. Danach können Eingriffe nur auf kollidierendes Verfassungsrecht, d.h. Grundrechte Dritter oder sonstige Rechtsgüter mit Verfassungsrang gestützt werden.[68] Sie sind ferner nur dann verfassungsrechtlich gerechtfertigt, wenn sie auf einer gesetzlichen Grundlage beruhen und dem Grundsatz der Verhältnismäßigkeit entsprechen (s.o. Rn. 131 ff.). Das Bundesverfassungsgericht hat hervorgehoben, dass der Gesetzgeber im Rahmen seines Gestaltungsspielraums auch auf eine **geänderte soziale Wirklichkeit**, insbesondere auf Änderungen im Freizeitverhalten, Rücksicht nehmen kann.[69] Als **gegenläufige Grundrechte Dritter** haben sich insbesondere die Berufsfreiheit aus Art. 12 Abs. 1 und 2 GG, die körperliche Unversehrtheit und die allgemeine Handlungsfreiheit aus Art. 2 GG in Gestalt eines veränderten Freizeitverhaltens erwiesen (s.o. Rn. 543). **Gesetzliche Grundlagen** finden sich in den einschlägigen Rechtsgrundlagen, etwa den Sonn- und Feiertagsgesetzen sowie den Gesetzen über die Ladenöffnungszeiten (s.o. Rn. 549 f.).

2. Verhältnismäßigkeit

a) Der Maßstab

567 Im Rahmen der Verhältnismäßigkeitsprüfung sind die gegenläufigen Verfassungsgüter bzw. Grundrechte in eine **Abwägung** einzustellen. Bezogen auf den Sonn- und Feiertagsschutz gilt, dass weder ein Eingriff in diesen Aspekt der Religionsfreiheit zugunsten anderer Grundrechte noch ein Eingriff in diese Grundrechte zugunsten des Sonn- und Feiertagsschutzes unverhältnismäßig sein darf. Ob sich der Gesetzgeber insoweit in einem Korridor zwischen Über- und Untermaßverbot bewegt oder die Grenzen des Über- und des Untermaßverbots zusammenfallen, d.h. kongruent sind, so dass bzgl. des Ausgleichs beider Grundrechtspositionen dogmatisch eine Punktlandung gefordert ist, kann und soll an dieser Stelle offen bleiben.[70] Die Abwägung vollzieht sich am allgemeinen **Maßstab des Grundsatzes der Verhältnismäßigkeit**. Das bedeutet, dass Eingriffe in den Sonn- und Feiertagsschutz von einem legitimen Zweck getragen und im Übrigen geeignet, erforderlich und angemessen, d.h. verhältnismäßig i.e.S. sein müssen. Das Bundesverfassungsgericht hatte in seinem ersten Ladenschluss-Urteil die Frage, ob „die Ausnahmeregelungen zur Ermöglichung der Sonn- und Feiertagsarbeit durchweg verfassungsrechtlichen Anforderungen genügen", noch offen gelassen.[71] Zur Konkretisierung der Kategorie des legitimen Zwecks hat das Bundesverfassungsgericht nunmehr in seinem zweiten Ladenschluss-Urteil ausgeführt, dass Ausnahmen von der generellen Arbeitsruhe „eines dem Sonntagsschutz gerecht werdenden Sachgrundes"

---

[68] In diesem Sinn auch BVerfGE 125, 39 (85): „Ausnahmen von der Sonn- und Feiertagsruhe sind zur Wahrung höher- oder gleichwertiger Rechtsgüter möglich ...". Zuvor schon BVerfGE 111, 10 (50).
[69] BVerfGE 125, 39 (86).
[70] Für die Korridor-Lösung *Callies*, FS Starck, S. 201 (216); zuvor schon *ders.*: Rechtsstaat und Umweltstaat, S. 578. Zur Verteidigung der Kongruenz-These *Hain*, DVBl. 1993, S. 982 (983); zustimmend *Unruh*: Zur Dogmatik der grundrechtlichen Schutzpflichten, S. 85 ff., und nunmehr *Lenz*, S. 305 ff. m.w.N.
[71] BVerfGE 111, 10 (54).

bedürfen.⁷² Der jeweilige Sachgrund muss zudem von besonderem Gewicht sein. So genügen ein „bloß wirtschaftliches Umsatzinteresse der Verkaufsstelleninhaber und ein alltägliches Erwerbsinteresse (,Shopping-Interesse') potenzieller Käufer ... grundsätzlich nicht, um Ausnahmen von dem verfassungsunmittelbar verankerten Schutz der Arbeitsruhe und der Möglichkeit zu seelischer Erhebung an Sonn- und Feiertagen zu rechtfertigen".⁷³

b) Sonn- und Feiertagsschutz

Ein Fall mangelnder Erforderlichkeit einer Einschränkung der allgemeinen Handlungsfreiheit zugunsten des Sonn- und Feiertagsschutzes betrifft die **nicht gewerbsmäßige Betätigung in Haus und Garten**. Sie wird daher schon in den Sonn- und Feiertagsgesetzen der Länder vom Verbot der öffentlich bemerkbaren Handlungen an diesen Tagen ausgenommen (z.B. in § 4 Abs. 1 Nr. 3 SFTG-SH). Ein ebenso deutlicher Fall eines unverhältnismäßigen Eingriffs in Art. 140 GG i.V.m. Art. 139 WRV läge in der Abschaffung des besonderen Status des Sonntags zugunsten eines **variablen freien Wochentags**.⁷⁴

568

Im Hinblick auf das grundsätzliche Verbot der **Ladenöffnung an Sonn- und Feiertagen** (s.o. Rn. 563) hat das BVerfG in seinem ersten Ladenschluss-Urteil die Frage offen gelassen, ob „die Ausnahmeregelungen zur Ermöglichung der Sonn- und Feiertagsarbeit durchweg verfassungsrechtlichen Anforderungen genügen".⁷⁵ Im Übrigen lässt sich der einschlägigen Rechtsprechung und Literatur diesbezüglich die Differenzierung zwischen der Arbeit trotz Sonntag und der Arbeit für den Sonntag entnehmen.⁷⁶ Im Rahmen der **Arbeit trotz Sonntag** sind Beschränkungen des Sonn- und Feiertagsschutzes etwa zugunsten unaufschiebbarer Arbeiten in der Landwirtschaft, zur Gewährleistung der medizinischen Versorgung oder allgemein zur Gefahrenabwehr durch Polizei, Feuerwehr u.a. erforderlich und damit verhältnismäßig. Gleiches gilt im industriellen Bereich aus produktionstechnischen Gründen oder aus Gründen der internationalen Wettbewerbsfähigkeit.⁷⁷ Entsprechende Regelungen finden sich regelmäßig in den Sonn- und Feiertagsgesetzen der Länder (z.B. in § 4 Abs. 1 Nr. 1 und 2 SFGT-SH). In diesen Zusammenhang gehört auch die Möglichkeit der Öffnung von Apotheken. Die auf eine bestimmte Anzahl von Sonn- und Feiertagen beschränkte Beeinträchtigung des Art. 140 GG i.V.m. Art. 139 WRV aus besonderem Anlass (s.o. Rn. 563) ist grundsätzlich im Hinblick auf die gegenläufigen Grundrechte der Berufs- und der allgemeinen Handlungsfreiheit erforderlich und angemessen. Fraglich ist einerseits, bei welcher Anzahl die Grenze der Verhältnismäßigkeit verläuft. Eine wertende Stellungnahme dürfte zu dem Ergebnis führen, dass jedenfalls die Anzahl von vier verkaufsoffenen Sonntagen bezogen auf ein bestimmtes Territorium zulässig ist (so § 5 SFTG-SH), eine zweistellige Anzahl jedenfalls unverhältnismäßig und damit unzulässig ist, weil damit zu weit in den Sonn- und Feiertagsschutz eingegriffen wird.⁷⁸ Andererseits ist das

569

---

72 BVerfGE 125, 39 (87).
73 BVerfGE 125, 39 (87); in diesem Sinne schon *Starck*, FS Steiner, S. 808 (814 f.).
74 Dazu *Korioth*, in: Dürig/Herzog/Scholz (Hrsg.), Art. 140 GG/Art. 139 WRV, Rn. 39.
75 BVerfGE 111, 10 (54).
76 Vgl. *Bergmann*, in: Hömig/Wolff (Hrsg.), Art. 140 Rn. 25 m.w.N.
77 Vgl. BVerfGE 125, 39 (87); BVerfGE 111, 10 (50 ff.).
78 Ebenso BVerfGE 125, 39 (102 f.); hier wurde die Höchstzahl von acht Sonn- und Feiertagen, die auf der Grundlage der damaligen Berliner Regelung ohne allgemeine einzelfallbezogene Ausnahmebestimmung zur Ladenöffnung freigegeben werden konnten, nicht beanstandet.

den Behörden eröffnete Auswahlermessen bzgl. der von der Ladenöffnung betroffenen Sonntage auch jenseits der absoluten Öffnungsverbote reduziert. Restriktionen bestehen insbesondere im Hinblick auf kirchlich besonders bedeutsame Sonntage.[79]

570 Bei der **Arbeit für den Sonntag** handelt es sich um werktägliche Betätigungen, die gerade dem Genuss der Sonn- und Feiertage als arbeitsfreier Tage dienen. In diesem Zusammenhang erhält das vom Grundrecht aus Art. 2 Abs. 1 GG getragene Bedürfnis nach Freizeitaktivitäten, die Arbeitsleitungen Dritter voraussetzen, ein besonderes Gewicht innerhalb der Abwägung.[80] So ist die Öffnung von Gaststätten an diesen Tagen ebenso zulässig wie das Betreiben von Einrichtungen, die unmittelbar der Erholung dienen (vgl. § 4 Abs. 1 Nr. 4 SFTG-SH). Dazu zählen nach der Rspr. des BVerwG auch Bräunungsstudios, nicht hingegen Gebrauchtwagenmärkte.[81]

571 Allgemein gilt nach der insoweit zutreffenden Auffassung des BVerfG für die **Verhältnismäßigkeit i.e.S.** von Eingriffen in die Sonn- und Feiertagsschutz, dass „Ausnahmen als solche erkennbar bleiben" müssen und „nicht auf eine weitgehende Gleichstellung der sonn- und feiertäglichen Verhältnisse mit den Werktagen und ihrer Betriebsamkeit hinauslaufen" dürfen.[82] In diesem Zusammenhang kommt dem Regel-Ausnahme-Gebot „generell umso mehr Bedeutung zu, je geringer das Gewicht derjenigen Gründe ist, zu denen der Sonn- und Feiertagsschutz ins Verhältnis gesetzt wird und je weiter greifend die Freigabe der Verkaufsstellenöffnung in Bezug auf das betroffene Gebiet sowie die einbezogenen Handelssparten und Warengruppen ausgestaltet ist. Deshalb müssen bei einer flächendeckenden und den gesamten Einzelhandel erfassenden Freigabe der Ladenöffnung rechtfertigende Gründe von besonderem Gewicht vorliegen, wenn mehrere Sonn- und Feiertage in Folge über jeweils viele Stunden hin freigegeben werden sollen."[83] Vor diesem Hintergrund ist die sogenannte „Bäderregelung" für Mecklenburg-Vorpommern aus dem Jahre 2009 für unwirksam erklärt worden.[84] Zwar genießt in touristisch geprägten Orten das Bedürfnis nach Freizeitaktivitäten eine nochmals gesteigerte Bedeutung im Rahmen der Abwägung. Anderseits schränkt die nahezu ganzjährig gültige Erlaubnis zur Ladenöffnung an Sonn- und Feiertagen den Sonn- und Feiertagsschutz ganz erheblich ein und lässt ihn in den betroffenen Gebieten entgegen dem eindeutigen Telos des Art. 140 GG i.V.m. Art. 139 WRV zur seltenen Ausnahme werden.[85] Für die Sonntagsöffnung anlässlich eines **Marktes** hat das BVerwG die verschärfende Voraussetzung formuliert, „dass die Ladenöffnung in engem räumlichen Bezug zum konkreten Marktgeschehen steht und prognostiziert werden kann, dass der Markt für sich genommen einen beträchtlichen Besucherstrom anzieht, der die bei einer alleinigen Öffnung der Verkaufsstellen zu erwartende Zahl der Ladenbesucher übersteigt".[86] I.Ü. kommt in der jüngeren Rspr. rein wirtschaftlichen und „Shopping-Interessen", die auf Art. 12 bzw. Art. 2 Abs. 1 GG gegründet sein können, nur ein geringes Gewicht in der Abwägung zu; gegenläufige Grundrechtspositionen aus Art. 4 Abs. 1 und 2 GG sowie Art. 8 GG wiegen dagegen schwerer. Hier

---

79 Ausführlich dazu *Unruh*, ZevKR 52 (2007), 1 ff.
80 Vgl. *Rüfner*, FS M. Heckel, S. 448 (459).
81 BVerwGE 90, 337 (348), bzw. BVerwGE 79, 18 (126 f.).
82 BVerfGE 125, 39 (87).
83 BVerfGE 125, 39 (88).
84 OVG Greifswald, NordÖR 2010, 321 ff.
85 Vgl. *Unruh*, FS Peine, 603 (615).
86 BVerwGE 153, 183, 188 ff.; im Anschluss an BVerwGE 150, 327; dazu *Wiebauer*, NVwZ 2015, 543 ff.

§ 16 Sonn- und Feiertagsschutz

ist es erforderlich, einen gesetzlichen Ausnahmetatbestand vorzusehen, der Befreiungen ermöglicht.[87]

c) Insbesondere: Der Schutz einzelner Feiertage

Der Eingriff in den Feiertagsschutz durch Entzug des Status eines gesetzlichen Feiertags kann im Einzelfall auch durch gegenläufige finanzpolitische oder volkswirtschaftliche Erwägungen verfassungsrechtlich gerechtfertigt sein.[88] Denn eine absolute Garantie jedes einzelnen gesetzlich anerkannten Feiertages bzw. die Unverhältnismäßigkeit jedes Entzuges dieses Status lässt sich dem Art. 140 GG i.V.m. Art. 139 WRV nicht entnehmen.[89] Im Einzelfall ist jedoch die **religiöse bzw. sozialpolitische Relevanz** des betroffenen Feiertages in die Abwägung, d.h. zumindest in die Prüfung der Verhältnismäßigkeit i.e.S. einzubeziehen. Angesichts dieses Maßstabs erscheint die verfassungsrechtliche Zulässigkeit der von den meisten Ländern vollzogenen Abschaffung des Buß- und Bettages zugunsten der Finanzierung der sozialen Pflegeversicherung zumindest fragwürdig.[90] Im Übrigen muss jeder Entzug des Feiertagsstatus auch aus der Perspektive einer Gesamtbetrachtung des Feiertagsschutzes beurteilt werden. Die Aufhebung von gesetzlichen Feiertagen, die zu einer Situation führte, in der keine gesetzlich anerkannten Feiertage mehr existieren, wäre jedenfalls unverhältnismäßig und stünde damit im Widerspruch zu Art. 140 GG i.V.m. Art. 139 WRV. Eine solche – zudem aktuell irreale – Situation lässt sich naturgemäß nicht abstrakt skizzieren. Immerhin kann mit dem anzulegenden Maßstab der Verhältnismäßigkeit gezeigt werden, dass sich das Anliegen der Lehre von der Einrichtungsgarantie, einen quantitativ adäquaten Feiertagsschutz sicherzustellen, auch mit den im Übrigen allgemein akzeptierten Bordmitteln der Grundrechtsdogmatik erreichen lässt.

▶ **Zu Fall 20:**[91] Der Normenkontrollantrag müsste zunächst nach Maßgabe des § 47 VwGO zulässig sein. Problematisch ist insbesondere die Antragsbefugnis des K gem. § 47 Abs. 2 S. 1 VwGO. Insoweit muss die Möglichkeit geben sein, dass K durch die RVO in eigenen subjektiven öffentlichen Rechten verletzt ist. Der in der Schutzpflichtendimension der Religionsfreiheit gründende Sonn- und Feiertagsschutz aus Art. 140 GG i.V.m. Art. 139 WRV vermittelt auch den Religionsgemeinschaften und ihren Untergliederungen und damit auch dem K ein eigenes subjektives öffentliches Recht auf Abwehr von Eingriffen in den Sonntagsschutz. (Das OVG hatte sich im Ausgangsfall mit einer doppelten Möglichkeitstheorie beholfen: Es sei nicht ausgeschlossen, dass der Sonn- und Feiertagsschutz dem Antragsteller ein subjektives öffentliches Recht vermittle, das möglicherweise verletzt sein könnte.) Der Normenkontrollantrag ist gem. § 47 Abs. 5 S. 2 VwGO begründet, wenn die angegriffene RVO gegen höherrangiges Recht verstößt. Ein Verstoß der i.Ü. korrekt zustande gekommenen RVO gegen die absoluten Öffnungsverbote des § 5 LÖffZG scheint nicht in Betracht zu kommen, weil nur die Sonntage im Dezember betroffen sind. Auch wenn mit dieser Regelung die Adventssonntage gemeint gewesen sein sollten, bleibt festzuhalten, dass Sonntage im November nicht im Dezember liegen, auch wenn es sich dabei um Adventssonntage handelt. Zu beachten ist jedoch, dass die konkrete Erlaubnis einer

572

---

87 BVerfGE 143, 161 ff. zur Beschränkung des Schutzes des Karfreitags als stillem Feiertag zugunsten einer „Heidenspaß-Party"; dazu u.a. *Hillgruber*, JZ 2017, 153 ff.
88 Ebenso *Kästner*, HSKR, Bd. 2, Rn. 20.
89 Ebenso *Kästner*, HSKR, Bd. 2, Rn. 6.
90 Skeptisch auch *Kästner*, HSKR, Bd. 2, Rn. 20, und *ders.*, ZevKR 41 (1996), 272 ff.
91 Dazu *Unruh*, ZevKR 52 (2007), 1 ff. Instruktive Fallgestaltung zum Thema bei *Heinig*, in ders. (Hrsg.), S. 193 ff.

§ 16 E. Der flankierende Schutz der Religionsfreiheit

Sonntagsöffnung jenseits der absoluten Verbote des § 5 LÖffZG in das Ermessen des Verordnunggebers gestellt ist. Der Zulassung einer Ladenöffnung am 1. Adventssonntag liegt aber ein Ermessensfehlgebrauch in Gestalt einer Abwägungsdisproportionalität zugrunde, weil die Bedeutung dieses Sonntags für das Kirchenjahr überragend ist. Bzgl. der Adventssonntage ist das Ermessen des Verordnunggebers daher auf Null reduziert, und zwar dahin gehend, dass eine Ladenöffnung nicht in Betracht kommt. (Die meisten LÖffzG der Länder nehmen die Adventssonntage inzwischen von der Möglichkeit einer Ladenöffnung explizit aus. Problematisch sind aber weiterhin Ladenöffnungen an anderen kirchlich bedeutsamen Sonntagen, etwa an den Erntedanksonntagen). Im Übrigen verstieße ein LÖffzG, das die Ladenöffnung an kirchlich besonders bedeutsamen Sonntagen vorschriebe, gegen Art. 140 GG i.V.m. Art. 139 WRV. Dieser Eingriff in den Sonn- und Feiertagsschutz könnte (religions-)verfassungsrechtlich nicht gerechtfertigt werden. Insgesamt kann festgehalten werden, dass der Normenkontrollantrag des K Aussicht auf Erfolg hat. ◄

Wiederholungs- und Vertiefungsfragen

> Welchem Telos dient der Sonn- und Feiertagsschutz? (Rn. 545)
> Wie ist der gesetzliche Schutz der Sonn- und Feiertage ausgestaltet? (Rn. 549 f.)
> Welchen dogmatischen Inhalt hat die Qualifizierung des Sonn- und Feiertagsschutzes als Einrichtungs- bzw. institutionelle Garantie und welche Einwände können gegen die Rechtsfigur der Einrichtungsgarantie geltend gemacht werden? (Rn. 551)
> Was bedeutet „seelische Erhebung" i.S.d. Art. 140 GG i.V.m. Art. 139 WRV? (Rn. 561)
> Wie können Eingriffe in den Sonn- und Feiertagsschutz (religions-) verfassungsrechtlich gerechtfertigt werden? (Rn. 566 ff.)

…

F. Ausblick: Religionsverfassungsrecht in Europa

§ 17 Religionsverfassungsrechtliche Modelle in der EU

I. Allgemeines

Der EU und dem **Unionsrecht** kommt eine **zunehmende Bedeutung** auch für die Religion und die Religionsgemeinschaften in den Mitgliedstaaten zu. In diesem Zusammenhang sind zwei Aspekte hervorzuheben und zumindest im Aufriss zu erläutern. Es handelt sich zum einen um die Analyse der religionsverfassungsrechtlichen Modelle in den Mitgliedstaaten der EU. Zum anderen geht es um die Frage, ob und ggf. in welchem Ausmaß die EU ein eigenes „Europäisches Religionsverfassungsrecht" ausbilden oder zumindest einen verbindlichen Rahmen für das Religionsverfassungsrecht der Mitgliedstaaten setzen darf.

573

Im Hinblick auf den ersten Aspekt ist zunächst festzustellen, dass die normative Regelung des Verhältnisses von Staat und Religion als **Konstante** aller Rechtsordnungen (s.o. Rn. 14) auch in den Mitgliedstaaten der EU anzutreffen ist.[1] Aber die jeweiligen historischen Ausgangspunkte differieren, und daher sind auch die Entwicklungslinien im Laufe der neuzeitlichen Geschichte unterschiedlich verlaufen.[2] In der aktuellen Diskussion wird überwiegend angenommen, dass sich - angesichts und trotz aller Unschärfen[3] - **drei Modelle** unterscheiden lassen, nämlich das Staats- bzw. Volkskirchenmodell, das Trennungsmodell und das Kooperationsmodell. Die Benennung der Modelle weist bereits darauf hin, dass es im Kontext der EU (bisher) nur um das Verhältnis des Staates zu den Kirchen geht. Im Hinblick auf die potenzielle Erweiterung der EU sind jedoch auch andere Religionsgemeinschaften – etwa der Islam in der Türkei – in den Blick zu nehmen.

574

II. Das Staats- bzw. Volkskirchenmodell

1. Kriterium und Erscheinungsformen

Das Religionsverfassungsrecht eines Mitgliedstaates der EU lässt sich dem Staatsbzw. Volkskirchenmodell zuordnen, wenn sich eine (verfassungs-) rechtlich verankerte **institutionelle und funktionelle Verbindung** zwischen dem Staat und einer Religionsgemeinschaft (s.o. Rn. 141) nachweisen lässt. Dieses Kriterium wird etwa in den evangelisch-lutherischen Volkskirchen der skandinavischen Länder **Dänemark** und **Finnland** erfüllt.[4] Entsprechendes gilt für **Griechenland** mit der griechisch-orthodoxen Kirche als vorherrschender Religion.[5] Außerhalb der EU lassen sich auch einige Kantone der **Schweiz** diesem Modell zuordnen. Allerdings ist anzumerken, dass auch in diesen Ländern die Religionsfreiheit gewährleistet und allen (!) Religionsgemeinschaften ein weitgehendes Selbstbestimmungsrecht eingeräumt wird. Hervorzuheben ist schließ-

575

---

1 *Stern*: Staatsrecht, Bd. IV/2, S. 1111 ff., 1410 ff.; *Starck*, JZ 2000, 1. Vgl. auch die rechtsvergleichenden Arbeiten von *Ungern-Sternberg*, passim (Großbritannien, Frankreich, Deutschland), und *Bloss*, passim (Großbritannien, Frankreich, Spanien, Deutschland).
2 Zur Heterogenität der religionsverfassungsrechtlichen Systeme in Europa vgl. *Classen*, HSKR, Bd. 1, Rn. 1 f.
3 Vgl. *v. Campenhausen/de Wall*, § 38, Rn. 4 ff.
4 Zu Dänemark *Vinding*, in: Robbers (Hrsg.), S. 87 ff.; zu Finnland *Kotiranta*, in: Robbers (Hrsg.), S. 613 ff., und *Mattlin*, ZevKR 50 (2004), S. 481 ff.
5 Dazu *Papadopoulou*, in: Robbers (Hrsg.), S. 171 ff.

lich, dass in **Schweden** die evangelisch-lutherische Schwedische Kirche, die seit 1527 Staatskirche war, mit Wirkung vom 1.1.2000 diesen Status verloren hat. Gleichwohl bestehen nach wie vor enge Beziehungen zwischen dem Staat und der Schwedischen Kirche.[6]

2. Insbesondere: Das Vereinigte Königreich

576 Das Vereinigte Königreich ist zwar nicht mehr Teil der EU, liefert aber gleichwohl ein paradigmatisches, wenn auch differenziertes Beispiel für ein Staatskirchensystem. Während in Nordirland und Wales keine Staatskirchen bestehen, kann die presbyterianische Church of Scotland dem Staatskirchenmodell zugeordnet werden. In England ist die anglikanische **Church of England** seit ihrer Etablierung durch *Heinrich VIII.* im Jahre 1534 Staatskirche.[7] Die übrigen Religionsgemeinschaften sind auf die Rechtsformen des Privatrechts verwiesen. Die Einwirkungen des Staates auf die Anglikanische Kirche sind zahlreich. So ist der King bzw. die Queen kraft Amtes zugleich das Oberhaupt der Kirche. Die von der Synode beschlossenen Kirchengesetze stehen unter dem Vorbehalt der Genehmigung durch das staatliche Parlament. Das Ernennungsverfahren für die (Erz-) Bischöfe ist mit Ausnahme des kirchlichen Bestellungsakts in Form der Bischofsweihe von staatlichen Stellen dominiert. Staatliche Gerichte üben die Rechtskontrolle über die Rechtsprechung der Kirchengerichte aus. Umgekehrt betreffen Einwirkungen der Kirche auf den Staat zunächst die Person der Monarchin bzw. des Monarchen, der zwingend der Anglikanischen Kirche angehören muss. Im Übrigen haben 26 Bischöfe Sitz und Stimme im Oberhaus. Auch wenn sich neben dem Strukturprinzip der Staatskirche auf der Grundlage der Religionsfreiheit auch die Elemente der Neutralität und Parität etabliert haben, bestehen zwischen dem Staat und der Anglikanischen Kirche nach wie vor erhebliche wechselseitige Ingerenzen.

III. Das Trennungsmodell

1. Kriterium und Erscheinungsformen

577 Ein religionsverfassungsrechtliches Trennungsmodell liegt vor, wenn die Religion als gesellschaftliches Phänomen konsequent in den **privaten Bereich** verwiesen wird und die Religionsgemeinschaften ausschließlich als zivilrechtliche Vereinigungen gelten. Erscheinungsformen dieses Modells finden sich in den **Niederlanden** und aufgrund der formalen Verfassungslage auch in der **Republik Irland**. Außerhalb der EU wird vor allem das Religionsverfassungsrecht der **USA** als Beispielsfall angeführt. Die konkreten Erfahrungen der zumeist den dortigen religiösen Minderheiten angehörenden Siedler aus Europa führten zu einer grundsätzlich religionsfreundlich motivierten Trennung von Staat und Kirche. Diese strikte Trennung wird nicht nur faktisch z.B. durch den Aufdruck auf Geldmünzen und -scheinen („In God we trust") konterkariert. Auch religionsverfassungsrechtlich lässt sich ein Wandel von der rigorosen wall-of-separation-Doktrin zu einem grundrechtlich fundierten Verständnis der Religion beobachten, das nunmehr auch eine Förderung der Religion zulässt.[8]

---

6 Zu Schweden *Friedner*, in: Robbers (Hrsg.), S. 641 ff, und ders. ZevKR 50 (2005) S. 445 ff.
7 Überblick bei *Rivers*, S. 1 ff.; *Stern*: Staatsrecht, Bd. IV/2, S. 1414 ff., und *Starck*, FS Schäffer, S. 765 (768); ausführlich *McClean*, in: Robbers (Hrsg.), S. 657 ff.; umfassend *Mückl*: Europäisierung des Staatskirchenrechts, S. 75 ff.
8 Dazu ausführlich *Walter*: Religionsverfassungsrecht, S. 128 ff.; zum Wandel ebd., S. 160. Zum Begriff der „wall of separation", der „Establishment Clause" und der „Free Exercise Clause" des First Amendment der Verfas-

2. Insbesondere: Frankreich

In Frankreich hat die Trennung von Staat und Kirche seit der Französischen Revolution – anders als in den USA – eine grundsätzlich religionskritische Tendenz.[9] Aufgrund historischer Besonderheiten sind die drei östlichen Departements im Elsass davon ausgenommen. Hier sind z.b. die Geistlichen zugleich Staatsbeamte und die theologischen Fakultäten ordentliche Fakultäten an den staatlichen Universitäten. Im Übrigen liefert die **Loi concernant la séparation des Eglises et de l'Etat** vom 9.12.1905 das Fundament des französischen Trennungsmodells. Der in diesem Gesetz verankerte normative **Laizismus** wurde jeweils in Art. 1 der Verfassungen von 1946 und 1958 bekräftigt („La France est une République ... laique."). Folgerichtig gelten die Religionsgemeinschaften in Frankreich als Kultvereine (associations cultuelles), d.h. als in rechtsfähigen Vereinen verfasste Vermögensmassen, die religiösen Zwecken zugeführt werden. Im Lichte der – natürlich – auch in Frankreich gewährleisteten Religionsfreiheit hat sich der strikte Laizismus im Wege modifizierender Norminterpretation zu einer abgemilderten **Laizität** gewandelt.[10] Kennzeichen sind eine positive Neutralität mit Elementen der Kooperation und der Religionsförderung. Beispiele liefern steuerliche Vergünstigungen an die Kultvereine sowie die staatlich organisierte Anstaltsseelsorge.

IV. Das Kooperationsmodell

Das Religionsverfassungsrecht im Kooperationsmodell zeichnet sich dadurch aus, dass der religiös und weltanschaulich neutrale Staat eine grundsätzlich **positive Haltung gegenüber der Religion und den Religionsgemeinschaften** einnimmt. Der Staat fördert die Religion und kooperiert mit den Religionsgemeinschaften, denen zudem ein besonderer rechtlicher Status zukommt. Eine tiefer gehende Beschreibung erübrigt sich an dieser Stelle, da das **Religionsverfassungsrecht des Grundgesetzes** diesem Modell zuzuordnen ist. Entsprechendes gilt für **Belgien, Italien, Luxemburg, Österreich, Portugal** und **Spanien**.[11] Im Einzelnen können aber auch in diesen Ländern Art und Ausmaß der Kooperation voneinander abweichen. Dies gilt etwa für das System der Finanzierung der Religionsgemeinschaften. Hier reicht die Vielfalt der Lösungen von der Finanzierung durch die Kirchensteuer über die Zahlung der Gehälter und Pensionen der Geistlichen durch den Staat bis zu einer Zweckbindung eines Teils der allgemeinen Steuerschuld für religiöse Belange.[12]

V. Konvergenz und Zwei-Ebenen-Modell

1. Zur Kritik an der Systematisierung

Die kategoriale Unterscheidung zwischen den drei Modellen nebst Zuordnung des jeweiligen mitgliedstaatlichen Religionsverfassungsrechts ist auf berechtigte Kritik gesto-

---

8 sung der USA siehe *Rosenkötter*, S. 17 ff. (im Folgenden insbesondere zur staatlichen Förderung religiöser Privatschulen).
9 Zur Rechtslage in Frankreich der Überblick bei *Stern*: Staatsrecht, Bd. IV/2, S. 1411 ff., und *Starck*, JZ 2000, 1 (3); ausführlich *Classen*, ZevKR 62 (2017), 111 ff.; *Heun*, ZevKR 49 (2004), 273 ff.; *Messner*, in: Robbers (Hrsg.), S. 213 ff., *Walter*: Religionsverfassungsrecht, S. 162 ff., und *Mückl*: Europäisierung des Staatskirchenrechts, S. 143 ff.
10 Dazu schon *v. Campenhausen*: Staat und Kirche in Frankreich, S. 155 ff.
11 Siehe dazu die einschlägigen Beiträge in *Robbers* (Hrsg.).
12 Vgl. *Triebel*: Das europäische Religionsrecht, S. 196.

ßen.¹³ Das Unbehagen an dieser Systematisierung kann sich auf zumindest vier Argumente stützen. Zunächst kann darauf verwiesen werden, dass die Kategorie der Trennung von Staat und Kirche dem seinerzeit noch ausschließlich **staatskirchenrechtlichen Diskurs des 19. Jahrhunderts** entstammt und mit entsprechendem Bedeutungsgehalt aufgeladen ist. Die uneingeschränkte Tauglichkeit dieser Kategorie für die religionsverfassungsrechtlichen Probleme der Gegenwart und Zukunft kann zumindest in Frage gestellt werden. Zweitens ist die **dogmatische Leistungsfähigkeit** der Unterscheidung zweifelhaft. Nicht nur gelegentlich vermag die Zuordnung des jeweiligen mitgliedstaatlichen Religionsverfassungsrechts zu einem der drei Modelle weder die rechtliche noch die tatsächliche Situation adäquat abzubilden. So muss bspw. das (formale) Religionsverfassungsrecht Irlands dem Trennungsmodell zugeordnet werden, obwohl die faktische Dominanz der römisch-katholischen Kirche offensichtlich ist. Der gleiche Befund trifft auf das dem Kooperationsmodell zugeordnete Religionsverfassungsrecht in Italien, Portugal und Spanien zu. In dieselbe Richtung, wenn auch aus einer anderen Perspektive, zielt – drittens – der Einwand, dass die Begriffe „Staatskirche", „Trennung" und „Kooperation" im Detail nur schwer voneinander **abzugrenzen** sind. Schließlich und viertens suggeriert die kategoriale Unterscheidung ein **statisches Modelldenken**, das Modifikationen, Entwicklungen und vermeintliche Grenzüberschreitungen nicht in den Blick bekommen kann.

2. Die Konvergenzthese

581 Als Therapie gegen das Unbehagen an der Systematisierung ist die sog. **Konvergenzthese** vorgebracht worden.¹⁴ Grundlage ist einerseits die Beobachtung einer graduellen, grundsätzlich vorsichtigen, wie im Falle Schwedens gelegentlich aber auch abrupten Entstaatlichung der Staatskirchen. Andererseits könne eine zunehmende Bereitschaft vermeintlich strikter Trennungssysteme zur Kooperation mit den Religionsgemeinschaften festgestellt werden. Der Grund für beide Feststellungen wird in einer verstärkten Reflexion auf den normativen Gehalt und die normativen Konsequenzen aus der Religionsfreiheit unter den Bedingungen von Säkularisierung, Pluralisierung und Individualisierung (s.o. Rn. 48) erblickt. Darauf aufbauend besagt die Konvergenzthese, dass sich aus unterschiedlichen Richtungen eine Entwicklung auf die Mitte des Kooperationsmodells vollzieht, an deren Ende die Überwindung der Modell-Trias stehen werde.

582 Die Konvergenzthese ist ihrerseits auf **Kritik** gestoßen.¹⁵ Zwar könnten die diagnostizierten Veränderungen mit dem gestiegenen Stellenwert der Religionsfreiheit erklärt werden. Der systemprägende institutionelle Rahmen des jeweiligen Religionsverfassungsrechts bleibe aber im Grundsatz davon unberührt. Insgesamt handele es sich um system*immanente* Fortentwicklungen und nicht um system*sprengende* Annäherungen. Der Streit zwischen Konvergenz- und Immanenzthese kann jedoch offen bleiben, wenn und soweit das nachfolgend skizzierte umfassende Zwei-Ebenen-Modell akzeptiert werden kann.

---

13 Vgl. u.a. *v. Campenhausen/de Wall*, § 39, Rn. 1 ff.; *Robbers*, VVDStRL 59 (2000), 231 (232); *Mückl*: Europäisierung des Staatskirchenrechts, S. 387 ff.
14 Sie ist erstmalig von *Robbers*, ZevKR 42 (1997), 122 (127), vertreten worden.
15 Vgl. *Mückl*: Europäisierung des Staatskirchenrechts, S. 391 f.; ähnlich *v. Campenhausen*, ZevKR 47 (2002), 359 (364); *de Wall*, ZevKR 47 (2002), 205 (207); offen gelassen bei *Waldhoff*, in: Heinig/Walter (Hrsg.), S. 251 (268).

3. Das Zwei-Ebenen-Modell

Zur Überwindung der Modell-Trias ist das einheitliche und umfassende **Zwei-Ebenen-Modell** entwickelt worden.[16] Danach ist zwischen einer grundrechtlichen Ebene und einer Ebene der spezifischen Ausprägungen der Religionsfreiheit zu unterscheiden. Auf der **grundrechtlichen Ebene** kann festgestellt werden, dass in allen Mitgliedstaaten die **Religionsfreiheit** in ihrer individuellen, kollektiven und korporativen Dimension gewährleistet wird und jedenfalls durch Grundrechte Dritter oder sonstige gegenläufige Verfassungsgüter eingeschränkt werden kann.[17] In allen Mitgliedstaaten finden sich einschlägige Normen des Religionsverfassungsrechts, sei es in Gestalt eigener Normierungen wie in Art. 4 Abs. 1 und 2 GG oder durch Verweis auf Art. 9 EMRK wie in Österreich. Dies gilt - natürlich - auch im Rahmen des Staatskirchen- und des Trennungsmodells. Auf dieser grundrechtlichen Ebene hat die insoweit zu modifizierende Konvergenzthese ihren dogmatischen Ort.

583

Auf der **Ebene der spezifischen Ausprägungen der Religionsfreiheit** zeigen sich Unterschiede im Religionsverfassungsrecht der Mitgliedstaaten. Diese Unterschiede können z.B. in der Reichweite des Schutzbereiches oder in Art und Ausmaß der Grundrechtsbeschränkung liegen. So reicht bspw. der Schutz der Religionsfreiheit nach Art. 4 Abs. 1 und 2 GG in der zutreffenden Auslegung durch das BVerfG (s.o. Rn. 78 ff.) erheblich weiter als der Schutz dieses Grundrechts aus Art. 9 EMRK in der zweifelhaften Auslegung durch den EGMR (s.u. Rn. 588 f.). Auch können Differenzen in der besonderen Rolle und im rechtlichen Status der Religionsgemeinschaften auftreten, die von der Organisation als privatrechtliche Vereine über die Option eines spezifischen Körperschaftsstatus bis zu einer Identifizierung des Staates mit einer bestimmten Religionsgemeinschaft reichen, die verfassungsimmanent das Neutralitätsprinzip einschränkt (s.o. Rn. 140). Eine für das Religionsverfassungsrecht des Grundgesetzes spezifische Privilegierung der Kirchen liegt z.B. im Sonn- und Feiertagsschutz gem. Art. 140 GG i.V.m. Art. 139 WRV (s.o. Rn. 546).

584

Wiederholungs- und Vertiefungsfragen

> Welches Kriterium ist für die Qualifizierung des Staats- bzw. Volkskirchenmodell, das Trennungsmodell und das Kooperationsmodell kennzeichnend? (Rn. 575, 577, 578)
> Was ist und welcher Kritik unterliegt die Konvergenzthese? (Rn. 580 f.)
> Wie lässt sich das Zwei-Ebenen-Modell des Religionsverfassungsrechts der Mitgliedstaaten umschreiben? (Rn. 583 f.)

---

16 Grundlegend *Triebel*: Das europäische Religionsrecht, S. 198 ff. Das dortige Modell wird hier leicht modifiziert.
17 *Bloss*, S. 270; *Kästner*, in: Dolzer u.a. (Hrsg.), Art. 140 Rn. 180. Überblick bei *Morlok*, in: Dreier (Hrsg.), Art. 4 Rn. 17, Anm. 34.

§ 18 Europäisches Religionsverfassungsrecht

I. Allgemeines

585 Der zweite Aspekt der zunehmenden Bedeutung des Unionsrechts liegt in der Frage nach Art und Ausmaß seiner **Einwirkung auf das Religionsverfassungsrecht der Mitgliedstaaten** (s.o. Rn. 573). Diese Frage ist vor allem aufgrund des **Anwendungsvorrangs** des Unionsrechts vor dem nationalen Recht – auch vor dem nationalen Verfassungsrecht – bedeutsam.[1] Wenn und soweit die Mitgliedstaaten das Unionsrecht anwenden oder umsetzen, können sich die Bürger der EU nicht auf die jeweiligen nationalen Grundrechte berufen, sondern sind auf den unionsrechtlichen Grundrechtsschutz angewiesen. Dieser Grundrechtsschutz hat inzwischen ein Ausmaß erreicht, das es dem BVerfG ermöglicht, sich aus der am grundrechtlichen Maßstab des Grundgesetzes ausgerichteten Überprüfung von Rechtsakten, die auf Unionsrecht beruhen, zurückzuziehen.[2] Aus der Perspektive der Religion und der Religionsgemeinschaften ist daher die Ausgangsfrage dahin gehend zu präzisieren, ob und ggf. in welchem Ausmaß die EU ein eigenes „Religionsverfassungsrecht" ausgebildet hat bzw. ausbilden darf, mit dem das Religionsverfassungsrecht der Mitgliedstaaten überlagert würde. Insofern ist zunächst nach Unionsrecht zu fahnden, das ausdrücklich die Religionsfreiheit regelt. Sodann kann nach dem Verhältnis des Unionsrechts zum Religionsverfassungsrecht der Mitgliedstaaten gefragt werden, bevor einige konkrete Einwirkungspotentiale des Unionsrechts angeführt werden können. In diesem Zusammenhang kann gezeigt werden, dass sich auch das religionsverfassungsrechtlich relevante Unionsrecht in einem **Zwei-Ebenen-Modell** darstellen lässt. Wie schon in den religionsverfassungsrechtlichen Modellen der Mitgliedstaaten, so kann auch im Unionsrecht zwischen einer grundrechtlichen und einer Ausgestaltungsebene unterschieden werden.[3] Maßgebliche Rechtsquellen des Unionsrechts sind nach dem Inkrafttreten des Vertrages von Lissabon am 1.12.2009 vor allem der EUV und der AEUV sowie das darauf beruhende sekundäre Unionsrecht in Gestalt von Verordnungen und Richtlinien.[4]

II. Das EU-Grundrecht der Religionsfreiheit

1. Zu Entwicklung und Systematik des Grundrechtsschutzes in der EU

586 Das Grundrecht der Religionsfreiheit ist auch im Gemeinschaftsrecht verankert und bildet die erste Ebene religionsverfassungsrechtlich relevanter Vorschriften der EU. Die Herleitung der aktuellen Geltung dieses Grundrechts ist jedoch ungleich komplizierter als der Hinweis auf Art. 4 Abs. 1 und 2 GG im Religionsverfassungsrecht des Grundgesetzes. Auf der supranationalen Ebene ist eine Reihe von Normen zu beachten, die erst in einer Zusammenschau die aktuelle Gewährleistung der Religionsfreiheit offenbaren.[5] Zunächst hatte die Grundrechtsentwicklung in der EU allein in der Hand des EUGH gelegen, der insoweit auf die EMRK und die gemeinsame Verfassungsüber-

---

1 Zum Anwendungsvorrang des Unionsrechts siehe *Oppermann/Classen/Nettesheim*, S. 158 ff.; *Bieber/Epiney/Haag/Kotzur*, § 3 Rn. 35 ff.; *Schöbener*, JA 2011. 885 (887 ff.).
2 Entwicklung dieser Rspr. von BVerfGE 37, 271 (Solange I) über BVerfGE 73, 339 (378 – Solange II); 89, 155 (Maastricht) bis zu BVerfGE 102, 147 (165 f.).
3 In Fortführung des Zwei-Ebenen-Modells bei *Triebel*: Das europäische Religionsrecht, S. 198 ff.
4 Überblick u.a. bei *Oppermann/Classen/Nettesheim*, S. 109 ff.
5 Überblick über die Genese auch bei *H. Weber*, NVwZ 2011, 1485 (1490 ff.).

lieferung der Mitgliedstaaten abgestellt hat.⁶ Die verbleibenden Unsicherheiten in der Interpretation der Grundrechte, die sich aus der EMRK und der gemeinsamen Verfassungsüberlieferung der Mitgliedstaaten ergeben, sowie die mit der Ausweitung der EU-Tätigkeiten zunehmende Bedeutung eines supranationalen Grundrechtsschutzes haben zur Verabschiedung der EU-GRCh geführt.⁷ Am 7.12.2000 und in veränderter Fassung am 12.12.2007 wurde die **Charta der Grundrechte der Europäischen Union**, die von einem Konvent unter der Leitung des ehemaligen Bundespräsidenten *Roman Herzog* erarbeitet worden war, feierlich durch das Europäische Parlament, den Rat und die Kommission proklamiert. Sie wurde jedoch bis 2009 nicht in das Unionsrecht einbezogen, konnte zunächst also keine normative Wirkung entfalten. Sie war deshalb aber nicht vollständig wirkungslos, denn inhaltlich bildet sie ein Kondensat des durch die EMRK und die gemeinsame Verfassungsüberlieferung der Mitgliedstaaten vorgeprägten Grundrechtsstandards in der und für die EU. Diese gedanklichen Wurzeln der EU-GRCh werden in Absatz 5 ihrer Präambel ausdrücklich benannt. Damit war zugleich eine Verbindung zu den „Rechtserkenntnisquellen" des Art. 6 EUV a.F. hergestellt. Insgesamt war bis 2009 davon auszugehen, dass der EU-GRCh zumindest eine „interpretationsleitende Funktion für die Rechtsprechung zu den supranationalen Grundrechten" zukam.⁸

Durch den Vertrag von Maastricht wurde mit **Art. 6 Abs. 2 EUV a.F.** die Kodifikation der EU-Grundrechte im Unionsrecht eingeleitet. Danach war die Union verpflichtet, „die Grundrechte, wie sie in der am 4.11.1950 in Rom unterzeichneten Europäischen Konvention zum Schutze der Menschrechte und Grundfreiheiten gewährleistet sind und wie sie sich aus den gemeinsamen Verfassungsüberlieferungen der Mitgliedstaaten als allgemeine Grundsätze des Gemeinschaftsrechts ergeben", zu achten. Mit diesem Verweis wurden die EMRK und die Verfassungsüberlieferungen der Mitgliedstaaten noch nicht zu unmittelbar geltenden Rechtsquellen. Vielmehr galten sie als „Rechtserkenntnisquellen", aus denen die supranationalen Grundrechte gewonnen werden konnten.

Ein weiter gehender Versuch, die EU-Grundrechte auf im primären Unionsrecht normativ verbindlich und inhaltlich klar zu verankern ist mit dem **Vertrag über eine Verfassung für Europa** vom 29.10.2004 unternommen worden.⁹ In Teil II dieses Vertrages war die EU-GRCh nahezu wortgleich übernommen worden. So war in **Art. II-10 Verf-EU** die Gedanken-, Gewissens- und Religionsfreiheit in dem aus Art. 9 EMRK bzw. Art 10 EU-GRCh bekannten Umfang garantiert. Art. 14 der EU-GRCh fand sich in Art. II-74 Abs. 3 Verf-EU wieder, und die Diskriminierungsverbote aus der EU-GRCh und aus Art. 19 Abs. 1 EUV waren in Art. II-81 und 82 Verf-EU sowie in Art. III-118 und 124 Verf-EU vorgesehen. Dieser Vertrag ist jedoch nicht von allen Mitgliedstaaten der EU ratifiziert worden und folglich nicht in Kraft getreten.

Mit **Art. 6 EUV** in der Fassung des Vertrages von Lissabon ist der EU-Grundrechtsschutz in ein neues Stadium eingetreten. Diese Vorschrift enthält keinen eigenen Grundrechtekatalog, sondern verweist auf **drei Quellen des supranationalen Grund-**

---

6 Zur historischen Entwicklung des Grundrechtsschutzes in der EU *Nicolaysen*, in: EU-Grundrechte-HdB, § 1, Rn. 1 ff.
7 Dazu statt vieler *Grabenwarter*, DVBl. 2001, 1 ff.; *Triebel*: Das europäische Religionsrecht, S. 213 ff.
8 *Borowski*, S. 161; ebenso *Grabenwarter*, DVBl. 2001, 1 (11).
9 Statt vieler *de Wall*, ZevKR 59 (2005), 383 (384 f.).

rechtsschutzes.[10] Gemäß **Art. 6 Abs. 1 EUV** wird die Charta der Grundrechte der Europäischen Union nunmehr ausdrücklich in das Unionsrecht inkorporiert.[11] Sie erhält den Status von EU-Primärrecht, denn Art. 6 Abs. 1 2. HS EUV bestimmt: „Die Charta der Grundrechte und die Verträge sind gleichrangig."[12] Adressaten und damit durch die Grundrechte der EU-GRCh gebunden sind die „Organe, Einrichtungen und sonstigen Stellen der Union" sowie „die Mitgliedstaaten ausschließlich bei der Durchführung des Rechts der Union" (Art. 51 Abs. 1 S. 1 EU-GRCh).[13] Nach **Art. 6 Abs. 3 EUV** gelten die „Grundrechte, wie sie in der Europäischen Konvention zum Schutz der Menschenrechte und Grundfreiheiten gewährleistet sind und wie sie sich aus den gemeinsamen Verfassungsüberlieferungen der Mitgliedstaaten ergeben, ...als allgemeine Grundsätze Teil des Unionsrechts". Dieser Rekurs auf die allgemeinen Rechtsgrundsätze hat gegenüber der EU-GRCh zumindest die Funktion eines Auffangtatbestandes. Er vergegenwärtigt zudem die historischen Wurzeln der EU-Grundrechte, koppelt die Auslegung der EU-GRCh (auch) an die Rechtsprechung des EuGH und verdeutlicht, dass der unionsrechtliche Grundrechtsschutz durch die EU-GRCh nicht abschließend ist.[14] Schließlich ermächtigt und verpflichtet **Art. 6 Abs. 2 EUV** die EU zum Beitritt zur EMRK.[15] Nach erfolgtem Beitritt ist auch die EMRK ein Teil des Unionsrechts.[16] Im Einzelnen wirft das Verhältnis der EMRK zur EU-GRCh Abgrenzungsprobleme auf. Unstreitig ist jedoch, dass die EMRK unionsintern den Mindeststandard des Grundrechtsschutzes festschreibt. Dies ergibt sich bereits aus Art. 52 Abs. 3 und Art. 53 EU-GRCh.[17] Insofern kann die Analyse des EU-Grundrechts der Religionsfreiheit mit einem Blick auf die EMRK beginnen und sich sodann der EU-GRCh zuwenden. Aus den allgemeinen Rechtsgrundsätzen i.S.d. Art. 6 Abs. 3 EUV lassen sich hingegen keine zusätzlichen Aspekte gewinnen.

2. Art. 9 EMRK

590 Die zentrale Vorschrift innerhalb der EMRK zur Religionsfreiheit ist Art. 9 EMRK (s.o. Rn. 73).[18] Sie war inhaltsgleich auch Gegenstand des gescheiterten Europäischen Verfassungsvertrages.[19] Der **Schutzbereich** der Religionsfreiheit wird in **Art. 9 Abs. 1 EMRK** umschrieben: „Jede Person hat das Recht auf Gedanken-, Gewissens- und Religionsfreiheit; dieses Recht umfasst die Freiheit, seine Religion oder Weltanschauung zu wechseln, und die Freiheit, seine Religion oder Weltanschauung einzeln oder

---

10 Zum Folgenden jeweils ausführlich *Hatje*, in: Schwarze u.a. (Hrsg.), Art. 6 EUV, Rn. 1 ff; *Callies*: Die neue Europäische Union, S. 308 ff. Zur Abgrenzung der EU-Grundrechte von den EU-Grundfreiheiten siehe *Streinz/Michl*, in: Streinz (Hrsg.), Art. 6 EUV, Rn. 34.
11 Zu den Ausnahmeregelungen für Polen und Großbritannien siehe *Hatje/Kind*, NJW 2008, 1761 (1767).
12 Zum Status der EU-GRCh als EU-Primärrecht u.a. *Folz*, in: Vedder/Heintschel von Heinegg (Hrsg.): Europäisches Unionsrecht, Art. 6 EUV, Rn. 3. *Callies*: Die neue Europäische Union, S. 310, bezeichnet die EU-GRCh als „dritte Säule des Primärrechts" neben EUV n. F. und AEUV.
13 Dazu *Streinz/Michl*, in: Streinz (Hrsg.), Art. 51 EMRK, Rn. 6 ff.; *Oppermann/Classen/Nettesheim*, S. 278 f.; differenziert *Callies*: Die neue Europäische Union, S. 343 ff., jeweils m.w.N.
14 Vgl. *Callies*: Die neue Europäische Union, S. 322 ff.
15 Aus der Perspektive des Völkerrechts wird der Beitritt der EU nunmehr durch Art. 59 Abs. 2 EMRK ermöglicht.
16 Zum Status der EMRK nach dem Beitritt und zum Beitrittsverfahren siehe *Streinz/Michl*, in: Streinz (Hrsg.), Art. 6 EUV, Rn. 16 ff. (Beitrittsverfahren), Rn. 21 ff. (Konsequenzen des Beitritts).
17 Statt vieler *Oppermann/Classen/Nettesheim*, S. 270; *Callies*: Die neue Europäische Union, S. 331.
18 Dazu u.a. *Krimphove*, EuR 2009, 330 (332 ff.); *Classen*, HSKR, Bd. 1, Rn. 7 ff. Zum flankierenden Schutz des elterlichen Erziehungsrechts und zum Diskriminierungsverbot siehe *Borowski*, § 147. Zum Verhältnis der EMRK zum Grundrechtsschutz in der EU *Szczekalla*, in: EU-Grundrechte-HdB, § 1, Rn. 1 ff.
19 Vgl. *Rossi*, in: Vedder/Heintschel von Heinegg (Hrsg.), Europäischer Verfassungsvertrag, Art. I-70, Rn. 1.

gemeinsam mit anderen öffentlich oder privat durch Gottesdienst, Unterricht oder Praktizieren von Bräuchen und Riten zu bekennen." Im Hinblick auf den **personellen Schutzbereich** ist nach anfänglicher Unsicherheit nunmehr geklärt, dass auch die **korporative Religionsfreiheit** umfasst ist, die sachlich mit dem Selbstbestimmungsrecht der Religionsgemeinschaften identisch ist.[20] Damit können sich auch die nach dem Grundgesetz als Körperschaften des öffentlichen Rechts organisierten Religionsgemeinschaften auf Art. 9 EMRK berufen.

Die Ausführungen zum **sachlichen Schutzbereich** sind umfangreicher und z.T. deutlicher als in der Parallelnorm des Art. 4 Abs. 1 und 2 GG. So ist zunächst über die Gewährleistung der Gedankenfreiheit ausdrücklich das **forum internum** der individuellen Glaubensbildung geschützt. Die Bekenntnisfreiheit ist auch in ihrer negativen Dimension geschützt, so dass nach zutreffender Ansicht des EGMR auch die Verpflichtung zur Angabe der Religionszugehörigkeit auf der Lohnsteuerkarte einen – gerechtfertigten – Eingriff in den Schutzbereich des Art. 9 Abs. 1 EMRK darstellt.[21] Ferner wird die Freiheit zum **Wechsel der Religion** – in bewusster Anlehnung an Art. 18 AEMR – besonders hervorgehoben. Hinsichtlich der Freiheit der **Religionsausübung** findet sich neben den Unterscheidungen in individuelle und gemeinschaftliche sowie öffentliche und private Religionsausübung eine Aufzählung unterschiedlicher Aspekte („Gottesdienst, Unterricht oder Praktizieren von Bräuchen und Riten"). Ähnlich wie in der jüngeren Literatur zur Reichweite des Schutzbereiches von Art. 4 Abs. 1 und 2 GG (s.o. Rn. 77 f.) wird bei der Bestimmung des Schutzbereichs von Art. 9 Abs. 1 EMRK darüber gestritten, ob die Aufzählung der genannten Aspekte abschließend oder nur beispielhaft ist. Neben dem Gebot eines möglichst weitgehenden Grundrechtsschutzes spricht zumindest die unklare Abgrenzung der einzelnen Ausübungsformen für die Annahme eines einheitlichen und weiten Schutzbereiches der Religionsfreiheit aus Art. 9 EMRK.[22] Hinreichende Beschränkungen können auch hier auf der Schrankenebene erfolgen. Der weite Schutzbereich der supranationalen Religionsfreiheit umfasst ferner die negative Komponente, keine Religion auszuüben. Anzeichen für die Geltung des Neutralitätsgebots enthalten sowohl die Differenzierungsverbote in der EMRK und den Fakultativprotokollen zur EMRK als auch Art. 19 Abs. 1 EUV. Bemerkenswert ist, dass Art. 9 EMRK dem Staatskirchenmodell in einigen Mitgliedstaaten nicht entgegenstehen soll, wenn und soweit innerstaatlich jedenfalls im Übrigen die Religionsfreiheit gewährleistet ist.[23] Sofern davon abgesehen wird, dass die Dogmatik zum EU-Grundrecht der Religionsfreiheit weniger weit entwickelt ist als die Dogmatik zu Art. 4 Abs. 1 und 2 GG, lassen sich bzgl. des Schutzbereichs weit reichende Parallelen ausmachen. Dies gilt ungeachtet der vergleichsweise restriktiven Rspr. des EGMR.[24]

Art. 9 EMRK enthält eine eigenständige **Schrankenregelung** in Gestalt eines qualifizierten Gesetzesvorbehalts. **Art. 9 Abs. 2 EMRK** lautet: „Die Freiheit, seine Religion oder Weltanschauung zu bekennen, darf nur Einschränkungen unterworfen werden, die gesetzlich vorgesehen und in einer demokratischen Gesellschaft notwendig sind

---

20 EGMR 26.10.2000 – 30985 (Hasan and Chaush vs. Bulgaria) und EGMR 13.12.2001 – 45701/99 (Metropolitan Church of Bessarabia vs. Moldavia); dazu *Classen*, HSKR, Bd. 1, Rn. 18 ff.; *Meyer-Ladewig*, Art. 9 Rn. 10; *de Wall*, ZevKR 50 (2005), 383 (393 ff.); *H. Weber*, ZevKR 47 (2002), 265 (/274 ff.); *Kästner*, in: Dolzer u.a. (Hrsg.), Art. 140 Rn. 168 ff.
21 EGMR, NVwZ 2011, 1503 ff.
22 Ebenso u.a. *Morlok*, in: H. Dreier (Hrsg.), Art. 4 Rn. 30; *Stern*: Staatsrecht, Bd. IV/2, S. 1391; *Blum*, S. 63; *Borowski*, S. 151 m.w.N. A.A. *Frowein*, EssGspr. 27 (1993), 46 (51).
23 *Frowein*, EssGspr. 27 (1993), 46 (49).
24 Dazu *Classen*: Religionsrecht, Rn. 152 m.w.N.

für die öffentliche Sicherheit, zum Schutz der öffentlichen Ordnung, Gesundheit oder Moral oder zum Schutz der Rechte und Freiheiten anderer." Damit scheinen für die Schranken der supranationalen Religionsfreiheit andere Maßstäbe zu gelten als für die Beschränkung des vorbehaltlos gewährleisteten Grundrechts aus Art. 4 Abs. 1 und 2 GG. Bei näherem Hinsehen lässt sich jedoch auch bzgl. der Schranken eine weitgehende Übereinstimmung zwischen beiden Gewährleistungen erkennen.[25] Zunächst ist auch für die Beschränkung der Religionsfreiheit i.S.d. Art. 9 EMRK ein formelles und verhältnismäßiges Gesetz erforderlich. Im Übrigen sind beide einschlägigen Schrankenformeln substantiell vergleichbar. So kann das Kriterium der „Rechte und Freiheiten anderer" problemlos in die vom BVerfG geprägte (Teil-) Formel von den „Grundrechten Dritter" (s.o. Rn. 131) übersetzt werden. Der andere Teil dieser Formel, d.h. die „sonstigen Rechtsgüter mit Verfassungsrang", gehen jedenfalls weitgehend in der Aufzahlung in Art. 9 Abs. 2 EMRK auf (öffentliche Sicherheit und Ordnung, Gesundheit und Moral). Ob insoweit eine Identität gegeben ist, hängt von der Interpretation der verwendeten Begriffe ab, dürfte aber eher anzunehmen als abzulehnen sein.

3. Die Charta der Grundrechte der Europäischen Union

593 Auch wenn eine invocatio dei keinen Eingang in die Charta gefunden hat, so weist zumindest die Präambel auf ihr geistig-religiöses Fundament hin.[26] Das EU-Religionsverfassungsrecht ruht auf vier Säulen[27]: Neben Art. 17 AEUV, den religionsbezogenen Diskriminierungsverboten aus Art. 10, und 19 AEUV sowie Art. 21 EU-GRCh und dem Schutz der nationalen Identität aus Art. 4 Abs. EUV liefert **Art. 10 Abs. 1 EU-GRCh** die zentrale Bestimmung zur Religionsfreiheit: „Jede Person hat das Recht auf Gedanken-, Gewissens- und Religionsfreiheit. Dieses Recht umfasst die Freiheit, seine Religion oder Weltanschauung zu wechseln, und die Freiheit, seine Religion oder Weltanschauung einzeln oder gemeinsam mit anderen öffentlich oder privat durch Gottesdienst, Unterricht, Bräuche und Riten zu bekennen." Die inhaltliche Parallele zu Art. 9 Abs. 1 EMRK ist schon aus diesem Wortlaut offensichtlich. Insoweit kann bzgl. der Bestimmung des **Schutzbereiches** vollumfänglich auf die Ausführungen zur EMRK verwiesen werden (s.o. Rn. 588).[28] Insbesondere werden auch die kollektive Religionsfreiheit sowie das religionsgemeinschaftliche Selbstbestimmungsrecht umfasst.[29] In Abweichung von Art. 9 EMRK enthält Art. 10 EU-GRCh hingegen keinen ausdrücklichen **Schrankenvorbehalt**. Insoweit ist auf die allgemeine Schrankenklausel in **Art. 52 Abs. 1 EU-GRCh** zurückzugreifen.[30] Er lautet: „Jede Einschränkung der Ausübung der in dieser Charta anerkannten Rechte und Freiheiten muss gesetzlich vorgesehen sein und den Wesensgehalt dieser Rechte und Freiheiten achten. Unter Wahrung des Grundsatzes der Verhältnismäßigkeit dürfen Einschränkungen nur vorgenommen werden, wenn sie notwendig sind und den von der Union anerkannten dem Gemeinwohl

---

25 Vgl. *Borowski*, S. 154 f.
26 Dazu *Heinig*, ZevKR 46 (2001), 440 (456 ff.); reserviert hingegen *J. Meyer*, in: ders./Hölscheidt (Hrsg.), Präambel, Rn. 33 ff.
27 Vgl. *Waldhoff*, in: Grabenwarter (Hrsg,), Rn. 2 m.w.N.
28 Ebenso *Bernsdorff*, in: Meyer/Hölscheidt (Hrsg,), Art. 10, Rn. 1; *Waldhoff*, in: Grabenwarter (Hrsg,), Rn. 9. Gegen die Annahme eines umfassenden Schutzbereichs und für die Annahme, dass Art. 10 EU-GRCh drei selbstständige Grundrechte enthalte *Streinz*, in: ders (Hrsg.), Art. 10 GR-Charta, Rn. 5.
29 Vgl. *H. Weber*, NVwZ 2011, 1485 (1491); *Folz*, in: Vedder/Heintschel von Heinegg (Hrsg.): Europäisches Unionsrecht, Art. 10 GR-Charta, Rn. 3: „Kernbereich von Autonomie in inneren Angelegenheiten".
30 Dazu u.a. *Waldhoff*, in: Grabenwarter (Hrsg,), Rn. 28; *Bernsdorff*, in: Meyer/Hölscheidt (Hrsg,), Art. 10, Rn. 15, und *Grabenwarter*, DVBl. 2001, 1 (2).

dienenden Zielsetzungen oder den Erfordernissen des Schutzes der Rechte und der Freiheiten anderer tatsächlich entsprechen." Da insbesondere Art. 52 Abs. 3 EU-GRCh die Identität des Schutzniveaus von EMRK und EU-GRCh betont, kann auch bzgl. der Schrankendogmatik eine Parallele zwischen Art. 9 EMRK und der Religionsfreiheit aus der EU-GRCh festgestellt werden.[31]

Weitere religionsverfassungsrechtlich relevante Gewährleistungen finden sich u.a. in Art. 14, 21 und 22 EU-GRCh. So werden in **Art. 14 Abs. 3 EU-GRCh** das Recht zur Gründung von Privatschulen sowie das Recht der Eltern, die Erziehung und den Unterricht ihrer Kinder entsprechend den eigenen religiösen Überzeugungen sicherzustellen, gewährleistet. Ferner enthält **Art. 21 Abs. 1 EU-GRCh** (auch) ein Verbot der Diskriminierung aus Gründen der Religion. Zu beachten ist schließlich das in **Art. 22 EU-GRCh** niedergelegte Gebot, „die Vielfalt der Kulturen, Religionen und Sprachen" zu achten. Diese Bestimmung liefert bereits eine Verbindung zum normativen Gebot, das mit der Religionsfreiheit kompatible Religionsverfassungsrecht der Mitgliedstaaten zu achten und nicht anzutasten, das Gegenstand der zweiten Ebene des religionsverfassungsrechtlich relevanten Gemeinschaftsrechts ist.

594

III. EU-Recht und Religionsverfassungsrecht der Mitgliedstaaten

1. Allgemeines

Das Recht der EU hat mit der Verankerung der Religionsfreiheit im Primärrecht die grundrechtliche Ebene des Zwei-Ebenen-Modells ausgefüllt. Insofern kann zumindest in diesem Teilbereich von einem europäischen Religionsverfassungsrecht gesprochen werden.[32] Auf der zweiten Ebene gilt es zu fragen, ob das EU-Recht auch eine spezifische und für alle Mitgliedstaaten verbindliche **Ausgestaltung des Religionsverfassungsrechts** vorgibt. Konkret geht es um die Frage, ob und ggf. in welchem Ausmaß der EU eine Kompetenz zur Regelung eines umfassenden und für alle Mitgliedstaaten verbindlichen europäischen Religionsverfassungsrechts zukommt.

595

2. Fehlende Regelungskompetenz der EU

Eine Analyse des geltenden und des in Aussicht genommenen EU-Rechts führt zu der Erkenntnis, dass der EU die Kompetenz zur spezifischen Ausgestaltung eines umfassenden EU-Religionsverfassungsrechts fehlt.[33] In diesem Zusammenhang sind mehrere Aspekte des Primärrechts bedeutsam. Zunächst ist auf den in **Art. 5 EUV** und **Art. 13 Abs. 2 EUV** verankerten **Grundsatz der begrenzten Einzelermächtigung** hinzuweisen.[34] Danach vermag die EU nur in den Bereichen für die Mitgliedstaaten verbindliches Recht zu setzen, die ihr ausdrücklich zugewiesen werden. Wenn und soweit das Unionsrecht keine Kompetenzzuweisung an die EU enthält, bleibt die Kompetenz der Mitgliedstaaten zur Regelung der jeweiligen Materie unberührt. Ein ausdrücklicher Kompetenztitel der EU, das Religionsverfassungsrecht zu regeln, lässt sich dem Unionsrecht nicht entnehmen. Er lässt sich auch nicht aus dem in **Art. 5 Abs. 1 und 3**

596

---

31 Ebenso u.a. *Streinz*, in: ders (Hrsg.), Art. 10 GR-Charta, Rn. 1.
32 Zur Kontroverse über die Frage, ob das EU-Primärrecht als Verfassung der EU aufgefasst werden kann und mit einem affirmativen Plädoyer *Callies*: Die neue Europäische Union, S. 54 ff. (60) m.w.N. Für die Annahme eines europäischen Religions(verfassungs)rechts auch *Streinz*, in: ders (Hrsg.), Art. 17 AEUV, Rn. 2.
33 Statt vieler *Waldhoff*, in: Grabenwarter (Hrsg.), Rn. 4, und *Herbolsheimer*, KuR 2012, 81 (90 f.).
34 Dazu u.a. *Lienbacher*, in: Schwarze u.a. (Hrsg.), Art. 5 EUV, Rn. 6 ff. *Streinz*, in: ders (Hrsg.), Art. 5 EUV, Rn. 8; *Callies*: Die neue Europäische Union, S. 186.

EUV geregelten **Subsidiaritätsprinzip** herleiten.³⁵ Denn unabhängig davon, ob das Religionsverfassungsrecht in den Bereich der ausschließlichen oder der konkurrierenden Gesetzgebungskompetenz der EU fiele,³⁶ kann festgestellt werden, dass alle Mitgliedstaaten jedenfalls ein funktionsfähiges Religionsverfassungsrecht normiert haben. Ein Tätigwerden der EU ist daher unter keinen Umständen erforderlich. Vielmehr sprechen gerade das Subsidiaritätsprinzip sowie das in **Art. 5 Abs. 1 und 4 EGV** normierte **Prinzip der Verhältnismäßigkeit**³⁷ für die Annahme, dass der EU für die Ausgestaltung eines umfassenden Religionsverfassungsrechts keine Regelungskompetenz zusteht.³⁸ Insgesamt kann daher festgehalten werden, dass die spezifische Ausgestaltung des Religionsverfassungsrechts allein in den Händen der Mitgliedstaaten liegt. Bei dieser Ausgestaltung sind sie aber an den durch das EU-Grundrecht der Religionsfreiheit gezogenen Rahmen gebunden.

3. Die Achtung der nationalen Identität der Mitgliedstaaten

597 Die Verpflichtung der EU, das mitgliedstaatliche Religionsverfassungsrecht zu achten ist auch eine Folge aus dem unionsrechtlichen Gebot der Achtung der nationalen Identität der Mitgliedstaaten. Dieses Gebot war schon in **Art. 6 Abs. 3 EUV a.f.** verankert und ist mit dem Vertrag von Lissabon in **Art. 4 Abs. 2 S. 1 EUV** transferiert worden.³⁹ Danach hat die EU die „jeweilige nationale Identität" ihrer Mitgliedstaaten zu achten. Unabhängig davon, ob diese Vorschrift als Kompetenzschranke oder als Staatszielbestimmung zu qualifizieren ist, enthält sie jedenfalls ein **Abwägungsgebot**.⁴⁰ Auch in den ihr ausdrücklich zugewiesenen Tätigkeitsbereichen hat die EU ihre Regelungsziele in eine Abwägung mit der grundsätzlich zu bewahrenden nationalen Identität der Mitgliedstaaten einzustellen. Zu dieser nationalen Identität werden jedenfalls die Eigenstaatlichkeit und die jeweilige Verfassungsidentität der Mitgliedstaaten gezählt. Nach allgemeiner und zutreffender Auffassung ist auch die jeweilige mitgliedstaatliche Regelung des Verhältnisses von Staat und Religion Teil der Verfassungsidentität.⁴¹ Dies gilt jedenfalls für die tragenden Säulen des religionsverfassungsrechtlichen Gebäudes, zu denen in England etwa die Staatskirche und in Deutschland gerade das Verbot der Staatskirche gehören sollen.⁴² Aus Art. 4 Abs. 2 S. 1 EUV kann einerseits eine Bekräftigung der bereits aus anderen Vorschriften des Unionsrechts ableitbaren Erkenntnis von der fehlenden Regelungskompetenz der EU im Bereich der spezifischen Ausgestaltung des Religionsverfassungsrechts gewonnen werden. Insofern enthält diese Vorschrift neben dem Abwägungs- auch ein **Sicherungsgebot** zugunsten des mitgliedstaatlichen Religionsverfassungsrechts. Zum anderen erlangt sie im Zusammenhang mit den mittelbaren Auswirkungen des Unionsrechts auf das Religionsverfassungsrecht der Mitgliedstaaten eine besondere Bedeutung.

---

35 Dazu statt vieler *Lienbacher*, in: Schwarze u.a. (Hrsg.), Art. 5 EUV, Rn. 15 ff. m.w.N.
36 Zu dieser Differenzierung *Bieber/Epiney/Haag/Kotzur*, § 3 Rn. 23 ff.
37 Dazu statt vieler *Lienbacher*, in: Schwarze u.a. (Hrsg.), Art. 5 EUV, Rn. 35 ff. m.w.N.
38 Ebenso *de Wall*, ZEvKR 52 (2007), 310 (314): „Ein Europäisches Religionsrecht im Sinne einer Gesamtregelung über Rechtsform und Status der Religionsgesellschaften und deren Verhältnis zum Staat, d.h. den Mitgliedstaaten der Gemeinschaft, kann es daher nicht geben."
39 Zur weitgehenden Parallelität der beiden Vorschriften siehe *Streinz*, in: ders (Hrsg.), Art. 4 EUV, Rn. 11. Allgemein zu Art. 4 Abs. 2 EUV *Nettesheim/Schill*, ZaöRV 70 (2010), 701 ff.
40 Vgl. *Mückl*: Europäisierung des Staatskirchenrechts, S. 413 ff. (Kompetenzschranke); *Walter*: Religionsverfassungsrecht, S. 414 (Staatszielbestimmung); *Bieber/Epiney/Haag/Kotzur*, § 2 Rn. 58 (Abwägungsgebot).
41 *H. Weber*, NVwZ 2011, 1485 (1486).
42 *Waldhoff*, in: Heinig/Walter (Hrsg.), S. 251 (276 ff.); *Mückl*: Europäisierung des Staatskirchenrechts, S. 413 ff.

4. Die Achtung des mitgliedstaatlichen Religionsverfassungsrechts
a) Die Amsterdamer Kirchenerklärung und der EU-Verfassungsvertrag

Eine Bekräftigung des Sicherungs- und des Achtungsgebotes speziell im Hinblick auf das Religionsverfassungsrecht fand sich in der **Erklärung Nr. 11 zum Schlussprotokoll des Vertrages von Amsterdam**. Darin hieß es: „Die Europäische Union achtet den Status, den Kirchen und religiöse Vereinigungen oder Gemeinschaften in den Mitgliedstaaten nach deren Vorschriften genießen, und beeinträchtigt ihn nicht. Die Europäische Union achtet den Status von weltanschaulichen Gemeinschaften in gleicher Weise." Im Gegensatz zu den Protokollen kam den Erklärungen und damit auch dieser sog. Amsterdamer Kirchenerklärung keine unmittelbare verbindliche Rechtswirkung, sondern nur eine politische Bedeutung zu.[43] Mittelbar wirkte die Erklärung aber als Auslegungskriterium auf das EU-Recht ein.[44] Der Inhalt der Amsterdamer Kirchenerklärung war nahezu wortgleich, aber in zwei Absätzen und ergänzt um einen dritten Absatz in **Art. I-52 Verf-EU** und sodann in den Vertrag von Lissabon übernommen worden.[45]

598

b) Art. 17 AEUV

Der Wortlaut des einschlägigen **Art. 17 AEUV** ist mit Art. I-52 Verf-EU identisch und lautet: „1. Die Union achtet den Status, den Kirchen und religiöse Vereinigungen oder Gemeinschaften in den Mitgliedstaaten nach deren Rechtsvorschriften genießen, und beeinträchtigt ihn nicht. 2. Die Union achtet in gleicher Weise den Status, den weltanschauliche Gemeinschaften nach den einzelstaatlichen Rechtsvorschriften genießen. 3. Die Union pflegt mit diesen Kirchen und Gemeinschaften in Anerkennung ihrer Identität und ihres besonderen Beitrags einen offenen, transparenten und regelmäßigen Dialog."[46] Mit dem Vertrag von Lissabon erhält das speziell auf das Religionsverfassungsrecht der Mitgliedstaaten abzielende Sicherungs- und Abwägungsgebot den **Rang verbindlichen EU-Primärrechts**.[47] Insoweit ist diese Vorschrift eine Folge aus dem allgemeinen Gebot der Achtung der nationalen Identität der Mitgliedstaaten.[48] Mit der Verpflichtung zum Dialog in Art. 17 Abs. 3 AEUV wird darüber hinaus klargestellt, dass die Organe der EU die potenziellen Auswirkungen der Regelungen und Maßnahmen der EU auf die Religionsgemeinschaften bedenken und gemeinsam mit ihnen reflektieren müssen. Dies gilt unabhängig davon, ob die Religionsgemeinschaften als Teil der ohnehin zu beachtenden Zivilgesellschaft zu betrachten sind, oder ob ihnen auf der Grundlage ihres Selbstverständnisses ein gesonderter Status zukommt.[49] Vor allem die Auslegung des Art. 17 Abs. 1 AEUV ist umstritten – mit weit reichenden Folgen der divergierenden Auffassung für die Sicherung des mitgliedstaatlichen Religionsverfassungsrechts. Während die wohl überwiegende Auffassung die Vorschrift

599

---

43 Zum Rechtsstatus der Amsterdamer Kirchenerklärung *Grzeszick*, ZevKR 48 (2003), 284 (287 ff.).
44 Vgl. *Waldhoff*, in: Heinig/Walter (Hrsg.), S. 251 (275), und *Triebel*: Das europäische Religionsrecht, S. 286.
45 Vgl. *Rossi*, in: Vedder/Heintschel von Heinegg (Hrsg.), Europäischer Verfassungsvertrag, Art. I-52, Rn. 1.
46 Zur Genese statt vieler *Classen*, in: Grabitz/Hilf/Nettesheim (Hrsg.), Art. 17 AEUV, Rn. 1 ff. m.w.N.
47 Vgl. *H. Weber*, NVwZ 2011, 1485 (1486); *Stern*: Staatsrecht, Bd. IV/2, S. 1209; *Streinz*, in: ders (Hrsg.), Art. 17 AEUV, Rn. 1. Zum Abwägungsaspekt auch *Waldhoff*, in: Callies/Ruffert (Hrsg.), Art. 17 AEUV, Rn. 13; *Folz*, in: Vedder/Heintschel von Heinegg (Hrsg.): Europäisches Unionsrecht, Art. 17 AEUV, Rn. 3: „Differenzierungsgebot", und *Rixen*, in: Holzner/Ludyga (Hrsg.), S. 119 (125): „Unionsziel oder Unionswert".
48 So u.a. *Streinz*, in: ders (Hrsg.), Art. 17 EUV, Rn. 2.
49 Umfassend zu Art. 17 Abs. 3 AEUV *Schnabel*, passim; dazu auch *Classen*, ZevKR 61 (2016), 333 ff.; *de Wall*, ZevKR 50 (2005), 383 (386 f.) m.w.N.; aus der Praxis *Hatzinger*, ZevKR 61 (2016), 356 ff.

(nur) als Topos der Abwägung mit EU-Interessen ansieht[50], begreift die abweichende Auffassung den Art. 17 Abs. 1 AEUV als Kompetenzschranke für die EU.[51] Diese Auffassung ist vorzugswürdig, denn sie kann sich sowohl auf die Genese als auch auf den ausdrücklichen Wortlaut der Vorschrift berufen (Beeinträchtigungsverbot!). Der EuGH schenkt der Vorschrift bis dato in keiner Auslegungsvariante eine ausreichende Beachtung.[52] Als **Fazit** lässt sich daher festhalten: Auf der Ausgestaltungsebene lässt das Europäische Religionsverfassungsrecht ausdrücklich und ausreichend Raum für mitgliedstaatliches Religionsverfassungsrecht.

600 Das BVerfG stellt in seinem **Lissabon-Urteil** darüber hinaus klar, dass eine Übertragung der mitgliedschaftlichen Regelungskompetenz für das Religionsverfassungsrecht auf die EU mit dem Demokratieprinzip des Grundgesetzes nicht in Einklang zu bringen ist: „Demokratische Selbstbestimmung ist ... auf die Möglichkeit, sich im eigenen Kulturraum verwirklichen zu können, besonders angewiesen bei Entscheidungen, wie sie insbesondere im Schul- und Bildungssystem, im Familienrecht, bei der Sprache, in Teilbereichen der Medienordnung und zum Status von Kirchen, Religions- und Weltanschauungsgemeinschaften getroffen werden ... Demokratische Selbstbestimmung erfordert hier, dass die jeweilige durch ... Traditionen und Überzeugungen verbundene politische Gemeinschaft das Subjekt demokratischer Legitimation bleibt."[53] Nach der Auffassung des BVerfG muss die Regelungskompetenz für das Religionsverfassungsrecht bei den Mitgliedstaaten verbleiben, solange die EU im Status einer supranationalen Union verharrt und nicht selbst zu einer staatlichen Organisation mit hinreichend demokratischen Entscheidungsstrukturen wird.[54]

IV. Auswirkungen des EU-Rechts auf Religion und Religionsgemeinschaften

1. Grundlagen und Anwendungsfälle

601 Die aus dem Zwei-Ebenen-Modell zu deduzierende Eigenständigkeit der Mitgliedstaaten bei der spezifischen Ausgestaltung eines auf der Religionsfreiheit beruhenden Religionsverfassungsrechts schließt **mittelbare Einwirkungen** des Unionsrechts, speziell des EU-Sekundärrechts auf Religion und Religionsgemeinschaften nicht aus. Auch wenn die EU in den ihr ausdrücklich zugewiesenen Bereichen regelnd tätig wird, können die mitgliedstaatlich gewährleistete Religionsausübung bzw. die Rechtsstellung der Religionsgemeinschaften berührt werden. Die vor allem wirtschaftlich ausgerichteten Regelungen der EU können insbesondere die Religionsgemeinschaften wie jede Bürgerin bzw. jeden Bürger der EU betreffen.[55] Religion und Religionsgemeinschaften geraten dabei aber nicht als solche in den Fokus des Unionsrechts. Vielmehr sind sie nur insoweit betroffen als ihre Tätigkeiten in Bereiche fallen, für die eine Regelungskompetenz der EU besteht. Dies gilt vor allem für wirtschaftliche Tätigkeiten.[56] Für die

---

50 So etwa *F. Schmidt*, in: Schwarze u.a. (Hrsg.), Art. 17 AEUV, Rn. 17 ff.
51 So etwa *Classen*, in: Grabitz/Hilf/Nettesheim (Hrsg.), Art. 17 AEUV, Rn. 35; i.E. ebenso *Unruh*, ZevKR 64 (2019), 188 (198 ff., 211 ff.).
52 Vgl. *Unruh*, ZevKR 64 (2019), 188 (198 ff., 211 ff.).
53 BVerfGE 123, 267 (358).
54 Kritisch zum Lissabon-Urteil und insbesondere zum „Kultur-Vorbehalt" u.a. *Callies*: Die neue Europäische Union, S. 268 ff.; *Nettesheim*, NJW 2009, 2867 (2868); *Ruffert*, DVBl. 2009, 1197 (1204); *Classen*, JZ 2009, 881 (887 f.), jeweils mit dem Hinweis, dass eine Europäisierung dieser Materie auch durch den Vertrag von Lissabon nicht zu erwarten steht.
55 Zum Religionsverfassungsrecht im europäischen Sekundärrecht u.a. *Krimphove*, EuR 2009, 330 (340 ff.).
56 Vgl. *de Wall*, ZevKR 45 (2000), 157 (159); ebenso *K.-A. Schwarz*, EuR 2002, 192 (207).

Berücksichtigung der Belange von Religion und Religionsgemeinschaften – etwa in Gestalt von Ausnahmevorschriften im Sekundärrecht – kommt dem in Art. 4 Abs. 2 S. 1 EUV verankerten **Abwägungsgebot** (s.o. Rn. 597) eine besondere Bedeutung zu.

Die Beispiele, in denen zumindest eine Berücksichtigung religiöser Belange im Sekundärrecht dokumentiert werden kann, sind zahlreich.[57] So ist etwa in der **Rundfunkrichtlinie** festgelegt, dass Übertragungen von Gottesdiensten und sonstige Sendungen religiösen Inhalts mit einer Dauer unter 30 Minuten nicht durch Werbesendungen unterbrochen werden dürfen.[58] Die **Datenschutzrichtlinie** sah zunächst ein Verbot der Erhebung von Daten über die Religionszugehörigkeit vor. Dieses Verbot hätte insbesondere das deutsche Modell der Kirchensteuererhebung (s.o. Rn. 316 ff.) gesprengt und wurde nach Intervention der betroffenen Religionsgemeinschaften nicht in die verabschiedete Fassung der Richtlinie aufgenommen.[59]

602

2. Insbesondere: EU-Wettbewerbs- und Antidiskriminierungsrecht

a) Einrichtungen im karitativen bzw. diakonischen Bereich

Nicht nur von religionsverfassungsrechtlicher Relevanz, sondern auch von erheblicher praktischer Tragweite ist die Frage, ob und ggf. in welchem Ausmaß das EU-Wettbewerbsrecht die öffentliche Förderung religionsgemeinschaftlicher, speziell kirchlicher **Einrichtungen im karitativen bzw. diakonischen Bereich** in Frage stellt. Jedenfalls im Grundsatz sind hier die Wettbewerbsregeln der Art. 101 ff. AEUV und insbesondere das in **Art. 107 ff. AEUV** geregelte **Verbot staatlicher Beihilfen an Unternehmen** einschlägig.[60]

603

Aufbauend auf dieser grundsätzlichen Anwendbarkeit des EU-Beihilfenverbots gilt es zu differenzieren. Wenn und soweit Religionsgemeinschaften wie andere Personen oder Organisationen am **allgemeinen Wirtschaftsverkehr** teilnehmen, indem sie etwa Brauereien oder Diskotheken betreiben, unterliegen sie der uneingeschränkten Geltung des EU-Wettbewerbsrechts unter Einschluss des Beihilfenverbots. Wenn und soweit hingegen eine mitgliedstaatliche Förderung den Bereich der **rein religiösen Betätigung** betrifft, zu dem u.a. Seelsorge, Gottesdienst und theologische Forschung gehören, greift das EU-Beihilfenverbot i.E. nicht durch. Denn insofern handelt es sich nach Nr. 30 der Mitteilung der Kommission zu „Leistungen der Daseinsvorsorge in Europa" vom 20.9.2000[61] um nichtwirtschaftliche Tätigkeiten, die nicht dem Begriff der Beihilfe i.S.d. Art. 107 Abs. 1 AEUV unterfallen. Dies gilt über die genannten Bereiche hinaus etwa für Zuschüsse zur Errichtung oder zum Erhalt von Kirchen bzw. vergleichbarer Gebäude oder für kostenlose Sendezeiten im öffentlich-rechtlichen Rundfunk. Wenn und soweit schließlich von religionsgemeinschaftlichen Einrichtungen, die der Erfüllung des jeweiligen religiösen Auftrags dienen, **zugleich Leistungen am Markt** angeboten werden, sind jedenfalls grundsätzlich die wettbewerbsrechtlichen Vorschriften des AEUV anwendbar. Dies gilt für die eigentlich problematische Fallgruppe der karitativen bzw. diakonischen Einrichtungen der Kirchen und anderer Religionsgemeinschaf-

604

---

57 Zum Folgenden u.a. *Heinig*: Öffentlich-rechtliche Religionsgesellschaften, S. 376 ff.; *de Wall*, ZevKR 50 (2005), 383 (389 ff.).
58 Vgl. *Kästner*, in: Dolzer u.a. (Hrsg.), Art. 140 Rn. 202.
59 Vgl. *H. Weber*, NVwZ 2011, 1485 (1488).
60 Zum Folgenden grundlegend *H. Weber*, ZevKR 50 (2005), 419 ff., und *v. Campenhausen/de Wall*, § 38, Rn. 17 ff.
61 Abl.-EU 2001, C 17/4.

ten, da einschlägige Leistungsangebote auch von anderweitigen Unternehmen angeboten und erbracht werden.

605 Im Hinblick auf diese letzte Fallgruppe ist mit der Anwendbarkeit des EU-Wettbewerbsrecht noch nicht abschließend entschieden, ob eine staatliche Förderung in jedem Fall eine unzulässige Beihilfe i.S.d. Art. 107 AEUV darstellt. Vielmehr ist stets zunächst zu prüfen, ob der **Tatbestand einer Beihilfe** vorliegt.[62] So liegt schon das Tatbestandsmerkmal der Begünstigung nicht vor, wenn sich die staatliche Förderung als marktgerechte Gegenleistung für die Leistung der religionsgemeinschaftlichen Einrichtung erweist. Gleiches gilt, wenn die Förderung der Erfüllung gemeinwirtschaftlicher Verpflichtungen durch eine damit betraute Einrichtung dient.[63] Für die Tatbestandsebene ist ferner die Bagatellgrenze aus der De-minimis-Verordnung der Kommission vom 12.1.2001[64] bedeutsam. Danach können Begünstigungen unterhalb des Höchstbetrags von 100.000,- EUR keine Auswirkungen auf den innergemeinschaftlichen Wettbewerb entfalten und gelten daher nicht als Beihilfen i.S.d. Art. 107 Abs. 1 AEUV. Gleiches gilt für rein lokal bezogene Tätigkeiten religionsgemeinschaftlicher Einrichtungen. Dies ist etwa für die kommunale Förderung religionsgemeinschaftlicher Kindertagesstätten relevant. Liegt der Tatbestand einer Beihilfe vor, so ist zu prüfen, ob die Beihilfe durch **Ausnahmetatbestände** gerechtfertigt ist. Unter den Ausnahmen vom Beihilfeverbot ist insbesondere Art. 106 Abs. 2 AEUV bedeutsam.[65] Danach gilt das Beihilfenverbot für Unternehmen, die mit Dienstleistungen von allgemeinem wirtschaftlichem Interesse betraut sind, nur, soweit die Erfüllung der Aufgabe dieses Unternehmens dadurch nicht „rechtlich oder tatsächlich verhindert" wird.

b) Kirchensteuer und Staatsleistungen

606 Abschließend ist zu prüfen, ob die Erhebung der Kirchensteuer und das staatliche Einzugsverfahren sowie die Staatsleistungen unzulässige Beihilfen sind.[66] Die **Kirchensteuer samt Einzugsverfahren** unterfällt nicht dem Begriff der Beihilfe i.S.d. Art. 107 Abs. 1 AEUV.[67] Einerseits wird die Kirchensteuer von den Mitgliedern der jeweiligen Religionsgemeinschaft erhoben, so dass es sich in der Sache nicht um staatliche Mittel, sondern um originär religionsgemeinschaftliche handelt. Andererseits kann der staatliche Einzug nicht als Begünstigung gewertet werden, weil die Religionsgemeinschaften für die staatliche Hilfestellung ein Entgelt in Gestalt eines prozentualen Anteils am Aufkommen der eingezogenen Kirchensteuer entrichten. Schließlich können auch die **Staatsleistungen** an die Religionsgemeinschaften nicht als Beihilfen i.S.d. Art. 107 Abs. 1 AEUV gewertet werden. In der Sache handelt es sich nicht um staatliche Begünstigungen, sondern um historisch bedingte Ersatzleistungen für Säkularisationen (s.o. Rn. 509).[68] Insgesamt kann festgestellt werden, dass vor dem Hintergrund der Kriterien für das Vorliegen einer unzulässigen Beihilfe i.S.d. Art. 107 Abs. 1 AEUV eventuelle Befürchtungen, das EU-Wettbewerbsrecht könnte zu einer wesentlichen Be-

---

62 Zum unionsrechtlichen Begriff der Beihilfe siehe *Oppermann/Classen/Nettesheim*, S. 364 f.; *Müller-Graff*, in: Vedder/von Hentschel-Heinegg (Hrsg.): Europäisches Unionsrecht, Art. 107 AEUV, Rn. 7; *Kühling*, in: Streinz (Hrsg.), Art. 107 AEUV, Rn. 28 ff.
63 Dazu *H. Weber*, ZevKR 50 (2005), 419 (433 ff.); *Kästner*, in: Dolzer u.a. (Hrsg.), Art. 140 Rn. 192.
64 Verordnung der Kommission Nr. 69/2001, Abl.-EU 2001, L 10/30.
65 Ausführlich *H. Weber*, ZevKR 50 (2005), 419 (437 ff.).
66 Zu sogenannten Verschonungssubventionen im Rahmen des Steuerrechts siehe *Stern*: Staatsrecht, Bd. IV/2, S. 1402 m.w.N.
67 Vgl. *Kästner*, in: Dolzer u.a. (Hrsg.), Art. 140 Rn. 194.
68 Vgl. *Kästner*, in: Dolzer u.a. (Hrsg.), Art. 140 Rn. 194.

einträchtigung der sozial wirksamen Tätigkeit oder der Finanzierung der Religionsgemeinschaften führen, jedenfalls weitgehend unbegründet sind. Gleichwohl ist deutlich geworden, dass die Fortentwicklung des zunehmend an Bedeutung gewinnenden Gemeinschaftsrechts aus der Perspektive des Religionsverfassungsrechts und durch die beiden Brillengläser des Sicherungs- und des Abwägungsgebotes auch weiterhin aufmerksam zu beobachten ist.

c) Antidiskriminierungs- und Arbeitsrecht

Die EU-**Antidiskriminierungsrichtlinie** konnte erst mit der Einfügung einer Ausnahmebestimmung zugunsten des Merkmals der Religion und der Religionsgemeinschaften mit dem Religionsverfassungsrecht der Mitgliedstaaten harmonisiert werden (s.o. Rn. 197 ff.). Vor allem Im Kontext des religionsgemeinschaftlichen Arbeitsrechts zeigen sich gravierende Entwicklungen.[69] Mit seinen Urteilen in den Rechtssachen „Egenberger" und „Chefarzt" hat der EuGH nach der hier vertretenen Auffassung unter signifikanter Missachtung der dogmatischen Bedeutung des Art. 17 Abs. 1 AEUV in das Grundgefüge des Religionsverfassungsrechts des Mitgliedstaates Bundesrepublik Deutschland eingegriffen und damit eine tektonische Verschiebung im Verhältnis der beiden Rechtsregime bewirkt.[70] Deren Folgen sind derzeit noch nicht vollständig absehbar.[71]

Wiederholungs- und Vertiefungsfragen

> Warum ist das EU-Recht von zunehmender Bedeutung für das Religionsverfassungsrecht der Mitgliedstaaten? (Rn. 585)
> Aus welchen Rechtsquellen speist sich das EU-Grundrecht auf Religionsfreiheit? (Rn. 586 ff.)
> Welche Bedeutung hat der Vertrag von Lissabon für dieses Grundrecht? (Rn. 594)
> Gibt es eine EU-Kompetenz zur spezifischen Ausgestaltung eines „EU-Religionsverfassungsrechts"? (Rn. 595 ff.)
> Welche Auswirkungen hat das EU-Wettbewerbsrecht auf die Tätigkeiten der Religionsgemeinschaften in den Mitgliedstaaten? (Rn. 602 ff.)

---

69 Dazu auch *v. Campenhausen/de Wall*, § 38, Rn. 20 f.
70 Vgl. *Unruh*, ZevKR 64 (2019), 188 (215); ähnlich *Kahl*, ZevKR 65 (2020), 107 ff., der ebd., S. 139, die aktuelle Rspr. des EuGH als „'Kirchen- bzw. Religionsrichtertum' *à la luxemburgeoise*" bezeichnet (Hervorhebungen im Original).
71 Vorsichtiger, aber in dieselbe Richtung weisend *v. Campenhausen/de Wall*, § 38, Rn. 21. S.a. das immerhin mit einem Vorbehalt versehene Fazit von *Classen*, HSKR, Bd. 1, Rn. 47.

Definitionen

Begriff	Definition
Anstaltseelsorge (Art. 140 GG i. V. m. Art. 141 WRV)	Bereichsspezifisches religiöses Wirken der Religionsgemeinschaften in staatlichen Einrichtungen (Bundeswehr, Strafvollzugsanstalten, Krankenhäusern ...). § 11 Rn. 376 ff.
Bekenntnisfreiheit (Art. 4 GG, Abs. 1 und 2)	Recht, die eigene religiöse Überzeugung in vielfältiger Form nach außen zu tragen. § 4 Rn. 82
Glaubensfreiheit (Art. 4 GG, Abs. 1 und 2)	Recht der Bildung und Beibehaltung einer inneren religiösen Vorstellung. § 4 Rn. 81
Kooperationslehre	Staat und Religionsgemeinschaften kooperieren auf der Grundlage einer freundlichen Trennung. § 2 Rn. 45
Kooperationsmodell	Bei grundsätzlicher Trennung von Staat und Religion positive Haltung des Staates gegenüber der Religion bei vielfältigem Zusammenwirken. § 17 Rn. 7, 579
Koordinationslehre	Staat und Religionsgemeinschaften stehen zueinander im Verhältnis einer gleichberechtigten Partnerschaft. § 2 Rn. 44
Konfessionsgebundenes Staatsamt (Art. 140 GG, Abs. 1; i. V. m. Art. 137)	Staatsamt, das in einem unlösbaren Zusammenhang zur Religion bzw. einem religiösen Bekenntnis steht. § 5 Rn. 146 ff.
Neutralitätsgebot (Art. 4 GG, Abs. 1 und 2)	Verbot einer staatlichen Beeinflussung, Identifikation und Bewertung von Religion. § 4 Rn. 90
Paritätsgebot (Art. 4 GG, Abs. 1 und 2)	Gebot der rechtlichen Gleichordnung und Gleichbehandlung aller Bürger und Religionsgemeinschaften. § 4 Rn. 106
Religion (Art. 4 GG, Abs. 1 und 2; Art. 140 GG)	System von Aussagen mit sinnstiftendem, ganzheitlichem, d. h. umfassendem und metaphysischem, d. h. auf Transzendenz bezogenem Charakter. § 4 Rn. 95
Religionsausübung (Art. 4 GG, Abs. 1 und 2)	Alle Handlungen, die von einer religiösen Überzeugung motiviert sind. § 4 Rn. 83 ff.
Religionsfreiheit, Eingriff (Art. 4 GG, Abs. 1 und 2)	Jede dem Staat zurechenbare Maßnahme, die dem Einzelnen ein Verhalten, das vom Schutzbereich umfasst ist, ganz oder teilweise unmöglich macht. § 4 Rn. 109
Religionsfreiheit, individuelle (Art. 4 GG, Abs. 1 und 2)	Recht des Individuums, seine Religion einzeln auszuüben. § 4 Rn. 69
Religionsfreiheit, kollektive (Art. 4 GG, Abs. 1 und 2)	Recht der gemeinschaftlichen Religionsausübung. § 4 Rn. 69
Religionsfreiheit, korporative (Art. 4 GG, Abs. 1 und 2; Art. 140 GG, Abs. 3; i. V. m. Art. 137 WRV)	Religionsfreiheit der Religionsgemeinschaften; identisch mit dem Selbstbestimmungsrecht der Religionsgemeinschaften. § 4 Rn. 69
Religionsfreiheit, negative (Art. 4 GG, Abs. 1 und 2)	Recht, keinen Glauben auszubilden, den eigenen Glauben nicht zu bekennen und/oder nicht auszuüben. § 4 Rn. 88 f.
Religionsfreiheit, Schutzpflichtendimension (Art. 4 GG, Abs. 1 und 2)	Verpflichtung des Staates, sich schützend und fördernd vor die Religion zu stellen, d. h. die Bedingungen der Möglichkeit von Religionsfreiheit zu sichern. § 4 Rn. 104 ff.

Definitionen

Begriff	Definition
Religionsgemeinschaft (Art. 4 GG, Abs. 1 und 2; Art. 140 GG)	Ein „die Angehörigen eines und desselben Glaubensbekenntnisses – oder mehrerer verwandter Glaubensbekenntnisse – für ein Gebiet ... zusammenfassender Verband zu allseitiger Erfüllung der durch das gemeinsame Bekenntnis gestellten Aufgaben" (Anschütz). § 6 Rn. 153, § 7 Rn. 252
Religionsgut (Art. 140 GG, Abs. 2; i. V. m. Art. 138)	Eigentum oder andere Rechte von Religionsgemeinschaften, die einer religiösen Zweckbestimmung unterliegen. § 14 Rn. 497
Religionsunterricht (Art. 7 GG, Abs. 3)	Ein „auf Wissensvermittlung gerichtetes, an den höheren Schulen sogar wissenschaftliches Fach ..., das in die Lehre eines Bekenntnisses einführt, vergleichenden Hinweisen offen bleibt und zugleich Gelegenheit bietet, mit dem Schüler grundsätzliche Lebensfragen zu erörtern" (BVerfGE 74, 244 (253)). § 12 Rn. 418
Religionsverfassungsrecht	Gesamtheit der Normen, die das Verhältnis des Staates zur Religion regeln. § 1 Rn. 1
Religionsverfassungsrechtliche Verträge (Art. 4 GG, Abs. 1 und 2; Art. 140 GG)	Vereinbarungen zwischen dem Staat und den Religionsgemeinschaften zur Regelung der gemeinsamen Beziehungen (Konkordate, Staatskirchenverträge). § 10 Rn. 328 ff.
Staatsleistungen (Art. 140 GG, Abs. 1; i. V. m. Art. 138 WRV)	Vermögenswerte Rechtspositionen der Religionsgemeinschaften, die auf Dauer angelegt sind und in den säkularisationsbedingten Beziehung zum Staat begründet sind. § 15 Rn. 514 f.
Staatskirchenmodell	Institutionelle und funktionelle Verbindung von Staat und einer Religionsgemeinschaft. § 17 Rn. 575
Steuer, religionsgemeinschaftliche/Kirchensteuer (Art. 140 GG, Abs. 5; i. V. m. Art. 137 WRV)	(Möglicher) Mitgliedsbeitrag der Religionsgemeinschaften mit dem Status einer Körperschaft des öffentlichen Rechts in Gestalt einer echten Steuer, die zumeist vom Staat gegen Entgelt für die Religionsgemeinschaften eingetrieben wird. § 9 Rn. 316 ff.
Theologische Fakultäten (Art. 4 GG, Abs. 1 und 2)	Fakultäten für Theologie als konfessionsgebundener Wissenschaft an staatlichen Universitäten. § 13 Rn. 464 ff
Trennungsgebot (Art. 140 GG, Abs. 1; i. V. m. Art. 137)	Grundsätzliches Verbot institutioneller und funktioneller Verbindungen von Staat und Religionsgemeinschaften. § 5 Rn. 141
Trennungsmodell	Religion ist konsequent in den privaten Bereich verwiesen ohne Verbindung zum Staat. § 17 Rn. 577

Literaturverzeichnis

Alexy, Robert: Theorie der Grundrechte, Frankfurt/M. 1986.
Anke, Hans Ulrich: Die Neubestimmung des Staat-Kirche-Verhältnisses in den neuen Ländern durch Staatskirchenverträge. Zu den Möglichkeiten und Grenzen des staatskirchenvertraglichen Gestaltungsinstruments, Tübingen 2000.
ders.: Art. „Vertragsstaatskirchenrecht", in: Heun/Honecker/Morlok/Wieland (Hrsg.), EvStL. Neuausgabe, Stuttgart 2006, Sp.2599 ff.
ders.: Die Stellung der Kirchenverträge im evangelischen Kirchenrecht, in: Mückl (Hrsg.), Das Recht der Staatskirchenverträge, S. 59 ff.
Anschütz, Gerhard: Die Verfassung des Deutschen Reiches vom 11. August 1919. Ein Kommentar für Wissenschaft und Praxis, 14. Aufl., Berlin 1933, Nachdruck, Aalen 1987.
Arleth, Christian: Das Recht kirchlicher Arbeitnehmer auf Streik. Zugleich ein Beitrag zur Neuauslegung des religionsgemeinschaftlichen Selbstbestimmungsrechts des Art. 140 GG in Verbindung mit Art. 137 Abs. 3 S. 1 WRV, Baden-Baden 2016.
Arnauld, Andreas von: Grundrechtsfreiheit zur Gotteslästerung?, in: Josef Isensee (Hrsg.), Religionsbeschimpfung – Der rechtliche Schutz des Heiligen, Berlin 2007, S. 63 ff.
Arndt, Norbert/Droege, Michael: Das Schächturteil des BVerfG – Ein „dritter Weg" im Umgang mit der Religionsfreiheit, ZevKR 48 (2003), S. 188 ff.
Arning, Marcus: Grundrechtsbindung der kirchlichen Gerichtsbarkeit, Baden-Baden 2017.
Augsberg, Ino: Vom Staatskirchenrecht zum Religionsverfassungsrecht – Ein Beitrag zur Begriffsdiskussion, in: Thomas Holzner/Hannes Ludyga (Hrsg.), Entwicklungstendenzen des Staatskirchen- und Religionsverfassungsrechts. Ausgewählte begrifflich-systematische, historische, gegenwartsbezogene und biografische Bezüge, Paderborn u. a. 2013, S. 73 ff.
Axer, Peter: Die Kirchensteuer als gemeinsame Angelegenheit von Staat und Kirche, in: Muckel, Stefan (Hrsg.), Kirche und Religion im sozialen Rechtsstaat. Festschrift für Wolfgang Rüfner zum 70. Geburtstag, Berlin 2003, S. 13 ff.
ders.: Der verfassungsrechtliche Schutz der res sacrae, in: Wilhelm Rees (Hrsg.), Recht in Kirche und Staat. Festschrift für Joseph Listl zum 75. Geburtstag, Berlin 2004, S. 553 ff.
ders.: § 60. Recht der kirchlichen Sachen, in: Pirson, Dietrich/Rüfner, Wolfgang/Germann, Michael/Muckel, Stefan (Hrsg.), Handbuch des Staatskirchenrechts der Bundesrepublik Deutschland, 3. Aufl., Berlin 2020, S. 2535 ff.
Bader, Johann: Zur Verfassungsmäßigkeit des obligatorischen Ethikunterrichts, NVwZ 1998, S. 256 ff.
ders.: Gleichbehandlung von Kopftuch und Nonnenhabit?, NVwZ 2006, S. 1333 ff.
Badura, Peter: § 8. Das Staatskirchenrecht als Gegenstand des Verfassungsrechts. Die verfassungsrechtlichen Grundlagen des Staatskirchenrechts, in: Pirson, Dietrich/Rüfner, Wolfgang/Germann, Michael/Muckel, Stefan (Hrsg.), Handbuch des Staatskirchenrechts der Bundesrepublik Deutschland, 3. Aufl., Berlin 2020, S. 333 ff.
Bäcker, Carsten: Staat, Kirche und Wissenschaft. Theologische Fakultäten und das Neutralitätsgebot, Der Staat 48 (2009), S. 327 ff.
ders.: Theologie als Wissenschaft. Eine Antwort auf Hans Michael Heinig, Der Staat 49 (2010), S. 477 ff.
Barczak, Tristan: „Zeig mir dein Gesicht, zeig mir, wer du wirklich bist". Zur religionsverfassungsrechtlichen Zulässigkeit eines Burka-Verbots unter dem Grundgesetz, DÖV 2011, S. 54 ff.
Barth, Thomas: Art. „Konsistorium", in: Betz/Browning/Janowski/Jüngel (Hrsg.), RGG, 4. Aufl., Bd.4, Tübingen 2001, Sp.1617.
Beaucamp, Guy/Wißmann, Hinnerk: Islamischer Religionsunterricht – Warum ist das eine unendliche Geschichte?, DVBl. 2017, S. 1517 ff.
Bauer, Jochen: Die Weiterentwicklung des Hamburger Religionsunterrichts in der Diskussion zwischen Verfassungsrecht und Schulpädagogik, in ZevKR 59 (2014), S. 227 ff.

Literaturverzeichnis

Beckermann, Benedikt: Die Verleihung des Körperschaftsstatus an Religionsgemeinschaften als Zuordnungskonflikt zwischen Parlament und Verwaltung, DÖV 2016, S. 112 ff.
Bergholz, Thomas: Art. „Sonntag" in: G. Müller (Hrsg.), Theologische Realenzyklopädie (TRE), Bd. XXXI, Berlin 2000, S. 449 ff.
Berman, Harold J.: Recht und Revolution. Die Bildung der westlichen Rechtstradition, Frankfurt/M. 1991.
Bieber, Roland/Epiney, Astrid/Haag, Marcel/Kotzur, Markus: Die Europäische Union. Europarecht und Politik, 15. Aufl., Baden-Baden 2023.
Blaschke, Klaus: Die Kirchenfinanzierung in Deutschland, ZevKR 47 (2002), S. 395 ff.
ders.: Theologische Fakultäten in der Nordelbischen Kirche – ihre Sonderstellung an den Universitäten Kiel und Hamburg. Verfassungs- und vertragsrechtliche Grundlagen, in: Hoyer u. a. (Hrsg.), Gedächtnisschrift für Jörn Eckert, Baden-Baden 2008, S. 101 ff.
Bloss, Lasia: Cuius regio – EU ius religio? Komparative Betrachtung europäischer staatskirchlicher Systeme, status quo und Perspektiven eines europäischen Religionsverfassungsrechts, Tübingen 2008.
Blum, Nikolaus: Die Gedanken-, Gewissens- und Religionsfreiheit nach Art. 9 der Europäischen Menschenrechtskonvention, Berlin 1990.
Bock, Wolfgang: Das für alle geltende Gesetz und die kirchliche Selbstbestimmung, Tübingen 1996.
ders.: Die Religionsfreiheit zwischen Skylla und Charybdis, AöR 123 (1998), S. 444 ff.
ders.: Islamischer Religionsunterricht oder Religionskunde? Zu ihren verfassungsrechtlichen Rahmenbedingungen, in: ders. (Hrsg.), Islamischer Religionsunterricht, 2. Aufl., Tübingen 2007, S. 3 ff.
ders.: Der Islam in der aktuellen Entscheidungspraxis des Öffentlichen Rechts, NVwZ 2007, S. 1250 ff.
Böckenförde, Ernst-Wolfgang: Die Entstehung des Staates als Vorgang der Säkularisation (1967), in: ders., Recht, Staat, Freiheit. Studien zur Rechtsphilosophie, Staatstheorie und Verfassungsgeschichte, Frankfurt/M. 1991, S. 92 ff.
ders.: Geschichte der Rechts- und Staatsphilosophie. Antike und Mittelalter, Tübingen 2002.
ders.: Schutzbereich, Eingriff, verfassungsimmanente Schranken. Zur Kritik gegenwärtiger Grundrechtsdogmatik, Der Staat 42 (2003), S. 165 ff.
Bogdandy, Armin von/Schill, Stephan: Die Achtung der nationalen Identität unter dem reformierten Reformvertrag. Zur unionalen Rolle nationaler Verfassungsrechts und zur Überwindung des absoluten Vorrangs, ZaöRV 70 (2010), S. 701 ff.
Bohl, Elke Dorothea: Der öffentlich-rechtliche Körperschaftsstatus der Religionsgemeinschaften, Baden-Baden 2001.
Bormann, Lukas: Staatskirchenrecht im Nationalsozialismus, in: Thomas Holzner/Hannes Ludyga (Hrsg.), Entwicklungstendenzen des Staatskirchen- und Religionsverfassungsrechts. Ausgewählte begrifflich-systematische, historische, gegenwartsbezogene und biografische Bezüge, Paderborn u. a. 2013, S. 243 ff.
Bornemann, Elias: Die religiös-weltanschauliche Neutralität des Staates, Tübingen 2020.
Borowski, Martin: Die Glaubens- und Gewissensfreiheit des Grundgesetzes, Tübingen 2006.
Brauns, Hans-Jochen: Staatsleistungen an die Kirchen und ihre Ablösung, Berlin 1970.
Brieskorn, Norbert: Vom Versuch, eine Beziehung wieder bewusstzumachen, in: Reder/Schmidt (Hrsg.), Ein Bewusstsein von dem, was fehlt. Eine Diskussion mit Jürgen Habermas, Frankfurt/M. 2008, S. 37 ff.
Brosius-Gersdorf, Frauke: Religiös-weltanschauliches Elternrecht versus staatliches Schul- und Wächteramt – eine Vermessung am Beispiel von Homeschooling, ZevKR 61 (2016), S. 141 ff.
Brüning, Christoph: Rezension von Anke, Die Neubestimmung des Staat-Kirche-Verhältnisses in den neuen Ländern durch Staatskirchenverträge, NVwZ 2001, S. 990.
Budde, Petra: Kirchenaustritt als Kündigungsgrund? – Diskriminierung durch kirchliche Arbeitgeber vor dem Hintergrund der Antidiskriminierungsrichtlinie 2000/78/EG, AuR 2005, 353 ff.

Literaturverzeichnis

Busse, Ernst Wolfgang Walter: Das Prinzip staatlicher Neutralität und die Freiheit der Religionsausübung. Eine Analyse der Rechtsprechung zum ethisch-religiösen Neutralitätsgebot, Frankfurt/M. 2013.

Callies, Christian: Rechtsstaat und Umweltstaat. Zugleich ein Beitrag zur Grundrechtsdogmatik im Rahmen mehrpoliger Verfassungsrechtsverhältnisse, Tübingen 2001.

ders.: Die Leistungsfähigkeit des Untermaßverbots als Kontrollmaßstab grundrechtlicher Schutzpflichten, in: Grote/Härtel/Hain u. a. (Hrsg.), Die Ordnung der Freiheit. Festschrift für Christian Starck zum siebzigsten Geburtstag, Tübingen 2007, S. 201 ff.

ders.: Die neue Europäische Union nach dem Vertrag von Lissabon, Tübingen 2010.

ders./Ruffert, Matthias (Hrsg.): EUV/AEUV. Das Verfassungsrecht der Europäischen Union mit Europäischer Grundrechtecharta. Kommentar, 4. Aufl., München 2011.

Campenhausen, Axel Frhr. von: Staat und Kirche in Frankreich, Göttingen 1962.

ders.: Staatskirchenrechtliche Rückwirkungen der Reform der gymnasialen Oberstufe, DVBl. 1976, S. 609 ff.

ders.: Das konfessionsgebundene Staatsamt, in: Lerche/Zacher/Badura (Hrsg.), Festschrift für Theodor Maunz zum 80. Geburtstag am 1. September 1981, München 1981, S. 27 ff.

ders.: Religionsfreiheit, in: Isensee/Kirchhof (Hrsg.), HdBStR VI, Heidelberg 1989, § 136.

ders.: Vier neue Staatskirchenverträge in vier neuen Ländern, NVwZ 1995, S. 757 ff.

ders.: Neues zum staatlichen Rechtsschutz im kirchlichen Bereich, ZEvKR 45 (2000), S. 622 ff.

ders.: Entwicklungsstufen der Religionsfreiheit in Deutschland, ZevKR 47 (2002), S. 303 ff.

ders.: Die Trennung von Staat und Kirche in Deutschland und das kirchliche Selbstbestimmungsrecht, ZEvKR 47 (2002), S. 359 ff.

ders.: Die Rechtsstellung der Theologischen Fakultäten in Deutschland, ZevKR 47 (2002), S. 425 ff.

ders.: Rechtsprobleme der Grundrechtsförderung jüdischer Gemeinden durch staatliche Leistungen, in: Muckel (Hrsg.), Kirche und Religion im sozialen Rechtsstaat. Festschrift für Wolfgang Rüfner zum 70. Geburtstag, Berlin 2003, S. 67 ff.

ders. (Hrsg.): Tag der Arbeitsruhe und der seelischen Erhebung. Dokumentation zum Urteil des Bundesverfassungsgerichts zum Schutz der Sonntagsruhe, Frankfurt/M. 2010.

ders.: Sonn- und Feiertagsschutz, ZEvKR 56 (2011), S. 225 ff.

ders./Christoph, Joachim E.: Amtliche Beglaubigungen der öffentlich-rechtlich korporierten Kirchen im weltlichen Recht, DVBl. 1987, S. 984 ff.

ders./de Wall, Heinrich: Religionsverfassungsrecht. Eine systematische Darstellung, 5.Aufl., München 2022.

Ceylan, Rauf/Kiefer, Michael: Muslimische Wohlfahrtspflege in Deutschland. Eine historische und systematische Einführung, Wiesbaden 2016.

Chowaniec, Elisabeth: Ein Staatskirchenvertrag für Hamburg, ZEvKR 54 (2009), S. 445 ff.

Christoph, Joachim E.: Zur Akkreditierung theologischer Studiengänge, ZevKR 49 (2004), S. 253 ff.

ders.: Die Ev.-theol. Fakultäten und das evangelische Kirchenrecht – Rechtsstellung und aktuelle Probleme, ZEvKR 50 (2005), S. 46 ff.

ders.: Art. „Theologische Fakultäten", in: Heun/Honecker/Morlok/Wieland (Hrsg.), EvStL. Neuausgabe, Stuttgart 2006, Sp.2456 ff.

ders.: Zwangsweise Einführung gestufter Bachelor-/Masterstudiengänge in den Ev.-theol. Fakultäten?, ZEvKR 52 (2007), S. 129 ff.

ders.: Kirchen- und staatskirchenrechtliche Probleme der Evangelisch-theologischen Fakultäten, Tübingen 2009.

ders.: Nachträgliche Lehrbeanstandung eines evangelischen Theologieprofessors. Zum Beschluss des Bundesverfassungsgerichts vom 28. Oktober 2008 – 1 BvR 462/06 –, ZThK 107 (2010), S. 505 ff.

ders.: Die Evangelisch-theologischen Fakultäten, in: Thomas Holzner/Hannes Ludyga (Hrsg.), Entwicklungstendenzen des Staatskirchen- und Religionsverfassungsrechts. Ausgewählte be-

grifflich-systematische, historische, gegenwartsbezogene und biografische Bezüge, Paderborn u. a. 2013, S. 343 ff.
Classen, Claus Dieter: Religionsrecht, 2. Aufl., Tübingen 2015.
ders.: Rechtsnachfolge in Kirchenverträge, ZevKR 53 (2008), S. 421 ff.
ders.: Legitime Stärkung des Bundestages oder verfassungsrechtliches Prokrustesbett? Zum Urteil des BVerfG zum Vertrag von Lissabon, JZ 2009, S. 881 ff.
ders.: Zur Frage des verfassungsrechtlichen Sonn- und Feiertagsschutzes, JZ 2010, S. 144 ff.
ders.: Organisationsrechtliche Fragen der Theologie. Zugleich ein Beitrag zur Bedeutung disziplinärer Strukturen in der Universität, JZ 2014, S. 111 ff.
ders.: Die Bedeutung von Art. 17 AEUV – zwanzig Jahre nach der Erklärung von Amsterdam, ZevKR 61 (2016), S. 333 ff.
ders.: Laizität und Religionsfreiheit in Frankreich, ZevKR 62 (2017), S. 111 ff.
ders.: Das kirchliche Arbeitsrecht unter europäischem Druck? Anmerkungen zum Urteil des EuGH (GK) vom 17.04.2018 in der Rs. C-414/16 (Egenberger), EuR 2018, S. 752 ff.
ders.: § 11. Europarecht und Staatskirchenrecht, in: Pirson, Dietrich/Rüfner, Wolfgang/Germann, Michael/Muckel, Stefan (Hrsg.), Handbuch des Staatskirchenrechts der Bundesrepublik Deutschland, 3. Aufl., Bd. 1, Berlin 2020, S. 483 ff.
Coumont, Nina: Muslimische Schüler und Schülerinnen in der öffentlichen Schule, Frankfurt/M. 2008.
dies.: Islam und Schule, in: Muckel (Hrsg.), Der Islam im öffentlichen Recht des säkularen Verfassungsstaates, Berlin 2008, S. 440 ff.
Couzinet, Daniel/Weiss, Andreas: Das Verhältnis von Art. 4 GG zu Art. 140 GG i. V. m. Art. 139 WRV. Aktuelle Probleme und dogmatische Standortbestimmung, ZevKR 54 (2009), S. 34 ff.
Czermak, Gerhard: Das Pflicht-Ersatzfach Ethikunterricht als Problem der Religionsfreiheit, des Elternrechts und der Gleichheitsrechte, NVwZ 1996, S. 450 ff.
ders.: Zur Unzulässigkeit des Kreuzes in der Schule aus verfassungsrechtlicher Sicht, in: Brugger/Huster (Hrsg.), Der Streit um das Kreuz in der Schule, Baden-Baden 1998, S. 13 ff.
ders.: Rechtsnatur und Legitimation der Verträge zwischen Staat und Religionsgemeinschaften, Der Staat 39 (2000), S. 69 ff.
ders.: Religions- und Weltanschauungsrecht. Eine Einführung, Berlin/Heidelberg 2008.
Dammann, Ulrich: Die Anwendung des neuen Bundesdatenschutzgesetzes auf die öffentlich-rechtlichen Religionsgesellschaften, NVwZ 1992, S. 1147 ff.
David, Klaus: Über die Hamburger Kirchenverträge, JöR N.F. 56 (2008), S. 159 ff.
Demel, Michael: Gebrochene Normalität. Die staatskirchenrechtliche Stellung der jüdischen Gemeinden in Deutschland, Tübingen 2011.
ders.: Die Verträge Hamburgs mit islamischen Verbänden und der Alevitischen Gemeinde, KuR 2013, S. 93 ff.
Dennemarck, Bernd: Die rechtliche Neuordnung der katholischen Kirche nach der Säkularisation, in: Thomas Holzner/Hannes Ludyga (Hrsg.), Entwicklungstendenzen des Staatskirchen- und Religionsverfassungsrechts. Ausgewählte begrifflich-systematische, historische, gegenwartsbezogene und biografische Bezüge, Paderborn u. a. 2013, S. 161 ff.
Deutsche Islam Konferenz: Islamischer Religionsunterricht in Deutschland. Perspektiven und Herausforderungen, Berlin 2011.
de Wall, Heinrich: Verfassungsfragen des Ethikunterrichts öffentlicher Schulen, Theologische Literaturzeitschrift 119 (1994), Sp.291 ff.
ders.: Das Grundrecht auf Religionsunterricht, NVwZ 1997, S. 465 ff.
ders.: Zum Verfassungsstreit um den Religionsunterricht in Brandenburg, ZevKR 42 (1997), S. 353 ff.
ders.: Zum subjektiven Recht der Kirchen auf den Sonntagsschutz, NVwZ 2000, S. 857 ff.
ders.: Europäisches Staatskirchenrecht, ZevKR 45 (2000), S. 157 ff.
ders.: Subjektive Rechte aus Staatskirchenverträgen, ZevKR 45 (2000), S. 626 ff.
ders.: Neue Entwicklungen im Europäischen Staatskirchenrecht, ZevKR 47 (2002), S. 205 ff.

Literaturverzeichnis

ders.: Der Gleichheitssatz im Kirchensteuerrecht, in: Muckel (Hrsg.), Kirche und Religion im sozialen Rechtsstaat. Festschrift für Wolfgang Rüfner zum 70. Geburtstag, Berlin 2003, S. 945 ff.

ders.: Der „Typenzwang" im kirchlichen Dienstrecht und die Teildienstverhältnisse bei Pfarrern, ZevKR 40 (2004), S. 369 ff.

ders.: Fall 4. Garantie der freien Selbstordnung und -verwaltung, in: Heinig (Hrsg.), Fälle und Lösungen zum Staatskirchenrecht, Stuttgart u. a. 2005, S. 89 ff.

ders.: Das Religionsrecht der EU. Grundstrukturen und Spannungen, ZevKR 50 (2005), S. 383 ff.

ders.: Art. „Landesherrliches Kirchenregiment", in: Heun/Honecker/Morlok/Wieland (Hrsg.), EvStL. Neuausgabe, Stuttgart 2006, Sp.1380 ff.

ders.: Art. „Religiöse Bewegungen, Neue (J)", in: Heun/Honecker/Morlok/Wieland (Hrsg.), EvStL. Neuausgabe, Stuttgart 2006, Sp.1987 ff.

ders.: Zur aktuellen Lage des Religionsrechts der Europäischen Union, ZevKR 52 (2007), S. 310 ff.

ders.: Der religionsrechtliche Rahmen für die Einführung des Fachs „Islamische Studien" und für Beiräte für islamische Studien, in: Walter/Oebbecke/von Ungern-Sternberg/Indenhuck (Hrsg.), Die Einrichtung von Beiräten für Islamische Studien, Baden-Baden 2011, S. 15 ff.

ders.: Mitwirkung von Muslimen: Religionsverfassungsrecht und muslimische Ansprechpartner, in: DIK, Islamischer Religionsunterricht in Deutschland. Perspektiven und Herausforderungen. Dokumentation der Tagung der Deutschen Islam Konferenz vom 13. bis 14. Februar 2011 in Nürnberg, Berlin 2011, S. 90 ff.

ders.: Der Schutz des Seelsorgegeheimnisses und das Seelsorgegeheimnisgesetz der EKD (SeelGG EKD), ZevKR 56 (2011), S. 4 ff.

ders.: Auf der Suche nach dem kirchenpolitischen System der Reichsverfassung. Die Wissenschaft vom Staatskirchenrecht der Weimarer Zeit, ZRG KA 106 (2020), S. 50 ff.

ders./Muckel, Stefan: Kirchenrecht. Ein Studienbuch, 6. Aufl., München 2022.

Dietlein, Johannes: Ein „Grundrecht auf Sonntagsruhe"? Überlegungen zur dogmatischen Begründbarkeit eines subjektiv-öffentlichen Rechts auf Sonn- und Feiertagsschutz, in: Krüper, Julian i.V.m. Bock, Wolfgang/Heinig, Hans Michael/Merten, Heike (Hrsg.), Die Organisation des Verfassungsstaats. Festschrift für Martin Morlok zum 70'en Geburtstag, Tübingen 2019, S. 125 ff.

di Fabio, Udo: Kirche und Staat (2006), in: ders., Gewissen, Glaube, Religion: Wandelt sich die Religionsfreiheit?, Berlin 2008, S. 105 ff.

ders.: Gewissen, Glaube, Religion: Wandelt sich die Religionsfreiheit? (2007), in: ders., Gewissen, Glaube, Religion: Wandelt sich die Religionsfreiheit?, Berlin 2008, S. 15 ff.

Doemming, Berto von/Füsslein, Rudolf/Matz, Werner: Entstehungsgeschichte der Artikel des Grundgesetzes, in: JÖR 1 (1951), S. 1 ff.

Kahl, Wolfgang/Waldhoff, Christian/Walter, Christian (Hrsg.), Bonner Kommentar zum Grundgesetz, Heidelberg, Stand: Dezember 2022.

Drecoll, Volker Henning: Art. „Kulturkampf", in: Heun/Honecker/Morlok/Wieland (Hrsg.), EvStL. Neuausgabe, Stuttgart 2006, Sp.1363 ff.

Dreier, Horst (Hrsg.): Grundgesetz. Kommentar, Bde. 1 – 3, 3. Aufl., Tübingen 2013/2015/2018.

ders.: Der freiheitliche Verfassungsstaat als riskante Ordnung, RW 2010, S. 11 ff.

ders.: Staat ohne Gott. Religion in der säkularen Moderne, München 2018.

ders.: Religionsverfassung in 70 Jahren Grundgesetz – Rückblick und Ausblick, JZ 2019, S. 1005 ff.

ders.: Religion im Grundgesetz – Integrationsfaktor oder Konfliktherd?, in: Große Kracht, Hermann-Josef/Schreiber, Gerhard (Hrsg.), Wechselseitige Erwartungslosigkeit? Die Kirchen und der Staat des Grundgesetzes – gestern, heute, morgen, Berlin/Boston 2019, S. 337 ff.

Droege, Michael: Staatsleistungen an Religionsgemeinschaften im säkularen Kultur- und Sozialstaat, Berlin 2004.

ders.: Vertragsstaatskirchenrecht und Staatsleistungen, in: Heinig (Hrsg.), Fälle und Lösungen zum Staatskirchenrecht, Stuttgart u. a. 2005, S. 231 ff.

Literaturverzeichnis

ders.: Art. „Staatsleistungen", in: Heun/Honecker/Morlok/Wieland (Hrsg.), EvStL. Neuausgabe, Stuttgart 2006, Sp.2321 ff.
ders.: Verlust der Rechtseinheit durch Wiedervereinigung. Kommunale Baulasten in der jüngeren Rechtsprechung des Bundesverwaltungsgerichts, ZevKR 54 (2009), S. 488 ff.
ders.: Die Gewährleistung des Kirchenguts und die Diskontinuität der staatlichen Rechtsordnung – Aktuelle Probleme des kirchlichen Vermögensrechts, ZevKR 55 (2010), S. 339 ff.
ders.: Öffentlich-rechtlicher Körperschaftsstatus und Umsatzsteuerrecht, ZevKR 63 (2018), S. 57 ff.
Dürig, Günter/Herzog, Roman/Scholz Rupert (Hrsg.): Grundgesetz. Kommentar (Loseblatt), München, Stand: September 2022.
Ebers, Godehard Josef: Staat und Kirche im neuen Deutschland, München 1930.
Egidy, Stefanie: Zur Frage der Zulässigkeit einer Ladenöffnung an den Adventssonntagen und der Gewährleistung subjektiver Rechte durch Art. 139 WRV, VR 2010, S. 140 f.
Ehlers, Dirk: Die gemeinsamen Angelegenheiten von Staat und Kirche, ZevKR 32 (1987), S. 158 ff.
ders.: Problemstellungen des Vertragsstaatskirchenrechts, ZevKR 46 (2001), S. 286 ff.
ders.: Anmerkung zum Urteil des BGH vom 20.2.2003, JZ 2004, S. 196 ff.
ders.: Die Bindung der Kirchen an den Gleichheitssatz bei der Erhebung von Kirchensteuern, ZevKR 48 (2003), S. 492 ff.
ders.: Rechtsfragen der Vollstreckung kirchlicher Entscheidungen, ZevKR 49 (2004), S. 496 ff.
Enders, Christoph: Zwischen Kritik und Beschimpfung – Das Verhältnis der Meinungs- und Kunstfreiheit zum Schutz von Glauben und religiöser Empfindung im Wandel der Zeiten und Gesetzgebung, KuR 2007, S. 40 ff.
ders.: Anm. zu BVerwG, Urteil vom 30.11.2011 – 6 C 20.12, JZ 2012, S. 363 ff.
Engelhardt, Hanns: Kirchensteuer bei Zuzug aus dem Ausland, NVwZ 1992, S. 239 ff.
ders.: Einige Gedanken zur Kirchenmitgliedschaft im kirchlichen und staatlichen Recht, ZevKR 41 (1996), S. 142 ff.
Engi, Lorenz: Die religiöse und ethische Neutralität des Staates. Theoretischer Hintergrund, dogmatischer Gehalt und praktische Bedeutung eines Grundsatzes des schweizerischen Staatsrechts, Zürich/Basel/Genf 2017.
Ennuschat, Jörg: Militärseelsorge. Verfassungs- und beamtenrechtliche Fragen der Kooperation von Staat und Kirche, Berlin 1996.
ders.: Sollen Militärgeistliche Staats- oder Kirchenbeamte sein? Verfassungs-, völker- und beamtenrechtliche Aspekte, ZevKR 41 (1996), S. 19 ff.
ders.: Art. „Militärseelsorge. III. Rechtlich", in: Betz/Browning/Janowski/Jüngel (Hrsg.), RGG, 4. Aufl., Bd.5, Tübingen 2002, Sp.1230 f.
ders.: Art. „Anstaltsseelsorge (J)", in: Heun/Honecker/Morlok/Wieland (Hrsg.), EvStL. Neuausgabe, Stuttgart 2006, Sp.62 ff.
ders.: Art. „Militärseelsorge (J)", in: Heun/Honecker/Morlok/Wieland (Hrsg.), EvStL. Neuausgabe, Stuttgart 2006, Sp.1534 f.
ders.: Seelsorge, in: Hans Ulrich Anke/Heinrich de Wall/Hans Michael Heinig (Hrsg.), Handbuch des evangelischen Kirchenrechts, Tübingen 2016, S. 654 ff.
ders.: § 54. Seelsorge in der Bundeswehr, in: Pirson, Dietrich/Rüfner, Wolfgang/Germann, Michael/Muckel, Stefan (Hrsg.), Handbuch des Staatskirchenrechts der Bundesrepublik Deutschland, 3. Aufl., Bd. 2, Berlin 2020, S. 2295 ff.
Epping, Volker: Grundrechte, 9. Aufl., Berlin/Heidelberg 2021.
ders./Hillgruber, Christian (Hrsg.): Grundgesetz, 3. Aufl., München 2020.
Erwin, Claudia: Verfassungsrechtliche Anforderungen an das Schulfach Ethik/Philosophie, Berlin 2001.
Fateh-Moghadam, Bijan: Die religiös-weltanschauliche Neutralität des Strafrechts. Zur strafrechtlichen Beobachtung religiöser Pluralität, Tübingen 2019.
Fehling, Michael/Kastner, Berthold (Hrsg.): Verwaltungsrecht. VwVfG-VwGO. Handkommentar, 5. Aufl., Baden-Baden 2021.

Feine, Hans Erich: Kirchliche Rechtsgeschichte. Bd.1: Die katholische Kirche, 4. Aufl., Köln/Graz 1964.
Fey, Detlev: Richtlinie über die Anforderungen der beruflichen Mitarbeit in der Evangelischen Kirche in Deutschland und ihrer Diakonie, AuR 2005, S. 349 ff.
Filmer, Fridtjof/Görisch, Christoph: Die Reichweite des grundgesetzlichen Kirchengutsschutzes. Zur St. Salvator-Entscheidung des Bundesverfassungsgerichts, ZevKR 45 (2000), S. 453 ff.
Fischer, Erwin: Volkskirche ade! Trennung von Staat und Kirche. Die Gefährdung der Religions- und Weltanschauungsfreiheit in der Bundesrepublik Deutschland, 4. Aufl., Berlin 1993.
Fischer, Kristian/Groß, Thomas: Die Schrankendogmatik der Religionsfreiheit, DÖV 2003, S. 932 ff.
Fischermeier, Ernst: Europäisches Antidiskriminierungsrecht versus kirchliche Loyalitätsforderungen?, in: Georg Annuss/Eduard Picker/Hellmut Wissmann (Hrsg.), Festschrift für Reinhard Richardi zum 70. Geburtstag, München 2007, S. 875 ff.
Friauf, Karl Heinrich/Höfling, Wolfram (Hrsg.): Berliner Kommentar zum Grundgesetz, Berlin, Stand: Januar 2023.
Friedner, Lars: State and Church in Sweden, in: Robbers, Gerhard (Hrsg.), State and Church in the European Union, 3rd ed., Baden-Baden 2019, S. 641 ff.
ders.: Neue Beziehungen von Staat und Kirche in Schweden, ZevKR 50 (2005), S. 445 ff.
Frisch, Michael: Die theologischen Fakultäten in den Staatskirchenverträgen der neuen Bundesländer, DÖV 1995, S. 636 ff.
ders.: Grundsätzliches und Aktuelles zur Garantie des Religionsunterrichts im Grundgesetz, ZevKR 49 (2004), S. 589 ff. (Kurzfassung in DÖV 2004, S. 462 ff.).
ders.: Der Evangelische Kirchenvertrag Baden-Württemberg. Zu seinem Inkrafttreten am 10.4.2008, NVwZ 2008, S. 629 ff.
ders./Jacobs, Uwe Kai: Evangelischer Kirchenvertrag Baden-Württemberg, ZevKR 54 (2009), S. 290 ff.
Fritz, Gernot: Religionsunterricht: Berliner Sonderweg nicht mehr gerechtfertigt!, BayVBl. 2002, S. 135 ff.
Frowein, Jochen Abr.: Die Bedeutung des die Gedanken-, Gewissens- und Religionsfreiheit garantierenden Artikels 9 der Europäischen Menschenrechtskonvention, EssGspr. 27 (1993), S. 46 ff.
ders.: Religionsfreiheit und internationaler Menschenrechtsschutz, in: Grote/Marauhn (Hrsg.), Religionsfreiheit zwischen individueller Selbstbestimmung, Minderheitenschutz und Staatskirchenrecht, Berlin 2001, S. 73 ff.
Fuchs, Claudio: Das Staatskirchenrecht der neuen Bundesländer, Tübingen 1999.
Fuerst, Anna-Maria: Wie man das BverfG verstehen lernt – Eine Urteilsanalyse für die Fallbearbeitung am Beispiel der Sonntagsschutzentscheidung, JuS 2010, S. 876 ff.
Fürstenau, Hermann: Das Grundrecht der Religionsfreiheit nach seiner geschichtlichen Entwickelung und heutigen Geltung in Deutschland (1891), Ndr., Glashütten 1975.
Gabriel, Karl: Religionen und ihre Stellung zum Staat – eine soziologische Bestandsaufnahme, EssGspr 39 (2005), S. 11 ff.
ders.: § 2 Die gesellschaftlichen Grundlagen des deutschen Staatskirchenrechts, in: Pirson, Dietrich/Rüfner, Wolfgang/Germann, Michael/Muckel, Stefan (Hrsg.), Handbuch des Staatskirchenrechts der Bundesrepublik Deutschland, 3. Aufl., Bd. 1, Berlin 2020, S. 67 ff.
Gärditz, Klaus Ferdinand: Anmerkung zu BVerfG, Beschluss vom 28. Oktober 2008 – 1 BvR 462/06, JZ 2009, S. 515 ff.
ders.: Säkularität und Verfassung, in: Otto Depenheuer/Christoph Grabenwarter (Hrsg.), Verfassungstheorie, Tübingen 2010, S. 153 ff.
Gareis, Balthasar: Seelsorge in Justizvollzugsanstalten. Begründung-Situation-Zukunftsperspektiven, EssGspr. 23 (1989), S. 58 ff.
Gartner, Barbara: Der Islam im religionsneutralen Staat, Frankfurt/M. 2006.
Gaudernack, Dorothea: Muslimische Kultstätten im öffentlichen Baurecht. Der Bau von Moscheen im Spannungsfeld von Religionsfreiheit und einfachem Recht.

Literaturverzeichnis

Geis, Max-Emanuel: Kirchenasyl im demokratischen Rechtsstaat, JZ 1997, S. 60 ff.
Germann, Michael: Beweist die Entstehungsgeschichte der „Bremer Klausel" die Exemtion des Landes Brandenburg von der Garantie des Religionsunterrichts?, ZevKR 45 (2000), S. 631 ff.
ders.: Die Gerichtsbarkeit der evangelischen Kirche, Habilitationsschrift 2001, Manuskript.
ders.: Art. „Koordinationslehre", RGG, Bd.4, 4. Aufl., Tübingen 2001, Sp.1668.
ders.: Die „gesetzlose" Widmung von Sachen für öffentliche Zwecke, AöR 128 (2003), S. 458 ff.
ders.: Das kirchliche Datenschutzrecht als Ausdruck kirchlicher Selbstbestimmung, ZevKR 48 (2003), S. 446 ff.
ders.: Staatliche und kirchliche Gerichtsbarkeit, in: Wilhelm Rees (Hrsg.), Recht in Kirche und Staat. Festschrift für Joseph Listl zum 75. Geburtstag, Berlin 2004, S. 627 ff.
ders.: Staatliche Verwaltungsgerichte vor der Aufgabe der Justizgewährung in religionsgemeinschaftlichen Angelegenheiten, ZevKR 51 (2006), S. 589 ff.
ders.: Die Staatskirchenverträge der neuen Bundesländer: Eine dritte Generation im Vertragsstaatskirchenrecht, in: Stefan Mückl (Hrsg.), Das Recht der Staatskirchenverträge. Colloquium aus Anlass des 75. Geburtstages von Alexander Hollerbach, Berlin 2007, S. 91 ff.
ders.: Die Nichtannahme einer Verfassungsbeschwerde gegen die Kirche: kein Grund zum Nachdenken über die Justizgewährung in kirchlichen Angelegenheiten, ZevKR 54 (2009), S. 214 ff.
ders.: Die Verfassungsmäßigkeit des Gesetzes über den Umfang der Personensorge bei einer Beschneidung des männlichen Kindes vom 20.12.2012, MedR 2013, S. 412 ff.
ders.: Kirchliche Gerichtsbarkeit, in: Anke, Hans Ulrich/de Wall, Heinrich/Heinig, Michael (Hrsg.), HevKR, Tübingen 2016, S. 1060 ff.
ders.: § 7 Das System des Staatskirchenrechts in Deutschland, in: Pirson, Dietrich/Rüfner, Wolfgang/Germann, Michael/Muckel, Stefan (Hrsg.), HSKR, 3. Aufl., Bd. 1, Berlin 2020, S. 261 ff.
ders./Rüfner, Wolfgang: § 30. Die Mitgliedschaft in Kirchen und anderen Religionsgemeinschaften, in: Pirson, Dietrich/Rüfner, Wolfgang/Germann, Michael/Muckel, Stefan (Hrsg.), HSKR, 3. Aufl., Bd. 2, Berlin 2020, S. 1169 ff.
ders./Hunger, Mario: Die Kontinuität der Staatskirchenverträge nach einer Vereinigung evangelischer Landeskirchen, DVBl. 2007, S. 1532 ff.
Giehl, Anna-Lisa: Die Europäisierung des kirchlichen Individualarbeitsrechts, Tübingen 2022.
Giloy, Jörg: Alternative Bemessungsgrundlagen für die Kirchensteuer vom Einkommen, in: Seer, Roman/Kämper, Burkhard (Hrsg.), Bochumer Kirchensteuertag. Grundlagen, Gestaltung und Zukunft der Kirchensteuer, Frankfurt/M. 2004, S. 165 ff.
Glawatz, Anne-Ruth: Die Zuordnung privatrechtlich organisierter Diakonie zur evangelischen Kirche, ZevKR 51 (2006), S. 352 ff.
Görisch, Christoph: Kirchenasyl und staatliches Recht, Berlin 2000.
Gotthard, Axel: Der Augsburger Religionsfrieden, Münster 2004.
Grabenwarter, Christoph: Die Charta der Grundrechte für die Europäische Union, DVBl. 2001, S. 1 ff.
ders./Pabel, Katharina: Das kirchliche Arbeitsrecht vor dem Europäischen Gerichtshof für Menschenrechte, KuR 2011, S. 55 ff.
Greiner, Stefan: Neuausrichtung des Kirchenarbeitsrechts durch den EuGH. Die Rechtssache Egenberger, Juris Mitteilungen 6 (2018), S. 233 ff.
Grethlein, Christian: Islamischer Religionsunterricht in Deutschland. Aktuelle Fragen und Probleme, ZThK 108 (2011), S. 355 ff.
ders.: Kirchentheorie. Kommunikation des Evangeliums im Kontext, Berlin/Boston 2018.
Greve, Holger: Ein Jahrhundertvorhaben – Die Ablösung der Staatsleistungen an die Religionsgemeinschaften, ZG 2023, S. 121 ff.
ders./Kortländer, Paul/Schwarz, Michael: Das Gesetz zu bereichsspezifischen Regelungen der Gesichtsverhüllung, NVwZ 2017, S. 992 ff.
Groh, Kathrin: „Schleierfahndung" rund um Moscheen – Eine Verletzung der Religionsfreiheit?, NdsVwBl 2011, S. 10 ff.
Grote, Reiner/Kraus, Dieter: Der praktische Fall – öffentliches Recht: Kirchenasyl, JuS 1997, S. 345 ff.

Grundmann, Siegfried: Säkularisation (1966), in: ders., Abhandlungen zum Kirchenrecht, Köln/Wien 1969, S. 404 ff.
Grzeszick, Bernd: Die Kirchenerklärung des Vertrages von Amsterdam. Europäischer Text, völkerrechtliche Verbindlichkeit, staatskirchenrechtlicher Inhalt, ZevKR 48 (2003), S. 284 ff.
ders.: Staatlicher Rechtsschutz in Kirchensachen, AöR 129 (2004), S. 168 ff.
ders.: Verfassungstheoretische Grundlagen des Verhältnisses von Staat und Religion, in: Heinig/Walter (Hrsg.), Staatskirchenrecht oder Religionsverfassungsrecht? Ein begriffspolitischer Grundsatzstreit, Tübingen 2007, S. 131 ff.
ders.: Das Streikrecht im Dritten Weg: Verfassungsrechtlicher Königsweg, europarechtliche Sackgasse?, in: ders. (Hrsg.), Aktuelle Entwicklungen des Kirchen- und Staatskirchenrechts, Berlin 2014, S. 21 ff.
ders.: Islamischer Religionsunterricht an öffentlichen Schulen. Ein paradigmatischer Testfall für die Zukunftsfähigkeit des organisatorischen Staatskirchenrechts, ZevKR 62 (2017), S. 362 ff.
Güthoff, Elmar: Kirchenstrafrechtliche Aspekte des vor dem Staat vollzogenen Kirchenaustritts, in: Thomas Holzner/Hannes Ludyga (Hrsg.), Entwicklungstendenzen des Staatskirchen- und Religionsverfassungsrechts. Ausgewählte begrifflich-systematische, historische, gegenwartsbezogene und biografische Bezüge, Paderborn u. a. 2013, S. 449 ff.
Gusy, Christoph: Die Weimarer Reichsverfassung, Tübingen 1997.
Habermas, Jürgen: Glauben und Wissen, Frankfurt/M. 2001.
ders.: Vorpolitische Grundlagen des demokratischen Rechtsstaates? (2004), in: ders., Zwischen Naturalismus und Religion. Philosophische Aufsätze, Frankfurt/M. 2005, S. 106 ff.
ders.: Ein Bewusstsein von dem, was fehlt, in: Reder/Schmidt (Hrsg.), Ein Bewusstsein von dem, was fehlt. Eine Diskussion mit Jürgen Habermas, Frankfurt/M. 2008, S. 26 ff.
Häberle, Peter: Feiertagsgarantien als kulturelle Identitätselemente des Verfassungsstaates, Berlin 1987.
ders.: Der Sonntag als Verfassungsprinzip, 2. Aufl., Berlin 2006.
Haedrich, Martina: Die Neuordnung der evangelischen Militärseelsorge im wiedervereinten Deutschland, LKV 1997, S. 85.
Haering, Stephan: Konkordate und andere Staatskirchenverträge, in: ders./Rees, Wilhelm/Schmitz, Heribert (Hrsg.), HdbkathKR, 3. Aufl., Regensburg 2015, S. 1803 ff.
Häußler, Ulf: Keine Verfassungsprobleme bei der Formalisierung des Kirchenaustritts, DÖV 1995, S. 985 ff.
Hain, Karl-Eberhard: Der Gesetzgeber in der Klemme zwischen Übermaß- und Untermaßverbot?, DVBl. 1993, S. 982 ff.
ders./Unruh, Peter: Neue Wege in der Grundrechtsdogmatik? Anmerkungen zum Schächt-Urteil des BVerfG nach Änderung des Art. 20a GG, DÖV 2003, S. 147 ff.
Hallermann, Heribert: Die Katholisch-Theologischen Fakultäten und das Staatskirchenrecht nach 1945, in: Thomas Holzner/Hannes Ludyga (Hrsg.), Entwicklungstendenzen des Staatskirchen- und Religionsverfassungsrechts. Ausgewählte begrifflich-systematische, historische, gegenwartsbezogene und biografische Bezüge, Paderborn u. a. 2013, S. 303 ff.
Hammer, Felix: Die geschichtliche Entwicklung des Denkmalrechts in Deutschland, Tübingen 1995.
ders.: Rechtsfragen der Kirchensteuer, Tübingen 2002.
ders.: Kirchenmitgliedschaft und Kirchensteuer, in: Seer, Roman/Kämper, Burkhard (Hrsg.), Bochumer Kirchensteuertag. Grundlagen, Gestaltung und Zukunft der Kirchensteuer, Frankfurt/M. 2004, S. 77 ff.
ders.: Art. „Säkularisation", in: Heun/Honecker/Morlok/Wieland (Hrsg.), EvStL. Neuausgabe, Stuttgart 2006, Sp. 2069 ff.
ders.: Der Kirchenaustritt im staatlichen und kirchlichen Recht, ZevKR 58 (2013), S. 200 ff.
ders.: § 66. Denkmalschutz im staatlichen und kirchlichen Bereich, in: Pirson, Dietrich/Rüfner, Wolfgang/Germann, Michael/Muckel, Stefan (Hrsg.), HSKR, 3. Aufl., Bd. 1, Berlin 2020, S. 2711 ff.

Literaturverzeichnis

ders.: Die Kirchensteuer und das Besteuerungsrecht anderer Religionsgemeinschaften, in: Pirson, Dietrich/Rüfner, Wolfgang/Germann, Michael/Muckel, Stefan (Hrsg.), HSKR, 3. Aufl., Bd. 3, Berlin 2020, S. 2947 ff.

Hartmann, Wilfried: Art. „Investiturstreit", in: Betz/Browning/Janowski/Jüngel (Hrsg.), RGG, 4. Aufl., Bd.4, Tübingen 2001, Sp.212 ff.

Hartung, Klaus: Kein Änderungsbedarf beim Körperschaftsstatusgesetz NRW, KuR 2016, S. 43 ff

Hatje, Armin/Kind, Anne: Der Vertrag von Lissabon – Europa endlich in guter Verfassung?, NJW 2008, S. 1761 ff.

Hatzinger, Katrin: Die Bedeutung des Art. 17 AEUV in der Praxis, ZevKR 61 (2016), S. 356 ff.

Haupt, Katharina: Verfassungsfragen zum muslimischen Kopftuch von Erzieherinnen in öffentlichen Kindergärten, Frankfurt/M. u.a. 2010.

Heckel, Johannes: „Das für alle geltende Gesetz", in: Das staatskirchenrechtliche Schrifttum der Jahre 1930 und 1931, VerwArch 37 (1932), S. 280 ff.

ders.: Cura religionis – iura in sacra – iura circa sacra (1938), Darmstadt 1962.

ders.: Kirchengut und Staatsgewalt. Ein Beitrag zur Geschichte und Ordnung des heutigen gesamtdeutschen Staatskirchenrechts (1952), in: ders., Das blinde, undeutliche Wort „Kirche", Gesammelte Aufsätze, hrsg. von Siegfried Grundmann, Köln/Wien 1964, S. 328 ff.

Heckel, Martin: Zur Entwicklung des deutschen Staatskirchenrechts von der Reformation bis zur Schwelle der Weimarer Verfassung (1966/67), in: ders., Gesammelte Schriften, Bd. I, hrsg. von Klaus Schlaich, Tübingen 1989, S. 366 ff.

ders.: Die Kirchen unter dem Grundgesetz, VVDStRL 26 (1968), S. 5 ff.

ders.: Staat. Kirche. Kunst. Rechtsfragen kirchlicher Kulturdenkmäler, Tübingen 1968.

ders.: Die theologischen Fakultäten im weltlichen Verfassungsstaat, Tübingen 1986.

ders.: Religionsfreiheit. Eine säkulare Verfassungsgarantie, in: ders., Gesammelte Schriften, Bd. IV, hrsg. von Klaus Schlaich, Tübingen 1997, S. 647 ff.

ders.: Religionsunterricht für Muslime? Kulturelle Integration unter Wahrung der religiösen Identität. Ein Beispiel für die komplementäre Natur der Religionsfreiheit, JZ 1999, S. 741 ff.

ders.: Kontinuität und Wandlung des deutschen Staatskirchenrechts unter den Herausforderungen der Moderne, ZevKR 44 (1999), S. 340 ff., (auch in: ders., Gesammelte Schriften, Bd. V, hrsg. von Axel Frhr. von Campenhausen u. a., Tübingen 2004, S. 243 ff.).

ders.: Religionskunde im Lichte der Religionsfreiheit. Zur Verfassungsmäßigkeit des LER-Unterrichts in Brandenburg (1999), in: ders., Gesammelte Schriften, Bd. V, hrsg. von Axel Frhr. von Campenhausen u. a., Tübingen 2004, S. 485 ff.

ders.: Religionsfreiheit und Staatskirchenrecht in der Rechtsprechung des Bundesverfassungsgerichts (2001), in: ders., Gesammelte Schriften, Bd. V, hrsg. von Axel Frhr. von Campenhausen u. a., Tübingen 2004, S. 303 ff.

ders.: Anhang II.: LER nach dem Vergleichsvorschlag des BVerfG's (2002), in: ders., Gesammelte Schriften, Bd. V, hrsg. von Axel Frh. von Campenhausen u. a., Tübingen 2004, S. 574 ff.

ders.: Der Rechtsstatus des Religionsunterrichts im pluralistischen Verfassungssystem, Tübingen 2002.

ders.: Grundfragen der theologischen Fakultäten seit der Wende (2003), in: ders., Gesammelte Schriften, Bd. V, hrsg. von Axel Frhr. von Campenhausen u. a., Tübingen 2004, S. 401 ff.

ders.: Unterricht in Islam an deutschen Schulen – seine Gründe und Formen, Voraussetzungen und Grenzen, RdJB 2004, S. 39 ff.

ders.: Der Augsburger Religionsfriede, JZ 2005, S. 961 ff.

ders.: Vom Religionskonflikt zur Ausgleichsordnung. Der Sonderweg des deutschen Staatskirchenrechts vom Augsburger Religionsfrieden 1555 bis zur Gegenwart, München 2007.

ders.: Neue Formen des Religionsunterrichts? Konfessionell – unkonfessionell – interreligiös – bikonfessionell – „für alle" – konfessionell-kooperativ?, in: Grote/Härtel/Hain u. a. (Hrsg.), Die Ordnung der Freiheit. Festschrift für Christian Starck zum siebzigsten Geburtstag, Tübingen 2007, S. 1093 ff.

ders.: Zur Zukunftsfähigkeit des deutschen „Staatskirchenrechts" oder „Religionsverfassungsrechts"?, AöR 134 (2009) S. 309 ff.

ders.: Zur Zukunft der theologischen Forschung und Lehre in Berlin, ZThK 114 (2017), S. 330 ff.
Hecker, Wolfgang: Die Kopftuchdebatte. Verfassungsrecht und Sozialwissenschaften, Baden-Baden 2022.
Heger, Martin: Der strafrechtliche Schutz der Religion in Deutschland – Geschichte, aktuelle Herausforderungen und kriminalpolitische Überlegungen, ZevKR 61 (2016), S. 109 ff.
Heimann, Hans Markus: Inhaltliche Grenzen islamischen Religionsunterrichts, NVwZ 2002, S. 935 ff.
ders.: Ethikunterricht im religiös und weltanschaulich neutralen Staat, DÖV 2003, S. 17 ff.
ders.: Alternative Organisationsformen islamischen Religionsunterrichts, DÖV 2003, S. 238 ff.
ders.: Art. „Religionsunterricht", in: Heun/Honecker/Morlok/Wieland (Hrsg.), EvStL. Neuausgabe, Stuttgart 2006, Sp.2031 ff.
Heinemann, Jan: Grundgesetzliche Vorgaben bei der staatlichen Anerkennung von Feiertagen, Frankfurt/M. 2004.
Heinig, Hans Michael: Die Religion, die Kirchen und die europäische Grundrechtecharta, ZevKR 46 (2001), S. 440 ff.
ders.: Öffentlich-rechtliche Religionsgesellschaften. Studien zur Rechtsstellung der nach Art. 137 Abs. 5 WRV korporierten Religionsgesellschaften in Deutschland und in der Europäischen Union, Berlin 2003.
ders. (Hrsg.): Fälle und Lösungen zum Staatskirchenrecht, Stuttgart u. a. 2005.
ders.: Fall 9. Sonn- und Feiertagsschutz, in: ders. (Hrsg.), Fälle und Lösungen zum Staatskirchenrecht, Stuttgart u. a. 2005, S. 193 ff.
ders.: Art. „Religionsgesellschaft", in: Heun/Honecker/Morlok/Wieland (Hrsg.), EvStL. Neuausgabe, Stuttgart 2006, Sp.2012 ff.
ders.: Art. „Sonn- und Feiertage (J)", in: Heun/Honecker/Morlok/Wieland (Hrsg.), EvStL. Neuausgabe, Stuttgart 2006, Sp.2167 ff.
ders.: Ordnung der Freiheit – das Staatskirchenrecht vor neuen Herausforderungen (2008), in: ders., Die Verfassung der Religion. Beiträge zum Religionsverfassungsrecht, Tübingen 2014, S. 3 ff.
ders.: Wie das Grundgesetz (vor) Theologie an staatlichen Hochschulen schützt. Eine Erwiderung auf Carsten Bäcker, Der Staat 48 (2009), S. 615 ff.
ders.: Verschärfung der oder Abschied von der Neutralität?, JZ 2009, S. 1136 ff.
ders.: Verschleierte Neutralität, JZ 2010, S. 357 ff.
ders.: Art. 137 Abs. 5 Satz 2 WRV – ein Gleichheitsversprechen in rechtswissenschaftlicher Theorie und Rechtsprechungspraxis (2010), in: ders., Die Verfassung der Religion. Beiträge zum Religionsverfassungsrecht, Tübingen 2014, S. 213 ff.
ders.: Theologie an staatlichen Universitäten, in: Alkier, Stefan/Heimbrock, Hans-Günter (Hrsg.), Evangelische Theologie an staatlichen Universitäten. Konzepte und Konstellationen Evangelischer Theologie und Religionsforschung, Göttingen 2010, S. 93 ff.
ders.: Islamische Theologie an staatlichen Hochschulen, ZevKR 56 (2011), S. 238 ff.
ders.: Gesetzgeberische Gestaltungsoptionen zur Verleihung und zum Verlust des Körperschaftsstatus für Religions- und Weltanschuungsgemeinschaften (2011), in: ders., Die Verfassung der Religion. Beiträge zum Religionsverfassungsrecht, Tübingen 2014, S. 232 ff.
ders.: Art. „Dienstgemeinschaft", in: ders./Munsonius, Hendrik (Hrsg.), 100 Begriffe aus dem Staatskirchenrecht, Tübingen 2012, S. 27 ff.
ders.: Art. „Loyalitätsobliegenheiten", in: ders./Munsonius, Hendrik (Hrsg.), 100 Begriffe aus dem Staatskirchenrecht, Tübingen 2012, S. 158 ff.
ders.: (Kein) Streikrecht im Dritten Weg. Das Urteil des Bundesarbeitsgerichts vom 20. November 2012 (Az. 1 AZR 179/11) und die Frage nach kirchenrechtlichen Konsequenzen, ZevKR 58 (2013), S. 176 ff.
ders.: Religionsfreiheit auf dem Prüfstand: Wie viel Religion verträgt die Schule?, KuR 2013, S. 8 ff.

ders.: Juristischer Offenbarungseid: Die Alternative für Deutschland und die Religionsfreiheit nach dem Grundgesetz (2017), in: ders., Säkularer Staat – viele Religionen. Religionspolitische Herausforderungen der Gegenwart, Hamburg 2018, S. 61 ff.

ders.: Prekäre Ordnungen. Historische Prägungen des Religionsrechts in Deutschland, Tübingen 2018.

ders.: „Religionsgemeinschaft/Religionsgesellschaft": Herkunft, aktuelle Bedeutung und Zukunft einer religionsverfassungsrechtlichen Kategorie, ZevKR 64 (2019), S. 1 ff.

ders.: § 14 Religions- und Weltanschauungsfreiheit, in: Pirson, Dietrich/Rüfner, Wolfgang/Germann, Michael/Muckel, Stefan (Hrsg.), HSKR, 3. Aufl., Bd. 1, Berlin 2020, S. 559 ff.

ders.: „Es besteht keine Staatskirche" – Das Verhältnis von Staat und Religion, in: Dreier, Horst/Waldhoff, Christian (Hrsg.), Weimars Verfassung. Eine Bilanz nach 100 Jahren, Göttingen 2020, S. 265 ff.

ders./Vogel, Viola: § 21. Hochschulbildung, in: Anke, Hans Ulrich/de Wall, Heinrich/Heinig, Michael (Hrsg.), HevKR, Tübingen 2016, S. 748 ff.

Heintzen, Markus: § 55. Polizeiseelsorge, in: Pirson, Dietrich/Rüfner, Wolfgang/Germann, Michael/Muckel, Stefan (Hrsg.), HSKR, 3. Aufl., Bd. 2, Berlin 2020, S. 2329 ff.

Heitmann, Steffen: Die Entwicklung von Staat und Kirche aus der Sicht der „neuen" Länder, in: ZevKR 1994, S. 402–417.

Hellermann, Johannes: Die sogenannte negative Seite der Freiheitsrechte, Berlin 1993.

Hempel, Johannes: Kirchliches Selbstbestimmungsrecht und substantieller Rechtsschutz im Mitarbeitervertretungsrecht der Evangelischen Kirche in Deutschland (EKD), ZevKR 62 (2017), S. 293 ff.

Hennig, Wiebke: Muslimische Gemeinschaften im Religionsverfassungsrecht. Die Kooperation des Staates mit muslimischen Gemeinschaften im Lichte der Religionsfreiheit, der Gleichheitssätze und des Verbots der Staatskirche, Baden-Baden 2010.

Hense, Ansgar: Glockenläuten und Uhrenschlag. Der Gebrauch von Kirchenglocken in der kirchlichen und staatlichen Rechtsordnung, Berlin 1998.

ders.: Staatskirchenrecht oder Religionsverfassungsrecht: mehr als ein Streit um Begriffe?, in: Haratsch/Janz/Rademacher/Schmahl/Weiss (Hrsg.), Religion und Weltanschauung im säkularen Staat, Stuttgart 2001, S. 9 ff.

ders.: Fall 8. Islamischer Religionsunterricht, in: Heinig (Hrsg.), Fälle und Lösungen zum Staatskirchenrecht, Stuttgart u. a. 2005, S. 169 ff.

ders.: Zwischen Kollektivität und Individualität. Einige geschichtliche Aspekte der Religionsfreiheit, in: Heinig/Walter (Hrsg.), Staatskirchenrecht oder Religionsverfassungsrecht? Ein begriffspolitischer Grundsatzstreit, Tübingen 2007, S. 7 ff.

ders.: „Staatsverträge mit Muslimen – eine juristische Unmöglichkeit?", in: Stefan Mückl (Hrsg.), Das Recht der Staatskirchenverträge. Colloquium aus Anlass des 75. Geburtstages von Alexander Hollerbach, Berlin 2007, S. 115 ff.

ders.: Vergangenheit als staatliche Verpflichtung. Der Vertrag mit dem Zentralrat der Juden, in: Reinhold Boschki/Albert Gerhards (Hrsg.), Erinnerungskultur in der pluralen Gesellschaft. Neue Perspektiven für den christlich-jüdischen Dialog, Paderborn u. a. 2010, S. 255 ff.

ders.: Eine Frage von untergeordneter Bedeutung. Was sich hinter den Staatsleistungen an die Kirche verbirgt, in: Herder Korrespondenz 2010, S. 562 ff.

ders.: Kirche und Staat in Deutschland, in: Haering, Stephan/Rees, Wilhelm/Schmitz, Heribert (Hrsg.), HdbkathKR, 3. Aufl., Regensburg 2015, S. 1830 ff.

ders: § 65. Die Wirkungen des Bau- und Immissionsschutzrechts für Kirchen und andere Religionsgemeinschaften, in: Pirson, Dietrich/Rüfner, Wolfgang/Germann, Michael/Muckel, Stefan (Hrsg.), HSKR, 3. Aufl., Bd. 3, Berlin 2020, S. 2671 ff.

Herbolsheimer, Volker: Gibt es ein Religionsrecht der Europäischen Union? Religionsrechtliche Kompetenzen der EU, KuR 2012, S. 81 ff.

Hermes, Christian: Konkordate im vereinigten Deutschland, Frankfurt/M. 2009.

Herzberg, Rolf Dietrich: Steht dem biblischen Gebot der Beschneidung ein rechtliches Verbot entgegen, MedR 2012, S. 169 ff.

Literaturverzeichnis

Hesse, Konrad: Freie Kirche im demokratischen Gemeinwesen, ZevKR 11 (1964/65), S. 337 ff.
Heun, Werner: Die Religionsfreiheit in Frankreich, ZevKR 49 (2004), S. 273 ff.
ders.: Art. „Säkularisierung (J)", in: ders./Honecker/Morlok/Wieland (Hrsg.), EvStL. Neuausgabe, Stuttgart 2006, Sp.2077.
ders.: Integration des Islam, in: Heinig/Walter (Hrsg.), Staatskirchenrecht oder Religionsverfassungsrecht? Ein begriffspolitischer Grundsatzstreit, Tübingen 2007, S. 339 ff.
ders.: § 73. Staatsleistungen an die Kirchen und anderen Religionsgemeinschaften, in: Pirson, Dietrich/Rüfner, Wolfgang/Germann, Michael/Muckel, Stefan (Hrsg.), HSKR, 3. Aufl., Bd. 3, Berlin 2020, S. 3017 ff.
Hierold, Alfred E.: Militärseelsorge, in: Stephan Haering/Wilhelm Rees/Heribert Schmitz (Hrsg.), Handbuch des katholischen Kirchenrechts, 3. Aufl., Regensburg 2015, S. 788 ff.
Hildebrandt, Uta: Das Grundrecht auf Religionsfreiheit, Tübingen 2000.
Hillgruber, Christian: Der deutsche Kulturstaat und der muslimische Kulturimport, JZ 1999, S. 538 ff.
ders.: Staat und Religion, DVBl. 1999, S. 1155 ff.
ders.: Der Körperschaftsstatus von Religionsgemeinschaften, NVwZ 2001, S. 1347 ff.
ders.: Der öffentlich-rechtliche Körperschaftsstatus nach Art. 137 Abs. 5 WRV, in: Heinig/Walter (Hrsg.), Staatskirchenrecht oder Religionsverfassungsrecht? Ein begriffspolitischer Grundsatzstreit, Tübingen 2007, S. 213 ff.
ders.: Staat und Religion, Paderborn 2007.
ders.: Anmerkung zu BVerfG, Beschl. v. 27. 10. 2016 – 1 BvR 458/10, JZ 2017, S. 153 ff.
Hömig, Dieter/Wolff, Heinrich Amadeus (Hrsg.): Grundgesetz für die Bundesrepublik Deutschland, 13. Aufl., Baden-Baden 2022.
Hörnle, Tatjana/Huster, Stefan: Wie weit reicht das Erziehungsrecht der Eltern?, JZ 2013, S. 328 ff.
Hoffmann-Riem, Wolfgang: Grundrechtsanwendung unter Rationalitätsanspruch, Der Staat 43 (2004), S. 203 ff.
Hohenlohe, Diana zu (siehe auch Zacharias, Diana): Ablösung der Staatsleistungen an die Kirchen: Der unerfüllte Verfassungsauftrag des Art. 138 Abs. 1 WRV i.V.m. Art. 140 GG, ZevKR 62 (2017), S. 178 ff.
Hollerbach, Alexander: Verträge zwischen Staat und Kirche in der Bundesrepublik Deutschland, Frankfurt/M. 1965.
ders.: Die Kirchen unter dem Grundgesetz, VVDStRL 26 (1968), S. 57 ff.
ders.: Grundlagen des Staatskirchenrechts, in: Isensee/Kirchhof (Hrsg.), HdBStR VI, Heidelberg 1989, § 138.
Holzner, Thomas: Das Staatskirchenrecht in der Weimarer Zeit – der ungeliebte Kompromiss zwischen Anspruch und Verfassungswirklichkeit, in: ders./Hannes Ludyga (Hrsg.), Entwicklungstendenzen des Staatskirchen- und Religionsverfassungsrechts. Ausgewählte begrifflich-systematische, historische, gegenwartsbezogene und biografische Bezüge, Paderborn u.a. 2013, S. 207 ff.
Huber, Peter Michael: Die Informationstätigkeit der öffentlichen Hand – ein grundrechtliches Sonderregime aus Karlsruhe?, JZ 2003, S. 290 ff.
ders./Voßkuhle, Andreas (Hrsg.): Grundgesetz. Kommentar, 8. Aufl. München 2023.
Huber, Wolfgang: Kirche und Öffentlichkeit, 2. Aufl. München 1991.
ders.: Kirche und Verfassungsordnung, EssGspr. 42 (2008), S. 7 ff.
Hufen, Friedhelm: Grundrechte: Religionsfreiheit in der Schule, JuS 2014, S. 379 ff.
ders.: Die Vollverschleierung aus verfassungsrechtlicher Sicht. Dürfen Burka und Niqab in Deutschland verboten werden? Ein Überblick, KuR 2015, S. 165 ff.
Huster, Stefan: Die ethische Neutralität des Staates. Eine liberale Interpretation der Verfassung, 2. Aufl., Tübingen 2017.
ders./Rux, Johannes: Fall 2. Religionsfreiheit und konkurrierende Verfassungsgüter – Das Schächtverbot, in: Heinig (Hrsg.), Fälle und Lösungen zum Staatskirchenrecht, Stuttgart u. a. 2005, S. 35 ff.

Literaturverzeichnis

ders.: Die Bedeutung des Neutralitätsgebotes für die verfassungstheoretische und verfassungsrechtliche Einordnung des Religionsrechts, in: Heinig/Walter (Hrsg.), Staatskirchenrecht oder Religionsverfassungsrecht? Ein begriffspolitischer Grundsatzstreit, Tübingen 2007, S. 107 ff.
ders.: Neutralität ohne Inhalt?, JZ 2010, S. 354 ff.
Huxdorf, Nina: Rechtsfragen der Erst- und Zweitverleihung des öffentlich-rechtlichen Körperschaftsstatus an Religionsgemeinschaften, Hamburg 2013.
Ihli, Stefan: Kirchenaustritt als Mittel der Kirchensteuervermeidung? Ein Klischee im Spiegel der Demoskopie, KuR 2011, S. 175 ff.
Isak, Axel: Das Selbstverständnis der Kirchen und Religionsgemeinschaften, Berlin 1994.
Isensee, Josef: Grundvoraussetzungen und Verfassungserwartungen an die Grundrechtsausübung, Isensee/Kirchhof (Hrsg.), HdBStR V, 2. Aufl., Heidelberg 2000, § 115.
ders.: Anmerkung zu VGH Baden-Württemberg, Urteil vom 30.1.2003, JZ 2004, S. 912 ff.
ders.: Nachwort – Blasphemie im Koordinatensystem des säkularen Staates, in: ders., (Hrsg.), Religionsbeschimpfung – Der rechtliche Schutz des Heiligen, Berlin 2007, S. 105 ff.
ders.: Integration und Migrationshintergrund. Verfassungsrechtliche Daten, JZ 2010, S. 317 ff.
Janssen, Achim: Aspekte des Status von Religionsgemeinschaften als Körperschaften des öffentlichen Rechts. Ausgewählte Fragestellungen des Körperschaftsstatus in der Rechtspraxis, 2. Aufl., Berlin 2017.
Janz, Norbert: Neuere Entwicklungen der schulischen Wertevermittlung in Brandenburg, ZevKR 53 (2008), S. 40 ff.
Jarass, Hans D./Pieroth, Bodo: Grundgesetz für die Bundesrepublik Deutschland, 9. Aufl., München 2007.
Jeand'Heur, Bernd/Korioth, Stefan: Grundzüge des Staatskirchenrechts, Stuttgart u. a. 2000.
Jestaedt, Matthias: § 42 Das Recht der Eltern zur religiösen Erziehung, in: Pirson, Dietrich/Rüfner, Wolfgang/Germann, Michael/Muckel, Stefan (Hrsg.), HSKR, 3. Aufl., Bd. 2, Berlin 2020, S. 1671 ff.
Johnsen, Hartmut: Die Evangelischen Staatskirchenverträge in den neuen Bundesländern – ihr Zustandekommen und ihre praktische Anwendung, ZevKR 43 (1998), S. 182 ff.
Joussen, Jacob: Grundlagen, Entwicklungen und Perspektiven des kollektiven Arbeitsrechts der Kirchen, EssGspr. 23 (1989), S. 53 ff.
ders.: Die Folgen des Mormonen- und des Kirchenmusikerfalls für das kirchliche Arbeitsrecht, RdA 2011, S. 173 ff.
ders.: Das neue Arbeitsrecht der Evangelischen Kirche in Deutschland, ZevKR 59 (2014), S. 50 ff.
ders.: Das Arbeitsrecht in der Kirche, in: Anke, Hans Ulrich/de Wall, Heinrich/Heinig, Michael (Hrsg.), HevKR, Tübingen 2016, S. 276 ff.
ders.: EuGH gibt dem Diskriminierungsrecht ein größeres Gewicht, epd-Dokumentation 17/2018, S. 21 f.
ders.: § 57 Die Anwendung des staatlichen Arbeitsrechts auf Arbeitsverhältnisse zu Kirchen und anderen Religionsgemeinschaften, in: Pirson, Dietrich/Rüfner, Wolfgang/Germann, Michael/Muckel, Stefan (Hrsg.), HSKR, 3. Aufl., Bd. 3, Berlin 2020, S. 2375 ff.
Junker, Abbo: Gleichbehandlung und kirchliches Arbeitsrecht. Ein deutscher Sonderweg endet vor dem EuGH, NJW 2018, S. 1850 ff.
Jurina, Josef: Die Kirchensteuer als gemeinsame Angelegenheit von Staat und Kirche, in: Seer, Roman/Kämper, Burkhard (Hrsg.), Bochumer Kirchensteuertag. Grundlagen, Gestaltung und Zukunft der Kirchensteuer, Frankfurt/M. 2004, S. 27 ff.
Kämper, Burkhard/Schulten, Markus: § 70 Selbstbestimmung der Kirchen und anderen Religionsgemeinschaften über ihr Vermögen, in: Pirson, Dietrich/Rüfner, Wolfgang/Germann, Michael/Muckel, Stefan (Hrsg.), HSKR, 3. Aufl., Bd. 3, Berlin 2020, S. 2819 ff.
Kästner, Karl-Hermann: Staatliche Justizhoheit und religiöse Freiheit, Tübingen 1991.
ders.: Die zweite Eigentumsgarantie des Grundgesetzes, JuS 1995, S. 784 ff.
ders.: Zur Verfassungsmäßigkeit feiertagsrechtlicher Konsequenzen der Einführung der Pflegeversicherung, ZevKR 41 (1996), S. 272 ff.
ders.: Hypertrophie des Grundrechts auf Religionsfreiheit?, JZ 1998, S. 974 ff.

ders.: Religiöse Bildung und Erziehung in der öffentlichen Schule – Grundlagen und Tragweite der Verfassungsgarantie des staatlichen Religionsunterrichts, EssGspr 32 (1998), S. 61 ff.
ders.: Tendenzwende in der Rechtsprechung zum staatlichen Rechtsschutz in Kirchensachen, NVwZ 2000, S. 889 ff.
ders.: Das tierschutzrechtliche Verbot des Schächtens aus der Sicht des Bundesverfassungsgerichts, JZ 2002, S. 491 ff.
ders.: Vergangenheit und Zukunft der Frage nach rechtsstaatlicher Judikatur in Kirchensachen, ZevKR 48 (2003), S. 301 ff.
ders.: § 40. Der Schutz des Sonntags und der religiösen Feiertage, in: Pirson, Dietrich/Rüfner, Wolfgang/Germann, Michael/Muckel, Stefan (Hrsg.), HSKR, 3. Aufl., Bd. 2, Berlin 2020, S. 1599 ff.
ders.: § 69. Der verfassungsrechtliche Schutz des Vermögens von Kirchen und anderen Religionsgemeinschaften, in: Pirson, Dietrich/Rüfner, Wolfgang/Germann, Michael/Muckel, Stefan (Hrsg.), HSKR, 3. Aufl., Bd. 3, Berlin 2020, S. 2799 ff.
Kalb, Herbert: Kirchliches Dienst- und Arbeitsrecht in Deutschland und Österreich, in: Haering, Stephan/Rees, Wilhelm/Schmitz, Heribert (Hrsg.), HdbkathKR, 3. Aufl., Regensburg 2015, S. 324 ff.
Kahl, Wolfgang: Die Integrationsfestigkeit des deutschen Staatskirchenrechts – Am Beispiel des kirchlichen Individualarbeitsrechts, ZevKR 65 (2020), S. 107 ff.
Kapischke, Markus: Mitgliedschaft und Steuerpflicht, ZevKR 50 (2005), S. 112 ff.
Kaupisch, Julia: Das Grundrecht der Religionsfreiheit in seiner historischen Entwicklung, Frankfurt/M. 2008.
Kazele, Norbert: Ausgewählte Fragen des Staatskirchenrechts, VerwArch 96 (2005), S. 267 ff.
Kingreen, Thorsten/Poscher, Ralf: Grundrechte. Staatsrecht II, 38. Aufl., Heidelberg 2022.
Kirchhof, Paul: Die Freiheit der Religionen und ihr unterschiedlicher Beitrag zu einem freien Gemeinwesen, EssGspr 39 (2005), S. 105 ff.
Kleine, Markus: Institutionalisierte Verfassungswidrigkeiten im Verhältnis von Staat und Kirchen unter dem Grundgesetz, Baden-Baden 1993.
Kloepfer, Michael: Der Islam in Deutschland als Verfassungsfrage, DÖV 2006, S. 45 ff.
Könemann, Sandra: Das Staatskirchenrecht in der wissenschaftlichen Diskussion der Weimarer Zeit, Frankfurt/M. 2011.
Kokott, Juliane: Laizismus und Religionsfreiheit im öffentlichen Raum, Der Staat 44 (2005), S. 343 ff.
Korioth, Stefan: Islamischer Religionsunterricht und Art. 7 Abs. 3 GG. Zu den Voraussetzungen religiöser Vielfalt in der öffentlichen Pflichtschule, NVwZ 1997, S. 1041 ff.
ders.: Vom institutionellen Staatskirchenrecht zum grundrechtlichen Religionsverfassungsrecht? Chancen und Gefahren eines Bedeutungswandels des Art. 140 GG, in: Brenner/P.M. Huber/Möstl (Hrsg.), Der Staat des Grundgesetzes – Kontinuität und Wandel. Festschrift für Peter Badura zum siebzigsten Geburtstag, Tübingen 2004, S. 727 ff.
ders.: Islamischer Religionsunterricht und Art. 7 Abs. 3 GG, in: Bock (Hrsg.), Islamischer Religionsunterricht?, 2. Aufl., Tübingen 2007, S. 33 ff.
ders.: Der Auftrag des Religionsunterrichts nach Art. 7 Abs. 3 GG, EssGspr. 49 (2016), S. 7 ff.
ders.: § 16 Das Selbstbestimmungsrecht der Religionsgemeinschaften, in: Pirson, Dietrich/Rüfner, Wolfgang/Germann, Michael/Muckel, Stefan (Hrsg.), HSKR, 3. Aufl., Bd. 1, Berlin 2020, S. 651 ff.
Kotiranta, Matti: State and Church in Finland, in: Robbers, Gerhard (Hrsg.), State and Church in the European Union, 3rd ed., Baden-Baden 2019, S. 613 ff.
Krampen-Lietzke, Sabine: Der Dispens vom Schulunterricht aus religiösen Gründen, Berlin 2013.
Kremser, Holger: Das verfassungsrechtliche Verhältnis von Religions- und Ethikunterricht – dargestellt am Beispiel Berlins, DVBl. 2008, S. 607 ff.
Krewerth, Linda: Besondere Loyalitätsobliegenheiten in kirchlichen Arbeitsverhältnissen, Tübingen 2022.
Krimphove, Dieter: Europäisches Religions- und Weltanschauungsrecht, EuR 2009, S. 330 ff.

Literaturverzeichnis

ders.: Der EuGH und das Wiederverheiratungsverbot der Katholischen Kirche - ein „mutiges" Urteil, ArbRAktuell 2018, S. 511 ff.

Kühling, Jürgen: Arbeitskampf in der Diakonie, AuR 2001, S. 241 ff.

Kühn, Friedrich: Subjektive Rechte der Kirchen im Zusammenhang mit der Durchsetzung des Schutzes der Sonn- und Feiertage, SächsVBL. 2009, S. 25 ff.

ders.: Ende eines „Dornröschenschlafs" – Das Adventssonntagsurteil des BVerfG, NJW 2010, S. 2094 ff.

Kühne, Jörg-Detlef: Die Reichsverfassung der Paulskirche, 2. Aufl., Neuwied 1998.

ders.: Positive Bekenntnisfreiheit versus Kirchensteuererhebung im Spiegel bundesverfassungsgerichtlicher Wertungsimpulse und ausländischer Alternativmodelle, in: Georg Steinberg (Hrsg.), Recht und Macht. Zur Theorie und Praxis von Strafe. Festschrift für Hinrich Rüping zum 65. Geburtstag, München 2009, S. 173 ff.

Kuhl, Thomas: Der Kernbereich der Exekutive, Baden-Baden 1993.

ders./Unruh, Peter: Religionsfreiheit versus Tierschutz – Anmerkungen zum Schächten, DÖV 1994, S. 644 ff.

Kuhn-Zuber, Gabriele: Die Werteerziehung in der öffentlichen Schule. Religions- und Ethikunterricht im säkularen Staat, Hamburg 2006.

Kunig, Philip: Der Schutz des Sonntags im verfassungsrechtlichen Wandel, Berlin 1989.

Kuntze, Johannes: Rechtsfragen zur religiösen Knabenbeschneidung, ZevKR 58 (2013), S. 47 ff.

Ladeur, Karl-Heinz/Augsberg, Ino: Der Mythos vom neutralen Staat, JZ 2007, S. 12 ff.

Landau, Peter: Das Kirchenrecht des Allgemeinen Preußischen Landrechts für die Preußischen Staaten im 19. Jahrhundert, in: Dölemeyer/Mohnhaupt (Hrsg.), 200 Jahre Allgemeines Landrecht für die preußischen Staaten, 1995.

Landé, Walter: Die Schule in der Reichsverfassung, Berlin 1929.

Lange, Anne-Kathrin: Islamische Theologie an staatlichen Hochschulen, Baden-Baden 2014.

Langenfeld, Christine: Integration und kulturelle Identität zugewanderter Minderheiten, Tübingen 2001.

Lemmen, Thomas: Islamische Religionsausübung in Deutschland, in: ders./Miehl (Hrsg.), Muslimisches Alltagsleben in Deutschland, Bonn 2001, S. 11 ff.

ders.: Muslimische Organisationen in Deutschland: Ansprechpartner für einen islamischen Religionsunterricht?, in: Bock (Hrsg.), Islamischer Religionsunterricht?, 2. Aufl., Tübingen 2007, S. 151 ff.

Lenz, Sebastian: Vorbehaltlose Freiheitsrechte. Stellung und Funktion vorbehaltloser Freiheitsrechte in der Verfassungsordnung, Tübingen 2006.

Lindner, Berend: Zum Verlust des Körperschaftsstatus bei korporierten Religions- und Weltanschauungsgemeinschaften, VerwArch 95 (2004), S. 88 ff.

Link, Christoph: Die Rechtsnatur des bremischen „Unterrichts in Biblischer Geschichte und allgemein christlicher Grundlage" (Art. 23 Brem. Verf) und die sich daraus für die religionspädagogische Ausbildung im Lande Bremen ergebenden Konsequenzen, ZevKR 24 (1979), 54 ff.

ders.: Stat Crux? Die Kruzifix-Entscheidung des Bundesverfassungsgerichts, NJW 1995, S. 3353 ff.

ders.: Zeugen Jehovas und Körperschaftsstatus, ZevKR 43 (1998), S. 1 ff.

ders.: Staat und Kirche in der neueren deutschen Geschichte. Fünf Abhandlungen, Frankfurt/M. 2000.

ders.: Art. „Itio in partes", in: Betz/Browning/Janowski/Jüngel (Hrsg.), RGG, 4. Aufl., Bd. 4, Tübingen 2001, Sp. 333.

ders.: Religionsunterricht in Deutschland, ZevKR 47 (2002), S. 449 ff.

ders.: Antidiskriminierung und kirchliches Arbeitsrecht, ZevKR 50 (2005), S. 403 ff.

ders.: Kirchliche Rechtsgeschichte. Kirche, Staat und Recht in der europäischen Geschichte von den Anfängen bis ins 21. Jahrhundert, 3. Aufl., München 2017.

Listl, Joseph: Das Grundrecht der Religionsfreiheit in der Rechtsprechung der Gerichte der Bundesrepublik Deutschland, Berlin 1971.

ders.: Verbots- und Auflösungsmöglichkeit von Religions- und Weltanschauungsgemeinschaften bei verfassungsfeindlicher politischer Betätigung, DÖV 1973, S. 181 ff.
ders.: Die Konkordate und Kirchenverträge in der Bundesrepublik Deutschland, 2 Bde., Berlin 1987.
ders.: Staatliche und kirchliche Gerichtsbarkeit, DÖV 1989, S. 409 ff.
Löhnig, Martin/Preisner, Mareike: Verhältnis von Kirchenaustritt und Kirchensteuerpflicht, NVwZ 2013, S. 39 ff.
Lorenz, Dieter: Der Rechtsweg für Abwehrklagen gegen kirchliche Beeinträchtigungen, NJW 1996, S. 1855 ff.
Loschelder, Wolfgang: Der Islam und die religionsrechtliche Ordnung des Grundgesetzes, Essener Gespräche 20 (1986), S. 149 ff.
Lücke, Jörg: Zur Dogmatik der kollektiven Glaubensfreiheit, EuGRZ 1995, S. 651 ff.
ders.: Die Weimarer Kirchengutsgarantie als Bestandteil des Grundgesetzes, JZ 1998, S. 534 ff.
Lührs, Hermann: Die Zukunft der Arbeitsrechtlichen Kommissionen. Arbeitsbeziehungen in den Kirchen und ihren Wohlfahrtsverbänden Diakonie und Caritas zwischen Kontinuität, Wandel und Umbruch, Baden-Baden 2011.
Luther, Martin: Von weltlicher Obrigkeit, wie weit man ihr Gehorsam schuldig sei (1523), in: Luther deutsch. Die Werke Luthers in Auswahl, hrsg. von Kurt Aland, Bd. 7, 3. Aufl., Göttingen 1983, S. 7 ff.
Magen, Stefan: Körperschaftsstatus und Religionsfreiheit. Zur Bedeutung des Art. 137 Abs. 5 WRV im Kontext des Grundgesetzes, Tübingen 2004.
ders.: Fall 6: Neuerwerb des Körperschaftsstatus, in: Heinig (Hrsg.), Fälle und Lösungen zum Staatskirchenrecht, Stuttgart u. a. 2005, S. 129 ff.
ders.: § 27. Kirchen und andere Religionsgemeinschaften als Körperschaften des öffentlichen Rechts, in: Pirson, Dietrich/Rüfner, Wolfgang/Germann, Michael/Muckel, Stefan (Hrsg.), HSKR, 3. Aufl., Bd. 1, Berlin 2020, S. 1045 ff.
Mager, Ute: Einrichtungsgarantien, Tübingen 2003.
dies.: § 68. Förderung von Kirchen und anderen Religionsgemeinschaften durch den Staat, in: Pirson, Dietrich/Rüfner, Wolfgang/Germann, Michael/Muckel, Stefan (Hrsg.), HSKR, 3. Aufl., Bd. 3, Berlin 2020, S. 2767 ff.
Maier, Hans: Was war die Säkularisation und wie lief sie ab? Der Reichsdeputationshauptschluss von 1803 und seine Folgen, in: EssGespr 38 (2004), S. 7 ff.
Manok, Andreas: Die medizinisch indizierte Beschneidung des männlichen Kindes. Rechtslage vor und nach Inkrafttreten des § 1631 d BGB unter besonderer Berücksichtigung der Grundrechte, Berlin 2015.
Mainusch, Rainer: Das kirchliche öffentliche Sachenrecht, ZevKR 38 (1993), S. 26 ff.
ders.: Staatliche Rechnungsprüfung gegenüber kirchlichen Einrichtungen, NVwZ 1994, S. 736 ff.
ders.: Die öffentlichen Sachen der Religions- und Weltanschauungsgemeinschaften. Begründung und Konsequenzen ihres verfassungsrechtlichen Status, Tübingen 1995.
ders.: Lehrmäßige Beanstandung eines evangelischen Theologieprofessors, DÖV 1999, S. 677 ff.
ders.: Staatskirchenrechtliche Überlegungen zur kirchlichen Organisationsgewalt, ZevKR 49 (2004), S. 285 ff.
Mantey, Volker: Zwei Schwerter – Zwei Reiche. Martin Luthers Zwei-Reiche-Lehre vor ihrem spätmittelalterlichen Hintergrund, Tübingen 2005.
Marré, Heiner: Systeme der Kirchenfinanzierung in Europa und in den USA, in: Seer, Roman/Kämper, Burkhard (Hrsg.), Bochumer Kirchensteuertag. Grundlagen, Gestaltung und Zukunft der Kirchensteuer, Frankfurt/M. 2004, S. 43 ff.
Mattlin, Hakan: Finnlands neues Gesetz über Religionsfreiheit, ZevKR 50 (2005), S. 481 ff.
Mattner, Andreas: Sonn- und Feiertagsrecht, 2. Aufl., Köln 1991.
Maurer, Hartmut: Die verfassungsrechtliche Grundlage des Religionsunterrichts (1998), in: ders., Abhandlungen zum Kirchenrecht und Staatskirchenrecht, Tübingen 1998, S. 234 ff.

ders.: Religionsfreiheit in der multikulturellen Gesellschaft, in: Eberle/Ibler/Lorenz (Hrsg.), Der Wandel des Staates vor den Herausforderungen der Gegenwart. Festschrift für Winfried Brohm, München 2002, S. 455 ff.
ders.: Die Schranken der Religionsfreiheit, ZevKR 49 (2004), S. 311 ff.
ders.: Der verfassungsgerichtliche Rechtsschutz der Gemeinden, politischen Parteien und Kirchen, in: Grote/Härtel/Hain u. a. (Hrsg.), Die Ordnung der Freiheit. Festschrift für Christian Starck zum siebzigsten Geburtstag, Tübingen 2007, S. 335 ff.
McClean, David: State and Church in the United Kingdom, in: Robbers, Gerhard (Hrsg.), State and Church in the European Union, 3rd ed., Baden-Baden 2019, S. 657 ff.
Meckel, Thomas: Anstaltsseelsorge, in: Stephan Haering/Wilhelm Rees/Heribert Schmitz (Hrsg.), Handbuch des katholischen Kirchenrechts, 3. Aufl., Regensburg 2015, S. 778 ff.
Meier, Annabelle: Die „Jellinek"-These vom religiösen Ursprung der Grundrechte, Tübingen 2023.
Merten, Dieter: Negative Grundrechte, in: ders./Hans-Jürgen Papier (Hrsg.), Handbuch der Grundrechte in Deutschland und Europa, Bd. II, Heidelberg 2006, § 42.
Messner, Francis: State and Church in France, in: Robbers, Gerhard (Hrsg.), State and Church in the European Union, 3rd ed., Baden-Baden 2019, S. 213 ff.
Meyer, Jürgen/Hölscheidt, Sven (Hrsg.): Charta der Grundrechte der Europäischen Union, 5. Aufl., Baden-Baden 2019.
Meyer-Ladewig, Jens/Nettesheim, Martin/ von Raumer, Stefan: EMRK. Europäische Menschenrechtskonvention. Handkommentar, 5. Aufl., Baden-Baden 2023.
Meyer-Blanck, Michael: Art. „Sonn- und Feiertage (Th.)", in: Heun/Honecker/Morlok/Wieland (Hrsg.), EvStL. Neuausgabe, Stuttgart 2006, Sp.2170 ff.
Michael, Lothar: Verbote von Religionsgemeinschaften, JZ 2002, S. 482 ff.
ders./Morlok Martin: Grundrechte, 8. Aufl., Baden-Baden 2022.
Mikat, Paul: Staat, Kirchen und Religionsgemeinschaften, in: Benda/Maihofer/Vogel (Hrsg.), HdBVerfR, 2. Aufl., Berlin/New York 1994, S. 1425 ff.
Möllers, Christoph: Religiöse Freiheit als Gefahr?, VVDStRL 68 (2009), S. 47 ff.
ders.: Anmerkung zum Beschluss des BVerfG vom 30.06.2015 (2 BvR 1282/11) – Zur begrenzten Befugnis des (Landes-)Parlaments zum Erlass von Einzelpersonengesetzen, JZ 2016, S. 1103 ff.
ders.: Freiheitsgrade. Elemente einer liberalen politischen Mechanik, Berlin 2020.
Morlok, Martin: Selbstverständnis als Rechtskriterium, Tübingen 1993.
ders.: Die korporative Religionsfreiheit und das Selbstbestimmungsrecht nach Art. 140 GG/Art. 137 Abs. 3 WRV einschließlich ihrer Schranken, in: Heinig/Walter (Hrsg.), Staatskirchenrecht oder Religionsverfassungsrecht? Ein begriffspolitischer Grundsatzstreit, Tübingen 2007, S. 185 ff.
ders./Heinig, Hans Michael: Feiertag! Freier Tag? Die Garantie des Sonn- und Feiertagsschutzes als subjektives Recht im Lichte des Art. 139 WRV, NVwZ 2001, S. 846 ff.
ders./Müller, Markus H.: Keine Theologie ohne die Kirche/keine Theologie gegen die Kirche?, JZ 1997, S. 549 ff.
ders./Roßner, Sebastian: Art. „Kirche und Staat (J)", in: Heun/Honecker/Morlok/Wieland (Hrsg.), EvStL. Neuausgabe, Stuttgart 2006, Sp.1144 ff.
Mosbacher, Wolfgang: Sonntagsschutz und Ladenschluss. Der verfassungsrechtliche Rahmen für den Ladenschluss an Sonn- und Feiertagen und seine subjektiv-rechtliche Dimension, Berlin 2007.
ders.: Das neue Sonntagsgrundrecht – am Beispiel des Ladenschlusses, NVwZ 2010, S. 537 ff.
Moxter, Michael: Blasphemie und Religionsbeschimpfung aus theologischer Perspektive, ZevKR 61 (2016), S. 221 ff.
Muckel, Stefan: Muslimische Gemeinschaften als Körperschaften des öffentlichen Rechts, DÖV 1995, S. 311 ff.
ders.: Staatliche Warnungen vor sog. Jugendsekten, JA 1995, S. 343 ff.
ders.: Religiöse Freiheit und staatliche Letztentscheidung, Berlin 1997.

ders.: Religionsgemeinschaften als Körperschaften des öffentlichen Rechts, Der Staat 38 (1999), S. 569 ff.

ders.: Islamischer Religionsunterricht und Islamkunde an öffentlichen Schulen in Deutschland, JZ 2001, S. 58 ff.

ders.: Verbot des rituellen Gebets in der Schule, JA 2012, S. 235 ff.

ders.: Die Bedeutung der Religionsfreiheit beim Kirchenaustritt, JA 2013, S. 314 ff.

ders.: Nochmals: Verhältnis von Kirchenaustritt und Kirchensteuerpflicht, NVwZ 2013, S. 260 ff.

ders.: Keine Befreiung einer muslimischen Schülerin vom koedukativen Schwimmunterricht, JA 2014, S. 234 ff.

ders.: Die Zweitverleihung der Körperschaftsrechte an Religionsgemeinschaften – immer noch umstritten, NVwZ 2015, S. 1426 ff.

ders.: Körperschaftsstatus im 21. Jahrhundert – Anachronismus oder Zukunftsmodell?, ZevKR 63, S. 30 ff.

ders./Tillmanns, Reiner: Die religionsverfassungsrechtlichen Rahmenbedingungen für den Islam, in: Muckel (Hrsg.), Der Islam im öffentlichen Recht des säkularen Verfassungsstaates, Berlin 2008, S. 234 ff.

ders./Traub, Thomas: § 28. Religiöse Vereine und Gesellschaften, in: Pirson, Dietrich/Rüfner, Wolfgang/Germann, Michael/Muckel, Stefan (Hrsg.), HSKR, 3. Aufl., Bd. 1, Berlin 2020, S. 1103 ff.

Mückl, Stefan: Staatskirchenrechtliche Regelungen zum Religionsunterricht, AöR 122 (1997), S. 513 ff.

ders.: Religions- und Weltanschauungsfreiheit im Europarecht, Berlin 2002.

ders.: Europäisierung des Staatskirchenrechts, Baden-Baden 2005.

ders.: Trennung und Kooperation – das gegenwärtige Staat-Kirche-Verhältnis in der Bundesrepublik Deutschland, in: EssGespr. 40 (2007), S. 41 ff.

ders.: Konfessionalität des Religionsunterrichts im Wandel?, in: Manssen/Jachmann/Gröpl (Hrsg.), Nach geltendem Verfassungsrecht. Festschrift für Udo Steiner zum 70. Geburtstag, Stuttgart 2009, S. 542 ff.

ders.: Kirchensteuer und Kirchenbeitrag, in: Haering, Stephan/Rees, Wilhelm/Schmitz, Heribert (Hrsg.), HdbkathKR, 3. Aufl., Regensburg 2015, S. 1532 ff.

ders.: § 10. Verträge zwischen Staat und Kirchen sowie anderen Religionsgemeinschaften, in: Pirson, Dietrich/Rüfner, Wolfgang/Germann, Michael/Muckel, Stefan (Hrsg.), HSKR, 3. Aufl., Bd. 1, Berlin 2020, S. 433 ff.

Müller, Markus: Religion im Rechtsstaat. Von der Neutralität zur Toleranz, Bern 2017.

Müller-Volbehr, Jörg: Staatskirchenrecht an der Jahrtausendwende – Bestandsaufnahme und Ausblick, ZevKR 44 (1999), S. 385 ff.

Münch, Ingo von: „Kirchenasyl": ehrenwert, aber kein Recht, NJW 1995, S. 565 ff.

ders./Kunig, Philip (hrsg. von *Kämmerer, Jörn Axel/Kotzur, Markus*): Grundgesetz-Kommentar, 7, Aufl., München 2021.

Munsonius, Hendrik: Quo vadis „Staatskirchenrecht"? – Aktuelle Fragen an das Verhältnis von Staat und Kirche in Deutschland, DÖV 2013, S. 93 ff.

ders.: Amtliche Beglaubigung durch kirchliche Stellen?, ZevKR 59 (2014), S. 381 ff.

ders.: Kirche – „staatsanalog"?, ZevKR 68 (2013), S. 52 ff.

ders.: Zur Übereinstimmung eines „Christlichen Religionsunterrichts" mit den Grundsätzen der evangelischen Kirche, ZevKR 67 (2022), S. 254 ff.

Nicolaisen, Carsten: Art. „Barmen", RGG, Bd.1, 4. Aufl., Tübingen 1998, Sp.1111 ff.

Nicolaysen, Gert: § 1. Historische Entwicklungslinien des Grundrechtsschutzes in der EU, in: Heselhaus, F. Sebastian M./Nowak, Carsten (Hrsg.), Handbuch der Europäischen Grundrechte, 2. Aufl., München 2020, S. 1 ff.

Nettesheim, Martin: Ein Individualrecht auf Staatlichkeit? Die Lissabon-Entscheidung des BVerfG, NJW 2009, S. 2867 ff.

Niestegge, Vera: Dachverbandsorganisationen als Religionsgemeinschaften?, KuR 2018, S. 140 ff.

Literaturverzeichnis

Neuhoff, Ursula: Die Dienstgemeinschaft als Grund und Grenze des kirchlichen Arbeitsrechts, Bonn 2013.
Neureither, Georg: Die jüngere Rechtsprechung des BVerfG im Kontext von Recht und Religion, NVwZ 2011, S. 1192 ff.
ders.: Die Angelegenheiten der Religionsgemeinschaften – Zu Bernhard Schlink JZ 2013, 209–219, JZ 2013, S. 1089 ff.
ders.: Subjektivierung des Objektiven, Vergrundrechtlichung des Institutionellen? – Zur jüngeren Rechtsprechung des Bundesverfassungsgerichts im Kontext von Recht und Religion, in: Bernd Grzeszick (Hrsg.), Aktuelle Entwicklungen des Kirchen- und Staatskirchenrechts, Berlin 2014; S. 47 ff.
Nolte, Andreas: Durchbruch auf dem Weg zu einem gleichwertigen staatlichen Rechtsschutz in Kirchensachen?, NJW 2000, S. 1844 ff.
Obermayer, Klaus: Staatskirchenrecht im Wandel, DÖV 1967, S. 9 ff.
Oebbecke, Janbernd: Reichweite und Voraussetzungen der grundgesetzlichen Garantie des Religionsunterrichts, DVBL. 1996, S. 336 ff.
ders.: Islamische Theologie an deutschen Universitäten, ZevKR 56 (2011), S. 262 ff.
ders.: Die rechtliche Ordnung des islamischen Religionsunterrichts in Deutschland – Stand und Perspektiven, EssGspr. 49 (2016) S. 154 ff.
Ogorek, Markus: § 44. Religionsunterricht, in: Pirson, Dietrich/Rüfner, Wolfgang/Germann, Michael/Muckel, Stefan (Hrsg.), HSKR, 3. Aufl., Bd. 2, Berlin 2020, S. 1799 ff.
Ooyen, Robert Christian van: Das Bundesverfassungsgericht und der „Kopftuch-Streit", 3. Aufl., 2020.
Oppermann, Thomas /Classen, Claus Dieter/Nettesheim, Martin: Europarecht, 5. Aufl., München 2011.
Ottenberg, Daniel: Der Schutz der Religionsfreiheit im internationalen Recht, Baden-Baden 2009.
Otto, Martin: Staatskirchenrecht in der DDR, in: Thomas Holzner/Hannes Ludyga (Hrsg.), Entwicklungstendenzen des Staatskirchen- und Religionsverfassungsrechts. Ausgewählte begrifflich-systematische, historische, gegenwartsbezogene und biografische Bezüge, Paderborn u. a. 2013, S. 269 ff.
Overbeck, Franz-Josef: Die Dienstgemeinschaft und das katholische Profil kirchlicher Einrichtungen, in: EssGspr. 46 (2012), S. 7 ff.
Pabel, Katharina: § 25. Die Organisation muslimischer Gemeinschaften in Deutschland, in: Pirson, Dietrich/Rüfner, Wolfgang/Germann, Michael/Muckel, Stefan (Hrsg.), HSKR, 3. Aufl., Bd. 1, Berlin 2020, S. 985 ff.
Pahlke, Armin: Sonn- und Feiertagsschutz als Verfassungsgut, in: EssGspr. 24 (1990), S. 53 ff.
Papadopoulou, Lina: State and Church in Greece, in: Robbers, Gerhard (Hrsg.), State and Church in the European Union, 3rd ed., Baden-Baden 2019, S. 171 ff.
Pieroth, Bodo/Görisch, Christoph: Was ist eine „Religionsgemeinschaft"?, JuS 2002, S. 937 ff.
Pirson, Dietrich: Die Seelsorge in staatlichen Einrichtungen als Gegenstand des Staatskirchenrechts, EssGspr. 23 (1989), S. 4 ff.
ders.: Kirchengut-Religionsfreiheit-Selbstbestimmung (1999), in: ders., Gesammelte Beiträge zum Kirchenrecht und Staatskirchenrecht, 2. Halbband, Tübingen 2008, S. 1048 ff.
ders.: § 1 Geschichtliche Grundlagen des Staatskirchenrechts in Deutschland, in: ders./Rüfner, Wolfgang/Germann, Michael/Muckel, Stefan (Hrsg.), Handbuch des Staatskirchenrechts der Bundesrepublik Deutschland, 3. Aufl., Berlin 2020, S. 3 ff.
Plum, Martin: Kirchliche Loyalitätsobliegenheiten im Lichte der Rechtsprechung des EGMR, NZA 2011, S. 1194 ff.
Poscher, Ralf: Totalität – Homogenität – Zentralität – Konsistenz, in: Der Staat 39 (2000), S. 49 ff.
ders.: Zur Verfassungsmäßigkeit eines gemeinsam verantworteten christlichen Religionsunterrichts, ZevKR 67 (2022), S. 217 ff.

Literaturverzeichnis

Pottmeyer, Maria: Religiöse Kleidung in der öffentlichen Schule in Deutschland und England. Staatliche Neutralität und individuelle Rechte im Rechtsvergleich, Tübingen 2011.

Pulte, Mathias: Von der Societas-perfecta Lehre zur wechselseitigen Anerkennung der Autonomie von Kirche und Staat. Das Verhältnis von Kirche und Staat aus katholischer Sicht im 19. Und 20. Jahrhundert, in: Thomas Holzner/Hannes Ludyga (Hrsg.), Entwicklungstendenzen des Staatskirchen- und Religionsverfassungsrechts. Ausgewählte begrifflich-systematische, historische, gegenwartsbezogene und biografische Bezüge, Paderborn u. a. 2013, S. 143 ff.

Putzke, Holm: Rechtliche Grenzen der Zirkumzision bei Minderjährigen. Zur Frage der Strafbarkeit des Operateurs nach § 223 des Strafgesetzbuches, MedR 2008, S. 268 ff.

Puza, Richard: Kirche und Staat – Vertragliche Partnerschaft mit Zukunft, NVwZ 1995, S. 460 ff.

Quaas, Michael: Begründung und Beendigung des öffentlich-rechtlichen Körperschaftsstatus von Religionsgemeinschaften, NVwZ 2009, S. 1400 ff.

Quaritsch, Helmut: Kirchenvertrag und Staatsgesetz, in: Festschrift für Friedrich Schack, Hamburg 1966, S. 125 ff.

Radtke, Dieter: Zum Niedersächsischen Konkordat, NdsVBl. 1997, S. 49 ff.

Radtke, Henning: Das Verbot von Religionsgemeinschaften nach der Abschaffung des vereinsrechtlichen „Religionsprivilegs", ZevKR 50 (2005), S. 95 ff.

ders.: § 75 Der Schutz von Religion und Kirchen im Strafrecht, in: Pirson, Dietrich/Rüfner, Wolfgang/Germann, Michael/Muckel, Stefan (Hrsg.), HSKR, 3. Aufl., Bd. 3, Berlin 2020, S. 3131 ff.

Rausch, Rainer: 14. Dezember 1965 – 50 Jahre Judikatur des Bundesverfassungsgerichts zur Kirchensteuer, KuR 2016, S. 61 ff.

Rehm, Johannes: Streikrecht in der Kirche: Vereinbarkeit mit dem Dritten Weg?, NZA 2011, S. 1211 ff.

Reichold, Hermann: **Neues zum Arbeitsrecht der Kirchen: Konsolidierung oder Irritation durch das BAG?, NZA 2009, S. 1377 f.**

Reimer, Philipp: Der Kirchenaustritt zwischen Landesrecht, Bundesrecht und Kirchenrecht. Zugleich Besprechung von BVerwG, Urteil vom 26.9.2012 – 6 C 7.12, JZ 2013, S. 136 ff.

Reisgies, Jens: Verbot der Vollverschleierung für Verfahrensbeteiligte im Gerichtssaal, Zeitschrift für Evangelisches Kirchenrecht 62 (2017), S. 271 ff.

Renck, Ludwig: Res sacra und Sachgebrauch, NVwZ 1990, S. 38 ff.

ders.: Grundfragen des Rechts der res sacra, DÖV 1990, S. 333 ff.

ders.: Verfassungsprobleme des Ethikunterrichts, BayVBl. 1992, S. 519 ff.

ders.: Religionsunterricht in den neuen Ländern, LKV 1993, S. 88 f.

ders.: Rechtsfragen des Religionsunterrichts im bekenntnisneutralen Staat, DÖV 1994, S. 27 ff.

ders.: Über positive und negative Bekenntnisfreiheit, NVwZ 1994, S. 544 ff.

ders.: Bemerkungen zu den sog. Staatskirchenverträgen, ThürVBl. 1995, S. 31 ff.

ders.: Verfassungsprobleme des Kirchenaustritts aus kirchensteuerlichen Gründen, DÖV 1995, S. 373 ff.

ders.: Verfassungsprobleme der theologischen Fakultäten, NVwZ 1996, S. 333 ff.

ders.: Der sogenannte Rang der Kirchenverträge, DÖV 1997, S. 929 ff.

ders.: Zum Stand des Bekenntnisverfassungsrechts in der Bundesrepublik, BayVBl. 1999, S. 70 ff.

ders.: Res sacrae und Gewohnheitsrecht, JZ 2001, S. 375 ff.

ders.: Der obligatorische Ethikunterricht im Land Berlin, NJ 2008, S. 495 ff.

Richardi, Reinhard: Sicherung der Privatautonomie für den kirchlichen Dienst durch das kirchliche Arbeitsrecht, ZevKR 52 (2007), S. 182 ff.

ders.: Arbeitsrecht in der Kirche. Staatliches Arbeitsrecht und kirchliches Dienstrecht, 8. Aufl., München 2020.

Richter, Martin/Ziekow, Arne: Der Evangelische Kirchenvertrag Berlin, ZevKR 53 (2008), S. 1 ff.

Rivers, Julian: The Law of Organized Religions Between Establishment and Secularism, Oxford 2010.

Rixen, Stephan: Was lässt das EU-Recht vom deutschen Staatskirchenrecht übrig? – EU-rechtliche Effekte auf das Religionsverfassungsrecht in Deutschland, in: Thomas Holzner/Hannes Ludyga (Hrsg.), Entwicklungstendenzen des Staatskirchen- und Religionsverfassungsrechts. Ausgewählte begrifflich-systematische, historische, gegenwartsbezogene und biografische Bezüge, Paderborn u. a. 2013, S. 119 ff.
Robbers, Gerhard: Kirchenrechtliche und staatskirchenrechtliche Probleme des Kirchenübertritts, ZevKR 32 (1987), S. 19 ff.
ders.: Das Verhältnis von Staat und Kirche in Europa, ZEvKR 42 (1997), S. 122 ff.
ders.: Kirchliches Asylrecht?, AöR 113 (1988), S. 30 ff.
ders.: Staat und Religion, VVDStRL 59 (2000), S. 231 ff.
ders.: Religionsrechtliche Gehalte der Grundrechtecharta, in: Geis/Lorenz (Hrsg.), Staat-Kirche-Verwaltung. Festschrift für Hartmut Maurer, München 2001, S. 425 ff.
ders.: Streikrecht in der Kirche, Baden-Baden 2010.
ders. (Hrsg.): State and Church in the European Union, 3rd ed., Baden-Baden 2019.
Robbert, Jens: Finanzielle Förderung jüdischer Gemeinden durch den Staat, NVwZ 2009, S. 1211 ff.
Röhrig, Sarah: Religiöse Symbole in staatlichen Einrichtungen als Grundrechtseingriffe, Tübingen 2017.
Rohde, Ulrich: § 70. Die Hochschulen, in: ders./Rees, Wilhelm/Schmitz, Heribert (Hrsg.), HdbkathKR, 3. Aufl., Regensburg 2015, S. 1049 ff.
Rohe, Mathias: Der Islam in Deutschland, 2. Aufl., München 2018
Rosenkötter, Maren: Die Establishment Clause der U.S. Verfassung und staatliche Unterstützung religiöser Privatschulen, Frankfurt/M. 2011.
Rox, Barbara: Schutz religiöser Gefühle im freihheitlichen Verfassungsstaat?, Tübingen 2012.
dies.: Vom Wert der freien Rede – Zur Strafwürdigkeit der Blasphemie, JZ 2013, S. 30 ff.
Rozek, Jochen: Der unerfüllte Verfassungsauftrag – Die Ablösung der Staatsleistungen an die Kirchen, in: Thomas Holzner/Hannes Ludyga (Hrsg.), Entwicklungstendenzen des Staatskirchen- und Religionsverfassungsrechts. Ausgewählte begrifflich-systematische, historische, gegenwartsbezogene und biografische Bezüge, Paderborn u. a. 2013, S. 421 ff.
Rubin, Hannah: Das islamische Gebet in der Schule, Jura 2012, S. 718 ff.
Rüfner, Wolfgang: Grundrechtsträger, in: Isensee/Kirchhof (Hrsg.), HdBStR V, Heidelberg 1992, § 116.
ders.: Die institutionelle Garantie der Sonn- und Feiertage, in: Kästner/Nörr/Schlaich (Hrsg.), Festschrift für Martin Heckel zum siebzigsten Geburtstag, Tübingen 1999, S. 448 ff.
ders.: § 78 Staatlicher Rechtsschutz gegen Kirchen und kirchliches Selbstbestimmungsrecht, in: Pirson, Dietrich/Rüfner, Wolfgang/Germann, Michael/Muckel, Stefan (Hrsg.), HSKR, 3. Aufl., Bd. 3, Berlin 2020, S. 3267 ff.
Ruffert, Matthias: An den Grenzen des Integrationsverfassungsrechts: Das Urteil des Bundesverfassungsgerichts zum Vertrag von Lissabon, DVBl. 2009, S. 1197 ff.
Sachs, Michael: Verfassungsrecht II. Grundrechte, 2. Auflage, Berlin u. a. 2003.
ders.: Verbot einer Religionsgemeinschaft (Kalifatsstaat) – BVerwG, NVwZ 2003, 986, JuS 2004, S. 12 ff.
ders./Jasper, Christian: Die Verleihung des Status einer Körperschaft des öffentlichen Rechts an Religionsgesellschaften, NWVBl. 2016, S. 1 ff.
ders. (Hrsg.): Grundgesetz. Kommentar, 9. Aufl., München 2021*Sacksofsky, Ute*: Religiöse Freiheit als Gefahr?, VVDStRL 68 (2009), S. 7 ff.
Scheuner, Ulrich: Die staatskirchenrechtliche Tragweite des niedersächsischen Kirchenvertrages von Kloster Loccum, ZevKR 6 (1957/58), S. 1 ff.
ders.: Kirchenverträge in ihrem Verhältnis zum Staatsgesetz, in: ders.; Schriften zum Staatskirchenrecht, Berlin 1973, S. 355 ff.
Schier, Katia: Die Bestandskraft staatskirchenrechtlicher Verträge, Berlin 2009.

Schilberg, Arno: § 56. Krankenhausseelsorge, Seelsorge im Strafvollzug und anderen Anstalten, in: Pirson, Dietrich/Rüfner, Wolfgang/Germann, Michael/Muckel, Stefan (Hrsg.), HSKR, 3. Aufl., Bd. 2, Berlin 2020, S. 2343 ff.
Schlaich, Klaus: Kollegialtheorie. Kirche, Recht und Staat in der Aufklärung, Tübingen 1969.
ders.: Neutralität als verfassungsrechtliches Prinzip vornehmlich im Kulturverfassungs- und Staatskirchenrecht, Tübingen 1972.
Schleder, Pascal: Die Religionsfreiheit im Sonderstatusverhältnis. Eine Untersuchung der Problematik am Paradigma der Zulässigkeit eines Kopftuchverbotes für Lehrerinnen an öffentlichen Schulen, Marburg 2007.
Schlink, Bernhard: Religionsunterricht in den neuen Ländern, NJW 1992, S. 1008 ff.
ders.: Die Angelegenheiten der Religionsgemeinschaften, JZ 2013, S. 209 ff.
ders./Poscher, Ralf: Der Verfassungskompromiss zum Religionsunterricht. Art. 7 Abs. 3 und Art. 141 GG im Kampf des Parlamentarischen Rates um die „Lebensordnungen", Baden-Baden 2000.
Schmal, Barbara: Das staatliche Kirchenaustrittsrecht in seiner historischen Entwicklung, Tübingen 2013.
Schmidt, Thorsten Ingo: LER – Der Vergleich vor dem BVerfG, NVwZ 2002, S. 980 ff.
Schmidt-Eichstaedt, Gerd: Kirchen als Körperschaften des öffentlichen Rechts? – Eine Überprüfung des öffentlich-rechtlichen Status von Religions- und Weltanschauungsgemeinschaften, Köln u. a. 1975.
Schmitt, Carl: Verfassungslehre (1928), 8. Aufl., Berlin 1993.
ders.: Freiheitsrecht und institutionelle Garantien (1931), in: ders., Verfassungsrechtliche Aufsätze aus den Jahren 1924–1954, Berlin 1985, S. 140 ff.
Schnabel, Patrick Roger: Der Dialog nach Art. 17 III AEUV, Tübingen 2014.
Schneider, Bernd Christian: Art. „Augsburger Religionsfrieden", in: Heun/Honecker/Morlok/Wieland (Hrsg.), EvStL. Neuausgabe, Stuttgart 2006, Sp. 140 ff.
Schoch, Friedrich: Die Grundrechtsdogmatik vor den Herausforderungen einer multikonfessionellen Gesellschaft, in: Bohner u. a. (Hrsg.), Festschrift für Alexander Hollerbach, Berlin 2001, S. 149 ff.
Schöbener, Burkhard: Das Verhältnis des EU-Rechts zum nationalen Recht der Bundesrepublik Deutschland, JA 2011, 885 ff.
Schoenauer, Andreas: Die Kirchenklausel des § 9 AGG im Kontext des kirchlichen Dienst- und Arbeitsrechts, Frankfurt/M. 2010.
Scholder, Klaus: Die Kirchen und das Dritte Reich, 2 Bde., Berlin 1977/1985.
Schrooten, Jost-Benjamin: Gleichheitssatz und Religionsgemeinschaften, Tübingen 2015.
Schüller, Heribert: Die verblüffende Aufhebung des Voraustrauungsverbots und ihre Auswirkungen, NJW 2008, S. 2745 ff.
Schwarz, Kyrill-Alexander: Vertrauensschutz als Verfassungsprinzip. Eine Analyse des nationalen Rechts, des Gemeinschaftsrechts und der Beziehungen zwischen beiden Rechtskreisen, Baden-Baden 2002.
ders.: Die karitative Tätigkeit der Kirchen im Spannungsfeld von nationalem Recht und Gemeinschaftsrecht, EuR 2002, S. 192 ff.
ders.: Verfassungsrechtliche Fragen der aus religiösen Gründen gebotenen Beschneidung, in: Ebner/Kraneis/Minkner/Neufeind/Wolff (Hrsg.), Staat und Religion. Neue Anfragen an eine vermeintlich eingespielte Beziehung, Tübingen 2014, S. 155 ff.
ders.: Das Gleichbehandlungsgebot im Hinblick auf Religion, in: Pirson, Dietrich/Rüfner, Wolfgang/Germann, Michael/Muckel, Stefan (Hrsg.), HSKR, 3. Aufl., Bd. 1, Berlin 2020, S. 707 ff.
Schwarze, Jürgen/Becker, Ulrich/Hatje, Armin/Schoo, Johann: EU-Kommentar, 4. Aufl., Baden-Baden 2019.
Seifert, Frank-Florian: Sonntagsschutz und Ladenöffnung in Berlin nach dem zweiten Änderungsgesetz vom 13. Oktober 2010, LKV 2010, S. 67 ff.
Sendler, Hartmut: Glaubensgemeinschaften als Körperschaften des öffentlichen Rechts, DVBl. 2004, S. 8 ff.

Literaturverzeichnis

Smend, Rudolf: Staat und Kirche nach dem Bonner Grundgesetz, ZevKR 1951, S. 4 ff. (auch in ders., Staatsrechtliche Abhandlungen und andere Aufsätze, 3. Aufl., Berlin 1994, S. 411 ff.).
ders.: Der Niedersächsische Kirchenvertrag und das heutige Staatskirchenrecht, JZ 1956, S. 50 ff.
ders.: Reichskonkordat und Schulgesetzgebung, JZ 1956, S. 265 ff.
Sodan, Helge/Ziekow, Jan (Hrsg.): Verwaltungsgerichtsordnung. Großkommentar, 2. Aufl., Baden-Baden 2006.
ders. (Hrsg.): Grundgesetz, München 2009.
Solte, Ernst-Lüder: Theologie an der Universität, München 1971.
ders.: Aktuelle Rechtsfragen der Theologenausbildung an den Universitäten des Staates, ZevKR 49 (2004), S. 351 ff.
ders.: Art. „Gerichtsbarkeit, kirchliche", in: Heun/Honecker/Morlok/Wieland (Hrsg.), EvStL. Neuausgabe, Stuttgart 2006, Sp.748 ff.
Spaenle, Ludwig/Dürr, Sepp: Ist die staatliche Kirchenfinanzierung zeitgemäß?; ZRP 2008, S. 63.
Starck, Christian: Religionsunterricht in Brandenburg. Art. 141 GG als Ausnahme von der Regel des Art. 7 Abs. 3 GG, in: Isensee/Rees/Rüfner (Hrsg.), Dem Staate, was des Staates ist – der Kirche, was der Kirche ist. Festschrift für Joseph Listl zum 70. Geburtstag, Berlin 1999, S. 391 ff.
ders.: Staat und Religion, JZ 2000, S. 1 ff.
ders.: Religionsunterricht und Verfassung. Eine rechtsvergleichende Betrachtung, in: de Wall/Germann (Hrsg.), Bürgerliche Freiheit und Christliche Verantwortung. Festschrift für Christoph Link zum siebzigsten Geburtstag, Tübingen 2003, S. 483 ff.
ders.: Die Position der Kirchen im europäischen Recht, in: Akyürek u. a. (Hrsg.), Staat und Recht in europäischer Perspektive. Festschrift für Heinz Schäffer, Wien 2006, S. 765 ff.
ders.: Über die Sicherung des verfassungsrechtlichen Sonntagsschutzes in der modernen Konsumwelt, in: Manssen/Jachmann/Gröpl (Hrsg.), Nach geltendem Verfassungsrecht. Festschrift für Udo Steiner zum 70. Geburtstag, Stuttgart 2009, S. 808 ff.
Starski, Paulina: Der Körperschaftsstatus von Religionsgemeinschaften – Bestandsaufnahme eines „rätselhaften Ehrentitels", KuR 2016, S. 51 ff.
Stein, Karsten S.: Die Beendigung des öffentlich-rechtlichen Körperschaftsstatus bei Religionsgemeinschaften, dissertation.de 2007.
Stern, Klaus: Das Staatsrecht der Bundesrepublik Deutschland, Bd. I, 2. Aufl., München 1984; Bd. III/1, München 1988; Bd. III/2, München 1994; Bd. IV/2, München 2011.
ders./Becker, Florian (Hrsg.), Grundrechte-Kommentar, Köln 2010.
Stier-Somlo, Fritz: Deutsches Reichs- und Landesstaatsrecht, Bd. 1, Berlin/Leipzig 1924.
ders.: Politik, 6. Aufl., Leipzig 1926.
Stock, Martin: Einige Schwierigkeiten mit islamischem Religionsunterricht, NVwZ 2004, S. 1399 ff.
Stolleis, Michael: Staatliche und kirchliche Zuständigkeiten im Datenschutzrecht, ZevKR 23 (1978), S. 230 ff.
ders.: Eine neue Bilanz des Staatskirchenrechts, ZevKR 41 (1996), S. 435 ff.
Stollmann, Frank: Der Sonn- und Feiertagsschutz nach dem Grundgesetz, Stuttgart u. a. 2004.
ders.: Zum subjektivrechtlichen Gehalt des Art. 140 GG/139 WRV, VerwArch 2005, S. 348 ff.
Streinz, Rudolf (Hrsg.): EUV/AEUV, 2. Aufl., München 2012.
Stuhlfauth, Thomas: Das Recht zum Austritt aus der Kirche, DÖV 2009, S. 225 ff.
ders.: Verfassungsrechtliche Fragen des Verbots von Religionsgemeinschaften, DVBl. 2009, S. 416 ff.
Stutz, Ulrich: Die päpstliche Diplomatie unter Leo XVIII. nach den Denkwürdigkeiten des Kardinals Domenico Ferrats, Berlin 1926.
Szczekalla, Peter: § 3. Das Verhältnis zwischen dem Grundrechtsschutz in der EU und nach der EMRK, in: Heselhaus, F. Sebastian M./Nowak, Carsten (Hrsg.), Handbuch der Europäischen Grundrechte, 2. Aufl., München 2020, S. 45 ff.
Tabbara, Tarik: Rechtsfragen der Einführung einer muslimischen Krankenhausseelsorge, ZAR 2009, S. 254 ff.

Literaturverzeichnis

Tangermann, Christoph: Die Bremer Klausel (Art. 141 GG) angesichts neuer Fragestellungen. Zugleich ein Beitrag zur Zukunft des Religionsunterrichts in der multireligiösen Gesellschaft, ZevKR 50 (2005), S. 184 ff.

Tariq, Waqar: Zwei Dezennien Kopftuchdebatte, ZevKR 67 (2022), S. 404 ff.

Thieme, Sophie: Reformvorschläge der Kirchensteuer in der Evangelischen Kirche in Deutschland, Göttingen 2022.

Thieme, Werner: Der Vertrag von Kloster Loccum, DVBl. 1955, S. 273 ff.

Thüsing, Gregor: Die Kirchen als Tarifvertragsparteien, ZevKR 41 (1996), S. 52 ff.

ders.: Kirchliches Arbeitsrecht, Tübingen 2006.

ders.: Grund und Grenzen der besonderen Loyalitätspflichten des kirchlichen Dienstes – Gedanken zu den verfassungsrechtlichen Garantien und europarechtlichen Herausforderungen, EssGspr. 46 (2012), S. 129 ff.

Thumser, Wolfgang: Kirche im Sozialismus. Geschichte, Bedeutung und Funktion einer ekklesiologischen Formel, Tübingen 1996.

Tiling, Christian von: Staatlicher Rechtsschutz gegen Regelungen des Dritten Weges im Bereich der Evangelischen Kirche?, NZA 2009, S. 590 ff.

Tillmanns, Reiner: Zur Verleihung des Körperschaftsstatus an Religionsgemeinschaften, DÖV 1999, S. 441 ff.

Towfigh, Emanuel V.: § 26. Der allgemeine Rechtsstatus der Religionsgemeinschaften, in: Pirson, Dietrich/Rüfner, Wolfgang/Germann, Michael/Muckel, Stefan (Hrsg.), HSKR, 3. Aufl., Bd. 1, Berlin 2020, S. 1019 ff.

Trapp, Dan Bastian: Das Körperschaftsstatusgesetz NRW – ein Prototyp?, KuR 2014, S. 158 ff.

Traub, Thomas/Staufenbiel, Alexandra: Ethikunterricht zwischen elterlichem Erziehungsrecht und staatlichem Bildungsauftrag, NVwZ 2014, S. 1142 ff.

Traulsen, Christian: Betäubungsloses Schlachten nach islamischem Ritus, ZevKR 48 (2003), S. 198 ff.

ders.: Distanzierende Neutralität an Baden-Württembergs Schulen?, RdJB 2006, S. 116 ff.

ders.: Neueste Rechtsprechung des Bundesverwaltungsgerichts zu kommunalen Kirchenbaulastverträgen, NVwZ 2009, S. 1019 ff.

ders.: Rechtsstaatlichkeit und Kirchenordnung. Überlegungen zur Rechtsstaatsbindung von Religionsgemeinschaften unter besonderer Berücksichtigung der evangelischen Landeskirchen, Tübingen 2013.

Triebel, Matthias: Das europäische Religionsrecht am Beispiel der arbeitsrechtlichen Anti-Diskriminierungsrichtlinie 2000/78/EG, Frankfurt/M. 2005.

Troidl, Thomas: Zwischen Kirchturm und Minarett: der Lärm Gottes – dürfen Glocken lauter läuten als Muezzins rufen können?, DVBl 2012, S. 925 ff.

Uhle, Arnd: Die Verfassungsgarantie des Religionsunterrichts und ihre territoriale Reichweite, DÖV 1997, S. 409 ff.

ders.: Staat-Kirche-Kultur, Tübingen 2004.

ders.: Die Urteile des BVerwG in den Verfahren „Burkini" und „Krabat" (6 C 25/12 und 6 C 12/12), NVwZ 2014, S. 541 ff.

Ule, Carl Hermann: Über die Anwendung der clausula rebus sic stantibus auf Kirchenverträge, in: Spanner, Hans/Lerche, Peter u. a. (Hrsg.), Festschrift für Theodor Maunz zum 70. Geburtstag, München 1971, S. 415 ff.

Umbach, Dieter C./Clemens, Thomas (Hrsg.): Grundgesetz. Mitarbeiterkommentar und Handbuch, Bde. 1–3, Heidelberg 2002.

Ungern-Sternberg, Antje von: Religionsfreiheit in Europa. Die Freiheit individueller Religionsausübung in Großbritannien, Frankreich und Deutschland – Ein Vergleich, Tübingen 2008.

Unruh, Peter: Zur Dogmatik der grundrechtlichen Schutzpflichten, Berlin 1996.

ders.: Auswirkungen der Aufnahme des Tierschutzes in die Verfassungen, Der Tierschutzbeauftragte 1998, S. 122 ff.

ders.: Der Verfassungsbegriff des Grundgesetzes. Eine verfassungstheoretische Rekonstruktion, Tübingen 2001.

Literaturverzeichnis

ders.: Die Kirchen und der Sonntagsschutz, ZevKR 52 (2007), S. 1 ff.
ders.: Besprechung von v. Campenhausen/de Wall, Staatskirchenrecht. Eine systematische Darstellung des Religionsverfassungsrechts in Deutschland und Europa. Ein Studienbuch, 4. Aufl., München 2006, ZevKR 52 (2007), S. 111 ff.
ders.: Zur Verfassungsmäßigkeit des obligatorischen Ethikunterrichts – Anmerkungen zum Religions- und Ethikunterricht in Berlin, DÖV 2007, S. 625 ff.
ders.: Zur Abwägung von Religionsfreiheit und Tierschutz unter dem Grundgesetz, in: Caspar, Johannes/Luy, Jörg (Hrsg.), Tierschutz bei der religiösen Schlachtung / Animal Welfare at Religious Slaughter, Baden-Baden 2010, S. 158 ff.
ders.: Kirche(n) und Staat im demokratischen Verfassungsstaat, in: Lothar Knopp/Heinrich Amadeus Wolff (Hrsg.), Umwelt – Hochschule – Staat. Festschrift für Franz-Joseph Peine zum 70. Geburtstag, Berlin 2016, S. 603 ff.
ders.: Reformation – Staat – Religion. Zur Grundlegung und Aktualität der reformatorischen Unterscheidung von Geistlichem und Weltlichem, Tübingen 2017.
ders.: Zur Dekonstruktion des Religionsverfassungsrechts durch den EuGH im Kontext des kirchlichen Arbeitsrechts, ZevKR 64 (2019), S. 188 ff.
ders.: Ein Grundsätzegesetz zur Ablösung der Staatsleistungen, DÖV 2020, S. 953 ff.
ders.: Die Kirchen, der Sonntagsschutz und das Verwaltungsverfahren. Zum Urteil des Bundesverwaltungsgerichts zur Verfahrensbeteiligung von Kirchen bei der Bewilligung von Sonntagsarbeit, ZevKR 66 (2021), S. 89 ff.
Vedder, Christoph/Heintschel von Heinegg, Wolff (Hrsg.): Europäischer Verfassungsvertrag. Handkommentar, Baden-Baden 2007.
dies. (Hrsg.): Europäisches Unionsrecht. EUV, AEUV, Grundrechte-Charta. Handkommentar, 2. Aufl., Baden-Baden 2018.
Vinding, Niels Valdemar: State and Church in Denmark, in: Robbers, Gerhard (Hrsg.), State and Church in the European Union, 3rd ed., Baden-Baden 2019, S. 87 ff.
Vosgerau, Ulrich: Freiheit des Glaubens und Systematik des Grundgesetzes: Zum Gewährleistungsgehalt schrankenvorbehaltloser Grundrechte am Beispiel der Glaubens- und Gewissensfreiheit, Berlin 2007.
Waechter, Kay: Einrichtungsgarantien als dogmatische Fossilien, Die Verwaltung 29 (1996), S. 47 ff.
Waldhoff, Christian: Kirchliche Selbstbestimmung und Europarecht, JZ 2003, S. 978 ff.
ders.: Fall 10. Kirchlicher Vermögensschutz – St. Salvator, in: Heinig (Hrsg.), Fälle und Lösungen zum Staatskirchenrecht, Stuttgart u. a. 2005, S. 217 ff.
ders.: Staatskirchenrecht oder Religionsverfassungsrecht. Einwirkungen des Völker- und Europarechts, in: Heinig/Walter (Hrsg.), Staatskirchenrecht oder Religionsverfassungsrecht? Ein begriffspolitischer Grundsatzstreit, Tübingen 2007, S. 251 ff.
ders.: Die Zukunft des Staatskirchenrechts, EssGspr. 42 (2008), S. 55 ff.
ders.: Neue Religionskonflikte und staatliche Neutralität. Erfordern weltanschauliche und religiöse Entwicklungen Antworten des Staates? Gutachten D zum 68. Deutschen Juristentag, München 2010.
ders.: Was bedeutet religiös-weltanschauliche Neutralität des Staates?, in: Martin Honecker (Hrsg.), Gleichheit der Religionen im Grundgesetz?, Paderborn u. a. 2011, S. 17 ff.
ders.: Staatskirchenrecht – Eine Begriffsbestimmung, in: Thomas Holzner/Hannes Ludyga (Hrsg.), Entwicklungstendenzen des Staatskirchen- und Religionsverfassungsrechts. Ausgewählte begrifflich-systematische, historische, gegenwartsbezogene und biografische Bezüge, Paderborn u. a. 2013, S. 13 ff.
ders.: § 46. Theologie an staatlichen Hochschulen, in: Pirson, Dietrich/Rüfner, Wolfgang/Germann, Michael/Muckel, Stefan (Hrsg.), HSKR, 3. Aufl., Bd. 2, Berlin 2020, S. 1892 ff.
ders.: § 12. Gedanken-, Gewissens- und Religionsfreiheit, in: Grabenwarter, Christoph (Hrsg.), Europäischer Grundrechtsschutz, 2. Aufl., Baden-Baden 2022, S. 551 ff.

Literaturverzeichnis

Walter, Christian: Staatskirchenrecht oder Religionsverfassungsrecht, in: Grote/Marauhn (Hrsg.), Religionsfreiheit zwischen individueller Selbstbestimmung, Minderheitenschutz und Staatskirchenrecht – Völker- und verfassungsrechtliche Perspektiven, Berlin u. a. 2001, S. 215 ff.

ders.: Religions- und Gewissensfreiheit, in: Grote/Marauhn (Hrsg.), Handbuch des Grund- und Menschenrechtsschutzes, Tübingen 2003, S. 122 ff.

ders.: Religionsverfassungsrecht in vergleichender und internationaler Perspektive, Tübingen 2006.

ders.: Religiöse Freiheit als Gefahr? Eine Gegenrede, DVBl. 2008, S. 1073 ff.

ders.: Neue Religionskonflikte und staatliche Neutralität – Erfordern weltanschauliche und religiöse Entwicklungen Antworten des Staates, DVBl. 2010, S. 993 ff.

ders.: Reformationsfolgen, Säkularisierungsfolgen, Pluralisierungsfolgen: Religiöse Konflikte in der Schule, ZevKR 62 (2017), S. 395 ff.

ders./Oebbecke; Janbernd/Ungern-Sternberg, Antje von/Indenhuck, Moritz (Hrsg.): Die Einrichtung von Beiräten für Islamische Studien, Baden-Baden 2011.

ders./Ungern-Sternberg, Antje von/Lorentz, Stephan: Die „Zweitverleihung" des Körperschaftsstatus an Religionsgemeinschaften, Baden-Baden 2012.

Weber, Hermann: Grundprobleme des Staatskirchenrechts, Tübingen 1970.

ders.: Die Grundrechtsbindung der Kirchen, ZevKR 17 (1972), S. 386 ff.

ders.: Verleihung der Körperschaftsrechte an Religionsgemeinschaften, ZevKR 34 (19989; S. 337 ff.

ders.: Staatliche und kirchliche Gerichtsbarkeit, NJW 1989, S. 2217 ff.

ders.: Der Wittenberger Vertrag – Ein Loccum für die neuen Bundesländer?, NVwZ 1994, S. 759 ff.

ders.: Körperschaftsstatus für die Religionsgemeinschaft der Zeugen Jehovas?, ZevKR 41 (1996), S. 172 ff.

ders.: Bindung der Kirchen an staatliche und innerkirchliche Grundrechte und das Verhältnis der Grundrechtsgewährleistungen zueinander, ZevKR 42 (1997), S. 282 ff.

ders.: Die Religionsfreiheit im nationalen und internationalen Verständnis, ZevKR 45 (2000), S. 109 ff.

ders.: Theologische Fakultäten und Professuren im weltanschaulich neutralen Staat. Staatskirchenrechtliche und rechtspolitische Aspekte, NVwZ 2000, S. 848 ff.

ders.: Die individuelle und kollektive Religionsfreiheit im europäischen Recht einschließlich ihres Rechtsschutzes, ZevKR 47 (2002), S. 265 ff.

ders.: Staatsleistungen an jüdische Religionsgemeinschaften, in: Osterloh/K. Schmidt/H. Weber (Hrsg.), Staat, Wirtschaft, Finanzverfassung. Festschrift für Peter Selmer zum 70. Geburtstag, Berlin 2003, S. 259 ff.

ders.: Kirchlicher Rechtsschutz und staatliche Gerichtsbarkeit, ZevKR 49 (2004), S. 385 ff.

ders.: Die Kirchen und das Europäische Subventionsrecht, ZevKR 50 (2005), S. 419 ff.

ders.: Der öffentlich-rechtliche Körperschaftsstatus der Religionsgemeinschaften nach Art. 137 Abs. 5 WRV, in: Heinig/Walter (Hrsg.), Staatskirchenrecht oder Religionsverfassungsrecht? Ein begriffspolitischer Grundsatzstreit, Tübingen 2007, S. 229 ff.

ders.: Die Rechtsprechung des EGMR zur religiösen Vereinigungsfreiheit und der Körperschaftsstatus der Religionsgemeinschaften in Deutschland, NVwZ 2009, S. 503 ff.

ders.: Der Rechtsschutz im kirchlichen Amtsrecht: Unrühmliches Ende einer unendlichen Geschichte?, NJW 2009, S. 1179 ff.

ders.: Religionsrecht und Religionspolitik der EU, NVwZ 2011, S. 1485 ff.

ders.: Körperschaftsstatus für Religionsgemeinschaften. Gelöste und ungelöste Probleme, ZevKR 57 (2012), S. 347 ff.

ders.: § 19 Kirchen und andere Religionsgemeinschaften als Träger und Adressaten der Grundrechte, in: Pirson, Dietrich/Rüfner, Wolfgang/Germann, Michael/Muckel, Stefan (Hrsg.), HSKR, 3. Aufl., Bd. 1, Berlin 2020, S. 761 ff.

Literaturverzeichnis

Wehdeking, Thomas P.: Die Kirchengutsgarantien und die Bestimmungen über Leistungen der öffentlichen Hand an die Religionsgesellschaften im Verfassungsrecht des Bundes und der Länder, Tübingen 1971.

Wengenroth, David: Die Rechtsnatur der Staatskirchenverträge und ihr Rang im staatlichen Recht, Berlin 2001.

Wernsmann, Rainer: Der Schutz des Sonntags im Steuerrecht, ZRP 2010, S. 124 ff.

Wiebauer, Bernd: Sonntagsarbeit und Bedürfnisse der Bevölkerung, NVwZ 2015, S. 543 ff.

Wieland, Joachim: Die Angelegenheiten der Religionsgemeinschaften, Der Staat 25 (1986), S. 321 ff.

Willemsen, Heinz Josef/Mehrens, Christian: Weltliches Arbeitsrecht und christliche Dienstgemeinschaft. Zum Spannungsfeld von kirchlichem Selbstbestimmungsrecht und Koalitionsfreiheit, NZA 2011, S. 1205 ff.

Winkler, Markus: Anmerkung zu BVerwG, Urteil vom 11.9.2013, 6 C 25.12, JZ 2014, S. 143 f.

Winter, Jörg: Staatskirchenrecht der Bundesrepublik Deutschland. Eine Einführung mit kirchenrechtlichen Exkursen, 2 Aufl., Neuwied 2008.

Wissenschaftsrat: Empfehlungen zur Weiterentwicklung von Theologien und religionsbezogenen Wissenschaften an deutschen Hochschulen, Berlin 2010.

Wittreck, Fabian: Religionsfreiheit als Rationalisierungsverbot, Der Staat 42 (2003), S. 519 ff.

ders.: § 77 Rechtsschutz der Religionsgemeinschaften durch staatliche Gerichte, in: Pirson, Dietrich/Rüfner, Wolfgang/Germann, Michael/Muckel, Stefan (Hrsg.), HSKR, 3. Aufl., Bd. 3, Berlin 2020, S. 3203 ff.

Wißmann, Hinnerk: Religiöse Symbole im öffentlichen Dienst. Kritik der Kopftuchrechtsprechung und Kopftuchgesetzgebung, ZevKR 52 (2007), S. 52 ff.

ders.: Religionsunterricht für alle? Zum Beitrag des Religionsverfassungsrechts für die pluralistische Gesellschaft, Tübingen 2019.

ders./Heuer, David: „Hirten der Verfassung"? – Das BVerfG, die Kirchen und der Sonntagsschutz, Jura 2011, S. 214 ff.

Wußler, Sebastian: Leitlinien der Rechtsprechung zum Persönlichkeitsschutz von Religionsgemeinschaften vor öffentlichen Äußerungen. Darstellung und kritische Untersuchung unter besonderer Berücksichtigung des kirchlichen Dienst- und Arbeitsrechts, Berlin 2014.

Zacharias, Diana (Siehe auch Hohenlohe, Diana zu) Zur Zweitverleihung der Körperschaftsrechte an Religionsgemeinschaften, NVwZ 2007, S. 1257 ff.

dies.: Islamisches und deutsches Bestattungsrecht im Widerstreit, ZevKR 48 (2003), S. 149 ff.

Ziekow, Arne: Datenschutz und evangelisches Kirchenrecht. Eigenständigkeit und Eigenartetheit des Datenschutzgesetzes der EKD, Tübingen 2002.

ders.: Anmerkung zu OVG-Berl/Bbg – VerfGH 131/10, ZevKR 56 (2011), S. 457 ff.

ders.: Daten und Datenschutz, Meldewesen und Archivwesen, in: Anke, Hans Ulrich/de Wall, Heinrich/Heinig, Michael (Hrsg.), HevKR, Tübingen 2016, S. 962 ff.

ders.: Datenschutz-Grundverordnung und kirchenrechtliche Adaption, ZevKR 63 (2018), S. 390 ff.

ders.: § 32 personenstandswesen und Meldewesen, in: Pirson, Dietrich/Rüfner, Wolfgang/Germann, Michael/Muckel, Stefan (Hrsg.), HSKR, 3. Aufl., Bd. 2, Berlin 2020, S. 1331 ff.

ders.: § 33 Datenschutzrecht, in: Pirson, Dietrich/Rüfner, Wolfgang/Germann, Michael/Muckel, Stefan (Hrsg.), HSKR, 3. Aufl., Bd. 2, Berlin 2020, S. 1357 ff.

Stichwortverzeichnis

Die Angaben verweisen auf die Paragrafen des Buches (**fette Zahlen**) sowie die Randnummern innerhalb der einzelnen Paragrafen (magere Zahlen).
Beispiel: § 9 Rn. 10 = **9** 10

AEMR **4** 135
Anastasius von Byzanz **2** 17
Anschütz, Gerhard **6** 153, 158
Anstaltseelsorge **2** 42, **4** 106, **10** 343, **11** 376 ff., **12** 414 f., 450, **17** 578
– Anstalt **11** 382 f.
– Gefängnisseelsorge **11** 377, 379, 409 ff.
– Krankenhausseelsorge **11** 411 f.
– Militärseelsorge **3** 60, **4** 106, **10** 338, **11** 376, 392, 395 ff.
– Muslime **11** 389, **12** 461
– Polizeiseelsorge **11** 383, 408
Antidiskriminierung **6** 197 ff.
Antike **2** 15 f., **4** 64
Arbeiterbewegung **16** 541
Arbeitsrecht **3** 62, **6** 188 ff.
Aufklärung **2** 29, 34, **16** 541
Augsburger Religionsfriede **2** 22 ff., **4** 64, **14** 490
– ius emigrandi **2** 22
– ius reformandi **2** 22, 24
Augustinus **2** 20
Autonomie **1** 6, **2** 34

BAG **4** 100, **6** 195
Barmer Theologische Erklärung **2** 41
Baurecht **3** 62
Beamte **4** 106, **6** 216, **16** 551
Beamtenrecht **3** 62
Beglaubigung von Urkunden **9** 314
Begräbnisritus **4** 70
Beleihung **9** 276
Belgien **17** 579
Bereichslehre **6** 172, 213 f., 219 f.
Berufsethischer Unterricht **11** 408
Berufsfreiheit **4** 103, **16** 558
Beschneidung **4** 71
Besondere Gewaltverhältnisse **11** 380
BGH **6** 217, 219 f., **9** 277
Bildungsauftrag **12** 419, 425, 432
Bismarck, Otto von **2** 35
Blasphemie **4** 81

Böckenförde, Ernst-Wolfgang **9** 280
Bodin, Jean **2** 28
Boutmy, Emile **4** 64
Bulle unam sanctam (1302) **2** 18
Bundesrepublik Deutschland **2** 43
Burka **4** 82, 132, 136
Burkini **4** 132
BVerfG **1** 12, **4** 65 ff., 75, 85, 91 ff., 114 f., 121 f., **6** 158, 188, 192, 199, 217, **7** 257, **8** 271, **9** 286, 323, **10** 351, 353, **11** 391, **12** 424, 444, **14** 504, 506, **15** 535, **16** 563, **18** 585, 590
– 1. Abtreibungsurteil **4** 104
– Bahá'í-Entscheidung **4** 92 f., **8** 267, 274, **14** 500
– Goch-Urteil **6** 230
– Jedermann-Formel **6** 171
– Konkordats-Urteil **3** 50, 63, **10** 334
– Kopftuch-Entscheidung **4** 106, 113
– Kruzifix-Entscheidung **4** 111 ff.
– Lissabon-Urteil **4** 137, **18** 594, 599
– Lumpensammler-Entscheidung **4** 85, 92 f.
– Mitbestimmungsurteil **6** 201
– Schächt-Urteil **4** 103
– St. Salvator-Entscheidung **13** 488, **14** 507
– Volkszählungsurteil **6** 228
– Wechselwirkungslehre **6** 173
– Zeugen-Jehovas-Entscheidung **6** 220, **8** 273, **9** 275, 280, 289, 291
BVerwG **4** 100, **6** 181, **9** 277, 309, 311, **12** 432, 434, 445, 454, **14** 506

Calvin, Johannes **2** 20
Christentum **2** 14 ff., 48, **4** 97 f., 111, 133, **13** 464, **16** 541
– Kreuz **4** 82, 106, 111 f., 115
– Nonnenhabit **4** 115
Cluny **2** 18
Cura religionis **15** 532

Dänemark **17** 575
Datenschutz **6** 228 ff.
DDR **2** 43, 46 f.
Dekalog **16** 541

Stichwortverzeichnis

Demokratie 6 162, 10 348, 362, 12 461, 18 599
Denkmalschutz 6 174, 244 ff., 9 314, 14 507
Deutsche Bundesakte (1815) 2 33
Dienstgemeinschaft 6 190 ff., 207
Diocletian 2 15
Dreißigjähriger Krieg 2 24

Ebers, Godehard Josef 6 158
EGMR 4 82, 136
Eidesleistung 4 110
Eigentum 6 165, 10 346, 14 492, 497 f., 500, 15 527, 16 551
EKD 2 46, 6 168, 187, 194 ff., 203 ff., 210, 229, 10 338, 11 399, 400
EMRK 1 7, 4 136, 17 583 f., 18 586 ff.
England 17 576
– Anglikanische Kirche 17 576
Erziehung 4 71 ff., 135, 9 290, 12 414, 18 592
– elterliches Erziehungsrecht 12 446
– Erziehungsberechtigte 12 446
Ethikunterricht 12 431 ff.
EU 4 136 f., 16 544, 546, 17 573 ff.
– Amsterdamer Kirchenerklärung 6 199, 18 597 ff.
– Antidiskriminierungsrichtlinie 6 197 ff., 18 601
– Anwendungsvorrang 18 585
– Beihilfenverbot 18 603 ff.
– Datenschutzrichtlinie 6 228, 18 601
– EGV 18 594, 596, 603
– EU-GRCh 4 137, 18 600 ff.
– EUV 4 137, 18 586, 597
– Grundfreiheiten 16 546
– Grundsatz der begrenzten Einzelermächtigung 18 596
– Primärrecht 4 137, 6 229, 18 590, 599
– Rundfunkrichtlinie 18 601
– Subsidiaritätsprinzip 18 596
– Verf-EU 4 137, 18 603 f.
– Verhältnismäßigkeitsprinzip 18 596
– Vertrag von Lissabon 18 594
– Wettbewerbsrecht 18 602 ff.
– Zwei-Ebenen-Modell 17 580 ff., 18 585, 595
Europarat 4 136
Exekutive 4 105

Fachhochschule 12 419

Finanzielle Förderung 4 90
Finnland 17 575
Föderalismus 2 23, 6 244, 9 284, 10 332, 12 413, 417, 444, 13 464, 15 525
– Föderalismusreform I (2006) 3 61, 15 530, 16 549
Frankreich 2 37, 9 278, 11 376, 12 414, 17 578
Franz II. 2 31
Freiheit 1 11, 2 41, 4 105, 127, 136
– freiheitlich demokratische Grundordnung 4 134
– Gewissensfreiheit 4 135
– Handlungsfreiheit, allgemeine 4 87
Frieden 2 20, 24
Friedhofswesen 6 166, 243, 9 304, 308, 11 383

Gelasius I. 2 17
„Gemeinsame Angelegenheit" 11 381, 12 414, 13 479
Gemeinschaftsrecht, europäisches 1 7, 13, 18 585
Genfer Rotkreuz-Konventionen 11 376
Gewaltenteilung 6 162
Gewerkschaften 6 207
Glaubensspaltung 2 21, 4 64, 10 330
Gleichheit 1 11, 4 123, 127 f.
– Gleichheitssatz, allgemeiner 4 106, 6 191, 207, 9 279, 282
Glockengeläut 4 84, 98, 6 169, 174, 222, 9 277, 308 f., 311
Gottesdienst 2 30, 42, 4 75, 84, 110, 135, 6 165, 9 304, 11 376, 384 ff., 395, 16 561, 18 588, 591
Gregor VII. 2 18
Griechenland 17 575
Grundgesetz 1 3 f., 6, 2 45, 47, 3 50 ff., 4 64, 80, 90, 98, 120, 127, 136, 6 152, 213, 7 262, 9 316, 10 343, 347, 349, 358, 11 403, 407, 12 414, 417, 13 464 f., 15 525, 535, 16 547, 561
– Herrenchiemseer Entwurf 3 52, 11 377
– Parlamentarischer Rat 3 52, 4 65, 79, 129 f., 7 248, 11 377, 402 f.
Grundrechte 1 6, 2 43, 49, 3 52, 4 68, 75, 89, 122, 131, 136, 6 175 f., 191 f., 213,

397

Stichwortverzeichnis

8 273 f., 9 319, 11 378, 12 454, 13 483, 16 551 f.
- Abwehrdimension 1 6, 4 90, 104 f., 6 228, 14 494, 16 553
- Drittwirkung 6 175
- Eingriffsbegriff 4 107 ff., 6 169
- Grundrechtskonkurrenzen 4 103
- Schutzdimension 1 6, 4 104 f., 6 228, 7 249, 263

Hausrecht 9 277
Heckel, Johannes 6 171
- Heckel'sche Formel 6 171
Heiliges Römisches Reich Deutscher Nation 2 21, 31
Heinrich IV. 2 18
Heinrich VIII. 17 576
Herrschaft, weltliche 2 14, 23, 4 64
Hitler, Adolf 2 41
Hobbes, Thomas 2 28
Homeschooling 4 132
Homosexualität 6 194, 198

Imperium 2 14
Individualisierung 1 4, 2 48, 17 581
Institutionelle Garantie 11 378, 12 416, 13 473, 16 551 ff., 572
Integration 1 12, 2 48, 4 65, 12 451, 463
Investiturstreit 2 18, 4 64
IPbpR 4 135
Irland 17 577
- Republik Irland 17 577
Islam 2 48, 4 82, 101, 6 182, 9 286, 292, 10 354, 12 440, 457 ff., 13 483, 17 574
- Dachverband 7 253, 9 292 f., 10 354, 12 459
- Moschee 6 242, 12 459
- Muezzin 4 84, 98
- Scharia 12 463
Italien 17 579 f.

Jellinek, Georg 4 64
Joseph II. 2 30, 15 509
- Josephinismus 2 30
Judentum 2 15, 12 440, 16 559
- jüdische Religionsgemeinschaften 3 58, 10 338, 342, 369, 15 537
- Zentralrat der Juden in Deutschland 3 60, 10 342, 15 537
Judikative 4 105

Justizgewährungsanspruch 6 215 ff.
Kaiser 2 16 ff.
Kindertagesstätten/Kindergärten 6 153, 230, 243, 9 277, 308
Kirche 1 2 f., 5, 2 17, 29, 32, 40, 44, 49, 4 64, 67, 6 150, 153, 166, 171, 174, 180 ff., 188, 9 291, 10 330, 11 377, 12 439, 452, 14 493, 15 509, 527, 16 541, 546, 554, 17 574
- evangelische 2 20, 23 f., 26 ff., 33, 36, 40, 6 187, 190, 199, 203 ff., 210, 217, 229, 9 278, 281, 293 f., 317, 320, 10 328, 357 ff., 369 f., 374, 11 396 f., 13 469, 479
- karitative/diakonische Tätigkeit 3 56, 6 153, 167, 188, 8 269, 9 281, 301, 10 328, 346, 15 515, 18 602 ff.
- katholische 2 22, 24, 30, 34 f., 6 182, 186 f., 190, 199, 204 ff., 210, 229, 9 278, 317, 320, 10 356, 367 f., 11 396 f., 13 469, 478, 15 509, 531
- Kirchenasyl 4 132, 6 168
- Kirchenaufsicht (iura circa sacra) 2 26, 29, 36
- Kirchenaustritt 2 35, 6 182 ff., 196, 12 426
- Kirchenbaulasten 14 497, 15 517
- Kirchenbeamte 6 176, 209, 11 403
- Kirchengewalt (iura in sacra) 2 26, 29 f., 36, 6 216
- Kirchengut 2 20, 24, 31 f.
- Kirchenkampf 2 41, 43, 46
- Kirchenrecht 13 467
- Kirchensteuer 2 32, 47, 6 176, 179 f., 184 f., 222, 232, 240 f., 9 275, 312, 316 ff., 17 579, 18 601, 605
- Kirchenverfassung 2 20, 36, 40
- Kirchgeld 9 321
- Landeskirche 2 21
- reformierte 2 24
Koedukativer Sport- bzw. Schwimmunterricht 4 132
Kommunale Selbstverwaltung 16 551
Konfession 2 22 ff., 33, 35, 48, 4 92, 6 187, 198 f., 9 317, 10 328, 11 411, 12 418 f., 432, 434 ff., 448, 451, 455, 459, 13 475
- konfessionsverschiedene Ehe 9 321
Konfessionsgebundenes Staatsamt 11 401 ff.
Konsistorium 2 36
Konstatin I. (der Große) 2 16, 16 541

Stichwortverzeichnis

Konzil **2** 18 f.
- 1. Vatikanisches **2** 34
Kooperationslehre **2** 45 f., **9** 280
Kooperationsmodell **17** 579
Koordinationslehre **2** 44 f., **6** 213, **9** 280, **10** 335, 351, 353, 358
Kopftuch **4** 77, 106, 113, 115, 133
Körperschaften öffentlichen Rechts *s.* Religionsgemeinschaften
Korrelatentheorie **2** 39
Krankenhäuser **6** 153, 176, 230, 243, **9** 308, **11** 376, 379
KSZE **4** 135
Kultur **4** 98, **6** 191, 241 f., **9** 288, **13** 464, **15** 515, 539, **16** 541, 545, **18** 592
Kulturkampf (1871–1887) **2** 35, **6** 172

Laizismus **2** 37, **9** 278, **12** 414, **17** 578
Laizität **17** 578
Landesherrliches Kirchenregiment **2** 19, 26 ff., 38 f., **9** 278, **10** 331, **11** 377
- Episkopalsystem **2** 27
- Kollegialsystem **2** 29, 36, **7** 251
- Territorialsystem **2** 28, 30
Lebenskundlicher Unterricht **11** 406 f.
LER-Unterricht **12** 433, 444
Leuenberger Konkordie **6** 187
Licinius **2** 16
Loyalitätspflichten **6** 192 ff., 204, 219
Luther, Martin **2** 20 f.
Luxemburg **17** 579

Mailänder Abkommen (313) **2** 16
Maria Theresia **2** 30
Mediatisierung **2** 32
Melanchthon, Philipp **2** 20
Meldewesen **6** 239 ff.
Menschenopfer **4** 102, 132
Menschenrechte **2** 48, **4** 135, **7** 250, 262
Menschenwürde **1** 6, **2** 43, **4** 65, 127, **16** 545 f., 554
Militärbischof **11** 398 ff., 405
Minderjährige **4** 71 ff.
Mission **4** 82, **6** 241
Mittelalter **2** 17 ff., **4** 64, **10** 330, **13** 464, **16** 541
Müller, Ludwig **2** 41

Napoleon I. **2** 31
Nasciturus **4** 70
Nationalsozialismus **1** 8, **2** 40 ff., **4** 78, **10** 335, **15** 540
- Modell Warthegau **2** 42
Naturrecht **2** 29
Neutralität **1** 10 f., **2** 22, 38, 46, **3** 51, **4** 90, 92, 94, 97 f., 104 f., 115, 123, 133 f., **6** 154, 158, 178, 191, 232, 243, **9** 278 ff., **10** 329, 339, **11** 381, 389, 392, 401, 407, **12** 414, 419, 432, 454, 457, **13** 470, 479, **14** 495, 500, **15** 535, **16** 546, **17** 576, **18** 588
Neuzeit **17** 574
Niederlande **17** 577
Niemöller, Martin **2** 41
Nikolaus II. **2** 18

Öffentliche Sachen **9** 308 ff., **14** 500
Ökumene **12** 439
Ordination **6** 175
Österreich **17** 579
OSZE **4** 135
Otto der Große **2** 18

Papst **2** 16 ff., 30, 34
Parität **2** 22, 24, 29, 38, **4** 105 f., **9** 279, 282, 288 f., 313, 316, 325, **10** 332, 347, 353, 357, **11** 389, 392, **14** 495, **15** 535, 538, 540, **16** 546, **17** 576
Parochie **6** 187, **9** 312
Paulskirchenverfassung (1848/49) **2** 33, **3** 52, **4** 64, **6** 149
Personenstandswesen **6** 234 ff.
Pluralisierung **1** 4, **2** 48, **9** 291, **16** 543, **17** 581
Portugal **17** 579 f.
Presse **2** 42
Preußen **2** 36, **9** 317, **10** 333, 336, **15** 521
- Kirchengemeinde- und Synodalordnung (1873) **2** 38
- Preußisches Allgemeines Landrecht (1794) **2** 29, **4** 64
- Verfassung von 1848 **6** 149
- Verfassung von 1850 **2** 33, **6** 149

Realakt **4** 109, 115, **9** 277
Rechnungsprüfung, staatliche **6** 247

399

Stichwortverzeichnis

Recht
- Arbeitsrecht **1** 8, **3** 62, **4** 110, **6** 160, 174, 188 ff., 219, **9** 299
- Baurecht **6** 171 f., 243, **14** 491, 507
- Beamtenrecht/Dienstrecht **3** 62, **6** 219, **9** 299, **11** 401, **12** 426
- Disziplinarrecht **6** 164, 210, **9** 300, **11** 401
- Genossenschaftsrecht **8** 268 f.
- Gewerberecht **6** 174, **16** 541, 550
- Handelsrecht **8** 268 f.
- Hochschulrecht **3** 62
- Medienrecht **3** 62
- Mitarbeitervertretungsrecht **6** 206 ff.
- Öffentliches **1** 8, **14** 497
- Polizeirecht **14** 507
- Rahmenrecht, säkulares **1** 9 ff.
- Schulrecht **3** 62
- Sozialversicherungsrecht **9** 299
- Steuerrecht **9** 314, 322 ff.
- Strafrecht **4** 105, **6** 174, 210, **9** 300
- Straßenverkehrsrecht **6** 171, **16** 550
- Vereinsrecht **7** 255, **8** 268, 271 f., **9** 275
- Verwaltungsverfahrensrecht **3** 62
- Völkerrecht **3** 63, **6** 216, **10** 347, 356, 358, 363, 368
- Zivilrecht **4** 105, **6** 210, **9** 309

Rechtsstaat **6** 215, **9** 285, **10** 366, **15** 536

Rechtsvergleichung **1** 7

Reformation **2** 20 f., **15** 538

Reichsdeputationshauptschluss (1803) **2** 31 ff., **9** 317, **14** 490, **15** 509

Reichskonkordat (1933) s. Verträge, religionsverfassungsrechtliche

Religion **1** 1, **4** ff., **2** 14, 19, 36, 40, 47 f., **3** 50, **4** 78, 91 ff., 134 f., **7** 252 f., **11** 391, **12** 426, 459, **17** 573, **18** 585, 591
- Jugendreligionen **4** 107, 116 ff.

Religionsfreiheit **1** 2 f., 8, **2** 19, **3** 52, 57, **4** 92, 135 ff., **6** 184 f., **7** 248, 253, **8** 267, 270, **9** 280, 304, 326, **11** 407, **12** 429, **13** 470, 482, **14** 492 ff., **15** 513, **16** 545, 567, **17** 581 ff.
- Bekenntnisfreiheit **4** 78 ff., 82
- Eingriff **4** 107 ff.
- EU-Grundrecht **18** 586 ff.
- forum internum **4** 79, **18** 588
- Glaubensfreiheit **4** 78 ff.
- individuelle **1** 11, **2** 22, 33, **4** 69, **11** 380
- kollektive **1** 11, **4** 69, **7** 248, 250, 256, **11** 380, **14** 493, 506

- korporative **1** 11, **4** 69, 75 f., 120, **6** 150 ff., **9** 280, 297, **10** 346, **18** 587
- Kultusfreiheit **4** 84
- negative **4** 88 f., **11** 393
- positive **4** 88 f.
- Religionsausübung **2** 29, **3** 55, **4** 69, 78 ff., 83, 93, 98, 105, **6** 150, 242, **11** 382, 395, **12** 447, **18** 588
- Religionsbeschimpfung s. Blasphemie
- Religionszugehörigkeit **4** 132
- religiöse Vereinigungsfreiheit **4** 69
- Schranken **4** 119 ff.
- Schutzbereich **4** 69 ff.
- Schutzpflichtendimension **1** 6, **4** 104, **6** 152, **7** 249, 263, **8** 267, **9** 280, **11** 378 ff., 393, **12** 415 ff., 447, 450, **13** 470 ff., **14** 490, 493 f., **16** 553 f.
- Zuordnung **6** 176

Religionsgemeinschaften **1** 4 f., **9** ff., **2** 29, 44, 48, **3** 52, 54, **4** 64 ff., 100, 106, 118, 134, **6** 149 ff., 191, 226 f., 244 f., **7** 251 ff., **8** 267, **10** 343, 369, **11** 377, 389, 412, **12** 417, 425, 435, 450 ff., **13** 470, 480 ff., 486, **15** 511, 524, 527, 536, **16** 555, **17** 573, **18** 585
- Ämter **6** 154, 162, **10** 346
- Austritt **6** 180 ff., **9** 321
- Begriff **6** 153, **7** 251
- Dienstherrnfähigkeit **9** 298 ff.
- Eigene Angelegenheiten **6** 157 ff., **14** 493
- Einrichtungen **6** 153, 190, 207, 230, **9** 308
- Gerichtsbarkeit **6** 154, 162, 209 ff.
- Grundrechtsbindung **6** 175 f., **9** 323
- Grundstücksverwaltung **6** 150, 152
- Haushalt **6** 247
- Körperschaften öffentlichen Rechts **2** 38, 47, **4** 67 f., 76, 106, 118, **6** 153, 155, 178 f., 183, 186, 189, 216, 222, 229, 232, 240, 243, **7** 257, 265 f., **8** 273, **9** 275 ff., **10** 368, **12** 451 ff., **14** 495, **18** 587
- Mitarbeitende **6** 154, 189 ff., **9** 298 ff.
- Mitgliedschaft **6** 160, 164, 178 ff., **8** 271, **9** 321, **10** 354, **12** 452, 459
- Organisationsfreiheit **7** 256, 258, **9** 282, 301, **10** 374
- politische Betätigung **4** 101
- privatrechtliche **6** 153, 178 f., 183, 186, 222, 231, 233, 240, **7** 255, **8** 267 ff., 273, **9** 280, 313, **14** 502
- Privilegienbündel **9** 313 ff.
- Rechtsetzungsgewalt **9** 302

400

Stichwortverzeichnis

- Rechtsfähigkeit **8** 272, **9** 275, 282, 284
- Selbstbestimmungsrecht **2** 33, 38, **4** 69, 126, **6** 149 ff., **7** 249, 254, 263, 266, **8** 270, **9** 295, 304, 316, **10** 343 ff., 347, 367, 374, **11** 404, **13** 465, 481, **14** 493, 495, 499, 506
- Selbstverständnis **1** 9, **4** 92 ff., **6** 153 ff., 159, 197 ff., **9** 280
- Staatsaufsicht **9** 276
- Staatsloyalität **9** 288
- Übertritt und Umzug **6** 186 f.
- Untergliederungen **6** 153, 161, 187, **9** 281, 301, 320, **14** 495
- Verbot **8** 273 ff.
- Vereidigungsrecht **9** 300
- Verfassungstreue **9** 289 ff.
- Vermögensverwaltung **6** 152, 165
- Warnungen **4** 110, 116 ff., **6** 169
- Widmungsrecht **9** 303 ff.
- wirtschaftliche Betätigung **4** 100
- Zuordnung **6** 230
- Zusammenschluss **9** 293 f.
- Zwangsmitgliedschaft **4** 110, **6** 180 f.

Religionsgut **14** 490 ff., **15** 513

Religionskunde **12** 418 f., 438, 440

Religionsmündigkeit **4** 71 ff., **12** 429, 448 f.

Religionsrecht **1** 8

Religionssoziologie **2** 45, **4** 65, 87, **12** 431, 433

Religionsunterricht **2** 42, 47, **3** 50 f., **4** 74, 106, **6** 199, **10** 346, **11** 381, 392, 404, **12** 413 ff., **13** 465, 470 f., 474, 483
- Abmelderecht **12** 429, 448 f., 459
- Begriff **12** 418 f.
- Beiratsmodell **12** 460 f.
- Bremer Klausel (Art. 141 GG) **12** 413, 421, 433 f., 441 ff., 453
- Diskriminierungsverbot **12** 428, 431
- Hamburger Modell **12** 440
- interkonfessioneller **12** 439
- interreligiöser **12** 438
- islamischer **12** 457 ff.
- Mindestschülerzahl **12** 430, 452
- ordentliches Lehrfach **12** 424 ff.
- Staatsaufsicht (Schulaufsicht) **12** 413, 424, 427, 462
- Übereinstimmungsklausel **12** 435 ff., 450, 452, 459, **13** 474
- Versetzungserheblichkeit **12** 430

Religionsverwaltungsrecht **1** 8

Religionswechsel **4** 82, 135, **18** 588

RelKG **4** 72 ff., **6** 180, **12** 448 f.

res sacrae **6** 203, **14** 501

Ritualmord **4** 102

Rom **2** 14

Romantik **2** 34

Rundfunk **2** 42, **4** 76, **9** 314, **10** 346, **11** 383

sacerdotium **2** 14

Säkularisation **2** 32, **14** 492, **15** 508 f., 514, 519 f., 523, 528, 532, 540, **18** 605

Säkularisierung **1** 4, **2** 48, **15** 536, **17** 581

Schächten **4** 103, 132

Schmitt, Carl **15** 510

Schule **2** 35, **4** 110, 113, 132, **6** 230, 243, **10** 343, 346
- Bekenntnisfreie Schule **12** 421 f., 441
- Bekenntnisschule **4** 106, **12** 423
- öffentliche **4** 106, **12** 417, 420 ff., 450, **13** 470
- Privatschule **6** 176, 199, **12** 417, 422, **18** 592
- Reichsschulgesetz **2** 39
- Schulfrieden **4** 132 f.
- Schulgebet, islamisches **4** 133
- Schulpflicht **4** 111, **12** 446, 459

Schweden **17** 575, 581

Schweiz **17** 575

Scientology **2** 48, **4** 95, 100

Seelsorge **6** 216 f., **9** 286, **10** 338, **11** 376, 380
- Begriff **11** 385
- in der Bundeswehr s. Militärseelsorge

Smend, Rudolf **2** 44

Sonn- und Feiertagsschutz **1** 6, **4** 110, **16** 541 ff.
- Arbeitsruhe **16** 561 ff.
- „Bäderregelung" **16** 563, 570
- Feiertage **16** 558 f.
- Ladenöffnung **16** 549, 563, 566, 569
- seelische Erhebung **16** 561 ff.
- Sonntag **16** 557
- Sonn- und Feiertagsgesetze **16** 549, 566

Souveränität **2** 28 f., **10** 365

Sozialstaat **15** 515, **16** 545 f.

Spanien **17** 579 f.

Spenden **15** 519

Sportunterricht **4** 69, 76, 110

401

Staatskirche 2 30, 35, 4 90, 17 574 f.,
18 597
- Verbot 18 597
Staatskirchenrecht 1 1 ff., 7, 2 48, 10 329
Staatsleistungen 2 32, 10 346, 349,
15 508 ff., 18 605
- Ablösungsgebot 15 508, 512 ff., 525 ff.,
540
- Bestandsschutz 15 526, 534 ff., 540
- Dynamisierungsklausel 15 523, 537
- Geschäftsgrundlage 15 536
- Institutsliquidation 15 539
- negative 15 519
Statusklage, verkappte 6 219, 224
Stiftungen 14 497
Streikrecht in kirchlichen Einrichtungen 6 205
Subventionen 15 515, 535 f., 539
Summepiskopus 2 26, 29, 36
Symbole, religiöse 4 110 ff., 133
Synode 2 36, 41

Tarifvertrag 6 201 ff.
Taufe 4 71, 6 180
Theodosius 2 16
Theokratie 12 456, 463
Theologie 13 465 f., 470, 473, 483
Theologische Fakultäten 2 42, 3 56, 4 106,
6 163, 10 346, 375, 11 381, 13 464 ff.
- Bachelor-/Masterstudiengang 13 484
- Beiratsmodell 13 486
- „Fakultät der Theologien" (Berliner Modell) 13 475
- islamische 13 486
- nihil obstat 13 478 f., 482, 485
- Studien- und Prüfungsordnungen 13 476, 480, 482
Tierschutz 4 77, 103, 132, 134
Toleranz 2 15 f., 48
- Toleranzedikt (311) 2 16
Trennungsmodell 17 577 f.

UEK 6 210
Unfallversicherung 9 314
Universität 4 76, 6 163, 12 419, 13 464 ff.
USA 11 376, 17 577 f.
- Wall-of-separation-Doktrin 17 577

VELKD 6 210
Vereine, religiöse 7 254 f., 14 495 f.

Vereinigungsfreiheit 7 248 ff., 8 270, 272
Verfassunggebende Gewalt 1 9
Verfassungsbeschwerde 4 68, 6 150 ff.,
7 249, 11 377
Verfassungsgewohnheitsrecht 9 303, 10 349
Verfassungsstaat, demokratischer 1 1
Verfassungstheorie 1 6, 2 14, 29, 44
Verfassungswandel 16 546
Verhältnismäßigkeit 4 119, 133, 6 198,
7 260, 266, 11 394, 16 566 f.
Vernunftrecht 2 29
Verträge, religionsverfassungsrechtliche
3 58 ff., 6 149, 154, 245, 9 301,
10 328 ff., 11 376 f., 390, 396 ff., 408,
411, 13 468, 14 491, 15 523, 16 548, 552
- bayerisches Konkordat 10 332
- Bindungswirkung 10 364 ff.
- clausula rebus sic stantibus 10 367, 373,
375
- Freundschaftsklauseln 10 346, 367, 372
- Funktionen 10 343 ff., 353
- Güstrower Vertrag 10 339
- Konkordate 2 34, 3 58 ff., 10 328 ff.,
356 ff.
- Kündigung 10 367
- Loccumer Vertrag (1955) 3 59, 6 245,
10 336, 15 523
- Militärseelsorgevertrag 10 338, 11 396
- Rechtsnachfolge 10 374 f.
- Rechtsnatur 10 355 ff.
- Reichskonkordat (1933) 2 40, 3 50 f.,
60, 10 334, 11 395, 13 465, 15 531
- Staatskirchenverträge 3 58 ff., 10 328 ff.,
357 ff.
- Statusverträge 10 345 ff.
Verwaltungsverfahrensrecht 3 62
Verwaltungszwang 9 318
Vollverschleierung 4 82, 133a

Wechselwirkungslehre 4 121, 6 219 f.,
7 266, 11 405
Weimarer Reichsverfassung 1 2, 2 37 ff.,
43 f., 3 52, 4 64, 67, 123, 9 278, 281,
12 416, 14 490, 15 525, 16 551
- Weimarer Nationalversammlung 11 402,
15 510, 527, 16 542
- Weimarer Staatsrechtslehre 15 534,
16 551
Weimarer Republik 2 39
Weltanschauungsgemeinschaften 12 453,
14 496

Stichwortverzeichnis

Westfälischer Friede 2 24 f., 4 64
Wiener Kongress (1815) 2 33
Wissenschaftsfreiheit 13 465, 489
Witwenverbrennung 4 102
Wormser Konkordat (1122) 2 18, 10 330

Zeugen Jehovas 4 67, 110
Zivilehe 2 35, 4 110
Zwei-Reiche-Lehre 2 20
Zwei-Schwerter-Lehre 2 17